김태길 전집

소설에 나타난 한국인의 가치관

무송 김태길 전집

소설에 나타난 한국인의 가치관

철학과 현실사

1994년 8월 방배동 사무실에서

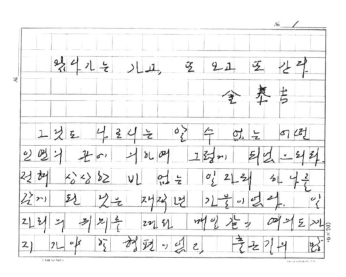

자필 원고: 1990년대 초반 KBS 이사장을 맡게 된 후의 감상을 쓰신 원고
「왔다가는 가고, 또 오고 또 간다」의 첫 페이지

서문

한국인의 가치관에 대하여 내가 관심을 갖기 시작한 것은 1960년대 초반부터였다. 그 당시 내 머릿속의 '한국인'은 **현대의** 한국인이었고, 현대의 한국인이 가지고 있는 가치관과 앞으로의 바람직한 가치관이 무엇인가를 살펴보는 일에 주로 관심이 쏠렸다.

우리 조상들의 가치관도 알아보아야 하겠다는 생각을 갖게 된 것은 아마 1970년대로 넘어갈 무렵이었다고 기억한다. 가치관이라는 것이 역사적 산물이라는 사실에 주목하면서, 나는 조상들의 가치관을 도외시해서는 안 되겠다는 것을 뒤늦게 깨달은 것이다.

퇴계(退溪)나 율곡(栗谷) 같은 출중한 학자 또는 사상가의 윤리 사상보다도 일반 생활인들의 체질 속에 형성된 행동적 가치관을 알아보는 일이 더욱 중요하다고 생각되었다. 저명한 학자나 사상가의 학설은 많이 알려져 있으나 우리 조상들의 생활 속에 체질화된 가치관은 알려진 바가 비교적 적다는 것이 그 첫째 이유였다. 그리고 그 둘째 이유는 소수 저명 인사들의 관념적 이론보다도 일반 대중의 체질 속에 형성된 행동된 가치관이 사회의 현실을 움직이는 힘에 있어서 월등하다는 믿음에 있었다.

일반 생활인들의 체질화된 가치관을 찾아볼 수 있는 중요한 소재의 하나로서 소설을 생각하였다. 특히 조선시대의 소설은 권선징악의 소박한 내용의 것이어서, 그 당시 일반 생활인들의 가치관과 밀접한 관계가 있을 것으로 여겨졌다.

1971년에 연구교수제도의 혜택을 입고 강의의 부담을 면하게 된 기회를 살려, 우선 조선시대의 소설부터 살펴보기로 하였다. 그해 가을에 하와이 대학에 있는 동서문화연구원(East-West Center)의 연구교수로 가게 되어, 강의의 짐을 벗은 기간이 1년 반으로 연장되었다. 이 책의 제1부에 해당하는 '조선시대 소설에 나타난 한국인의 가치관'은 그 기간에 쓴 것이다.

이인직(李人稙)의 『혈(血)의 누(淚)』로 시작되는 '신소설' 이후의 작품들을 자료로 삼고 같은 작업을 계속해야 한다는 생각을 품고 다녔지만 1973년과 1974년은 신변의 어지러운 일들로 인하여 일을 손에 잡지 못하고 흘려 보냈다. 1975년에 들어와서는 서울대학교의 이전이 있었고 나도 두 차례 이사를 하게 되어, 여름까지는 잡사에 얽매여 살았다. 가을에 들어서며 겨우 옛 일과로 돌아가게 되었고, 중단되었던 연구의 끝을 마무리짓는 일에 손을 대었다. 1976년 여름 방학이 끝날 무렵에 이 책 제2부에 해당하는 '근대 소설에 나타난 한국인의 가치관'의 초고를 얻게 되었다.

해방 이후 오늘에 이르는 소설까지도 소재로 삼고 현대 젊은 세대의 가치관까지도 다루고자 한 것이 나의 처음 의도였다. 그러나 생각보다도 시간이 많이 걸리는 데 회의와 싫증을 느낀 나는 다음 단계의 일로 곧 손이 나가지 않았다. 언제까지나 이 일에만 매달려 있는 것은 어리석은 짓이 아닐까 하는 생각도 들었다. 그래서 우선 탈고된 연구의 결과만을 묶어서 한 권의 책으로 출판하여 일단 매듭을 짓고 싶은 생각이 앞섰다. 일지사(一志社) 김성재(金聖哉) 사장의 호의로 그것이 출판된 것은 1977년이었고, 그때의 책 이름은 『소설 문학에 나타난 한국인의 가치관』이었다.

일을 시작했다가 중도에서 멈추었다는 생각이 따라다니는 것은 개운치 않은 일이었다. 2년 가까이 쉬었다가, 해방 이후에 쓰인 소설들과 다시 씨름을 시작하였다. 광복 이전에 쓰인 소설의 경우는 어느 것을 읽어도 가치관 연구를 위해서 적합한 소재임을 발견할 수가 있었으나, 그 이후에 쓰인 소설들은 그렇지가 못했다. 최근 40여 년 동안에 발표된 소설은 그 분량이 대단히 많아서 그 가운데서 적절한 작품을 선정하는 일이 매우 어려웠다.

1970년대 전반까지의 소설은 어문각(語文閣)에서 간행한 『신한국문학전집(新韓國文學全集)』에 실린 것을 이용하기로 하고, 그 이후의 것은 문학평론가와 소설 애독자들의 조언을 들어 가며 적당히 골라서 사용하기로 하였다. 작품을 선정하고 소재를 수집하는 과정에서 도움을 주신 분들 가운데서 특히 기억에 남는 것은 서울대학교 김현 교수의 도움말과 을유문화사(乙酉文化社) 이호림(李鎬林) 님의 남다른 협력이다.

광복 이후 1980년대 초반까지에 쓰인 소설들의 일부를 대상으로 삼은 연구는 1985년 봄에 일단 마감을 지었다. 그것을 한데 묶은 것이 이 책의 제3부에 해당한다.

일지사에서 출판한 책은 마침 절판 상태에 있었다. 8년이 지난 뒤에 다시 읽어 보니 고치고 싶은 곳도 더러 있었고, 한자를 너무 많이 섞었다는 뉘우침도 들었다. 이런저런 사정을 고려한 끝에, 일지사 측의 양해를 얻어서, 이번에 문음사(文音社)에서 개정판을 내기로 하였다. 그리고 1, 2, 3부의 연구가 본래 연속성을 가지고 이루어진 같은 주제의 것이었음을 감안하여, 책 이름은 『소설에 나타난 한국인의 가치관』으로 바꾸었다.

이 책을 펴내면서 나는 문음사의 장석태 사장에게 깊은 감사를 느끼고 있다. 상업적 견지에서 볼 때 밑질 것을 내다보면서도 선뜻 맡아 주었을 뿐 아니라 교정을 포함한 전 제작 과정에 세심한 마음을 써준 그 뜻을 잊을 수가 없다. 새로운 모습으로 개정판을 낼 수 있노록 협력을 아끼지 않은 일지사의 김성재 사장과 소재로서의 소설을 선정하고 수집하는 과정에서 도움을 준 여러분께도 감사해 마지 않는다.

1986년 10월
관악산 기슭에서 김 태 길

차례

서문 — 5

1부 조선시대 소설에 나타난 한국인의 가치관

1장 서론 — 15
2장 욕구의 체계 — 27
3장 바람직한 인간상 — 67
4장 가족의 윤리 — 93
5장 가족 밖의 윤리 — 135
6장 현대와의 연관 — 173

2부 근대 소설에 나타난 한국인의 가치관

1장 서론 — 207
2장 근대화의 전주(前奏) — 221
3장 어지러운 사회상 — 243
4장 민족과 사회 — 269
5장 가족주의와 효 — 301
6장 남녀 및 부부의 윤리 — 329
7장 농민과 도시인 — 357
8장 결론: 광복으로 이어진 가치 체계의 과제 — 377

3부 현대 소설에 나타난 한국인의 가치관

1장 근대화의 과정과 가치관의 혼란 — 399

2장 가족제도와 가족 윤리의 흔들림 — 459

3장 남녀관과 성윤리 의식 — 521

4장 시민 의식과 민주 사회 건설의 과제 — 581

5장 지식층의 정치의식 — 633

6장 전통문화와 외래문화의 만남과 문화 발전의 과제 — 691

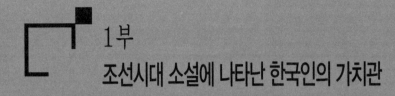

1부
조선시대 소설에 나타난 한국인의 가치관

1장
서론

1. 연구의 취지와 방법
2. 사조적(思潮的) 배경과 전반적 인생관

1장 서론

1. 연구의 취지와 방법

이 연구는 우리 한국인의 가치관[1]에 대한 광범한 연구의 한 부분으로서 계획되고 있다. 가치관에 대한 연구는 단순한 과학적 호기심을 위한 이론적 동기로 말미암아 이루어질 수도 있을 것이나 대개 실천적 관심에 깊이 관련되고 있거니와, 이 연구도 역시 필경은 실천적 동기로 귀착한다. 실천적 동기로 귀착하는 까닭에, 그것은 지나간 시대에 대한 단순히 역사적인 탐구로서 그칠 수 없으며, 불가불 현대 한국인의 가치관 문제로의 연결을 지향하고 출

---

1 여기서 '가치관'이라 함은 가치 문제에 관한 체계적 사상만을 가리키는 좁은 의미의 '가치관 (view of values)'이 아니라, 가치 문제에 관련된 사고방식과 행동 양식을 통틀어서 가리키는 넓은 의미의 '가치관(values)'이다. 즉, 가치 의식과 생활 태도 전체를 포괄하는 말이며, '인생 관' 또는 '세계관'이라는 말의 경우와 같이, 어떤 신념의 체계를 지칭하는 말이 아니다. 영어로 말하면, 'view of values' 또는 'value outlook'보다도 'values'에 가까운 뜻으로 저자는 '가 치관'이라는 말을 사용하고자 한다. 이런 넓은 의미의 가치관은 어린이들 또는 배운 것이 적은 어른들까지 포함한 모든 사람이 가지고 있으며, 그것은 일상생활의 언어와 행동 가운데 수시 로 나타난다.

발한다. 요컨대 이 연구는 한 시대의 가치관을 바로 파악하자면 그에 앞선 시대의 것부터 알아야 한다는 일반적 견해에 입각한 예비적인 연구로서, 장차 현대 한국인의 가치관의 문제로 연결될 것을 예상하는 것이다.

조상들이 가졌던 가치관 가운데서 후손들에게 특히 많은 영향을 남기는 것은, 일부의 전문적인 학자나 사상가들이 주장했던 이론보다도, 각계각층의 일상생활 속에 싹터 성장한 행동과 사유의 경향으로서의 가치관이다. 특히 오늘의 우리 실정이 그렇듯이, 일반 대중이 선조들에 의하여 남겨진 고전적 기술에 직접 친숙하여 그로부터 많은 영향을 받는다고 보기 어려울 경우에 있어서는, 조상들의 실생활 속에 형성된 가치관이 갖는 의의와 비중은 더욱 크다고 인정해야 할 것이다. 여기서 우리가 부딪치는 문제는, 지나간 시대의 실생활 속에 형성된 가치관을 어떻게 알아낼 수 있느냐 하는 방법의 그것이다. 역사에 남은 사상가나 학자의 이론은 여러 저술 속에 기록되어 남아 있다 하겠으나, 일반 대중의 생활 속에 형성되었던 가치관에 대한 직접적인 기록은 우리나라의 경우 찾아보기 힘든 것으로 알려져 있다.

직접적 기록이 없다면 남은 것은 간접적 자료에 의존하는 길밖에 없거니와, 여기서 저자는 조선시대의 소설을 그 간접적 자료의 가장 중요한 부분으로서 인정하게 되었다. 소설이라는 것이 대체로, 그 배경을 이루는 시대의 생활 양상과 그 시대 사람들의 가치 의식 내지 이상을 비교적 알기 쉽게 반영하는 경향을 가졌으며, 특히 조선시대의 소설이 당시에 있어서뿐 아니라 구한말 이후에 이르기까지 부녀자들과 서민층 사이에 널리 애독되어 저술과 독자 간에 주고받는 바 컸다는 사실을 생각할 때, 그 자료로서의 중요성을 인정할 수 있다고 판단한 것이다.

그러나 조선시대의 소설이 그 시대 사람들의 가치관을 알아보기에 전혀 결점이 없는 자료라고 인정하는 것은 물론 아니다. 조선시대의 우리나라 소설은 중국 소설의 영향을 받은 바 너무나 컸으며, 우리나라에 있어서나 중국에 있어서나 그 당시의 소설이 대체로 현실을 정직하게 반영하기보다는 황당무계한 공상에 의존한 바 크며, 작자나 독자의 이상을 진지하게 표명하기보다는 판에 박힌 수법으로 읽는 이의 흥미를 끌고자 한 경향이 컸으므로, 잘못 다루면 사실과 다른 결론으로 그릇 인도할 염려가 있다. 다만, 당시의 우리나라가 소설에 있어서뿐 아니라 가치관에 있어서도 중국의 영향을 받은 바 크며, 비록 황당무계한 서술 가운데도 어떤 심리적 사실이 나타나는 법이라는 점을 고려할 때, 그것이 정녕 불충분한 자료이기는 하나 통찰력 있는 분석으로써 처리할 수만 있다면, 상당히 중요한 가치를 담은 자료가 될 수도 있으리라고 생각된다.

소설을 자료로 삼고 그 안에 담긴 가치관을 찾아보고자 하는 연구에 있어서, 우리는 작자가 선택한 주제, 작품 가운데 나타난 가치언어(價値言語)의 사용 빈도 등에 관한 통계학적 분석의 방법을 사용할 수도 있을 것이나, 저자는 여기서 주로 문맥을 통해 본 해석의 방법을 선택하고자 한다. 주관의 오류를 범할 가능성이 큰 이 후자의 방법을 택하는 이유는, 저자의 전공 분야가 통계적 조작과는 관계가 먼 철학이라는 사실에도 있거니와, 그 밖에도 이미 앞에서 지적한 바와 같이, 조선시대의 소설이 어떤 현상의 직접적이고 있는 그대로의 기록이기보다는 해석을 요구하는 자료라는 사실에 있다. 그리고 자료의 해석에 있어서, 소설 아닌 역사적 기록과 지식의 힘도 빌려야 할 것임은 말하지 않아도 명백하다.

여기서 다루고자 하는 '조선시대 소설'의 범위는, 우리나라 최초의 소설 작품으로 알려진 『금오신화(金鰲新話)』에서부터 갑오경장(甲午更張)과 더불어 나타난 이른바 신소설(新小說) 이전의 작품까지로 국한한다. 이러한 제한은, 조선시대 소설의 원천이 된 여러 설화나 갑오경장 뒤에 새로운 형식을 취하고 나타난 신소설의 중요성을 부인하는 뜻에서 하는 것은 물론 아니며, 연속적으로 수행되어야 할 광범위한 연구 과제를 편의에 따라 여러 토막으로 나누고자 하는 의도를 따름에 지나지 않는다. 그리고 소설뿐만 아니라 가사나 시조와 같은 다른 문학 작품 및 철학적 저술에 나타난 가치관까지도 망라하여 종합할 때 비로소 더 나은 결론에 도달할 수 있으리라는 것도 의심할 여지 없이 명백한 사실이다.

조선시대 소설은 그 전승 과정에 있어서 상당히 오랜 세월을 통하여 수사(手寫)에 의존해 왔던 까닭에, 내용과 표현에 다소의 차이가 나는 여러 가지 이본(異本)이 있는 것으로 안다. 그러나 본 연구의 목적을 위해서는 여러 가지 이본을 망라하여 세밀한 비교를 꾀할 필요가 없을 것이며, 실제로 그것은 저자의 능력을 벗어나는 작업인 까닭에, 여기서는 다음 두 가지 현대어 번역판에만 의존하기로 한다.

(1) 전규태(全圭泰) 편, 『한국고전문학전집』 전7권, 세종출판공사, 1970.

(2) 김기동(金起東) 외 편, 『한국고전문학전집』 전8권, 성음사, 1970.

2. 사조적(思潮的) 배경과 전반적 인생관

조선시대 소설을 포함한 한국 고전 문학의 배경을 이루는 사조(思潮)에 대해서는 이미 박성의(朴晟義) 교수의 방대하고 상세한 연구가 있으므로, 여기서는 요점만을 간추리고, 중요한 문제 몇 가지에 대하여 부연하는 것으로 그치고자 한다.[2] 박교수는 우리나라 문학의 배경을 이루는 사상들을 유교 사상, 불교 사상, 도교 사상, 무격(巫覡) 사상, 경천(敬天) 사상 및 실학 사상의 여섯 가지로 나누고 있거니와, 그 가운데서 경천 사상은 독립적인 것이기보다는 유교 사상이나 도교 사상 또는 무격 사상 등의 바탕에 깔려 있는 공

---

2 박성의, 『한국고전문학배경론』, 선명문화사, 1968 참조.

통된 관념으로 볼 수 있으며, 실학 사상은 그것이 유교나 불교와 동일한 차원의 독립된 사상 계열로 볼 성질의 것이냐 하는 어려운 문제가 있을 뿐 아니라, 그것은 조선시대 소설 전반에 걸친 배경이기보다는 연암 소설을 대표로 삼는 일부 몇몇 작품의 바탕이 되고 있음에 지나지 않는다. 그러므로, 결국 유교 사상, 불교 사상, 도교 사상 및 무격 사상의 네 가지 흐름이 조선시대 소설 전반에 걸친 배경을 이룬다고 보아도 무방할 것이다.

여기서 우리의 주목을 끄는 것은, 작품에 따라서 그 배경을 이루는 사조가 각각 달라서 '유교를 배경으로 삼는 소설', '불교 사상에 입각한 소설' 등으로 전체가 나누어지는 것이 아니라, 대개의 작품은 위에 말한 네 가지 또는 적어도 세 가지의 사상을 아울러 그 배경으로 삼고 있다는 사실이다. 예컨대 『심청전(沈淸傳)』을 살펴보면, 효도를 강조한 이야기 전편에 유교 사상이 깔려 있음은 말할 것도 없거니와, 심봉사 내외가 자식 낳기를 소원하여 치성을 올리는 장면에는 불교 사상과 샤머니즘이 혼합되어 나타난다. '명산 대천 신령당'에 기도하고 '백일산제(百日山祭)'를 올리는 등 '치성'을 다하여 아들 낳기를 기대하는 행위는 전체로 볼 때 무속적이라 하겠으나, 치성을 올리는 대상 가운데 '석불 보살', '미륵님' 등이 있고 치성 행위 가운데 '제석불공(帝釋佛供)', '가사시주(袈裟施主)' 등이 포함된 것으로 보아, 불교 신앙이 무속적으로 받아들여지고 있음을 인정할 수 있을 것이다.[3] 그리고 공양미 3백 석을 시주로 올리면 봉사의 눈을 뜰 수 있으리라는 몽운사(夢雲寺) 화주승(化主僧)의 말에서도 불교 사상과 샤머니즘의 혼합을 볼 수가 있다.[4] 여기에 다시 도교 사상의 아류라고 볼 수 있는 신선 사상까지 들어 있음은, 인당

---

3 『심청전』, 전규태 편, 『한국고전문학전집』, 세종출판공사, 1970, 제1권, p.200 참조.
4 같은 책, p.211 참조.

수 비닷물에 던저진 심청이 옥황상제의 분부로 구출되는 장면에서 여실히 나타난다. 이 장면에는 사해용왕(四海龍王), 태을진군(太乙眞君), 마고선녀 (麻姑仙女) 등 선계(仙界)의 중요 인물들이 등장할 뿐 아니라, 승천하여 옥진부인(玉眞夫人)이 된 어머니와 심청의 재회까지도 기록되어 있다.[5]

김만중(金萬重)의 작품으로 알려진 『사씨남정기(謝氏南征記)』에는 유교와 불교가 근본이 같다는 것을 주장하는 묘혜니(妙慧尼) 여승의 발언이 있으며,[6] 그 밖에 부적을 사용하여 여맥(女脈)을 남맥(南脈)으로 바꿈으로써 아들을 낳게 하는 무속적인 이야기가 있는가 하면,[7] 또 꿈에 나타난 노인이 준 약물을 먹고 죽어 가던 사람이 소생한다는 신선담(神仙譚)도 볼 수가 있다.[8]

주로 도선(道仙) 사상을 바탕으로 삼았다고 볼 수 있는 『숙향전(淑香傳)』의 경우에 있어서도 우리는 유교적인 것과 불교적인 것을 쉽게 발견한다. 주인공의 할아버지 운수선생(雲水先生)이 부귀와 공명을 마다하고 초야에서 일생을 마쳤다는 이야기로 시작되어, "인생은 초로 같고 공명은 부운(浮雲)이로다. …"[9] 하는 노래를 읊은 남자 주인공과 그 두 부인으로 하여금 선약(仙藥)을 먹고 천상으로 돌아가게 한 이 소설은 전체에 도선 사상이 흐르고 있음을 쉽게 알 수 있으나, 간간이 충성과 효도와 절개가 강조되고 있는 이 작품 속에서 우리는 유교적 요소를 간과할 수 없으며, 숙향의 생일이 석가의 탄일과 같은 4월 8일이며, 대성사(大聖寺)의 부처님께 정성껏 빈 결과 남자 주인공 이선(李仙)이 탄생했다는 꾸밈 등에 있어서 또한 불교 내지 무격의

---

5 같은 책, pp.224-225 참조.
6 『사씨남정기』, 김기동 외 편, 『한국고전문학전집』, 성음사, 1970, 제6권, p.179.
7 같은 책, p.188.
8 같은 책, p.222.
9 『숙향전』, 『전집』(성음), 제8권, p.404.

요소를 찾아볼 수 있다.

그러나 유(儒)·불(佛)·선(仙) 등 여러 가지 요소가 같은 작품 속에 섞여 있다 하여, 작가가 반드시 그 여러 가지 사상을 똑같이 신봉했다거나 작가로서의 주견이 전혀 없었다고 단정할 수는 없다. 앞에서 말한『숙향전』의 작가는 필경 도선 사상으로 기울어졌거니와,『구운몽(九雲夢)』의 작가 김만중은 주인공으로 하여금, 의식적으로 유·불·선을 비교하면서 다음과 같이 불교의 우월성을 강조하게 하고 있다.

> 천하에 세 가지 도가 있으니, 유도와 불교와 선술이라. 이 세 가지 중에 오직 불교가 높고, 유도는 윤기(倫紀)를 밝히며 사업을 귀히 하여 이름을 후세에 전할 따름이요, 선술은 허망한 것에 가까워 예로부터 하는 자 많으나 마침내 징험을 얻지 못하니, 진시황(秦始皇)과 한무제(漢武帝)와 당현종(唐玄宗)의 사적을 보면 가히 알리로다.[10]

위에 말한 바와 같이, 여러 작가들 가운데는 불교 또는 도교를 가장 으뜸가는 사상으로서 떠받든 사람들도 있으나, 역시 제일 많은 것은 유교를 근본으로 삼은 작가들이었다.『춘향전』,『심청전』,『흥부전』,『유충렬전』 등 가장 널리 읽히고 알려진 작품들 가운데는, 입신양명과 충효와 정렬(貞烈) 등을 앞세워 유교 사상의 강한 배경을 반영한 것들이 많다.

그 시대의 소설이 여러 가지 사조를 배경으로 삼고 있다는 사실에서 우리가 추리할 수 있는 것은, 그 시대의 현실 사회에 있어서도 유·불·선·무(巫) 등 여러 가지 계열의 사상들이 사람들의 마음속에 각각 그 자리를 차지

---

10 『구운몽』,『전집』(세종), 제4권, p.419.

하고 있었으리라는 결론이다. 작가는 대체로 독자의 가치관 내지 사고방식의 영향을 받아 가며 작품을 쓰게 되거니와, 조선시대 소설의 경우와 같이 대중성이 강한 작품들에 있어서 이 경향은 더욱 강하다. 작가 자신은 유·불·선·무의 모든 사상을 믿는 것이 아니면서도 그 작품 가운데 이 여러 가지 사상의 그림자를 등장시켰다는 사실은, 그 시대의 일반 대중들이 이 여러 가지 사상을 그들 나름대로 적당히 섞고 적당히 변질해서 받아들였으리라는 것을 추측하기에 충분하다. 일반 서민층에 있어서뿐 아니라 궁중 생활에 있어서까지도, 반드시 유교 사상만이 세력을 가졌던 것이 아님은, 인현왕후(仁顯王后)의 병환을 무술로 인하여 생긴 정신병이라고 단정한 대목이나,[11] 장희빈이 점과 굿을 일삼는 장면,[12] 그리고 『한중록(閑中錄)』의 작가 혜경궁(惠慶宮) 홍씨(洪氏)까지도 모든 불행을 "하늘이 갈수록 나를 밉게 여기셔서" 생긴 참화라고 해석하며[13] 모든 비극을 '천교(天敎)'와 '국운'으로 돌리고 있는 점 등에서 엿볼 수 있다.

조선시대 소설의 배경을 이루는 사조들 가운데서 특히 미묘한 자리를 차지하고 있는 것은 무격 사상이 아닌가 생각된다. 무격 사상은, 표면에 나타나는 것만으로 판단한다면, 네 가지 사조 가운데서 가장 약한 위치를 차지하고 있다고 보아야 할 것이다. 조선시대에 있어서도 무속이 유교나 불교 또는 도교와 같은 차원에서 공공연한 존경을 받을 처지에 있지는 못했던 것으로 보이며, 『사씨남정기』의 작가 김만중은 자기의 작품 가운데 무속적 요소를 끌어들이고서도, "기도를 일삼으며 미신에 빠져" 있는 황제를 충신이 서신

---

11 『인현왕후전』, 『전집』(성음), 제6권, p.42 참조.
12 같은 책, p.45. 『계축일기』 첫머리에도, "동궁을 위하여 정성들여 굿도 하고 점도 치도록 하라."는 유자신(柳自新)의 말이 보인다.
13 『한중록』, 『전집』(성음), 제6권, p.304, p.320, p.406 등 참조.

으로 간(諫)하는 사연을 기록함으로써 그 당시 이미 무속의 부당성을 바로 본 식자들이 있었음을 암시하고 있다.[14] 그러나 표면상으로 받은 대접은 비록 그리 큰 것이 못 되었으나, 이면에 있어서는 사람들의 사고방식 또는 행동을 좌우하는 힘이 상당히 컸던 것이 아닌가 하는 생각을 억제하기 어렵다. 유교나 불교의 사상을 표방하는 작품에 있어서까지도 무속적인 요소가 틈틈이 삽입되어 있는 것은, 유교나 불교 또는 도교가 받아들여지는 마당에서 다분히 무속적 사고의 간섭을 받았기 때문이라는 해석을 뒷받침한다. 생각건대, 무속적 사고는 옛날부터 우리나라 조상들의 마음 가운데 전승되었으며 그것이 조선 중기 이후의 어지러운 세태 속에서 불행한 운명에 시달린 허약한 사람들의 마음을 사로잡은 바 의외로 컸던 것이 아닌가 여겨진다. 스스로의 힘으로 운명을 개척하기에는 너무나 여건이 어려웠던 까닭에, 자연히 신령의 초월한 힘에 의뢰하는 경향이 강하게 남은 것으로 보인다.

　여러 가지 계열의 사조가 함께 수용되어 있다는 사실이 국가의 발전 또는 민족문화의 창조를 위해서 진실로 유리한 조건이 되자면, 그 여러 사조들이 더 높은 차원에서 종합되어야 할 것이다. 그러나 조선시대의 소설에 나타난 바에는 그러한 종합의 징조는 보이지 않는다. 당시의 지배계급에 의하여 강한 지지를 받은 유교 사상을 중심으로 삼고 어떤 종합이 이루어졌을 가능성도 생각할 수 있으나, 소수의 유학자들이 학덕에 있어 높은 경지에 도달한 바 있다 할지라도, 유학을 숭상한 양반계급 전체로 볼 때에는, 높은 차원의 종합적 실천철학을 수립하기에 이르지 못한 것으로 보인다. 고유한 민족 정신을 바탕으로 삼고 여러 외래의 사조를 소화하여 우리 자신의 살길을 밝혀 줄 굳건한 가치관을 세우는 일은 후세의 과제로서 남겨졌던 것이다.

---

14 『사씨남정기』, 『전집』(성음), 제6권, p.216.

민족적 집단으로서 또는 가족적 개인으로서 직면한 문제들을 극복하기에 충분히 강력한 가치 체계를 형성하지는 못했다 할지라도, 그런대로 끊임없이 닥쳐오는 삶의 문제에 적응해 나간 가치관은 조선시대 사람들에게도 있었다고 보아야 할 것이다. 그러면 그것이 어떠한 내용의 것이었을까? 우선 인생에 대한 전반적 태도로부터 고찰해 보기로 하자.

2장

욕구의 체계

1. 인간의 위치와 능력에 대한 생각
2. 최고의 소망
3. 물질적 가치와 정신적 가치

2장 욕구의 체계

1. 인간의 위치와 능력에 대한 생각

　'인생관'이라는 말로써 명백하게 그리고 논리적으로 정리된 의식의 체계를 일컫는다면, 그것은 어느 정도 높은 수준의 지식 또는 의식에 도달한 사람들만이 갖는 사상이라는 뜻이 될 것이다. 그러나 대부분의 사람들은, 분명한 언어로써 표현할 수 있을 정도로 정리된 형태의 것은 아닐지라도, 자기들 나름대로의 생각과 판단을 가지고 인생을 살아간다. 이러한 생각과 판단도 그것들을 합쳐서 '인생관'이라고 불러서 무방할 것이며, 그러한 뜻의 인생관은 조선시대의 일반 대중에게도 있었다고 보아야 할 것이다. 이와 같은 넓은 뜻으로 '인생관'이라는 말을 사용할 때, 조선시대 우리 조상들의 인생관은 어떠한 것이었을까? 그들은 세상을 어떻게 보았으며, 인생에서 무엇을 소망했으며, 또 어떠한 태도로써 소망의 달성을 꾀했던 것일까? 이제 이 문제에 대해서, 그 시대의 소설을 통하여 짐작할 수 있는 범위 안에서 대략 살펴보기로 하자.

　조선시대의 사람들도 여러 가지 계층이 있었으므로, 그들의 인생관을 일률적으로 논할 수는 물론 없다. 여기서 우리가 할 수 있는 것은 가장 일반적이고 대표적인 경향의 대강을 추리하는 일에 그치며, 특수한 사람들의 특수한 생각들을 파헤치는 일은 아니다.

조선시대의 우리 조상들은 자연을 대하는 태도가 오늘날 서구 문명의 영향을 받은 사람들의 그것과 크게 달랐던 것으로 보인다. 현대 문명 속에 사는 사람들은 자연과 인간을 대립시켜 생각하는 경향이 있다. 자연은 인간에 의하여 정복되고 이용될 대상으로서 눈앞에 떠오른다. 그러나 조선시대의 조상들은 인간을 자연 속에 포섭되는 부분으로서 생각하는 경향이 있었던 것으로 여겨진다. 자연은 두려움과 신앙의 대상이었으며, 인간의 길흉화복을 좌우하는 초월적인 존재였다. 『조웅전(趙雄傳)』의 다음 구절은 그러한 사고방식을 잘 나타내고 있다.

더듬어 들어가는 산은 신선이 살 법한 극히 험준한 절경뿐이었으며, 자연과 인간이 동감이 된다기보다도, 그 거창한 자연의 품 안에 싸여 들어가 비로소 자신의 작고 힘없는 것을 절실히 깨닫는다고 하는, 그것은 인간의 상상을 넘어선 위대한 자연의 위엄을 보여주는 광경이더라. 바위도 나무도 하늘도 순정한 원색의 빛을 보여주고, 그 하나하나가 거대한 힘의 조화에 의해서 인간의 상상을 압도해 주고 있더라. 종교적인 경건한 감명이 절로 나서 위대한 자연의 시위 앞에 무릎을 꿇고, 복종과 노예를 맹세하고 싶을 정도였으니…[1]

조선시대 소설 가운데서 자연 풍경을 묘사한 대목은 대개 어느 작품에서도 찾아볼 수 있거니와, 거기에 나타난 자연은 모두가 아름답고 놀랍다. 그

---

1 『조웅전』, 『전집』(세종), 제3권, p.296.

리고 작품 가운데 주인공이 불행한 일로 멀리 떠나가는 극적인 순간에 있어서까지도 그 주인공 주위에 펼쳐지는 자연을 묘사하기를 잊지 않은 작가들과 그러한 작품을 즐겨 읽은 옛 사람들의 경우, 자연과 인간의 거리가 가까웠다기보다도 오히려 그들이 하나였음을 절실히 느낀다.[2] 자연과 인간의 사이가 매우 다정했음을 알려 주는 더 상징적인 대목으로서는 『춘향전』 끝머리에 영귀와 행복을 얻은 춘향이 서울로 떠나갈 때, "놀고 자던 부용당아 너 부디 잘 있거라. 광한루 오작교며 영주각도 잘 있거라." 하며 자연에까지 작별 인사를 잊지 않은 장면을 들 수 있을 것이다.[3]

한시나 시조에 있어서 자연을 읊은 작품이 대단히 많으며, 인생 또는 인간을 읊은 작품에 있어서도 자연에 비유해서 묘사한 것이 대부분임은 널리 알려진 사실이거니와, 조선시대 소설 가운데 가끔 나오는 한시의 경우도 예외는 아니다. 어떤 것은 자연을 주제로 노래했고, 사랑의 시에 있어서도 대개는 자연에 비유하여 뜨거운 정을 그리고 있다.[4] 한시나 시조가 아니고 산문으로 인간을 묘사할 경우에도 자연에 비유한 표현이 많다. 예컨대, 미인을 묘사할 때, '입술이 앵두 같다' 하고, '눈썹이 초생달 같다' 하며, '허리가 세류(細柳) 같다' 하는 따위다. 그리고 '걱정이 태산 같다'거나, '절개가 송죽 같다'는 따위도 그것이다. 문학에 있어서 이러한 비유를 사용하는 것은 동서에 공통된 현상이라고도 말할 수 있을 것이나, 현대의 서구적인 작품과 비교할 때, 그 사이에 현격한 정도의 차이가 있음을 알 수 있을 것이다.

---

2 비극의 주인공의 주위에 펼쳐지는 자연을 소상히 묘사한 가장 좋은 예로서는, 공양미 3백 석에 팔려 인당수로 떠나는 심청의 여로 묘사를 들 수 있을 것이다.
3 『춘향전』, 『전집』(성음), 제8권, p.78.
4 자연을 주제로 한 한시가 많이 나오는 작품의 예로서는 『운영전(雲英傳)』을 들 수 있으며, 사랑의 시를 자연에 비겨 노래한 한시가 많이 나오는 작품으로서는 『금오신화』를 들 수 있을 것이다.

우리 조상들의 눈으로 보았을 때, 자연은 신비롭기 짝이 없는 존재였다. 모든 자연물에는 영혼과 마력(魔力)이 있는 것으로 보였다. 크고 웅장한 자연일수록 그 신비로운 마력도 클 것이다. 따라서 큰 산, 깊은 강, 높은 바위, 굵고 큰 나무 등은 특히 외경과 신앙의 대상이 되었다. 이것은 본래 우리 조상들 마음속에 태곳적부터 깃들었던 샤머니즘의 사고방식이라고 하겠으나, 그것은 단순히 샤머니즘에만 국한된 사상이 아니고, 적어도 조선시대의 소설을 즐겨 읽은 우리 조상들에 관한 한, 그들의 것으로서 소화된 유교, 불교 그리고 도교, 어느 사상 가운데도 깔려 있는 기본적 관념이었던 것으로 보인다.

대자연 가운데서 가장 크고 높은 것은 하늘(天)이다. 조선시대 사람들의 눈으로 볼 때 하늘은 모든 존재와 생멸의 근원이었으며, 삼라만상을 지배하는 절대자 또는 그 거주지였다. 세상만사 가운데 하느님의 뜻 아닌 것이 없으며, 인생의 화복과 흥망 또한 하느님이 정한 바를 따라서 교체한다. 그러기에 조선시대의 작가들은 언필칭 '천정운수(天定運數)', '천운(天運)', '천명(天命)', '천수(天數)'를 말하지 않을 수 없었으며, 작품 가운데 인물들로 하여금 해와 달과 별들에게 기도하고 천명을 받들게 할 수밖에 없었다. 유교 사상에 입각하여 가정 윤리의 문제를 권선징악적으로 다룬 『창선감의록(彰善感義錄)』 가운데서 한 구절을 인용해 보자.

인간 만사는 막비 천정이니, 어찌 인력으로 미치리요. 지난 일은 말할 것도 없으니, 마땅히 천명을 순수하여 노부와 한 가지로 군산에 돌아가 때를 기다리면, 십 년 후에는 길운을 만나리라.[5]

---

5 『창선감의록』, 『전집』(세종), 제2권, p.32.

이것은 여주인공의 한 사람인 남소저의 부모를 살려 준 도사 곽선공이 남어사(南御史) 내외에게 한 말이거니와, 이와 대동소이한 발언을 우리는 조선시대 소설 여러 곳에서 발견할 수 있는 것이다. 그리고 이러한 발언은, 그 시대의 사람들이 일반적으로 가졌던 관념을 반영한 것으로 짐작된다.

국가의 흥망, 개인의 생사와 같은 막중한 사건만이 아니라, 더 사소한 일까지도 하늘의 뜻을 따라서 예정되고 좌우되는 것으로 믿는 경향이 있었던 모양이다. 예컨대, 도적을 만나 재물을 잃는 것도 운수요, 남녀가 우연히 만나 '운우(雲雨)의 낙(樂)'을 함께하는 것도 하늘이 정한 인연을 따라서 이루어지는 것이었다. 『숙영낭자전(淑英娘子傳)』 가운데는, 하늘이 정한 연분을 따라서 '정식으로 만날 기약'이 아직 3년이 남았으므로 그때까지는 육체의 접촉을 삼가자는 여주인공의 말이 있으며,[6] 『창선감의록』에는 10년 동안 헤어져 서로 종적을 모르던 남부인과 그 아버지가 같은 지붕 아래 모여 만나게 되었을 때, "액운이 아직도 진치 못하였으니" 부녀의 상봉을 우정 하룻밤 연기하는 얘기가 나온다.[7] 또 같은 소설 가운데 아장(亞將)이 근엄한 도덕관념으로 말미암아 외국의 공주와 결혼하기를 사양할 때, 그의 원수가 "하늘이 주시는 바를 버림이 또한 상서롭지 아니하다."는 이유로 그 결연을 강권하는 대목까지 있으며,[8] 『흥부전(興夫傳)』의 작가는 무식하기 짝이 없는 놀부의 입을 빌려서까지, "天不生無祿之人이요, 地不生無名之草라." 하는 문자를 쓰게 하였다.[9]

세상의 모든 일이 천명 또는 천수에 달려 있다고 보았던 까닭에, 조선시대

6 『숙영낭자전』, 『전집』(성음), 제8권, p.215 참조.
7 『창선감의록』, 『전집』(세종), 제2권, p.106 참조.
8 같은 책, pp.102–103.
9 『흥부전』, 『전집』(세종), 제1권, p.242(한자는 저자의 대치).

사람들에게 숙명론적 인생관 또한 널리 전파될 수밖에 없었다. 소설에 나오는 주인공들은 걸핏하면 팔자를 탄식하고 국운을 한탄한다. 흥부 내외가 그렇게 했고, 『한중록』의 작자가 그렇게 했으며, 『사씨남정기』의 등장인물들도 그렇게 하였다. 병자호란 때는 박씨 부인의 신출귀몰하는 도술에도 불구하고, '국운'이 그랬던 까닭에 패전의 욕을 면할 길이 없었던 것으로 기록되었다.[10]

천명의 정수(定數)를 따라 세상이 돌아가는 대로 맡기고, '무위자연(無爲自然)'을 처세의 원리로 삼아, 주어진 운명에 안주할 것을 권장한 도가적 사상을 따른 사람들도 없지 않을 것이나, 대부분의 사람들은 역시 부귀와 영화 따위의 세속적 행복에 대한 미련을 버리지 못한 것으로 보인다. 특히 서민층의 경우, 그들에게 주어진 생애는 그대로 감수하고 안주하기엔 너무나 고생스러웠으며, 종교적 해탈 속에 초연한 안심입명(安心立命)의 경지에 도달한다는 것 또한 그리 현실적인 이상은 아니었을 것이다. 두드러지게 나타날 정도의 부귀와 영화는 못 될지라도 그런대로 평범하게 안정된 생활을 염원하는 것은, 조선시대의 서민들의 경우에 있어서의 일반적인 심리였으리라고 짐작된다. 그러나 그것조차도 천의(天意) 또는 팔자에 없으면 불가능한 일이라고 그들의 대부분은 생각했을 것이다. 그렇다면 천수(天數)나 팔자는 오로지 밖으로부터 결정되어 있을 뿐 그 사람 자신의 어떠한 노력도 그에 대한 변경을 가져올 수 없는 것일까? 다시 말하면, 본인 스스로의 노력으로써 자기의 행복을 실현하는 길은 전혀 없는 것일까?

이 절실한 물음에 대한 그 당시 사람들의 대답은 극히 소극적일 수밖에 없었다. 인간 스스로의 힘으로 자기 자신의 운명을 개척할 수 있다는 대답은

---

10 『박씨전』, 『전집』(성음), 제7권, p.184, p.188 등 참조.

너무나 외람되고 무엄한 것이 아닐 수 없었다. 그러나 한편, 전혀 손을 쓸 여지가 없다고 대답하기에는 행복에 대한 소망과 미련이 너무나 절실하다. 이러한 미묘한 처지에서 우선 내놓을 수 있는 대답은, "기도와 제사로써 정성을 다하면 소원이 성취될 수 있을 것이다."라는 따위의 소극적인 것이었다. 조선시대 사람들이 그러한 대답을 내놓았다기보다도 원시 종교의 심리를 통하여 옛날부터 내려오던 그러한 대답을 그대로 이어받았다고 보는 것이 더욱 정확할 것이다. 여하튼 그들은 소망을 달성하는 가장 유력한 방안으로서 기도와 제사 등으로 정성을 다하는 길을 믿었으며, 그 믿음을 실천에 옮겼던 것으로 보인다.

한편으로 미신에 대한 지각과 비판이 싹텄음에도 불구하고 무속적 풍습을 좀처럼 버리지 못한 가장 큰 사유로서는 삶의 문제 앞에서 국민들의 처지가 매우 허약했다는 사실을 들 수 있을 것이다. 자연과학이 발달하기 이전에 있어서, 천재지변 앞에 무력했던 것은 비단 우리나라뿐 아니라 어느 나라의 경우에 있어서도 마찬가지인 일반적 현상이었겠으나, 우리나라의 특수 사정은 그 취약성을 더욱 심하게 만들었다. 외적의 침공의 위협 속에 산 약소 국가였으며, 실제로 임진왜란과 병자호란의 두 전란을 겪어야 했던 우리나라 국민에게, 신비와 기적의 힘에 의존하고 싶은 심리가 발동한 것은 너무나 자연스러운 일이었다. 그 가운데서도 특히 특권층에게 억압을 당한 서민층 및 부녀자의 경우에는 그 심리가 더욱 강하게 발동할 이유가 있었다.

인간 스스로의 노력으로 행복을 실현하는 길로서 믿어진 또 하나의 원리는 '덕(德)'이다. 적선(積善) 또는 적덕(積德)을 많이 하면 후일 또는 후세에 복을 받으리라는 생각은 유교에도 있고 불교에도 있었던 관념이거니와, 이러한 관념은 조선시대 소설에서도 흔히 찾아볼 수 있는 것으로서, 그 시대에 일반적으로 상당히 퍼져 있던 사상이었다고 짐작된다. 조선시대 소설의 대부분이 권선징악의 경향을 지니고 있으며, 필경 착한 사람은 잘되고 악한 사

람은 망한다는 그러한 줄거리의 소설들이 순박하게 받아들여져서 많은 애
독자를 가졌다는 그 사실 자체가, 벌써 '積善之家, 必有餘慶'식의 관념이 널
리 퍼져 있었다는 것을 암시한다. 또 은연중 그러한 관념을 고취했을 뿐 아
니라 어떤 작가는 명백한 언사로써 그것을 주장하기도 하였다. 예컨대, 『창
선감의록』의 작가는 여주인공의 입을 통하여 모든 불행의 원인이 자기 자신
의 부덕에 있었음을 강조하게 하고,[11] 『백학선전(白鶴扇傳)』의 작가는 작가
스스로의 말로써 다음과 같은 주장을 하고 있다.

    최국양은 … 혐의와 사원으로 무죄한 사람을 음해하다가, 하늘의 살피심이
    밝아서 벌을 받아 집이 망하고 두 아들을 보존하지 못하며, 몸이 주륙(誅戮)
    을 당하였으니, 이 역시 가련하지 않으랴. 그와 연왕 부부를 비교한다면 어찌
    현우(賢愚)와 선악(善惡)의 보응(報應)이 두렵지 않으랴.[12]

그러나 조선시대 사람들이 생각한 선 또는 덕이라는 것은 매우 소극적인
성질의 것이다. 그것은 주로 유교적 도덕관념에 입각한 것으로서 기존 질서
에 순응함을 지시하는 따위의 규범이었으며, 자연 또는 사회 속에서 봉착하
는 어려운 문제 또는 심각한 모순에 용감히 도전하여 그것들을 해결하고 극
복하는 적극적인 생활의 원리는 아니었다. 따라서 선 또는 덕의 실천이 비록
중요시되었다 하더라도 그것이 인간의 힘으로 인간의 운명을 창조하는 적
극적이며 개척적인 실천철학으로 연결되기는 어려웠다. 짧게 말해서, 그들
이 권장한 선행 또는 덕행은 그 행위 자체의 힘으로써 직접적으로 소망되는

---

11 『창선감의록』, 『전집』(세종), 제2권, pp.107-108 참조.
12 『백학선전』, 『전집』(세종), 제2권, p.382. 같은 책, p.359에도 '천조선인(天助善人)'의 관념
   이 보인다.

결과를 초래할 수 있는 그러한 성질의 것이 아니라, 그 선행 또는 덕행을 어여삐 본 초월자의 은총을 통하여 간접적으로 행복에 도달하기를 희망한 타율적 내지 의존적 규범에 지나지 않았다. 여기에 그들이 숭상한 도덕관념의 근본적인 한계성을 본다.

좀 더 적극적인 행위의 규범에 대한 관념이 조선시대에 전혀 없었던 것은 아니다. 이치를 따라 생각하고 힘써 부지런히 일함으로써 현실을 더 낫게 할 수 있다는 사상의 싹이 가끔 보이기도 한다. 제비가 물어다 준 박씨의 기적으로 주인공을 행복하게 만든 『흥부전』의 작가도, 가난의 원인 가운데 당사자 자신의 책임도 있다는 것을 암시하여 다음과 같은 말을 톱질할 때의 흥부 내외의 입에 담고 있다.

가난타고 서러 마소. 팔자 글러 가난이요, 사주 글러 가난이요, **벌이 못해** 가난이요, **옹졸하여** 가난이요, 산소 글러 가난이요.[13]

그리고 또 흥부의 아내는, "우리도 마음만 옳게 먹고 부지런만 하였으면 좋은 시절 만날지 어찌 알리까?"라는 말을 하기도 하였다.[14] 장사든 농사일이든 적극적으로 활동함으로써 경제 문제를 타개해야 한다는 것을 좀 더 강하게 암시한 것은 『허생전(許生傳)』을 비롯한 연암(燕巖)의 소설이다. 글공부만 하던 허생이 변부자(卞富者)의 돈 만 냥을 차용하여 상업으로 돈을 벌고, 또 도적떼를 무인도로 데리고 가서 개간을 하여 삶의 길을 여는 이야기는, 기도나 제사로써 행복을 초래하겠다는 태도와는 근본적으로 다르다.

---

13 『흥부전』, 『전집』(성음), 제4권, p.366(강조는 저자의 첨가).
14 같은 책, p.360.

그러나 비록 근면, 개척, 창의 등의 근대적 미덕에 대한 관념이 싹트기 시작했다 할지라도, 전체로 볼 때 그것은 매우 미약하고 초보적임을 면치 못한다. 문벌이 가장 중요한 의미를 가졌던 계급사회에 있어서 노력에 대한 신뢰를 갖는다는 것은 아마 매우 힘든 일이었을지도 모른다.

2. 최고의 소망

하느님, 부처님 혹은 그 밖의 어떤 초인간적 존재의 힘을 빌려서든 또는 인간 자신의 노력을 통해서든, 사람들이 달성하기를 원한 그 소망 내지 이상의 내용은 어떠한 것이었을까? 조선시대 소설 가운데 흩어져 있는 가치 관념의 단편을 종합하여 그 시대 사람들의 가치 체계를 가능한 범위 내에서 더듬어 보기로 하자.

어느 시대 어느 나라의 경우에 있어서나 그렇듯이, 조선시대 우리 조상들의 가치 체계도 사람과 처지를 따라서 매우 다양했던 것으로 보인다. 작가 또는 작품에 따라서 가치 체계에 차이가 있고, 같은 작품 안에서도 사람에 따라서 가치의 서열에 관한 차이가 있음을 발견한다. 그러므로 우리가 여기서 할 수 있는 일은, 그 시대 사람들 누구나가 공통으로 가지고 있었던 하나의 통일된 가치 체계를 찾아내는 일도 아니고, 천차만별한 여러 개인들의 가치 체계를 망라하여 밝히는 일도 아니며, 그 시대에 비교적 우세했으리라고 추측되는 몇 가지 가치 체계의 대강을 유형적으로 묶어 보는 일에 그친다.

『박씨전(朴氏傳)』의 첫머리를 보면, 남주인공 이시백(李時白)의 아버지 이득춘(李得春)의 집안과 인품 이야기가 나온다. 그 이야기에 따르면, 이득춘의 가문은 "대대로 명문 거족이요, … 일찍이 나라에 등용되어 벼슬이" 고관의 지위에 이르렀으며, "그의 사람됨이 충효 공검(恭儉)하고, 인후(仁厚) 활달하여서, 명망이 전국에 떨치었다." 그뿐만 아니라 부부가 화락하는 금실의 즐거움 또한 무궁하였다. "그런데 오직 한 가지 부족은, 부부 동거 사십 년에 한 점의 혈육이" 없다는 사실이었다.[15]

위의 서술은 반드시 인생의 이상을 의식적으로 논한 것이라고 볼 수는 없으나, 전체 문맥으로 따질 때, 작가 및 당시의 독자층이 인생의 이상으로서 상식적으로 양해했던 바를 어느 정도 암시한다고 보아도 무방할 것이다. 즉, 높은 가문, 고관의 지위, 유덕한 인품, 명성, 그리고 자손의 다섯 가지는 최고의 행복을 위한 필수의 조건으로서 양해되고 있음을 본다. 그리고 다시 그 소설의 끝에 가서, 주인공들이 건강과 장수를 누리고, 또 그 자제가 모두 벼슬길에 올라 영달했으며, 마지막으로 주인공 부부는 천수(天壽)를 다하고 "나란히 누워서 자는 듯이 운명하였다."는 사연이 보인다.[16] 행복의 조건 가운데, 건강과 장수, 자손의 영달, 안락한 죽음이 다시 추가된 셈이다. 재산에 대해서는, "나라에 진충(盡忠)하고 자손을 교훈하여 부귀를 더하며, 가문의 영광을 빛냈다."라는 구절에서 가볍게 언급되었을 뿐, 내세워 강조하지는 않고 있다.[17] 이에 비하여, 입신양명과 가문의 영광은 여러 차례 거듭 언급되고 있음이 주목을 끈다.

또 하나의 예로서 『장국진전(張國振傳)』을 살펴보기로 하자. 장국진은 본래 그 부친이 좌승상을 지낸 명문의 자손으로 태어났다. 그것도 "슬하에 일점 혈육이 없음"을 걱정하던 그의 부모에게 부처님의 가호가 미쳐 출생한 귀한 아들이었다. 그 아들의 배필을 고르는 마당에서, 부모는 이소저의 혈통을 크게 문제 삼는 사연이 보인다.[18] 그리고 국진이 과거를 보려고 황성

15 『박씨전』, 『전집』(성음), 제7권, p.156.
16 같은 책, pp.192-193.
17 같은 책, p.192.
18 『장국진전』, 『전집』(성음), 제5권, p.278.

(皇城)으로 올리기는 대목에,

> 용문에 올라 높은 벼슬을 하고, 요조숙녀를 얻어서 기남을 낳고, 대대손손
> 으로 부귀영화를 누려 간다는 것, 그것은 얼마나 아름다운 꿈인가. 모든 인간
> 을 유혹하는 강한 욕망이다.[19]

라는 구절이 있다. 장국진은 과연 장원급제하여 나라에 공을 세우고 높은 벼
슬에 올랐을 뿐 아니라, 이소저와 유소저 두 미인을 아내로 삼았으며, 다시
원수의 자격으로 출진하여 적군을 무찌르고 그 명성을 천하에 떨친다. 그 뒤
장원수는 이부인의 몸에서 3남 2녀를 얻고, 유부인의 몸에서 3남 1녀를 얻
었으며, 그 자손이 대대로 부귀영화를 누렸다는 것으로 끝이 맺어진다.

이 소설에서는 행복의 조건으로서, 문벌, 장원급제와 고관의 지위, 미녀
현부와의 결혼, 훌륭하고 많은 자제와 그들의 영달, 나라를 위한 큰 공로와
천하에 떨치는 명성 등이 언급되고 있는 셈이다. 이 작품에서 특히 강조되고
있는 행복의 조건으로서는, 입신양명과 처복을 지적할 수 있을 것이다.

『춘향전』의 주인공들도 부럽기 짝이 없는 화제의 인물이거니와, 이몽룡은
고관의 자제로 태어나, 재색과 부덕을 갖춘 여자와 결혼했으며, 장원급제하
여 벼슬이 고위에 이르렀고, 장수와 백년 동락의 복을 누렸을 뿐 아니라, 3
남 2녀를 두어 그 자손들 또한 귀히 되어 만세 유전한 행운아였다. 성춘향은
모친의 문벌이 낮았다는 것을 제외한다면, 결국 그 남편과 모든 복을 함께
나눈 사람이다. 이 작품에서는 행복의 조건으로서 사랑의 중요성을 강조한
특색을 찾아볼 수 있으며, 그 밖의 것은 앞에서 살펴본 작품들의 경우와 대

---

19 같은 책, p.279.

동소이함을 본다.

『양산백전(梁山伯傳)』 가운데도 행복의 조건들이 많이 열거되고 있다. 당시의 매우 행복하고 부러운 사람으로서 그려진 양현(梁賢)의 처지를 보면, 그는 우선 명문 거족의 아들이요, 일찍이 과거에 급제하여 높은 벼슬을 땄으며, 인품이 고결하고 덕이 높아서 주위 사람들의 존경을 받았을 뿐 아니라, 학문과 도덕이 높고 인품이 현숙 인자한 여자와 결혼하여 부부의 즐거움마저 극진하다. 다만 한 가지 부족한 점이 있었으니, 그것은 슬하에 자식이 없었다는 사실이었다. 관음보살의 은혜로 기남아(奇男兒) 산백(山伯)을 얻은 양현 내외는 이제 더 바랄 것이 없었으나, 여생의 도락으로 학문과 도덕을 높이려고 힘을 썼다. 그리고 또 한 가지 남은 욕심은 아들이 용문에 올라 벼슬하는 일이었거니와, 작가는 이 금상에 첨화를 바라는 욕심을 가리켜 "약간의 허영심"이라고 주석을 달기도 하였다.[20] 산백은 부모의 소원대로 문무에 대공을 세우고 천자의 은총을 한몸에 모은 뒤에, "사랑하는 아내와 팔순을 누려" 장수하고, "온 세상 사람의 존경을 받으며, 조용히 여생을" 보낸 것으로 이야기는 끝이 난다.[21] 다만 좀 이상한 것은 양산백에게 딸 하나만을 허락하고 다남(多男)의 복은 말이 없다는 점이다. 모든 점에서 완벽한 것을 부자연하다고 작가가 생각한 것인지, 또는 필사(筆寫)로 전해 내려오는 과정에서 '일녀' 위에 가령 '삼남' 같은 두 글자가 누락된 것인지 단언하기 어렵다. 이 작품에서도 문벌, 입신양명, 훌륭한 아들, 행복한 결혼, 장수 등을 행복의 조건으로 암시하고 있음은 다른 작품의 경우와 비슷하나, 학문과 도덕의 중요성 및 순결한 사랑의 가치를 강조한 점, 그리고 입신양명의 욕망을

---

20 『양산백전』, 『전집』(성음), 제8권, p.272 참조.
21 같은 책, p.282.

허영이라 부르고, 벼슬아치들의 비굴한 태도를 비웃기도 한 점[22] 등에 약간의 특색을 찾아볼 수 있을 것이다.

이상에서 살펴본 바를 종합하면, 대체로 다음과 같은 것들이 행복의 조건으로서 갈망되었던 주요한 가치라고 생각된다.

(1) 명문 거족의 집안에 태어남.

(2) 일찍이 과거에 급제하여 벼슬이 차차 높아져 마침내 고관의 자리에 오름으로써 가문을 더욱 빛냄.

(3) 아름답고 현숙한 요조숙녀와 결혼하여 부부 화목함.

(4) 재주와 덕과 효성이 지극한 아들을 여럿 두되, 그들이 모두 입신양명함.

(5) 덕망과 공로가 탁월하여 명성이 사방에 자자함.

(6) 학식과 인품이 높아 남의 존경을 받아 가며 깨끗하게 살아감.

(7) 건강과 백년 해로로 장수함.

(8) 죽을 때 편안히 죽음.

(9) 많은 자손이 대를 이어 번영함.

이 밖에 변함없이 열렬한 사랑을 말한 곳도 있으나, 그것은 예외 없이 하늘이 정한 배필을 구하는 과정의 에피소드이며, 결국은 만족스러운 결혼에 목표가 있었다. 또 간혹 학문과 도덕을 강조하기도 했으나, 학문이나 도덕 그 자체를 행복의 필수 요건으로 보기보다는 입신양명의 조건으로 본 듯한 인상을 줄 경우가 많다.

조선시대의 모든 사람들이 위에 열거한 바와 같은 조건을 갖춘 행복을 염원했다고는 생각되지 않는다. 이제까지 말한 것은 양반계급 가운데서도 상

---

22 같은 책, p.268.

당한 특권층만이 바라볼 수 있는 꿈이었으며, 대부분의 서민들은 남의 그러한 부귀와 영화의 이야기를 소설에서 읽고 대상적(代償的) 만족을 얻을 수밖에 없었다. 무엇보다도 행복의 첫째 조건은 명문 거족의 가문에 태어나는 일이었으니, 이미 이름 없는 서민의 집안에 태어난 사람으로서는 돌이킬 도리없는 제약 앞에 공상조차 자유롭게 하기 어려웠을 것이다. 그러므로 서민층이 생각한 행복의 조건은 자연히 상당한 차이를 가졌으리라고 생각하지 않을 수 없거니와, 과연 조선시대의 서민들은 어떤 종류의 행복을 염원했을 것인가? 조선시대 소설 가운데 서민층의 생활을 주제로 삼은 작품이 적은 까닭에, 이 문제에 대답하기에 충분한 자료의 부족을 느끼는 바 없지 않으나, 허락된 범위 안에서 살펴보기로 하자.

서민 문학의 하나라고 볼 수 있는 『이춘풍전(李春風傳)』 가운데, 춘풍의 아내의 다음과 같은 말이 있다.

> 대장부 태어나서 문무간(文武間)에 힘을 써서 춘당대(春塘臺) 알성과(謁聖科)에 문무참례하여 계수화(桂樹花)를 숙여 꽂고 청라삼(靑羅衫) 떨쳐 입고 부모 전에 영화 뵈고 후세에 이름 내어 장부의 사업을 하면, 패가할지라도 무엄치나 아니 할꼬. 그렇지 못하면 치산(治産)을 그리 말고 농업에 힘써서 처자를 굶기지 말고, 의식이나 호강으로 지내다가 말년에 이르러서 자식에게 전장(傳庄)하고 내외가 종신토록 환력평생(還曆平生)하게 되면, 그도 아니 좋을손가.[23]

춘풍의 아내는 두 가지의 인생 목표를 말하고 있거니와, 그 첫째는 장원급

23 『이춘풍전』, 『전집』(성음), 제7권, p.224.

제하여 입신양명함으로써 가문을 빛내고 명성을 떨치는 일이요, 그 둘째는 부지런히 일하여 돈을 벌어서 가정경제에 궁색함이 없도록 살면서 내외가 나이 많도록 평안하게 사는 일이다. 둘 가운데 아무거나 선택할 수 있다면, 첫째 것을 택하는 것이 조선시대 사람들의 일반적 경향이었을 것이다. 그러나 이미 대단치 않은 가문에 태어난 사람들에게는 그것은 한갓 그림의 떡에 지나지 않는다. 따라서 그들이 어느 정도 실현성 있는 목표로서 바라볼 수 있는 것은, 살림에 아쉬움이 없을 정도의 재산을 모아서 단란한 가정생활의 즐거움을 누리는 일뿐이다.

이러한 서민의 이상은 『서동지전(鼠同知傳)』에도 나타나 있으니, 자식들이 글공부를 안 하여 학식이 없음을 한탄하는 큰 쥐에게 대답한 맏아들의 말 가운데 다음과 같은 것이 있다.

문장 재사와 영웅 열사는 신수에 좋은 바가 못 됩니다. … 글은 그저 남의 손을 빌려서 편지를 쓰지 않을 정도면 족할 것입니다. … 대저 예로부터 제왕 영웅과 충효 열절과 부귀 공명과 문장이라고 이름이 난 자들이 와석종신(臥 席終身)하기 어려웠으니, 무엇이 선(善)하고 무엇이 귀하다 하겠습니까? 우리 서씨는 … 성명이나 기록하고 자손은 오입 잡기나 말고 난봉이나 없이, 선조의 체면이나 욕되지 않게 하면 족할 것입니다. 매년 삼백 육십 일에 권솔이 기한을 면하고, 위로 조상의 시사 향화를 받들며, 백발 양친을 고당에 모셔 … 부화 부순하며, 우애 돈독하여 상호 화목하면서 성자 신손이 계계 승승할 것이니, 부질없이 … 부귀 공명과 문장을 무엇에 쓰고자 원합니까?[24]

---

24 「서동지전」, 『전집』(성음), 제4권, pp.324-325.

여기서 맏아들 쥐는, 벼슬하여 높은 자리에 오르는 것은 풍파를 일으켜 와석종신하기 어렵다는 이유로 도리어 바람직하지 않다고 말하고 있으나, 이것은 문맥으로 볼 때 하나의 변명으로서의 색채가 강한 발언이다. 학문을 닦고 입신양명할 자신이 있지만 오히려 농사나 짓고 사는 길을 택하겠다는 것이 아니라, 그렇게 할 자신이 없는 까닭에 부귀 공명을 나쁘게 말하는 심리가 강하다. 『창선감의록』 가운데도 불량배 장평이 "호관이 불여 다득전이라!"는 말을 하여 벼슬보다 돈이 낫다는 소리를 하는 대목이 있으나, 이것도 벼슬을 탐내던 계획이 실패한 순간에 한 발언이었다.[25] 일반적으로 말해서, 조선시대 사람들의 안목으로 볼 때, 입신양명은 가장 부러운 삶의 길이요, 안정된 가정생활은 차선의 길이었음에 의심의 여지가 없다.

특권층의 이상에 있어서 관직과 권세와 명성이 강조되고 있음에 비하여, 서민층의 경우는 물질생활의 안정이 강조되고 있음을 본다. 그러나 특권층의 이상을 논한 말 가운데 재물이 강조되지 않았다는 사실을 근거로, 특권층에게는 물질에 대한 관심이 약했다고 단정한다면, 그것은 부당한 추리에 가까울 것이다. 무관심한 까닭에 재물을 강조하지 않은 것이 아니라 높은 벼슬과 권세에는 자연히 재산이 따르기 마련이므로 구태여 따로 강조하지 않았을 따름이라고 보는 것이 마땅할 줄 안다. 예나 지금이나 높은 지위와 강한 권세를 누린 사람으로서 의식에 곤궁한 사람의 예는 흔하지 않을 것이다.

명문 거족 출신 가운데도, 과거를 보고 벼슬을 탐내는 태도에 대하여 비판적인 의견을 가진 사람들이 전혀 없었던 것은 아니다. 『숙영낭자전』의 남주인공 백선군(白仙君)은, 과거 준비하기를 재촉하는 그 부친에 대하여 "과거니 공명이니는, 속물이 탐내는 헛된 욕심입니다."라는 말을 하고 있으며,[26]

---

25 『창선감의록』, 『전집』(세종), 제2권, p.91 참조.

『숙향전』의 첫머리는 "공명에 뜻이 없어 산중에 은거하여 … 천자(天子)가 … 이부상서(吏部尙書)의 벼슬을 주며 불렀으나" 종시 응하지 않은 운수선생(雲水先生)의 이야기로 시작된다.[27] 『구운몽』의 주인공 성진은, 부귀와 공명을 마음껏 누리고 나서, 인간세계의 영화가 모두 허무하다는 것을 술회하며 다음과 같이 말하고 있다.

> 과거를 보아 장원으로 뽑히어 … 나아가서는 장수가 되고 들어오면 재상이 되어 공훈을 세우고서 … 두 공주와 여섯 낭자와 더불어 여생을 즐긴 것이 다 하룻밤의 꿈이로다. 짐작컨대 필연 스승이 나의 생각이 그릇됨을 알고, … 인간의 부귀와 남녀의 사귐이 다 허무한 일임을 알게 함이렷다.[28]

그러나 입신과 공명에 대하여 부정적인 태도를 취한 발언은, 전체로 볼 때 예외적인 편에 속하며, 설혹 그런 발언을 했다 해도, 그 발언이 언제나 실천에 의하여 뒷받침되었다고 보기는 어려운 일이다. 아마 실제로도 부귀와 공명을 탐탁하지 않게 생각한 사람들이 더러는 있었을 것이다. 그러나 부귀와 공명을 누릴 수 있는 기회와 실력을 가지고도 그것을 외면한 사람들의 수효는, 비율로 볼 때 그리 많지는 않았을 것이다.

부귀와 공명을 성취하여 영화의 극치를 누리고자 원한 사람들에 있어서나, 전답을 장만하고 가족을 보존하여 안락한 생활을 즐기고자 원한 사람에 있어서나 한가지로 공통된 것은 가족주의적 경향이다. 첫째 유형에 있어서도 가문의 명예와 자손의 영화에 역점이 주어져 있으며, 둘째 유형에 있어서

---

26 「숙영낭자전」, 「전집」(성음), 제8권, p.216.
27 「숙향전」, 「전집」(성음), 제3권, p.344 참조.
28 「구운몽」, 「전집」(성음), 제7권, p.153.

도 부모의 봉양과 조상의 제사 그리고 처자의 보존에 역점이 주어져 있다. 엄밀한 의미의 개인을 위한 입신양명 또는 치산치부(治産致富)보다도 항상 '가족과 가문을 위해서'라는 관념이 누구에게나 강했던 것으로 짐작된다.

문벌, 부귀와 공명, 도덕, 학식과 문장, 다남(多男), 장수 등이 조선시대 사람들의 간절한 소망이었다는 것은 거의 명백하다. 그러나 그들 주요 가치 가운데서 어느 것을 가장 소중히 여겼으며 어느 것을 약간 덜 존중했는지는 단정하기 어렵다. 다시 말하면, 위에 나열한 중요한 가치들 사이의 서열을 논하기는 매우 곤란하다. 현재의 우리들의 경우에도 그렇듯이, 이 점에 관해서는 조선시대의 가치관에도 개인차가 있었을 것으로 보이며, 그 개인차를 소상히 가려 낼 수 있는 자료를 그 시대의 소설 가운데서 발견하기는 어렵다. 결핍된 자료 중에서 참고가 됨직한 몇몇을 지적해 두는 것으로 그치고자 한다.

『서동지전』 가운데 "인간 오복은 수위선(人間五福壽爲先)"이라는 말이 보인다.[29] 다만, 이것은 부친의 수연(壽宴)에서 자식이 한 말인 까닭에, 이것을 글자 그대로 그 당시의 가치관을 표명하는 것이라고 보기는 어렵다. 그러나 그 말을 자식 쥐가 제 의사로 만들어 낸 것은 아닐 것이며, 그 당시 흔히 돌던 문자를 아들 쥐가 적용했다고 보아야 할 것이므로, 이 말에 어느 정도의 중요성은 인정해도 좋을 것이다.

다음에, 『금오신화』에 포함된 단편 「이생규장전(李生窺牆傳)」을 보면 상사병에 걸려 생명이 위독하게 된 딸을 걱정한 아버지가, "여보 잘못했다가는 귀여운 딸을 그냥 잃어버릴 뻔하였구려."라는 말을 하는 대목이 있다.[30]

---

29 『서동지전』, 『전집』(성음), 제4권, p.332 참조.

30 『금오신화』, 『전집』(세종), 제5권, p.95.

그 딸은 방년 16세의 나이로 부모 모르게 이생(李生)이라는 남자와 정을 통해 오다 이생 부모의 간섭으로 실연의 위기에 처했던 것이니, 당시의 관념으로 말하면, '집안 망신' 시킨 딸이다. 여기 우리는 가문의 명예도 중요하지만 딸의 생명을 더욱 소중히 여기는 아버지의 판단을 본다. 그 딸 최경자(崔慶子)는 부모의 승낙을 얻어 결혼을 하게 되었거니와, 그 뒤에 홍건적(紅巾賊)의 난을 만나, 최씨는 오랑캐에게 잡혀 정조를 빼앗길 위기에 몰린다. 이때 최씨는 "차라리 죽어서 시랑의 밥이 될지언정 어찌 개새끼 같은 놈의 짝이 될 수 있을까 보냐."라고 말하며 반항하다가 적에게 살해된다.[31] 최씨의 죽은 영혼이 이생을 다시 만난 자리에서도, "절개는 중하고 목숨은 가벼워 해골을 황야에 던졌다."는 말을 한다.[32] 이것으로 보면 정조는 생명보다도 더 무겁다는 얘기가 된다. 생각건대, 딸이 자유 연애를 하여 정조를 허락함으로써 생긴 가문의 불명예와, 남편 있는 아내가 오랑캐에게 정조를 빼앗기는 욕됨 사이에는 근본적인 차이가 있다고 본 모양이다. 이것은 딸의 순결을 바라는 아버지의 희망과 아내의 절개를 요구하는 남편의 욕심 사이에 커다란 강약의 차이가 있다는 사실의 반영이기도 할 것이다. 하여간, 여기서 우리는 한국 여성의 유례 없이 강한 정조 관념을 다시 한 번 확인하게 된다.

양반계급에 있어서, 과거에 급제하고 벼슬길에 올라 입신양명하기를 희망하는 욕구가 강했다는 사실은 이미 여러 번 말하였으며, 그 공명욕에 대한 반성과 비판도 없지 않았다는 사실도 언급한 바 있다. 이와 같은 반성과 비판의 요점에는 크게 두 가지가 있는 것으로 보인다. 그 하나는 공명의 길이 험난하여 일신과 가족의 안전을 위태롭게 할 염려가 많다는 것이며, 또 하나

---

31 같은 책, p.96.
32 같은 책, p.97.

는 공명을 탐내다 자칫하면 지조를 잃고 더러운 권세에 굴복하게 되기 쉽다는 점이다. 이 두 가지의 문제점을 우리는 궁중 소설『한중록』가운데서도 찾아볼 수 있다. 작가 홍씨가 세자빈이 된 다음, 그의 친가 일문이 높은 벼슬들을 하여 집안이 번영했을 때, 그의 동생 홍낙신(洪樂信)이 한 말 가운데 다음과 같은 것이 있다.

국척의 집 보전하는 것이 음관(蔭官)이나 주부(主簿) 봉사 같은 말단 벼슬을 길이 누리는 법이니, 누님께서 본집 잘되는 것을 기뻐하지 마소서.[33]

이 짧은 말 가운데 우리는 조선시대의 너무나 험난했던 세도의 길의 한 측면을 보거니와, 이 말을 한 사람 자신도 이미 이품 이상의 관직에 올라 있었음을 생각할 때, 높은 벼슬에 대한 일반의 선망과 그 높은 벼슬이 도리어 화근이 될지도 모른다는 것을 염려하는 학자형 고관의 심리도 거기 잘 나타나 있음을 발견한다.

다음에 작가의 작은 동생 홍낙임(洪樂任)의 처세에 대한 서술을 보면, 그도 초년에는 장원급제하고 관직에도 오른 일이 있지만, 노론(老論)들의 횡포가 극심하게 된 뒤로는, "부귀에 물들지 않고 세로(世路)에 추종하기를 싫어하였다." 그리고 이 친정 동생을 작가는 "지조가 고상하고 규모가 조촐한" 사람이라고 칭찬했으며,[34] 또 "빙청옥결(氷淸玉潔) 같으니 구차 비루한 짓을 할 사람이 아니"라고 찬양하기도 하였다.[35] 이러한 서술을 종합해 보면, 비루하고 구차하게 처세함으로써 높은 벼슬길에 참여하느니보다는 차

33 『한중록』, 『전집』(성음), 제6권, p.361.
34 같은 책, p.397.
35 같은 책, p.357 참조.

라리 지조를 지켜 초야에 묻히는 편이 바람직하다는 것이 당시 적어도 일부 사람들 사이에 퍼져 있던 관념이었음을 알 수 있다. 요컨대, 관직이나 권력보다도 지조와 명예가 더 소중하다는 생각이 일부 인사들 사이에 자리를 차지하고 있었던 모양이다.

이제까지의 고찰을 종합적으로 간추릴 때, 우리는 조선시대에 있어서 강하게 추구된 가치들을 크게 세 부류로 나누어 볼 수 있을 것 같다. 첫째는 처자와 더불어 물심양면으로 안정된 생활을 유지하며 단란한 가정생활을 즐기고, 나아가서 대대로 자손이 번창하여 끊이지 않는 일이다. 둘째는 입신양명하여 부귀와 영화를 누리는 가운데 가문을 더욱 빛내는 일이다. 셋째는 지조, 정조, 의리 등 사람의 지킬 바를 지킴으로써 명예롭고 깨끗한 삶을 갖는 일이다.[36] 이 세 가지를 모두 겸할 수 있다면, 그 이상 바람직한 삶이 없을 것이나, 실제에 있어서는 그 가운데서 어느 하나 또는 둘만을 선택해야 할 경우가 흔히 생겼을 것이다. 그랬을 경우에 조선시대 사람들은 어떠한 우선순위에 따라서 생각하고 또 행동했을 것인가? 이것은 가치관을 다루는 마당에서 흥미 있고 또 중요한 문제다. 그러나 소설만을 자료로 삼고 어떤 단정을 내리기에는 너무나 복잡하고 어려운 문제이기도 하다. 여기서는 시험삼아 몇 가지의 추측을 감행하는 것으로 만족하기로 한다.

어느 시대 어느 나라에서도 그렇듯이, 조선시대 사람들의 가치 서열도 개인 또는 가풍을 따라서 가치의 우선순위가 다양했을 것이며, 당위 의식에서 관념상으로 주장한 우선순위와 실제 행동으로써 실천한 그것 사이에도 차

---

36 앞에서 나열한 행복의 조건들 가운데는 세 가지 부류에 잘 들어맞지 않는 것도 있을 것이며, 두 가지 또는 세 가지에 걸치는 것도 있을지 모르나, 대개는 이 분류에 맞출 수 있을 것이다. 사랑, 장수, 다남, 안락한 죽음 등은 첫째 부류에 넣을 수 있을 것이며, 시서와 문장에 대한 욕구 내지 취미는 그 성질로 보아서 셋째 부류에 가깝다고 볼 수 있을 것이다.

이가 있었을 것이다. 아마도 일반 서민층의 경우, 행동적 실천에 나타난 가치관에 있어서는, 첫째 부류, 즉 물심 양면으로 안정된 생활을 갖고자 하는 태도가 가장 강했을 것같이 여겨진다. 그것은 상식적으로도 그럴 뿐 아니라, 앞에서 지금까지 인용한 구절들을 종합하더라도 역시 그러한 결론으로 접근하게 될 것 같다. 그리고 특권층의 경우에 있어서도 가장 기본적인 욕구는 역시 물심 양면의 안정된 생활이었을 것으로 짐작된다. 부귀와 공명이 일족을 멸망으로 이끄는 화근이 된 것은 매우 높은 벼슬 자리와 극적인 사건을 둘러싸고 생기는 예외적 현상이었으며, 대부분의 경우는 부귀와 공명의 길은 물심 양면의 안정을 얻는 길이기도 했다. 그러기에 사람들은 기를 쓰고 입신양명하기를 갈망했던 것이며, 그 길이 가정과 일문의 파멸을 가져올 것이라고 미리 알고도 공명을 탐낸 사람은 아마 적었을 것이다. 다만 공명이라는 것은 매우 화려하고 강렬한 욕구의 대상인 까닭에, 그 공명 가운데 실제로 위험한 장래가 깃들어 있었다 하더라도, 사람들은 그것을 깨닫기 어려워 '설마?' 하는 심리에서 위험한 공명의 길을 택한 사람들이 비교적 많았으리라는 것은 있을 수 있는 일이다.

가장 미묘한 것은, 세 번째 것, 즉 "사람이 지킬 바를 지켜 명예롭고 깨끗한 삶을 가짐"의 가치가 차지하는 위치였을 것이다. 조선시대 소설에 나온 여러 가지 발언과 그 밖의 여러 가지 사료로 보아, 이 셋째 부류에 대한 그 시대 사람들의 소망이 오늘날 우리 한국인들 또는 서구인들에 비하여 대체로 강했으리라는 것을 추측할 수가 있다. 그러나 그것이 저 첫째 것이나 둘째 것보다도 일반적으로 강했으리라고까지는 생각하기 어렵다. 아마 관념상으로는, 즉 언어의 세계에 있어서는, 적어도 둘째 것보다 강했을 것이며, 결백한 성격을 가진 개인이나 가정의 경우에는 첫째 것보다도 강했을 가능성도 크다. 그러나 실제 행동의 세계에 있어서는 셋 가운데 가장 미약한 동기에 머물렀을 것으로 짐작이 간다. "과거니 공명이니는 속물이 탐내는 헛된 욕심"이라고 한 백선군의 말은 이미 언급한 바 있거니와, 『숙영낭자전』의 작가는 그 백선군으로 하여금 장원급제하게 하고 영화를 누리게 하였다. 『주생전(周生傳)』의 주인공 주생은 처음에는 입신양명이나 공명 따위에 급급한 사람들을 비웃으며, '양심의 자유'를 얻기 위하여 강호(江湖) 유람을 떠나는 초연한 시인이었다. 그리고 특권층에 대하여 비판과 증오 그리고 공분을 금치 못한 의협의 남아이기도 했다. 그러나 그도 본래는 과거에 응시하여 공명을 꾀했던 사람이다. 그뿐만 아니라 후일에 그는 노승상이라는 고관 집에 드나들며 그 집 딸과 사랑하게 되거니와 이때 특권층에 대하여 느끼던 그의 증오는 동시에 해소됐으며, 그전에 느낀 증오에 대하여 그것이 실은 일종의 질투였음을 고백한다.[37] 이상 두 가지 이야기는 모두 소설의 허구에 지나지 않지만, 실제에 있어서도 '명예롭고 깨끗한 삶'을 위하여 자기 앞에 주어진 부귀와 공명을 물리친 사람은 적었을 것이다. 어떤 권문(權門)을 가리켜 더러우니 간악하니 하며 비평하는 것은 그 권문에서 먼 사람들 또는 후세의 평자들이며, 그 권문 안에서 영화를 누리는 사람들 자신은 아니다. 그 사람들 자신은 자기의 처지를 명예롭게 생각하며, 때로는 애국적이라는 자부심마저 갖는다. 따라서 '청렴결백', '지조' 등의 도덕을 위하여 부귀와 공명의 길을 버린다는 것은 현실적으로는 그리 흔한 일이 아니다.

이상과 같이 분석할 때, 현실적으로 사람들의 마음을 가장 강하게 끈 것은 공명의 길이었다는 결론으로 기울어지지 않을 수 없다. 그 길에서 성공만 한다면, 물질생활의 안정, 미녀와의 사랑, 가문의 영광, 자자한 명성 등은 자연히 뒤따르리라고 기대되었기 때문이다. 그러나 공명의 길에서 성공하기를 바라기 어려운 처지에 놓였음을 자각한 사람들은 물질생활의 안정과 심신

---

37 『주생전』, 『전집』(성음), 제7권, p.264, p.271, p.274 및 p.278 참조.

의 안녕 그리고 가정의 행복 등을 더 직접적인 방법으로 획득하고자 애썼을 것이다. 그리고 본래는 특권층에 속했으나 몰락하게 된 사람들 가운데 시서(詩書)나 학문 등에 생활의 중심을 구하면서 지조와 결백의 도덕을 강조한 사색파(思索派)들이 많이 생겼을 것이다.[38]

3. 물질적 가치와 정신적 가치

조선시대의 서민들은 대체로 생활고에 시달렸던 것으로 보인다. 안으로는 특권 계급의 착취가 심했고, 밖으로는 왜구와 여진의 침입 약탈이 근절되지 않은 가운데 주로 농업에 종사했던 서민층의 생활이 윤택했으리라는 것은 기대하기 어렵다. 특히 임진왜란과 병자호란의 거듭된 전란으로 인하여 국토가 황폐하게 된 뒤의 서민 생활은 극도의 곤경에 처했으리라고 짐작된다. 이러한 사정을 비교적 크게 반영시킨 소설로서는 『흥부전』, 『양반전』, 『허생전』, 『서동지전』, 『장끼전』 등을 들 수 있을 것이다. 이러한 소설 가운데 우리는 그 당시 서민층의 재물을 대하는 태도의 일단을 엿볼 수 있거니와, 그 밖에 상류층의 생활을 주제로 삼은 작품 가운데서도 재물을 대하는 사람들의 태도가 나타나 있는 구절을 여기저기 찾아볼 수가 있다. 다음에 그 일부를 추려 보기로 하자.

흔히 인용되는 맹자(孟子)의 말 가운데, "안정된 재산이 없이 한결같이 마음을 갖는 것은, 오직 선비에게나 있을 수 있는 일이다(無恒産而有恒心者, 唯士爲能)."라는 구절이 있거니와, 이 말은 한편으로 항산(恒産)의 중요성을

---

38 공명의 길을 택한 사람들 또는 이미 그 길에 오른 사람들도 학예에 힘썼을 것이며, 그들도 역시 지조와 결백 등 도덕을 강조했을 것이다. 비록 그 강조가 관념과 언어의 세계에 국한되고, 행동적 실천을 동반하지는 않았다 할지라도.

강조하면서, 다른 한편 선비가 물질에 대하여 취해야 할 올바른 태도를 간접적으로 암시하고 있다. 생활의 안정을 보장할 정도의 재물이 매우 중요함을 인정하되, 모름지기 선비되는 자는 재물보다도 도덕을 더욱 힘써야 한다는 가르침이다. 이러한 유교적 교훈은 조선시대를 일관하여 받아들여졌으며, 적어도 공식적인 언행에 관한 한, 재물을 대하는 바른 태도의 기준이 되었으리라고 생각된다. 짧게 말해서, 재물은 매우 필요한 것이기는 하나, 그것에 너무 집착하는 태도는 배척을 받은 것이다.

일종의 중용설(中庸說)이라고 볼 수 있는 이러한 가르침은 자연히 재물에 대한 욕심을 경계하는 쪽으로 기울어지기가 쉽다. 재물의 중요성은 구태여 강조하지 않더라도 모든 사람들이 잘 알 것이나, 재물에 대한 욕심은 그대로 두면 자연히 도를 넘기가 쉽기 때문이다.

『흥부전』, 『김학공전(金鶴公傳)』 등은 탐욕을 직접적으로 경계하는 내용을 담은 소설이거니와, 그 밖에도 재물에 대한 초탈 또는 관후(寬厚)의 태도를 은연중 칭송한 구절은 흔히 찾아볼 수가 있다. 『구운몽』의 남주인공 양생(楊生)이 여복으로 변장하고 정사도(鄭司徒) 댁에 들어가 거문고를 타고 나올 때, 정사도 부인이 은과 비단을 상금으로 주었으나 받지 않고, "이 몸이 비록 다소의 음률을 아오나 스스로 즐길 따름이오니, 어찌 광대같이 놀이채를 받으오리까?"라고 말한 대목은 재물에 대한 초연한 태도를 찬미한 뜻으로 해석된다.[39] 『박씨전』에는 임경업(林慶業)이 호왕(胡王)을 위해서 다갈을 정벌하고 귀국할 때 호왕이 준 금은보화를 전부 부하에게 나누어 주는 사연이 있다.[40] 실용과 경제를 강조한 박연암의 소설 가운데도, "재물이 많아도

39 『구운몽』, 『전집』(성음), 제7권, p.40 참조.
40 『박씨전』, 『전집』(성음), 제7권, p.177 참조.

인색치 않으니 의(義)가 있음이요, 남의 딱한 사정을 돌봐 주었으니 인자함이요"라는 말이 있다.[41] 『허생전』의 주인공이 막대한 돈을 번 다음에 그것을 처분하는 태도는 더욱 극적이다. 그는 그 많은 돈의 대부분을 부하들과 변부자에게 주고 또 50만 냥은 바닷물 속에 던져 버렸다. 그리고 말하였다. "돈이라는 것은 우리같이 학문을 하는 사람에게는 아무래도 소용이 없나 봅니다. 돈으로 해서 사람이 달라진다는 법은 없으니까요." 경제활동을 중요시한 연암 소설의 주인공이 이런 말을 했다는 사실은 돈의 가치를 지나치게 높이 생각하기를 원치 않은 당시의 관념을 잘 나타내는 예로서 이해할 수 있을 것이다. 변부자에게 빌린 돈 만 냥을 10만 냥으로 갚고자 했을 때, "그러실 진댄 일푼 이자로 쳐서 받도록 하지요. 이렇게 많은 돈을 받을 수는 없소이다."라고 말하는 채권자에게, "댁에서는 나를 장사아치로 보시는 건가요."라고 허생이 말한 것도 같은 관념이라고 볼 수 있다.[42] 여하간 한편으로는 재물을 매우 소중히 여기면서도, 다른 한편으로는 그것을 약간 천한 것으로 평가하는 이중적 태도는 이미 조선시대에도 현저했다는 것을 짐작하기에 족하다.

이와 같은 이중적 태도는 행동과 관념의 거리를 멀리하는 경향이 있다. 말로는 재물을 대수롭지 않은 것처럼 대접하면서, 행동으로는 염치를 무릅쓰고 그것을 추구하는 것이다. 조선시대 사람들도 지위의 고하를 막론하고 재물에 대한 관심 내지 욕심은 상당히 강했던 것으로 추측하지 않을 수 없다.

『배비장전』, 『양산백전』 등을 보면 방자 또는 시비를 돈으로 매수하는 이야기가 나온다.[43] 『옹고집전』에는, 진짜 옹가와 가짜 옹가가 다투는 마당에,

---

41 『양반전』, 『전집』(성음), 제4권, p.77.
42 『허생전』, 『전집』(성음), 제4권, pp.106-107.

"원통하고 분하도다. 저놈이 우리 세간 앗아가려 이리한다", "나의 재물 빼앗고자 몹쓸 비계(秘計) 부리면서, 낸 체하고 가산(家産)을 분별하니" 따위의 대화로써, 마누라 빼앗기는 것보다 재물 빼앗기는 것을 더 걱정하는 대목이 있다.[44] 이 작품 전체의 줄거리가, 부모도 몰라보고 인정사정 전혀 없이, 오직 재물만을 아는 수전노를 경계한 것으로 짜여 있음은 더욱 널리 알려진 사실이다. 재물에 대한 관심이 매우 큰 것은 일부에만 국한된 현상이 아니었던 모양이다. 궁녀 운영(雲英)과 그의 애인 김진사는, 목숨을 걸고 도망을 가는 다급한 마당에서도 많은 재물을 먼저 운반해 내기에 골몰한다.[45] 본래 물질을 초월할 것이 기대되는 승려들까지도 재물에 대해서 매우 민감했던 것 같다. 『양산백전』의 남주인공이 그가 오래 신세를 졌던 산사(山寺)로부터 떠나올 때, 그 절의 중들이 산문 밖까지 전송하거니와, 작가는 중들의 그러한 친절을 "그가 있는 동안 적당히 재물을 뿌려 둔 인자한 마음씨에 감사해서"라는 말로 설명하고 있다.[46] 『허생전』의 작가 연암은 도적 두목의 입을 빌려, "대자 대비한 절간의 중녀석들도 석가여래를 팔아먹어야 사는 판인데"라는 노골적인 말을 뱉고 있다.[47]

『허생전』의 어떤 구절은 요즈음 흔히 말하는 '황금만능'의 관념을 연상케한다. "돈 만 냥을 가지고 위세를 부리며, 나라를 기울일 수가 있으니, 이 세상이란 것이 대체 어떠한 속셈인가?"라는 말이 있는가 하면, 심지어 "돈은 벼슬도 주고 임금도 살 수가 있는 것이 아니었던가."라는 말까지 있다.[48] 그

43 『배비장전』, 『전집』(성음), 제4권, p.269; 『양산백전』, 『전집』(성음), 제8권, p.256 참조.

44 『옹고집전』, 『전집』(성음), 제4권, pp.406-407 참조.

45 『운영전』, 『전집』(성음), 제8권, pp.104-106.

46 『양산백전』, 『전집』(성음), 제8권, p.253.

47 『허생전』, 『전집』(성음), 제4권, p.104.

48 같은 책, pp.102-103.

리고 가난한 사람을 경멸하는 부자의 거만스러운 태도와, 부자 앞에 비굴하게 아부하는 내용들의 한심스러운 모습도 생생하게 묘사되고 있다.[49] 이토록 재물의 힘을 크다고 본 것은 박연암 한 사람만의 관찰이 아니었다. 『박문수전(朴文秀傳)』에는 어떤 고관이 부하에게 명령하여 양가의 규수를 강제로 사오도록 하는 이야기가 있거니와, 그때 그가 한 말에, "세상 일은 돈이 있으면 귀신을 능히 부리는지라…" 하는 구절이 있을 정도다.[50]

재물의 위력이 강했던 까닭에, 탐욕에서 오는 범죄 사건도 적지 않았던 모양이다. 당시의 특권층은 여간 무도(無道)한 짓을 해도 제재를 받지 않았다. 이상옥(李相玉)의 『한국의 역사』에도 양민들의 재물을 약탈한 양반들의 행패가 일부 기록되어 있다. "세력을 이용하여 돈을 긁어 모은" 한명창(韓明澮)과 홍윤성(洪允成), 영유지방(永柔地方)에 많은 토지를 장만하고 지방 관리로 하여금 관리하게 하여 농민을 착취한 송질(宋軼), 배를 만들어 송질에게 뇌물을 보내기에 급급했던 이윤검(李允儉), "임금에게 아첨한 후 양민을 억압하여 종으로 만들며, 백성의 토지를 약탈하여 졸부가 된" 홍숙(洪淑) 등.[51] 이러한 사회상은 조선시대 소설에도 반영되어 당시의 무질서를 짐작하기에 도움을 준다. 『채봉감별곡(彩鳳感別曲)』에는 권문세가(權門勢家)의 매관 매작 행위, 제 딸까지 첩으로 바쳐 가며 벼슬을 사려 하는 부덕한 아비의 이야기 등이 보인다.[52] 그 밖에 『조웅전』, 『박문수전』, 『옥단춘전(玉丹春傳)』 등에도 악덕한 관리의 이야기가 빈번하게 나온다. 상류사회가 부패하면 하류사회도 자연히 그 영향을 입는다. 탐욕으로 인한 서민의 범죄 사건을

49 같은 책, pp.100-101 참조.
50 『박문수전』, 『전집』(성음), 제7권, p.259.
51 이상옥, 『한국의 역사』, 하서출판사, 1970, 제9권, pp.220-227 참조.
52 『채봉감별곡』, 『전집』(성음), 제8권, pp.174-175, pp.181-183 참조.

담은 소설로서는 『장화홍련전』, 『운영전』, 『홍길동전』, 『김학공전』 등을 들 수 있을 것이다.

다수의 서민층이 매우 빈곤한 생활에 시달린 반면에, 소수의 특권층은 상당히 호화로운 향락을 누린 듯하다. 앞에서 잠시 언급한 이상옥의 책 가운데, 당시의 고관 대작들이 "굉장히 큰 집을 짓고, … 매일 연회를 열었으며, 기생까지 집에 두고 … 놀이와 춤으로써 세월을 보냈다."는 이야기며, 기이한 보물을 많이 사들이고 일생을 술로 지낸 이야기 등이 소개되고 있다.[53] 조선시대 소설 가운데도 특권층이 경사를 당하여 잔치를 베푸는 광경이며, 호화롭고 사치스러운 가정생활의 모습 등을 단편적으로 그린 곳이 있으나, 반드시 사실적이라고는 생각되지 않으며, 그저 서민층에 비하여 몹시 차이가 나는 생활을 했다는 것을 짐작하기에 족할 따름이다. 조선시대에 있어서도 재물을 숭상하는 풍조가 심했고, 부유층의 생활이 호화로웠다는 것은 의심의 여지가 없을 것이다. 그러나 오늘날처럼 재산의 축적 자체를 삶의 주요 목표로 삼는 경향이 뚜렷했다고는 생각되지 않으며, 부유층의 호화와 사치도 오늘의 그것에 비하면 오히려 검소한 편이 아니었을까 추측된다. 그 시대에는 우리나라에 아직 자본주의적 가치관이 형성되지 않았으며, 오늘과 같은 극도의 사치를 가능하게 하는 물자의 생산이 없었기 때문이다.

재물을 중심으로 한 물질적 가치에 대한 애착이 강한 가운데도 그 풍조가 오늘과 같은 극단에는 이르지 않았던 조선시대에 있어서, 학문, 예술, 도덕 등 정신적 가치를 숭상하는 기풍은 현재 우리의 경우보다 훨씬 높았던 것으로 보인다. 이상옥의 책에서도 밝히고 있듯이, 조선시대의 양반계급이 술과 기생으로 환락을 즐기는 순간에도, 그들은 시로써 문답하고 서화와 가무를

---

53 이상옥, 『한국의 역사』, 제9권, pp.220-221.

즐기는 풍류를 가졌다는 사실은 주목할 만하다.[54] 당시 특권 계급의 환락을 위한 노리개에 가까웠던 기생들까지도 시서, 가무, 음곡 등에 능한 식자와 예인으로서의 일면을 갖춘 사람들이 있었다. 돈과 술과 육체만으로 모든 수작이 시작되어 또 그것만으로 모든 거래가 끝나는 현대 화류계의 현실에 비하여, 주목할 만한 차이점이라 하겠다.

상류사회에 있어서 학문과 예술을 숭상했다는 사실은 당시의 소설에도 어느 정도 반영되고 있다. 예컨대 『금오신화』, 『영영전(英英傳)』, 『운영전』, 『주생전』 등은 남녀의 사랑을 주제로 삼은 소설이거니와, 그 가운데서의 남녀의 수작은 한시의 문답이 그 중요한 부분을 차지하고 있다. 따라서 그들의 사랑은 단지 생물학적인 것에 그치지 않고 극히 정서적이며 낭만적이다. 그들의 사랑은 일시적인 에피소드로 그치는 일이 적으며, 대개는 평생에 걸치는 중대사로서의 의미를 가졌다. 같은 경향은 기생과의 사랑을 다룬 작품에서도 찾아볼 수 있다. 이도령과 성춘향의 사연은 뜨겁고 참된 사랑의 모범이라 하겠거니와, 이혈룡(李血龍)과 옥단춘(玉丹春), 주생(周生)과 배도(俳桃), 이생(李生)과 오유란(烏有蘭), 강필성(姜弼成)과 채봉(彩鳳) 등 사랑하는 여자의 신분을 기생으로 한 다른 사랑의 이야기들도 모두 일편단심의 변함없는 사랑으로서 그려지고 있다.

학식과 문장 또는 시를 숭상하는 것은 조선시대의 일반적인 경향이었던 것으로 보인다. 양반 사회에서는 그것을 못하면 행세를 못했으며, 비록 국록을 먹지 않는 야인일지라도 문장만 잘하면 어디를 가도 대접을 받을 수가 있었다.[55] 학식이 깊고 문장에 능하다는 것은 큰 자랑이었으며, 또 그것은

---

54 같은 책, pp.217-226 참조.
55 성종(成宗) 때의 손순효(孫舜孝)는 야인이었으나, 문장이 탁월하여 그것으로 어연(御宴)까지 하사받았다. 같은 책, pp.222-225 참조.

선망의 대상이기도 하였다. 『춘향전』에서 변사또 생일 잔치에 온 이몽룡을 시로써 시험하는 이야기, 소유(小儒)에 불과했던 김진사가 시를 잘했던 까닭에 안평대군의 총애를 받고 운영의 마음을 사로잡는 『운영전』의 시회(詩會), 딸 채봉과 강필성의 수작을 꾸짖던 어머니의 강생의 시와 글씨 잘 쓴 것을 보고 당장 그를 사위 삼고 싶어 하는 심정 등은, 모두 학식, 문장, 시서를 숭상하는 사회가 아니고는 이해하기 어려운 이야기들이다.

학식, 문장, 시서 등이 특별한 숭상을 받게 된 것은 그것들이 양반계급의 소관사였을 뿐 아니라, 출세의 조건이기도 하였기 때문이다. 당시 출세의 등용문은 과거였으며, 과거에 있어서 시험의 대상이 된 능력이 경학(經學)에 대한 이해와 문장력 내지 작시(作詩)의 솜씨 그리고 서예 등을 으뜸으로 삼았던 까닭에, 응당 학문, 문장, 시서 등을 숭상하고 힘쓰게 되었다. 즉, 그것들은 출세의 조건이었던 까닭에 사람들이 힘쓰게 되었고, 출세한 사람들이 좋아하고 잘하는 일이었던 까닭에 더욱더 높이 평가되는 순환을 거듭했던 것이다.

조선시대에 있어서 숭상을 받은 학문이란 결국 유학이었으며, 유학의 바탕은 공맹(孔孟)의 도덕 사상이었던 까닭에, 학문의 숭상은 유교적 도덕의 숭상을 필연적으로 동반하였다. 그리고 이 유교 도덕의 숭상은 조선시대 소설에도 여실히 반영되고 있다. 조선시대 소설 가운데 권선징악을 내용으로 삼는 것이 많다는 것은 누구나 아는 사실이거니와, 어떤 것은 소설이라기보다도 설교서 같은 인상을 줄 정도로 도덕을 앞세운다. 『백학선전』의 마지막 구절은 그 소설의 설교서적 특색을 가장 노골적으로 보여준다.

어찌 현우(賢愚)와 선악(善惡)의 보응(報應)이 두렵지 않으냐. 후세의 사람이 이 사실을 보고서 충효와 인의를 힘써, 절부(節婦)의 효행을 본받아야 할 것이다. 연왕 부부의 사적이 너무도 신기하기로 대강 기록하여 후세에 전하

는 바이라.[56]

소설 속의 대화에서도 덕의 중요성을 강조한 말들이 자주 보인다. 숙종(肅宗)이 인현왕후의 승하를 슬퍼하여 조석하여 애통함이 지나치므로 신하들이 간유했을 때, "과인이 부부지정으로 슬퍼함이 아니다. 그 덕을 생각하고 성품을 잊지 못하여 서러워함이로다."라고 한 말은 그 대표적인 것의 하나다.[57] 「박문수전」에 관상 보는 이야기가 나오면서, 사람의 얼굴을 상보는 것보다도 그 마음을 상보는 것이 더 중요하다는 말을 하고, 심지어 배도라는 사람은 본래 굶어 죽을 상이었으나, 그가 덕행을 한 뒤로 그 인상이 변하여 부귀를 누렸다고 말하는 대목도, 덕의 중요성을 크게 강조한 예로서 들 수 있다.[58] 연암은 위선적 가면의 도덕을 신랄하게 비판한 사람이지만, 그도 허생의 입을 통하여 덕이 매우 중요함을 암시하는 발언을 하고 있다. 뱃사공과 더불어 어느 무인도에 갔을 때, 사공이 그곳에 사람이 살고 있지 않음을 말하자, 허생은 다음과 같이 말했던 것이다. "덕 있는 사람에겐 사람이 모여드는 법이니, 덕 없음이 걱정될 뿐이지 어찌 사람 없는 것을 근심한단 말이오."[59]

한편으로 학문과 도덕을 높이 찬양하는 태도가 있는가 하면, 또 다른 한편으로는 그것을 비웃는 듯한 발언도 가끔 찾아볼 수 있다. 허생이 도적떼를 보고 사람답게 살도록 노력할 것을 충고했을 때의 도적 두목의 대답 가운데는 확실히 그러한 냉소가 드러나 있다.

56 「백학선전」, 「전집」(세종), 제2권, p.382.
57 「인현왕후전」, 「전집」(성음), 제6권, p.45.
58 「박문수전」, 「전집」(성음), 제7권, pp.257-258 참조.
59 「허생전」, 「전집」(세종), 제5권, p.282.

당신은 우리와 그 따위 썩어빠진 도덕을 따져서 무얼 하겠다는 거요. … 당
신의 도덕이 어떠한 것인지 모르나, 우리에겐 단지 산다는 것이 있을 뿐이오.
먹는 것이 필요할 뿐이오.[60]

『장끼전』에 나오는 장끼의 말 가운데도 비슷한 것이 있다.

예절을 모르거든 염치를 내 알소냐. 안자(顏子)님 도학염치(道學廉恥)로도
삼십밖에 더 못 살고, 백이 숙제의 충절염치로도 수양산(首陽山)에서 굶어 죽
었으며, … 염치도 부질없고 먹는 것이 으뜸이다.[61]

조웅(趙雄) 모자가 위험을 피하여 멀리 달아나던 중 노상에서 허기를 견디
지 못하다가, 어떤 동정심 있는 나그네가 주는 사과를 얻어 먹었을 때의 감
상을 적은 대목에도, 예법이나 학문의 가치를 약간 내려 깎는 듯한 말이 있
다.

그리하여 사과로 힘을 얻고, 아무것도 아닌 한 끼의 음식이 인간에게 얼마
나 존중한 것인가를 새삼스럽게 깨달으며, … 공자의 학문도 주공단(周公旦)
의 예법도 또 어떠한 학문도 밥의 힘에는 당하지 못한다고 생각되더라.[62]

한편에서는 학문과 도덕을 크게 중요시하며 다른 한편에서는 그것들에 대
하여 부정적 태도를 취한 이 대립적 상황을 우리는 일종의 변증법적 현상으

---

60 「허생전」, 『전집』(성음), 제1권, p.104. 세종출판공사판에는 이 말이 없다.
61 「장끼전」, 『전집』(성음), 제7권, p.310.
62 「조웅전」, 『전집』(세종), 제3권, p.288.

로서 이해할 수 있음직하다. 다시 말하면, 양반계급이 특권을 누리는 사회에 있어서 학문과 도덕을 앞세우는 경향이 지나칠 정도에 달했을 때, 그 경향에 대한 반작용으로서 학문과 도덕을 도리어 냉소하는 태도가 일어나는 것이 아닐까 생각하는 것이다. 그것은 마치 돈을 숭상하는 경향이 극도에 달한 현대에 있어서, 그 금전만능적 풍조에 대하여 비판적인 태도가 일부에서 일어나고 있는 것과 같은 논리의 현상으로서 이해할 수 있음직하다. 생각건대, 인간의 기본 생활의 유지를 위하여 필요한 물질적 조건을 무시하고는 하루도 살 수 없는 것이 우리의 현실이거니와, 조선시대 양반들의 지나친 학덕(學德) 숭상은 현실이 요구하는 경제적 활동을 소홀히 하는 폐단을 야기했을 뿐 아니라, 언어와 행동이 배치되는 위선의 경향조차 동반하게 되었으므로, 이에 대한 비판의 경종 또한 불가피했던 것으로 보인다. 양반, 학문, 예절 내지 도덕 등에 대하여 회의 내지 냉소의 태도를 가장 신랄하게 표명한 것은, 『양반전』, 『허생전』, 『호질(虎叱)』 등을 쓴 연암 박지원이거니와, 그도 근본에 있어서는 학문과 도덕을 매우 숭상하는 양반계급의 한 사람임을 벗어나지 않았다. 다시 말하면, 연암이 비난한 것은 어디까지나 현실을 외면한 학문과 위선에 가득 찬 거짓 도덕이었으며, 모든 학문과 모든 도덕을 배척한 것은 결코 아니었다. 그러기에 그는 실학(實學)이라고 불린 새로운 경향의 학문을 발전시킨 대표적인 학자의 한 사람이 될 수 있었던 것이며, 그의 소설을 통해서도 참된 도덕이 무엇인가를 밝혀 보고자 애쓴 비판적 사상가로서의 평가를 받게 되는 것이다.

학문과 예절을 앞세우는 유교 사상의 영향을 강하게 받았던 조선시대에 있어서는 정신적 가치를 강조하는 전통이 우선 압도적인 세력을 가졌을 것이다. 더욱이 산업에 종사하는 농공상(農工商)의 직업인들이 천대를 받고, 땀 한 방울 흘리는 일 없이 책장이나 넘기고 한시나 읊조리는 양반계급이 대체로 부귀를 누릴 수 있었다는 사실은, 생산 및 물질의 가치를 과소평가하는 경향을 조장했을 것이다. 그러나 양반계급의 호화로운 생활 자체도 농공 계급의 노동으로 생산된 재물을 탈취함으로써 가능했던 것이며, 일반 서민층의 기본 생활을 위해서도 어느 정도의 재물이 절대로 요청되었던 까닭에, 경제적 가치에 대한 현실적 요구는 역시 심각하지 않을 수 없었을 것이다. 따라서 말로는 재물을 가벼이 여기는 듯이 하면서 행동으로는 몹시 그것을 탐내는 모순도 범하게 되었을 것이다. 이러한 실정은 양반들의 무위도식(無爲徒食)과 위선에 대한 비판 내지 비난을 필연적으로 초래했을 것이니, 양반들의 '학문과 도덕'을 냉소하고 경제적 가치의 중요성을 강조한 일부의 비판적 태도의 본질도 그러한 맥락 속에서 이해되어야 할 것이다. 마치 현대 문화의 비판가들이 정신적 가치의 중요성을 강조함은 물질적 가치의 요긴함을 부정하는 것이 아니라 황금만능주의적 풍조의 지나침을 지적함이듯이, 조선시대의 선각자들이 물질적 가치의 중요성을 역설한 것도 정신적 가치의 막중함을 부인한 것이 아니라, 양반들의 무능과 위선을 미워하고 폭로하고자 했음에 그 본뜻이 있었을 것이다.

조선시대 특권 계급의 위선은 어느 정도 일반화된 현상이었을 것으로 보인다. 임금은 세자 때부터 공맹(孔孟)의 왕도(王道)와 덕치(德治)의 교육을 받았으며 왕위에 오른 뒤에도 계속 고명한 유학자들의 강의를 들었다. 조정의 고관들은 모두 유학을 공부한 사람들이며, 또 대개는 사서(四書)와 오경(五經)에 통달할 것을 요청하는 과거의 관문을 통과한 사람들이었다. 시골에 사는 호족들도 으레 유학을 공부하고 유교의 도덕 사상을 익혔다. 양반의 사회는 온통 공맹의 도로 충만하고 사상계는 오로지 주자학(朱子學)이 지배하는 실정이었다.

유학과 유교에 대한 이 같은 숭상이 그대로 실천에까지 연장되지 못하고 유교의 가르침이 한갓 관념과 언어의 세계에 머물렀을 경우, 그것은 다름 아닌 위선으로의 전락을 의미한다고 보아야 할 것이다.

조선시대의 유교 숭상이 실천 생활에 반영되지 않았던 것은 물론 아니다. 공맹의 정신을 몸에 익혀 고매한 인격을 실현한 선비들이 적지 않았으며, 양반 계층의 여성 사회에 유교적 현모양처가 많이 배출되었을 뿐 아니라 양반 사회에 세련된 예의와 범절이 생활화하였으며, 위엄 있는 몸가짐과 태도가 일상생활 속에 습성화했다는 사실을 과소평가할 수는 없을 것이다. 그러나 다른 더욱 근본적인 측면에 있어서, 조선시대의 특권 계급은 공맹의 근본정신을 배반하는 행실을 자제하지 못한 아쉬움을 남겼다.

조선시대 특권 계급의 도덕으로 하여금 위선의 길로 빠지게 한 가장 근본적인 원인은 지배계급의 권세욕과 당파 의식이 너무 강했음에 있었을 것이다. 조선시대의 가장 큰 소망은 입신양명하여 가문을 빛내는 일이었거니와, 이 소망을 달성하는 구체적인 방도는 높은 벼슬에 오르는 길이었다. 그리고 벼슬에 대한 욕심은 권세에 대한 욕심으로 발전했으며, 권세욕은 그 만족을 추구하는 과정에서 붕당(朋黨)의 형성과 파벌 의식의 앙양을 초래했다. 권세욕과 당파심은 서로 결합하고 서로 조장하여 마침내 사람들로 하여금 온갖 잔악한 행위를 서슴지 않는 지경에 이르게 했다. 권세욕과 당파심이 압도적으로 강했던 까닭에, 책에서 배운 도덕관념은 제대로 힘을 발휘하지 못했던 것이다.

세도를 둘러싼 잔인한 싸움은 그 싸움에 가담한 당사자들의 가치관만을 파괴한 것이 아니라, 나라 전체의 가치 체계를 혼란과 위기에 빠뜨렸다. 역대의 임금 가운데는 어진 정치를 베풀어 보려는 좋은 뜻을 가진 사람들도 많았으나, 치열한 당파 싸움의 소용돌이 속에 말려들어 뜻대로 행동할 수가 없었다. 그뿐만 아니라 백성의 생활은 안중에 두지 않고 오로지 세도와 붕당에만 열중하는 악정은 모든 부정과 부패의 근원이었으며, 국민 일반에게 불안과 불신과 불만을 일으켰다. 이러한 상황 속에서 일반 서민들만이 오로지 착하고 슬기롭게 처세한다는 것은 어려운 일이며, 국민 도덕 전반에 걸친 붕괴의 위기가 닥쳐온 것은 거의 불가피한 귀추였다고 생각된다.

　특권 계급의 도덕을 위선으로 몰아넣은 또 하나의 요인은 그들이 노동을 천한 것으로 여긴 잘못된 생각에서 찾을 수 있을 것이다. 양반들은 생산적 노동에는 종사하지 않는 것을 그들의 신분에 적합한 미덕이라고 생각하였다. 그들이 맡은 정치조차도 아전들에게 일임하는 형편이니, 사실상 공동 사회를 위해서 공헌하는 일은 별로 없었다. 그럼에도 불구하고 그들은 땀흘려 일하는 사람들보다도 더 풍부하고 호화스러운 생활을 할 당연한 특권이 있다고 믿었다. 사회와 국가를 위해서도 하는 일이 없고 자급자족을 위한 생산 활동도 없는 사람들이 애써 일하는 서민들보다 더 호화스러운 생활을 즐기기 위해서는, 갖가지 명목을 붙여 남의 것을 뺏는 비행을 범하지 않을 수 없다. 그럼에도 불구하고 그들이 인의예지신(仁義禮智信) 등의 미덕을 강조하며 양반다운 체통을 지켜야 했다면, 겉과 속을 달리하고 행동과 말을 다르게 할 수밖에 도리가 없었을 것이다.

3장
바람직한 인간상

1. 훌륭한 남자
2. 훌륭한 여자

3 장 바람직한 인간상

1. 훌륭한 남자

　명나라를 배경으로 삼고 쓰인 애정 소설 『양산백전』 첫머리에 '이상적인
인물'이라는 말이 보인다. 소설의 주인공 양산백의 아버지를 소개하는 대목
에서 그 말이 사용되었거니와, 그곳에서 우리는 작가가 생각한 '이상적 인
물'의 모습을 대략 짐작할 수가 있다. 우선 그 대목을 옮겨 보기로 하자.

　　명나라 남양이란 곳에 양현이라는 사람이 있었으니, 대대로 높은 벼슬을
　해온 이른바 명문 거족의 아들이었고, 양현 자신은 이들 선조의 고귀한 피를
　이어받아 일찍부터 소년 등과하여 벼슬이 이부상서에 올랐도다.
　　양현은 또한 사람됨이 관후하고 고결하여 뜻이 굳어서 주위 사람들로부터
　깊은 존경을 받았는데, 벼슬이 올라갈수록 마음은 언제나 낮게 가져서 선배
　와 동료들을 예대했으니, 그들로부터 공경을 받았고, 어떠한 충신에 못지않
　은 충성이 있었으니, 임금의 은총이 또한 각별하시더라. 양현은 당시의 이상
　적인 인물이었으니, 부귀영화가 고루고루 채워져서 이런 사람은 만에 하나,

아니 명나라에도 드물다고 할 정도로 매우 행복한 사람이며 …[1]

　이 대목은 "이상적 인간상은 어떠한 것인가?" 하는 물음에 의식적으로 대답하고자 한 의도에서 쓴 것이 아니라, 그저 작가의 생각에 떠오르는 대로 좋은 말들을 나열한 것으로 보인다. 그러므로 그것은 작가 개인의 확고한 신념을 표현한 것이기보다도, 그 당시 일반적으로 '이상적 인물'이라고 사람들이 생각한 바를 그대로 받아들여서 옮긴 것이라고 해석할 수 있을 것이다.

　위에 인용한 구절 가운데서 첫째로 주목을 끄는 것은 인품에 있어서의 도덕성이 강조되고 있다는 사실이다. 그리고 여기서 언급되고 있는 도덕은 관후(寬厚), 고결(高潔), 지조(志操), 겸손(謙遜), 충성(忠誠) 등 주로 유교 사상에서 숭상되는 덕목이라는 것도 뚜렷한 경향으로서 나타난다. 유교적인 도덕관념이 우세했던 가치 풍토 속에서, 밖으로 향해서 강하고 투쟁적이며 야망적인 남자보다도 부드럽고 온화하며 남 앞에 겸손하고 오직 안으로 자신을 향해서만 강한 선비형의 인물을 바람직하다고 생각하는 경향이 강했음을 짐작할 수가 있다.

　그러나 『양산백전』에 나타난 인물의 묘사만으로 어떤 결론을 내리기는 어려울 것이므로, 다른 작품의 남주인공에 대한 작가들의 묘사를 좀 더 살펴보기로 하자. 우선 많은 독자들의 동정과 사랑을 받은 흥부에 대한 서술을 보면, "흥부는 마음씨 착하고 부모를 섬기기에 효행이 지극하며 또한 동기간의 우애가 극진하다."는 말이 있고,[2] 또 "흥부 마음 어질디 어질어서 청산에 유수 같고 곤륜산(崑崙山) 백옥 같으니, 성덕(聖德)을 본을 삼고 악한 일 멀

1　『양산백전』, 『전집』(세종), 제2권, p.301.
2　『흥부전』, 『전집』(성음), 제4권, p.348.

리하며, 물욕(物慾)에 탐이 없고 주색(酒色)에도 무심터라."라는 말도 보인다.[3] 그리고 흥부는, 김부자 대신 매를 맞으러 관문(官門)에 갔다 돌아왔을 때, 매를 맞았노라고 거짓말만 했더라면 돈 30냥을 얻을 수 있었으나, 마음이 본래 곧은지라 그 거짓말조차 못한 정직한 위인이다.[4] 요컨대 흥부는 남에게 해로운 일을 일부러 하지 않는다는 점에서는 철두철미 선량한 사람이다. 그 반면에, 적극적인 노력으로 운명과 싸우고 자기를 해치는 불의와 싸우는 진취적이고 강건한 미덕은 흥부에게서 찾아볼 수가 없다. 그는 다만 참고 견디며 순종하는 무위(無爲)의 미덕에 철저한 사람으로서 그려지고 있는 것이다.

조선시대 소설의 남주인공 가운데, 활달하고 진취적이며 불의와는 용감히 싸우는 행동적 미덕을 갖춘 사람이 없는 것은 물론 아니다. 임경업, 조웅, 유충렬, 홍길동 등은 모두 적국, 불의, 악당 등과 맞서 용감히 싸운 영웅들이다. 그들은 대개 활달한 기상과 강인한 체력을 가진 무장이었다. 그러나 이들 일세를 풍미한 무장들도 서양이나 일본의 무장들과 같이 철두철미 강포하기 짝이 없는 순수한 무골은 아니었다. 그들은 대개 학문과 시 그리고 서예에도 능통한 선비이기도 했으며, 인정이나 의리에 얽힌 특수한 환경에 처해서는 취약하기 비할 데 없는 문인의 기질을 가진 부드러운 인품들이었다. 그들은 무장으로서는 부끄러이 생각해야 할 눈물을 거리낌 없이 흘리는 그런 사람들이었다. 그들 가운데는 전형적인 맹장은 하나도 없고 모두 예외 없이 지장들뿐이었다. 부드럽고 순한 것이 억세고 강한 것보다 낫다는 생각은 도가(道家)와 유가(儒家)가 공통으로 가졌던 중국의 사상이거니와, 그 전통

---

3 같은 책, p.351.
4 같은 책, p.361.

적 사상은 우리 조상들의 사고방식 속에도 깊숙이 침투했던 것으로 보인다.

이상적인 남자의 상을 작품 속에 설정할 때, 도덕과 인품만이 오로지 중요했던 것은 아니다. 오히려 그것보다도 타고난 용모와 체격 그리고 재질 따위의 선천적 조건을 더욱 앞세운 작가들도 많이 있다. 그리고 그것과 아울러 학문과 문장 그리고 서예 등 학예(學藝)의 길에 뛰어나다는 이야기가 대개는 거의 정석처럼 전제되고 소설의 사건이 전개된다. 예컨대, 『춘향전』의 이몽룡은 두목지(杜牧之) 같은 풍채와 이태백(李太白)의 문장 그리고 왕희지(王羲之)의 글씨를 한몸에 지닌 뛰어난 선비였다(이 밖에 도량이 푸른 바다 같고, 지혜가 활달하다는 덕목이 추가된다).[5] 『옥낭자전(玉娘子傳)』의 남주인공 이시업(李始業)은 "골격이 비범할 뿐더러 기운이 장사인지라 나이 불과 팔 세에 능히 백 근 무게를 움직이"었으며, 또 "한 자를 배우면 능히 열 자를 깨달아" 총명이 이를 데 없었다.[6] 『숙영낭자전』의 백선군(白仙君)은 "용모가 준수하고, 성품이 온유하며, 문필이 자못 유려하였다."[7] 『구운몽』의 양소유(楊少游)는 "용모가 고운 옥 같고 눈빛이 샛별 같으며, 기질이 청수하고 지혜 또한 너그러워" 엄연한 대인군자(大人君子)였다. 그뿐만 아니라 그는 재주와 총명이 뛰어났으며, 풍채가 번악(潘岳) 같고, 문장, 필법, 지략에 모두 탁월할 뿐 아니라, "천문 지리와 육도(六韜) 삼략(三略)에까지 능통하고 창과 칼을 쓰는 데도 귀신처럼" 통달했다. 그리고 그는 "대체로 전세에 행실을 닦은 사람으로서 마음씨가 깨끗하고 생각함이 시원스러워서 이치에 통달"한 깎은 선비였다.[8] 『조웅전』의 주인공은 얼굴이 관옥 같은 기남아로서,

---

5 『춘향전』, 『전집』(성음), 제8권, p.12 참조.
6 『옥낭자전』, 『전집』(성음), 제8권, p.116.
7 『숙영낭자전』, 『전집』(성음), 제8권, p.212.
8 『구운몽』, 『전집』(성음), 제7권, pp.17~18.

어릴 때부터 기거진퇴(起居進退)의 예절이 어른을 압도할 정도였으며 언동이 몹시 숙성한 선천적 위인이었다. 그리고 그는 분별심과 충성심이 어린 시절부터 높고, 학문, 문자 그리고 논리에 있어서도 어른을 능가하는 출천(出天)의 기재(奇才)였다.[9] 그 밖에 홍길동, 『채봉감별곡』의 강필성, 『사씨남정기』의 유연수(劉廷壽), 유충렬, 최고운, 임경업, 『백학선전』의 유백로(劉白魯) 등 여러 소설의 남주인공을 살펴보면, 대개 얼굴이 잘생기고 체구가 장대하며, 재주가 탁월하여 학문과 문장이 남의 추종을 허락지 않았다.

대부분의 소설의 남주인공에 있어서 또 한 가지 공통된 것은, 그들이 부모에 대한 효성이 지극하고 군왕에 대한 충성이 강했다는 사실이다. 홍길동과 같이 당시의 가족 윤리와 사회 현실에 대하여 불만을 품고 집을 뛰쳐나가 반항과 투쟁의 일생을 자초한 풍운아까지도 자기의 부모에 대해서는 끝까지 효성을 다했으며, 비록 지방 관헌의 비위(非違)에 대해서는 용감히 싸웠으나, 국왕에 대해서는 항상 신하로서의 도리를 지켜 그의 충성에 이상이 없음을 증명하였다. 우리는 여기서도 또 한 번 유교적 윤리관이 당시의 인간관에 미친 영향이 지대함을 본다.

이상 여러 작품에 나타난 남자 주인공들의 모습을 이모저모 살펴보았거니와, 현대 소설에 있어서 작품마다 그 주인공들의 개성과 특색이 뚜렷한 것과는 대조적으로, 어느 누구나 모두 비슷비슷한 장점을 소유한 사람들이라는 사실이 발견된 셈이다. 이것은 작가들이 문학적으로 아직 유치한 단계를 벗어나지 못했다는 사정과도 관계가 있겠거니와, 그 당시 일반적으로 '이상적인 남자'로서 생각된 인물을 작품의 주인공으로 설정한 그 소박한 수법이 도리어 그 시대 사람들의 생각을 짐작하기에 도움을 주고 있다고 볼 수도 있

---

9 『조웅전』, 『전집』(세종), 제3권, pp.273-274.

다. 디만 여기시 한 가지 고려해야 할 것은, 중국 소설의 영향으로 말미암아 여러 작품의 주인공들이 비슷비슷한 인품을 소유하게 된 것이 아닌가 하는 점이다. 즉 체구가 거대하고, 얼굴과 풍채가 준수하며, 재질이 총명하여 학문과 문장 및 필법이 탁월할 뿐 아니라, 충효, 인후(仁厚), 겸손 등의 유교적 도덕을 체득한 인물이 흔히 중국의 고전문학의 주인공으로서 선택된 것을 모방하여 조선시대 소설의 주인공들도 역시 그러한 장점을 갖춘 인물로서 설정된 것이 아닌가 하는 고찰이다. 물론, 중국 소설의 영향이 작품 가운데 인물의 성격이나 특색 설정에도 미쳤다고 보는 것이 옳을 것이다. 그러나 일반 사람들은 그것을 이상적 인물로서 생각하지 않았음에도 불구하고, 단지 중국 소설 가운데 그런 인물이 주인공으로 선택되고 있었다는 그 사실만으로, 우리나라의 작가들이 그런 인물을 자기 작품의 주인공으로 삼았다고 생각하는 것은 너무 지나친 추측일 것이다. 중국 문화의 영향은 오직 소설에만 국한되지 않았으며, 중국 소설에 나타난 이상적 인물과 우리나라 조선시대 소설 가운데의 이상적 인물이 비슷하다면, 그것은 단순한 소설가의 모방의 결과이기보다도 이상적 인물에 대한 관념에 있어서 우리나라와 중국 사이에 더 일반적인 유사성이 있었다는 사실의 반영이라고 보는 것이 더욱 타당할 것이다.

바람직한 인간상에 대한 조선시대 소설의 서술에 있어서 또 한 가지 주목되는 것은, 바람직한 인간의 실현 또는 이상적 인간상으로의 접근을 사람들의 주체적 노력으로써 달성할 도덕적 목표로 보는 관념이 미약하고, 그것을 주로 선천적 혜택에 의하여 주어지는 행운의 문제로 간주하는 경향이 강하다는 사실이다. 우선 체구가 거대하고 용모와 풍채가 수려하다는 것이 첫째로 손꼽힌 경우가 많거니와, 그 사람 본인의 남다른 노력으로써 그렇게 되었다는 이야기는 없으며, 모두 날 때부터 그와 같은 천품을 타고나서 저절로 그렇게 된 것으로 적혀 있다. 그리고 대부분의 주인공이 이태백 같은 문장과 왕희지 같은 필법 및 손오공에 비길 무술에 통달한 것으로 서술되고 있거니와, 그것이 모두 비장한 노력의 결과로 그렇게 된 것이 아니라, 본래 하나를 들으면 열을 아는 천재적 총명을 타고났던 까닭에 그런 달인(達人)의 경지에 도달한 것으로 되어 있다. 여기에서 우리는, 사람의 잘되고 못 되는 것이 모두 천수와 팔자에 달렸다는 소극적 인생관의 반영을 다시 한 번 보거니와, 개인의 노력으로써 자기의 생애를 개척하기 어려웠던 폐쇄된 계급 사회가 사람들의 사고방식에 미친 영향이 막대함을 아울러 확인하게 된다.

끝으로 또 한 가지 언급해 둘 것은, 이상적 인간상의 조건으로서 육체적 탁월과 정신적 탁월을 아울러 손꼽는 동시에 문(文)과 무(武)의 겸전을 칭송한 경우가 많다는 사실이다. 영웅 내지 무장을 중심으로 삼는 군담소설(軍談小說)이 많은 까닭에 자연 무술을 앞세우지 않을 수 없었을 것이나, 그 무장들이 단순히 무술에만 통달한 무식한이 아니라 모두 동시에 학문의 길에도 능통한 탁월한 문장가요 선비였다는 사실에, 문(文)과 학(學)을 숭상한 유교적 전통의 일단을 본다. 그리고 영웅과 호걸의 무용담이 많이 애독되었다는 사실 가운데 무인(武人)을 가벼이 여긴 조선의 정책이 반드시 국민 대중의 뜻과 일치하는 것이 아니었음을 짐작하게 한다. 여하간 건강한 체격과 강인한 체력 그리고 탁월한 무술에 대한 동경은 조선시대 조상들의 마음속에도 결핍하지 않았음을 추측할 수가 있다. 다만, 체격과 체력 그리고 무술이 비상한 노력의 결과로 얻을 수 있는 목표임을 망각하고, 한갓 천부나 도술(道術)의 기적을 막연하게 기다렸다는 사실, 그리고 조선의 위정자들이 정권 유지의 고식적인 방안으로서 군사와 무술의 발달을 억제했다는 사실로 말미암아 인간의 이상 가운데서의 육체적인 측면의 탁월은 오직 소망의 단계에 머물고 아무런 실천적 노력으로 연결되지 못했다는 사실은 크게 유감된 일이라 하겠다.

2. 훌륭한 여자

『인현왕후전』의 작가는 주인공 민비의 인품을 높이 찬양하고 있어, 그 당시 이상적이라고 생각된 여인상의 한 측면을 알아보기에 충분하다. 인현왕후의 탁월한 인격을 서술한 부분을 인용해 보기로 하자.

> 점점 장성하심에 남달리 재주가 뛰어나시고, 용색(容色)이 찬란한 숙녀이시며, … 여공(女功)과 몸의 거동 하나하나가 민첩하기 이를 데 없어 마치 귀신이 돕는 듯하시되, 그런 내색을 하시는 일이 없으시고, 마음 쓰심이 언제나 한결같이 변동이 없으시고 희로(喜怒)를 타인이 아지 못하고 무심 무념한 듯하시고, 성질이 유한(幽閑)하시고, 덕도가 빈빈하시고, 효성이 남달리 뛰어나시고, 마음됨이 겸손하시어, … 종일 단정히 앉아 계시는 모습이 위연한 화기 봄볕 같으시되, … 맑고 좋은 골격이 설중매(雪中梅)와 같으시고 높고 곧은 절개 한천백송(寒天栢松) 같으시니, …[10]

여기에 첫째로 손꼽은 것은 아름다운 용모요, 다음에 말한 것은 여공, 즉 길쌈질하는 솜씨이며, 그리고 그 다음에 여러 가지의 도덕적인 장점을 들고 있음을 본다. 그 사람됨의 훌륭함을 찬미함에 있어서 특히 강조한 점은 단정하고 청아한 몸가짐과 희로애락을 밖에 나타내지 않고 언제나 변동 없이 조용한 태도, 그리고 효성이 지극하며 남에게 겸손하다는 것 등이다. 특히 효성이 극진하다는 사연은 그 뒤에도 거듭 강조되고 있으며, 또 아랫사람들에게 인자함을 가리켜, "비빈궁녀(妃嬪宮女)를 거느리시는 데 있어서도 은애

---

10 『인현왕후전』, 『전집』(성음), 제6권, p.10.

(恩愛)가 병행하시어 선악과 친소(親疏)를 사이 두지 않으시고, 사람을 아끼고 사랑하는 화기가 봄동산 같으시어 만물이 다시 살아나는 듯하였다.”고 격찬하고 있다.[11]

물론 여기에 열거한 것은 왕후로서 갖추어야 할 미덕이라고 볼 수 있다. 그러나 위에 말한 여러 가지 장점과 미덕은 비단 왕후에게 있어서만 바람직하다고 생각된 것은 아닌 듯하다. 적어도 행세하는 양반 계층의 부인들에 있어서는 누구에게나 바람직한 장점 또는 미덕이라고 생각된 것을 인현왕후의 소유로서 인정한 것이라고 이해함이 타당할 것이다. 다른 작품의 여주인공들의 경우에 있어서도 그와 비슷한 찬양의 언사를 찾아볼 수 있기 때문이다.

양백산의 모친, 즉 양현(梁賢)의 부인에 관한 인물 묘사에도 학문과 도덕이 높으며 마음이 인자하고 현숙하다는 말과 비복들 사이에도 열렬한 존경을 받았다는 말이 보인다. 『영영전』의 여주인공 영영(英英)의 인물을 보아도, 첫째로, 뛰어난 미모를 타고났으며, 둘째로, 행동과 마음이 유순하고, 셋째로, 음률과 시문에 모두 능통한 사람으로서 소개되고 있다.[12] “미덕의 산 표본이라고 해서 좋을 만한 실로 훌륭한 여자” 조웅의 모친도 “정숙하며 교양 있고 학식이 있는” 사람으로서 설정되고 있으며, 그 위에 “남편과 자식을 잘 사랑하며, … 인자하고 총명하기로도 고금에 그 유가 드문 여자”로서 찬양되고 있다. 우리에게 가장 친숙한 심청의 인물의 묘사에서도 역시 대동소이한 미덕의 열거를 볼 수가 있다.

---

11 같은 책, p.12.
12 『영영전』, 『전집』(성음), 제4권, p.114 이하 참조.

심청이 십오 세를 당하더니, 얼굴이 국색이요 효행이 출천한 중 재질이 비범하고 문필도 유여하여, 인의예지(仁義禮智) 삼강행실 백집사가감(百執事可堪)하니, 천생여질(天生麗質)이라. 여중의 군자요 금중(禽中)의 봉황이요, 화중의 모란이다.[13]

이상의 몇 사람에 관한 서술만으로도 조선시대에 있어서 숭상된 여인의 상을 대개 짐작할 수 있겠으나, 좀 더 그 윤곽을 뚜렷하게 하기 위하여, 다른 작품들의 여주인공을 몇몇 더 살펴보기로 하자. 한국 여성의 고전적 귀감이라고도 말할 수 있는 성춘향의 미모와 절개는 만인이 아는 사실이거니와, 그 밖의 이 여인에 관한 서술을 보면, "효행이 비길 데 없고 어질고 착하기 기린과 같더라."라는 말이 있으며, 또 "칠팔 세가 되매 글 읽기에 마음을 붙여 예모정절(禮貌貞節)을 일삼으니, 춘향의 효행을 남원읍이 칭송하지 않는 이 없더라."라는 말도 보인다.[14] 그리고 춘향의 모친이 한 말 가운데, "일곱 살에 소학 읽혀 수신제가(修身齊家) 화순심(和順心)을 낱낱이 가르치니, 씨가 있는 자식이라 만사를 통달하고 삼강행실, 뉘라서 내 딸이라 하리오."라는 구절과,[15] 춘향의 음식 솜씨와 상차림의 범절을 설명하여 "안사람이 민첩하지 못하면 남편의 낯을 깎는 것이니, 내 생전에 힘써 가르쳐 아무쪼록 빛 받아 행하려고 … 잠시도 놀지 않고 시킨 보람"이라고 말한 구절도,[16] 당시의 바람직한 여인상의 일단을 암시하기에 충분하다.

---

13 「심청전」, 「전집」(세종), 제1권, p.208.
14 「춘향전」, 「전집」(세종), 제1권, p.16. 여기서 효도에 관한 말이 두 번 거듭 나온 것은, 글의 표현으로는 졸렬한 듯도 하나, 그 시대에 효행이 얼마나 중요시되었나를 암시하는 점에서 주목을 끈다.
15 같은 책, p.30.
16 같은 책, p.32.

『구운몽』의 여덟 선녀 중의 하나인 난양공주(蘭陽公主)는 "지혜와 자질이 모두 예법에 맞아 조금도 속된 버릇이 없고, 문필과 침선(針線)이 또한 신기하고 절묘하다."고 소개되었으며,[17] 또 그의 어머니 태후는 "재주를 시기하고 아리따움을 질투함은 여자의 상정이거늘, 내 딸아이는 남의 재주 사랑하기를 제 몸에 있는 것같이 하고, 남의 덕행 공경하기를 목마른 사람이 물 찾듯 하니, 그 어미된 자 어찌 기쁜 마음이 없으리오."라는 말로 그를 칭찬하고 있다.[18] 영웅 소설 『홍계월전(洪桂月傳)』의 주인공은, 첫째로, 얼굴이 아름답고 재주가 뛰어나며, 둘째로, 부모에 대한 효성과 천자에 대한 충성이 지극하며, 셋째로, 진중에서는 군률을 따라 자기 남편에게까지 엄중하게 호령하는 대원수이지만 가정에 돌아와서는 남편을 예로써 섬기는 현숙한 여자로서 묘사되고 있다.[19]

『박씨전』에서 이시백의 누이동생으로 등장하는 시화(時華)도 매우 탁월한 여자로 꾸며졌거니와, 그도 역시 용모가 크게 아름답고 재주가 비상하여 여자의 기예와 시서에 모를 것이 없는 사람으로서 소개되고 있다.[20] 『채봉감별곡』의 채봉(彩鳳)에 대한 서술을 보면, 그도 역시 뛰어난 미모와 한 번 본 것은 잊지 않는 총명을 타고났으며, 나이 열 살에 벌써 시서와 제자백가에 통달했을 뿐 아니라, 문장이 이태백 또는 두보를 따를 만하고, "여자가 알아야 할 침선(針線) 또한 뛰어났다."고 되어 있다.[21] 다음에 "한마디로 말해서 절세의 이상적인 여자"라고까지 작가가 칭찬하고 있는 『유충렬전(劉忠烈

17 『구운몽』, 『전집』(성음), 제7권, p.67.
18 같은 책, p.90.
19 『홍계월전』, 『전집』(세종), 제3권, p.369, p.374, p.380, p.392, p.401, p.402 등 참조.
20 『박씨전』, 『전집』(성음), 제7권, p.157.
21 『채봉감별곡』, 『전집』(성음), 제8권, p.162.

傳)』의 여주인공 강소저의 경우를 보면, 그도 역시 "용모가 비범하고 거동이
단정하며, 시서 음률에 통치 않는 것이 없고, 여중 군자며, 총명 지혜가 세상
에 무쌍"했던 것으로 되어 있다.[22]

『사씨남정기』의 사소저의 경우도 우선 용모가 출중하고 재주가 뛰어나 문
장과 필체에 있어서 대가의 경지에 달했으며, 그 위에 또 숙덕이 매우 높은
인물로서 설정되고 있다.[23] 그리고 사소저가 유한림에게로 출가한 뒤에 그
의 시앗 교씨(喬氏)에게 "여자의 행실은 출가하면 시부모 봉양과 낭군 섬기
는 여가에 자녀를 엄숙히 교육하고, 비복(婢僕)을 은혜로 부리는 것이 천직
이 아닌가."라고 한 말 가운데, 여기서 작가가 말한 '숙덕(淑德)'의 일부를
짐작할 수가 있다.[24] 그 밖의 다른 작품의 여주인공의 경우를 보아도 근본적
으로 다른 가치관에 입각한 것으로 보이는 인물 묘사는 별로 보이지 않는다.
옥낭자(玉娘子)의 사람됨도 미모와 재주와 엄전한 몸가짐, 즉 덕을 갖춘 것
으로 되어 있고, 『숙향전』의 주인공도 역시 용모가 옥골선풍(玉骨仙風)으로
뛰어나고, "배우지 않은 글에 능통"할 정도로 천재적이며, 어른 잘 섬기고
아랫사람에게는 인자한 숙덕의 소유자다. 숙향(淑香)의 장점으로서 그 밖에
또 전해지고 있는 것은, 수놓기와 바느질 그리고 길쌈질을 월등하게 잘한다
는 것과 또 "늦게 자고 일찍 일어나서 부지런하다."는 점이다.[25] 여자의 미
덕으로서 부지런함을 강조한 소설로는 또 『콩쥐 팥쥐』가 있다. 콩쥐도 다른
여주인공들이 대개 그랬듯이 용모가 아름답고 부친에 대한 효도가 극진하
며, 또한 재질(才質)이 뛰어나서 "비록 어려서부터 공들여 배운 바는 없을지

22 『유충렬전』, 『전집』(세종), 제3권, p.169.
23 『사씨남정기』, 『전집』(성음), 제6권, p.177 이하 참조.
24 같은 책, p.187.
25 『숙향전』, 『전집』(성음), 제3권, p.346, p.352, p.387 참조.

라도 처신과 사리 판단에 어긋남이 없는" 요조숙녀였거니와, 그 위에 다시 부지런하기 짝이 없는 아가씨로서 그려지고 있다.[26]

이상에 있어서 조선시대 소설에 소개된 여러 여주인공들을 간단히 살펴보았거니와, 이를 종합하여 우리는 다음과 같은 몇 가지 결론을 얻을 수 있을 것으로 보인다. 첫째로, 용모의 아름다움이 바람직한 여인상의 한 조건으로서 생각되었다. 극도의 박색을 여주인공으로 삼은 예를 『박씨전』에서 찾아볼 수 있기는 하나, 박씨 부인도 필경은 허물을 벗고 절색 미녀로 변한다.[27] 박씨를 처음에 천하의 추물로 삼은 것은 도리어 미색에 대한 사람들의 깊은 관심을 더욱 뚜렷이 증명한 것이라고 해석될 따름이다. 생각건대, 여자의 미모를 동경하는 것은 동서고금의 공통된 심리이므로, 우리나라의 조선시대도 예외가 될 수는 없었던 것으로 보인다. 이 점은 상식으로도 넉넉히 짐작할 수 있는 사실이거니와, 다만 우리가 물을 수 있는 것은 조선시대에 있어서 어떠한 생김생김을 '아름답다'고 생각했느냐는 것이다. 그 시대 여인의 미색(美色)의 기준이 반드시 오늘의 우리의 그것과 똑같다고 단정할 수는 없는 노릇이다. 이에 원전을 따라 그 시대 미인의 구체적인 모습을 탐색해 보기로 하자.

우선 우리나라 미인의 대명사로 불리는 춘향의 자태를 그린 대목을 보면 다음과 같다.

춘향이가 그제야 … 월태화용(月態花容) 고운 태도 연보로 건너갈 제, 흐늘흐늘 월나라의 서시(西施)가 토성습보(土城習步)하던 걸음으로 건너올 제,

---

26 「콩쥐 팥쥐」, 『전집』(성음), 제6권, p.262.
27 「박씨전」, 『전집』(성음), 제7권, p.158, p.171.

… 요요정정(妖妖貞靜)하며 … 얼굴이 조촐하니 청강에 노는 학이 설월(雪月)에 비친 것 같고, 붉은 입술과 흰 이가 별 같기도 하고 구슬 같기도 하다.

춘향이 고운 태도 얼굴을 단정히 하여 앉은 모습 … 백석(白石) 창파 새로 내린 비 뒤에 목욕하고 앉은 제비 사람을 보고 놀래는 듯, … 옥안을 상대하니 구름 사이의 명월과 같고, 붉은 입술을 반쯤 여니 수중의 연꽃과 흡사하다.[28]

다음에 『변강쇠전』에 나오는 여주인공의 모습을 그린 대목을 보면 다음과 같다.

얼굴은 춘이월 반개 도화(春二月半開桃花)라 옥빈(玉鬢)에 어리었고 초생에 지난 달빛이 아미간(峨眉間)에 비치었다. 앵도순(櫻桃唇) 고운 입은 빛나는 당채(唐彩) 주홍필로 꾹 찍은 듯하고 세류(細柳)같이 가는 허리는 봄바람에 하늘하늘, …[29]

셋째로, 『배비장전』에서 여러 남자를 황홀하게 만든 애랑(愛娘)의 유혹적인 모습을 그린 대목을 보면 다음과 같다.

맑은 물 한 줌의 옥수로 담쑥 쥐어 **분길 같은** 양수를 칠팔월 가지 씻듯 보도독 씻어 보고, … 푸른 연잎 뚝 떼어서 맑은 물 담쑥 떠서 **호치단순(皓齒丹唇)**

---

28 『춘향전』, 『전집』(성음), 제8권, pp.17–18.
29 『변강쇠전』, 『전집』(세종), 제1권, p.361.

물어다가 양추질로 솰솰하며, … 물 한 줌을 덤벅 쥐어 **연적 같은 젖통**이도 씻어 보고, … **흑운같이 채긴머리**를 솰솰 떨쳐 갈라내어 …[30]

『오유란전』에 나오는 오유란(烏有蘭)의 모습을 그린 대목도 비슷비슷한 말로 되어 있다.

꽃은 얼굴이 되고 옥은 모습이 되어, 한 송이 금련(金蓮)이 이슬을 머금고 바야흐로 터지려고 하는 것 같더라. 눈썹은 꼬부라지고 뺨은 부풀어져 외롭게 둥근 흰 달과 같은데, 얼굴에는 빛이 비치는 것 같더라.[31]

이 밖에도 미녀의 모습을 그린 구절에, "그 화용월태(花容月態)는 모란꽃이 아침 이슬을 머금은 듯했고"라든지,[32] "홍련화(紅蓮化)가 아침 이슬에 반개한 듯, 해당화가 봄바람에 날리는 듯"이라는 따위가 보이며,[33] 또 '섬섬옥수(纖纖玉手)'라는 말도 자주 나온다. 이제까지 예로서 본 바와 같이, 미녀의 모습을 묘사함에 있어서 주로 비유의 표현을 사용한 것이 많은 까닭에, 조선시대 사람들의 여성미를 보는 안목을 명확하게 파악하기는 어려운 점이 있다. 그러나 그 비유를 통해서도 어느 정도의 윤곽을 짐작할 수는 있음직하다. 여자의 아름다움을 맑고 고요한 달 또는 날씬한 제비에 비유한 것이나, 여자의 살결을 '분결 같다'고 표현한 것 등으로, 대체로 어떠한 유형의 여자를 전형적인 미인으로 여겼는지 대략 짐작이 간다. 그리고 여자의 자태를 흔

---

30 『배비장전』, 『전집』(성음), 제4권, p.262(강조는 저자의 추가).
31 『오유란전』, 『전집』(세종). 제5권, p.227.
32 『채봉감별곡』, 『전집』(성음), 제8권, p.262.
33 『옥낭자전』, 『전집』(성음), 제8권, p.117.

히 꽃에 비유했으되, 양귀비나 장미 또는 풍만한 작약에 비한 곳은 별로 보이지 않고, 연꽃이나 해당화 따위의 음전하거나 아담한 꽃에 비긴 것, 또는 여자의 허리를 절구통 같다 하지 않고 가는 버들 같다 한 것이나, 젖가슴을 수박에 비기지 않고 겨우 연적에 비긴 것 등으로 보아, 어떤 경향이 뚜렷함을 간취할 수가 있다.

조선시대의 미녀의 조건으로서 더 명확한 표현은 '앵도같이 붉은 입술', '백옥같이 흰 이' 또는 '흑운(黑雲)같이 검은 머리' 등에서 찾아볼 수가 있다. 그리고 흰 살결과 가는 허리가 찬미의 대상이 된 것도 의심의 여지가 없으며, 손과 발은 작은 것을 숭상하고 머리채는 길고 윤택 있는 것을 좋아한 것도 확실할 것이다. 입은 크지 않고 작아야 했으며, 걸음걸이는 느리고 조용해야 했다. 목소리는 물론 맑고 부드러워야 했으며, 말이 많은 것은 칭찬할 일이 못 되었을 것이다. 활발하고 활동적이며 외향적인 여성보다는 얌전하고 조용하며 내성적인 여성이 일반적으로 존중을 받았을 것이다. 요즈음 서구 사회에서 중요시되는 가슴, 둔부, 각선미 따위의 성적 매력에 대한 관심은 비교적 적었을 것이며, 요조숙녀임을 증명하는 몸가짐과 도덕적 교양을 나타내는 얼굴의 표정이 더욱 중요시되었을 것이다.

이상적 여인상을 서술할 때 그 용모의 아름다움을 첫째로 말하는 경향이 있었다 해서, 조선시대의 여성관에 있어서 그 육체적 조건이 제일 중요시되었다고 단정할 수는 없다. 앞에서 이미 본 바와 같이, 용모의 아름다움과 아울러 요조숙녀로서의 덕행이 매우 강조되었거니와, 외모의 아름다움과 심덕의 현숙함 가운데서 어느 것을 더욱 중요시했느냐 하는 것은, 가치 체계 전체의 특색과도 관계가 깊은 흥미 있는 문제라 하겠다.

『박씨전』 가운데는 여자에 있어서 미색(美色)과 숙덕(淑德) 중 어느 편이 소중하냐 하는 문제에 관한 대화가 보인다. 박소저는 처음에 보기에도 흉한 추녀로 나타나거니와, 이 점을 민망스럽게 생각하는 그의 아버지에 대하여

그의 시아버지 이참판은,

> 영녀의 용모가 선생의 말씀대로 비록 불민한 곳이 있을지라도 여자의 도
> (道)는 현숙한 마음씨가 으뜸이요, 용색이 고우면 박명하기 쉬운 법이니, 선
> 생은 조금도 염려하지 마십시오.[34]

라고 말하여 숙덕이 더욱 중요함을 주장하였다. 그리고 추모를 고려하여 그
옆에 가기도 싫어하는 그의 아들 시백에 대해서도,

> 여자의 숙덕은 돌아보지 않고 젊고 아리따운 미색만 취하고자 하니 어찌
> 한심한 노릇이 아니며 통분하지 않으랴.[35]

라는 말로 몹시 꾸짖고 있다. 또 "그 추악한 며느리"라는 말로 박씨를 우습
게 여기는 그 부인에 대해서는, "부인이 아무리 천박하기로니, 겉모양만 보
고 마음속의 재덕(才德)을 생각하지 않소?"라고 하여 나무라며 "우리 집에
는 과분한 며느리"라고까지 말하고 있다.[36]

『화사(花史)』에서는 미색이 덕만 못하다고 주장함에 그치지 않고, 그것은
패가망신을 초래하고 나라를 위태롭게 하는 근본이라고까지 극언하고 있
다.

> 심하도다! 미인이 사람을 해침이여. 그것이 마음속에 있은즉 사람의 마음

---

34 「박씨전」, 「전집」(성음), 제7권, p.161.
35 같은 책, p.162.
36 같은 책, p.169.

을 좀먹고, 신변에 있은즉 몸을 망치고, 집안에 있은즉 패가하고, 나라 안에 있은즉 나라가 멸망하며, 아주 사치하고 방종한 마음이 이로 말미암아 생기고, … 재물을 탐내고 인민을 박대하는 정치가 이것으로 말미암아 이루어지는 것이니, 어찌 두렵지 않으며 또한 삼갈 바가 아니리오.[37]

이상에 인용한 바를 근거로 삼고,[38] "조선시대 사람들은 미색보다 숙덕을 더욱 존중했다."는 결론을 일단 내릴 수 있음직하다. 그러나 이것은 어디까지나 관념과 언어의 세계에 있어서의 판단이요, 행동과 감정의 세계는 그와 크게 달랐을지도 모른다. 입으로는 비록 미색을 배척한 『화사』의 작가 같은 도학자도, 실제 행동의 세계에 있어서는 숙덕이 높은 추녀보다 요염한 미녀에게로 기울어졌을 가능성은 크다. 미색을 부정하고 몹시 경계한 그 사실 자체가 이미 미색을 크게 좋아한 인심의 반영이라고 볼 수 있을 것이다. 이는 조선시대 사람들이 특별히 여색을 선호했다는 뜻이 아니라, 그들도 예외는 아니었다는 것을 말하고자 함에 지나지 않는다.

미모와의 비교는 어떠하든간에, 숙덕을 소중히 여겼음에는 의심의 여지가 없다. 그렇다면 그 숙덕의 내용은 어떠한 것이었을까? 이 물음에 대한 대답은 앞에서 소개한 인용 가운데 어느 정도 포함되어 있거니와, 다시 한 번 정리해 보기로 하자.

『한중록』 가운데 작가인 홍씨가 자기의 친정 계조모와 어머니의 인품을 매우 높이 평가한 곳이 있으니, 이것은 그 당시에 숭상을 받은 부덕(婦德)의

---

37 『화사』, 『전집』(성음), 제4권, pp.426-427.
38 여기 인용한 것 외에도, 『사씨남정기』의 남주인공 유연수(劉廷壽)의 부모가 며느릿감을 구했을 때, 자기네는 미색보다도 현숙한 덕행이 있는 규수를 원한다고 말한 대목을 더 추가할 수 있다. 『사씨남정기』, 『전집』(성음), 제6권, p.177 참조.

구체적 내용을 짐작하기에 도움이 될 것 같으므로, 우선 이 자리에 인용해 보고자 한다.

계조비(繼祖妃)는 … 성행이 현숙 인자하여, 정헌공(계조비의 남편) 받드시기를 엄한 손님같이 하시고, 집안 살림과 음식 절차도 … 일미담박(一味澹泊)으로 검소하게 지내시더라. 이런고로 선비께서 비록 재상가의 종부(宗婦)였으나 일 년 내 한 벌의 비단 옷을 입는 일이 없으시고, 손상자에 단 몇 개의 패물조차 없었을 뿐 아니라, 외출 의복도 단벌밖에 없었다. 그래서 때가 묻으면 밤으로 손수 빠셨다. 그리고 길쌈과 바느질 일로 밤을 새웠으므로, 아랫방에는 날이 밝을 때까지 등불이 켜져 있었다 하니, 모친은 친히 그렇게 밤새워서 일하는 것을 보고 늙고 젊은 종들이 괴로워할까 염려하고, 창에 검은 보를 쳐서 가리고, 남들이 칭찬하는 것을 피하려고 애를 쓰셨다 한다. 추운 밤에 수고를 하셔서 손이 닳아 계시되 괴로워하시는 일이 없으시고, … 남매 옷도 굵은 무명이지만 언제나 정결하게 입혀 주셨고, 모친은 항상 기쁘심과 노하시는 감정이 가벼우시고, 기상이 화기 중에도 엄숙하셨으므로, 온 집안이 그 덕성을 우러러보고 어려워하였더라.[39]

위의 인용 가운데서 칭송을 받은 사람들은 재상가의 주부들이거니와, 다음은 가난한 서민의 부덕을 찬양한 예로서 『심청전』의 한 구절을 살펴보기로 하자.

그 아내 곽씨 부인 또한 현철하여 … 예기(禮記) 가례(家禮) 내칙편(內則篇)

---

39 『한중록』, 『전집』(세종), 제4권, p.16.

과 주남(周南) 소남(召南) 관저시(關雎詩)를 모를 것이 바이 없고, 봉제사(奉祭祀) 접빈객(接賓客)과, 인리에 화목하고, 가장(家長) 공경 치산범절(治産凡節) 백집사가감(百執事可堪)이라. 그러나 가세가 빈한하니, ⋯ 몸을 바려 품을 팔 제, 삯바느질, 삯빨래 ⋯ 삼백 육십 일을 잠시라도 놀지 않고 품을 팔아 모으는데 ⋯[40]

여기 이 곽씨 부인의 숙덕을 칭송했을 때, 작가가 어떤 현실적 인물을 염두에 두고 글을 쓴 것으로는 보이지 않으며, 그저 그 당시에 부덕에 관하여 떠돌아다니던 일반적 관념을 생각나는 대로 나열한 것에 불과한 듯하나, 그런 까닭에 도리어 그 시대의 통념을 짐작하는 데 도움이 된다.

『한중록』과 『심청전』의 두 인용에 있어서 공통된 것은, 자기 한 개인의 몸을 돌보지 않고, 남편이나 자녀 또는 이웃을 위하여 헌신적으로 부지런히 일하는 여인의 희생적인 모습이 찬양되고 있다는 사실이다. 이 희생 정신은 남의 사정을 깊이 생각하는 마음으로 통하는 것인 까닭에, 조선시대 여인의 숙덕 가운데는 하인들에게까지도 따뜻한 배려를 게을리하지 않는 인자의 덕목이 추가되기 마련이었다. 이 점은 『한중록』의 인용 가운데 매우 구체적인 표현을 보거니와, 여자의 인자함을 칭송한 예는 『조웅전』의 주인공인 조웅(趙雄)의 어머니, 양산백의 어머니, 인현왕후 등의 여인상을 소개한 구절 등에 있어서도 흔히 찾아볼 수 있다. 속으로 깊이 인자한 마음을 간직하되 겉으로는 희로애락을 감추고 단엄 침중한 기상이 가득한 가운데 의연한 화기가 도는 그러한 여자를 동경해 마지 않았던 것으로 보인다.

『한중록』과 『심청전』 속에서 인용한 두 구절 가운데서 또 한 가지 강조되

---

40 『심청전』, 『전집』(세종), 제1권, p.199.

고 있는 것은, 쉬지 않고 주야로 일하는 부지런함과 알뜰하게 꾸려 가는 검소한 살림이다. 앞에서 언급한 바와 같이, 조선시대의 가정생활은 소수의 예외적인 경우를 제외하고는 대개 빈곤함을 면치 못했던 것으로 보인다. 빈곤한 살림임에도 불구하고, 양반계급의 남자들은 생산적 노동에는 종사하지 않는 것을 당연한 일로 생각하는 세상이었으니, 어려운 살림을 꾸려 나가는 책임이 주로 부인들에게 지워졌을 것이다. 더구나 가난한 가운데도 제사 받드는 일과 손님 대접하는 일만은 소홀히 할 수 없는 중대한 과업이고 보면, 주부의 자리는 한층 어려울 수밖에 없었을 것이다. 이러한 사정 속에서 여자들의 근면과 검소가 요청된 것은 자연스러운 추세라 하겠으며, 그러한 추세는 그 시대의 소설 가운데도 그대로 반영된 것이라고 생각한다.

또 한 가지 여자의 숙덕으로 자주 언급되고 있는 것은 '단정한 몸가짐' 또는 '정숙한 몸가짐' 따위로 표현되는 기거동작(起居動作)의 예절이다. 인현왕후, 난양공주, 옥낭자, 조웅의 모친 등에 관한 인용 가운데도 이미 단정하고 정숙한 몸가짐에 관한 말이 있었거니와, 『창선감의록』 안에서 관후하고 현숙하기 짝이 없는 여자로 칭송된 정씨 부인이 임종할 때 화소저에게 한 유언 가운데도, "몸가지기를 정숙히 하여 다른 날 군자를 잘 섬기라."고 당부하는 말이 있다.[41] 생각건대, 유교적 전통 도덕은 남자에 대하여도 단정하고 예절 바른 몸가짐을 요청했거니와, 특히 지엄한 성도덕을 짊어진 여성들에 대해서는 일거 일동에 지극한 조심이 요청되었으며, 그것은 도덕임을 넘어서서 불합리한 구속에까지 이른 것으로 보인다.

여자에게 기대된 숙덕 가운데서 가장 큰 비중을 차지하는 것은 역시 정절과 효도일 것이다. 『춘향전』, 『심청전』, 『사씨남정기』, 『옥낭자전』 등 여자를

---

41 『창선감의록』, 『전집』(세종), 제2권, p.22.

주인공으로 삼은 소설의 대부분이, 한 남자를 위해서 사랑과 절개와 그 밖의 모든 것을 바치는 이야기와 부모에 대하여 정성껏 효도하는 이야기로 일관하고 있다는 사실만으로도, 정절과 효도가 여자의 도덕 가운데서 차지한 비중을 짐작할 수 있을 것이다. 정절과 효도에 관해서는 다음에 가족 도덕을 논하는 마당에서 다시 다룰 기회가 있을 것이므로 이 자리에서는 길게 논하지 않기로 한다.

　아름다운 미모 및 현숙한 부덕과 아울러 이상적인 여인상의 조건으로서 대개 빠지지 않고 언급되어 있는 것은 탁월한 재질과 학식이다. 소설의 남주인공들의 경우에 있어서도 대개 천재적 지능과 탁월한 학식, 그리고 문장과 서예 등에서 비범한 능력을 갖추었던 것으로 되어 있었거니와, 같은 장점을 갖추는 것은 여자의 경우에도 이상적이라고 믿었던 것으로 보인다. 그러나 현실에 있어서 여자로서 학문과 문장이 심오한 경지에 도달한 사람은 매우 적었던 것으로 알며, 비록 천부의 재질이 비범했다 하더라도, 그것을 학문 또는 문학 방면으로 충분히 발전시킬 기회를 가진 여자는 그리 많지 않았을 것이다. 과거에 급제하여 입신양명하는 기회가 여자에게는 주어지지 않았던 까닭에 학문을 공부하게 할 가장 큰 동기가 여자에게는 결여되어 있었을 뿐 아니라, 바느질, 길쌈, 수놓기 등 이른바 여공은 상류 계급의 부녀자들도 배워야 할 천직으로 생각되었으며, 살림살이 수업과 살림살이 그 자체에 바쳐야 할 시간이 너무나 많았던 까닭에, 실제로 학업에 종사할 수 있는 시간의 여유를 갖기도 힘들었을 것이다. 비록 현실은 그렇다 하더라도, 작가들의 허구의 세계에서는 시서(詩書)와 제자백가(諸子百家)에 고루 능통하고, 이두(李杜) 같은 문장과 왕희지 같은 명필을 갖춘 여류 석학을 동경한 것으로 보인다. 현실을 무시하고 이러한 공상적 희망을 가져 볼 수 있게 한 심리에는, 탁월한 석학을 비상한 노력의 결과로 보기보다도 팔자와 천수(天數)에 달린 기재(奇才)의 산물이라고 보는 사고방식도 도움이 되었을 것이다.

학식, 문장, 서예 따위의 사치스러운 능력뿐 아니라 바느질, 길쌈, 수놓기 따위의 실용적 기예도 여자의 경우에는 갖추어야 할 교양으로서 생각되었음은 물론이다. 그러한 실용적 기예에 대해 언급한 작품이 반드시 많은 것은 아니나, 그것을 말하지 않은 것은 바느질과 길쌈, 그 밖의 여자의 일을 소홀히 생각해서가 아니라, 그것은 너무나 상식적이며 너무나 평범한 요청이었던 까닭에, 도리어 소설의 화제로서는 부족하다고 생각한 것이라고 보는 편이 사실에 가까울 것이다.

4장
가족의 윤리

1. 부모와 자녀
2. 부부의 윤리
3. 형제, 친척, 가족주의

4 장 가족의 윤리

1. 부모와 자녀

조선시대에 가족주의적 사고와 행동의 경향이 강했다는 것은 누구나 아는 상식이거니와, 그러한 경향은 그 시대의 소설 가운데도 잘 나타나 있다. 예 컨대 『한중록』의 후반부는 작가 혜경궁 홍씨의 자기 친정 집안에 대한 애착 과 자기의 친정 아버지와 삼촌 그리고 오라버니들을 위한 변명으로 가득 차 있으며, 그의 말 가운데는 사리를 따라서 합리적으로 일을 처리하는 것보다 도 집안끼리는 무조건 서로 감싸고 무조건 서로 도와주는 것이 '척리(戚里) 의 본색'이요 척리의 도리라고 굳게 믿었음을 증명하기에 족한 구절들이 곳 곳에 보인다.[1] 『홍길동전(洪吉童傳)』에서 길동이 집을 뛰쳐나가 신출귀몰하 는 도술로 각지의 관리들을 괴롭혔을 때, 길동을 잡지 못한 국왕이 길동의 부친과 형을 금부(禁府)에 가두고 친히 국문했다는 이야기도 가족주의적 문

---

1 『한중록』, 『전집』(성음), 제6권, p.390, p.396, p.418, p.421 등 참조.

책이라 하겠으며, 길동 체포의 책임을 형이 지고 그 서동생에게 자수를 권한 방문의 글귀에도 가족주의적 사고방식이 여실히 나타나고 있다.

군부(君父)의 명을 거역하여 불충 불효하면 어찌 세상이 용납하리오. 우리 아우 길동은 이런 일을 알 것이니, 스스로 형을 찾아와서 사로잡히라.

부친이 너로 말미암아 병이 골수에 맺혔고, 성상께서 크게 진념하시니 네 죄악이 크게 무거운지라. 상께서 나로 하여금 특별히 도백(道伯)을 제수하시고 너를 잡아들이라 하시니, 만일 잡지 못하면 우리 홍씨 집안의 누대청덕(累代淸德)이 일조에 멸하게 될 것이니 어찌 슬프지 아니하랴. 길동은 이를 생각해서 빨리 스스로 나타나면, 네 죄는 적게 될 것이요 우리 일문은 보전하리니, 알지 못하거니와, 너는 만 번 생각해서 자진 출두하라.[2]

"일문(一門)의 보전을 위해서 자수하라."는 따위의 방문을 써 붙이는 일이 얼마나 가족주의적인 처사인가는, 현대 서구 사회에 있어서 그러한 방문을 써 붙이는 경우를 상상할 수 없다는 사실에 비추어 볼 때 더욱 명백하다. 이 밖에도 가족주의적 사고를 반영시킨 대목이 적지 않다. 『서동지전』에서 염치없는 다람쥐가 두 번째 구걸을 하려고 찾아왔을 때, 그것을 거절하는 서동지(鼠同知)가 자기 집안의 어려운 자들부터 구해야 하는 까닭에 사정이 여의치 않다는 말을 하는 것이나,[3] 『창선감의록』의 주인공 화진(花珍)의 어질고 착함으로 인하여 그의 이복형의 극악무도한 죄가 형벌이 감면을 받게 되는 이야기나,[4] 『유충렬전』 또는 『조웅전』의 끝머리가 그렇듯이, 한 사람이 나라

---

2 『홍길동전』, 『전집』(성음), 제7권, pp.209-210.
3 『서동지전』, 『전집』(성음), 제4권, p.337.
4 『창선감의록』, 『전집』(세종), 제2권, pp.94-95.

에 큰 공을 세우면 그 집안 사람들까지 모두 벼슬을 하게 되는 논공행상의 이야기 등은 모두 그 알기 쉬운 예라고 볼 수 있을 것이다.

가족주의적 사고가 발달하게 된 데는 여러 가지 사유가 있었을 것이다. 일가친척끼리 한곳에 모여 살게 되는 농업 사회, 재산이 자동적으로 자손에게 계승되는 상속제도, 유교 사상의 지배적 영향 등 모두 가족주의를 조장한 요인이라 하겠으나, 가장 근본이 되는 것은 혈연 또는 '핏줄'의 관념이 아닐까 생각한다. 즉, 같은 가족 내지 친족에 속하는 사람들은 같은 '씨'에서 터져 나온 같은 생명의 분신이라는 관념이 가족주의적 사고의 가장 근본적인 바탕을 이룬다고 볼 수 있을 것이다. 여자보다 남자를 더 귀중하게 생각한 근본 원인도, '씨'가 소속하는 곳이 오로지 남성의 세계뿐이라고 보고 여성은 땅 또는 밭과 같이 '씨'의 번식 내지 성장의 조건에 불과하다고 본 생물학적 무지와 깊은 관계가 있을 것이다. 어쨌든 가족주의적 사고의 근본적인 밑바탕이 되고 있는 것이 혈연 또는 '씨'의 관념임에는 의심의 여지가 없다. 그리고 혈연을 통하여 이어진 자식 또는 손자를 자기의 분신으로 동일시하는 노인의 심리 가운데, 70년을 살기 어려운 짧은 인생이 영원한 생명을 희구하는 간절한 염원을 간취할 수 있을 것이다.

가족주의적 사고가 강한 사회에 있어서 가족의 윤리가 윤리 체계 전체 안에서 큰 비중을 차지하는 것은 당연한 귀추일 것이다. 그리고 위에서 말한 바와 같이, 가족주의적 사고를 떠받드는 첫째 근본이 혈연의 관념이라면, 가족의 윤리에 있어서 혈연의 관념이 차지하는 비중이 매우 크리라는 것도 곧 이해할 수 있는 일이다. 혈연의 원근을 따라서 윤리적 의무의 무게가 결정되는 논리를 이해하기에 어려움이 없을 것이다.

혈연의 거리가 가장 가까운 것은 부모와 자녀의 관계다. 이에 이른바 오륜(五倫)을 윤리의 기본으로 삼는 유교 도덕에 있어서 '부자유친(父子有親)'을 가장 첫 번째로 손꼽는 이유를 짐작하는 동시에, 효도를 '백행(百行)의 근본'이라고까지 생각하게 된 우리 조상들의 사고를 이해할 수 있음직하다.

효도를 중요시하는 관념은 조선시대 소설 가운데도 자연히 반영되고 있다. 소설의 남녀 주인공은 대개 효자 또는 효녀로 만들어 놓은 것도 결코 우연한 일이 아닐 것이다. 권선징악의 함축이 강한 조선시대 소설의 주인공들은 대개 선량한 인물로 설정되어 있거니와, 그 시대에 있어서 '선량하다' 함은, 우선 첫째로 효성이 지극하다는 뜻을 반드시 포함했던 것으로 보인다. 즉 효도는 사람의 인품을 평가하는 가장 기본적인 척도처럼 생각되는 경향이 있었다. 예컨대, 『옥낭자전』 가운데 양자 후보자의 인품이 문제가 되었을 때, 그 사람이 부모에게 효성이 있다는 사실을 근거로, "무릇 '효도는 백행(百行)의 근본이라' 하오니 효행이 있사오면 다른 행실은 다시 말씀할 것이 없다." 하여 그를 양자로 결정하는 대목이 있고,[5] 『창선감의록』 가운데는 주인공 화진의 효성이 지극함을 감탄하여 천자가 "효자는 백행지원이라, 이제 정남 대원수 화진은 효행이 천하에 들리매, 짐이 아름답게 여기나니…" 운운하는 조서(詔書)를 내려 화진의 죽은 부모에게까지 벼슬을 주는 이야기가 있다.[6]

조선시대 사람들은 효도가 요청하는 일이라면 만사를 제쳐놓고 그것부터 해야 한다는 생각을 가졌던 것으로 보인다. 예컨대, 『오유란전』에서 그 여주인공에게 반해서 정신을 잃었던 이생도 그의 부친이 병환이라는 전갈을 듣고는 애인에게 연락할 사이도 없이 곧 집으로 돌아간다는 이야기나,[7] 『구운몽』에서 들어주기 어려운 청을 그것이 "어버이를 위하는 지성에서 나옴이

---

5 『옥낭자전』, 『전집』(성음), 제8권, p.135.
6 『창선감의록』, 『전집』(세종), 제2권, p.111.
7 『오유란전』, 『전집』(성음), pp.145~147 참조.

라."는 이유로 쾌히 승낙하는 대목은 이것을 뒷받침한다.[8] 더욱 적절한 예로
서는, 『창선감의록』의 화한림(花翰林)이 노모의 봉양을 위해서 관직을 사직
하고자 할 때 황제가 1년 휴가를 주는 이야기와,[9] 또 같은 책의 같은 사람이
신선 세계로 돌아가게 해줄 약을 주는 늙은 신선에 대하여 "이 약을 먹고 신
선이 된다 하더라도 소생의 편모와 고형이 있으니 어찌 차마 버리고 홀로 가
리이까?" 하며 신선이 되기를 사양하는 이야기를 들 수 있다.[10]

　효도의 의무가 매우 중요하다는 것을 의심한 사람은 없었던 모양이나, 그
러나 다른 어떠한 의무보다도 효도가 가장 중요한 의무라는 것을 반드시 모
든 사람이 자명한 원리로서 확신했다고 보기는 어렵다. 예컨대 효도와 충성
에 관해서 사람들은 막연하게 이 두 가지는 일치하는 것이라고 주장하는 가
운데, 충성을 오히려 더 중요한 것으로 보는 경향이 있었던 것으로 보인다.
마음속으로 느끼는 바는 그렇지 않았을지도 모르나, 대의명분으로 논하는
마당에서는 사사로운 효보다 나라일인 충을 더욱 중요하다고 말하는 것이
옳은 것으로 되어 있었던 것 같다. 예컨대, 『낙성비룡(洛城飛龍)』의 양승상
이 위독하여 관직에 있던 그 두 아들이 황제의 말미를 받아 고향에 내려왔을
때, 빨리 임지로 돌아가기를 재촉하는 양승상의 말 가운데 그것이 잘 나타나
있다.

> 공이 스스로 일지 못할 줄을 알고 양자(兩子)더러 이르되,
> "너희 말미 기한이 진(盡)하였을 것이니 어찌 그저 머무르뇨?"

8　『구운몽』, 『전집』(성음), 제7권, p.97 참조.
9　『창선감의록』, 『전집』(성음), 제7권, p.359.
10　같은 책, p.391.

이자(二子) 대왈,

"기한이 지났으나 대인 병환이 이러하시니, 가지 못하고 표를 올렸나이다."

공왈,

"불연(不然)하다. 신자 몸을 나라에 허하매, 마땅히 부모 처자를 권련(眷戀)치 못하리니, 명일로 발행하야 경성(京城)으로 가라."[11]

　　생각건대, 당시의 군주는 절대적인 권한과 권위를 가지고 있었으므로, 일반 국민이나 신하되는 사람의 처지에 있는 사람으로서는, 감히 "임금에 대한 충성보다 부모에 대한 효도가 더 중요하다."는 말을 할 수는 없었을 것이며, 오직 "지극한 충성은 곧 지극한 효도"라는 식으로 얼버무릴 수밖에 없었을 것이다. 그러나 효도를 얼마나 중요하게 여겼는가는, 모친상을 당한 홍길동의 형에 대하여 왕이 3년 뒤에 조정으로 들어오라는 특별한 지시를 내렸다는 『홍길동전』의 끝머리 이야기에도 어느 정도 나타나고 있다.

　　효도와 절개가 양립하기 어려울 경우에 여자가 당하는 고민은 더욱 심각했을 것으로 보이며, 이것은 소설의 화제로서도 흥미 있는 이야깃거리가 될 만하다. 『양산백전』 가운데는 불효와 실절 사이에서 적어도 하나는 범하지 않을 수 없는 추소저의 딱한 사정을 초점으로 삼은 대목이 있거니와, 여기서 작가는 사랑을 위하여 절개를 지키고자 하는 여주인공을 동정하여 다음과 같은 말을 하고 있다.

　　효도가 무엇이기에, 이토록 젊은 사랑하는 소년 소녀를 눈물과 비애에 잠

---

11 『낙성비룡』, 『전집』(세종), 제5권, p.364.

겨 놓는 것일까. 그들은 자기네의 행복을 거부하는 도덕에 용감히 싸우고 나설 용기가 없었으며, 인간을 통제하는 국가를 반대하고 전제 군주에 항거해서 싸울 수 있는 용기와 담력이 없는 것처럼, 그들은 사랑을 구속하고 결백을 억제하는 효도라는 괴물과 대담하게 맞서 나갈 기력이 없는 것뿐 아니라, 그러한 마음조차 먹을 수가 없는 것이더라. … 도덕의 폭군 앞에 그들은 완전히 압도되어, 깔려서 처절 잔인하게 죽어 가려고 결심하는 것뿐이더라. 충신이 사약을 받아 마시는 비장한 결의를 가지고, 어떻게 보면 바보라고 할 정도로 그들은 희생의 길을 택하고 있더라.[12]

여기서 우리는 작가의 뚜렷한 비판 정신을 본다. 부모의 명령에는 절대 복종해야 한다는 종래의 도덕관념의 타당성을 날카롭게 의심하고 있는 것이다. 부모의 명령을 거역 못하는 자식의 태도와 군주의 전제 앞에 항거 못하는 충신의 순종을 모두 '힘 앞에서의 굴복'이라는 점에서 같다고 본 것은, 그 시대로서는 매우 대담한 생각이 아닐 수 없다. 어쨌든, 여기 유교적인 절대 복종의 도덕에 대하여 비판의 싹이 보이는 것은 주목할 만한 사실이다.

효도와 절개의 갈등을 주제로 삼은 작품으로서 또 『채봉감별곡』을 들 수 있다. 주인공 채봉은 그 어머니와의 합의 아래 강필성(姜弼成)의 청혼을 받아들이기로 약속했으나, 그의 아버지 김진사는 벼슬에 대한 욕심에 눈이 어두워 채봉에게 세도가 허판서의 소실로 갈 것을 명령한다. 이때 채봉은 강필성에 대한 절개를 지키기 위하여 도망칠 것을 계획하고 그의 시녀 추향은 부모의 말대로 순종할 것을 권고하거니와, 그들의 대화는 자못 맹랑하다.

---

12 『양산백전』, 『전집』(세종), 제2권, p.320.

"아가씨 뜻은 그리하오나, 부모가 하시는 일 자손된 도리에 어찌 거역한단 말씀이오니까?"

"여자의 마음이라는 것은 한 번 정한 일이 있으면 비록 천자(天子)의 위력으로도 빼앗을 수 없는데 부모님께서 어찌 하신단 말이냐?"[13]

채봉은 부모를 따라 허판서 사는 서울로 가는 도중에 도망을 침으로써 일단 절개를 고집하거니와, 결국은 허판서에게 투옥당한 아버지를 돈으로 빼내기 위해서 몸을 팔아 기생이 된다. 기생이 된 다음에도 특별한 기지로써 정조를 지키다가 마침내 강필성의 아내가 된다는 이야기로 만들어, 효도와 절개가 양립한 것으로 결말을 지었다.[14] 효도와 절개의 어느 쪽도 희생시킬 수 없다고 생각한 것일까?

효도의 의무가 그토록 막중하다는 것을 믿고 주장한 근거는 도대체 무엇이었을까? 소설가나 독자는 이러한 물음에 대답할 전문적 이론가가 아니었던 까닭에, 소설 가운데 이 물음에 대한 이론적 해명을 찾기는 어려운 일이다. 그러나 소설 속에 보이는 말 가운데도 효도의 근거에 대한 생각을 암시하는 것이 더러는 있는 까닭에, 대체로 그 당시의 도덕의 본질 또는 근거를 어떻게 생각했을까에 관해서 약간 추측할 수 있는 자료를 찾아볼 수는 있다. 생각건대, 효도의 본질에 대한 당시의 이해에도 몇 가지 갈래가 있었던 것으로 보인다. 첫째로, 부모에게 효도하는 것은 '자식된 사람의 도리'라는 것을 맹목적으로 믿는 사람들이 있었을 것이다. 앞에서 인용한 채봉의 시녀 추향의 경우는 그 예라고 볼 수 있겠거니와, 글을 모르는 소박한 계층 가운데 이

---

13 『채봉감별곡』, 『전집』(성음), 제8권, p.184.
14 같은 책, p.185 및 pp.188-198 참조.

러한 맹목적인 사람들이 많았을 것으로 보인다.

둘째로, 부모의 은혜로 오늘의 자식이 존재한다는 생각을 근거로 삼고, 효도가 사람의 도리임을 믿은 사람들이 있었던 것으로 보인다. 『홍길동전』의 작가 허균(許筠)은 홍길동의 입을 빌려서 '부생모육지은'이라는 말을 두 곳에서 하고 있거니와,[15] 다른 소설 가운데도 나타나는 이 문자는 당시의 식자들 가운데 흔히 쓰이던 말이었을 것이며, 효도의 근거를 설명하는 이론의 일부를 담당했던 것으로 짐작이 된다. 낳아서 길러 준 어버이의 은혜에 보답해야 한다는 생각 가운데는 현재의 생존을 고맙게 여기는 인생에 대한 긍정적 태도와 자식을 기르는 부모의 사랑과 수고가 막대하다는 일상적 사실에 대한 인식이 아울러 깔려 있음을 본다. 특히 여기서 흥미로운 것은 '아버지가 낳고 어머니가 길렀다(父生母育)'는 생각이거니와, 아마 생물학적 지식의 부족은 생명의 번식을 주로 남성의 공로로 보는 생각을 일으킨 듯하며, 앞에서 언급한 씨(種)를 아버지 계열에 국한시키는 관념과도 여기서 맞닿는 것으로 보인다. 그리고 이러한 관념을 길러 내는 데 있어서, 힘으로 우세했던 남자들의 이기적 심리의 작용이 개입했으리라는 것은 능히 생각할 수 있는 일이다.

셋째로, 비록 소수이기는 하나, 부모가 현실적으로 가지고 있는 강한 세력에 연관시켜서 효도의 의무를 이해한 사람들이 있었던 것으로 보인다. 앞에서 인용한 『채봉감별곡』의 작가의 말 가운데는 확실히 그러한 생각이 깃들어 있다. 효도의 의무를 철두철미 강자와 약자의 힘의 관계로만 이해한 사람은 아마 없었을 것이다. 그러나 부모와 자식 사이의 자연스러운 정 또는 낳아서 길러 준 은혜 등이 효도의 의무를 지우는 근거가 된다는 것을 인정하면

---

15 『홍길동전』, 『전집』(성음), 제7권, p.197, p.201.

서, 그 밖에 또 부모 특히 아버지가 갖는 힘도 효도라는 도덕을 떠받들고 있는 근거의 일부라는 것을 깨달은 사람들이 더러 있었다는 것은 의심하기 어렵다.

'효도'라는 의무의 내용에 관한 체계적인 설명을 소설 가운데서 찾아볼 수는 물론 없는 일이다. 다만, 소설 가운데 여기저기 흩어져 있는 말들을 종합함으로써, 대체로 조선시대 사람들이 어떻게 하는 것을 자식된 도리라고 생각했는지에 관해서 그 대강을 알 수는 있을 것이다.

조선시대의 소설 가운데 가장 흔하게 나오는 이야기의 하나가 "슬하에 일점 혈육이 없다."는 그것이며, 자식을 못 둔 사람들이 탄식하며 하는 말 가운데 으레 나오는 것이 "조상에 대하여 불효가 막심하다."는 말이다. 이것으로 보더라도, 자손을 끊지 않고 가계(家系)를 이어간다는 것은 효도의 기본적인 요청의 하나임이 분명하다. "온갖 불효 가운데서도 자식 못 낳는 그것이 가장 크다(不孝三千無後爲大)."라는 말은 소설 가운데서도 흔히 나온다.[16] 자손의 생산을 효도의 기본으로 생각했던 까닭에, 자녀 특히 아들을 낳고 싶어 하는 마음은 지극히 간절하였다. 그러기에, 남의 아내가 되어 아들을 못 낳는 것은 '칠거지악(七去之惡)'으로 논죄(論罪)를 당하였고, 아들을 낳기 위해서 소실을 두는 것은 아주 떳떳한 일로서 인정되었다. 『사씨남정기』의 사씨(謝氏) 부인이 소실 교씨(喬氏)로 말미암아 온갖 고초와 불행을 맛본 뒤에도, 그래도 또 자식을 얻기 위하여 소실 얻기를 남편에게 권고하는 대목은, 사람들의 자손을 원하는 마음이 얼마나 컸던가를 암시하는 이야기라 하겠다.[17]

---

16 『심청전』, 『전집』(세종), 제1권, p.199; 『숙향전』, 『전집』(성음), 제3권, p.367.
17 『사씨남정기』, 『전집』(성음), 제6권, p.235 참조.

자녀를 갖지 못한 사람들의 탄식하는 말 가운데, "조상의 향화(香火)를 끊게 되니, 죽어 황천에 돌아간들, 무슨 면목으로 조상을 대하오며…" 운운하는 따위의 푸념을 흔히 본다.[18] 그리고 자기들 자신의 장례와 제사를 옳게 지내 줄 사람이 없는 것을 걱정하는 말이 흔히 뒤따른다. 『사씨남정기』의 유시랑(劉侍郎)이 오랜 귀양에서 풀려 고향으로 돌아왔을 때, 첫째로 찾아간 것은 사당이었으며, 이 친정 조카를 보고 고모 두부인(杜夫人)이 한 말의 첫마디는 "네가 조종 향사를 패한 지 오래서 그 죄가 어찌 가벼우랴."는 것이었다.[19] 『심청전』의 곽씨 부인의 부덕을 찬미하는 대목에 그가 몹시 가난하면서도 봄 가을 시제(時祭)와 집안 제사만은 정성껏 받든다는 이야기가 있거니와,[20] 아무리 가난해도 다른 일 제쳐놓고 제사만은 격식대로 지내야 하는 것으로 일반이 믿었다. 그러기에, 『서동지전』의 가난한 다람쥐는 정초를 당해서 무엇보다도 조상 신령에 차례 올릴 길이 막연하다는 것을 걱정하지 않을 수 없었으며, 부유한 서동지 집에 가서 구걸을 할 때에도 우선 제사 지낼 준비가 없다는 것을 앞세워야 했던 것이다.[21] 장례 또는 제사를 매우 중요시하는 사연은 그 밖에도 『홍길동전』, 『창선감의록』, 『장국진전』, 『숙향전』 등 여러 소설 가운데서 찾아볼 수 있다.

셋째로, 노후의 부모 또는 조부모를 봉양하는 것이 효도의 의무임은 말할 것도 없거니와, 부모의 가르침이나 그 명령을 거역하는 것도 불효의 대표적인 것이었다. 『사씨남정기』에 사한림(謝翰林)을 훈계하는 그 고모의 말 가운데 어버이의 가르침을 어기는 것은 자식의 도리가 아님을 강조하는 언사가

18 여기의 인용은 『심청전』, 『전집』(세종), 제1권, p.199에 나오는 심봉사의 말.
19 『사씨남정기』, 『전집』(성음), 제6권, p.234.
20 『심청전』, 『전집』(세종), 제1권, p.199 참조.
21 『서동지전』, 『전집』(성음), 제4권, p.336, p.337 참조.

있으며,[22] 『장화홍련전(薔花紅蓮傳)』의 장화가 처녀로서 낙태했다는 누명을 쓰고 집을 쫓겨 나갈 때, 그것이 아버지의 명령인 까닭에, 한밤중임에도 불구하고 잠시의 여유도 가질 여지 없이 당장 떠나야 했으며, 또 그렇게 하는 것이 자식된 도리임을 강조하는 대화가 오고 감을 본다.[23]

그러나 무엇보다도 가장 적극적인 효도의 방법은, 장원급제하고 입신양명하여 가문을 빛내는 일이었다. 조선시대의 선비들이 기를 쓰고 벼슬하기를 원한 것은, 자기 한 개인의 영달만을 위한 것이 아니라, 항상 가문 또는 족보에 대한 관념이 앞섰다. 그것은 조상의 유업을 받들어 더욱 빛내는 길이었으며, 온 집안이 고대하는 영광이었다. 『양산백전』의 남주인공이 상사병으로 위독하게 되었을 때 유언처럼 한 말 가운데는, 입신양명하고자 한 동기가 효도에 있었음을 술회한 구절이 있다.[24] 조선시대 소설에 나오는 남자 주인공의 대부분이 장원급제하여 높은 벼슬길에 오르게 되거니와, 이것은 한 개인의 경사가 아니라 가문 전체의 경사였다. 따라서 과거에 급제하거나 벼슬이 승진한 사람은 곧 그 사실을 조상의 사당과 선조의 묘소에 보고하는 동시에 온 집안이 잔치를 베풀어 축하하였다. 더욱 흥미로운 것은, 자식이 높은 벼슬을 하게 되면, 그 부모도 그전과는 달리 자식을 대접했다는 것을 암시하는 구절이 보인다는 사실이다. 『숙향전』의 이선(李仙)이 부모의 허락 없이 행한 숙향과의 결혼을 용납해 줄 것을 어머니에게 부탁했을 때, 그 아들에게 동정한 어머니의 말 가운데 다음과 같은 것이 있다.

부친도 그런 실정만 아신다면 허락하실 테니 염려 말고 과거나 해서 성공

---

22 『사씨남정기』, 『전집』(성음), 제6권, p.195 참조.
23 『장화홍련전』, 『전집』(성음), 제6권, p.247 참조.
24 『양산백전』, 『전집』(성음), 제8권, p.261 참조.

하고 잘 돌아오거라. 벼슬을 한 뒤에는 너 하려는 일을 부모도 말리지 못할 거다. 그런 점에서도 꼭 과거에 성공해라.[25]

이 말이 그 당시의 인간 심리와 전혀 관계없는 헛소리라고는 생각되지 않는다. 그렇다면 이것은 부모에 대한 절대 복종을 요구한 당시의 윤리를 '힘의 관계'로 이해하고자 한 『양산백전』의 작가의 견해에 적어도 일리가 있음을 밝혀 주는 구절이기도 하다.

높은 관직에 올라 가문을 빛내는 것이 효도의 가장 큰 과제이기는 하나, 그러나 어버이의 연세가 높아 노경에 이르렀을 때에는, 도리어 관직을 버리고 부모의 말년을 봉양하는 것이 더욱 효성스러운 일로 판단될 경우도 있었다. 『옥낭자전』의 남주인공 이시업(李時業)이 영흥부사(永興府使)로서 선정을 베풀고 그 임기가 만료되었을 때, 상감은 그의 공로를 가상히 여겨 다른 고을로 옮기려 했으나, "이부사는 부모의 나이 늙으므로 벼슬에 뜻이 없음을 나라에 아뢰었고, 상감은 그 효심을 기특히 여겨 부모의 백 세를 마친 연후에 나라를 도우라고 분부"했다는 이야기는 그것을 설명해 준다.[26] 『창선감의록』의 화한림(花翰林)이 늙은 어머니를 봉양한다는 이유로 벼슬을 사양하였으며, 천자는 그 뜻을 갸륵히 여겨 특별히 일 년 동안 말미를 주었다는 이야기도 같은 성질의 것이다.[27]

요약하면, 부모의 가르침을 받들어 몸과 마음을 닦고, 과거에 급제하여 높은 벼슬을 얻음으로써 가문을 빛내는 동시에 부모의 마음을 즐겁게 하고, 부모가 늙어서는 정성껏 봉양함으로써 불편이 없게 하며, 부모가 죽은 뒤에는

---

25 『숙향전』, 『전집』(성음), 제3권, p.380.
26 『옥낭자전』, 『전집』(성음), 제8권, p.137.
27 『창선감의록』, 『전집』(성음), 제7권, p.359.

장례와 제사를 극진히 모심으로써 영혼을 즐겁게 한다는 등 유교의 고전적인 효도 관념을 그대로 계승하고 있음을 본다. 그리고 그러한 효도를 유감없이 실천한 사람들로서 소설 가운데 그려진 인물의 예로는, 심청, 양산백, 홍길동, 장국진, 채봉, 『한중록』의 홍봉한(洪鳳漢), 『인현왕후전』의 박응교(朴應敎) 등을 들 수 있다.

부모와 자녀의 관계에 있어서 자식의 부모에 대한 도리를 효도라고 부른다면, 부모가 자녀에 대해서 지켜야 할 도리도 있을 법한 일이다. 그럼에도 불구하고, 경전에 있어서나 소설에 있어서나 부모의 자식에 대한 도리를 강조한 구절은 그리 많지 않다. 우리는 이 사실을 어떻게 설명해야 할 것인가? 첫째로 생각할 수 있는 것은 유교 도덕의 봉건적 성질이다. 즉, 유교의 배경을 이룬 사회에 있어서의 인간관계가 상하(上下)의 질서 내지 수직적 질서였으며, 따라서 그 윤리 사상도 주로 윗계급 또는 지배적 위치에 있는 사람들에게 유리하도록 형성되었다는 사실에 비추어 설명하는 길이다. 군신의 윤리에 있어서는 신하의 도리를 더 강조하고, 부부의 윤리에 있어서는 아내의 의무를 더욱 강조하며, 부자의 관계에 있어서는 주로 자식의 도리를 논한 경향이 유교 사상 가운데 현저하다는 것은 주지의 사실이다. 도덕 사상이 대체로 그 사회 또는 국가의 지배층이 원하는 바를 반영하는 경향을 가지고 있거니와, 유교적 윤리 사상에 있어서 특히 이 점이 현저하다. 그러나 부모와 자녀 사이에 관한 우리나라의 전통적 윤리 사상에 있어서 부모의 도리를 강조함이 적다는 현상을 전부 '강자의 자기중심적 사고'라는 관념으로 설명하기는 어려울 것이다. 우리나라의 전통 윤리는 유교 사상을 큰 배경으로 삼고 있거니와, 그 유교의 문헌에 있어서, 부모와는 비교할 수 없을 정도로 권력과 권위를 가졌던 군왕 또는 그 밖의 정치적 지도자가 지켜야 할 도리를 밝힌 곳을 찾아보기는 그리 어렵지 않다. 유교의 고전 가운데서 가장 널리 알려진 『논어(論語)』나 『맹자(孟子)』 가운데 군왕의 도를 역설한 구절이 얼마나 많은가를 생각할 때, 자식에 대한 부모의 도리를 강조하지 않았음을 강자의 이기주의로만 설명하기는 매우 어려움을 본다. 만약 강자의 이익만을 대변하는 것이 유교의 윤리 사상이었다면, 권력의 화신이라고 볼 수 있는 절대군주에 대한 비판적 발언은 그 가운데 끼일 틈이 없을 것이기 때문이다.

생각건대, 자식에 대해서 부모가 지켜야 할 도리라는 것은 어버이의 끝없는 사랑의 테두리 속에 포함되는 것으로 보인다. 다시 말해서, 정상적인 부모가 자녀에 대해서 갖는 저 깊은 사랑이 발휘될 때, 어버이가 해야 할 일의 근본은, 교육에 관한 기술적 측면을 제외하고는 거의 모두 실천되는 결과에 이른다. 그리고 부모가 자식에 대하여 느끼는 깊은 사랑은 거의 선천적인 까닭에, 정말 혈연으로 이어진 친부모의 경우에는 굳이 그들의 지킬 바를 논하지 않더라도 자연의 정을 통하여 그것이 실천된다. 짧게 말해서, 설교를 통해서 여러 말 하지 않아도 부모의 도리는 지켜지는 까닭에 새삼스럽게 강조하지 않았다는 점도, '강자를 위한 윤리'라는 면과 아울러 깊이 고려되어야할 것이다.

끝없이 깊고 뜨거운 부모의 정을 그린 대목은 조선시대 소설 가운데 가끔 보인다. 『한중록』의 작가 홍씨가 그의 아들인 세손(世孫)을 영조(英祖) 곁으로 딸려 보내면서 작별했을 때의 모습을 그린 장면도 그 한 예가 될 것이며,[28] 『숙향전』에서 난리를 만난 부모가 어린 숙향을 잠시 떼어 놓고 피난을 가야 하는 대목에도, 조상에 대한 책임감과 자식에 대한 사랑 사이에서 고민하는 부모의 심정이 어느 정도 표현되고 있다. 그리고 그 어린 숙향을 발견한 도적들이 그 아이를 죽이려다 말고, "나도 자식이 이만한 것이 있는데 참으로 가련하다. 네 부모가 너를 버리고 가면서 오죽 마음이 아팠으랴." 하면

---

28 『한중록』, 『전집』(성음), 제6권, p.351 참조.

서 숙향을 살려 주는 이야기는, 비록 극악 무도한 도적일지라도 어버이의 정만은 없을 수 없다는 것을 암시한다.[29] 여러 해 지난 뒤에 태수의 벼슬에 오른 숙향의 아버지가 지성으로 그 딸을 찾으려고 애쓰는 사연이 펼쳐지거니와, 길가에서 만난 늙은 신선이 김태수(金太守)가 자식을 버리고 도망한 죄를 문책하는 장면도 암시하는 바 적지 않다.[30] 사세가 부득이하여 어린것을 버리고 간 것으로 가정했으면서도, 역시 그것이 잘못이라는 것을 꾸짖는 늙은 신선의 말 가운데, 부모의 자식에 대한 도리의 일부가 암시되어 있으며, 그것을 크게 뉘우치며 자식을 찾으려고 무던히 애쓰는 김태수의 태도 속에 부모의 정이 어느 정도 그려지고 있음을 본다. (여기서 참고로 생각되는 것은 숙향이가 딸이었던 까닭에 버릴 수 있었던 것이 아닌가 하는 점이다. 외아들의 경우라면, 가계(家系)의 계승에 대한 고려에서, 아무리 다급해도 버리고 간다는 것을 생각하기 어려웠던 것이 당시의 관념이 아니었을까 하는 짐작이다.)

2. 부부의 윤리

가족의 출발점이라고 볼 수 있는 부부의 관계는 혼인제도를 통하여 맺어지는 것이므로, 조선시대 부부의 윤리를 살펴보는 실마리로서 우선 혼인에 관한 관념과 실천을 훑어보는 것이 좋을 듯하다. 혼인이 결정되는 과정부터 더듬어 보기로 하자.

"결혼의 인연은 하늘이 정한다(天定姻緣)." 하는 관념이 조선시대 사람들

---

29 「숙향전」, 「전집」(성음), 제3권, pp.347-348.
30 같은 책, pp.398-399.

의 마음 바닥에 깔려 있었다는 것은, 이미 앞에서 언급한 바 있다. 그러나 하늘이 정한 인연의 유무를 어느 특정한 인물들 사이에서 발견하는 방법은 매우 주관적인 판단에 의존하는 경향이 있었던 것으로 보인다. 갑이라는 남자와 을이라는 여자 사이에 천정의 연분이 있는가 없는가를 판단함에 있어서, 사주(四柱), 궁합(宮合) 등 어떤 숫자의 계산을 참고로 한 것은 사실이나 그 운수의 판단에는 상당한 주관적 해석의 여지가 있었으며, 합사주 또는 궁합이 좋은 상대방은 무수하게 많은 까닭에, 그 많은 사람들 중에서 누구를 선택하느냐 하는 것은 선택하는 사람의 주관에 달려 있었다.

따라서 현실적으로 가장 중요한 것은 그 주관을 휘둘러서 혼인을 정하는 사람이 누구냐 하는 문제이거니와, 양가의 부모 특히 아버지에게 그 권한이 있었다는 것은 우리의 상식으로도 아는 사실이다. 혼사를 아버지의 독단으로 결정하는 이야기는 조선시대 소설에도 종종 나타나 있으니, 『옥낭자전』, 『채봉감별곡』, 『양산백전』 등의 주인공들이 약혼하는 과정은 그 좋은 예라 할 것이다. 그 가운데서도 특히 부친의 독단이 심하게 그려진 것은, 『낙성비룡』의 양승상이 그 막내딸을 위하여 사위를 고를 때, 부인을 비롯한 온 집안 식구들의 강한 반대를 물리치고, 한갓 목동에 불과한 이문성을 맞아들이는 이야기다.[31] 때로는 조부모, 어머니, 고모 등의 집안 어른들이 혼사 결정에 크게 참여하는 경우도 있었으나, 대체로 결혼하는 당사자들의 의사는 크게 문제 삼지 않은 것으로 보인다.

아버지 또는 그 밖의 어떤 친권자가 혼사를 정할 때, 어떠한 점을 고려해서 사람을 선택한 것일까? 널리 알려져 있듯이 혼인에 있어서 가장 중요시된 것은 가문의 귀천이었다. 현대에 있어서도 '집안이 좋은 사람'을 구하는

---

31 『낙성비룡』, 『전집』(세종), 제5권, pp.359-361 참조.

경향이 있거니와, 조선시대에 있어서 중요시된 가문의 관념은 현대에서 말하는 '좋은 집안'보다도 더 심각한 의미를 가지고 있었다. 오늘날 '좋은 집안'이라 함은 가정이 부유하거나 가족 또는 가까운 친척 가운데 사회적으로 성공한 사람이 있음을 가리키는 데 그치지만, 옛날의 '존귀한 가문'은 혈통의 우수성을 말하는 동시에 그 혈통의 질적 차이와 불변성을 믿는 미신에 입각한 것이었다. 그것은 현대의 우생학(優生學)에서 말하는 '우수한 유전자'보다도 훨씬 강한 의미를 가진 관념으로서, 인간에게 귀한 씨와 천한 씨의 구별이 선천적으로 그리고 영원불멸하게 있다는 그릇된 생각을 포함하는 것이었다. 하여간 가문 내지 혈통을 결혼의 제일 조건으로서 고려하는 이야기는, 『옥낭자전』, 『숙향전』, 『박문수전』 등에 있어서 혼담이 왕래할 때 빈번하게 나타남을 보거니와, 이 점이 더욱 뚜렷한 것은 결연의 순서를 따라서 정실(正室)과 부실(副室)의 구별을 정하는 것이 아니라, 결연한 두 여자들이 속하는 가문의 귀천을 따라서 그것을 정하게 되는 『구운몽』의 양소유(楊少游)와 여주인공들의 결혼 이야기라 하겠다. 성춘향과 이몽룡의 결합은 그러한 관계를 타파한 이야기라는 점에 특이성이 있거니와, 그 두 사람의 결합이 가능하기까지 그토록 많은 파란과 난관이 있었다는 바로 그 사실 가운데 결혼과 가문의 밀접한 관계가 나타나고 있음을 본다.

그러나 가문이 높다는 한 가지 조건만으로 언제나 원하는 대로의 혼인이 가능했다는 것은 물론 아니며, 본인의 인품도 상당히 중요시된 것은 우리의 상식과 크게 다를 바가 없다. 다만 '좋은 혈통'을 타고나서 훌륭한 가풍 속에 자란 사람은 으레 탁월한 인물일 것이라고 단정하는 경향이 강했다는 점에 오늘의 상식과 다른 면이 있다. 본인의 인품이 중요시되는 가운데도 특히 크게 환영을 받은 것은 과거에 급제했다는 사실이었음을 암시하는 이야기가 소설 가운데 흔히 보인다. 『영영전』의 남자 주인공 김생(金生)이 나이 15세에 진사 제일과에 급제했을 때, "공경대가(公卿大家)에서 사랑하는 딸을 시집보내기를 원하고 재물을 논하지 아니하였다."는 대목은 그러한 예의 하나다.[32] 그리고 『구운몽』의 주인공 양생(楊生)의 숙모가 양생과 정소저의 결혼을 염두에 두고 한 말 가운데도, 과거에 급제함이 좋은 결혼의 조건이 됨을 암시한 구절이 있다. 마땅한 혼처를 구해 주기를 부탁해 온 양생에 대하여 숙모는 이렇게 말했던 것이다.

> 한 곳에 처녀가 있는데, … 그 문벌이 너무도 높으니 … 양생이 이번 과거에 장원을 하면 혼인 가망이 있거니와, 그렇지 못하면 말을 꺼내 보아도 쓸데없으니, 그대는 번거롭게 나를 찾지 말고 과거 공부에 힘써 장원을 따도록 하라.[33]

과거에 급제한다는 것은 양반의 집안에 태어난 남자의 경우에만 기대할 수 있는 일이었거니와, 남녀를 막론하고 용모와 풍채 그리고 재능이 혼담에 있어서 언급된 구절이 많으며, 특히 여자의 경우에는 숙녀로서의 덕행, 즉 부덕이 가장 중요시되었음을 말해 주는 이야기가 흔히 보인다.[34]

문벌과 본인의 사람됨 다음으로 크게 혼담의 조건이 된 것은 역시 재산이었던 것으로 보인다. 비록 문벌이 비슷하다 하더라도 재산의 차이가 많으면 혼인이 성립하기 어려웠음을 암시하는 구절의 예로서 『채봉감별곡』의 강필성의 어머니의 말을 들 수 있을 것이다. 채봉과의 결혼을 원한 강필성이 그의 어머니에게 졸라 매파를 보내자고 말했을 때, 그의 어머니는 다음과 같이 말하고 있다.

---

32 『영영전』, 『전집』(성음), 제4권, p.114 참조.
33 『구운몽』, 『전집』(세종), 제7권, pp.305-306.
34 이미 앞에서 언급한 『박씨전』의 주인공의 혼담의 경우가 그 대표적인 예라 하겠다.

김진사 집과 우리 집과는 문벌은 비슷하지만 빈부(貧富)가 판이하니 즐겨 우리와 결친(結親)코자 하겠느냐?[35]

앞에서 인용한 『영영전』 첫머리에 보이는 나이 15세에 진사 제일과에 오른 기남아 김생에 대하여 "공경대가에서 사랑하는 딸을 시집보내기를 원하고 재물을 논하지 아니하였다."는 구절도 이를 뒤집어 해석하면, 그 당시의 혼담에 있어서 일반적인 경우 재물이 크게 거론되었음을 암시하는 것으로 볼 수 있다.

『낙성비룡』의 주인공 이문성(李文星)이 한갓 목동의 신분으로서 양승상의 막내딸과 결혼하는 이야기는, 가문과 재산을 초월하여 다만 당사자의 인물을 본위로 삼고 혼인을 정한 특수한 예로서 흥미가 있다. 그러나 이 이야기를 어떠한 의미로 해석할 것인지, 즉 문벌과 재산을 너무 강조하던 당시의 결혼 풍조에 대한 비판 정신의 나타남으로 볼 것인지, 그러한 파격적인 정혼의 예가 더러는 있었다는 증거로서 볼 것인지, 또는 한갓 독자의 흥미를 돋우기 위한 신기한 설정으로 볼 것인지에 대해서는 함부로 단정하기 어려울 것이다. 다만 이문성도 본래는 문벌이 좋던 사람이었으며, 또 뒤에 가서 부귀와 공명을 누리게 되는 것으로 끝이 마무리된 것으로 보아, 크게 혁명적인 사상의 발로라고는 보기 어렵다는 것과, 그런 가운데도 혼사에 있어서 본인의 사람됨이 중요하다는 것을 강조하는 뜻이 약간은 있다는 것을 짐작할 수 있을 것이다.

다음으로 넘어가기에 앞서서 여기에 한마디 언급해 둘 것은, 조선시대에 있어서 '약혼'이라는 약속을 중요시함이 오늘의 그것과는 비교가 안 될 정

---

35 『채봉감별곡』, 『전집』(성음), 제8권, p.172.

도로 철저했다는 사실이다. 『박문수전』의 제2화는 남궁로 군수가 고아의 신세로 전락한 전임자의 딸을 자기의 딸과 한가지로 아껴 좋은 혼처로 시집보내는 사연이거니와, 그 가운데 남궁로의 부인이 사돈을 맺기로 내정된 고달 부윤의 아내에게 보낸 편지 사연에, 어떠한 좋은 일을 위해서도 약혼을 파괴할 수는 없다는 것을 강조한 대목이 있으며, 결국 남궁로의 아들과 고달의 딸의 약혼은 그대로 실천하고, 고아가 된 전임자의 딸 석소저는 고달의 둘째 아들과 가연을 맺는다는 이야기로 끝난다.[36]

『옥낭자전』의 주인공 옥낭자는 자기의 약혼자 이시업이 억울한 살인죄에 걸려 투옥되었음을 알고, 남복으로 변장하여 옥중의 약혼자를 면회한 다음, 그를 대신하여 처형을 당하겠다고 고집한다. 그 약혼이 연애를 통한 것이 아님은 물론, 얼굴 한 번 본 적이 없는 약혼자라는 것을 생각할 때, 우리의 상식으로는 이해하기 곤란한 줄거리다. 어떻든 그러한 이야기가 독자들에게 먹혀 들어갔다는 점이 그 당시의 사람들에게 '약혼'의 관념이 갖는 의미가 중대했음을 가리킨다. 그리고 이것은 나아가서 그 당시 사람들에게 언약 내지 의리를 존중하는 경향이 매우 강했음을 암시하는 것으로 해석된다.

일단 결혼이 성립하여 부부가 된 다음의 두 사람의 관계는 '남존여비'의 관념에 의해서 크게 영향을 받았다. '여필종부(女必從夫)'라든지 남편을 소천(小天)이라고 부른 말 따위가 상징하듯이, 남편이 주(主)요 아내는 그를 위한 종속적 존재처럼 생각하는 경향이 강했다는 것은 소설 가운데도 자주 반영되어 있다. 『옥낭자전』의 김좌수가 자기의 딸 옥낭을 위하여 청혼하면서 이춘발(李春發)에게 한 말 가운데, "별로이 출중한 용모나 재질이 못 되오나, 다못 … **군자의 시중을 받듦직** 하옵기로… "라는 것이 있음은 그 한 예라

---

36 『박문수전』, 『전집』(성음), 제7권, pp.153-156 참조.

하겠다.[37] 『사씨남정기』의 유한림이 거문고와 노래를 듣고 싶다는 자기의 청을 물리치는 소실 교씨에 대하여 한 말은 남존여비의 관념을 나타냄이 더욱 노골적이다.

> 허어, 그게 무슨 말인고. 여자의 도리는 남편이 죽을 일을 하라고 해도 반드시 어겨서는 안 되는 법인데, 그대가 병 핑계로 내 말을 거역하니 무슨 못마땅한 일로 그러는 것이 아닌가?[38]

이보다도 더욱 심한 것은 『박씨전』의 이시백이 부인 박씨에게 과거를 뉘우치면서 한 말이다. 그는 박씨의 외모가 불미함을 이유로 아내를 구박한 자신의 과거를 사과한 말 가운데, "그러나 부인의 도리는 남편에게 순종함이 여자의 첫 계명(戒命)이니, 나의 과거의 잘못을 용서하고 … "라는 변명을 삽입했던 것이다.[39] 이렇듯 남편의 지위가 절대적인 가정 안에서라면, 남편이 부덕한 사람일 경우 상당한 행패도 있었음직하다. 『서동지전』에는 암다람쥐의 충고에 화를 낸 수다람쥐가 폭언과 행패를 부리는 사연이 있으며, 『이춘풍전』에도 주색잡기로 패가 망신한 춘풍이 어질고 착한 아내를 욕설하고 때리는 이야기가 보인다.

남편을 하늘처럼 섬겨야 했던 가정 안에서 아내가 지켜야 할 의무와 도리는 자못 무거울 수밖에 없었다. 아내가 구비해야 할 부덕에 관해서는 앞에서 이상적 여인상을 논했을 때 이미 언급한 바 있으므로 여기서 다시 길게 말하지 않겠거니와, 한마디로 말해서 무한한 인내와 봉사가 요구되었고, 또 그

---

37 『옥낭자전』, 『전집』(성음), p.119(강조는 저자의 첨가).
38 『사씨남정기』, 『전집』(성음), 제6권, p.187.
39 『박씨전』, 『전집』(성음), 제7권, p.173.

러한 요구를 당연한 것으로 받아들인 점에 근본적인 특색이 있다 할 것이다. 아내가 지켜야 했던 도리 내지 책임 가운데 가장 중요한 것은, 몸과 마음의 전부를 바쳐 평생 한 남편을 극진히 섬기는 일, 아들을 낳아서 잘 기르는 일, 시부모를 정성으로 섬기고 그들이 죽은 뒤에는 예를 따라서 제사를 모시는 일, 남편의 일가나 친지들이 찾아오면 융숭하게 손님 대접을 하는 일 등이었다.

아내가 지킬 도리 가운데 가장 비중이 컸던 것은 역시 수절(守節)의 의무였을 것이다. 조선시대 소설 가운데 여자 주인공들이 전쟁, 강도, 관권의 행패 등 지극한 고난을 겪는 이야기가 무수하게 많으며, 그럴 때마다 정조가 위협을 당했음에도 불구하고, 거의 예외 없이 끝까지 절개를 지킨 것으로 되어 있다는 사실은, 수절에 대한 요청이 얼마나 강했던가를 알리기에 충분하다. 춘향, 채봉, 옥단춘 등 기생의 신분을 갖게 된 여자들까지도 정절만은 끝까지 지키게 한 것은 더욱 이 점을 명백하게 밝혀 준다. 그뿐만 아니라 자신들은 그토록 굳은 절개를 지키면서도 남편의 외도에 대해서는 질투를 하지 않음이 옳은 것으로 되어 있으니, 그 의무가 자못 일방적이다. 『낙성비룡』의 이문성이 말년에 승상의 벼슬에 올랐을 때, 어떤 친구가 열 사람의 아름다운 기녀들을 그 집으로 보냈거니와, 그 가운데 다섯 미녀만을 집에 두기로 한 이승상(李丞相)에 대하여 그 부인은 질투는 고사하고, "집안이 적요하더니 가장 마땅하도소이다." 하며 이를 환영하였다.[40] 그리고 이것은 이승상의 부인이 비범한 현부인임을 찬미한 이야기임에 틀림이 없다.

여자의 정조를 중요시함에 비하여 남자의 정조에 대해서는 별로 엄하지 않았던 것으로 보인다. 도리어 '대장부'로서 여색을 즐기는 것을 풍류라고

---

40 『낙성비룡』, 『전집』(세종), 제5권, pp.408-409.

불러 잘하는 짓으로 해석하는 생각조차 있었던 모양이다. 그러나 이것은 남자들의 호탕한 기분을 반영한 생각이었고, 가장 반성적인 순간에는 역시 남자도 정조를 지키는 것이 더 바람직하다는 견해로 기울어졌을 것이다. 유충렬이 개선 장군으로서 영릉 땅에 들어왔을 때, 아내를 생각하는 마음 간절한 그가 태수가 수청 들라고 들여보낸 기생을 호통쳐서 내보낸 이야기나,[41] 비록 기생의 신분으로 떨어졌으나 몸만은 깨끗이 지키는 채봉을 위해서 자기도 정절을 지키겠다고 약속하는 강필성의 이야기는[42] 남자의 정조 관념을 찬양한 것으로밖에 해석의 길이 없다.

『낙성비룡』의 주인공 이문성이 대원수로서 반적을 무찌르고 개선하는 길에 그의 동서 설태수를 만나거니와, 이때 집을 떠나 소식을 끊은 지 11년이나 되는 이원수는 처가에 머물러 있을 자기 아내의 안부를 묻지 않고 자기를 그토록 구박한 장모의 안부부터 묻는다. 그리고 북경으로 가는 길에 그의 아내가 있는 금주(錦州)에 들르지 않겠느냐고 묻는 동서에게, 부모의 분묘가 있으니 어찌 들르지 않겠느냐고 대답할 뿐, 종적도 모르는 자기를 위해서 목숨을 걸고 수절하는 아내에 대해서는 전혀 언급하지 않는다.[43] 또 『유충렬전』의 주인공은 갖은 고초와 역경을 극복하고 마침내 산산이 흩어져 사경을 헤매는 그 가족을 차례로 구출하거니와, 그 살려 내는 순서가 아버지, 장인, 어머니, 그리고 그 다음이 아내로 되어 있다.[44] 이러한 대목을 읽으면서 첫째로 느끼는 것은, 모든 희생과 정성을 다하여 가정을 지키는 아내에 대한 대접이 너무나 소홀하다는 인상이다. 확실히 여기에는 어른들과 남자를 위

41 『유충렬전』, 『전집』(성음), 제5권, p.442 참조.
42 『채봉감별곡』, 『전집』(성음), 제8권, p.197 참조.
43 『낙성비룡』, 『전집』(세종), 제5권, pp.396-397 참조.
44 『유충렬전』, 『전집』(성음), 제5권, p.401 이하 참조.

주로 생각하는 봉건 도덕의 일면이 나타나고 있음을 직감한다. 그러나 남편이 아내에 대하여 취한 무관심한 듯이 보이는 태도는 또 다른 각도에서 해석할 일면을 가졌을 것이다. 즉 부부는 한몸이라는 관념이 여기 크게 관계하고 있는 것으로 보인다. 우리나라의 전통적인 언어로는 어른들에 대해서 자기의 배우자를 말할 때, '저'라는 호칭을 쓰거니와, 아내 또는 남편을 자기의 한 부분 또는 분신처럼 생각하는 관념은 우리의 마음속에 상당히 깊은 자리를 차지하고 있다. 그리고 나 자신을 앞세우지 않는 것이 어른을 모시는 사람의 도리라는 것도 유교적 도덕관념의 기본에 속하는 것이었다. 이 두 가지 관념에 지배를 받은 사람으로서는 마음속으로 아내를 사랑하고 생각함이 아무리 강하다 할지라도, 겉으로의 언사나 행동에 그것을 나타내기는 매우 힘들었을 것이다. 여하간, 제삼자 앞에서 아내를 대접하는 태도가 표면상 소홀한 듯이 보인 그것과는 전혀 다른 일면이 남편의 마음속에 숨겨져 있었다는 것은 믿어도 좋을 것이다. 조선시대 소설 가운데도 깊이 아내를 사랑하고 아내를 위하는 남편들의 모습을 그린 이야기가 너무나 많이 있으며, 그 남편들의 사랑과 배려는 대체로 항상 은근하게 감추어지는 경향이 있었음을 본다.

한편, '부부일체(夫婦一體)'라는 관념과는 맞지 않는 듯한 또 하나의 도덕관념이 부부의 윤리를 더욱 복잡하고 미묘한 것으로 만들었다. 『금오신화』의 둘째 이야기인 「이생규장전」은 이생(李生)과 최랑(崔娘)의 사랑을 주제로 삼고 있거니와, 이 두 남녀가 드디어 결혼을 하게 된 뒤의 행복을 그린 말 가운데, "그로부터 두 부부는 서로 사랑하고 공경하기 **나그네를 대접함과 같이** 하였으니, 비록 옛날의 양홍(楊鴻)과 맹광(孟光)과 같은 사람일지라도 그 절개를 따를 수 없었다."는 구절이 있다.[45] 과연 유교 도덕에서는 배우자를 항상 예로써 대접해야 한다는 가르침이 있으며, 그러한 가르침은 조선시대의 일상생활 속에도 어느 정도 침투되었던 것으로 보인다. 요즈음 우리 사회에서는 남편이 아내에 대하여 존대어를 쓰는 일이 많지 않으나, 조선시대 소설에 나오는 대화 가운데서는 남편들이 모두 존대어로써 아내를 대하고 있으며, 만민의 어버이로서 군림한 상감까지도 중전을 대할 때는 깍듯한 존대어를 사용하고 있다.[46] 아내가 남편에 대하여 쓴 말의 공손함은 더 말할 필요도 없다.

만약 부부가 글자 그대로 일심동체와 같은 것이라면, 그 사이에 각별한 예절이 필요 없을 것이라는 생각이 든다. 그렇다면 조선시대의 부부들이 항상 '나그네를 대접하듯이' 서로를 대했다는 것은 무엇을 의미하는 것일까? 한편으로는 자기의 한 부분처럼 생각하면서 다른 한편으로는 나그네를 대접하는 예절로써 대한다는 것은 어떤 모순을 포함하는 것이 아닐까? 생각건대, 여기에 바로 두 사람이 가까워질 수 있는 거리의 한계와 그 한계로 말미암아 생기는 폐단을 극복하는 지혜가 암시된 것이라고 볼 수 있음직하다. 두 인간이 아무리 가깝다 하더라도 글자 그대로의 한 인간처럼 될 수는 없는 것이다. 끝까지 두 인격으로서의 구별은 남는다. 만약 이 사실을 무시하고 가까운 사람을 가깝다는 이유로 함부로 대접한다면, 그 가까움이 도리어 깨질 염려가 크다. 따라서 가까운 사이일수록 도리어 깊은 사랑과 존경으로 대해야 한다는 지혜가 체험을 통하여 우러나온 것이며, 그 사랑과 존경을 중용에 따라 표현하는 언어와 행동이 곧 참된 의미로 예절이라는 미덕이 아닐까 생각한다.

아내 또는 여자의 정절을 극도로 숭상한 조선시대의 우리 조상들은 여자의 재혼을 불미스러운 일 또는 용서할 수 없는 일이라고 생각했던 모양이다.

------

45 「금오신화」, 「전집」(성음), p.34(강조는 저자의 첨가).
46 예컨대, 「인현왕후전」, 「전집」(성음), 제6권, pp.42~43에 보이는 숙종과 그 왕후의 대화 참조.

재혼의 문제를 정면에서 다룬 조선시대의 소설은 많지 않은 것으로 알거니와, 적어도 양반계급에 있어서는 그것은 논의의 여지조차 없는 일이었는지도 모른다. 한편 조웅의 어머니, 유충렬의 어머니의 경우와 같이, 온갖 고난을 무릅쓰고 끝까지 개가를 거부한 현숙한 부인의 이야기를 곁들인 소설은 적지 않다. 여주인공 자신의 재혼의 문제가 다루어진 것을 찾는다면, 『춘향전』이나 『낙성비룡』 정도의 것을 들 수밖에 없을 것이며, 여기서 다루어진 것도 재혼의 시비의 문제가 아니라, 어떻게 재혼을 거부하고 끝까지 절개를 지켰느냐는 미담으로서 다루어지고 있을 뿐이다.

　개가의 문제를 약간 긍정적인 각도에서 다룬 소설로서는 풍자 소설 『장끼전』을 들 수 있을 것이다. 장끼가 창애에 치어 죽으면서 아내 까투리에게 수절하여 정렬부인이 되어 달라고 신신 부탁하며 숨을 거둔다. 그러나 장례를 치르기가 바쁘게 까마귀, 물오리 따위의 수컷들이 까투리에게 같이 살자고 졸라 대거니와, 그것들의 접근을 일단 물리친 까투리도 결국 다른 장끼의 청혼을 받자, "오늘 그대 풍신 보니 수절할 마음 전혀 없고 음란지심(淫亂之心) 발동하네." 하는 말과 더불어 그리로 개가하고 만다.[47] 설화를 토대로 삼은 이 장끼와 까투리의 이야기를 어떻게 해석해야 좋을지에는 논란의 여지가 있을 것이다. 이것을 '인간성의 재발견' 또는 '여권 신장의 의의'를 의식하고 쓴 작품이라고 단정할 수 있을지,[48] 그리고 조선시대 여성들의 개가(改嫁) 금지에 대한 비판으로서 재혼을 권장한 것이라고 단정할 수 있을지[49] 의문의 여지가 있다고 본다. 그러나 홀어미된 까투리와 홀아비된 장끼가 재혼한 뒤에 행복하게 살았다는 마지막 마무리로 보아서, 재혼 문제를 긍정적

47　『장끼전』, 『전집』(성음), 제7권, pp.313-316 참조.
48　『전집』(성음), 제7권, p.307, 장덕순(張德順) 교수의 해설 참조.
49　김기동, 『이조시대 소설론』, pp.154-155 참조.

인 각도에서 고려히도록 하는 영향을 독사에게 미칠 수 있는 작품임에는 틀림이 없다. 다만 그 영향력이 전체의 풍조를 바꾸도록 컸으리라고는 생각하기 어려우며, 대체로 개가를 망측한 일이라고 배척하던 조류의 한 모퉁이에 그 문제를 다른 각도에서 생각하는 사상의 싹도 트고 있었다고 볼 것이 아닐까 한다.

부부의 윤리에 관하여 끝으로 언급해야 할 것은 부실(副室) 또는 첩을 둘러싼 문제다. 조선시대의 특권층 남자들이 본부인 이외의 다른 여자를 부실 또는 첩으로 가졌다는 것은 널리 알려진 사실이다. 이러한 실정은 소설에도 그대로 반영되어 당시의 특권 계급에 대하여 반항한 혁신의 일면을 가진 영웅으로 그려진 홍길동까지도 두 아내를 거느리게 되었으며, 『구운몽』의 주인공에 이르러서는 여덟 사람의 여자를 아내로 갖는 일부다처의 표본으로 그려지고 있다. 이 축첩을 둘러싸고 시비 양론의 대립이 있었던 모양이며, 그러한 대립은 소설의 대화 또는 사연 속에서 반영되고 있음을 본다. 그 가장 대표적인 예로서는 일부다처의 문제를 주제로 삼은 『사씨남정기』 가운데 축첩에 관한 찬반 양론이 대화를 통하여 전개되는 대목을 들 수 있을 것이다.

주인공 사씨 부인이 아기를 낳지 못하였음에 책임을 느껴, 후손을 볼 수 있도록 첩을 얻으라고 남편 유한림에게 권고하는데, 유한림과 고모는 그것을 반대하므로 견해의 대립이 생겼거니와, 찬성과 반대의 근거가 자못 흥미롭다. 첩을 두라고 권고하는 사씨 부인의 이유는, 첫째로, 가계를 이을 자식을 낳을 수 있다는 것과, 둘째로, 처와 첩이 질투 없이 사이좋게 사는 것은 그 자체가 미덕이라는 것이다. 이에 반대하는 유한림과 고모의 주장은, 첩이 들어오면 투기가 생겨 집안이 어지럽게 된다는 데 요점이 있다.[50] 가계의 계승, 가정의 평화 등 집안 전체의 문제를 중요시하는 반면에, 아내 또는 첩의 신분을 갖게 될 여자 개인의 인권이나 행복은 별로 문제 삼지 않고 있는 점이 주목된다. 어쨌든 사씨 부인은 남편과 고모의 반대 의견을 무릅쓰고 결국 교씨를 시앗으로 맞아들이거니와, 그 당시 다른 경우라면 남편과 고모가 반대하는 일을 감행한다는 것은 생각할 수 없다는 점을 고려할 때, 시앗 얻는 일을 반대한 남편과 고모의 의견이 극히 외면적인 인사치레였음을 알 수 있다. 이와 같은 인사치레를 해야 했다는 것은, 첩을 두지 않는 편이 남편 또는 시집 쪽의 처사로서는 더욱 칭찬받을 일로서 평가되었음을 의미하는 동시에, 그것이 인사치레에 그쳤다는 사실은 그 당시 아기를 낳지 못하면 시앗을 보는 것이 일반적 현실이었음을 의미한다. 여기서『사씨남정기』의 작가는, 교씨가 들어옴으로 말미암아 집안에 큰 화가 미쳤음을 극적으로 그려 일부다처를 경계하는 쪽으로 기울어졌다. 그러나 김만중도 어디까지나 가정 불화라는 결과를 지적하여 축첩을 경계했을 뿐 여성의 인권에는 언급함이 없을 뿐 아니라, 교씨의 죄상이 드러나 그를 처치한 다음에, 그래도 가계를 이을 자식을 보기 위해서 또다시 묘니(妙尼) 스님의 질녀를 유시랑의 소실로 들어오게 하였다. 결국 김만중이 경고한 것은 투기가 강한 악독한 여자를 소실로 맞아들이는 일에 그치며, 일부다처 그 자체에 근본적으로 반대한 것이 아님을 알 수 있다.

소실을 두는 것은 반드시 본부인이 아기를 못 낳을 때에만 국한된 현상이 아니었다. 돈이 많거나 벼슬이 높은 남자들은 하나의 특권처럼 여러 여자를 거느리는 풍속이 있었다.『조웅전』,『장국진전』,『숙향전』,『숙영낭자전』등의 남주인공들도 자녀의 문제와는 관계없이 소실 또는 부실을 두었다. 그것은 주로 특권을 누렸던 남자들의 향락을 위해서, 남자들 가운데도 특히 지배적 세력을 가진 특권 계급의 향락을 위해서, 허용되고 또 정당화된 봉건적

---

50 『사씨남정기』,『전집』(성음), 제6권, pp.182-183 참조.

현상이었다. 이 봉건적인 관습에 대하여 양심적인 남자들은 은근한 죄의식을 느끼기도 한 모양이다. 그러기에 소실을 얻을 때에는 항상 본처의 권고에 못 이겨 마지못해 받아들이는 척했던 것이며, 또 사양하는 남편에게 첩을 얻어 주는 것은 현숙한 아내가 실천해야 할 도덕적 행위 가운데 헤아려졌던 것이다.[51] 때로는 이 불합리한 일부다처의 처사를 합리화하기 위하여, 천자 또는 공맹의 권위를 빌리기까지 하였다. 『장국진전』의 유병부상서(劉兵部尙書) 부부가 자기의 딸을 장원급제한 국진의 부실로 들여보낼 때의 그 자기 변명의 심리를 그린 대목은 자못 흥미롭다.

> 천자도 부인을 몇 분 두셨고, 고관 대작은 누구나 이 천자의 도덕적 모범을 본떠서 몇 분씩 부인을 두고 있다. … 공맹의 높은 학설에도 이것만은 인정하고 있는 형편이니, 장원한 청년에게 또 하나의 부인을 제공한다는 것은 오히려 도덕적일지도 모른다.[52]

본처와 소실 가운데서 인권의 피해를 더 깊게 입는 것은 소실이었다. 첩이라는 신분은 여자들이 가정에서 차지하는 지위 가운데서도 아주 천한 것이었으며, 정실을 비롯한 여러 사람들의 하대를 감수해야 했기 때문이다. 처와 첩의 지위가 크게 다르다는 것을 소설 속에 반영시킨 것의 예로서는 『창선감의록』의 남부인이 악당의 모함에 빠져 처의 지위에서 첩으로 격하되면서 받는 학대의 이야기를 들 수 있을 것이다. 첩이 되면 그 한 여자만이 학대

---

51 본처는 소실 두기를 권하고 남편은 이를 사양하다가, 결국은 못 이기는 척 받아들이는 이야기는 소설에도 자주 보인다. 예컨대, 앞에서 말한 『사씨남정기』의 이야기 외에도, 『숙향전』의 이선, 『조웅전』의 조웅, 『숙영낭자전』의 백선군이 부실 또는 소실을 둘 때의 사연이 바로 그것이다.
52 『장국진전』, 『전집』(성음), 제5권, p.281.

를 받는 것이 아니라 그 몸에서 난 자손은 대대로 서족이라는 낙인 아래 천대를 받아야 했다. 서족이 받는 사회적 차별 대우를 주제로 한 소설로서 『홍길동전』이 있음은 만인이 아는 사실이다.

3. 형제, 친척, 가족주의

유교의 윤리에서는 혈연의 거리가 가까운 관계일수록 그것을 더욱 중요하게 생각한다. 쉽게 말해서, 촌수가 가까운 관계일수록 더욱 소중하게 여기는 경향이 있다. 형과 아우의 사이는 부모와 자식의 사이에 다음가는 가까운 관계다. 따라서 유교의 윤리가 지배적 세력을 가졌던 조선시대에 있어서 형제 또는 자매의 윤리는 크게 중요시되었으며, 그것은 친척관계 전반을 통한 윤리의 기본이 되는 것이기도 하였다.

조선시대 소설 가운데서 형제의 관계를 가장 많이 다룬 것은 역시 『홍부전』일 것이다. 그 책 첫머리에 나오는 말은 다음과 같다.

형제는 오륜(五倫)의 하나요, 한몸을 쪼갠 터다. 이러므로 부귀와 화복을 같이하는 것이니, 어떤 형제는 우애가 있고, 어떤 형제는 부제(不悌)할까?[53]

여기 인용한 구절 가운데서 주목을 끄는 말은, "한몸을 쪼갠 터"라는 것과 "이러므로 부귀와 화복을 같이하는 것"이라는 말이다. 형과 아우는 본래 두 사람이라기보다는 같은 사람의 두 조각이니, 영화를 누려도 같이 누리고, 고생을 해도 같이해야 한다는 생각이거니와, 이것은 『홍부전』의 작가 한 개

---

53 『홍부전』, 『전집』(성음), p.348. 세종출판공사판에는 이 말이 없다.

인의 의견이 아니라, 그 당시의 일반에게 당연한 원칙으로서 받아들여졌던 관념을 상기시킨 것으로 해석된다. 부귀와 화복을 같이 나누어야 할 형제라면 한지붕 밑에 사는 것이 원칙적으로 바람직할 것이며, 따라서 여러 세대가 한데 사는 대가족제도가 형성되기 마련이었다.

『흥부전』은, 그러한 당시의 윤리를 무시하고 동생을 집에서 내쫓고 구박했던 악덕한 형과 끝까지 우애를 지켜 '아우의 도리'를 다한 동생의 이야기거니와, 동생 흥부의 태도는 형제의 윤리를 구현한 이상적 귀감으로서의 의미를 가졌다. 흥부가 형을 대한 태도 가운데서 중요한 것을 간추려 보면, ① 형이 아무리 못되게 굴어도 반항함이 없이 순종했다. ② 형을 원망하지 않았으며 형의 잘못을 숨겨 주려고 애썼다. ③ 자기가 잘되고 형이 망한 다음에 재산을 나누고 집을 지어 주는 등 끝까지 형을 후대했다.[54]

형제의 우애에 관한 이야기는 『홍길동전』에도 보인다. 홍길동은 본래 시비의 몸에서 난 서자로서, 형을 형이라고 부를 자격조차 인정받지 못한 처지에서 자랐으며, 그의 형 인형(仁衡)은 병조좌랑(兵曹佐郎)의 벼슬에 있으면서 말썽꾸러기 길동을 잡으려고 한 사람이다. 인형은 무력으로써 길동을 잡을 수 없음을 알고, 사리에 호소하여 설득함으로써 길동이 자수하기를 권고하거니와, 그 사리라는 것이 일문(一門)의 보전과 충효의 원리였다.[55] 이러한 형에 대해서 길동은 끝까지 반항하지 않았을 뿐 아니라 마침내 은혜로써 그 형을 대접했으며, 형도 나중에는 '우형(愚兄)' 및 '현제(賢弟)'의 호칭을 써가며 그 동생을 예로써 대접하는 것으로 결말지어진다.[56]

악한 형과 착한 동생을 대조시킨 이야기는 『창선감의록』에도 보인다. 소

---

54 같은 책, p.355, p.371, p.379 등 참조.
55 『홍길동전』, 『전집』(성음), 제7권, pp.209-210 참조.
56 같은 책, pp.221-212 참조.

설의 주인공 화진은 간악한 큰어머니와 패륜한 이복형의 갖은 모해와 학대를 받거니와, 그는 끝까지 자식과 아우 된 도리를 다하여 마침내 악인들을 회개시킨다는 이야기로 끝난다. 『흥부전』에서 『창선감의록』에 이르기까지 언제나 나쁜 것은 형 쪽이고 아우는 항상 착한 사람으로 되어 있다는 사실에서, 우리는 세 가지 결론을 추리할 수 있음직하다. 첫째는, 인간관계가 상하의 질서로서 규정지어진 조선시대에 있어서, 형은 아우에게 못된 짓을 하기가 쉬웠으나, 아우는 형에게 못되게 굴기가 현실적으로 어려웠다는 사실이 소설에 반영되었다고 볼 수 있다는 것이다. 둘째는, 형이 비록 형의 도리를 지키지 않더라도 동생은 어디까지나 동생으로서의 도리를 지켜야 한다는 것이 그 당시에 우세했던 윤리 의식이었으리라는 것이다. 셋째는, 아우가 정성을 다하여 아우의 도리를 끝까지 지키면, 비록 악하기 짝이 없던 형도 언젠가는 개과천선할 것이라는 성선론적(性善論的) 인간관이 그 당시 상당히 받아들여지고 있었다는 추측이다.

오빠와 누이, 그리고 시누와 올케 사이의 윤리도 남자들 형제 또는 여자들 자매 사이의 그것과 근본적으로 다를 바가 없다고 말할 수 있을 것이나, 남존여비라는 또 하나의 요인이 관계하게 되므로 사실상 약간의 변형적 관례가 형성된 것으로 보인다. 가령 손위의 오빠와 손아래의 여동생의 경우는, 『창선감의록』에 엄승상의 딸 월화가 그 오빠의 명령을 거역하지 못하는 장면에도 암시되어 있듯이,[57] 오빠는 오히려 형 이상의 권위를 가졌을 것이나, 손위의 누이가 남동생에게 대해서 갖는 권위는 동생이 가진 남자로서의 우세로 말미암아 약간 떨어졌을 것으로 보인다. 그리고 시누와 올케의 사이에 있어서는, 일반적으로 시누가 우세한 위치에 섰던 것으로 보인다. 아마 이

---

57 『창선감의록』, 『전집』(성음), 제7권, p.381 참조.

깃도 넘존어비의 관념이 며느리의 위치를 낮은 것으로 만들었다는 사실 및 시누는 그 가정에 있어서 주도력을 쥔 남자들(시아버지, 남편 등)과 같은 핏줄을 나눈 사람이라는 사실에 기인한 것으로 생각된다. 시누가 올케를 못살게 구는 이야기가 소설 가운데 나타난 것으로서는 『한중록』의 작가 홍씨가 시누인 화원 옹주의 갖은 시달림을 받았다는 사연을 들 수 있을 것이다.[58] 이와 같이 형과 아우, 누이와 남동생, 시누와 올케 등의 관계에 있어서 현실적인 세력의 우열에 약간의 차이가 있었음은 사실이나, 마땅히 지켜야 할 도리로 말하면, 모두 다 한몸과 같이 서로를 위하고 도우며 영욕과 고락을 함께 나누어야 할 사람들임에 다를 바가 없었다.

"한몸을 쪼갠 터이니 부귀와 화복을 같이해야 한다."는 생각은 형제나 자매 사이에만 적용된 윤리가 아니라, 같은 정신은 비록 정도의 차이는 있었으나 일가와 친척 전반에 확대되어 친척 윤리의 바탕이 되었다. 같은 피를 나누었고 따라서 같은 성과 본관을 가진 일가친척은 결코 남이 아니며, 그들의 일은 곧 나의 일이라는 관념이 상당히 강한 힘을 가지고 작용했던 것으로 보인다. 이러한 친척 관념 및 가족주의적 사고방식은 조선시대 소설에서도 흔히 찾아볼 수 있다. 특히 『한중록』 가운데 작가 홍씨가 그 친정 집안을 생각하고 걱정하는 사연이 많거니와, 다음에 그 한 구절을 인용해 보기로 한다.

　　내 지친(至親)의 부녀들을 보니 위로되는 회포가 적지 않으나, 옛일을 생각하니 마음이 슬펐도다. 우리 집이 경신(庚申) 후에 지냄이 어려웠는데, 중고모(仲姑母)께서 효우(孝友)가 지극하셔서 … 매양 빈궁하실 때 도우심이 많더라. … 임술계해(壬戌癸亥) 연간에 정헌공(貞獻公) 삼년상을 마치고 용도가

58 『한중록』, 「전집」(성음), 제6권, p.355 참조.

절핍한 때, 여러 차례 고모가 보내시는 것을 기다려 향화를 올린 적이 많았고, 동생님들 사랑하심과 여러 조카를 사랑하심이 자기 아들과 같으셨고,…[59]

　이것은 홍씨 친정에 잔치가 있어 조카딸 등 여러 친척의 젊은이들을 보고 기뻐하면서 옛일을 회고하는 사연이거니와, 중고모의 친정에 대한 성의는 그 당시 사람들의 친척 관념의 일단을 되살려 준다. 여기 인용된 구절에 이어서, 홍씨는 중고모에 대한 회고의 정과 귀양 간 사촌들에 대한 슬픈 감정을 기록하고 있거니와, 친척 사람들을 생각함이 오늘날 우리가 처자를 생각하는 마음에 뒤지지 아니함을 느끼게 한다. 그 다음에 『한중록』의 작가는 여러 조카들의 이름과 그 근황을 소개하면서 그들에 대한 깊은 애정을 표명하고 있으며, 이어서 조카들에게 주는 간곡한 교훈을 적어 다음과 같이 제4장의 끝을 맺고 있다.

　너희들 각각 소과(小科)도 못하고 거적 사모(紗帽) 아래의 몸이 되니 인정상 아낌이 없으랴마는, 내 집이 이제는 조금도 벼슬하기를 바라지 않더라. 수영이 너부터 … 집을 다스려 화목한 가운데 강직 명철히 하고, 제사 받들기를 정결히 하고, 홀로된 어버이를 극진히 효양하고, 맏누이를 형같이 알고, … 숙계조(叔季祖)를 할아버지 우러러 받들듯 하고, 제부(諸父: 아버지의 여러 형제)를 선형(先兄)같이 섬기고, 나이 어린 고모를 누이 보듯 하고, 여러 종제(從弟)들을 가르치며 사랑하여 동기같이 하고, 먼 일가에 이르도록 환대하며, 문하에 궁한 사람을 버리지 말며, … 선인과 선형(先兄) 하시던 덕행을 이어서 집안 명성을 떨어뜨리지 말라.[60]

---

59 『한중록』, 『전집』(세종), 제4권, pp.105-106.

여기에 인용된 글은 그 당시 친척 사이에 지켜지도록 요청된 윤리 규범의 기본을 쉽게 풀어서 말한 것에 해당하거니와, 그 정신을 한마디로 묶는다면, 결국 형제 사이에 서로 돕고 고락을 같이하는 그 태도를 하나하나 촌수가 멀어 가는 곳에까지 연장하여 모든 일가친척이 궁핍을 면하도록 힘쓰라는 것이다.

친척끼리 서로 돕는 것이 절대적인 의무라면, 친척을 돕지 않는 것은 부덕한 행위가 아닐 수 없다. 가령 죄인을 다스리는 직책을 맡은 사람이 자기의 친척의 범죄를 발견했을 경우에 그는 그 친척의 처벌에 가담해서는 안 된다. 그 친척을 구원할 의무를 망각하고 오히려 그 죄를 밝히고 다스리는 일에 관여한다면 그것은 친척의 도리에 벗어나는 일이다. 그러기에 작가 홍씨는 그 삼촌을 역모로 몰아 죽이는 일에 가담한 김종수(金鍾秀)를 극악무도한 놈으로 규탄하면서, "세상에서 모두 저를 어미에게 효도한다고 일컬었으매, 어미 마음을 따를 양이면, 어미 사촌이 종수의 지친(至親)이니, 비록 죄가 있더라도 … 어미를 앉히고 제 홀로 나서서 어미의 종제를 죽였으매, 어찌 진정한 효성이리오."라고 하여 종수가 '척리(戚里)의 본색'을 망각했음을 강조했던 것이다.[61] 그리고 당시에 세도를 잡고 자기의 친가를 물리친 김관주(金寬柱) 일파가 자기네와 인척관계에 있었음을 염두에 두고, "설사 선친이 잘못하신 일이 있다 하더라도 두 집 사이에 그리 못할 터이더라."라고 말하여, 그 의리 없음을 비난했던 것이다.[62]

친척의 의리를 중요시하는 관념을 반영시킨 소설은 『한중록』 외에도 많이 있다. '일문(一門)의 보전'을 위해서 자수하라고 호소한 『홍길동전』의 이야

60 같은 책, p.107.
61 같은 책, p.130.
62 같은 책, p.154.

기는 이미 언급한 바 있거니와, 『창선감의록』, 『유충렬전』, 『백학선전』 등에도 가족주의적 사고와 행동을 서술한 대목이 곳곳에 보인다. 『창선감의록』의 남소저가 조녀(趙女)와 침부인(沈夫人)의 모해로 집을 쫓겨나 멀리 만리 타향으로 전전할 때, "상계촌에 진가 성을 가진 큰 집"을 찾아가 의탁하라는 선녀의 지시를 받는다. 그때 남소저는, "진씨 성을 가진 그 집이 만일 내 집과 친척이면 다행하고, 그렇지 않으면 차라리 도로에서 죽을지언정 들어가지 못하리라."고 말하여, 강한 친척 관념을 표명하고 있다.[63] 그리고 진씨가의 주부 오씨 부인은 남소저가 자기와 척분이 있음을 발견하고 크게 기뻐하며 이렇게 말한다.

그러면 그대는 노신에게 재종질녀되도다. 노신의 외왕모는 운양 공주요, 운양 공주는 곧 금릉에게 고모되시는지라, 우리는 이렇게 상봉함이 어찌 우연타 하리오.[64]

또 같은 소설 안에서 화진의 이복형 춘(瑃)의 죄악을 논단하려 하는 마당에서, "화춘은 나의 매부라. 나는 가히 이 의논에 참례치 못하리로다." 하고 탄식한 임어사의 말이나,[65] 화진의 무공을 높이 치하한 천자가 그의 공로로 보아 형 화춘의 중죄를 용서하는 사연 등도,[66] 모두 가족주의적 사고와 행동의 사례가 아닐 수 없다.

『유충렬전』의 장씨 부인이, 심한 곤경으로부터 자기를 구해 준 사람이 자

---

63 『창선감의록』, 『전집』(성음), 제7권, p.337.
64 같은 책, p.340.
65 같은 책, p.395.
66 같은 책, p.416 참조.

기 남편과 일가가 된다는 말을 듣고, "아니, 그럼! …" 하는 "한마디를 길게 질렀을 뿐 입을 다물지도 못했다."는 이야기나,[67] 유충렬이 무공을 세우고 개선하는 도중에서, 그의 어머니 장씨를 오래 보살펴 준 이처사와 첫 대면을 했을 때, 족보를 따진 결과 두 사람 사이에 먼 인척관계가 있음을 발견한 순간, "두 사람의 우정은 대번에 접근되어 버렸다."는 사연도, 역시 가족주의의 관념이 아니고는 이해하기 어렵다.[68] 더욱이 이 소설의 작가 자신의 다음과 같은 해설이 이러한 해석을 더욱 강하게 뒷받침해 준다.

양반 사회에서의 족보의 권위는 바로 이런 데 있다고 해서 좋았다. 생면부지의 인간조차 족보는 뜨거운 핏줄로 이어 준다. 어떠한 역사의 기록도 이러한 힘을 개인에게 미쳐 주지는 못할 것이리라.[69]

이토록 족보의 권위와 핏줄의 유대를 중요시한 『유충렬전』의 작가도, 한 사람이 죄를 지으면 그 삼족을 멸망시키는 연루의 제도에 대해서만은 비판적 태도를 취하고 있다. 충렬의 장인 강승상이 역적으로 몰려 그의 일족이 궁비의 신세로 전락하는 처분을 받았을 때, 작가는 이 처분에 대하여, "인간과 인간의 제도는 어째서 이토록 미욱하고 사회는 냉혹한 것일까? 그러나 이러한 불합리에 대해서도 누구 하나 의문을 갖는 자는 없었다."고 말하여 날카로운 비판을 가했던 것이다.[70] 한 사람의 역적을 처분하는 마당에서 그 일족을 모두 멸망시키는 이야기는 『백학선전』에도 보이거니와,[71] 이 연루의

---

67 『유충렬전』, 『전집』(성음), 제5권, pp.359-360.
68 같은 책, pp.439-440 참조.
69 같은 책, p.440.
70 같은 책, p.37.

제도는 가족주의를 역으로 이용하여 정치 세력의 안정을 기도한 위정자의 계교에서 발생한 것이라 하겠으며, 이 제도를 비판한 것은 위정자의 그러한 계략적 처사를 반대했을 따름이요, 가족주의 그 자체를 비판한 것이 아님은 의심의 여지가 없다.

71 『백학선전』, 『전집』(세종), 제2권, p.309 참조.

5 장
가족 밖의 윤리

1. 사랑과 성의 윤리
2. 신의, 보은, 예절
3. 어지러운 사회상
4. 군신, 국가, 민족

5장 가족 밖의 윤리

1. 사랑과 성의 윤리

흔히 '남녀칠세부동석(男女七歲不同席)'이라는 말로 상징되는 조선시대의 성도덕은 구체적으로 어느 정도의 엄격성과 폐쇄성을 가졌던 것일까? 오늘날 우리가 '남녀칠세부동석'이라는 말을 할 때 그것은 농담이 아니면 풍자에 지나지 않지만, 50년 전만 하더라도 그것은 아주 현실적인 규범이었다. 조선시대에는 남녀의 접촉이 더욱 제한을 받았으며, 이 사실은 소설 가운데도 여실히 반영되고 있다.

『구운몽』 가운데 주인공 양소유가 정사도 댁의 규수를 선보고자 했으나, 양가의 규수에게 접근할 길이 없어, 거문고 타는 여자로 변장을 하고 정사도 댁 대청까지 들어가 정소저와 마주앉아 말을 나눈 사연이 있다. 처음에는 감쪽같이 속았던 정소저가 사실을 눈치채는 순간에 그 당황하는 모습은 현재의 젊은이로서는 이해하기 어려울 정도다. "붉은 빛이 두 뺨에 오르고 누른 기운이 눈썹으로 사라지며, 취한 듯이 갑자기 낯빛이 달라"질 정도였던 것이다. 그리고 다음 날 시비 춘운(春雲)에게 하소연하기를 "내가 규중 처녀로서 알지 못하는 남자와 함께 반나절이나 마주앉아 이야기를 하였으니, 비록 모녀간이라도 모친께 차마 이런 말씀을 아뢰지 못하였다.”고 하며 얼굴을 붉혔던 것이다.[1] 여자로 변장하고 남의 규수를 선보는 이야기는 『장국진전』에도 있으며,[2] 또 『창선감의록』에는 남소저가 유리걸식을 하며 만리타향을 헤매는 가운데도, 남의 집에 들어갈 때는 시비를 시켜 그 집에 남자가 없음을 확인하고 비로소 들어가는 이야기가 있다.[3]

좌석을 같이하는 것조차도 부당한 일이라고 생각했을 정도라면, 그 이상 더 깊은 남녀의 접촉은 더욱 어려웠을 것임에 틀림이 없다. 공연히 남녀가 시시덕거리고 소담하는 것은 해괴망측한 일이었으며, 여자의 이름은 함부로 아무 남자에게나 알릴 성질의 것이 아니었다.[4] 흔히 말하는 ‘자유연애’라는 것은 아주 예외적인 사건이었으며, 만약 간음을 범한다면 그것은 집안의 큰 망신이 아닐 수 없었다. 그러므로 사람을 모함하기에 가장 효과적인 방법은 그를 간음죄로 모는 일이었으며, 이 방법은 『숙영낭자전』과 『장화홍련전』의 주인공을 미워한 사람들에 의하여 사용되었다. 『호질』의 작가 연암은 당시의 가장 진보적인 사상가로 알려졌음에도 불구하고, 그가 북곽선생(北郭先生)과 과부 동리자(東里子)의 정사를 수치스러운 일의 대표로서 규탄하고 있는 것도 저 까다로운 성도덕의 배경 앞에서 비로소 이해할 수 있다.

성도덕은 남녀 누구에게나 엄하고 까다로웠으나, 특히 여자의 경우 그 짐이 더욱 무거웠다. 소위 양가에 태어난 여자라면, 결혼하기 전에 어떤 외간 남자와 접촉할 기회는 원칙적으로 허락되지 않았으며, 부모가 정해 주는 남

---

1 『구운몽』, 『전집』(성음), 제7권, pp.40-41.
2 『장국진전』, 『전집』(성음), 제5권, pp.278-279 참조.
3 『창선감의록』, 『전집』(성음), 제7권, p.340 참조.
4 『구운몽』, 『전집』(성음), 제7권, p.65 및 『채봉감별곡』, 『전집』(성음), 제8권, p.164 참조.

자와 결혼한 다음에는 오로지 그 남자를 위하여 굳은 절개를 지키는 동시에 다른 남자들과는 일상적 대화조차도 삼가는 것이 이른바 내외의 예절이었다. 그뿐만 아니라 남편이 일찍 죽을 경우에도 재혼의 자유는 없었으며, 오로지 망부의 영혼을 위하여 정절을 지켜야 했다.

흥부의 형 놀부는 극악무도한 인간으로서 도덕이니 예절이니 하는 따위는 안중에 없는 사람이었지만, 그런 악당조차도 계수에 대한 성도덕은 무시하지 못했던 것으로 보인다. (더 정확하게 말하자면, 작가는 놀부를 못된 짓만 골라 가며 하는 악당으로 그렸지만, 계수에 대한 성도덕까지도 무시한 불량배로는 차마 못 그린 모양이다.)[5] 놀부는 그 계수에게도 갖은 행패를 부렸지만, 성적 범죄를 저지른 일은 없으며, 강남의 제비왕이 보낸 흥부의 첩을 빼앗고 싶어 했을 때, "이왕 내게 몸을 허락하였으니, 형님께로 보내는 것은 망발이올시다."라는 말을 듣고는, 그 이상 더 고집하지 않았다.[6] 그리고 이것은 놀부가 흥부에게 양보한 유일한 행동이기도 하였다. 이는 그 당시 성도덕관념이 가졌던 강한 억제력을 암시하는 것으로 해석할 수 있음직하다.

만약 모든 여자가 그 절개를 철저하게 지킨다면, 세상의 남자들도 따라서 방정한 성생활을 가질 수밖에 없을 것이다. 그러나 그것은 특권층의 남자들의 욕심으로 볼 때는 그리 달가운 일이 아니다. 철저한 정절을 여자들에게 요청하면서 그러나 자기들의 특권을 성생활에서도 즐기기 위해서는 어떤 예외적 규정 또는 특별한 제도를 확립할 필요가 있다. 이러한 요구를 만족시키기 위하여 옛날의 특권층 남자들이 만든 제도의 하나는 관기(官妓)라는 신분이요, 또 하나는 축첩의 관습이었다. 기생이라는 특수한 신분의 여자를 제도

---

5 『흥부전』, 『전집』(성음), 제4권, p.348 참조.
6 같은 책, p.373 참조.

상으로 만들어 놓고, 그들에 대해서는 여러 남자와의 접촉을 허용함으로써 특권층 남자들의 방탕한 욕망을 위한 길을 열 수가 있었으며, 축첩의 제도는 (첩 또는 소실들에 대해서도 정절의 미덕이 요구되기는 하였지만) 남자들을 위해서 일부일처의 구속을 벗어날 수 있는 돌파구로서의 구실을 할 수가 있었다.

기생에 대해서는 비록 정절이라는 것을 기대하지 않았다 하더라도, 그 미덕을 발휘하는 기생은 각별한 찬양의 대상이 아닐 수 없었다. 조선시대 소설에 등장하는 기생들 가운데 옥단춘(玉丹春), 계섬월(桂蟾月), 김채봉(金彩鳳) 등은 모두 한 남자만을 위해서 절개를 지킨 여자이거니와, 그들은 작가 및 독자들의 대단한 찬양을 받은 기생의 거울이기도 하였다. 조선시대 소설에 나오는 기생들 가운데는 앞에 말한 사람들과는 전혀 유형이 다른 사람들이 있다. 미모와 교태로써 남자들을 농락하고 재물을 긁어 들이는 기생들, 예컨대 『배비장전』의 애랑(愛娘), 『이춘풍전』의 유추월(柳秋月), 『오유란전』의 오유란(烏有蘭), 『유충렬전』에서 강낭자의 자살을 막고 그를 기생으로 팔아먹으려 한 관기 등이 그것이다. 아마 현실적으로 존재했던 기생들 가운데는 이 후자의 유형에 속하는 사람들이 많지 않았을까 추측된다. 그리고 남자로서 그러한 기생집에 자주 출입하며 주색의 향락에 도취하는 태도는 그리 좋은 일이 못 되는 것으로 비난을 받은 모양이다. 『배비장전』 또는 『이춘풍전』의 풍자적인 줄거리가 그것을 암시하며, 『서동지전』에 나오는 큰 쥐의 증손이 주색에 빠져 횡사했다는 이야기가 그것을 암시한다.[7]

비록 엄격한 도덕관념에 의하여 무겁게 눌리었다 하더라도, 이성을 그리워하는 자연의 정열이 완전히 말살될 수는 없었을 것이다. 그러한 자연의 정

---

7 『서동지전』, 『전집』(성음), 제4권, p.332 참조.

열을 주제로 삼은 조선시대의 소설로서, 『금오신화』, 『영영전』, 『운영전』, 『양산백전』, 『채봉감별곡』 등의 여러 애정 소설이 있다. 이러한 소설 가운데 우리는 자연과 도덕의 틈바구니에서 고민하는 젊은 남녀의 모습을 보며, 저 무거운 도덕의 억압을 물리치고 자유연애의 길을 택하는 이야기들을 읽는다. 현실적으로 자유연애를 감행한 젊은이들이 많았으리라고는 믿어지지 않으며, 그러한 애정 소설을 이야기로 읽는 가운데 대리 만족의 심리를 통하여 숨은 정열을 위로한 사람들이 아마 대부분이었을 것이다. 다만, 근엄한 성도덕의 압력은 조선시대의 소설 자체에도 미쳤을 것이니, 소설을 읽고 즐기는 일조차도 아주 자유로웠다고는 생각되지 않는다. 즉, 음란하고 난잡하다는 이유로 읽기를 금하는 도학자들의 견제를 받아 가며 그것을 읽어야 했을 것이다.[8] 그리고 그러한 방해를 무릅쓰고까지 안방 깊숙한 곳에서 많은 애정 소설들이 탐독되고 경청되었다는 그 사실이, 자연의 정열이 가진 누를 수 없는 힘을 암시하는 것이기도 하다.

아주 드문 일이기는 했겠지만, 부모의 뜻을 어기고 또는 세상의 눈을 피해 가며 자유연애를 감행한 사람들이 더러 있었을 것이다. 아마 양반계급이 아닌 서민층의 남녀들이 좀 더 이 점에 있어서 개방적이었을지도 모른다. 『박문수전』 첫 번째 이야기에 유부녀 간통 사건의 이야기가 있고, 『서동지전』에 외손녀 쥐가 "이팔 청춘에 행실이 부정하여 서방을 버리고 집을 나간 지가 두어 해가 되었다."는 말이 있는 것은,[9] 그 당시에 그러한 일이 더러는 있었다는 것을 암시한다고 해석해도 좋을 것이다. 그러한 남녀관계는 엄밀하게는 '자유연애'라기보다는 남몰래 숨어서 하는 비밀이었으며, 따라서 많은

---

8 김기동, 『이조시대 소설론』, pp.79~82 참조.
9 『서동지전』, 『전집』(성음), 제4권, p.333 참조.

양심의 가책을 동반했고, 발각되면 사회적 또는 가정적 문책을 당할 위험성을 크게 가진 모험이었다. 『금오신화』의 「이생규장전」에는 젊은 남녀가 밀회를 즐기면서 자신들의 행위가 불효막심함을 자책하는 대목이 있으며,[10] 『호질』의 북곽선생은 과부와의 정사가 발각이 되어 큰 망신을 당한다.[11]

그토록 위험성을 내포한 남녀의 교제였던 까닭에, 그것은 일시적 심심풀이를 위한 불장난일 수가 없었을 것이다. 조선시대의 애정 소설에 나타난 젊은이들의 사랑은 대개가 생명을 걸다시피 한 심각한 모험이다. 『영영전』, 『운영전』, 『양산백전』, 『주생전』의 사랑은 그 대표적인 것이며, 거기에는 오늘날 말하는 '방탕'과는 전혀 다른 절박한 것이 있음을 본다.

남녀의 접촉이 원칙적으로 금지되어 있으며, 어려운 장애를 넘어서 기적적으로 맺어진 사랑이라면, 그것이 쉽게 냉각하거나 다른 상대를 찾아서 옮겨 가기는 힘들 것이며, 동시에 두 사람 이상의 애인을 갖는다는 것도 생각하기 어려울 것이다. 그러기에 『춘향전』을 위시해서 조선시대 소설에 나오는 사랑의 사연은 모두가 일편단심형의 그것이고, 당시의 도덕을 어기고 정식 결혼 전에 '운우(雲雨)의 낙(樂)'을 나누고 가연을 맺은 자유인들도 그 뒤로는 평생 그 한 사람에게 충실한 배우자로서 일관한 것이며, 현대의 새로운 경향과 같이 연애와 결혼을 따로 떼어 생각하는 사람은 거의 없었던 것으로 보인다. 즉, 비록 부모의 뜻을 어기고 자기들끼리 가까워진 남녀들의 사랑일지라도 어디까지나 결혼을 위한 준비 단계로서의 의미를 잃지 않았다. 이와 같이 변하지 않는 인간관계를 추구한 당시의 경향은, 의리를 존중하고 사람의 정신적 개성을 중요시한 더 일반적인 경향의 영향을 받은 바도 크다고

---

10 『금오신화』, 『전집』(성음), p.32 참조.
11 『구운몽』의 주인공과 같은 특권층의 남자가 여러 본처와 소실을 합법적으로 거느린 경우가 있으나, 그러한 관계는 여기서 말하는 사랑과는 성질이 다른 것이다.

보아야 할 것이다. 어쨌든, 일부에서 성개방론이 주장되고 그것이 실천되기도 하는 오늘의 세태와 견주어 볼 때 조선시대의 남녀관계 및 성도덕은 거의 차원이 다른 사고방식 위에 서 있었으며, 조선시대 이래 모든 분야의 가치관이 크게 변하고 있는 가운데도, 남녀관계 및 성에 관한 가치관에 있어서 가장 급속한 변화가 일어나고 있음을 알 수가 있다.

이상은 조선시대의 소설에 나타난 것을 토대로 삼고 그 시대의 성도덕을 살펴본 것이거니와, 그러나 이것이 그 당시의 성생활 또는 성에 관한 현실의 전모라고 생각해서는 안 될 것이다. 그 당시로서는 소설에도 쓸 수 없는 어지러운 이야기가 있었을 것이며, 또 그 당시에는 아직 소설의 주인공으로서 별로 다루어지지 않은 상민 내지 천민 계층에 있어서 좀 다른 일면도 전개되었다고 보아야 할 것이기 때문이다. 『변강쇠전』 같은 음탕한 내용의 소설도 있기는 하였으나 이것은 예외에 가까운 것이며, 적어도 그 당시의 양반 사회에 있어서 읽힐 수 있기 위해서는 아주 문란한 이야기를 소재로 삼기는 어려운 일이었다. 따라서 소설에 다루어지지 않은 이야기들 가운데 어지러운 현실이 묻혔을 것이다. 그리고 조선시대 소설에서 주로 다루어진 것은 양반계급의 생활이었으며, 상민이나 천민의 생활을 소재로 삼은 작품은 비교적 드물다. 따라서 소설에 나타난 것만 가지고는, 그 당시 비교적 성도덕의 제약을 적게 받았던 상민 내지 천민의 실정을 짐작하기가 어렵다.

이상옥(李相玉)은 『비관잡기(稗官雜記)』에 의거하여, 정월 보름날 답교(踏橋)의 풍습을 통해서 서민층의 젊은 남녀들이 '풍기 문란'에 가까운 행동을 매년 했다는 이야기를 기록하고 있으며,[12] 또 『추관지(秋官志)』에 의거하여, 영조 20년에 김세만(金世萬)이라는 서민 남자와 그의 부인 인소사(印召史)

---

12 이상옥, 『한국의 역사』, 제9권, p.313 참조.

가 각각 바람을 피우다 살인극이 벌어진 이야기, 서민층의 과부를 업어 가고 또 못 이기는 체 업혀 가는 풍습에 관해서 전하고 있다.[13]

'답교'라는 풍습은 일 년에 한 번밖에 없는 것이며, 비록 "지나치게 풍기 문란한 장면까지 벌어졌다."고는 하나, 고작해야 "손목을 잡고 희롱"하는 정도에서 그쳤다. 그리고 과부를 업어 가는 풍습으로 말하더라도, 현대의 관점에서 본다면, 별로 풍기 문란이라고 할 정도의 일이 아니다. 정말 조선시대에 있어서 음란한 짓을 한 것은 특권층의 양반들이었다. 특권층의 양반들은 창기 또는 시비 같은 천민 계급의 여자를 상대로 향락을 일삼을 수 있었던 것이다. 우리나라에는 고려시대부터 중앙과 지방에 창기의 제도가 있었으며, 조선시대에 들어와서도 이 제도는 그대로 지속되었다. 그리고 지방의 창기는 관기라 하여 공가(公家)의 물건처럼 생각되었고, 지방에 수령 또는 그 밖의 임무를 띠고 내려간 관리들은 그들을 사유물처럼 다룰 수가 있었으며, 중앙으로 돌아올 때에 마음에 드는 창기를 데리고 올 수도 있었다. 그 밖에 또 종을 거느린 양반계급의 남자들은 그 종의 아내와 딸들을 건드려도 크게 문제가 되지 않았던 모양이다. 따라서 특권층의 남자의 경우 양반계급의 여자를 상대로 바람을 피우기는 어려웠지만, 그 밖에는 거의 자유로웠다고 하여도 과언이 아니다.[14] 궁중에 사는 왕 또는 왕손들의 방탕은 더 말할 것도 없다. 특히 세종 때부터는 왕손의 수효가 늘어 그들의 음행은 궁성 밖에까지 미쳤다고 한다.[15] 그러고 보면, 결국 엄격한 성도덕에 묶여 정절을 곱게 지킨 것은 양반계급의 부녀들과 서민층의 부녀들의 일부에 지나지 않았다는 결론이 된다. 이러한 불합리한 사태에 모든 양반 계층의 부인들이 묵

---

13 같은 책, pp.315-316 참조.
14 같은 책, pp.343-368 참조.
15 같은 책, p.394 참조.

묵히 순종만 하지는 않았다. 여자들 가운데도 바람을 피움으로써 맞서는 사람들이 있었던 것으로 전해지고 있다.[16] 그러나 양가의 부녀로서 바람을 피운 사람이 많았으리라고는 생각되지 않으니, 전체로 볼 때 상류층의 부녀자들의 행실은 대체로 정숙했다고 해도 거짓이 아닐 것이다. 남자들 가운데서도 관기 또는 시비를 마음대로 농락할 수 있는 사람들은 일부에 국한되었다는 것을 고려할 때, 대개가 현대에 비해서는 엄격한 성도덕의 제약 아래 살았다고 말해도 잘못이 없을 것이다.

2. 신의, 보은, 예절

조선시대의 소설은 그 대부분이 가정생활, 남녀의 애정, 사회 현실에 대한 풍자, 군주에 대한 충성을 주제로 삼은 것이며, 그 밖의 인간관계를 주제로 삼은 작품은 그리 많이 보이지 않는다. 따라서 친구 상호간의 윤리, 이웃 사람들 사이의 윤리 등, 흔히 말하는 '사회윤리'에 관한 조선시대의 사상 및 현실을 그 시대의 소설에서 찾아내기는 비교적 어렵다. 이러한 제약을 염두에 두고, 소재가 허락하는 범위 안에서 일반적 대인관계의 윤리를 더듬어 보기로 하자.

친구의 의리를 비롯한 가정 밖의 대인관계에 대해서 여기저기 단편적으로 언급한 대목을 가진 소설이 많이 있거니와, 그 단편적인 서술을 통하여 발견되는 가장 현저한 경향으로서 세 가지를 지적할 수가 있다. 첫째는 친구 사이의 신의(信義)를 강조하는 대화 또는 행동에 관한 이야기가 많다는 사실이다. 둘째는 어려울 때 큰 신세를 진 사람들이 그 은혜를 갚는 사연이 많이 보

---

16 같은 책, pp.394-395 참조.

인다는 사실이다. 셋째는 사람들이 처음 만났을 때 또는 일상적인 접촉을 가질 때 그 언어나 거동이 매우 정중하고 예의바르다는 사실이다.

『허생전』의 주인공은 변부자로부터 만 냥이나 되는 큰돈을 빌려 가거니와, 그는 나중에 그 돈을 많은 이자와 함께 갚음으로써 신의를 지키고 있다. 『옥단춘전』의 이혈룡과 김진희는 서로 도와 가며 살기를 언약한 죽마고우이거니와, 김진희가 그 언약을 저버리고 신의를 배반한 죄로 결국은 천벌을 맞아 급사하는 결과에 이른다. 이것도 역시 친구 사이의 신의를 강조한 이야기임에 틀림이 없다. 『창선감의록』에도 신의에 관한 이야기가 있다. 주인공 화진의 처남 윤여옥은 일찍이 진소저와 약혼했으나, 진씨 일가는 세도 있는 악당의 모함에 걸려 식구들이 사방으로 흩어져 숨어 다니게 되니, 윤학사와 진소저의 결혼은 사실상 어렵게 되었다. 이때 진소저는 남복으로 변장하고 도망하던 길에서 만난 백학사(白學士)와 수작한 끝에 자기가 윤학사라고 속여 백학사의 누이동생과 윤학사를 맺게 하는 언약을 성립시킨다. 백학사와 진짜 윤학사는 그로부터 5년 뒤에 만나게 되거니와, 결국 윤여옥은 진소저와의 약혼의 의리도 지키고 백학사와의 신의도 지킨다는 이야기로 결말을 짓는 가운데, 신의의 미덕이 매우 강조되고 있다.[17] 『인현왕후전』에는 충신들이 어진 왕후를 위하여 숙종에게 간한 것이 말썽이 되어 상소한 충신들이 반역으로 몰리는 이야기가 있으며, 그 가운데 그 상소들을 기초한 박태보(朴泰輔)는 그 책임을 혼자서 지겠다고 나서고, 다른 동지들은 책임을 나누어 죄를 다 같이 받아야 한다고 주장하는 사연이 포함되어 있다. 이것도 친구와 동지의 의리를 존중한 선비들의 미덕을 전한 것이라 하겠다.[18] 그 밖에도

---

17 『창선감의록』, 『전집』(성음), 제7권, pp.349-351, pp.386-387 참조.
18 『인현왕후전』, 『전집』(성음), 제6권, pp.16-17 참조.

『박문수전』, 『낙성비룡』 등 친구들 사이의 신의 또는 동료들 사이의 정리(情理)를 강조하는 사연을 포함하는 소설은 많다. 『서동지전』 가운데는 "천하의 만물이 세상에 나면 모름지기 신의로써 도리의 으뜸을 삼는 법"이라는 말까지 있다.[19]

신의의 미덕과 매우 가까운 것으로서 은혜를 잊지 않고 기회 있을 때 갚는 마음가짐이 있거니와, 조선시대 소설 가운데는 이 보은(報恩)에 관한 이야기도 자주 보인다. 조선시대 소설의 주인공들은 대개 처음에 갖은 고생을 겪다가 결국에 가서 크게 성공을 하게 된다. 그 고생하는 과정에서 나쁜 사람들의 악의와 모략에 시달리는 때도 많지만, 착한 사람을 만나서 그 신세를 질 경우도 많다. 그러다가 그 주인공들이 끝판에 성공하여 부귀와 영화를 누리게 되었을 때 반드시 그 옛날 은혜진 사람들에게 후하게 보답하기를 잊지 않는다. 『옥단춘전』, 『백학선전』, 『홍계월전』, 『낙성비룡』 등의 주인공들이 모두 그러한 보은의 미덕을 발휘한 사람들이다. 인간뿐 아니라 짐승들이 은혜를 갚는 이야기도 가끔 보인다. 『흥부전』에 강남 제비가 은혜를 갚는 이야기가 있음은 세상이 아는 상식이며, 『숙향전』에는 거북이 생명의 은인에게 보답하는 이야기와 숙향 부인이 사슴, 원숭이, 새 등의 짐승들에게 사은하는 사연이 있다.[20]

『옥낭자전』을 보면 옥낭의 아버지 김좌수가 사윗감을 선보기 위하여 이시업의 집을 찾아가 장차 사돈이 될 이춘발(李春發)과 처음 대면하는 장면이 있다. 그때 그 두 사람이 서로 인사를 나누는 태도가 정중하고 겸손하기 이를 데 없다. 이춘발은 "의관을 정제하고" 사랑채로 나아가 우선 수인사를 한

19 『서동지전』, 『전집』(성음), 제4권, p.338 참조.
20 『숙향전』, 『전집』(성음), 제3권, p.357 및 p.396 참조.

다음에 이렇게 말을 한다.

궁벽한 산촌에서 생장하여 타관 출입이 없는 고로, 고성대명(高姓大名)을 듣자온 지 이미 오래되어, 한 번도 존안을 대하지 못하와 못내 유감으로 생각하옵던 차에, 존공(尊公)께서 이러한 시골의 한낱 필부를 꺼리지 아니하시고 멀리 왕림하시거늘, 이 사람이 미리 알지 못하와 영접치 못하였으니 더욱 송구하나이다.

이 말에 대하여 김좌수는 "가벼이 허리를 굽혀 사례하고" 다음과 같이 대답한다.

소생의 천한 나이 육십이라, 기력이 날로 쇠약하여 문전 출입도 자주 하지 못하옵는지라, 존공의 성화를 매양 왕래하는 사람들에 익히 듣잡고 한 번 뵈어 태산 같은 경의를 풀고자 하였으나, 덧없는 생활이 다사하고 겸하여 기력이 부족하온 소치로 시일을 천연하옵다가, 금일에야 비로소 평생 소회를 풀까 하오니 허물치 마소서.[21]

오늘날 우리들의 생활감정으로 본다면 너무나 형식적이고 거추장스러워 도리어 부담스러울 정도로 정중한 수작이다. 조선시대의 양반들이 반드시 모두 이러한 말씨로 첫인사를 나누었다고 생각되지는 않는다. 그러나 비록 이 정도까지는 아니었다 할지라도 유교적 전통 속에 살던 조선시대에 있어서 예절이 몹시 강조되었으며, 또 실천 생활에 있어서도 근엄한 말씨나 몸가

---

21 「옥낭자전」, 「전집」(성음), 제8권, p.118.

짐이 몸에 밴 사람들이 많았으리라는 것은 믿어도 좋을 듯하다.

조선시대 궁중 생활에 있어서의 예절은 더욱 야단스러웠던 것으로 보인다. 『운영전』의 여주인공이 김진사와의 사랑으로 어려움을 당했을 때, 같은 성수궁(聖壽宮) 속에 갇혀 있던 궁녀들이 그를 도와주는 이야기가 있다. 그 궁녀들은 모두 같은 또래의 같은 신분으로서 평소에 서로 '해라'의 말씨로 사귀는 가까운 사이였으나, 고마움의 감정을 나타낼 때는 일어나서 절을 두 번 씩이나 하고, 자기 처소를 방문했던 친구가 돌아갈 때는 중문 밖까지 나가서 전송을 하는 등, 그 예절의 정중함이 이를 데 없다.[22] 성수궁이라는 것은 비록 '궁'이라는 이름이 붙어 있기는 하나 실은 안평대군의 사택에 지나지 않는다. 정말 임금이 살던 대궐 안에서의 예의범절의 까다로움은 이루 말할 수 없을 정도이며, 그 일부는 『한중록』, 『인현왕후전』 등 이른바 궁중 소설 가운데 그 모습이 기록되어 있다.

이상에서 우리는 조선시대의 사람들, 특히 그 특권층의 사람들이 신의와 보은 그리고 예절을 숭상했다는 것을 그 시대의 소설이 암시하고 있음을 보았다. 까다롭고 지나치게 형식적인 예절에 대해서는 비판의 여지도 많을 것이나, 대체로 말해서 사람들이 신의를 지키고 은혜를 잊지 않으며 또 서로 정중한 예절로 대접할 때, 그 사회는 명랑하고 건전하여 질서를 유지하는 경향이 있다고 말할 수 있을 것이다. 그렇다면 조선시대의 사회상이 과연 그토록 명랑하고 질서 있는 그것이었던가 하는 물음이 여기에 자연히 제기된다. 소설에 나타난 이야기들의 이면을 분석해 보거나 다른 역사적인 기록들을 살펴볼 때, 조선시대 특히 많은 소설이 쓰인 중엽 이후의 조선시대에 있어서, 전체적으로 사회가 어지럽고 여러 가지로 불건전한 측면이 많았다는 것

---

22 『운영전』, 『전집』(성음), 제8권, p.99 참조.

을 우리는 인정하지 않을 수 없다.[23] 여기서 우리가 부딪치는 문제는, 저 신의와 보은 그리고 예절을 존중했다는 이야기와 이 어지러운 사회상의 현실을 어떻게 모순 없이 설명할 수 있느냐 하는 그것이다.

이 물음에 대한 만족스러운 해답을 위해서는 상당히 정확한 역사적 조사가 앞서야 할 것이며, 그러한 조사를 토대로 삼을 경우에도 과연 정확한 해답이 가능할 것이냐 하는 어려운 이론적 문제가 가로막고 있다. 그러한 어려운 문제들을 제기하여 정말로 만족스러운 해답을 요구한다면 우리는 일단 이 물음을 덮어 둘 수밖에 없을 것이나, 상식적인 수준으로 어떤 잠정적 설명을 시도하는 것에 의의가 인정될 수 있다면, 우리는 다음과 같은 몇 가지 가설을 시도할 수가 있을 것으로 보인다.

첫째로, 신의 또는 의리를 존중하는 태도가 모든 대인관계에 있어서 한결같이 적용된 것이 아니라, 어떤 제한된 범위의 사람들에 대해서만 적용되었을 가능성이 많다는 사실을 지적하지 않을 수 없다. 즉, 모든 사람에 대해서 인간으로서의 성실과 책임을 다한다는 뜻에서 신의를 존중한 것이 아니라, 친척 내지 같은 파벌에 속하는 사람들 또는 그 밖의 어떤 개인적 내지 집단적 인연으로 맺어진 사람들에 대해서만 특별히 호의와 우의로써 처신한다는 뜻에서 의리심이 강했으리라는 것이다. 신의라는 말은 넓은 뜻으로도 좁은 뜻으로도 이해할 수가 있다. 넓은 뜻으로는 누구에 대해서나 거짓 없이 성실함을 가리키며, 좁은 뜻으로는 이미 맺어진 특수한 인간관계를 존중하고 자기와 그러한 인간관계가 있는 사람에 대해서 특수한 성의와 애착으로써 행위함을 가리킨다. 사람들이 넓은 의미의 신의를 존중할수록 사회는 건전하고 질서를 얻는다. 한편 좁은 뜻의 신의만을 고집할 경우에는 도리어 질

---

23 어지러운 사회상에 관해서는 다음 절에서 다시 언급하기로 한다.

서를 어지럽힐 염려가 있다. 왜냐하면, 일부 특정한 사람들에 대해서만 존중하는 신의는 그것이 지나친 애착을 동반할 때는 배타성을 띠면서 제삼자들에 대하여 피해를 주는 결과에 이르기 쉽기 때문이다. 짧게 말해서 혈연(血緣) 또는 지연(地緣)으로 맺어진 좁은 범위의 단결을 촉진하는 반면에 더 넓은 범위의 협력과 질서를 해치기가 쉽다. 그리고 조선시대의 사람들이 존중한 신의가 좁은 의미의 그것이었을 것이라고 추측하는 근거는 그 당시에 일반적으로 강했던 가족주의적 사고방식 및 부분에 대한 충성으로 전체를 망각했던 당파 싸움의 사실(史實)에 있다.

보은의 관념도 역시 매우 좁은 관점에서 이해되었을 것으로 추측된다. 즉, 눈에 보이는 특수한 사건을 통해서 받은 도움에 대해서만 은혜를 느꼈을 뿐 눈에 보이지 않는 교류를 통하여 널리 주고받는 인간 상호의 은혜에 대해서는 대체로 어두웠으리라고 짐작이 된다. 만약 그 시대의 양반계급이 농업 또는 공업과 같은 직업에 종사한 이른바 상민 또는 천민들로부터 그들이 받은 은혜를 일부라도 깨닫고 느꼈더라면, 그들이 특권을 남용하여 약한 계급의 사람들을 그렇게 비인간적으로 대접하지는 못했을 것이다.

둘째로 생각할 수 있는 것은, 예절의 숭상이 형식의 측면만을 남기고 그 내용을 이루었어야 할 본래의 정신이 희박하게 되었을 가능성 및 그 존중을 받은 예절 자체가 가졌던 봉건적 성격이다. 예절이라는 것은 본래 존경, 감사, 친애 등 어떤 마음가짐을 나타내는 형식이거니와, 이 마음가짐의 내용은 사라지고 다만 그것을 담았던 형식만이 남을 수도 있다. 예컨대, 악수의 예절은 본래 반가움 또는 친근감 따위의 어떤 감정 내지 의사를 표현하는 형식이지만 그러한 감정이나 의사를 갖지 않고도 악수를 교환할 수는 있듯이, 조선시대에 숭상한 예절도 사회의 질서가 문란해짐에 따라서, 그 본래의 정신은 사라지고 오직 껍질만이 명맥을 유지하는 방향으로 기울어졌을 가능성이 크다. 그리고 조선시대에 숭상을 받은 유교적 예절은 본래 중국의 봉건적 사회를 배경으로 삼고 형성된 것이며, 사람과 사람을 평등의 관계로서보다도 상하의 종속적 관계로서 연결하는 수직적 질서를 위한 것이었다. 인간의 상호관계를 상하(上下) 내지 주종(主從)의 관계로서 파악하는 사고방식 그 자체가 전근대적 불합리성의 산물이거니와, 이 불합리한 인간관계가 비교적 순조롭게 유지되는 것은 지배를 하는 윗사람들이 지혜롭고 인자한 동시에 지배를 받는 아랫사람들의 자아에 대한 의식이 매우 미약할 경우에 있어서뿐이다. 그런데 조선시대의 지배계급이었던 세도가 양반들 가운데는 지혜롭거나 인자하지 못한 사람들도 많았으며, 이 시대의 말기에 들어서면서부터는 지배를 받은 서민들의 자아의식이 차츰 눈을 뜨기 시작하였다. 이러한 상황 속에서 상하의 질서를 강조하는 예절의 숭상이 반드시 그 사회의 건전한 발전에 이바지했으리라고 기대하기는 어려운 노릇이다.

셋째로 생각해야 할 것은, 그리고 이것은 가장 중요한 점이라고 생각되거니와, 조선 중엽 이후에 왕왕 있었던 위정자 및 그 부하들의 횡포와 부패라 하겠다. 이 부패와 횡포에 관해서는 다음 절에서 다시 언급하겠거니와, 정권과 세도를 잡은 상류의 지배층이 어리석게 사회와 국가의 질서를 파괴할 경우에는, 하류의 서민들이 아무리 신의와 보은과 예절을 존중하기를 꾀한다 하더라도, 그것으로 사회 또는 국가 전체의 불행을 막는다는 것은 매우 어려운 일이다.

3. 어지러운 사회상

조선시대 후반기에 양반들이 얼마나 횡포를 부렸으며 얼마나 위선에 가득 찼던가에 대해서 연암의 소설은 시사하는 바가 많다. 그의 『양반전』을 보면, 양반이 몸소 농사를 짓거나 장사를 할 필요는 없으며, 대충 글을 읽어 문과에 급제하게 되면 홍패(紅牌)를 얻게 되는 동시에 그것은 "돈 자루나 다름이 없는" 것이어서, 무엇이든 갖고 싶은 것을 가질 수가 있다. 설혹 낙향을 하는 불운에 빠지는 경우일지라도, 그 지방 사람들의 소를 자기 것처럼 부릴 수 있을 뿐 아니라, 그 사람들까지도 마음대로 부릴 수가 있다.[24] 그의 「호질」에는 양반계급의 부당한 특권이 더 일반적인 표현으로 소개되고 있다.

> 시대의 최상층에 있으면서 그들의 생활과 희망은 보증되어 있다. … 국가의 법도 그들의 생활을 보증하고 있다. 지배자의 학문과 도덕을 닦아 물속의 고기처럼 미끈미끈하게 세상의 물결을 헤엄쳐 가기만 한다면, … 값비싼 비단옷을 알몸에 휘감은 요조숙녀들이 기다리고 있고, 권력과 재산을 가져다주는 벼슬은 어서 오라고 대기하고 있다.…[25]

이토록 대단한 특권을 가진 양반들은 그 특권을 남용하여 "염라대왕조차도 차마 눈 뜨고 볼 수 없는, 잔인 가긍하고 시궁창처럼 썩어서 악취가 풍풍 나는 죄악"을 저지른다. 그들의 "말과 글과 행동은 전혀 일치하지 않는다." 연암은 호랑이의 입을 빌려 그들을 "이 세상의 가장 간악하고 교묘한 사기꾼"이라고 욕하며, "이 세상의 만물 중에서 가장 더럽고 죄악적인 짐승"이라고까지 극언하고 있다.[26] 그리고 "자기의 죄악을 감추려고 그 죄악에 또 죄악을 저지르는 놈은 얼마든지 있는" 그러한 세태가 되었음을 한탄하고 있다.[27]

연암의 말에는 지나친 바가 있을지도 모른다. 그러나 전혀 근거 없는 중상

---

24 「양반전」, 『전집』(성음), 제4권, p.79 참조.
25 「호질」, 『전집』(성음), 제4권, p.80.
26 같은 책, p.87 참조.
27 같은 책, p.85 참조.

을 했다고는 생각되지 않는다. 이상옥은 연산군 이후의 세태를 가리켜, "사람들은 사치한 생활을 하였고 또는 음탕한 생활을 하였으므로, 안일을 취하느라고 남의 것을 욕심내며 권력에 아부하는 자들이 생기게 되었다."고 말하고, 여러 가지 실례를 들어 그 말을 뒷받침하고 있다.[28] 하여간, 지배적인 세력을 잡은 양반계급이 자기들의 철학인 유교의 가르침을 따라 일반 백성의 모범이 되지는 못하고, 특히 연산군의 악정이 있은 뒤부터는, 방탕, 사치, 매관 매작, 당파 싸움, 양민 착취 등 갖은 비행을 감행하여, 나라의 기강과 질서를 어지럽힌 바 크다는 것을 부인하기 어려울 것으로 보인다.[29]

중요한 관직을 맡은 사람들은 그 직책에 충실하기보다는 자기의 축재와 향락에 여념이 없었으며, 그나마 자리의 이동이 빈번했던 까닭에, 관청 실무는 사실상 아전들이 전담하게 되었다. 그 서리들에 대한 공식적 대우는 매우 박했던 까닭에, 그들은 정직하게는 살아가기가 어려운 형편이었다. 따라서 자연히 관청의 곡식을 횡령하는 등 온갖 못된 짓을 하기에 이르렀다. 그러는 가운데 그들은 관청의 실권을 장악하기에 이르렀고, 고급 관리들까지도 그들을 끼고서 나쁜 짓을 해먹는 판국에 이르렀다. 이리하여 아전들의 세력과 횡포는 이루 말할 수 없는 지경에 이르러, 마침내 서리망국론(胥吏亡國論)이 나오게까지 되었다.[30]

관리나 아전이 공명정대하게 공사(公事)를 처리하지 않고 돈에 매수되며 그 돈으로 호화로운 생활을 한다는 이야기는 조선시대의 소설 가운데도 곳

28 이상옥, 『한국의 역사』, 제9권, p.227 이하 참조.
29 매관 매작, 양민 착취, 인신매매, 당파 싸움, 모략 음모, 그 밖의 악정에 대한 단편적인 서술은 『춘향전』, 『창선감의록』, 『한중록』, 『홍길동전』, 『옥단춘전』, 『조웅전』, 『요로원야화기(要路院夜話記)』 등 여러 소설에서도 찾아볼 수 있다.
30 이상옥, 『한국의 역사』, 제9권, pp.292-294 참조.

곳에 보인다. 『춘향전』 가운데 변사또의 명령을 받고 춘향을 잡으러 간 사령 및 관노들이 술과 돈에 매수되는 장면은 널리 알려진 이야기며, 『채봉감별곡』의 권세 있는 고관이 벼슬의 대가로 돈과 채봉을 요구하는 사연은 이미 언급한 바 있다. 『요로원야화기(要路院夜話記)』에는 법망에 걸린 사람을 뇌물로써 빼내는 것은 당시의 다반사였음을 암시하는 대화가 있고,[31] 별감 또는 좌수 급의 향리가 부당하게 호화로운 생활을 하는 모습이 다음과 같이 서술되고 있다.

> 전일 싸래기 죽을 먹다가 오늘 목밥을 먹으며, 전일 걸어다니다가 이제 살찐 말을 타며, 여기(女妓) 모셔 자고, 재뒤 문을 지키고, 기쁘면 환상(還上)을 더주고 노하면 매맞고, 손이 오면 술을 부으며 입이 마르면 차를 올리고 전일 같이 사귀던 벗과 눈흘겨 보던 상인(常人)이 엎드려 두려워하며, 위풍이 일경(一境)에 진동하고 선물 드리는 것이 이음 달았으니 …[32]

관리나 서리들은 만만한 사람들 앞에서 오만불손한 반면에, 자기보다 강한 세도 앞에서는 비굴하기 짝이 없었다. 조선시대 소설에는 관리 또는 관원이라는 말보다 경멸의 뜻을 가진 '벼슬아치'라는 말이 흔히 사용되고 있는 것도 그들의 그러한 처신을 암시하는 것으로 이해되며, 『양산백전』의 작가는 "남을 지배하고, 그런 반면 더 높은 권세에 무조건 노예가 되는 벼슬아치의 가정"이라는 표현으로, 그들의 오만과 비굴이 당시의 일반적인 현상이었음을 시사하고 있다.[33] 그리고 같은 작가는, 높은 자리에 오르게 된 양산백

---

31 『요로원야화기』, 『전집』(세종), 제5권, p.418 참조.
32 같은 책, p.419.
33 『양산백전』, 『전집』(세종), 제2권, p.331.

에게 예물을 가지고 구름처럼 모여드는 '눈살이 찌푸려질 정도'의 벼슬아치들의 아첨하는 모습을 다음과 같이 기록하고 있다.

> 시골 마을에서 백성을 몰아치며 군림하고 있던 각 읍의 수령들은, 이러한 소식을 듣자 그의 장래를 평가하고, 예물의 무게와 허리를 구부리는 도수와 인사하는 말을 어떤 식으로 써야 할 것인가, 예방의 거리를 어느 정도로 잡아야 할 것인가, 다른 고을의 수령은 어떤 정도로 인사를 차릴 것인가, … 예물은 어느 집 누구의 것을 뺏아 오는 것이 좋겠다는 것까지 결정을 지어 버렸으므로, 거기에 따라 그의 며칠 동안의 집무의 방향은 결정되는 것이더라.[34]

관리와 아전들이 백성을 위하는 직무는 소홀히 하고 저들의 이익과 향락만을 일삼았으니, 일반 서민들의 생활은 도탄에 빠질 수밖에 없었으며, 그들의 마음가짐 또한 한결같기가 어려웠다. 조선시대의 소설은 대개 상류층의 생활을 소재로 삼은 까닭에, 서민들의 어려운 생활상을 소상하게 기록한 작품은 찾아보기 힘드나, 아무리 일을 해도 끼니를 잇지 못하는 흥부의 이야기며,[35] "하루 두 끼는커녕, 삼순구식(三旬九食)조차 어려운" 다람쥐의 이야기,[36] 그리고 『허생전』 또는 『홍길동전』 등에 나오는 도적떼들의 이야기는 모두 그 당시의 일반 서민층의 생활고를 짐작케 하는 사연들이다.

이상옥은 『한국의 역사』 가운데, 조선 중엽 이래 파괴된 제방과 저수지에 대한 개축이 되지 않아 농촌이 심한 한재를 입었으며, 그나마 농산물의 절반을 관리 또는 세력가에게 소작료로 바치게 되어 농민들의 생활이 곤경에 빠

---

34 같은 책, p.339.
35 『흥부전』, 『전집』(성음), 제4권, p.355 참조.
36 『서동지전』, 『전집』(성음), 제4권, p.333.

졌음을 기록하고 있다. 그뿐만 아니라 길 닦는 일 또는 관리들의 장례를 위해서 상여 메는 일 따위에 무료 봉사하기에 시달려 농민들은 "어떻게 하든지 자기들의 수입을 늘리어 조금 낫게 살고자 하였으나, 관권의 중압 때문에 사실상 기를 펴지 못하는 형편이었다."고 그는 서술하고 있다.[37]

양반들의 특권은 너무나 컸고, 상민과 천민들의 인권은 너무나 무시를 당했다. 그 심한 불평등을 양반들이 당연한 것으로 생각한 것은 물론이요, 상민 또는 천민들 자신도 그것을 어쩔 수 없는 운명으로 생각하는 것이 보통이었다. 그러기에 홍길동의 어머니는, 종의 몸에서 나왔다는 이유로 천대받는 자신을 비관하고 불평하는 아들에 대하여, "재상가 천생이 너뿐이 아니거늘, 어찌 편협한 말을 해서 어미의 간장을 아프게 하느냐?"고 나무라며,[38] 『백학선전』, 『사씨남정기』 등 여러 소설 속의 하인들은 그들의 운명을 달게 받고 주인들에 대하여 충성을 아끼지 않았던 것이다.

그러나 일부 지성인 가운데는 지나친 계급적 불평들에 대하여 비판적인 견해를 갖는 사람들도 있었다. 천첩(賤妾)의 소생을 동정한 『홍길동전』의 작가도 그러한 사람이며, 사회정의의 관념이 엿보이는 『전우치전(田禹治傳)』의 작가도 그 한 사람이다. 전우치가 신기한 도술로써 부자들의 재물을 빼앗아 가난한 백성들에게 나누어 준 다음에 동구에 붙인 방문에는 거의 현대적 감각에 가까운 정의의 관념이 표현되어 있다.

대개 나라는 백성을 뿌리 삼고 부자는 빈민이 만들어 줌이어늘, 이제 너희들이 양순한 백성과 충실한 임금으로 이렇듯 참혹한 지경에 이르렀건마는,

---

37 이상옥, 『한국의 역사』, 제9권, pp.305-306.
38 『홍길동전』, 『전집』(성음), 제7권, p.197.

벼슬한 이가 길을 트지 아니하고 감열한 이가 힘을 내고자 아니함이 과연 천리(天理)에 어그러져 신인(神人)이 공분하는 바이기로, 내 하늘을 대신하여 이러저러한 방법으로 이리저리하였으니, 너희들은 … 잠시 남에게 맡겼던 것이 돌아온 줄만 알고 남의 힘을 입는 줄은 아지 말지어다.[39]

가달왕의 입을 빌려 만족(蠻族)의 자연 생존권과 인간의 자유를 강조한 『양산백전』의 작가도 불평등한 사회에 대하여 비판적 안목을 가졌던 사람에 틀림이 없으며, 『양반전』, 『호질』 그리고 『허생전』을 통하여 당시 특권 계급을 신랄하게 비판한 연암의 경우는 소설임에도 불구하고, 천자의 사치와 낭비를 비난하는 다음과 같은 구절을 가지고 있다.

천자는 이때 정월 망일의 호산대에 올라 망월하고 환궁에서 큰 잔치를 베풀고 있더라. 정월 망일의 궁중 망월 잔치인지라, 그 규모는 대단했고, 즐겁기 한이 없더라. 입에 풀칠조차 못하는 백성들과 비교한다면 참으로 천양지차가 있으니, 할 수 없는 일이라면 그뿐이겠으나, 백성들은 천궁의 성대한 망월 잔치를 위해서 일 년 열두 달 먹지도 못하고 일해 바쳤으리라 생각하면, 역시 뼈아픈 일이 아닐 수 없더라.[40]

조정의 고관 또는 이름 높은 선비 가운데도 갖가지 사회적 불합리를 시정해야 한다고 역설한 사람들이 있었다. 『반계수록(磻溪隨錄)』 및 『평론(平論)』 가운데는 관기의 제도를 신랄하게 비판하고 그 폐지를 주장한 글이 있

---

39 『전우치전』, 『전집』(세종), 제5권, p.292.
40 『유충렬전』, 『전집』(세종), 제3권, p.519.

다. 그러나 그러한 개혁론이 권력층 전체의 지지를 받아 실천에 옮겨지기까지에는 요원한 거리가 있었다.[41] 사천법(私賤法), 즉 노비의 사유를 허용하는 법을 혁파하자는 주장도 있었다. 그러나 대부분의 저명인사들은, 그것이 비현실적이니 또는 '명분(名分)' 내지 '상하(上下)의 분별'에 어긋나느니 하는 궤변을 휘두르며 개혁에 반대하였다.[42] 요컨대 사회 현실 속의 모순을 깨닫고 그 시정을 주장한 선각자들이 일부 나타나기는 하였으나, 전체의 흐름은 여전히 같은 방향을 지켰으므로, 실질적 혁신은 요원한 꿈으로 남았으며, 그 누적된 악정과 부패는 국가와 민족을 일본의 지배 아래로 몰아넣는 치욕으로 연결되었던 것이다.

4. 군신, 국가, 민족

유교 사상가들은 군신(君臣)의 관계를 부자(父子)의 그것과 아울러 인륜의 가장 기본적인 관계로서 중요시하였다. 이러한 사고방식은 조선시대의 도덕 체계 가운데 그대로 받아들여졌으며, '충(忠)'이라는 덕목은 적어도 관념의 세계에 있어서는 매우 중요한 위치를 차지하고 있었던 것으로 생각된다. 그러나 "두 임금을 섬기지 않는다." 또는 "임금에게는 충성을 다해야 한다."는 말이 현실적인 의미를 갖는 것은, 벼슬길에 올라 직접 또는 간접으로 군주의 은총을 입은 사람들의 경우이며, 이른바 국록이라는 것과 인연이 없는 일반 서민으로 볼 때에는, 그러한 말들은 사실상 공허한 규범에 지나지 않는다. "그 나라의 백성은 모두 군주의 신하다."라는 명제가 성립할 수 없는 것

---

41 이상옥, 『한국의 역사』, 제9권, pp.349-350 참조.
42 같은 책, pp.347-348 참조.

은 아니나, 그것은 극히 관념적인 해석에 지나지 않으며, **현실적인** 의미의 '신하'가 되는 것은 어떤 왕 또는 황제 밑에서 벼슬을 살게 된 때부터라고 생각해도 무방할 것이다. 예컨대 시골에서 농사를 짓거나 고기를 잡는 사람과 임금 사이에는 실질적인 관계는 거의 없음에 가깝다. 고작해야 임금의 관리들에게 세금을 빼앗기고 부역을 강요당하는 정도의 간접적이고 이해 대립적인 관계가 있을 뿐이요, 임금의 혜택을 직접 입는 일은 거의 없다. 한 농부나 어부의 견지에서 볼 때, 임금이란 전설적 존재와 같은 성질의 것이며, 그 임금에 대하여 충성이나 불충을 하려 해도 그럴 기회와 방도가 거의 없다. 그러한 기회나 방도가 생기는 것은 어여쁜 딸이 알려져 임금의 욕심을 자극하는 따위의 예외적 사건이 일어났을 경우에 국한되는 것이며, 일반적인 경우에는 서로 다른 세상에 살고 있는 것이나 다름이 없다. 따라서 국민의 대다수를 차지하는 상민이나 천민으로 볼 때는 군신의 윤리는 별로 깊은 현실적 의미는 갖지 않았다고 보아도 무방할 것이다.

그러나 비록 농어촌의 필부라 할지라도 그 나라의 백성임에는 틀림이 없으며, 여기에 국가와 군왕을 동일시하는 심리가 동반할 경우에는, 그들도 임금을 피부로 느낄 수가 있다. 사실 조선시대의 백성들에게 국가와 군주를 동일시하는 경향이 있었다는 것은 임금을 '나라' 또는 '나라님'이라고 부른 언어에도 나타나고 있다. 그리고 백성 모두가 그 '나라' 또는 '나라님'의 은혜를 입고 있는 것으로 되어 있었다. 『한중록』 가운데 작가 홍씨가 "누가 나라 은혜를 안 입으리요마는 나 같은 이 다시 어디 있으리오."라는 말을 하여, '천은이 망극함'에 감격하고 있는 것은 그러한 사정을 단적으로 암시한다.[43] 여기서 '나라'라 함은 영조를 가리킴이요, 영조는 홍씨의 남편 사도세

---

43 『한중록』, 『전집』(성음), 제6권, p.359.

자를 뒤주에 넣어 죽인 사람임을 생각할 때, 당시의 '나라 은혜'라는 것이 얼마나 관념적인 것인가를 짐작할 수가 있다. 그것은 마치 이 세상의 갖은 불행과 고통에 시달리고 있는 사람도 '하느님의 은혜'만은 무한히 입고 있다고 믿는 종교적 관념과도 같은 것이었다. 여하간, 그러한 막연한 '나라 은혜' 또는 천은(天恩)의 관념이 국민 일반에게 어느 정도 주입되었음은 사실이며, 그 막연한 은혜에 보답할 의무로서 '충성'이라는 도덕이 있다는 것을 국민 각자가 막연히 느끼고 있었을 것임에는 의심이 없다. 그리고 막연한 느낌은, 간악한 관리들로 하여금 백성을 탄압하고 수탈함을 수월하게 하는 기반의 구실을 하였을 것임에도 틀림이 없다.

직접 군왕과의 접촉을 가졌던 고위의 신하의 경우는 문제가 달랐다. 그들은 군왕이 가진 권력에 참여함으로써 자신들과 일족의 영달을 누린 사람들이며, 실질적으로 군주의 혜택을 톡톡히 입은 사람들이었다. 따라서 그들은 자신들에게 은총을 베푼 임금에게 충성으로 보답한 의리를 졌던 것이며, 그 당시 왕의 지위는 절대적이고 신성한 것이라는 관념을 좇아서 그들의 충성의 의무는 절대적이고 신성한 것이었다. 이러한 절대적 충성과 절대적 복종의 관념은 조선시대 소설 가운데도 흔하게 찾아볼 수가 있다.

영조 및 그의 신하들의 미움과 잔인으로 인하여 생과부가 된 홍씨가 그래도 성은만을 되뇌고, 성은에 보답할 길을 논하며 사도세자를 죽인 영조의 '대처분'을 부득이했던 것으로 정당화하려는 태도도 '절대적 천은'의 관념의 나타남이며,[44] 『홍계월전』의 홍시랑(洪侍郞)이 천자의 명령으로 고도에 유배되어 죽을 고생을 한 끝에, 계월이 세운 공로로 인하여 귀양이 풀려 돌아왔을 때, "오로지 황은(皇恩)을 축수하고" 감격할 따름인 태도도 같은 관

---

44 같은 책, p.347, p.353 참조.

념의 나타남으로 해석된다.[45]

왕의 은혜를 그토록 망극하고 막대한 것으로 믿었던 까닭에, 국왕에 대한 충성의 의무는 부모에 대한 효도의 의무와 비슷한 것으로 여기는 전통이 오랜 생명을 유지하게 된 것도 자연스러운 귀추였다. 계월(桂月)과 보국(輔國)에게 도술(道術)을 가르친 스승이 그들 제자에게 남긴 마지막 훈계가, "우희로 천자를 섬겨 충성을 다하고, 아래로 부모를 섬겨 효성을 다해야 ⋯"라는 말로 되어 있는 것은 그 당시 일반적인 도덕교육을 반영한 소치라고 생각된다.[46] 당시 군왕과 신하의 관계를 부모와 자식의 그것과 같은 것으로 보는 관념은 매우 널리 퍼져 있었던 모양이며, 『구운몽』의 양승상이 노후에 천자에게 낸 사직(辭職) 상소에도 군신의 사이를 부자의 사이에 견준 구절이 있다.

예로부터 인군(人君)과 신하는 부자 같다 하오니 부모의 마음에 비록 미흡한 자식이라도 슬하에 있은 즉 기꺼워하고 밖에 나간 즉 염려하는 법이오니, 신이 업디어 생각하옵건대, 황상 폐하께서 필연 신을 가리켜 늙은 몸이고 옛 물건이라 불쌍히 여기시어 차마 하루 아침에 물러가지는 못하게 하시겠으나, 사람의 자식으로서 부모를 생각함이 어찌 그 부모가 자식을 사랑함과 다를 수 있사오리까?[47]

군신의 관계는 부자의 그것과 같을 뿐 아니라, 충성의 의무는 효도의 의무보다도 더욱 무겁다는 논의까지도 일어났다. 『낙성비룡』의 양승상이 그의

---

45 『홍계월전』, 『전집』(세종), 제3권, p.389 참조.
46 같은 책, p.404 참조.
47 『구운몽』, 『전집』(세종), p.416.

두 아들에게 충이 효보다도 중요함을 훈계했다는 사연은 이미 앞에서 언급한 바 있으며, 『창선감의록』에도 주인공 화원수가 그 어머니에게 한 말 가운데 "사정으로써 군명을 어길 수 없다."는 뜻의 말을 하여, 효보다도 충이 더욱 중요함을 암시한 바 있다.[48] 그러나 이것은 어디까지나 명분을 따질 경우의 이론이요, 현실적으로 가족보다도 군명이나 나랏일을 더 중요하게 생각하고 그렇게 행동한 사람이 얼마나 많았는지는 정확하게 알 길이 없다. 『유충렬전』에는 나라에 대한 충성을 위해서 가족을 희생시키는 것이 과연 옳은 일인가에 대해서 깊은 회의를 표명한 곳이 있다.[49]

모든 높은 자리의 신하들이 저 충성의 윤리를 따라서 실제로 행동한 것은 물론 아니다. 입과 붓으로는 충성을 맹세하고 그것을 강조했지만, 또 겉으로는 지극한 충성을 가장하기도 했지만, 실제의 행동과 마음의 이면에 있어서는 오히려 군왕을 능멸하고 군왕의 실권을 자기 손아귀에 쥐고 세도를 마음껏 부린 중신들도 많았다. 조선 중엽 이후 왕의 주위에 얼마나 많은 간신과 얼마나 끔찍한 음모가 있었는가에 대하여는 역사의 전문가가 아닌 사람들도 대강은 알고 있거니와, 『한중록』, 『계축일기』, 『인현왕후전』 등의 궁중역사 소설에도 그 일부는 나타나고 있다. 생각건대, 조선시대를 통하여 많은 임금이 매우 어린 나이에 왕위에 올랐으며, 여러 궁녀들의 치맛바람에 싸여 나약하게 자라났다. 개중에는 영특한 군주도 있었으나, 대체로 치열한 경쟁을 통하여 정승 또는 판서 따위의 높은 자리에 오른 신하들의 눈으로 볼 때에는 범용한 인물이 많았을 것이며, 어릴 때부터 그 뒷바라지를 해온 원로 신하들의 진정한 존경과 두려움의 감정을 일으키기에는 너무나 무력했을

---

48 『창선감의록』, 『전집』(성음), 제7권, p.412 참조.
49 『유충렬전』, 『전집』(세종), 제3권, p.216 참조.

것이다. 따라서 세도를 잡은 억센 신하들 가운데 임금을 만만히 여기는 엉뚱한 사람들이 생겼다 해도 그리 놀라운 일은 아니다.

현대에 사는 우리의 견지에서 볼 때 중요한 것은, 조선시대의 사람들이 임금을 어떻게 생각하고 어떻게 섬겼는가보다도, 그들이 국가 또는 민족에 대해서 어느 정도의 의식과 어떠한 생각을 가지고 있었는가 하는 점에 있다. 만약 당시의 정치권력을 잡은 사람들의 국가와 민족을 생각하는 마음이 좀더 투철했더라면, 조선 중엽 이후에 있었던 바와 같은 그토록 심한 당파 싸움, 매관 매작, 양민 착취 등의 비행은 없었을 것이며, 우리나라의 역사 전체가 크게 달라졌을 것이다. 때로는 나라와 겨레를 깊이 생각하는 우국의 지사가 없었던 것도 아니나, 기울어 가는 국운을 바로잡을 수 있을 정도의 세력으로서 작용하기에 이르지는 못하였다. 조선의 역대 군왕 중에는 진실로 국가를 생각하고 백성을 사랑한 착한 임금이 적지 않았던 것으로 전해지고 있다. 나라의 정권을 물려준 조상을 생각하고, 임금에게는 자식에 해당한다고 믿었던 만백성을 생각하여, 애써 어진 정치를 베풀어 보려고 염원한 군주들이 있었다. 그러나 당시의 특권 계급이었던 양반들의 파벌 의식과 사치스러운 풍조가 일단 고질화된 뒤에는 어진 임금의 뜻도 전체의 흐름을 바꿀 수는 없었다.

조선시대 사람들의 국가 의식 또는 민족의식을 논하는 마당에 첫째로 떠오르는 것은, 흔히 말하는 모화사상(慕華思想)이다. 『임경업전』, 『오유란전』, 『계축일기』, 『박씨전』 등은 모두 우리나라를 무대로 삼은 소설임에도 불구하고, 그 첫머리에는 으레 명나라의 연호를 앞세워, "대명(大明) 순화 연간 동방 한양 땅에 …" 또는 "대명 만력 연간에 조선국 충청도…" 따위로 시작이 되고 있다. 여기서 '동방 한양 땅'이니 '조선국 충청도'니 하는 따위의 표현 가운데는 우리나라를 중국의 일부로서 인정하는 생각이 숨어 있음을 본다. 그리고 소설의 주인공들이 탁월한 인물임을 소개할 경우에는 반드시 중국의 옛사람에 비긴다. 『춘향전』의 이도령의 경우를 보면, "풍채는 당나라의 잘생긴 시인 두목지(杜牧之)와 같고 … 문장은 이태백(李太白)이요, 글씨는 왕희지(王羲之)와 같았다."[50] 채봉의 경우도 역시 마찬가지여서, "문장은 이두(李杜)를 따르며, 침선(針線)은 소약낙을 따를 만했다."[51] 『박씨전』은 병자호란을 배경으로 삼은 소설로서 상당히 애국적인 측면을 가진 작품으로 알려지고 있음에도 불구하고, 그 안에는 지극히 사대주의적인 사고가 있다. 앞을 멀리 내다보는 박씨 부인은 마르고 비루먹은 말 한 필을 사다가 쌀과 깨를 3년 동안 먹여 명마로 기른 다음에 명나라 칙사에게 3만 8천 냥을 받고 팔거니와, 그 말 값이 어찌 그리 많으냐고 묻는 시아버지에게 애국자 박씨는 다음과 같이 대답하고 있다.

그 말이 천리마입니다. 우리 조선과 같이 작은 나라에서는 그 말을 타고 다닐 데도 없고 알아볼 사람도 없지만, 명나라는 큰 나라라 땅이 넓고 미구에 그 말을 쓸데가 있기 때문에, 그 칙사는 신명(神明)한 사람이오라 알아보고 큰돈을 아끼지 않고 산 것입니다.[52]

모화사상의 경향은 영정조 시대 이전의 소설 가운데 더욱 심하게 나타나고 있다. 『구운몽』, 『사씨남정기』, 『옥루몽』, 『유충렬전』, 『장국진전』, 『백학선전』 등 수많은 작품들이 중국을 배경으로 삼고 있으며, 그 내용과 작풍(作風)이 모두 중국의 소설을 모방한 것들이다.[53] 비록 우리나라를 배경으로 삼

50 『춘향전』, 『전집』(성음), 제8권, p.12.
51 『채봉감별곡』, 『전집』(성음), 제7권, p.162.
52 『박씨전』, 『전집』(성음), 제7권, p.166.
53 김기동, 『이조시대 소설론』, pp.70-72 참조.

은 작품이라 할지라도, 『임경업전』, 『박씨전』의 경우가 그렇듯이, 중국을 대국으로서 섬기고 우리 스스로를 낮추는 기본 자세를 벗어나지 못하고 있다. 글을 쓴다는 소설가들의 자세가 그럴 지경이라면, 교육의 기회가 적었던 일반 서민의 의식 수준은 더욱 보잘것이 없었으리라고 추측된다.

자주 독립된 국가의 국민으로서의 의식이 있느냐 없느냐 하는 것은 매우 근본적인 문제로서, 그 사람이 국가에 대해서 갖는 태도 전체의 바탕을 결정한다. 자기가 태어나 살고 있는 나라가 자주 독립의 국가로서 의식될 때 우리는 그 나라에 대해서 가득 찬 긍지와 충성심을 가질 수 있는 것이며, 만약 자기의 나라가 다른 큰 나라에 종속된 것으로 의식된다면 우리는 조국에 대한 긍지를 갖기 어려운 동시에 우리의 애국심 또한 초점을 잃기가 쉽다. 이러한 점을 고려할 때, 명나라를 종주국처럼 대접했다는 사실은 조선시대 사람들의 국가 의식에 커다란 제약을 가했으리라고 보지 않을 수 없다. 힘이 부족하여 타민족의 압제를 받더라도, 주체성을 되찾아야 한다는 당위(當爲)의 의식만 강했다면 그 강한 민족의식이 장차 국가 의식으로 발전할 소지가 될 수 있을 것이다. 그러나 조선시대의 우리나라는 그러한 주체 의식조차 부족했던 까닭에 일반적으로 국가를 생각하는 의식이 그다지 투철하지 못했을 것으로 추론하게 된다.

대체로 말해서, 사람들은 자기가 속해 있는 집단의 혜택을 크게 입을 때, 그리고 하나의 구심점을 향하여 집단 전체가 잘 단결했을 때, 그 집단에 대하여 애착과 충성을 느낀다. 그러나 조선 중엽 이래 우리나라의 지배계급은 여러 파벌로 분열하였고, 악정(惡政), 전란, 가뭄 등으로 나라의 일이 순조롭지 않았으며, 따라서 일반 국민들은 국가의 혜택을 입은 바가 적었다. 이러한 실정 가운데서도 나라를 위하고 사랑하는 마음이 강한 것은 특별한 뜻을 가진 사람들의 경우뿐이며, 일반 범상한 사람들은 국가에 대한 애착을 잃기가 쉽다. 생각건대, 중엽 이후의 조선시대에 있어서 정치적 혼란과 경제생활의 곤란은 국민들의 애국심을 손상하였고, 애국심의 부족은 다시 정치의 혼란과 경제의 결핍을 더욱 조장하는 악순환이 형성되었던 것으로 보인다.

그러나 지배계급 또는 일반 서민의 국가와 민족에 대한 태도는 사실상 매우 다양하였다. 높은 자리에 앉은 관리 중에도 나라를 사랑한 사람들이 많으며, 아무리 정치가 잘못되어도 역시 내 나라를 위하는 마음을 잃지 않은 서민들도 있었다. 그와는 반대로, 일당 일파의 세력과 영달만을 생각한 고관들도 있었으며, 어지럽고 부패한 정치에 시달린 서민들 가운데는 울분한 나머지 국가와 민족까지도 안중에 두지 않고 자포자기에 빠진 사람들도 있었다. 이토록 각양각색의 태도가 매우 선명하게 드러난 것은, 임진왜란이라는 비상사태에 당면한 사람들이 마음의 본바탕을 여지없이 드러냈을 때에 있어서였다.

일본의 트집은 무력 침공에 앞서서 이미 시작되었고, 일본이 쳐들어온다는 소문은 벌써 항간에 퍼져 있었다. 이때 조정의 권신들은 설마 어떠랴 하는 안일한 생각에 사로잡혀 있었으며, 일반 국민은 전쟁이 나기 전에 우선 먹고 놀아 보자는 생각에 지배되는 경향이 있었다고 전해진다. 왜군이 정말 쳐들어왔을 때, 동래부사 송상현(宋象賢)과 같이 용감하게 버티다 장렬하게 전사한 관리도 있었으나, 대개는 거의 싸우지도 않고 달아났다. 일반 서민들 가운데도 심각한 국난을 당한 백성치고는 너무나 몰지각한 사람들이 많았다. 예컨대, 왜병이 서울로 향한다는 보고를 듣고 왕과 신하들이 도망갈 준비에 분주했을 때, 무질서한 북새통에 일부 시민들이 궁중으로 몰려들어 물건을 마음대로 집어갈 지경이었다.[54]

백성들의 이러한 태도는 조정이 선정을 베풀지 못한 사실에 대하여 평소

---

54 이상옥, 『한국의 역사』, 제4권, pp.149-150 참조.

에 불만을 품었음에 근원이 있었다. 전하는 바에 따르면, 선조(宣祖)를 모신 일행이 북쪽으로 피난길을 재촉하고 있었을 때, 그들이 지나는 길목에 사는 백성들은 당시의 윤리 내지 관습이 요구하는 존경이나 충성으로써 일행을 전송하지 않았다. 먹을 것이 없어서 더욱 곤경에 빠진 임금에게 밥 한 그릇 보내주는 백성이 없었을 뿐 아니라, 임금을 위해서 모처럼 지어 놓은 밥을 군중이 모여들어 강탈 도주하는 형편이었다. 일행이 개성을 지날 때는, 구경하러 모인 군중 가운데서 야유와 욕설을 퍼붓는 자가 있었고, 돌을 던지는 자까지 있었다 한다. 일단 평양에 머물렀던 일행이 평양성을 버리고 다시 북쪽으로 달아나려 했을 때도 군중들은 온갖 욕을 퍼붓고 행패를 부렸다.[55] 서울에서 피난할 때 왕자 임해군(臨海君)과 순화군(順和君)은 강원도를 거쳐 회령으로 도망갔거니와, 이 왕자들과 주민들의 사이도 슬기로운 편이 못 되었다. 왕자들은 철없이 종을 시켜 백성들 것을 약탈하였으며 백성들은 왕자 일행을 미워하였다. 마침내는 그 지방의 호족 국경인(鞠景仁), 국세필(鞠世弼) 등이 일어나, 왕자들과 그들을 호위하던 벼슬아치들을 잡아서 왜장 가토 기요마사(加藤淸正)에게 바치는 불상사까지 일어났다.

그러나 모두가 국가와 민족을 배반한 것은 아니었다. 그와는 반대로, 나라를 위해서 목숨을 걸고 분전한 사람들이 관군 가운데도 있었고 민중 가운데도 있었다. 조정의 신하들이 파벌 싸움만을 하고 있었을 때 지혜와 용맹을 다하여 왜병을 물리친 삼도통제사(三道統制使) 이순신(李舜臣)의 이야기는 삼척동자에게도 익숙하다. 행주산성에서 소수의 우군으로 적의 대병을 물리친 권율(權慄), 김덕성(金德誠)과 박춘영(朴春榮) 등 지방의 유지들과 협력하여 끝까지 연안성(延安城)을 지킨 초토사(招討使) 이정암(李廷馣), 진주성

---

55 같은 책, p.153, p.155, p.161; 이기백, 『한국사신론(韓國史新論)』, 1961, pp.241-243 참조.

을 지키기 위하여 끝까지 선전 분투한 김시민(金時敏), 황진(黃進), 하경해(河景海) 등도 나라를 위해서 작은 자아를 돌보지 않은 관군의 대표였다. 일반 국민들 가운데서도 의병을 일으켜 민족의 수난을 막고자 목숨을 걸고 싸운 사람들이 많았다. 곽재우(郭再祐), 고경명(高敬命), 정문부(鄭文孚), 조헌(趙憲), 김천익(金千謚), 유팽로(柳彭老) 등은 그 대표이거니와, 그들은 흔히 나약하고 실천력이 없다는 비난을 받던 유생 계층의 출신이기도 하였다. 그 밖에 승려들 가운데서 승병(僧兵)을 조직하여 용감히 싸운 사실도 잊을 수 없으며, 서산대사(西山大師) 휴정(休靜) 및 사명당(泗溟堂) 유정(惟政)은 널리 알려진 인물들이다. 나라와 겨레를 위해서 일신을 돌보지 않고 싸운 이 장한 영웅들은 반드시 국록이 높아 군왕의 은혜를 각별히 많이 입은 사람들도 아니며, 위정자들의 정치에 잘못이 있었음을 모른 사람들도 아니다. 그들은 이해관계나 시시비비를 초월하여, 오로지 그것이 우리나라인 까닭에 우리나라를 위해서 싸운 선열들이었다.

임진왜란 및 병자호란의 두 국난을 계기로 조정과 벼슬아치들에 대한 국민의 불신과 반감이 노골화된 것도 사실이나, 한편 민족의식이 높아진 것도 의심할 여지가 없다. 이같이 앙양된 민족의식은 그 뒤의 소설 가운데도 일부는 반영되고 있으니, 임진왜란을 모델로 삼은 몇 가지 『임진록』 및 병자호란을 배경으로 삼은 『박씨전』은 모두 그러한 뜻을 품은 작품으로서 이해할 수 있을 것이다. 두 작품의 작가가 역사적 사실에 충실하기를 거부하고, 마치 우리 편이 크게 이긴 것처럼 이야기를 꾸민 심리나, 독자들이 그것을 읽고 적이 만족과 자랑을 느낀 소박한 심리 가운데, 우리는 앞으로 성장할 민족의식의 싹을 본다.

비록 민족의식의 움이 트고 애국 정신의 싹이 보이기 시작했다고는 하나, 그것은 뜻있는 일부 사람들에게 국한된 현상이었으며, 나라 전체의 방향을 바로잡기에 충분할 정도로 강대한 세력을 가진 것은 아니었다. 국가의 번영을 위해서 가장 중요한 것은 그 나라의 지배계급의 가치관이 얼마나 건전하냐 하는 문제이거니와, 조선시대에 세도를 잡은 양반계급의 가치관은 당시에 누적된 문제들을 풀어 나가기에는 너무나 부족한 바가 많았다.

국가 또는 민족의 발전이라는 견지에서 볼 때, 조선시대 지배층이 가졌던 가치관의 가장 큰 결함은 권세를 위한 권세욕과 이 권세욕에 관련되어 발달한 파벌 의식이었다. 조선시대의 역대 군주를 둘러싼 조정의 신하들이 정치의 실권을 잡기 위하여 얼마나 잔인한 음모와 얼마나 어리석은 파벌 싸움을 거듭하였는가는 예를 들어 설명할 필요조차 없을 것이다. 권세를 위해서 권세를 쫓는 욕심에 사로잡힐 때, 사람들은 나라와 겨레를 생각할 겨를이 없다. 국가의 대권에 접근할 정도의 위치에 있는 사람이라면, 크든 작든 간에 나라를 생각하는 마음이 있는 것이 보통이다. 그러나 정권 싸움은 너무나 치열한 것인 까닭에, 권력에 대한 욕심이 앞서는 한, 실질적으로 애국심을 발휘할 마음의 여유를 갖기는 어렵다. 그뿐만 아니라 권세욕에 눈이 어둡게 되면 정권을 위한 자기들의 모든 부당한 행동까지도 애국적 행동으로 착각하기 쉽다. 이리하여, 임금을 둘러싼 조선 말기의 여러 정객들은, 오로지 세도에만 눈이 어두워 나라와 겨레를 생각할 여지가 적었으며, 나라를 사랑한다는 명목 아래 나라를 망치는 과오를 자행하였다.

조선시대에 있어서, 세도 싸움과 파벌 싸움은 불가분의 관계를 가지고 서로 조장하였다. 자기의 파벌이 승리하자면 세도를 잡아야 하고, 세도를 잡기 위해서는 파벌의 강화와 단결이 필요했던 까닭에, 파벌 의식은 권세욕을 자극하고 권세욕은 파벌 의식을 조장했던 것이다. 파벌 의식이란 본래 배타적 단결을 지향하는 것인 까닭에 국가나 민족과 같은 더 큰 범위의 단결과는 양립하기 어렵다. 따라서 파벌 의식에 불탄 조선시대의 조신 내지 벼슬아치들은 나라와 겨레를 망각하고 저희들끼리 뭉쳐 반대파를 몰아내기에 골몰했으며, 때로는 그러한 죄악적인 행동을 애국의 길인 줄 착각하기도 하였다.

지배계급의 권세욕과 당파 싸움은 국가의 운명에 대하여 치명적이다. 그것은 나라의 근본을 흔드는 것이며, 그 밑의 무수한 벼슬아치들의 아첨과 부패 그리고 서민 착취의 풍조를 초래한다. 그뿐만 아니라 세상이 언제 어떻게 바뀔지 모른다는 불안한 심리는 국가 백년대계를 위한 노력을 어렵게 하는 동시에, 사치와 낭비 그리고 순간적인 유흥으로 사람들의 관심을 인도한다. 일반 백성들은 위정자 및 그 부하들에 대하여 불신을 품게 되며, 안심하고 생업에 종사할 마음의 안정을 잃는다. 그들의 마음 바탕에 뜨거운 애국과 애족의 정열이 있다 하더라도, 그것은 흔히 불평과 불만 그리고 현실의 부정으로 연결되기 마련이며, 좀처럼 건설적인 개조로 발전하기 어렵다.

　만약 한 나라 또는 한 겨레가 다른 나라와 아무런 교섭 내지 관계도 없이 완전히 따로 떨어져서 있는 것이라면, 나라가 잘되든 못 되든 그것은 그 나라 내부의 변화를 가져옴에 그치는 것이며, 비록 정권의 교체가 있다 하더라도 국가나 민족 그 자체가 멸망하는 지경에는 이르지 않을 것이다. 그러나 현실의 국가는 다른 나라들에 의하여 둘러싸여 있으며, 대개의 경우 긴장된 힘의 관계로써 대치하고 있다. 따라서 국가 내부의 혼란과 약점은 곧장 외국의 침공을 초래하게 되거니와, 조선시대의 선조와 인조(仁祖) 연대에 일본 및 청국의 침공을 당한 것도 역시 그러한 국제적 역학의 현상으로서 이해할 수 있을 것이다. 두 번의 외국 침략을 당한 뒤에 강한 민족의식이 일부에 대두한 바 없지 않으나, 앞에도 말한 바와 같이, 조정의 신하들은 고질화된 당파 의식과 어리석은 권세욕을 탈피하지 못했던 까닭에 나라의 기틀을 바로잡을 수 있는 큰 전환은 오지 않았다. 더욱이 서구에서 발달하기 시작한 침략적 제국주의는 점차 동양에까지 전파되기 시작하였고, 본래 침략적인 민족성이 강한 이웃 나라 일본은 한 걸음 앞서 새 시대의 사조에 눈뜨기 시작하였으므로, 우리나라의 정세는 한층 낙관을 불허하는 처지에 놓이게 되었다.

6 장
현대와의 연관

6장 현대와의 연관

우리는 흔히 현대를 가치 체계의 혼란기라 부르고 새로운 체계의 수립이 시급하게 요청된다고 역설한다. 그리고 일부에서는 "도의가 땅에 떨어졌다."고 말하면서 은연중 옛날에는 도의가 바로 섰는데 오늘은 그것이 크게 무너졌다는 뜻을 풍긴다. 그 '옛날'이 어느 시대였는지 반드시 밝혀서 말하지 않으므로 분명히 알 수는 없으나, 현대와 비교적 가까운 거리에 있는 조선시대에 대해서도 도의에 관한 한 현재보다는 훨씬 문제가 적었던 것으로 전제하고 이야기가 시작되는 경우가 많다. 그러나 이제까지의 우리의 고찰은 문제가 그토록 간단하지 아니함을 시사한다. 조선시대에 있어서도 가치관의 문제는 상당히 심각한 양상을 띠고 있었으며, 그때에도 더 나은 새로운 가치 체계의 수립이 크게 요청되었던 것으로 보인다. 그리고 그 요청은 만족되지 못한 채 조선시대는 종말을 고한 것이다. 아마 그 요청을 만족시키지 못한 것이 일본의 침공 앞에 망국의 치욕을 막지 못한 가장 큰 원인이었을지도 모른다. 국가와 개인이 당면하는 현실적인 문제들을 원만히 처리하기에 부족함이 없는 타당한 가치 체계의 수립이 일제의 억압 밑에서 달성될 수 없었음은 말할 나위도 없다. 결국, 타당한 가치 체계의 수립이라는 중대한 과제는 조선시대 이래 점차 해결의 방향으로 진행되어 왔다고 보기는 어려우며, 다난한 역사의 변천을 따라 도리어 더욱더 어려운 문제들이 겹치는 방향으로 움직였다는 느낌이 강하다. 완전무결한 가치 체계의 수립이라는 것은 실현될 수 없는 일이며, 항상 문제가 남아 돌아간다는 것은 불가피한 일일 것이다. 따라서 현실적인 문제는 가치관의 문제가 점차 풀리는 방향으로 움직이느냐 또는 어렵게 엉키는 방향으로 움직이느냐에 있다 하겠거니와, 한국인의 가치관의 문제가 조선시대 이래 점차 풀리는 방향으로 움직였다고 낙관할 만한 근거는 박약하다.[1] 하여간 조선시대의 우리 조상들이 가졌던 가치관의 문제와 우리들의 그것 사이에 긴밀한 연속성이 있음을 부인하기 어려울 것으로 보인다.

조선시대 가치관의 문제와 현대 우리들의 그것 사이에 연속성이 있다 함은, 그 두 시대의 가치관의 문제가 똑같은 내용의 것이라는 뜻은 아니다. 가치관의 문제는 결국 충돌하는 욕구를 화해시키는 문제 및 이상과 현실의 격차를 좁힐 수 있는 사고방식의 문제로 압축시킬 수 있다고 보이거니와, 조선시대에 있어서 경험된 욕구의 충돌과 현대 우리가 경험하는 그것이 반드시 같은 성질의 것이 아니며, 이상과 현실의 격차도 조선시대의 것과 현대 우리들의 그것 사이에는 현격한 차이가 있을 것으로 보인다. 그러나 또 한편 그것들 사이에 한 줄기 공통성도 없지 않아, 그것들을 전혀 관계없는 두 가지로 보기도 어려운 실정이다.

---

1 한국인의 가치관의 문제가 풀리는 방향으로 크게 움직이지 못했다 함은, 물질생활의 향상, 합리적 정신의 발달, 평등과 자유의 신장, 그 밖의 여러 가지 근대적 도덕이 성장한 사실을 부인하거나 무시하는 것은 아니다. 도덕 수준의 전반적인 향상에도 불구하고, 갖가지 새로운 문제들의 추가로 말미암아, 우리들의 행위의 문제가 더욱 복잡하고 어려워지고 있음을 지적할 따름이다.

조선시대 가치관의 주요한 문제점의 첫째는 "입신양명하여 가문을 빛내리라."는 양반계급의 사고방식에 근원을 두고 야기된 가족적 이기주의에서 찾아볼 수 있을 것이다. 그 당시의 '입신양명'이라는 것은 과거라는 등용문을 거쳐서 벼슬길에 올라 고관의 자리에 이르는 것을 가리키는 말이었다. 그리고 과거에 급제하는 일과 좋은 벼슬자리에 오르는 일은 모두 치열한 경쟁을 그 안에 품고 있다. 그 경쟁이 공평하고 정정당당했다면, 그것이 사회 발전을 위한 자극 내지 추진력으로서의 구실도 크게 할 수 있었을 것이다. 그러나 조선시대의 과거와 관직을 둘러싼 경쟁은 본래 공정성을 잃고 출발했으며, 양반계급 내부에서도 정정당당한 실력 대결로써 승패를 판가름하는 전통을 세우지 못하였다. 과거라는 시험에 응시할 수 있는 자격을 양반에게만 국한했다는 점에서 그것은 이미 공평한 경쟁이 아니었다. 그리고 특권층으로서의 양반계급 내부에서도 실력으로써 승부를 가리지 않고 문벌과 세력에 의하여 장원과 급제를 내정하는 폐단이 있었으며, 관직의 품위와 승진의 속도도 정실을 따라서 조작되곤 하였다. 한마디로 말해서, 입신양명의 경쟁은 마침내 부정과 부패로 연결되었던 것이다. 높은 지위에 오르고자 하는 목적이, 그 자리에 주어진 권한을 살려 나라와 겨레를 번영으로 이끌고자 함에 있었던 것이 아니라, 고작해서 '가문을 빛내고' 일신의 영광을 누리고자 함에 있었다는 점에서, 그것은 매우 이기적인 야망에 불과했으며, 이기적이었던 까닭에 그것은 부정과 부패로 낙착할 위험을 안고 있었다.

입신양명을 위한 경쟁은 재산을 둘러싼 경쟁을 그 안에 포함하고 있었다. 세도 있는 벼슬자리에 오르면 국록이 높아질 뿐 아니라, 그 세도를 악용하여 많은 재물을 긁어 모을 수도 있었던 까닭에 벼슬자리는 동시에 재물에 대한 욕심을 만족시킬 수 있었던 것이다. 이러한 사정은 관직과 세도를 둘러싼 경쟁으로 하여금 더욱더 심각한 양상을 띠게 하였으며, 조선을 망국으로 이끈 숱한 당파 싸움을 더욱 조장하는 근본이 되기도 하였다.

조선시대 가치관의 두 번째 큰 문제점은 그 비민주적 성격에 있었다. 인간을 양반, 중인, 상민, 천민 등으로 나눈 그 불공정한 사회제도를 그대로 지키고자 한 사고방식은 당시의 가치 체계를 전체를 크게 병들게 하였다. 다만 그 당시 상민 또는 천민의 계급에 속했던 사람들은 대체로 자신들이 받은 비인간적인 대접을 당연한 것 또는 팔자소관으로 생각하고 크게 반발하지 않았던 까닭에, 수직적 인간관계에서 오는 가치관의 모순이 심각하게 표면화되지 않았다는 사실도 무시할 성질의 것은 아니다. 서민층의 권리 의식이 미약했다는 사실은 그 당시의 가치관이 내포하고 있던 모순을 잠재 상태에 머물게 했으며, 그로부터 현실적 문제가 크게 일어난 경우는 비교적 적었다.[2] 그러나 그 모순은 언젠가는 드러나지 않을 수 없는 모순이었으며, 따라서 그 당시에도 이미 문제로서의 성질을 크게 지니고 있었다고 보아야 할 것이다.

조선시대 가치관의 세 번째 큰 문제는, 그 당시 경제적 빈곤이 심했음에도 불구하고, 그것을 인간적 노력으로써 극복하고자 하는 신념과 의지력이 부족했다는 사실에서 찾아볼 수 있다. 모든 것이 하느님의 뜻에 달렸다는 전근대적 세계관과 문벌이 인생의 승패를 결정하다시피 하는 봉건적 사회제도로 말미암아 사람들은 숙명론에 사로잡혔고, 자신의 힘으로 자기의 생애를 개척할 수 있다는 확신이 부족하였다. 따라서 자기의 환경을 구성하는 자연 및 사회 현실의 악조건을 스스로의 노력으로 타파해야 한다는 당위 의식이 미약했던 것이다.

조선시대 가치관의 가장 큰 결함은, 자기 가문 또는 자기 당파에 대한 애착이 지나치게 강했던 탓으로, 가문 또는 당파를 넘어서서 존재하는 더 큰

---

2 조선시대 상민(常民) 또는 천민(賤民) 가운데 똑똑한 사람들로서 양반에게 반발한 예가 없는 것은 아니다. 심한 경우에는 종이 상전을 죽인 사건까지 있다. 그러나 그것은 특수한 사례이며, 일반적인 경우 대부분의 상민과 천민들은 자신들의 사회적 지위를 숙명으로서 받아들였다.

공동체에 대한 관념이 미약한 동시에, 자기 가문 또는 당파 이외의 사람들을 올바로 대접하는 윤리가 대체로 부실했다는 사실에 있었다. 조선왕조 5백 년은, 한동안 안정과 평화를 누리기도 했으나, 말엽에 이르러서는 어지러운 날이 많았던 시대였다. 그 어지러움은 후일에 번영을 가져올 수 있는 일시적인 현실 부정에서 오는 따위의 것이 아니라 조만간 나라를 망하게 하고 말 파괴력을 잉태한 가장 어리석은 행동들의 결과로서 나타난 현상이었다. 더 단적으로 말해서, 세도를 위한 세력 다툼과 명분 없는 당파 싸움으로 말미암아 조정은 혼란하고 민심은 흉흉하였으니, 급기야 이웃 나라의 침공 앞에 굴복해야 하는 비참한 결말을 자초할 징조였던 것이다.

정계의 세력 다툼과 당파 싸움은 거의 어느 나라에도 있는 현상이며, 조선왕조에만 있었던 특수한 현상은 아니다. 그러나 조선시대의 당파 싸움은, 그 수법이 잔인한 점에 있어서, 일시적 작은 승리에 눈이 어두워 나라와 겨레를 망각하고 자기 자신의 멸망을 내다보지 못한 근시안적 우매에 있어서, 그 정도가 심한 경우다. 혈연 및 가족에 대한 의식이 매우 강했던 시대였음에도 불구하고, 형제가 파를 나누어 서로 죽이는가 하면, 아무 허물도 없는 사람까지 역적으로 몰아 어린아이조차 남기지 않고 일족을 멸해 버리는 예도 있었다. 그리고 그토록 잔인한 방법으로 세도를 잡은 사람들은 얼마 안 가서 보복의 역습에 걸려 또 역적의 누명을 쓰고 죽어 갔다. 세도를 잡고 세상을 흔든 사람들 가운데는 제 명에 죽지 못한 사람들이 비일비재하였다. 남을 죽이고 저도 죽으며 나라까지 망하게 하는 그런 어리석은 짓을 당대 최고의 지식인이라는 사람들이 예사로 했던 것이다. 제삼자로서는 도저히 이해할 수 없는 짓을 당사자들은 목숨을 내놓고 감행하였다. 세도와 당파를 사랑하는 마음이 지나쳐 가치 체계의 근본이 파탄을 일으켰던 것으로 해석된다.

학문을 닦고 높은 벼슬자리에 앉은 사람들까지도 나라 전체에 생각이 미치지 못하고, 가문 또는 당파 밖의 사람들의 사정을 깊이 생각할 여유를 갖지 못했으니, 그 아래 일반 서민들만이 가족주의적 폐쇄성을 넘어서서 국가와 민족을 자기의 일부로서 느끼는 새로운 가치관을 체득한다는 것은 사실상 어려운 일이었다. 나라의 중심인 조정에 드나들며 국권의 혜택을 가장 크게 입은 사람들도 나라와 겨레를 망각하는 마당에, 어찌 초야에서 특권층의 학대를 받는 서민층이 작은 자아를 초월하기를 기대할 수 있으랴. 여하간, 서양의 여러 나라들을 비롯하여 세계는 바야흐로 근대적 국민 국가를 건설하는 방향으로 역사가 전개되는 시대였으며, 그 대열에서 뒤떨어지지 않기 위해서는 우리도 더 크고 더 열린 가치관의 수립이 요청되었음에도 불구하고, 우리 조상들은 여전히 좁은 울타리 안만을 지켜보는 전근대적 사고방식에 사로잡혀 있었던 것이다.

임진과 병자의 두 전란이 수습되고 약 2백 년 동안은 큰 외적의 침입은 없었다. 그러나 19세기에 접어들면서 사방으로부터 또다시 더 무서운 제국주의적 침략의 사조가 접근하고 있었으며, 그와 동시에 서구의 새로운 문물이 점차 동방으로 흘러들어 오는 추세에 있었다. 이토록 중요한 시기였으므로 한편으로는 국가와 민족을 지키기에 적합한 더 대국적인 가치관의 수립이 요청되었고, 다른 한편으로는 새로운 사조와 시련을 장차의 발전으로 연결시킬 수 있는 창의와 개척의 적극성이 요청되었던 것이나, 우리 조상들은 오직 퇴영과 안일에 잠겨 다가오는 새 시대에 준비하는 자세를 체득하지 못했던 것이다.

조선시대의 가치관 문제에 대한 이상과 같은 비판적 고찰은, 현대 우리가 봉착한 가치관의 문제와 조선시대 당시의 그것 사이에 공통점과 차이점이 아울러 있음을 깨닫게 한다. 첫째로, 입신양명을 둘러싼 경쟁과 비슷한 성질의 경쟁이 현대 우리의 경우에도 심각한 문제를 제기하고 있다. 입학 시험, 취직, 승진 등을 둘러싼 경쟁이 치열함에서 오는 여러 가지 폐단을 우리는 피부로 체험하고 있거니와, 그것은 조선시대의 과거와 벼슬을 둘러싼 경쟁의 경우와 일맥상통하는 성질의 것이다. 권력을 둘러싼 경쟁의 경우에도 비슷한 공통성이 발견된다. 민주국가에 있어서 권력이란 나라와 겨레를 위해서 일하기를 기대하고 국민이 위임하는 것임에도 불구하고 마치 조선시대의 양반들이 과거와 벼슬을 가문의 영광 또는 당파의 세도를 위한 수단으로 생각했듯이, 오늘의 정객들 가운데도 그것을 개인의 영달과 만족을 위한 도구로 생각하는 경향이 없지 않다.

다만 여기에 약간의 차이점이 있으니, 그것은 오늘의 경쟁이 조선시대에 비해서 좀 더 개방적이라는 사실이다. 오늘의 입학과 취직의 문은 전 국민에게 공개되어 있으며, 어느 특권층의 독점물이라고 말하기는 어렵다. 그러나 오늘의 입학 경쟁이 대개 부유층에게 유리하다는 사실과 취직 및 승진에 있어서 정실(情實)의 작용이 크다는 사실을 고려한다면, 문제는 정도의 차이에 불과하다는 결론에 도달한다.

사회 경쟁에 관련된 조선시대와 현대의 또 한 가지 차이점은 오늘의 경쟁에 있어서는 경제적 요인이 차지하는 비중이 훨씬 더 크다는 사실이다. 옛날의 문벌에 따라다니던 특권이 오늘날은 금전으로 이동했다는 뜻에서 그럴 뿐 아니라, 금전 그 자체가 경쟁 목표가 되고 숭상의 대상이 되었다는 점에 있어서도 그렇다. 이것은 서구적 자본주의 제도의 불가피한 영향이라 하겠거니와, 금전이 가치 체계 안에서 차지하는 위치가 더욱 높아짐으로 말미암아, 가치관 전체에 물질주의의 색채가 현저하게 강해졌다는 것도 특기할 사실의 하나다. 조선시대에는 관직을 중심으로 한 불합리한 경쟁이 국가와 사회에 심각한 문제를 던졌다면, 현대의 경우는 금전을 둘러싼 불합리한 경쟁이 그에 못지않은 중대한 문제를 일으키고 있다고 말할 수 있을 것이다.

다음에 또 한 가지 달라진 것은, 사람을 문벌에 따라서 여러 계급으로 나누는 봉건적 신분제도가 거의 자취를 감추었다는 사실이다. '민주주의'가 표방되고 있는 오늘날, 성씨와 혈통에서 오는 제약으로 말미암아 사회 진출이 공공연하게 막히는 일은 원칙적으로 용납되지 않는다. 그러나 현재도 수직적 인간관계가 완전히 소멸되었다고 보기는 어렵다. 금전을 매개로 삼고 새로운 특권층이 형성되고 있으며, 높은 관직에 있는 사람들 가운데는 자기가 국민의 심부름꾼이라는 본색을 망각하고 도리어 국민에게 군림하는 자세를 취하는 사람들이 있는가 하면, 국민의 대부분은 자기가 나라의 주인임을 믿지 않고 공무원들 앞에 아부하기를 자청하는 형편이다. 그뿐만 아니라 관공서나 회사에 있어서의 윗자리와 아랫자리의 관계 또는 남자와 여자의 관계 등에 있어서도, 아직 사람을 위와 아래로 나누던 사고방식의 잔재가 현저하게 남아 있다. 하대를 받는 아랫자리의 사람들 또는 남자와 같은 대접을 받지 못하는 여자들 가운데는 속으로 반발하는 경향이 있어, 윗자리와 아랫자리 또는 남자와 여자의 협력이 지장을 초래하기도 한다. 모든 사람들이 진실로 평등한 대우를 받는 동시에 모두가 서로를 아끼고 존중하는 슬기로운 인간관계가 실현되기까지에는 아직도 요원한 거리에 있는 것이다.

셋째로, 오늘날 숙명론적 사고방식에 사로잡혀 있는 사람은 적으며, 근면과 노력으로써 자신의 문제를 해결하고자 하는 진취적 태도는 조선시대에 비교할 수 없을 정도로 강하게 되었다. 그러나 이 점에 관해서도 아직 문제는 많이 남아 있다. 예컨대 농촌에서 좁은 면적의 논밭에 매달려 여러 식구의 생계를 유지해야 하는 영세농의 경우와 같이, 헤어나기 어려운 악조건 속에서 시달리고 있는 빈민들 가운데는 지금도 자기의 생애를 위해서 새로운 지평을 개척한다는 것은 엄두도 못 내는 사람들이 적지 않다. 자신의 힘으로써 당면한 문제를 처리하고자 하는 능동적 주체성의 부족은 극히 가난한 사람들에게만 발견되는 결함이 아니다. 8·15 이래 남의 나라의 원조에 의존한 지 오래인 우리나라는, 전체로 볼 때에도, 스스로의 힘으로 경제, 정치, 군사 등의 어려운 문제를 감당해 보겠다는 자립 정신 내지 기백에 있어서 부족한 바 있음을 부인하기 어려울 것이다.

넷째로, 국가 또는 민족 전체를 생각하는 마음과 자기 일가 또는 일당 이 외의 사람들까지도 응분의 대접을 하는 윤리도 조선시대에 비하여 현대의 우리들의 경우가 훨씬 앞서 있다고 판단된다. 오늘의 민도와 지성은 조선시 대와는 비교가 안 될 정도로 높은 수준에 도달했다고 인정되는 측면이 있다. 자기들의 세도와 당파를 위해서라면 국가도 민족도 안중에 없이 반대파를 함부로 몰아 죽이던 무지와 잔인은, 오늘에 있어서 적어도 일반적 현상은 아 니다. 이 점에 있어서는 정치인과 일반 국민의 수준이 모두 크게 향상되었다 고 인정하는 것이 올바른 관찰일 것이다. 그러나 관점을 달리하여 현실을 주 시할 때, 비록 옛날과 지금 사이에 많은 정도의 차이가 있다 하더라도, 근본 적인 문제는 여전히 옛 그림자를 진하게 남기고 있는 것이 아닌가 걱정된다. 오늘도 정계에서는 권력을 둘러싼 당파 싸움이 치열하게 전개되고 있다. 물 론, 오늘의 정당과 옛날의 붕당 사이에는 많은 차이가 있으며, 따라서 오늘 의 정권 투쟁과 옛날의 세도 싸움 사이에도 상당한 차이가 있음을 인정해야 할 것이다. 그러나 오늘도 국가의 이익과는 도저히 일치한다고 볼 수 없으며 따라서 국민들에게 납득이 가지 않는 권력 투쟁이 끊이지 않는다. 그뿐만 아 니라 집권당과 정부에게로 우선 책임이 돌아가야 할 부정과 부패, 아무리 변 명을 해도 나라와 겨레를 위하는 길이라고는 보기 어려운 비행이 권력층의 주변에서 종종 일어나고 있다. 국가와 민족에 대한 향념보다도 사사로운 이 익에 대한 애착이 우세한 까닭에 '애국'에 관한 공언(公言)이 실천을 동반하 지 못하는 사례가 많으며, 권력 앞에 아부하는 좋지 못한 경향도 옛 모습을 탈피하지 못했다.

흔히 말하기를 "오늘을 위한 새로운 가치관은 전통적 가치와 새 시대의 요 청을 조화시키는 방향으로 모색해야 한다."고 한다. 우리는 이것이 의심의 여지 없이 타당한 주장임을 인정하면서도, 구체적 실천을 위한 처방으로서 는 지나치게 막연함을 탓하게 된다. 도대체 전통적인 것의 무엇과 새로운 무엇을 어떻게 조화시켜야 할 것인지 뚜렷하지 않기 때문이다. 이 자리는 전통과 현대의 문제를 본격적으로 다루기에 좀 이른 느낌이 있으므로, 긴 논의는 전통과 현대에 대한 개별적인 연구가 더 많이 진행된 다음으로 미룰 것이나, 이 문제의 한 부분을 언급해 둠으로써 이 글의 끝마무리를 삼아 다음 연구와의 연결점을 마련해 볼까 한다. 즉, 조선시대 소설 가운데 나타난 전통적 가치들 가운데서 앞으로 세워질 새로운 가치 체계 안에 살릴 만하고 또 살려야 할 요소로서 어떠한 것들이 있는가에 문제를 국한하여 예비적 고찰을 시험하고자 한다.

서구 문명의 강한 영향을 받아 가며 형성되고 있는 현대 우리들의 가치 체계의 가장 큰 결함은, 여러 가치들의 우선순위에 혼란이 일어나고 있다는 사실에 있는 것으로 보인다. 오늘날 실천적 행동의 세계에 나타난 가치 체계에 있어서 가장 높은 자리를 차지하고 있는 것은 금전과 권력 및 관능의 쾌락이다. 흔히 말하는 '인간적 가치'는 그 밑에 눌려 주가치(主價植)로서의 권위를 잃은 지 오래다. 널리 알려진 바와 같이, 산업혁명을 계기로 발달한 자본주의 경제체제는 자본의 축적을 경제인의 절대적인 필요조건으로 만들었고, 대량생산에 발맞추어 발달한 높은 소비성향은 돈으로 하여금 일반 생활인의 경우에 있어서도 최고의 의미를 갖게 하였다. 이리하여 본래는 한갓 도구적 가치에 지나지 않았던 금전이 그 자체 목적으로서의 가치의 대접을 받게 되는 동시에, 금전의 목적이던 인간 및 인간적 가치는 도리어 돈을 벌기 위한 기계 또는 돈을 쓰기 위한 도구로서의 위치로 전락하게 되었던 것이다.

본래 옛날부터 경제와 정치는 뗄 수 없는 관계를 맺어 왔거니와, 그 사이는 현대 국가에 있어서 더욱 밀접하게 되었다. 때로는 경제가 정치를 좌우하고 때로는 정치가 경제를 좌우하는 차이는 있었을지 모르나, 오늘날 정치를 떠난 경제나 경제를 떠난 정치를 생각한다는 것은 거의 불가능한 일에 가깝다. 금력은 정치권력을 배경으로 삼을 때 비로소 승리의 길을 계속 달릴 수 있으며, 정치권력은 금력의 뒷받침이 있어야 비로소 반석 위에 놓일 수 있다. 이리하여 금력과 권력은 밀접하게 결탁하게 되었으며, 옛날에는 소수의 관심을 끌었던 정치권력이 이제는 더 많은 사람들의 목표가 되었다. 민주주의 이념을 따른다면, 정치권력은 본래 나라의 번영을 위한 수단에 지나지 않으나, 실제로는 여전히 그 자체가 목적으로서 군림하고 있으며, 이제는 소수의 목적이 아니라 다수의 목적으로서 그 값이 더욱 올라간 셈이다.

금전을 숭상하는 기풍은, 돈을 주고는 살 수 없는 정신적 가치보다도 돈만 주면 살 수 있는 물질적 내지 육체적 가치의 값을 올렸다. 돈을 숭상하는 기풍은 돈을 버는 데 절대로 필요한 생산의 기술과 경영의 방안 등 기술적 가치를 존중하는 반면에, 돈벌이에는 아무 소용도 없는 도덕적 인품, 예술적 창조, 인문과학, 종교적 신앙 등 정신적 가치는 소홀히 대접하는 경향을 초래하였다. 더욱이, 근세 이래 사회의 주도권을 잡은 상공 계급은 그 체질에 있어서 호화로운 물질생활 및 관능적 쾌락으로 이끌리기 쉬웠던 까닭에, 물질과 육체의 값을 높이고 인간과 정신의 가치를 낮추는 경향은 저절로 속도를 가하게 되었다. 이리하여 호화 주택, 고급 자동차, 고급 의상 등 많은 사치품을 요구하는 호화로운 물질생활과 육체의 욕구에 호응하는 관능의 쾌락 등이 가치 체계의 높은 자리를 차지하고, 세계의 질서와 평화, 평등과 자유를 보장하는 공정한 사회의 건설, 예술과 학술을 비롯한 정신적 가치의 실현 등 더 전체적이며 더 영속적인 가치들의 위치는 상대적으로 떨어지는 결과를 가져왔다.

금력과 물질, 정치권력 및 관능의 쾌락 등 현대 우리들의 가치 체계에서 높은 위치를 차지한 가치들은 모두 경쟁성이 매우 강하다. 재산, 권력 그리고 관능의 쾌락은 같은 것을 여럿이 동시에 나누어 갖기가 어려운 성질의 것들이다. 그것들은, 내가 갖기 위해서는 다른 사람들을 물리치지 않을 수 없다는 뜻에서, 배타적이며 경쟁성이 강한 가치들이다. 배타적이며 경쟁성이 강한 가치가 체계의 정상을 차지하고 있다는 사실은 사회를 구성하는 사람들의 관계를 필연적으로 배타적이며 경쟁적인 것으로 만든다. 그것은 차원 높은 공동의 목표를 위한 선의의 경쟁이 아니며 옳은 것을 위해서 그른 것을 물리치는 도덕적 활동이 아니라, 오로지 대립된 이해관계를 둘러싼 이기적 경쟁에 지나지 않는 까닭에, 건전하고 질서 있는 사회 발전을 위해서 요청되는 협조와 단결을 매우 어렵게 하는 인간관계다.

근세 이래 매우 치열하게 된 사회 경쟁은 개인주의의 색채가 특별히 강한 그것이었다. 서구에 있어서의 근세 사회사상이 개인주의적 자아의식의 바탕 위에 발달했으며, 현대사회에 있어서 가장 중요한 경쟁의 대상인 금력과 권력 그리고 관능의 쾌락이 다수가 공동으로 소유하기 어려운 성질의 것인 까닭에, 저 경쟁과 배타의 경향은 이 개인주의와 자연히 결합하게 되었던 것이다. 개인주의에 입각한 자유경쟁은 경제계에 있어서 심한 빈부의 격차를 초래했으며, 심각한 사회 불균등에 대한 비판의 결과로서 사회주의 내지 공산주의 사상의 대두를 보았거니와, 이 사상이 실천 운동으로 전개되는 단계에 있어서 많은 새로운 문제들이 야기되었다. 그들이 지향하는 세계를 실현하고자 하는 운동은 보수 세력의 강한 저항을 받게 되었던 까닭에, 그들은 폭력혁명을 사회 개혁의 불가피한 길로서 인정하게 되었으며, 그 폭력혁명이 시도된 나라에 있어서는 많은 유혈의 참극이 빚어졌다. 그 혁명이 일단 성공한 뒤에도 많은 사람들의 사고방식은 여전히 옛 질서의 타성을 벗어나기 어려운 까닭에 거기에는 항상 반혁명 세력의 위협이 따랐고, 여기 필연적으로 독재 정치가 정당화되는 결과를 보게 되었다. 그리고 그 혁명 운동에 참여한 사람들 자신도 권력에 대한 욕구와 개인주의적 성공의 심리를 탈피하기 어려웠던 까닭에, 그리고 생산재의 사유를 거부한 그들의 새로운 경제 제도가 예언과 같은 풍요를 가져다주지 못했던 까닭에, 그들의 새로운 세계에 있어서도 지위와 재물을 둘러싼 치열한 암투는 계속되었다.

사회 불균형에 대한 비판과 반성은 '자유민주주의'를 표방하는 국가 내부에 있어서도 논의의 대상이 되었다. 양심적인 식자들 사이에는 평화적 방법으로 사회정의를 실현하는 문제를 진지하게 제기한 사람들이 있으며, 정치나 경제의 실권을 잡은 사람들 사이에도 그들의 정당한 이론을 관념의 차원에서나마 긍정하는 반성이 있었다. 그러나 높은 관점과 넓은 시야를 가지고 현실을 바라보는 사람들의 세력은 대체로 소수의 그것임을 면하지 못했으며, 정치와 경제의 실권을 장악한 사람들의 자기 반성은 대개 미지근한 관념의 차원에 머물렀을 뿐 옹졸한 자아를 초월하여 실천으로써 새 이상에 도전하는 용단에는 이르지 못하였다. 이리하여, 개혁의 이론은 흔히 무기력한 공론의 단계를 맴돌아야 했으며, 간혹 현실의 개선을 위한 실천적 노력이 기울여졌을 경우가 있다 할지라도, 그것은 대개 지엽 말단의 문제를 잡고 얼버무리는 속임수에 가까운 것이어서, 근본적인 문제들은 항상 여전히 남아 있는 실정이었다.

여기에 또 한 가지 겹친 것은, 과학 기술과 기계문명의 발달을 따라서 수반한 어려운 문제들이다. 오늘날 과학 기술과 기계문명은 과잉한 인구를 가진 지구 위의 생활 문제를 해결하기 위한 불가결의 도구로서 아무도 그 중요성을 부인하지 못한다. 그러나 급속도로 발달한 기술과 기계의 사용에는 예상 밖의 여러 부작용이 수반했으며, 그것들 가운데는 인류의 행복을 근본적으로 위협하는 성질의 것도 있었다. 인구의 집중과 도시화 현상, 인간의 기계화, 그리고 환경오염의 문제 등은 그 중요한 것들이며, 인간의 비인간화를 촉진하는 이들 문제를 근본적으로 해결하는 일은 단순한 과학과 기술의 문제가 아니라, 인간이 인간을 어떻게 대접하며 과학과 기술을 어떠한 목적에 사용하느냐 하는 가치관의 문제다.

짧게 요약하면, 현재 우리는 인류 전체로서도 어려운 문제를 안고 있으며, 우리나라의 특수 사정에서 오는 여러 가지 문제들이 거기에 다시 보태진 상황 속에 있다. 그 문제들은 결국 모든 사람들이 인간다운 생활을 할 수 있는 공정한 사회를 건설하는 문제로 귀착하거니와, 공정한 사회를 건설하는 문제는 크게 두 가지의 과제를 포함하는 것으로 보인다. 즉 모든 사람들의 의식주를 고루 보장할 수 있는 생산 및 분배의 제도를 세우는 일과, 모든 사람들이 정신적 자유를 가지고 인생을 살아가는 주체자로서의 자아를 회복하도록 제도와 교육을 개혁하는 일은, 공정한 사회의 건설이라는 인간의 이상 가운데 포함된 두 가지 기본적인 과업이다. 그리고 이 두 가지의 과업이 달성될 수 있기 위해서 무엇보다도 중요한 것은 나 한 사람이 많이 갖고 나 한 사람이 잘되는 것을 무엇보다도 귀중하게 여기는 생활 태도를 탈피하는 일이다. 다시 말하면, 현재 우리들이 살고 있는 가치 체계에 근본적인 변혁이 와야 하는 것이다.

조선시대의 조상들의 행동을 좌우한 전통적 가치관 가운데서 앞날의 새로운 가치 체계 가운데 살려야 할 요소들이 무엇인가를 충분히 논의할 수 있기 위해서는, 앞날이 요청하는 새로운 가치 체계의 청사진이 먼저 밝혀져야 할 것이나, 새로운 가치 체계에 관한 틀이 갖추어진 이론을 제시하는 일은 그 자체가 너무나 어렵고 방대한 과제인 까닭에, 여기서는 우선, 오늘의 가치 체계의 기본적 결함에 관한 이상의 고찰에 의거하여, 몇 가지 잠정적 원칙만을 간추려 보기로 한다.

현재 우리나라는 발전 도상에 있는 나라로서 아직 산업화의 높은 단계에 이르지 못하고 있으나, 서구의 여러 나라와 미국을 선진국의 모델로 삼고 그쪽의 문물을 목마르게 흡수하고 있는 까닭에, 구미의 물질문명을 통하여 형성된 가치관에 의하여 많은 영향을 받고 있다. 특히, 후진국이 선진국을 모방할 때 그 깊고 훌륭한 면보다도 천박하고 말단적인 풍조를 먼저 받아들이기가 쉬운 까닭에, 우리들의 사고방식이나 생활 태도에도 구미의 산업화된 나라들에 일반적으로 퍼져 있는 가치관적 결함이 대개 그대로 스며들고 있다. 앞에서 고찰한 현대 서구 사회의 일반적 가치 체계의 문제점을 염두에 두고, 오늘날 우리들의 가치 체계의 기본적 결함을 반성할 때 우리는 다음과 같은 몇 가지를 지적할 수가 있을 것이다.

(1) 금전 또는 권력에 대한 욕구가 가치 체계의 높은 우선순위를 차지하여, 육체의 건강과 정신의 발전 등 인간적 가치를 오히려 압도하는 경향이 있다.

(2) 순간적인 관능의 쾌락을 추구하는 경향이 지나치게 강한 반면에, 장구한 노력을 요청하는 창조 또는 건설에 대한 의욕이 미약하다.

(3) 개인적 이기주의의 경향이 강하여 더 큰 공동체를 사랑하는 마음이 부족하며, 작은 자아에 집착함이 지나치게 강한 나머지 남의 사정 또는 남의 권익을 존중하는 마음의 여유를 갖지 못한다.

(4) 감정이 우세하여 합리적 사고의 힘이 약하며, 높은 관점에서 넓은 시야를 고루 보고 생각하는 냉철함이 부족하다.[3]

여기에 열거한 네 가지의 결함을 메우는 방향으로 새로운 가치 체계가 모색되어야 할 것으로 보인다. 따라서 새로운 가치 체계는 첫째로, 육체의 건강과 정신의 발전 등 인간적 가치가 금전과 권력, 그 밖의 어떠한 수단적 가치보다도 높은 위치를 차지해야 한다. 둘째로, 순간적 가치보다도 영속적 가치가 우선적으로 추구되어야 한다. 셋째로, 더 큰 자아로서의 공동체 및 타인에게 봉사하는 가운데 자신의 의미가 확대된다는 사실을 인식하는 동시에 그 인식이 실천의 원칙으로서 작용해야 한다. 넷째로, 높은 관점에서

---

3 이 네 번째 것은 동양의 전통적 사고방식의 유산에 가까우며, 서양의 모방에서 온 것은 아니다. 합리적 사고의 전통은 본래 서양에 강했으며, 이 점을 더 철저하게 받아들일 필요가 있다는 것이 식자들의 공통된 의견이다. 그 위에 세 가지도 반드시 서양에서 온 경향이라고 간단하게 말하기는 어렵다. 권세에 대한 탐욕은 조선시대에도 몹시 강했으며, 물질에 대한 욕심 및 개인적 이기주의의 경향도 이미 옛날부터 상당히 강하게 움트고 있었다. 다만, 서구의 물질문명이 이 경향을 더욱 촉진시켰음에는 의심할 여지가 없다.

넓은 시야를 고루 보는 합리적 사고에 강해야 한다. 조선시대의 소설 가운데 나타난 전통적 가치 가운데 이상 네 가지를 위하여 크게 도움이 될 만한 것으로서 어떠한 것을 찾아볼 수 있을까?

2장 및 3장에서 본 바와 같이, 조선시대의 사람들은 대체로 학문, 예술, 도덕 등의 정신적 가치를 숭상하였다. 경학(經學)과 문장(文章)은 입신양명의 조건이었으며, 시(詩)와 서예(書藝)는 양반계급에 있어서 생활의 일부였다. 그리고 비록 위선의 일면도 없지는 않았으나, 유교 도덕이 일상생활에서 차지한 비중은 매우 컸다. 이러한 사실을 고려할 때, 조선시대에 세워진 정신적 가치 존중의 전통을 현대에 되살리면 오늘날 우리 생활이 갖는 결함을 보충함에 크게 도움이 되리라는 주장이 일단 성립할 수 있음직하다. 그리고 매우 제한된 의미에 있어서, 그 주장이 어느 정도 타당성을 갖는다는 것도 부인하기 어렵다. 그러나 여기에 밝혀 두어야 할 몇 가지 문제점이 있다는 것을 간과할 수 없다.

첫째로, 조선시대의 양반계급이 학문을 숭상한 것은 주로 벼슬하여 출세하기 위한 수단으로서였거나 또는 중국 사람들의 학설을 맹목적으로 추종하는 경지를 능가하지 못하는 경우가 많았다. 청사(靑史)에 빛나는 석학들이 탄생하기도 했으나, 학문에 종사한 사람들이 많았음에도 불구하고 창조적 사리 탐구의 경지에까지 이른 사람들은 비교적 적다. 학문이 귀중한 것은 그 난삽하고 형식적인 체계 때문이 아니라, 그것을 통하여 사람들의 정신이 개발되고 그것을 통해 생활을 위한 산 지혜가 발달한다는 사실 때문임을 고려할 때, 조선시대의 학문 숭상이 갖는 의의를 과대평가해서는 안 될 것으로 보인다.

둘째로, 조선시대에 예술이 숭상을 받았다는 주장에도 주석이 따라야 한다. 현대 우리가 말하는 '예술'의 모든 분야가 존중된 것이 아니라 문장과 한시 그리고 서예 등 매우 국한된 분야만이 대접을 받았다는 사실을 간과할 수 없다. 가무와 연극 그리고 건축 등 몸을 많이 움직여야 하는 예술은 별로 쳐주지 않았으며, 그러한 일에 종사하는 사람들은 천대를 받았다. 창조의 으뜸으로 볼 수 있는 예술을 숭상했다는 것은 매우 뜻 깊은 일이나, 일부의 제한된 분야만을 편중했다는 사실은 조선시대의 예술 숭상이 갖는 의의를 크게 제한하는 것이 아닐 수 없다.

셋째로 고려해야 할 것은, 조선시대에 있어서의 도덕의 숭상이 매우 형식에 치우쳤으며 한편 말이 앞서고 실천은 따르지 못한 경향이 있었다는 사실이다. 예(禮)를 도덕의 근본으로 믿은 조선시대의 양반들은 예컨대 복상(服喪)을 3년으로 하느냐, 만 1년으로 하느냐 하는 따위의 형식의 문제를 가지고 크게 싸웠다. 효종이 승하했을 때는 대비 조씨에 관한 복상 문제로 조정이 두 조각이 나서 크게 논란했으며, 그 결과는 여러 대신들을 귀양 보내고 심지어는 죽이기까지 하는 불상사로 연결되었다. 현종 초년에는 아버지의 상을 당한 민세익(閔世益)이 정신병 환자라 상제 노릇을 제대로 못하여 그의 아들 신(愼)으로 하여금 대신 상제 노릇을 한 것이 말썽이 되어, 민신은 중죄로 다스려지고 대신 복상해도 무방하다고 가르친 대관들까지 조정에서 물러난 사건이 있었다.[4] 숙종 때는 부친의 삼년상 때 상식을 올리지 않은 것이 문제가 되어, 금부에 잡혀가 문초를 당하고 결국 처벌을 받은 사건도 있었다. 산 사람들의 먹고 입는 문제는 뒤로 제쳐놓고, 죽은 사람 제사 지내는 문제를 나라의 상하가 떠들어 댄 것이다. 이토록 형식의 도덕에 열중한 반면에, 진실로 중요한 실질의 도덕에 있어서 미흡한 점이 적지 않았다. 인의, 충효, 우애, 신의, 정절 등의 유교 도덕이 도처에서 큰 소리로 외쳐진 데 비해서는 사람들의 실제 행동은 공맹(孔孟)의 근본 정신으로부터도 널리 이탈되

---

4 이상옥, 『한국의 역사』, 제4권, pp.402-405 참조.

는 경우가 많았다. 사람의 마음 저 깊은 곳에서 자발적으로 우러나온 자율 (自律)의 도덕이 아니라, 남의 나라의 것을 그대로 모방한 타율(他律)의 도덕으로서의 성격을 탈피하지 못했던 까닭에, 변동하는 사회 상황에 적합한 내실(內實)의 윤리(倫理)가 미약했던 것은 도리어 당연한 결과이기도 하다. 도덕이라는 것을 중요시한 그 시대정신 가운데 높이 평가될 만한 요소가 있음은 부인할 수 없으나, 그 도덕 숭상의 실상을 참작하여, 맹목적으로 과대평가함이 없어야 할 것이다.

끝으로 밝혀 두어야 할 것은, 조선시대에 있어서 학문과 예술 및 도덕이 충분히 대중 생활 속에 보급되지 못하고 일부 특권층의 독점물과 같은 성질의 띠었다는 사실이다. 전문적으로 뛰어난 학자와 예술가의 탄생 또는 이론적으로 정리된 예론(禮論) 내지 도덕 사상의 출현도 물론 중요할 것이나, 현대가 요구하는 '정신생활의 회복'은 더 대중적이고 민주적이라야 할 것으로 믿는다. 저속한 학술이나 예술이 바람직하다는 뜻이 아니라, 일반 대중 속에 잠재해 있는 인간적 소질을 개발하고 실현한다는 뜻의 대중문화를 창조함이 진정한 의미의 민주적인 '정신생활의 회복'에 해당할 것이라는 뜻이다.

그러나 현대의 관점에서 볼 때 위에 말한 바와 같은 불만이 비록 있다 하더라도, 물질적 내지 수단적 가치에 압도당하고 있는 현대인이, 학문과 예술 그리고 도덕을 숭상한 조선시대로부터 배울 것은 적지 않다. 설령, 과거에 급제하여 입신양명하겠다는 동기에서 학문을 하기도 하고 중국의 고전을 맹목적으로 수용하는 데 그친 지식인들이 많았다 하더라도 학문을 숭상하고 학자를 존경한 일반적 기풍은 금전 또는 권력에 대한 숭상이 지나친 현대에 비하여 바람직하다고 보아야 할 것이다. 만약 학문을 숭상하고 학자를 존경하는 일반적 기풍이 아니었다면, 이퇴계(李退溪), 김학봉(金鶴峰), 서화담(徐花潭), 이율곡(李栗谷)과 같은 자랑스러운 학자들이 배출되기 어려웠을 것이며, 이지봉(李芝峰), 유반계(柳磻溪), 이성호(李星湖), 정다산(丁茶山) 등이 대표하는 실학(實學)의 발전도 어려웠을 것이다. 한 민족의 우열을 결정하는 것이 경제적 번영이나 군사적 성공보다도 그 민족이 이룩한 정신문화임을 생각할 때, 학문과 예술 그리고 도덕을 숭상한 우리 조상들의 태도의 의의는 스스로 명백하다.

　문장과 한시 그리고 서예 등 일부의 예술만을 높이고 가무와 연극 등 다른 예술은 소홀히 여긴 조선시대의 비민주적 예술관은 현대의 견지에서 볼 때 문제가 된다 하겠으나, 전반적으로 말해서 우리 조상들의 예술 숭상의 태도로부터 현대인이 배워야 할 점은 대단히 많다. 그 가운데서도 특히 주목되는 것은, 우리 선인들의 체질 속에 널리 배어 있던 멋과 풍류의 정신이다. 멋과 풍류는 우리나라 전통 예술의 바탕에 깔린 일관된 흐름이라고 생각되거니와, 이 일관된 흐름은 앞으로도 우리 민족문화의 기본 특색으로서 오래 간직하고 싶은 것의 하나다. 한국적인 멋과 풍류의 원천은 마음의 여유라고 생각된다. 우리 조상들이 보여준 멋과 풍류 속에 항상 해학의 분위기가 감도는 것도 저 마음의 여유 때문일 것이다. 우리의 조상들로 하여금 멋과 풍류를 가질 수 있게 한 저 마음의 여유는 반드시 생활의 여유에서 온 것은 아니다. 현실은 우리 조상들의 경우에도 대체로 각박했다. 각박한 현실 생활 속에서 도리어 마음의 여유를 얻어 멋있고 풍류에 가득 찬 순간을 즐겼던 것이다. 이것은 매우 놀라운 사실이며 또 우리 후손이 배워야 할 점이다. 생활의 여유에서 마음의 여유를 얻는 것은 그리 어려운 일이 아니다. 그러나 각박한 현실임에도 불구하고 초연히 한 걸음 물러서 그 현실을 객관적으로 바라보는 가운데 마음의 여유를 되찾는 것은 진실로 탁월한 정신의 발휘이며, 그 자체가 멋이요 풍류다.

　산업사회 속에 사는 현대인에게 가장 아쉬운 것은 마음의 여유다. 마음의 여유가 없는 까닭에 멋도 없고 풍류도 없는 메마른 생활 속에 허우적거린다.

그리고 사람들은 마음의 여유의 상실을 각박한 사회 현실의 책임으로 돌리고, 그것을 불가피한 결과처럼 생각하기가 쉽다. 그러나 우리의 조상들은 어려운 생활 조건 속에서도 마음의 여유를 발견하고 멋과 풍류를 즐겼던 것이다. 이 선인들의 지혜로부터 우리가 기필코 배워야 할 것이 있다는 것을 절실하게 느낀다.

우리 조상들이 어려운 생활 조건 속에서도 마음의 여유를 잃지 않고 멋과 풍류를 즐길 수 있었던 것은 그들의 자연관에 힘입은 바 크다고 짐작된다. 자연을 사랑하고 자연을 벗삼는 정신이 강한 사람들은 그렇지 못한 사람들에 비하여 마음의 여유를 간직하기 쉽다. 대자연 속에 동화할 때, 사람들의 닫힌 마음은 열리며 작은 자아는 껍질을 깨고 넓은 세계를 호흡한다.

조선시대의 도덕관념으로부터도 우리가 배워야 할 것이 적지 않다. 앞에서 지적한 바와 같이 조선시대 윤리의 비민주적 성격에 대해서는 비판의 여지가 많다. 그러나 도덕관념이 강하고 윤리에 대한 존경심이 많았다는 사실 그 자체는 우선 본받아야 할 태도임에 틀림이 없다. 그리고 조선시대의 윤리 가운데 그 정신을 현대에 그대로 살려도 좋을 것들이 적지 않다. 특히 조선시대 조상들에게 강했던 신의 및 보은의 윤리 의식은 현대에 사는 우리들도 깊이 본받아야 할 아름다운 정신이라고 믿는다.

신의를 지키는 일과 은혜에 보답하는 것은 명랑한 사회를 위해서 가장 근본적인 조건이다. 오늘의 한국 사회에서 경험하는 불행한 인간관계의 대부분이 저 두 가지 덕목의 부실에서 온다 하여도 과언이 아니다. 친구들 사이의 교제에 있어, 직장 생활에 있어, 상행위 또는 고용관계에 있어 신의가 지켜지지 않는 까닭에 우리는 서로 믿을 수가 없다. 그리고 불신이 우세한 풍조를 이루는 까닭에 사회질서의 기본이 흔들리며, 특히 단결과 협동이 위협을 받는다. 그리고 보은(報恩)의 미덕은 인간의 인간다움을 가장 여실하게 나타내는 것이며, 우리나라 전통 윤리에서 가장 큰 비중을 차지했던 효(孝)

의 원리도 이 보은의 미덕과 깊은 관계를 가졌다. 오늘날 우리 사회가 더 인간적인 것이 되기 위해서 우리는 저 보은의 덕목을 크게 되살려야 할 것이다. 현대인의 생활 태도에 미래 지향의 경향이 강한 것은 발전을 위해서 바람직하다 하겠으나, 그 경향이 배은망덕의 세태를 초래하기에 이른 것은 깊이 반성해야 할 문제가 아닐 수 없다.

조선시대의 구체적 인간상 가운데서 특히 우리가 배워야 할 점이 많은 것은 『허생전』에 그 편모가 그려진 선비의 정신이다. '남산골 샌님'을 표본으로 삼는 선비들은 양반계급에 속하는 사람들이었으나, 벼슬과 세도를 탐내고 당파 싸움에 휘말려 많은 허물을 남긴 사람들과는 판이하게 다른 가치관을 지킨 사람들이다. 그들은 청렴결백하고, 지조가 굳었으며, 목이 부러져도 굴하지 않는 기개를 가졌다. 그들은 사서오경을 비롯한 유교의 경전 속에 파묻혀 산 학구였으나 사대 사상에 병든 나약한 지식인은 아니었다. 그들의 대부분은 초야에 묻혀 살았지만 국가와 민족에 대하여 결코 무관심하지 않았다. 그들은 나라에 통탄할 일이 생기면 목숨을 걸고 상감에게 직소하였으며, 외적의 침공을 받고 국운이 위태로울 때는 의병을 일으켜 국방의 일선에 나서기도 하였다.

조선시대의 선비들 가운데 고루하고 답답한 사람들이 있었던 것은 사실이며, 현실에 대한 적응력이 약하고 비생산적이며 비활동적인 사람들이 많았던 것도 사실이다. 현대와 같이 복잡하고 활발하며 급속도로 변천하는 세상에서 '샌님'으로 특징지어진 선비들의 생활 태도가 그대로 적합하리라고는 생각되지 않는다. 그러나 그들의 지조와 강직 그리고 청렴 등에 나타난 선비 정신의 근본은 현대와 같이 혼탁한 세태에 있어서 더없이 귀중한 것으로 여겨진다.

박지원의 『허생전』은 조선시대의 선비가 새 시대의 근대화된 사회에도 능히 적응할 수 있음을 암시하고 있다. 허생(許生)은 아내의 성화를 못 이겨 집을 나간 뒤, 변부자로부터 빌린 돈 만 냥으로 장사를 하여 큰돈을 번다. 이 이야기는 옛날 그리스의 철학자 탈레스가 시험 삼아 큰돈을 버는 데 성공했다는 전설과 비슷한 것으로서, 비록 선비라 할지라도 돈이 필요할 경우에는 그것을 벌어야 하고 또 벌 수도 있다는 것을 의미한다. 그러나 더욱 중요한 것은 허생이 번 거액의 재산을 매우 슬기롭게 사용했다는 사실이다. 허생은 자기가 번 돈으로 도적떼에게 갱생의 길을 열어 주었고 변부자에 대한 신의를 지켜 빌린 돈을 후하게 갚는다. 그리고 자기 자신은 끝내 돈의 노예가 되거나 사치스러운 물질생활에 도취함이 없이 옛날의 선비로 다시 돌아온다. 그리고 허생이 다시 곤궁하게 살아가고 있음을 안 변부자가 허생으로부터 부당하게 많이 돌려받은 돈 가운데서 일부를 허생에게 제공할 것을 제언했을 때, 그는 그것을 완강히 사양하면서 다음과 같이 말하고 있다.

내가 지난번에 일천 명의 도적들을 무인도에 끌어다가 선량한 인간으로 살 길을 찾아 주면서 필요 없는 오십만 냥의 은을 바다에 던져 버린 일이 있었소. 그렇거늘 내가 당신이 받아라 받아라 한다고 해서 받을 것 같소. … 돈을 그대로 가져 가시고 그 대신 우리 내외가 먹고 지내는 데 필요한 시탄, 양식과 옷을, 그것도 꼭 필요한 만큼을 보태 주시오. … 자 그러면 그것을 가지고 가 주시오. 이상 나에게 재물로 **괴로움이나 죄악을 주지 마시오.**[5]

굳이 돈을 바다에 버리고까지 옛날의 빈곤으로 돌아간 허생의 태도가 전적으로 옳다고 볼 수 있느냐 하는 것은 의문의 여지가 많다. 그러나 돈을 어디까지나 수단적 가치의 자리에 멈추게 하고 돈에 대한 지나친 애착으로 더

---

5 「허생전」, 『전집』(성음), 제4권, p.108(강조는 저자의 추가).

근본적인 가치를 망각함이 없이 끝까지 본연의 자세를 지킨 것은 금전을 가치 체계의 정상에까지 끌어올린 현대인에게 좋은 교훈이 아닐 수 없다.

조선시대 가치관에 있어서 우세했던 경향 가운데서 현대 우리들의 결함을 보충하기에 도움을 줌직한 또 한 가지 특색은, 그 시대의 사람들에게 가족주의적 사고방식이 매우 강했다는 사실이다. 조선시대의 조상들은 자기 한 사람보다는 집안 전체를 생각하는 경향을 상당히 강하게 나타냈다. 이 가족주의 속에 우리는 개인이 그 작은 자아를 초월하여 더 큰 공동체로 지향하는 계기를 본다. 따라서, 일부 식자들 가운데는 한국의 전통적 가족주의를 높이 평가하면서 현대의 지나치게 고립화하고 이기화하는 개인주의를 극복할 수 있는 원리를 여기서 찾으려고 하는 견해가 있다. 저자 자신도 한국적 가족주의 가운데 오래 보존해야 할 귀중한 것이 들어 있음을 믿는 사람의 하나다. 그러나 조선시대 사람들의 가족주의는 필경 가족적 이기주의의 테두리를 벗어나지 못했으며, 그것은 조선시대의 가장 큰 고질이며 불행이었던 당파 의식으로 연결되는 것이었다. 조선시대의 가족적 이기주의는 이미 그 당시에도 심각한 폐단을 수반했거니와, 우리가 만약 그것을 그대로 계승한다면 사회 사정이 더욱 복잡해지고 전 국민의 상호 관련성이 더욱 긴밀하게 된 오늘날 그 폐단은 조선시대보다도 한층 더 파괴적일 것이다. 여기서 우리가 부딪치는 문제는, 우리의 전통적 가족주의를 어떻게 현대 생활에 맞도록 발전시키느냐 하는 그것이라고 생각된다.

우리가 가족주의 가운데 귀중한 것이 있다고 믿는 것은 인간과 인간을 연결하는 강한 유대를 그 속에서 발견하기 때문이다. 개인의 테두리를 넘어선 확대된 자아의 원리가 그 안에 포함되어 있다. 그러나 우리들의 전통적 가족주의 속에 깃든 인간적 유대가 작용할 수 있는 범위는 매우 좁게 국한되어 있다. 다시 말하면, 전통적 가족주의에 의하여 하나의 자아로서 뭉칠 수 있는 사람들은 좁은 범위 안의 사람들이며, 그 결합의 힘이 온 민족 내지 온 국민 또는 전 인류에까지 미친다는 것은 생각하기 어렵다. 가족주의적 경향이 강한 사람은 먼 곳의 사람을 자아의 일부로서 느끼기 어려울 뿐 아니라, 어느 범위를 넘어서면 그 밖의 사람들에 대하여 배타적 태도를 취할 염려가 있다. 다시 말해서, 전통적 가족주의는 좁은 범위의 단결을 촉진하는 반면에 큰 범위의 단결은 도리어 방해한다. 따라서 문제는 가족주의 안에 포함된 배타적 단결의 유대를 널리 인간애적 결합의 유대로 발전시킬 수가 있느냐는 점에 달리게 된다.

모성애에서 그 전형(典型)을 찾아볼 수 있는 가족주의적 애정은 본래 차별의 사랑이며, 끝없이 먼 곳에까지 미칠 가능성을 품은 무차별의 사랑으로서의 인간애와는 근본이 다르다. 가족주의의 사랑은 소박한 본능에 근거를 둔 자연의 정 또는 그 연장임에 비하여, 인간애는 종교적 내지 철학적 반성을 매개로 삼고 길러지는 수양의 산물로서 강한 의지와 깊은 지혜를 그 안에 포함한다. 전자가 생물학적 자아에 대한 소박한 애착의 연장임에 비하여, 후자는 생물학적 자아에 대한 애착을 일단 부정하는 단계를 거쳐서 새롭게 열린 지평 위에 나타나는 고차원의 심정이다. 따라서 가족주의의 바탕에 깔린 차별적 인간 결합의 유대를 보편적인 인간애적 결합의 유대로 승화시킨다는 것은 매우 힘든 일이라는 결론을 피하기가 어렵다.

공자는 혈연에 근원을 둔 자연(自然)을 정(情)을 모든 이웃 사람에 대한 따뜻한 마음으로서의 '인(仁)'의 개념에까지 발전시켰다. 내 자식을 사랑하는 어버이의 마음은 남의 자식도 귀한 줄을 알며, 내 부모의 귀중함을 아는 효심은 남의 부모까지도 아낄 줄 아는 마음으로 발전할 수가 있다. 이리하여, 각각 자기의 지친(至親)을 아끼고 사랑하는 마음을 점차로 연장시킬 때, 적절한 교육과 깊은 반성의 힘을 빌린다면, 그 따뜻한 마음이 널리 먼 곳의 사람들에게까지 미칠 수 있다는 생각이다. 공자의 이 '인'의 개념에는 상당히 현실적인 것이 있다. 종교적 내지 철학적 이상론이 낳은 '인간애' 또는 '인류애'의 개념이 한갓 말에만 그치는 관념론 내지 추상론으로 흐를 염려가 큰 데 비하여, 공자의 '인'은 각자의 인품과 능력을 따라서 '자연의 정'을 넓혀 갈 것을 가르치는 점에 있어서 매우 현실적인 원리라고 볼 수가 있다.

그러나 공자 자신도 인정하고 있듯이, 자연의 정이란 나와의 관계가 먼 곳으로 갈수록 그 농도가 옅어지는 것이 특색이다. 내 자식을 사랑하는 마음과 남의 자식을 사랑하는 마음 사이에는 스스로 정도의 차이가 있으며, 눈앞에 보이는 딱한 사정에 동정하는 마음과 멀리 지구의 저편에서 일어난 불상사에 대하여 느끼는 그것이 같을 수는 없다. 그러므로 가족주의적 자연의 정을 멀리 인류 전체에 미친다는 것은 비록 이론상으로는 말할 수 있다 하더라도, 평범한 보통 사람들의 경우 그 실천성은 매우 희박하다.

여기서 우리가 현실적으로 생각할 수 있는 것은, 그것도 결코 쉬운 일은 아니나, 가족주의의 바탕을 이룬 자연의 정을 민족애의 수준에까지 확대시키고 승화시키는 일이다. 민족의식은 일종의 동족 의식이며 그것은 멀리 혈연의 의식에 그 근원을 두었다. 가족주의를 떠받들고 있는 정열이 필경 차별과 한계를 완전히 초월할 수 없는 상대적 정열이라면, 그것을 무차별과 무한의 사랑으로서 발전시키기는 어려울 것이나, 민족의 테두리로써 한계선을 일단 정하는 더 큰 자아의 원리로서 승화시키는 일은 전혀 불가능하지 않을 것으로 보인다.

본래 가족주의라고 불리는 생활 태도가 일어나게 된 출발점은, 가족이라는 집단이 사회생활의 가장 기본적 단위이며 사람들의 운명을 좌우하는 거의 절대적 조건의 구실을 했던 시대에 있었다. 한 가족에 속하는 사람들은 그 가족과 운명을 같이했던 까닭에, 가족과 자기를 동일시하게 되었고, 가족을 위해서 자연히 정성을 기울이게 되었다. 가족에 대하여 헌신적으로 봉사하는 것은 곧 자기의 삶을 위해서 가장 적절한 길이기도 했던 것이다. 오늘도 가족의 흥망이 그 성원들의 운명에 대하여 미치는 영향은 여전히 막대하다 하겠으나, 가족에 대한 충성과 봉사만으로 안정되고 보람 있는 생활이 보장되지는 않는다. 오늘은 가족에 못지않게 또는 그 이상으로, 국가가 개인의 운명 내지 행불행에 대하여 결정적 영향력을 가진다. 오늘도 가족은 식구들에 대하여 운명 공동체로서의 영향력을 가지고 있음에 틀림이 없으나, 각 가족은 자기들만으로 살아갈 수 있는 독립된 단체가 아니라, 국가라는 더 큰 단체에 속해 있으며 한 국가 안에 속해 있는 여러 가족들은 대체로 그 국가와 흥망을 같이한다. 즉 국가는 여러 가정 내지 가족에 대하여 운명 공동체로서의 영향력을 가지고 있는 것이다. 그리고 바로 이 엄연한 사실은 개인이 가족에 대해서 느끼는 애착 내지 공동체 의식을 국가에게까지 확대시킬수 있는 근거이며, 또 확대시켜야 할 근거다. 특히 단일 민족으로 형성된 국가의 경우에 있어서는 동족으로서의 관계가 한 가지 더 보태지는 까닭에, 가족에 대한 공동 의식을 국가 전체에까지 확대시킬 수 있는 요인이 더 크다.

가족에 대해서 갖는 유대 의식을 민족국가에까지 확대시켜 민족의 단결과 민족의 번영을 공동의 목표로 삼아야 한다는 생각은 일종의 민족주의임에 틀림이 없다. 여기서 우리는 '민족주의'로 불리는 사상을 현대에 있어서 정당하다고 볼 수 있느냐 하는 어려운 문제에 부딪친다. 가족의 이익을 우선적으로 존중하는 나머지 자기의 가족 밖의 개인이나 집단에 대해서 배타성을 갖는 가족주의를 시인할 수 없다면, 같은 논리를 일관시켜 생각할 때, 민족주의도 부당한 사상으로서 물리침을 받아야 옳지 않을까? 왜냐하면, 민족주의도 자기의 민족 밖의 개인이나 집단에 대하여 배타성을 나타낼 가능성은 충분히 있으며, 현실에 있어서도 민족주의를 표방한 여러 국가들이 침략을 일삼고 세계 평화를 어지럽힌 예가 적지 않기 때문이다.

'민족주의'라는 말은 매우 넓은 범위에 적용되는 말이며, 여러 가지의 민족주의가 있을 수 있고 또 있었기 때문에, 일률적으로 그것이 좋다 또는 나쁘다고 단정할 성질의 것이 아니다. 구체적으로 어떠한 처지에 놓인 나라가 어떠한 종류의 민족주의 노선을 걸었느냐에 따라서, 개별적으로 그 시비가 가려져야 할 것으로 믿는다. 여기서 우리가 첫째로 생각해야 할 것은, 강대국의 민족주의와 약소국의 민족주의는 그 본질이 크게 다르다는 상식적 사실이다. 과거에 강대국이 민족주의를 채택했을 경우에는 대개 제국주의 정책을 쓰게 되어 약한 나라들을 침략하는 결과를 가져왔고, 현대에 있어서도 강대국의 민족주의 내지 국가주의는 약소국을 위압하고 세계 평화를 위협한다. 강한 나라가 그 힘으로 자기 나라의 이익만을 냉혹하게 추구할 때, 주위의 약한 나라들은 자연히 피해를 입기 마련인 것이다. 그러나 약소국이 민족주의를 따를 경우에는 그 성질이 크게 다르다. 약한 나라의 민족주의 내지 국가주의는 자기 나라의 자주성을 지키고 자기 나라의 정당한 권익을 옹호하는 소극적 활동에 그치는 것이며, 그것이 남의 나라를 해치거나 침략하는 결과를 가져올 염려는 적다. 오히려 약소국의 민족주의는, 강대국과 약소국의 격차를 좁힘으로써 국제적 평준화를 촉진하는 동시에, 공정한 세계 질서를 위한 지반을 닦는 효과를 가져올 수도 있다.

　비록 약소국의 민족주의라 할지라도, 그것이 국제적 신의를 무시하거나 국제간의 정당한 협조를 거부할 경우에는, 세계의 질서를 위해서 크게 방해하는 결과를 가져올 것이다. 따라서 우리가 옳다고 인정할 수 있는 민족주의는, 국제적 신의를 지키고 국제간의 협조에 참여한다는 전제 아래 자기 나라의 정당한 권익을 지키고 자주적 발전을 도모하는 자기 보호의 노선에 국한된다. 그리고 현대에 있어서 약소국가가 현실적으로 취할 수 있는 민족주의란 바로 그런 것에 지나지 않는다. 오늘날 어느 나라도 국제적으로 고립해서 살아갈 수는 없으며, 만약 국제적 신의를 무시하거나 국제적 협조를 거부할 경우에는 당장에 강대국의 보복을 초래할 것이므로, 자기 나라를 보호하여 건전한 발전을 꾀한다는 약소국의 민족주의 그 자체의 견지에서 보더라도, 그러한 노선은 바람직하지 않은 것이다.

약소국가의 자기 보호적인 민족주의만이 시인을 받을 수 있는 민족주의라 함은, 민족주의가 인류를 위한 최후의 이상이 될 수 없다는 것을 스스로 인정하는 것이다. 앞으로 지구 위의 모든 나라들의 균형된 발전을 이룩하게 되는 날, 민족주의 내지 국가주의는 마땅히 극복되어야 할 것이다. 가족 또는 부족이 자급자족의 독립적 집단이었던 동안 정당성을 가졌던 가족주의가 민족적 국민 국가의 발전과 더불어 더 넓은 시야를 갖는 가치관으로 탈피해야 했듯이, 약소민족의 자기 보호를 위해서 필요했던 동안 정당성을 가졌던 민족주의도, 지구를 하나로 묶는 하나의 큰 공동체를 지향하는 새로운 세계 질서의 접근과 더불어, 언젠가는 스스로를 부정하고 더 높은 차원의 가치관으로 탈피해야 할 것이다. 다만 세계 역사의 현 단계는 아직 세계 국가의 이념에서 멀리 떨어져 있으며, 우리나라와 같은 약한 후진국이 선진국과의 격차를 좁히기 위하여 민족적 자주 노선을 택하는 것은 현실에 적합한 태도 결정이라고 생각한다.

  가족주의의 가치관이란 본래 냉정한 이지(理智)보다도 뜨거운 자연(自然)의 정(情)에 근거를 둔 것이었다. 따라서 가족주의는 정서적 태도의 경향을 동반하게 되며, 가족주의적 사회는 대체로 인정이 풍부하다는 특색을 가진다. 이 점에 있어서 우리나라도 예외가 아니며, 조선시대에 있어서나 현대에 있어서나 정서와 인정이 풍부하다는 것은 우리 국민성의 현저한 특색의 하나라고 볼 수 있다. 그리고 정서와 인정에 있어서 풍부하다는 사실은 간혹 불합리한 행동의 근원이 되기도 하나, '인간성의 회복'이라는 현대인의 과제를 위해서 매우 중요한 가능성을 내포하는 것이기도 하다. 왜냐하면, 그 본연의 모습을 상실했다고 평가되는 현대인의 가장 큰 결함의 하나는 인정미를 잃었다는 사실에서 발견되는 것이며, '인간성의 회복'이라는 우리들의 공동의 과제도 바로 이 점과 밀접하게 연결되기 때문이다. 이와 같은 관점에서 볼 때, 우리나라의 전통적 가치관과 밀접한 인과관계를 가진 '풍부한 인정' 가운데, 앞으로 세워질 새로운 가치관을 위하여 소중하게 보존되고 발전되어야 할 귀중한 정신이 있다는 것을 인정하게 된다.

이상 고찰한 바를 종합하면, 조선시대부터 내려오는 전통적 가치관 가운데 앞으로 요청되는 새로운 가치관을 위해서 도움이 될 수 있는 몇 가지 희망적 요소를 찾아볼 수는 있으나, 조선시대 가치관의 전체적 구조를 그대로 계승 내지 회복함으로써 새 시대를 위한 가치관의 골격으로 삼을 수는 없을 것으로 보인다. 본장 첫머리에서 지적한 바와 같이, 우리나라에 있어서 새로운 가치 체계의 수립이 요청된 것은 최근에 비로소 생긴 변화가 아니며, 조선시대 혹은 그 이전부터 이미 그러한 요청이 시작되었던 것이다. 생각건대, 조선시대의 조상들과 현대의 우리는 다 같이 가치 체계에 관한 근본적인 문제를 안고 있었으며, 그 근본적인 문제의 성질도 옛날과 오늘 사이에 공통점이 큰 것으로 보인다. 그리고 그 공통점이란, 현재의 작은 자아를 탈피하여 더 큰 자아로 전환하는 일이 사회의 건전한 발전과 국가의 번영을 위해서 긴히 요청되었다는 사실이다. 이 요청은 아마 인류가 오래전부터 부딪쳐 왔으나 아직도 해결하지 못한 기본적 공통 문제의 일부일지도 모르며, 앞으로도 끝내 완전한 해결에는 도달할 수 없는 인간적 이상의 한 측면일지도 모른다. 그러나 그것이 우리 모두를 위해서 매우 절실한 문제임에는 틀림이 없으며, 비록 완전한 해결에 도달할 수 없다 하더라도 최선을 다해서 도전해야 할 문제임을 부인하지 못한다.

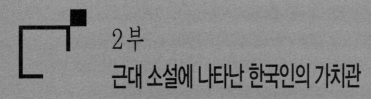

2부
근대 소설에 나타난 한국인의 가치관

1장
서론

1. 연구의 취지
2. 시대적 배경
3. 근대적 가치관 정립의 요청

1장 서론

1. 연구의 취지

새로운 가치관의 정립은 현재의 가치관에 대한 깊은 인식 위에서 가능하며, 현재의 가치관은 우리 조상들이 가졌던 가치관의 전통적 맥락 속에서 파악되어야 한다. 이젠 직접 만나 볼 길이 없는 조상들의 가치관을 우리는 그들이 남긴 유산을 통하여 알아볼 수밖에 없거니와, 옛날의 가치관을 이야기해 주는 유산 가운데서 가장 귀중한 자료가 되는 것은 역시 그 시대에 쓰인 문헌이라고 보아야 할 것이다. 대부분의 뜻있는 문헌이 그 시대 사람들의 가치관 내지 의식구조를 직접 또는 간접으로 반영하거니와, 그 가운데서도 특히 소설은 동시대의 의식과 생활 태도를 비교적 알기 쉽게 나타내는 귀중한 자료의 구실을 할 수가 있다.

한국인의 가치관의 문제에 대하여 깊은 관심을 가진 사람 중의 하나인 저자는 앞서 '조선시대 소설에 나타난 한국인의 가치관'이라는 제목 아래, 조선시대에 살았던 우리 조상들의 이상 및 가치 의식의 한 측면을 탐구한 바 있다. 가치관이라는 것이 오랜 세월을 통하여 형성되는 역사적 산물이라는 점을 고려하여 현대 한국인의 가치관을 근원에서부터 더듬어 보고자 했던 것이다. 그러나 조선시대 소설의 배경을 이룬 시기와 현대 사이에는 최소한 반세기 이상의 간격이 있다. 보통 '조선시대 소설'이라고 불리는 것은 갑오경장(1894) 이전에 쓰인 작품을 말하는 것이며 그 뒤 일본 제국주의의 침략으로 얼룩진 우리나라의 역사는 1945년의 광복을 맞이하기까지 실로 많은 고난과 격동을 겪었다. 불과 반세기 정도밖에 되지 않는 짧은 시간이었으나, 그 체험이 심각했던 만큼 사람들의 사고방식 및 생활 태도에도 적지 않은 변화를 가져온 중대한 시기였다고 보아야 한다. 조선시대와 현대 사이에 가로놓인 이 과도기를 소홀히 생각할 수 없다고 여기는 까닭에, 저자는 이 시기에 관한 연구를 하나의 독립된 논문의 형태로 처리할 것을 계획해 왔다. 이를테면 이 연구는 앞의 '조선시대 소설에 나타난 한국인의 가치관'에 대한 속편으로서의 의미를 가졌다.

이것은 문학평론가의 관점에서 작품을 분석하는 문학적 연구와는 근본이 다른 성질의 연구다. 비록 소설을 소재로 삼는 탐구이기는 하나 작품의 문학사적 의의 또는 작가의 문학관 따위를 밝히는 것은 저자의 역량 밖의 일일 뿐 아니라, 이 연구의 본래 목표와도 관계가 멀다. 저자가 궁금하게 생각하는 것은 어디까지나 우리 조상들의 가치관이며, 그것은 그 시대의 소설 위에도 반영되어 나타나 있으리라는 가설을 따라서, 옛사람들이 무엇을 생각하고 어떻게 행동하였나 하는 것을 다만 그 한 측면만이라도 더듬어 보고자 하는 것이 이 연구의 취지에 해당한다.

어떤 작품의 문학사적 위치나 그 작가의 창작 태도에 대한 이해가 우리 연구에 아무런 도움도 주지 않는다는 것은 물론 아니다. 한 시대의 진실과 정신을 깊이 파헤친 걸출한 작품일수록 우리의 연구를 위해서도 귀중한 자료로서의 가치를 크게 지녔을 것이며, 한 작가의 경향이 사실주의적이냐 심리주의적이냐, 또는 그 밖의 어떤 문학적 계열을 숭상하느냐에 따라서, 그의 작품 속에서 가치관을 골라 내는 작업도 해석의 관점을 달리해야 할 것이다. 그러나 이것은 어디까지나 간접적 관련성의 존재를 말하는 것이며, 이 연구가 문학평론가의 관점을 빌리거나 모방할 필요가 없다는 점에는 다를 바가 없다.

문학적 견지에서 시도하는 연구가 아닌 까닭에, 한 작품의 문학적 가치와 그것이 우리 연구를 위해서 갖는 자료로서의 가치 사이에 정비례의 관계가 있다고 볼 수는 없다. 그러나 같은 값이면 이름 있는 작품을 소재로 삼는 것이 바람직할 것으로 판단된 까닭에, 저자는 일반적으로 인정된 대표적 작가들의 대표적 작품들을 우선 훑어보기로 하였다. 예컨대, 이광수, 김동인, 염상섭, 현진건, 전영택, 주요섭, 이효석, 김유정, 나도향, 김동리, 황순원 등의 대표작으로 알려진 것부터 일독하고 그 가운데서 무엇인가 찾아보기를 꾀하였다.

이 연구가 자료로 삼은 작품의 범위는 이인직(李人稙)과 이해조(李海朝)로 대표되는 신소설(新小說)을 출발점으로 삼고, 1945년의 광복을 맞이하기까지에 쓰인 소설들 가운데서 적합하다고 판단된 단편과 장편들에서 멈추는 것을 원칙으로 삼았다. 1945년 이후에 발표된 작품 가운데서도 일제시대를 소재로 삼은 단편 몇 가지는 참고로 삼았으며, 또 유주현의 대하소설 『조선총독부』는 1960년대 후기에 쓰인 것이나, 일제 압박의 모습을 소상하게 전해 주는 노작이므로, 그 시대의 배경을 이해하는 도움으로 삼았다.

신소설에서 시작하여 1940년대까지에 이르는 우리나라의 소설을 하나로 묶어서 부를 적합한 명칭을 저자는 알지 못한다. 백철(白鐵)과 조연현(趙演鉉)은 다 같이 이광수의 「소년의 비애」, 「어린 벗에게」, 『무정』 등이 나타난 1910년대 중엽을 우리나라 근대 소설의 탄생기로 보고, '서구의 현대 문학'이 가지고 있는 주지주의, 모더니즘, 초현실주의, 신심리주의 등의 조류가 한국에 도입된 1930년의 중반기를 전후하여, **근대** 문학으로부터 **현대** 문학으로의 전환이 이루어졌다고 본다.[1] 우리나라에 있어서 거의 공인된 이 견해를 따른다면, 우리의 연구는 신소설과 근대 소설 그리고 현대 소설이라는 세 가지 종류에 걸치는 셈이 된다. 그러나 글의 제목을 너무 장황하게 늘어놓기도 어색하고 또 '근대'라는 말이 매우 폭넓게 쓰일 경우가 있다는 사실에 기대어, 편의상 '근대 소설'이라는 표현으로 묶어 두기로 한다.

2. 시대적 배경

한 걸음 앞선 서양의 근대 문명이 우리나라에 처음 알려진 것은 적어도 16세기의 옛날까지 거슬러 올라간다. 선조 말년에 명나라에 갔던 사신이 유럽의 지도를 가져온 것을 비롯하여 곧이어 마테오 리치(Matteo Ricci)의『천주실의(天主實義)』가 전래하였고, 인조 때에는 천리경(千里鏡), 자명종(自鳴鍾), 천문서(天文書) 등이 소개되었다. 그리고 이러한 물건들과 함께 서양의 천주교가 조금씩 알려지기 시작했다. 그러나 명나라를 왕래한 한두 사신이 진기한 기구나 서적을 들여오고 또 한두 서양인이 표류로 인하여 우리나라 땅을 밟게 된 것만으로 당장에 어떤 큰 충격을 받지는 않았을 것이다. 그것은 오직 소수의 호기심을 자극했음에 그쳤을 것이며, 그러한 사건이 가진 역사적 의의는 두드러지게 표면화되지 않았을 것이다.

그러던 것이 18세기 말엽부터 천주교가 본격적으로 퍼지기 시작했고, 또 19세기에 이르러서는 영국, 프랑스, 미국, 러시아 등의 함선이 직접 우리 해안에 출현하여 통상을 요구하게 되었으니, 이것은 결코 몇몇 개인의 호기심

---

1 조연현,『한국현대문학사』, 인간사, 1961, p.648, pp.170-171 및 이병기 · 백철,『국문학전사(國文學全史)』, 신구문화사, 1965, pp.261-267, pp.383-402 참조.

의 문제로 그칠 수 없는 큰 충격이 아닐 수 없었다. 이에 어떤 대책이 강구되어야 했다.

당시의 실권자 대원군은 우선 단호한 쇄국정책의 굳은 결의로써 대처하였다. 프랑스와 미국이 군함을 이끌고 접근하여 위협하였으나, 수비병의 발포와 공격으로 격퇴해 버렸다. 이리하여 대원군의 쇄국척양(鎖國斥洋)의 정책이 일단 성공하는 듯한 인상을 주기도 했으나, 그것은 다만 일시적인 해결책에 지나지 않았다. 프랑스나 미국은 그들의 더 급한 다른 사정으로 인하여 한국의 개국을 요구하는 태도가 소극적인 선에서 머물렀고, 따라서 그리 큰 문제를 일으키지 않고 격퇴할 수도 있었다. 그러나 우리보다 한 걸음 앞서 서양의 문물을 수용한 일본이 완강한 침략의 뜻을 세우고 집요하게 접근해 옴에 이르러, 단순한 쇄국정책만으로 문제가 해결될 수 있기에는 사태가 너무나 심각하였다.

일본도 처음에는 완강한 쇄국정책으로 서세동점(西勢東漸)에 대처하였다. 그러나 19세기 중엽부터는 오히려 적극적인 개화론자들이 주도권을 장악하여 미국을 비롯한 여러 서양의 나라들과 차례로 통상 조약을 맺고 활발히 서양의 문물을 받아들이기 시작했다. 도쿠가와 막부(德川幕府)의 봉건 정권을 타도한 메이지(明治) 정부가 왕정복고(王政復古)를 표방하고 들어서면서, 일본의 근대화 작업은 급속히 진행되었거니와, 그들은 우선 부국강병책을 앞세워 서양의 제국주의를 재빨리 모방하고 나섰다.

일본이 서양으로부터 배운 제국주의 침략 정책을 시험하기에 가장 적합한 나라는 바로 우리 한국이었다. 지리적으로 가장 가까울 뿐 아니라, 전통적으로 평화를 사랑하여 무력을 숭상하지 않았으며 따라서 군비가 비교적 허술한 우리 한국은 침략의 대상으로서는 안성맞춤이었다. 더욱이 도요토미 히데요시(豊臣秀吉)가 임진 연간에 거의 삼켰다 놓친 나라이기도 하다. 고려시대부터 이미 왜구로 알려진 해적의 무리로 우리를 거듭 괴롭힌 일본의 침략 근성이 대대적으로 발동할 시기가 점차로 무르익어 가고 있었다.

일본은 그들이 계획적으로 유발한 운요호(雲揚號) 사건을 구실로 삼아 병자수호조약을 유리한 조건으로 체결한 것을 첫 발판으로 삼고 차츰 침략의 손을 뻗쳤다. 그러나 당시의 우리나라는 자력으로써 이 위기를 극복할 만한 준비를 갖추지 못하고 있었다. 그뿐만 아니라 대원군과 민비(閔妃) 두 세력의 암투에 기인한 자중지란까지 겹치고 있는 형편이었다. 제 힘으로 나라를 건질 준비가 없는 딱한 사정 속에서, 청국의 힘을 빌려 일본의 침략을 막고자 한 일파도 있었고, 일본의 협조 아래 빨리 개화하여 국력을 배양함으로써 국난을 극복하고자 한 일파도 있었다. 그러나 우리가 보호를 청한 청국 자체도 우리 한국에 대하여 만만치 않은 야심을 품은 나라였고 일본이 우리의 개화를 도울 듯한 몸짓을 한 것은 어디까지나 한국에 대한 침략의 길을 넓히기 위한 계략에 불과했던 까닭에, 그 어느 길도 성공할 가망성을 처음부터 결여하고 있었다.

청국과 일본의 세력 각축장으로 변한 우리 한국은 임오군란과 갑신정변의 두 사건을 연달아 치러야 했으며, 두 사건이 끝난 뒤에는 러시아가 또 하나의 세력으로 남하 진출하는 사태가 빚어졌다. 이에 정부 일각에서는 러시아의 힘을 이용하려는 시도를 꾀한 바도 있으나, 외세는 어디까지나 외세였던 까닭에, 이러한 방황은 도리어 사정을 더욱 복잡하게 악화시키는 결과를 초래했을 뿐이다.

결국 우리나라는 청국과 일본 그리고 러시아 세 나라의 각축장으로 되었으며 그 결과로 청일과 러일의 두 전쟁이 일어났고, 청국과 러시아가 신흥국 일본에게 패퇴한 뒤로는 거의 일본의 독무대로 낙착하는 방향으로 기울고 말았다. 1905년에 을사조약이라는 것을 강요하여 한국의 외교권을 박탈한 일본은 더 나아가 온갖 내정에 간섭하기에까지 이르러 한국의 독립은 한갓 형식에 불과한 것으로 되었다. 1910년에는 드디어 그 형식마저도 박탈당하고 말았으니, 우리나라는 유사 이래 처음으로 남의 나라의 완전한 식민지로 전락하는 굴욕을 감수했던 것이다.

'합방'이라는 이름으로 우리 한국의 통치권을 박탈한 일본은 총독부라는 것을 두어 식민지를 통괄하는 최고의 기관으로 삼았거니와, 초대 총독으로 부임한 테라우치(寺內)의 기본 방침은 철저한 무단 정치였다. 2만의 헌병과 2만의 헌병 보조원을 주축으로 삼는 헌병 경찰 제도를 확립하고, 무자비한 탄압으로 삼천리 강토를 공포에 떨게 하였다. 모든 언론기관을 봉쇄하고 크고 작은 애국지사들을 모조리 검거하였다. 또 한편으로는 일진회(一進會)니 중추원(中樞院)이니 하는 친일 기관을 이용하여 회유와 위협으로 친일 한국인의 세력을 육성함으로써 민족 분열을 꾀하였다.

무단 정치는 경제적 수탈을 위한 필요하고 충분한 조건이었다. 당시 우리 한국의 경제는 거의 대부분이 토지에 달려 있었다. 1910년에 당장 토지조사국을 설치하고 1912년에는 토지조사령을 반포하였다. 이 기관과 법령은 이미 통감부 시절에 착수했던 토지조사사업이라는 것을 본격적으로 수행하기 위한 방편이었다. 토지조사사업은 온갖 구실과 트집으로 한국인의 토지를 강점하는 데 목적을 두었다. 결국, 1930년의 통계에 따르면, 전 국토의 40퍼센트에 해당하는 883만 정보를 총독부의 소유로 귀속시키는 결과를 초래하였다.[2]

총독부가 강점한 토지는 동양척식주식회사(東洋拓殖株式會社)나 불이흥업(不二興業) 같은 일본인이 경영하는 회사 또는 이민 온 일본인에게 헐값으로 불하되어 대지주를 만드는 동시에 한국 농민들은 불리한 조건의 소작인으로 전락하게 되었다. 국민의 절대 다수를 차지하는 영세 소작농민들은 점

---

2 이기백, 『한국사신론(韓國史新論)』, 일조각, 1970, p.361 참조.

점 가난을 더해 갔으니, 1920년대에는 전 농가의 절반 이상이 적자 가계로 고통을 받아야 했다.

적자 가계의 생활난을 일시적으로나마 해결하는 길은 고리채에 의존하는 길뿐이었으며, 고리채는 후일의 생계를 더욱 압박했으니, 결국 남부여대(男負女戴)하고 북방의 황무지 만주를 향해 조국 땅을 등지는 사람들이 날로 늘어 갈 수밖에 없었다. 일본에 가까운 지역에 사는 사람들 가운데는 일본인의 감언이설에 속아 일본 탄광으로 끌려가는 사람들도 많았다.

농토뿐이 아니었다. 상업, 광공업, 어업, 임업 등 모든 분야에 있어서 관권의 후원을 업은 일본인들이 유리한 고지를 독점하였다. 철도, 항만, 통신, 인삼, 연초, 소금 등 특히 유리한 사업은 총독부가 직접 관장하였다. 이리하여 한국의 경제권은 거의 모두가 일본의 수중으로 들어갔으니 한국인의 생활은 극도로 피폐하였다.

3. 근대적 가치관 정립의 요청

서양 문물의 전래와 일본의 침략을 계기로 조선왕조 5백 년의 전통적 질서는 근본적으로 파괴되었다. 종래의 사고방식과 생활 태도를 그대로 답습하는 것으로 새로운 사태에 적응하기는 어려운 형편이었다. 새로운 사태에 적합한 새로운 생활 철학의 수립이 요청되었다. 우선 정치 문제에 관해서 확고한 태도의 결정이 필요하였다.

정치 문제에 관해서 당시의 한국인이 선택할 수 있었던 길은 크게 두 갈래로 나누어져 있었다. 하나는 일본의 침략과 합방을 하나의 기정사실로 받아들이고 일제의 정책에 순응하고 협조하는 가운데 그런대로의 안정을 누리는 길이다. 또 하나는 조국의 광복을 목표로 삼는 대일 항쟁의 자세로 우리들 자신의 나라와 개인을 회복하는 길이다.

일진회 또는 대정실업친목회(大正實業親睦會)와 같은 친일 단체나 중추원과 같은 어용 기관에 드나든 이름난 친일파를 위시하여 헌병 보조원, 일본인 상점의 점원에 이르기까지 상당한 수효의 사람들이 약삭빠르게 새로운 시세에 적응하기를 꾀하였다. 다른 한편 의병, 언론, 지하 조직 등을 통하여 목숨을 걸고 일제에 항거한 의사와 지식인의 수도 적지 않았다. 그러나 가장 많았던 것은 속으로 민족 의식과 반일 사상을 품고 겉으로는 일본 정책에 순응하는 듯한 이중의 태도를 취한 사람들이 아닌가 한다. 이러한 상황 속에서 민족 분열을 조장해 가며 항일 세력을 누르는 한편, 이중의 태도를 가진 일반 한국인들을 서서히 자기 편으로 동화시켜 가자는 것이 일본 관헌들의 기본 방침이었다.

1919년의 3·1 독립운동은 뚜렷한 항일의 의지를 가진 일부 지도적 사상가들과 독립의 염원과 배일의 감정을 은연중 품어 왔던 애국 대중의 협력으로 표면화된 우리 한국인의 의사 표시였다. 이 사건으로 우리는 많은 인명과 재산의 피해를 입었으나 우리 한국인의 의지를 세계에 표명하고 민족정신의 향방을 스스로 재확인하는 등 역사적 의의를 가진 쾌거로서의 뜻이 컸다.

3·1 운동 뒤에 부임해 온 3대 총독 사이토 마코토(齋藤實)는 이른바 '문화 정책'을 표방하여, 민족 신문의 발행을 허가하고 학교교육을 확대하는 등 새로운 방향의 통치를 시도하였다. 그러나 이것은 무단 정책의 한계를 깨달은 그들이 방법을 바꾼 것에 불과하며, 일본 식민지 정책의 기본 목표는 여전히 그대로 살아 있었다. 따라서 한국인이 추구해야 할 정치적 과제도 그대로 존속해 내려왔다.

친일의 길을 택한 사람들이나 항일의 길을 택한 사람들이나를 막론하고 우리 한국인 전체가 공통으로 당면한 정치 외적 가치관의 문제가 있었다. 조선 말엽의 우리나라는 관리의 기율이 상당히 문란하였고, 사회생활 전반에 걸친 불안과 혼란이 있었다. 필경 국가 주권의 상실을 몰고 온 이 내부의 혼란은 특권 계급의 불건전한 가치관에 근원을 둔 것이었다. 그뿐만 아니라 서양의 새로운 문명과의 접촉은 우리나라의 현실을 새로운 국면으로 몰아갔으니, 오랜 폐습에 유래하는 사회적 혼란을 막고 새로운 시대에 돌입한 역사적 현실에 적응하기 위해서는 혁신된 가치관의 정립이 절실히 요청되었다. 이러한 요청은 일제의 치하에서도 여전히 지속되었음은 물론이며, 일본의 침략을 계기로 우리 조상들의 가치관의 문제는 한층 어려움을 더했다고 보아야 할 것이다.

바른 가치관을 정립하는 문제는 어느 시대 어느 사회에서나 항상 있는 일반적인 문제다. 완전무결한 가치 체계를 이룩한 사회라는 것은 현실적으로는 찾아보기 어려운 일이며, 완전한 가치 체계를 확립하는 데 일단 성공했다 하더라도, 역사적 상황이 달라짐에 따라서 또 새로운 가치관의 탄생이 요청되곤 한다. 이와 같이 언제나 가치관 정립의 문제가 따라다니는 가운데도, 시대가 큰 전환점에 당면하여 획기적인 변화를 가져올 경우에 있어서 그 문제는 더욱 심각하고 중대한 양상을 띤다.

지금 우리가 문제 삼고 있는 시대, 즉 구한말에서 일제 침략기에 이르는 반세기 동안은, 바로 이 가치관의 정립 내지 개조의 문제가 매우 심각하고 절실한 시기에 해당한다. 거기에는 전근대적 국가가 근대적 국가로 발전하는 단계에서 일반적으로 일어나는 가치 체계 재조정의 요청이 있었고, 또 피압박 피지배의 약소민족이 그 난국을 극복하기 위하여 가다듬어야 할 태도 결정의 문제가 겹쳐 있었다.

이토록 어렵고 중대한 시기에 있어서 우리들의 조상과 선배들은 어떠한 가치관을 따라서 삶을 영위했는가를 살펴보고자 하는 것이 이 글을 펼쳐 가는 우리들의 첫째 의도다. 그리고 일제의 퇴각을 계기로 새로운 시대에 돌입한 현대에 있어서 우리들이 당면하고 있는 가치관의 문제와, 우리보다 바로 한 걸음 앞선 저 시대의 그것 사이에 어떠한 일관성 내지 상속 관계가 존재하는가를 따져 보는 것도 중요한 일이다. 단순히 소설만을 자료로 삼고 이러한 문제들에 만족스러운 해답을 기대하는 것은 물론 아니다. 다만 거창한 문제의 한 귀퉁이만이라도 더듬어 보자는 것이 우리들의 당면한 계획일 뿐이다.

2 장
근대화의 전주(前奏)

1. 서양 문명에 대한 동경
2. 젊은 세대의 의기(意氣)
3. 소박한 개화의 철학

2장 근대화의 전주(前奏)

1. 서양 문명에 대한 동경

'근대성(近代性)'이니 '근대 의식'이니 하는 말은 사람에 따라서 그 뜻이 다르게 사용되는 까닭에, 우리나라에 있어서의 근대성의 시초를 어느 시점에 확인하느냐 하는 문제는 생각보다 까다롭다. 문학사가 가운데는 이미 신라시대의 향가 문학에 나타난 이두 문학 속에 우리나라의 고유한 '근대성'의 싹을 발견한 사람이 있고, 또 우리의 민족어 한글이 창조되고 이 민족어로써 문학을 하는 의식이 서민 계급에 일어난 15세기를 한국적 근대성의 여명기로 보기도 한다.[1] 그러나 본격적인 근대화의 물결은 역시 서양 문물의 전래를 통하여 일기 시작한 것으로 보는 것이 무난하지 않을까 한다.

서양에 관한 지식과 그 문물이 우리나라에 처음으로 들어온 것은 명나라를 통해서였다. 15세기 말엽에 인도 항로가 발견된 것을 계기로, 포르투갈,

---

1 이병기·백철, 『국문학전사』, pp.211-212 참조.

스페인, 네덜란드 등의 상인 및 천주교의 선교사들이 명나라의 땅을 밟게 되었고, 선조 말년에는 명나라에 간 우리나라의 사신이 유럽의 지도를 가지고 온 일이 있다. 이어 마테오 리치의 『천주실의』가 전해지고, 또 화포, 천리경, 천문서 등이 전래하였다. 이와 같은 서양 문물과의 접촉이 당시의 국내 사정과 어울려 실학(實學)의 발생을 자극했고, 실학의 발달이 우리나라에 있어서의 근대 정신의 한 발로였다는 것은 널리 알려진 사실이다.

그러나 16세기에서 18세기에 이르는 사이에 나타났던 근대성은 아직 맹아의 단계를 넘어서지 못하는 것으로서 극히 소수의 선구자들의 관심사였을 뿐, 시대정신의 면모를 새롭게 하는 조류를 형성하기에는 이르지 못하였다. 근대화에 대한 요구가 확고한 신념의 형태로 표명되고 또 많은 사람들의 호응을 받아 개화의 기운을 일으키기 시작한 것은 19세기 말엽에 이르러서이다.

1873년 대원군이 정권에서 물러남을 계기로, 우리나라는 오랜 쇄국정책을 포기하고 일본과 미국을 비롯한 여러 나라들과 수호조약을 맺게 되었다. 외국의 문물을 실은 선박이 우리나라의 항구를 찾아 들었을 뿐 아니라 우리나라의 사신을 일본에 파견하여 그 근대화해 가는 모습을 목격하게 하였다. 1880년에 수신사(修信使)로 일본에 건너간 김홍집(金弘集)은 일본의 발전상을 통하여 서양 문명의 놀라운 상황을 통찰하고 개화의 시급함을 깨달았다.

고종 황제도 새로운 세계 정세에 적응하려는 정책을 세워 많은 사람들을 일본과 청국 등으로 파견하는 한편 내정의 개혁을 꾀하였다. 이리하여, 개화의 의지가 정부의 수준에까지 이르렀으니, 서구의 근대 문명을 수입하고자 하는 태세가 점차로 갖추어진 셈이다.

1884년에 있었던 갑신정변은, 소장 혁신파에 의하여 일어난 개화의 운동이었고, 1894년의 갑오경장은, 비록 일본의 간섭이 개재한 타율성을 내포한 것이기는 하나, 우리 정부 측에서 시도한 개혁의 실천이었다. 그러나 당시 우리나라의 실정은 개화와 개혁의 시도가 충실한 성과를 거두며 순조롭게 진행될 수 있는 상황이 아니었다. 첫째로, 우리나라 내부로부터의 주체적 자각에 근거를 둔 근대화의 요구가 아니라, 밖으로부터 들어온 외국 문명의 자극을 받고 갑자기 일어난 개화의 바람이었던 까닭에, 건실한 근대화를 위해서 필요한 물질적, 정신적 토대가 거의 준비되어 있지 않았다. 둘째로, 당시 우리나라에 대하여 개국과 개화를 촉구한 여러 나라들은, 표면상으로는 통상과 수호를 앞세웠으나, 속으로는 제국주의적 침략의 야심을 품고 집요하게 접근했던 까닭에, 우리나라의 정부와 국민이 우리나라의 실정에 적합한 근대화를 독자적 판단과 계획에 따라서 추진할 수 있는 여건이 아니었다. 그것은 많은 혼란과 시행착오를 예상하는 암중모색에 가까운 불안한 진행이었다.

1908년에 발표된 이인직(李仁稙)의 신소설 『은세계(銀世界)』 가운데 다음과 같은 대화가 보인다.

"이애 옥남아. 세계 각국에 개혁 같은 큰 일이 없고 개혁같이 어려운 일은 없는 것이라. 우리나라에서 수십 년 내로 개혁에 착수하던 사람들이 나라에 충성을 극진히 다하였으나, 우리나라 백성은 역적으로 알고 적국 백성은 반대하고 원수같이 미워한 고로 개혁당의 시조되는 김옥균 같은 충신도 자객의 암살을 면치 못하였고, 그 후에 허다한 개혁당들도 낱낱이 역적 이름을 듣고 성공치 못하였는데, 지금 이렇게 큰 개혁이 되었으니 네 생각에 앞일이 어찌 될 듯하냐."

"지금이라도 개혁만 잘되면, 몇 십 년 후에 회복될 도리가 있지요. 지금 우리나라 형편이 어떠하마 할진대 말 한마디로 그 형편을 자세 말하기 어려운지라. 가령 한 사람의 집으로 비유할진대, 세간은 다 판이 나고 자식들은 다 난봉이라 누가 보든지 그 집은 꼭 망하게만 된 집이라. 비록 새 규모를 정하고 치산을 잘할 도리를 하더라도, 어느 세월에 남의 빚을 다 청장(淸帳)하고 어느 세월에 그 난봉된 자식들을 잘 가르쳐서 사람 치러 다니고 형제간에 싸움만 하고 밤낮으로 무슨 일만 저지르던 것들이 지각이 들어서 집안에 유익한 자식이 되도록 하기가 썩 어려울지라. 우리나라의 지금 형편이 이러한 터이라. 황제 폐하께서 등극하시면서 일반 정치를 개혁하시니 만고의 영걸이신 성군이시라. 우리도 하루바삐 우리나라에 돌아가서 우리 배운 대로 나라에 유익한 사업을 하여봅시다."[2]

여기 인용한 대화는 『은세계』의 등장인물 옥순과 옥남 남매가 그들의 유학지 미국의 어느 호텔에서 '한국 대개혁'이라는 신문 기사를 읽으면서 나눈 말이다. 때는 1907년 가을로 되어 있다. 1907년은 고종이 일본인과 친일파들의 압력을 받고 순종에게 양위한 융희 원년에 해당한다. 그해 8월에 순종황제가 즉위했거니와, 순종이 등극하면서 단행했다는 '대개혁'이라는 것이 과연 어떠한 사실(史實)을 가리키는 것인지는 분명하지 않다. 아마 정치 문제에 있어서 친일의 노선으로 기울었던 저자 이인직이 통감부의 간섭하에 이루어진 변혁을 염두에 두고 쓴 대목이 아닌가 한다. 그러한 뜻에서 투철한 역사의식의 부족을 느끼게 하는 대화이기는 하나, 그러나 이 두 남매의 말을 통하여 우리는 20세기 초엽의 우리나라 사정의 일단을 짐작할 수 있음직하다.

첫째로, 개혁을 적극적으로 찬양하고 지지한 사람들은 소수에 지나지 않으며, 대부분의 국민은 오히려 전통적 문화에 애착하는 보수성이 강했음을 짐작할 수 있다. 둘째로, 당시의 우리 한국은 외우내환으로 사회질서가 매

---

2 이인직, 『은세계』, 『정수한국문학전집(精髓韓國文學全集)』, 문호사, 1967, 제3권, pp.81~82.

우 문란했다는 것도 옥남의 짧은 말 가운데 여실히 나타나고 있다. 이 두 가지 사정이 건전하고 착실한 근대화를 위해서 매우 비관적인 요인이라는 것은 의심의 여지가 없다.

무슨 일에 있어서나 가장 기본적인 것은 사람들의 정신 자세다. 그러나 구한말에서 일제 억압기에 이르는 시절에 있어서 우리 한국의 정신 풍토는 대체로 많은 문제점을 안고 있던 것으로 나타나고 있다.

이인직의 『은세계』는 강릉의 부자 최병덕(崔炳德)의 재산을 강탈하기 위하여 강원 감영에서 관졸들이 심야에 들이닥쳐 행패를 부리는 이야기로 시작된다. 그 가운데 보이는 다음과 같은 구절들은, 어느 정도 과장된 표현이기는 하겠으나, 구한말의 문란한 관기의 일단을 전하는 것으로 보아야 한다.

대개 영문 비관을 가지고 사람 잡으러 다니는 놈의 옥심은 남의 묘(墓)를 파서 해골 감추고 돈 달라는 도적놈보다 몇 층 더 극악한 사람들이라.[3]

만일 백성을 위하여 청백리(淸白吏) 노릇만 하고 상전에게 바치는 것이 없을 지경이면 가지고 있는 관인(官印)을 며칠 쥐어 보지 못하고 떨어지는 터이오. 또 전정이 막혀서 다시 벼슬이라고 얻어 하여 볼 수가 없는 터이라.[4]

이토록 관기가 문란하여 백성들에 대한 관속들의 수탈이 심했으니, 원주 감영 부근에는 해괴한 동요까지 나돌 지경이었다.

---

3 같은 책, p.48.
4 같은 책, p.56.

내려왔네 내려왔네
불가사리가 내려왔네
무엇하러 내려왔나
쇠 잡아 먹으러 내려왔다

철모르는 아이들이 그 뜻도 모르고 이러한 노래를 불렀다는 것이다.[5]

이광수(李光洙)는 『무정(無情)』(1917)에서 대성학교(大成學校)의 함교장을 통하여 다음과 같은 말을 하고 있다.

여러분! … 여러분의 조상은 결코 여러분과 같이 마음이 썩지 아니하였고, 여러분과 같이 게으르고 기운 없지 아니하였소. 평양성을 쌓은 우리 조상의 기상은 웅대하였고, 을밀대와 부벽루를 지은 우리 조상의 뜻은 컸소이다.[6]

우리 조상들의 기상은 높고 뜻은 컸는데, 지금은 정신적으로 타락하여 사람들이 옹졸하게 되었다는 것이다.

역사적 사실에 충실하기를 꾀한 노작으로 보이는 유주현(柳周鉉)의 『조선총독부』에도 인촌(仁村) 김성수(金性洙)의 입을 통한 다음과 같은 말이 있다.

요즈음 국내의 풍조가 이상하게 돌아가서 그걸 걱정하는 것이야. 요즈음의 조선 사회는 구심점이 없이 갈가리 찢겨져 있는 형편이라 그것이 딱하단 말

---

5 같은 책, p.55.
6 이광수, 『무정』, 경진사, 1954, 전편, p.134.

이야. 데라우치란 녀석이 철권 정책을 써놓아서 애국하는 사람들은 해외로 다 망명해 버렸고, 국내에 있다 해도 지하에 숨어 버려 쥐죽은 듯 숨도 못 쉬고 있네 그려. 밖에 나와서 판을 친다는 사람들은 나라를 팔아먹은 이완용, 송병준, 이용구, 윤덕영 같은 자들뿐이니 탈이란 말이지. … 거기다가 간상배들이 발호하기 시작했잖나. 먹고 살기 위한 짓들이겠지만 앞길이 암담해요.[7]

이것은 제2차 세계대전 전후의 우리나라의 인심을 걱정한 말이다. 대화의 상대는 고하(古下) 송진우(宋鎭禹)였다.

이렇듯 민심이 해이하고 질서가 혼란했던 까닭에, 새로운 질서, 새로운 가치관 확립에 대한 요청은 더욱 절실하였다. 그리고 지도층의 젊은 세대는 그 새로운 질서와 가치관의 모범을 서양 문명에서 찾으려 하였다. 그리하여 이인직의 『설중매(雪中梅)』속에 등장하는 사람들은 독립회관 정치 연설회에 운집하여 개화와 혁신을 절규하였고, 『무정』의 주인공 형식은 조선 사람이 살아날 유일한 길은 빨리 과학 문명을 이룩하는 길뿐이라고 외쳐 선영과 영채와 병옥 세 처녀의 절대적인 찬성을 얻었으며, 『조선총독부』의 인촌도 "힘을 길러야 해요. 시일이 좀 걸리더라도 투철한 의지로써 다소곳이 힘을 배양해야" 한다고 역설했던 것이다.

2. 젊은 세대의 의기(意氣)

언제나 그렇듯이, 개화와 개혁을 외치고 일어선 것은 젊은 세대였다. 『설중매』에서 소개된 독립회관 연설회에 모인 사람들은 주로 젊은 세대였고,

---

7 유주현, 『조선총독부』, 신태양사, 1967, 제2권, p.165.

등단하여 새 길을 제창한 연사들도 대개 20대의 젊은이들이었다. 요즈음은 주로 대학생들이 진보의 기수로 자처하는 경향이 있지만, 그 당시에는 중학생만 되어도 선각자의 자부심을 가지고 앞장을 서는 젊은이들이 있었다. 김동인(金東仁)의 「김연실전(金姸實傳)」에는 동경 유학 여학생 친목회라는 것이 나오거니와, 그 친목회 회장의 연설은, 약간 풍자적이기는 하나, 당시 젊은이들의 자부심을 전하기에 적합하다.

> 우리는 선각자외다. 조선 이천만 백성 중에 절반을 차지하는 일천만의 여자가 모두 잠자코 현재의 노예 생활에 만족해 있을 때에, 눈을 먼저 뜬 우리들은 그들을 깨쳐 주고 그들을 노예 생활에서 건져 주기 위해서 고향과 친척 친지를 등지고 여기까지 와서 고생하는 것이외다.[8]

이광수의 초기 작품 『무정』의 주인공 이형식은 20대의 중등 교사였지만, 그는 자기를 한국에 있어서 단연 최고 수준의 지식인으로 믿고 있다. 그뿐만 아니라 자기를 제대로 이해하는 사람은 장안을 통틀어 열 사람 정도밖에 안된다고 개탄했으며, 그 열 사람 가운데 반수는 자기의 제자인 중학생들이라고 생각했을 정도다.[9] 농촌에 들어가 행동으로써 지도자의 구실을 한 심훈(沈薰)의 『상록수(常綠樹)』의 남주인공 박동혁은 아직 농업고등학교 학생이었고, 그 여주인공 채영신은 여자 신학교의 학생이었다.

이와 같이 소설 속의 젊은이들에게 선각자의 자부심을 그려 넣을 수 있었던 것은, 그 당시에 실재했던 청소년들이 사실상 그렇게 처신했기 때문일 것

---

8 김동인, 「김연실전」, 『정수한국문학전집』, 제2권, p.137.
9 이광수, 『무정』, 후편, p.20 참조.

이다. 김옥균, 서재필, 김구, 최남선, 안창호, 김성수, 송진우, 이광수 등 우리나라 지사들이 나라와 겨레를 걱정하며 국내외에서 활약하기 시작한 것은 대개 20세 이전 때부터였다. 예컨대, 최남선이 『황성신문(皇城新聞)』 필화로 1개월 구류 처분을 당한 것은 그가 15세 되던 1905년이었고, 우리나라 최초의 월간지 『소년(少年)』을 창간한 것은 18세 때였다. 이광수가 일본어로 단편 「사랑인가」를 『백금학보(白金學報)』에 발표한 것은 그가 17세 되던 1909년이었고, 오산학교(五山學校) 교원에 취임한 것은 18세 때였다. 김성수가 중앙중학교를 설립한 것은 그가 25세 되던 1915년이었다. 송진우가 그 학교의 교장직을 맡은 것은 불과 24세밖에 안 된 젊은 나이 때였다.

혁신과 근대화를 이룩하자면 우선 힘이 있어야 하고, 그 힘의 가장 큰 원천은 교육이라고 생각되었다. 재래식 서당에서 베푼 교육이 아니라 신학문에 대한 교육으로 민중을 깨우치는 것이 선결 조건이라고 그들은 믿었다. 그러기에 『무정』의 함교장은, "조선 사람도 남과 같이 옛날 껍데기를 벗어 버리고 새로운 문명을 실어 들여야 할 일과, … 새롭고 잘사는 민족이 되려거든 불가불 새 정신을 가지고 새 용기를 내야 한다는 것과, 이렇게 하려면 교육이 으뜸이니, 아들이나 딸이나 반드시 새로운 교육을 받아야 한다."는 것을 역설하였다.[10] 그리고 같은 작품 가운데 주인공인 형식과 세 처녀 사이의 대화에서도 교육의 중요성이 강조되고 있음을 본다.

"과학! 과학!" 하고 형식은 여관에 들어와 혼자 부르짖었다.

세 처녀는 형식을 본다.

"조선 사람에게 무엇보다도 먼저 과학을 주어야 하겠어요. 지식을 주어야

---

10 같은 책, 전편, p.132.

하겠어요."

…

"그러면 어떻게 해야지 저들을 … 저들이 아니라 우리들이외다 … 저들을 구제할까요?"

…

"힘을 주어야지요! 문명을 주어야지요!"

"그리 하려면?"

"가르쳐야지요! 인도해야지요!"

"어떻게요?"

"교육으로 실행으로…"[11]

남자만이 아니라 여자들도 신학문을 해야 한다고 강조한 것도, 남자에게만 글공부를 시키는 것을 원칙으로 삼았던 조선시대와 대조를 이루어 이채롭다. 예컨대 이인직은 『설중매』에서 여주인공 매선의 어머니로 하여금 다음과 같은 말을 하게 하였다.

"너도 아는 바 너의 부친 같으신 호협한 기상으로 일찍이 말씀하시기를 지금 세상의 계집아이는 예전 풍기와 같지 아니한 고로, 침선방적(針線紡績)은 대강이나 알아두면 그만이로되, 학문은 넉넉히 힘쓰지 아니치 못한다 하여, 너로 하여금 서책에 종사케 하시고…"[12]

---

11 같은 책, 후편, pp.220-221.
12 이인직, 『설중매』, 『정수한국문학전집』, 제3권, p.86.

특히 이인직은 가정생활의 개혁부터 이루어져야 한다고 생각했으며, 가정 생활의 혁신을 위해서는 첫째로 주부의 머리가 열려야 한다고 믿었던 까닭에, 여자 사회의 교육과 개선을 강조한 듯하다. 다음은 『설중매』의 남주인 공 이태순이 그의 친구 남덕중에게 한 말 가운데 한 부분이다.

> "점차 정치사상이 진보되어 의회를 공동하는 여론이 강대하면, 어떠한 법률을 시행하든지 실제상 이익을 보기 어렵지 안하다 하노니, 이는 제일 여자 사회를 개량하여 사치하는 풍속과 비루한 행실이 없도록 하여야 속한 효험을 볼지니, 완고한 습관이 뇌수에 인박인 이십 이상 인물은 말할 것도 없고, 천진으로 있는 소아들을 새 정신 새 사상이 들도록 하자면, 여자 사회가 진보되어 집집이 가정 학문이 있는 연후라야 가히 되리라 하나이다."[13]

신학문을 본격적으로 공부하는 가장 효과적인 방법은 선진국에서 유학을 하는 그것이다. 이에 신학문에 대한 정열은 외국 유학에 대한 동경으로 발전하였다. "공부를 잘하려면, 미국을 가거나 일본에 유학을 하여야 한다는 것과, 또 영어와 독일어를 잘 배워야 한다는 것"에 의견을 모으면서, 『무정』의 세 아가씨 선형과 영채 그리고 병욱은 특히 미국 유학을 꿈꾸었다.[14] 이인직의 소설 주인공들은 미국 유학을 꿈꾸는 데 그치지 않았다. 『혈(血)의 누(淚)』의 주인공 옥련이와 『은세계』의 주인공 옥순과 옥남 남매는 모두가 실제로 미국 유학을 마치고 금의환향하는 것으로 되어 있다.

---

13 같은 책, p.109. 여기 인용된 말 가운데 "완고한 습관이 뇌수에 인박인 이십 이상 인물은 말할 것도 없고"라는 구절이 있어, 20대를 벌써 낡은 세대로 규정한 것이 이채롭다.
14 이광수, 『무정』, 후편, p.152.

신학문을 공부하는 근본 목표는, 개인적인 영달이나 교양에 있는 것이 아니라, 나라와 겨레를 위해서 크게 일하는 데 있다는 것이, 우리 소설의 주인공들의 공통된 생각이었다. 예컨대, 『혈의 누』에서 옥련에게 학비를 주어 가며 함께 미국 유학을 한 구완서는 옥련의 졸업을 축하하며 다음과 같은 말을 하고 있다.

> "우리가 이 같은 문명한 세상에 나서 나라에 유익하고 사회에 명예 있는 큰 사업을 하자 하는 목적으로 멀리 타국에 와서 쇠공이를 갈아 바늘 만드는 성력(誠力)으로 공부하여 남과 같은 학문과 남과 같은 지식이 나날이 달라 가는 이때에, 장가를 들어서 색계상(色界上) 정신을 허비하면 유지(有志)한 대장부가 아니라."[15]

『은세계』의 주인공 옥남이 워싱턴에서 한국에 관한 신문 기사를 읽고, "우리도 하루바삐 우리나라에 돌아가서 우리 배운 대로 나라에 유익한 사업을 하여 봅시다." 하고 그 누이에게 말한 것이나,[16] 『무정』의 젊은 주인공들 형식과 세 처녀가, 우리나라를 위해서 가장 급한 것이 새로운 교육이라고 의견을 모은 다음,

> "그러나 그것은 누가 하나요."
> "우리가 하지요!"

---

15 이인직, 『혈의 누』, 『정수한국문학전집』, 제3권, p.37.
16 이인직, 『은세계』, 『정수한국문학전집』, 제3권, p.82.

라고 다짐하면서, "우리가 늙어 죽게 될 때에는 기어이 이보다 훨씬 좋은 조선을 보도록" 하기 위하여 각자가 장차 나갈 길을 논하는 마당에, 혹은 생물학을 연구하여 교육가가 되겠다 하고, 혹은 음악을 공부하겠다는 등 포부를 말한 것도 모두 뜨거운 민족의식의 표현이었다.[17] 조선시대의 젊은이들이 벼슬하여 가문을 빛내자는 동기에서 학문에 힘을 기울인 것이나 해방 이후의 우리나라 청소년들이 주로 개인적 출세를 꿈꾸며 명문 고교와 일류 대학의 문을 두드린 것과는 매우 대조적이다.

그러나 소설의 주인공들이 하는 말이나 행동이 반드시 그 당시의 현실을 사실대로 반영하는 것은 아니다. 특히 이인직이나 이광수의 작품은 계몽적 성격이 농후한 까닭에, 그 주인공들의 언행은 주로 당위 의식의 표명이요, 현실 일반에 대한 사실적 표현은 아니다. 소설 속의 인물들이 보여준 바와 같은 새 학문에 대한 정열과 개화에 개한 의지, 그리고 나라와 겨레를 위하여 배우고 일하겠다는 의지는, 그 당시 일부 선각자들의 생각을 나타낸 것이며, 국민 전체의 생활 태도 내지 가치관에 대한 정확한 묘사라고 보기는 어렵다.

우리가 고찰의 대상으로 삼고 있는 전환기에 있어서도 현실과 당위의 격차는 매우 컸다고 보아야 한다. 자연히 그럴 수밖에 없었듯이, 신문명 또는 신학문을 순순히 받아들이는 개화의 물결보다는 전통문화와 옛 학문에 애착하는 보수의 물결이 훨씬 더 강했던 것이 사실이다. 특히, 우리 한국이 자주적 판단을 따라서 새 문화를 수용할 수 있었던 것이 아니라 일본 제국주의가 마련한 필터를 통한 타율적 개화의 물결 앞에 섰던 까닭에, 이 새 사조에 대한 반발은 한층 더 완강하였다.

---

17 이광수, 『무정』, 후편, pp.222-226 참조.

소설의 주인공들은 입을 모아 신식 교육의 중요성을 강조하고 있지만, 일반 국민의 의식은 그렇지 않았다. 교과서와 학용품을 무료로 제공하면서 호별 방문으로 학교 입학을 권장했지만, 처음에는 몸을 숨겨 가면서 거부한 사람들이 많았다. 특히 여자의 학교교육은 해괴망측한 짓으로 안 가정이 많았으며, 「김연실전」에 약간 언급되고 있듯이, 기생 또는 소실의 딸들이나 어쩌다 학교의 문턱을 드나드는 것이 개화 초기의 현상이었다. 그리고 학교교육을 받은 사람들이라 해서 모두가 국가와 민족을 위해서 공부했다고도 보기 어렵다. 외국 유학까지 한 사람들 가운데도 별다른 사명감도 없이 무의미한 낭비만을 일삼은 몰지각도 있었다.

그러나 비록 일부 소수이기는 하였지만 개화와 혁신의 필요성을 절실하게 느끼고 민족의 선각자임을 자부하면서 분투 노력한 인물들이 있었던 것은 사실이며, 그들의 존재가 가졌던 역사적 의의 또한 매우 컸다고 보아야 할 것이다. 그 역사적 의의를 크게 평가하는 이유는, 그 많지 않던 선각자들의 생각이 점차 여러 사람들에 의하여 긍정적으로 받아들여졌고 따라서 그들의 생각이 우리 민족에게 방향을 제시하는 '옳은 생각'으로서의 구실을 하기에 이르렀기 때문이다. 또 한 가지 특기해야 할 것은, "개화다!", "민족을 위해서!"라는 말로 표현될 수 있었던 새 의식의 조류는 1910년에 일본에게 주권을 완전히 강탈당한 뒤부터 독립을 지향한 민족주의적 정치 의식과 불가분의 결합을 이루며 우리 민족의 앞길을 방향 잡아 주는 공동의 의지로서 작용했다는 사실이다.

3. 소박한 개화의 철학

내적 성장의 필연적 결과로서 추구된 개화 내지 근대화가 아니라 밖으로부터의 갑작스러운 자극에 의하여 시작된 개화의 발걸음이었다. 따라서 그 개화의 근본원리의 구실을 할 철학의 준비가 없었으니, 처음부터 내용이 충실한 개화를 기대하기는 어려웠다. 전통적인 것에 대한 경솔한 배척과 남의 것에 대한 외형적 모방이 우선 일부 젊은층의 환영을 받았다. '개화'의 개념을 정신 내면의 혁신으로 이해하기보다는 물질적 외형의 변화로 이해하는 경향이 강했다.

이광수는 『무정』에서 다음과 같은 말로 '도회의 소리'를 찬양하고 있다.

> '도회의 소리?' 그러나 그것이 '문명의 소리'다. 그 소리가 요란할수록에 그 나라가 잘된다. 수레바퀴 소리, 증기와 전기 기관차 소리, 쇠마차 소리 … 이러한 모든 소리가 합하여 비로소 찬란한 문명을 낳는다.
>
> 실로 현대의 문명은 소리의 문명이다. 서울도 아직 소리가 부족하다. 종로나 남대문통에 서서 서로 말소리가 아니 들릴 만큼 문명의 소리가 요란하여야 할 것이다. 그러나 불쌍하다. 서울 장안에 사는 삼십만 흰옷 입은 사람들은 이 소리의 뜻을 모른다. … 그네는 이 소리를 들을 줄을 알고 … 마침내 제 손으로 이 소리를 내도록 되어야 한다.[18]

비록 25세의 젊은 나이로 쓴 글이기는 하나, 신문명의 기수로 자처한 춘원(春園)의 말이다. 새 문명의 핵심이 마치 '도시의 소리'에 있는 양 "현대의 문명은 소리의 문명"이라고까지 하며 도시의 소음을 찬양한 것은 매우 소박한 견해라 아니 할 수 없다.

'신식'을 숭상한 당시의 개화론자들이 형식에서부터 서양 문명을 흉내 냈다는 것은 『무정』의 형식과 선형의 약혼 장면에도 여실히 나타나고 있다. 이

---

18 같은 책, pp.146–147.

두 젊은이의 약혼은 이미 내정되어 있음에도 불구하고 당사자와 선형의 부모 그리고 목사가 한자리에 모여서 새삼스럽게 '민주주의적 형식'을 밟는 장면이 있다. 즉, 선형의 아버지 김장로는, 이미 내외간에 합의하고 그 자리에 모였으면서도 새삼스럽게 부인의 동의를 구하면서, "자기가 경위 있게 신식답게 말한 것을 스스로 만족하여 하며 부인을 본다." 그리고 목사는 목사대로 "물론 당자도 응낙은 했겠지마는 그래도 그렇습니까." 하며 다시 한 번 형식과 선형에게 결혼할 의사를 묻고는, "자기가 장로보담 더 신식을 잘 아는 듯하여 만족해" 했다.[19]

개화 초기의 젊은이들이 새 문명의 본질을 매우 피상적으로 이해했다는 사실을 김동인은 그의 「김연실전」에서 풍자에 가득 찬 필치로 잘 그려 주고 있다. 김연실(金姸實)은 본래 기생의 몸에 태어나서 "너무도 급급히 수입한 자유 사상 아래서 교육을 받으며" 진명학교를 다닌 '엠나이'였다.[20] 그 뒤에 그는 어머니의 돈을 훔쳐 가지고 일본으로 건너가 어느 여학교에 입학한다. 기숙사에서 '도가와'라는 일본 문학 소녀의 도움으로 괴테의 『젊은 베르테르의 슬픔』, 스코트의 『아이반호』 등 번역 소설을 읽고 크게 느끼는 바가 있어서, 자기도 여류 문학가가 되리라는 포부를 품는다. "아무 목표도 없이 동경으로 건너와서 아무 정견(定見)도 없이 학교에 들어갔다가 아무 줏대도 없이 선각자가 되리라는 자부심을 품었던 연실이"가 문학 소녀가 된 것이다.[21]

동경에 온 지 일 년 반이 지났을 무렵의 연실은 평양을 떠났을 때와는 전혀 다른 사람이 되어 있었다. '조선 여성계의 선각자'라는 자부심이 생긴 것이다. "여류 문학가가 되어 우매한 조선 여성을 깨쳐 주리라." 결심하고, 문

---

19 같은 책, pp.66-67 참조.
20 김동인, 「김연실전」, 『정수한국문학전집』, 제2권, p.130.
21 같은 책, pp.138-141 참조.

학이란 연애와 불가분의 관계를 가졌다고 확신한 연실은, 우선 조선 여성에게 자유연애를 가르쳐야 한다고 생각한다. "일방으로 연애라는 도정을 밟지 않고 결혼하여 일생을 보내는 조선 여성을 해방하여 연애할 줄 아는 사람으로 만드는 것이 선각자에게 짊어지운 커다란 사명의 하나"라고 보며 문학을 보급시킴으로써 그 사명을 다하리라고 스스로 다짐한다.[22]

연애소설을 몇 권 읽고 갑자기 선각자가 된 연실은 연애 지상주의자가 되었다. "연애는 문학이요, 문학은 연애요, 그것은 다시 말하자면 인생 전체"라는 등식을 절대적 진리처럼 발견한 그는 다음과 같은 금언을 창작하여, 수신책 첫 페이지에 커다랗게 써 넣었다.

인생의 연애는 예술이요, 남녀간의 예술은 연애이니라.[23]

지도자는 스스로 솔선수범을 해야 한다. 연실은 자신이 모범적인 연애를 실천해야 한다고 믿으며 초조하게 그 기회를 잡으려고 애쓴다. 요행히 이창수라는 평안도 출생의 농과 대학생을 알게 된다. 본래 성격이 내향적이고 고향에 아내를 두고 온 이창수는 매우 소극적이었으나, 연인 하나 없이 어찌 신여성 행세를 할 수 있겠느냐고 초조했던 연실은 선각자다운 적극성을 발휘한다. 마침내 창수의 하숙방에서 함께 자는 기회를 만들고 "'그것'까지 실행이 되어야 연애의 성립을 인정할 수 있는" 자신의 이론을 실천에 옮긴다. 그로 인하여 동경 유학생들 사이에서 '감투 장수'라는 별명까지 붙게 되거니와, 연실은 개의치 않고 "환희와 만족의 절정"에 올라선다. '자유연애의 선

---

22 같은 책, p.141.
23 같은 책, p.142.

봉자'로서 이젠 어느 모로도 손색이 없다는 자신을 얻은 것이다.[24]

연실의 경우는 아마 극단적인 예에 속할 것이다. 그러나 일반적으로 말해서, 근대화된 서양 문화의 진수를 이해하고 그 근본정신을 본받기보다는 말단적 외형에 현혹된 경향이 있었던 것은 부인하기 어려울 것이다. 『무정』의 주인공 이형식은 최고의 지성인으로 자처한 지사급의 청년이었지만, 장차 이룩하고자 하는 가정생활의 꿈 속에 저녁에 일을 마치고 돌아왔을 때 아내와 함께 "서양 풍속으로 서로 쓸어안고 입을 맞추리라."는 것을 중요한 조건처럼 생각했을 정도이니, 그 당시 사람들의 새 문명에 대한 의식 수준을 짐작할 수 있음직하다.[25] 당시 서양 문명에 대한 일반 대중의 이해가 매우 피상적이었다는 또 하나의 증거로서 우리는 20세기 초엽에 '개화경(開化鏡)'이니 '개화장(開化杖)'이니 하는 말이 유행했다는 사실을 지적할 수 있을 것이다.

우리나라의 옛 도덕으로 말하면, 안경을 쓰거나 지팡이를 짚는 것은 노인의 특권 비슷한 것이어서, 젊은이가 어른 앞에서 그런 것을 사용함은 건방진 짓으로 여겨졌다. 그러나 개화한 서양인의 경우에는 젊은이들도 안경을 쓰거나 단장을 짚는 것을 볼 수 있었다. 물론 그들은 실제로 어떤 필요가 있어서 그렇게 한 것이지만, 우리나라 사람들은 그것을 개화의 상징 또는 멋으로 잘못 알고 멀쩡한 젊은들이 안경을 걸치고 단장을 휘두르는 희극이 유행한 적이 있었다. 그리고 그 안경을 '개화경'이라 일컫고 단장을 '개화장'이라 불렀던 것이다.[26]

---

24 같은 책, pp.143–145 참조.
25 이광수, 『무정』, 전편, p.49 참조.
26 이병기 · 백철, 『국문학전사』, p.220 참조.

아마 남의 문화를 수용하는 초기에 있어서 우선 그 지엽과 외형을 맹목적으로 모방하는 것은 일반적 현상에 가까울 것이며, 또 불가피한 단계일지도 모른다. 그러나 여하튼 위에 말한 몇 가지 사실로 미루어 볼 때, 19세기 말엽부터 들어오기 시작한 서양 문물이 우리나라의 전통문화와 조화를 이루고 토착화하는 문제는 처음부터 용이하지 않은 과제로서의 성질을 품고 있었음을 새삼 절실하게 느낀다.

3 장
어지러운 사회상

1. 신분 사회의 잔영(殘影)

2. 가치 체계의 혼란

3. 살기 어려운 세상

3장 어지러운 사회상

1. 신분 사회의 잔영(殘影)

우리는 19세기 말엽에서부터 20세기 초엽에 걸쳐서 나타난 개화의 기운을 '근대화의 전주'라고 보았다. '근대화'라는 말은 8·15 이후 특히 1960년 대에 들어서며 많이 쓰였고, 지금도 근대화의 과제는 여전히 우리 민족의 공동 목표로서 남아 있다. 80여 년 전에 착수된 근대화의 과제가 아직도 종결을 짓지 못하고 진행 중에 있는 셈이다.

그러나 '개화'를 동경했던 50년 내지 80년 전의 우리나라와 '근대화'를 서두르는 오늘의 한국 사이에는 진실로 금석지감(今昔之感)이 있을 정도로 현격한 차이가 있다. 개화라는 말과 근대화라는 말 사이의 커다란 어감의 차이도 아마 이러한 역사적 변화에 근거를 두었을 것이다.

봉건적 성격이 현저했던 조선시대의 남은 그림자가 아직도 짙게 깔린 20세기 초기의 한국의 사회상을 당시에 쓰인 소설 몇 권으로 그 전모를 살필수는 물론 없다. 그러나 여기저기 흩어진 소설 속의 단편을 통하여 그 시대가 가졌던 사회적 분위기를 어느 정도 짐작할 수는 있으며, 그 당시의 일반적 분위기를 파악하는 일은 그 시대의 가치관을 이해하는 데 도움이 될 것이다.

이인직은 『혈의 누』의 주인공 옥련이 일본에 도착했을 때 그 항구의 놀라운 모습을 묘사하는 가운데, "저잣거리에는 이층 삼층 집이 구름 속에 들어간 듯하고, … 갔다 왔다 하는 인력거 소리에 정신이 얼떨떨한데… 그 인력거가 살같이 가는지라…"라는 말을 하고 있다.[1] 소박한 소설에서 흔히 쓰이는 과장된 표현이기도 하겠지만, 이인직 자신이 처음 일본에 갔을 때의 인상을 전하는 것이라고도 볼 수 있다. 하여간 인력거의 속도를 '살 같다'고 표현하고 이층 삼층 집의 높이를 '구름 속에 들어간 듯하다'고 말할 수 있었다는 것은, 그 당시 우리 한국이 서구적 물질문명에서 아득한 원거리에 있었음을 암시한다.

이인직의 『설중매』에는 "재산과 지식이 없는 자라 하여 하등 인민을 정권에 참여치 못하게 할 이치가 없는 것은 명백함이오."라고 말하여 권리의 동등을 역설한 대목도 있고,[2] "문벌을 지키는 부패한 사상을 버릴지니…"라고 말하여 신분 사회의 부당성을 주장한 곳도 있다.[3] 그리고 채만식(蔡萬植)이 1934년에 발표한 단편 「레디메이드 인생」에도 다음과 같은 구절이 있다.

갑신정변에 싹이 트기 시작하여 가지고 한일합방의 급격한 역사적 변천을 거치어 자유주의의 사조는 기미년에 비로소 확실한 걸음을 내디디었다.

자유주의의 새로운 깃발을 내어걸은 시민의 기세는 등등하였다.

"양반? 흥! 누구는 발이 하나길래 너희만 양발(반)이라는 거냐? 법률의 앞

---

1 이인직, 『혈의 누』, 『정수한국문학전집』, 제3권, p.23.
2 이인직, 『설중매』, 『정수한국문학전집』, 제3권, p.89.
3 같은 책, p.91.

에서는 만인이 평등이다."[4]

　그러나 일부의 이러한 정치 의식과는 달리, 일반적 사회 현실은 전근대적 신분 사회의 잔재를 여전히 벗어나지 못하였다. 이러한 상태를 전해 주는 구절을 우리는 여러 소설 여기저기에서 찾아낼 수가 있다.

　김이석(金利錫)의 「실비명(失碑銘)」은 1952년의 작품이지만 소재는 그보다 30여 년 전 인력거꾼의 슬픈 이야기에서 취하고 있다. 주인공 덕구는 딸 도화에게 모든 희망을 걸고 어려운 가운데도 딸을 여학교에 보내거니와, 도화가 인력거꾼의 딸이라는 사실이 알려지자 학우들은 그녀에게 '찌링'이라는 별명을 붙였고, "찌링찌링 비켜나시오, 빨리빨리 장충관으로 헤이" 하면서 "마치 무슨 응원가처럼 곡조를 붙여 지근거렸다." 그리고 도화가 교칙을 어겼다고 퇴학을 당하게 되어 덕구가 담임 선생을 찾아가서 용서를 빌었을 때 담임 선생은 "이 영감이 미쳤나, 어서 가 인력거나 끌 생각 않고…" 하며 마구 천대를 했으며, 덕구는 한마디의 대꾸도 못한 채 교문을 나섰다.[5] 이는 인력거꾼이라는 직업을 노골적으로 천시할 수 있었다는 증거로 보아도 좋을 것이다.

　신분 사회의 잔재는 황순원(黃順元)의 「황노인(黃老人)」에서도 찾아볼 수 있다. 황노인과 차손이는 죽마고우로서 같은 마을에서 자라다 열두 살 적엔가 헤어진 동갑네다. 어릴 때부터 피리를 잘 불던 차손이는 결국 재니(광대)가 되어 아직도 농사에 종사하는 황노인을 그의 환갑날 우연히 만난다. 황노인은 차손이를 옛 친구로서 대접하나, 차손이는 '재니'라는 신분이 천함을

4　채만식, 「레디메이드 인생」, 『한국단편문학대계』, 삼성출판사, 제3권, p.12.
5　김이석, 「실비명」, 『한국단편문학대계』, 제6권, p.185 및 p.189 참조.

의식하고 황노인 앞에 무릎을 꿇고 앉는다. 황노인이 술 한 잔을 권했을 때 차손이는,

　"아니 이거…"
　하며 머뭇거렸고,
　"자아 들게."
　하며 술잔을 밀어 맡기다시피 하니까 그제야 늙은 재니는 마지못해 두 손으로 공손히 잔을 받아들었다.

　황노인은 "이 사람" 하고 말을 놓았지만, 늙은 재니는 "예" 하고 대답하며 끝내 평교의 자세로 임할 수가 없었다.[6]

　신분 사회의 잔재는 적어도 늙은 세대에 있어서, 해방 직전까지도 남아 있었다고 생각된다. 황순원의 「황노인」은 1942년의 작품이거니와 정비석(鄭飛石)이 1941년 발표한 「제신제(諸神祭)」에도 아직 남아 있던 반상(班常)의 계급 차이를 반영한 대목이 있다.

　일인칭 소설 「제신제」의 주인공 '나'는 지난 여름에 약혼녀 애라와 함께 즐겼던 설악산의 산장을 찾는다. 그가 산장에서 내려온 지 보름도 못 되어 세상을 떠난 애라의 넋을 위로할 겸, 자기 스스로의 슬픔을 추억으로 달랠 겸 찾아온 것이다. 그의 방문을 진심으로 반긴 것은 "아유 서방님 오셨네요!" 하며 반색한 순실이, 즉 산장지기 김서방의 아내였다. 김서방도 "아! 서방님이 오셨구료? 이 어인 일입쇼? … 참, 서울 댁은 다들 안녕하시겠습죠?" 하면서 표면으로는 정중하게 인사를 하며 굽신거린다. 그러나 김서방

　6　황순원, 「황노인」, 『한국단편문학대계』, 제5권, pp.190~197 참조.

은 자기 아내와 '나' 사이를 오해한 나머지, "요 토라질년아! 그놈이 네년 때문에 온 게 아니고 뭐냐 말이냐?…" 하는 사나운 욕지거리를 퍼부으며 아내 순실이에게 폭행을 한다. 그러나 '나'에 대해서는 어떠한 증오감도 표시하지 못했을 뿐 아니라, "서방님 안녕히 주무셨습죠? 허허, 오늘은 날이 좀 누그러졌는가 본뎁쇼?" 하며 여전히 상냥스럽게 굴었다.[7]

호칭의 변화는 사회상의 변화와 밀접한 관계가 있다. 요즈음 우리 사회에서는 대개의 경우 '아저씨'와 '아주머니'로 통하고, 또 '사모님', '사장님' 따위로 새로운 호칭도 많이 쓰인다. 그러나 8·15 이전에 가장 많이 쓰인 것은 '김서방', '이서방', '개성댁', '수원댁' 등이었고, '서방님', '아씨' 따위의 존대 칭호도 흔히 쓰였다. 이인직의 『혈의 누』에는 옛날 종살이를 하던 고장팔이 옛 주인을 다시 만났을 때, '나리마님', '서방님', '아씨' 등의 공대 호칭으로 부르는 대목이 있고 『설중매』의 하숙집 주인 남자는 젊은 하숙생 이태순에 대하여, "서방님 계시오." 하고 밖에서 부르곤 한다.[8] 이 밖에도 일제시대의 소설 가운데서 신분 사회의 호칭 내지 언어가 사용되고 있는 예는 얼마든지 찾아낼 수가 있다.

갑오경장 이후 반상의 구별과 노복의 제도는 공식적으로는 일단 타파되었다고 말할 수 있었다. 그러나 사람들의 의식구조 속에서 그러한 신분 관념이 자취를 감추기는 매우 어려운 일이었다. 특히 혼인에 있어서 반상의 문벌 의식이 오래도록 작용했다는 것은 널리 알려진 사실이며, 그 밖의 일상생활에 있어서도 '양반' 또는 '상놈'의 관념이 언행에 영향을 미친 예는 흔히 있었

---

7 정비석, 「제신제」, 『한국단편문학대계』, 제4권, pp.288-301 참조.
8 이인직, 『혈의 누』, 『정수한국문학전집』, 제3권, pp.20-21 및 이인직, 『설중매』, 『정수한국문학전집』, 제3권, pp.96-97 참조.

다. 이광수의 초기 작품 「소년의 비애」는 딸의 약혼자가 천치라는 것을 뒤늦게 깨닫고 당황하나, "양반의 집에서 한 번 허락한 일을 다시 어찌 한단 말이냐. 제 팔자지." 하는 부친의 체면 때문에, 한 소녀가 결국 불행하게 되는 이야기다.[9] 김동인의 「김연실전」을 보면 연실의 적모는 기생첩이 낳은 이 주인공 소녀를 몹시 미워하거니와, 말버릇처럼 하는 소리가 "상것의 새끼는 할 수 없어."라는 것이었다. 연실의 이복 동생들까지도 자기들은 양반이요 연실은 상것이라는 관념으로 연실을 대하였다.[10] 이것은 양반 상놈의 계급을 부인하고 적서의 구별을 배격하는 개명 사상의 기수 예수교가 가장 빨리 들어온 평양에서 일어난 일이다.[11]

2. 가치 체계의 혼란

양반의 혈통은 선천적으로 고귀하고 상민 내지 천민의 혈통은 본래부터 비천하다는 확신 위에 유지되었던 반상 차별의 사회제도가 불합리하다는 것이 관념적으로는 받아들여졌다. 그러나 사람들이 실생활에서 경험하는 감정이나 행동은, 그러한 관념적 이해와는 달리, 여전히 옛 신분 사회의 여운을 강하게 남기고 있었다. 직업의 경우에 있어서도 마찬가지로, 모든 직업은 한결같이 귀중하다고 보아야 한다는 당위 의식이 식자층의 머릿속에 자리를 차지한 것과는 달리, 현실적인 생활감정은 여전히 존귀한 직업과 비천한 직업의 구별을 초월할 수가 없었다. 가치관에 있어서의 당위와 현실 사

---

9 이광수, 「소년의 비애」, 『한국단편문학대계』, 제1권, pp.15-16 참조.
10 김동인, 「김연실전」, 『정수한국문학전집』, 제2권, p.130.
11 김동인이 「김연실전」을 발표한 것은 1939년이었다. 연실을 어느 연대의 인물로 상정한 것인지는 분명하지 않으나, 동인이 여기서 '옛날얘기'를 하고 있다고는 보이지 않는다.

이에 갈등이 생긴 것이다.

당위와 현실의 갈등은 문벌의 문제에 있어서보다도 직업에 관련해서 더욱 심각했던 것으로 보인다. 주권을 일본에게 강탈당한 뒤에는 관직에 올라 나라에 봉사할 수 있는 길은 두절되었다. 그에 대신하여 트인 관직으로의 길이 있다면, 그것은 일본 제국주의에 협력하면서 총독부의 녹을 얻어먹는 길뿐이다. 이 길이 별로 떳떳한 길이 못 된다는 것은 명분을 아끼는 관점에서 보는 한, 누구에게나 명백한 상식이었다. 그것은 민족을 배반하는 처사라고 비난을 당하여도 별로 할 말이 없었다. 그러나 이와 같은 당위 의식에도 불구하고 사람들의 현실적인 분별과 행동은 전혀 그 반대의 길로 떨어지는 경우가 많았다. 이러한 현실은 소설 가운데의 사람들의 언행에도 잘 나타나고 있다.

이광수는 그의 『무정』 속에서, 주인공 형식의 하숙집 노파가 "왜 나리께서는 벼슬을 아니 하셔요?" 하며 벼슬하기를 권고하는 장면을 그렸다. 노파는 본래 어떤 양반의 집 종으로서 그 집 대감의 씨를 잉태하여 한동안 서슬이 푸르렀던 사람이다. 대감을 가까이 모셨던 까닭에 벼슬의 위세를 알았고, 나라를 일제에 빼앗긴 뒤에도 예나 지금이나 벼슬이 제일이라고 믿었던 까닭에, 그가 존경하고 좋아하는 형식에게 벼슬하기를 3년을 두고 권고했던 것이다. 형식은 "나에게 누가 벼슬을 주나요?" 하고 웃어 넘겼지만, 형식을 찾아오는 친구들 가운데는 금줄을 두르고 칼을 찬 사람들도 많았다고 하니, 벼슬을 숭상한 것은 무식한 노파만도 아니었음을 알 수 있다.[12]

이광수의 단편 「무명(無明)」은 감옥 속에 갇힌 죄수들의 생활을 소재로 삼은 이색적인 작품이거니와, 그 가운데 키 큰 간병부(看病夫)와 키가 작은 간

---

12 이광수, 『무정』, 전편, pp.174-175 참조.

병부가 노상 다투며 헐뜯는 장면이 있다. 키 큰 간병부가 키 작은 간병부를 욕하는 사설 가운데, "흥, 제놈이 나보다 며칠이나 먼저 왔다고 나를 명령하려 들어? … 나이로 말해도 내가 제 형뻘은 되고, 세상에 있을 때에 사회적 지위로 보더라도 나는 **면서기까지 지낸** 사람인데 그래 제 따위, 한 자요, 두 자요, 하던 놈과 같은 줄 알고 …"라는 말이 있다.[13] 별로 의식 수준이 높지 못한 사람의 말이니 대단한 뜻은 없다고 볼 수도 있겠으나, 소박한 사람들의 입에서 마구 튀어나온 말이 도리어 인심을 솔직하게 표현한다는 사실도 고려해야 할 것이다. 하여간 오늘의 한국에도 관존민비의 관념은 아직 깊이 남아 있으나 면서기를 포목상보다 크게 우러러보는 경우는 적다는 사실과 비교할 때, 이 키 큰 간병부의 발언에서 그 당시 사람들의 가치관의 일단을 엿볼 수 있다 하여도 잘못은 아닐 것이다. 나라를 잃은 백성으로서 일본 정부의 관리가 되는 것을 수치스러운 일이라고 판단한 사람들도 많았으나, 더 많은 수효의 사람들이 그나마의 관직이라도 얻는 것을 필생의 소망으로 여겼던 것도 사실이다.

소수의 지주 계급과 같이 경제적 지반이 있는 사람들은 일제의 녹을 먹는 일의 시비를 가릴 만한 마음의 여유를 가질 수가 있었다. 그러나 대부분의 서민들에게는 식생활의 해결이 큰 문제였던 까닭에, 남다른 식견의 소유자가 아니고서는 청탁을 가릴 만한 여유를 갖기가 어려웠다. 그리고 하급 공무원의 자리라도 하나 차지하면 당장에 생활이 안정을 얻는 형편이었으니, 비록 굴욕의 자리이기는 하나 그 매력과 유혹이 대단했음은 자연스러운 추세였다. 여기 명분과 현실 사이에 갈등이 생기지 않을 수 없었다.

소설 가운데서 연설 또는 토론을 통하여 "무엇이 옳으냐?" 하는 문제가 논

---

13 이광수, 「무명」, 『정수한국문학전집』, 제5권, p.160(강조는 저자의 첨가).

의될 경우에는, 거의 언제나 혁신을 부르짖는 소리가 높았다. 특히 이인직, 이광수, 심훈 등 계몽적 내지 도덕적 동기가 강한 소설가들의 작품에 있어서는, 작품 중의 인물의 입을 통하여 또는 작가 자신의 의견으로서, 인간의 평등, 남녀의 동등, 조혼과 축첩 등 악습의 배격, 미신의 타파 등이 거듭 강조되고 있다. 그러나 작품 가운데 인물들의 일상생활을 묘사한 부분에서는 저 혁신의 지표와는 반대되는 행실들이 수없이 튀어나온다. 예컨대 이인직의 『은세계』의 주인공 옥선과 옥남은 미국 유학까지 한 사람으로서 조국의 개화를 위하여 기수의 소임을 다할 결심으로 귀국하지만, 귀국하자마자 한 짓은 모친을 위하여 절에 가서 불공을 드리는 일이었다.[14] 또 조혼의 폐단을 역설한 식자들의 주장에도 불구하고, 조혼의 풍습 자체는 좀처럼 사라지지 않았다. 『무정』의 동경 유학생 병욱의 가정에서는 병욱의 오빠가 12세 때 17세의 '언니'와 결혼을 했으며,[15] 채만식의 단편 「치숙(痴叔)」의 경우는 16세의 '아주머니'가 그보다도 나이 어린 '아저씨'에게로 시집을 왔다. 이 아저씨는 동경 유학을 하고 사회주의자가 되지만 구식 마누라가 싫어서 학생 출신의 신여성을 첩으로 끌어들였다.[16] 여기 사회주의와 축첩이 공존할 수 있었다는 사실이 우리의 관심을 끈다. 그 밖에 염상섭(廉尙燮)의 「만세전(萬歲前)」에도 조혼의 비극이 그려졌고, 유진오(俞鎭午)의 「어떤 부처(夫妻)」는 1938년의 작품이지만, 거기 여주인공은 신여성인데도 22세에 돌 지난 아이까지 데리고 있다.[17]

조혼, 축첩, 인간 불평등, 미신 등이 희귀한 특수 현상으로서 소설의 주제

---

14 이인직, 『은세계』, 『정수한국문학전집』, 제3권, p.83 참조.
15 이광수, 『무정』, 후편, p.108.
16 채만식, 「치숙」, 『한국단편문학대계』, 제3권, pp.32-33 참조.
17 유진오, 「어떤 부처」, 『한국단편문학대계』, 제3권, p.377 참조.

가 된 것이 아니라, 흔히 있는 일반적 현상으로서 언급되고 있다는 사실이 중요하다. 구습의 폐단을 역설하고 개혁의 필요를 역설했다는 사실 자체도 앞에서 말한 전근대적 습속들이 일반적 현상이었음을 말해 주는 증거라고도 볼 수 있다.

물론 어느 나라 어느 시대에 있어서나 당위와 현실 사이에 상당한 거리가 있는 것이 보통이다. 그러나 개화 초기의 우리나라의 경우는, 새로운 사조가 안으로부터 발생한 것이 아니라 밖에서부터 흘러들어 왔으며, 그 새로운 외래 사조가 일본이라는 침략 세력과 연결되었다는 사실 등 특수한 사정으로 인하여, 옛것에서 새것으로의 전환이 순조롭기 더욱 어려웠던 것이다.[18]

'개화'라는 말로 새로 들어온 서양 문명을 지칭하였으나, 그러나 종전의 우리나라도 결코 미개의 나라는 아니었다. 미개의 나라가 아니었을 뿐 아니라 도리어 세계에서 가장 오랜 문화의 전통을 가진 민족이었다. 그 오랜 전통문화에는 그 나름의 고유한 철학이 있었고 세계관이 있었다. 그런데 19세기 말엽부터 가해지기 시작한 외부의 충격이 저 오랜 전통문화에 대하여 어떤 변화를 강요한 것이다. 문화라는 것은 그 자체가 본래적 가치를 짊어진 목적 자체이기도 하지만, 원만하고 만족스러운 삶을 위한 처방으로서의 일면도 가지고 있는 종합적 가치다. 따라서 새로운 생활 조건이 새로운 삶의 처방을 요구할 경우에는, 묵은 전통문화는 적어도 부분적인 궤도 수정을 감행해야 한다. 19세기 말기로부터 시작된 서세동점(西勢東漸)에 의하여 받은 충격으로 말미암아 우리나라의 생활 조건에는 근본적인 변화가 생겼고, 따라서 이 새로운 조건에 적응하기 위한 생활 태도의 개혁이 요청되었던 것이

---

18 예컨대, 양력을 일본 놈들의 것이라 하여 물리쳤고, 벼농사에 있어서 합리적인 정조식(正 條植)이 장려되었을 때도, 처음에는 '왜놈들의 농사법'이라는 이유로 배척하는 사람들이 있었다.

다. 다름 아닌 '개화'의 요청이다.

그러나 이미 지적한 바 있듯이, 이 외세로부터의 자극, 즉 새로운 서양 문명의 본질과 그 외래의 것이 우리 한국에 대하여 갖는 의의 등에 대한 깊은 이해가 국민의 일반적인 교양으로서 준비되어 있던 것은 아니다. 그뿐만 아니라 일본의 침략 세력과 그들의 문화 정책은 새로운 사태에 대한 정확한 인식을 방해하였고, 새로운 문명의 올바른 수용을 어렵게 하였다.

이질적인 두 문화가 만날 경우에 거기 흔히 과도적 혼란을 경험하는 것이 상례이거니와, 우리나라의 경우는 상술한 바와 같은 사정으로 사태는 더욱 복잡하였고 혼란 또한 보통 이상의 양상을 띠었다. 위에서 우리는 당위와 현실 사이의 갈등이라는 형태로 나타난 가치관의 혼란에 대해 약간 언급했거니와, 그 밖의 다른 형태로 나타난 가치관의 혼란도 적지 않았다. 전통적 가치관에 애착하는 늙은 세대와 새로운 학교교육을 받은 젊은 세대 사이의 갈등도 있었고, 신학문을 한 남편과 구식으로 자란 아내 사이의 갈등도 있었다. 또 같은 사람의 마음속에서 두 가지의 서로 다른 가치 의식이 충돌함으로 인하여 고민하는 지식인들의 내적 갈등도 심상치 않은 것이었다.

3. 살기 어려운 세상

염상섭은 3·1 운동 직전의 우리나라의 실정을 소재로 삼은 「만세전」에서, 우리 한국에 대한 일본의 압박과, 그들의 악정과 착취에 밀려나는 '패자의 떼' 한국인의 모습을 그의 예리한 사실의 필치로 그리고 있다.

"도적놈 같은 협잡 부랑배의 술중(術中)에 빠져서 속아넘어가" 일본 각지의 공장과 광산으로 팔려 가는 "조선 쿠리(苦力)" 이야기가 나오고, 일본 사람들이 밀려들면서 "몇 백 천 년 동안 그들의 조상이 끈기 있는 노력으로 조금씩 다져 놓은 이 땅을 다른 사람의 손에 내던지고 시외로 쫓겨 나가거나 촌으로 기어들어 가는" 한국 사람들의 불쌍한 모습이 소개된다.[19] 그리고 또 부산과 시모노세키 사이를 다니는 연락선 속에서 한국 학생들을 괴롭히는 일경의 앞잡이들도 나오고, 일본 사람을 따라 들어온 요리집과 편리한 물건들에 분수도 모르고 소비수준을 높인 끝에 패가망신하는 몰지각한 무리들의 생태도 소개된다.[20]

19세기는 제국주의가 공공연하게 용납되던 시대였다. 통치권을 박탈당한 한국인의 재산을 빼앗는 일은 별로 어려운 일이 아니었다. 조선총독부는 '토지조사사업'이라는 명목으로 한국의 토지를 강점하기 시작하였다. 사유지를 가진 사람은 어느 기일 안에 증빙 서류를 첨부하여 신고하라는 법령이 내려졌고, 민족 감정 또는 무지로 인하여 그 신고를 게을리한 땅은 모두 몰수한 것이다. 이리하여 1930년경에는 우리나라 전 국토의 40퍼센트에 해당하는 토지를 총독부가 소유하게 되었고, 총독부는 그것을 일본인 회사 또는 개인에게 헐값으로 나누어 주었다. 종전에 개인 소유였던 농토까지 그렇게 될 지경이니, 광업, 상업, 운수업 등 다른 분야의 이권은 더 말할 여지도 없었다. 본래 그리 부유하지 못했던 백성들이 이토록 심한 경제적 수탈을 당하게 되니, 민생 문제의 어려움은 극도에 달하고 말았다.

장덕조(張德祚)의 「함성(喊聲)」은 1943년에 발표된 단편이다. 그 첫 장에 다음과 같은 구절이 보인다.

양식은 말할 것도 없고, 우거지도 소나무 껍질도 씨감자까지 떨어졌을 때다. 주리다 못한 새끼들이 벌레며, 나비며, 그런 것을 잡아 먹으며, 돌아다니

---

19 염상섭, 「만세전」, 「정수한국문학전집」, 제4권, pp.64~65 및 p.72 참조.
20 같은 책, p.66 및 pp.73~74 참조.

는 것을 보자, 점순 어멈은 환장이 됐는지, 덮어놓고 구장네 닭을 훔쳐 왔다. 춘삼이가 들에서 돌아왔을 때, 아내는 서슴지 않고 자식들 입에 닭국을 퍼먹이고 있었다.[21]

"두메로 들어가 보면 조밥이구 보리밥이구 간에 하루 한 낄 제대로 못 얻어 먹는" 실정이었다.[22] 흰 고무신과 고사댕기 그리고 세숫비누는 여자들이 꿈속에 어루만지는 귀중품, 지금으로 말하면 다이아몬드 반지와 밍크 코트에 해당하는 귀중품이었다. 정비석(鄭飛石)의 「성황당」(1937)에서 한 구절을 인용해 보자.

> 순이는 공연히 마음이 초조했다. 그도 그럴 것이, 붉은 고사댕기 한 감과 흰 고무신 한 켤레를 가져올 생각을 하면 금방도 어깨춤이 덩실덩실 나왔고, 이제 보름만 있으면 붉은 댕기에 흰 고무신을 신고, 오 리 밖에 있는 큰 마을에 그네 뛰러 갈 것을 생각하면, 금시도 엉덩이가 절로 들썩거려졌다.[23]

고사댕기와 흰 고무신을 사 오리라 약속하고 장보러 간 남편을 기다리는 아내의 심정을 그린 것이다. 기다려도 남편은 오지 않았고, 초조한 나머지 순이는 15리 길이 넘는 천마령 재를 넘어 댕기와 고무신의 마중을 나갔을 정도다. 순이는 남편 현보를 천마령 재 위에서 만났다. 만나서 순이가 말한 첫 마디는 "그래 신은 사 오는 거요?"였다. 두 사람은 "길 저문 줄도 모르고, 길

---

21 장덕조, 「함성」, 『한국단편문학대계』, 제3권, p.310.
22 이무영, 「제일과 제일장」, 『한국단편문학대계』, 제3권, p.112.
23 정비석, 「성황당」, 『한국단편문학대계』, 제4권, p.246.

섶 풀밭 위에 나란히 주저앉아" 신을 신어 본다. 신은 과히 컸다. 값이 같기에 기왕이면 큰 것을 샀다는 것이다. 순이도 "돈은 같아요? 그름 큰 거 낫디 뭐…" 하며 만족한다.

댕기도 사다 주마 약속했지만 현보는 사 오지 않았다. 시집 올 때 가지고 온 것이 아직 쓸 만할 것 같아서 그렇게 했다는 변명이었다. 그러나 순이는, "아구만나! 시집 올 때 웬 댕기래 있었나, 뭐? 시집 오던 날 디리구 온 건 놈 해라 돼서 사흘 만에 도루 돌려주디 않았소!" 하며 쏘아붙인다.[24]

흰 고무신이 귀중품인 것은 현보와 순이네 가정에 국한된 사연이 아니라 그 당시 한국 가정에서는 일반적 현상이었다. 순이네 아랫마을 큰 동네에서도 흰 고무신 가진 여편네는 구장댁 한 사람뿐이었다. 흰 고무신 이야기는 다른 소설에도 흔히 나온다. 김영수(金永壽)의 「소복(素服)」에는 바람난 여편네가 "선반에서 나들이할 때만 꺼내 신는 흰 고무신 꺼내 들고" 정부를 만나러 가는 장면이 있고,[25] 김유정(金裕貞)이 1935년에 발표한 「금 따는 콩밭」에도 흰 고무신이 부자의 상징으로서 언급되고 있다.

아내는 콩밭에서 금이 날 줄은 아주 꿈밖이었다. 놀라고도 또 기뻤다. 올에는 노상 침만 삼키던 그놈 코다리(명태)를 짜장 먹어 보겠구나만 하여도 속이 메질 듯이 짜릿하였다. 뒷집 양근댁은 금점 덕택에 남편이 사다 준 흰 고무신을 신고 나릿나릿 걷는 것이 무척 부러웠다. 저도 얼른 금이나 펑펑 쏟아지면 흰 고무신도 신고 얼굴에 분도 바르고 하리라.[26]

---

24 같은 책, pp.246-249 참조.
25 김영수, 「소복」, 『한국단편문학대계』, 제6권, p.154.
26 김유정, 「금 따는 콩밭」, 『한국단편문학대계』, 제4권, pp.31-32.

이것은 금광에 미친 어느 친구에게 속아서, 자기네 콩밭을 파면 금이 나오리라는 허황된 꿈에 들뜬 여자의 심리를 묘사한 대목이다. 흰 고무신도 흰 고무신이거니와 '명태'와 '분'을 꿈속에서만 우러러보아야 했던 당시 서민층의 생활의 일단을 전해 주는 구절이다. ('분'이라는 것도, 그 당시의 것은 '박가분'이라는 것으로, 물에 개서 바르는 아주 싸구려 제품이었다.)

'박가분'과 아울러 당시의 여자들을 열광하게 한 것에 세숫비누가 있었다. 세숫비누라야 지금 기준으로 말하면 목욕 비누에도 미치기 어려운 검소한 물건이었지만, 좀 낮게 사는 집에서도 콩가루로 세수를 하던 당시로 말하면, 까마득한 사치품이었다. 박영준(朴榮濬)의 「모범경작생(模範耕作生)」(1934)에서 한 구절을 인용해 보기로 하자.

> 기쁨을 기쁘다고 말하지 못하던 의숙이도 이 날만은 자기도 모르게 웃음이 솟아오르며, 무슨 말이든 가슴이 시원하게 털어놓고 싶었다. 길서가 서울서 사 왔다고 파란 비누를 손에 쥐어 줄 때, 의숙은 진정이 서리운 눈초리로 길서의 손을 듬뿍 잡았다.
> 비누 세수라고 평생 못해 본 의숙이가 비누 세수를 하면 금시 자기의 타진 얼굴이 희어지며 예뻐질 것 같아 춤을 추고 싶게 기뻤다.[27]

비누 한 장으로 애인의 마음을 황홀하게 했다는 사연이다. 다이아몬드 반지를 끼워 주어도 그토록 큰 감동을 일으키기 어려운 오늘의 도시 생활과 비교할 때, 실로 격세의 느낌이 있다.

일제시대의 생활고는 도시인의 경우에 있어서도 대동소이하였다. 서울과

---

27 박영준, 「모범경작생」, 『한국단편문학대계』, 제4권, p.313.

같이 지출이 많은 대도시에 있어서, 일정한 수입이 없는 사람들의 살림은 초근목피로라도 연명할 길이 있었던 농촌의 경우보다도 더욱 어려웠다. 계용묵(桂鎔默)의 1938년 작품 「청춘도(靑春圖)」에서 한 구절을 인용하여, 그 당시 도시 생활의 한 측면을 엿보기로 하자.

> 몇 번이나 털어 봐도 없던 담배가 있을 턱 없는 지갑 귀를 다시 털어 보니 소용이 있을까. 삿귀라도 돌아가며 들쳐보자니 없는 꽁초는 샘날 수 없다.
> 허하지 않는 담배는 있었다. 선반 위에 아버지의 장수연 갑이다. 도덕상 금단의 율칙임이 두려운 것이 아니다. 율칙을 범하기 벌써 몇 번 ─ 초저녁에도 꺼내고 남은 것이 몇 대 되지 않음을 안다. 노여(勞餘)에 아껴 가며 한 대씩 피는 담배이니, 이제 마지막 남은 밑바닥을 긁어내기 거북함이 마음에 걸리는 것이다.[28]

이 소설의 주인공인 젊은 화가 상하가 "싸구려 궐련 '마코' 한 갑이나 생기지 않나" 하는 백일몽을 꾸고 나서, 꽁초라도 하나 있었으면 싶어 구석구석을 뒤진 끝에, 아버지가 피우다 남긴 장수연(長壽煙: 오늘의 풍년초 비슷한 쌈지 담배) 한 대를 훔쳐 내는 궁상맞은 이야기다. 화가라면 지식층에 속할 터인데, 담배 한 갑이 꿈의 대상이 될 수 있었다는 사실이 많은 것을 암시한다.

채만식의 「레디메이드 인생」도 실직한 인텔리들의 비참한 생활을 소재로 삼고 있다. "배워라, 글을 배워라. … 지식만 있으면 누구나 양반이 되고 잘 살 수 있다."는 외침과 함께 일어난 향학열의 기운을 타고 신학문을 공부한

---

28 계용묵, 「청춘도」, 『한국단편문학대계』, 제2권, p.390.

사람들. 그러나 막상 논밭을 팔아 고등교육까지 받고 보니, 일자리가 없어 많은 인텔리 실업자가 생겼다. 그러한 실업자군에 속하는 P와 M은 H를 졸라 그의 법률책을 잡혀 돈 6원을 만든다. 자포자기의 술을 마시자는 것이다. 선술집과 카페에서 자정까지 마시고, 다시 갈보집을 찾아간다. 몇 잔씩 더 마시고 나오려 했을 때, 계집 하나가 P에게 자고 가라고 붙든다. 자고서 돈을 좀 달라는 것이다. "얼마나?" 하고 P가 물었을 때, "암만도 좋아. … 오십 전도, 아니 이십 전도…"라고 계집은 대답한다.

호주머니에 남은 돈을 몽땅 던져 주고 하숙으로 돌아온 P는 그 계집이 불쌍하다고 생각했다. 그러나 다음 순간 자기 자신은 그 계집보다도 더 비참한 처지에 있음을 뉘우치고 고소한다.[29] 이 단편의 작가는 P가 굶어 죽지 않고 살아 있는 것을 '1934년의 기적'이라고 말했을 정도로 P의 사정도 딱했던 것이다.

이 밖에도 인텔리의 실업과 그 생활고를 다룬 작품은 얼마든지 있다. 채만식의 「치숙」도 그것이고, 현진건(玄鎭健)의 「술 권하는 사회」가 그것이며, 이효석(李孝石)의 「장미 병들다」도 그것이다. 「장미 병들다」에서는 여자고 등학교를 졸업한 남죽이 매춘으로 귀향길의 차비를 번다. (이 작품이 발표된 1938년 당시에 있어서 여고 졸업생은 오늘의 여학사보다도 희귀한 존재였다.)

도시에 사는 노동자들의 생활은 더욱 어려웠다. 도시 근로자의 생활고를 그린 작품으로서는, 박영희(朴英熙), 김기진(金基鎭) 등 이른바 '프로 문학가'들의 색다른 소설을 제외하고라도, 김이석의 「실비명」, 장덕조의 「함성」, 박화성(朴花城)의 「하수도공사(下水道工事)」, 현진건의 「운수 좋은 날」 등을

---

29 채만식, 「레디메이드 인생」, 『한국단편문학대계』, 제3권, pp.12~28 참조.

들 수 있을 것이다.

옛말에도 항산(恒産)이 없으면 항심(恒心)을 갖기 어렵다 했거니와, 살기가 몹시 어려우면 인심도 자연 각박하기 마련이다. 우리나라는 옛날부터 미풍양속을 자랑해 온 순후한 나라였지만, 일제의 어려운 상황 속에서 인심은 점차로 악화되었던 것으로 보인다. 장덕조는 그의 「함성」에서 일제 말기의 야박한 인심을 다음과 같이 전하고 있다.

> 원래 넉넉한 마을이 아니매 풍부할 것은 없었지만 공장이 생기자 사람들은 서로 반목하고 서로 으르렁거렸다. 바로 이웃간에서도 음식 한 가지 갈라 먹으려 들지 않았다. 파 한 뿌리, 옥수수 한 대까지 공장의 일인 관리인이나 그 '옥상' 들에게 가져다 팔거나 그들이 풍부하게 가지고 있는 옷감과 바꾸어 왔다.[30]

「함성」의 경우는 공장이 들어서고 도시화하는 과정에서 인심이 각박해졌다는 관찰이다. 그러나 도시화와는 관계없이 농촌 자체의 인심도 별로 바람직한 상태는 아니었던 것 같다. 김정한(金廷漢)의 1936년 작품 「사하촌(寺下村)」은 사찰의 속화와 중들의 행패에 시달리는 어느 사하촌을 소재로 삼았거니와, 거기에 나오는 농민들이 매우 이기적인 것으로 그려지고 있다. 보광사 아랫마을 성동리 농민들은 "자손 대대로 복 많이 받고 또 극락 가리라는 중의 꾐에 속아서" 쓸 만한 논은 모두 절에 시주하고 그 소작인으로 전락했다. 농민들에게 받은 지대로 호의호식하는 중들의 행패는 자심했고 가난에 쪼들린 농민들은 자기네끼리도 서로 도와 가며 살 마음의 여유를 잃었다.

---

30 장덕조, 「함성」, 『한국단편문학전집』, 제3권, pp.316-317

농촌의 인심이 가장 험악한 것은 가뭄으로 인하여 논물이 부족할 때였다. 저수지의 물을 터놓자마자, 농민들은 서로 제 논에만 물을 잡아 넣으려고 야단들이다. 서로 보의 물을 막고 터놓으며 급기야는 난투극까지 벌인다. 어차피 그까짓 양으로는 들을 구하지도 못할 것을, 차라리 물을 보지 않으니만도 못한 꼴이 되곤 한다.[31]

이와 같이 도시나 농촌 어디에 있어서나 사람들이 남을 생각할 마음의 여유를 갖지 못한 것은, 자기 자신의 생존 문제가 다급하게 앞을 가로막았기 때문이다. 특히 지식인의 경우에는 인격의 내적 분열까지 겹치게 되어 고민이 한층 더 심각했다. 이효석의 「장미 병들다」에 보이는 다음 한 구절은 1930년대의 사람들이 경험했던 정신적 상황의 일단을 짐작하기에 도움이 된다.

> 그러나 현보가 학교를 마치고 서울을 떠날 때가 그들과의 접촉의 마지막이었으니, … 그 뒤 … 남죽과 세죽의 소식은 생각해 보지도 못했고 미처 생각에 떠오르지도 않았다. 그만한 여유조차 없는 것은 **다른 사람의 생각은 커녕 자신의 생활이 눈앞에 가로막히게 되었고 무엇보다도 현대인으로서의 자기 개인에 대한 생각이 줄을 찾기 어렵게 갈피갈피 찢어졌다 갈라졌다** 하여 뒤섞이는 까닭이었다. 칠 년 후에 우연히 만나고 보니 시대의 파도에 농락되어 꿈은 조각조각 사라지고 피차에 그 꼴이었다.[32]

이광수의 단편 「무명」은 죄수들의 감방 생활을 소재로 삼은 작품이거니

---

31 김정한, 「사하촌」, 『한국단편문학대계』, 제4권, pp.403–407 참조.
32 이효석, 「장미 병들다」, 『한국단편문학대계』, 제2권, p.356(강조는 저자의 첨가).

와, 주로 그들의 부도덕한 생태를 고발하는 데 초점을 두었다. 이 작품 속에 소개되는 죄수들은 각기 제 생각을 하기에만 급급하고 남의 사정은 전혀 고려하지 않는다. 모두들 말은 번지르르하게 하지만, 행실은 말과 아주 다르다. 그들은 마치 똥 묻은 개가 겨 묻은 개를 나무라듯이 서로 비난하기가 일쑤다. 약간의 권한을 가진 간병부(看病夫)들에 대해서는 비굴한 아첨을 부끄러운 줄 모르고, 또 그들 사이의 이간을 꾀하여, 있는 말 없는 말로 고자질을 일삼는다. 짧게 말해서, 같은 감방을 쓰고 있는 공동 생활을 위해서 필요한 최소한의 도덕심도 그들에게서 찾아보기 어렵다.[33]

물론 죄수들의 사회니까 부도덕할 수밖에 없다는 해석도 가능하다. 그러나 이광수가 오직 죄수들의 부도덕을 고발하고자 이 작품을 썼다고는 생각되지 않는다. 그는 죄수들의 사회를 상징으로 삼고 더 큰 한국 사회를 고발한 것으로 보인다. 사실, 3천만이 사슬에 묶여 있던 일제 치하의 한반도 전체를 하나의 감옥으로 비유했대도 결코 부자연할 것이 없다.

한 감옥에 갇힌 사람들은 모두가 불우한 같은 운명 아래 사는 사람들이다. 그들은 마땅히 서로 아끼고 서로 도와 가며 살아야 한다. 만약 그것이 부당한 감금이라면 그 지옥을 벗어나도록 힘을 모아야 할 것이고, 탈옥을 기도할 상황이 아니라면 그 안에서의 생활이 덜 불행하도록 서로 협동해야 한다. 그리고 감옥 사회도 하나의 공동체임에 틀림이 없다면, 원초적 이기심에 대한 강한 자제가 있어야 마땅하다. 그러나 이광수의 눈에는 작은 감방에 있어서나, 한반도 전체에 있어서나, 그 마땅히 있어야 할 정신 자세가 결여된 것으로 관찰되었던 것이다. 분명히 이광수는 당시의 한국 사회를 "악한 사람 많은 악한 세상"이라고 규탄한 바 있다.

---

33 이광수, 「무명」, 『정수한국문학전집』, 제5권, pp.246-280 참조.

그러나 영채가 점점 경험을 쌓아 감을 따라서 이 **진리**도 깨달았다. … "악한 세상은 착한 세상보다 크고, 악한 사람은 착한 사람보다 많다." 함을.[34]

이광수는 "먹고 입고 계집 희롱하는 것밖에 아무것도 없는 … 죽은 사람들이" 득실거리는 우리 사회를 개탄하고, '참 사람', '참 시인'의 출현을 힘주어 외쳤다. 기생 월화(月花)를 통하여 그것을 외치고, 학생들의 노래를 통하여 그것을 부르짖었다.[35] 물론, 우리는 춘원이 도학자적 기질이 강한 개혁론자였다는 사실을 계산에 넣어야 할 것이다. 착한 사회니 악한 사회니 하는 것은 본래 상대적인 판단이며 같은 사회도 기준을 높이 잡으면 악한 사회로 보이고 낮게 잡으면 착한 사회로도 보일 수 있다. 이상주의자 춘원의 경우는 그 기준이 높을 수밖에 없었으며, 따라서 한반도 전체가 악한 사회로 보였다는 점도 고려해야 할 것이다.

그러나 상대적 판단에도 어느 정도의 객관성은 있는 법이다. 춘원의 평가를 단순히 주관적이라고 물리치기는 어렵다. 사실 일제하의 한국인들이 취했던 정신 자세를 부정의 측면에서 본 것은 이광수만이 아니었다. 날카로운 사실주의자로 알려진 현진건의 「술 권하는 사회」에서 한 구절을 인용하기로 하자.

저 우리 조선 사람으로 성립된 이 사회란 것이, 내게 술을 아니 못 먹게 한단 말이오. … 여기 회를 하나 꾸민다 합시다. 거기 모이는 사람 놈치고 처음은 민족을 위하느니, 사회를 위하느니 그러는데 제 목숨을 바쳐도 아깝지 않

---

34 이광수, 『무정』, 후편, p.121(강조는 저자의 첨가).
35 같은 책, pp.124-128 참조.

느니 아니 하는 놈이 하나도 없어. 하다가 단 이틀이 못 되어, 단 이틀이 못 되어 …

되지 못한 명예 싸움, 쓸데없는 지위 다툼질, 내가 옳으니 네가 그르니 … 밤낮으로 서로 찢고 뜯고 하지. 그러니 무슨 일이 되겠소. 회(會)뿐이 아니라 회사이고 조합이고 … 우리 조선놈들이 조직한 사회는 다 그 조각이지. … 그 저 이 사회에서 할 것은 주정꾼 노릇밖에 없어…[36]

장덕조, 이효석, 이광수, 현진건 등의 작품에 나타난 이상과 같은 묘사가 일제시대 한국인의 정신 자세의 전모를 밝히는 것이라고 속단해서는 안 될 것이다. 우리는 많은 참된 애국자들의 이름을 알고 있을 뿐 아니라 세상에 크게 알려지지 않은 사람들 가운데도 진실로 민족을 사랑하는 일념으로 산 인물들이 무수하다는 사실을 잊을 수가 없다. 그리고 그 당시의 인심이 대체로 각박했다는 것은 틀림없는 사실이나, 그것이 오늘의 한국보다도 더욱 심했다고는 말할 수 없다. 저자가 어렸을 때의 경험을 돌이켜 보건대, 오늘에 비하면 그때의 인심이 오히려 더 순박하고 선량했던 것으로 기억된다. 다만, 민족의 수난기에 처한 사람들이 마땅히 취해야 할 마음의 자세가 무엇이냐 하는 물음을 염두에 두고 평가할 때, 우리들의 조상과 선배들에게도 스스로 반성해야 할 여지가 허다했다는 것만은 엄연한 사실이라고 말할 수 있을 것이다.

일제시대의 한국인의 의식구조는 일본의 압정에 의하여 결정적인 영향을 받았다. 외세의 침략을 당하고 있다는 사실은 민족의식을 자극했으며, 반일 감정과 독립에 대한 염원은 거의 누구나 가졌던 것으로서 당시 한국인의 의

---

36 현진건, 「술 권하는 사회」, 『한국단편문학대계』, 제1권, p.266.

식구조의 바탕을 이루고 있었다. 그러나 이러한 사실을 정확히 파악한 일본 관헌은 온갖 수법으로 한국인의 정신 상태에 수술을 가하였다. 앞에서도 말한 바와 같이, 악랄한 경제 정책에 의하여 생활고에 시달리게 함으로써 마음의 여유를 갖지 못하게 한 다음, 사상적 탄압과 식민지 교육 및 회유책을 적절하게 구사함으로써, 우리의 민족 정기를 약화시키는 실효를 거두었다. 특히 그들은 교묘한 회유책을 써서 상당한 친일파를 만드는 데 성공했으며, 친일파를 미워하는 일반적 심리를 역이용하여 민족 분열을 일으키기에 빈틈이 없었다. 마침내는 '내선일체(內鮮一體)'니 '동조동근(同祖同根)'이니 하는 슬로건을 앞세워 가며 한국 문화와 한국 민족의식을 아예 말살해 버리려고까지 했다. 이러한 여러 가지 악조건과 싸워 가며 한국인은 정신을 가다듬어야 했던 것이다. 제삼자의 견지에서 본다면, 그토록 심한 악조건 속에서 그 정도로 버틸 수 있었다는 것은 높이 찬양해야 할 것이다. 그러나 스스로 채찍질을 해가며 역사의 궤도를 바로잡아야 할 우리 자신으로서는 그 정도로 만족할 수는 없다고 보아야 할 것이다. 일제시대의 정신적 상황은 결코 이미 지나간 사실이 아니라, 그것은 우리들의 현재 속에 살아남아 작용하고 있기 때문이다.

4 장
민족과 사회

1. 자기비판의 관점
2. 민족의식의 반영
3. 지식층과 사회주의
4. 빈약한 민주주의의 기반

4장 민족과 사회

1. 자기비판의 관점

  역사적 현실에 대한 인식 내지 평가는 어떠한 관점에서 보느냐에 따라서 크게 달라진다. 현실이란 상반되는 여러 가지 현상을 포함하는 것이며 그것을 인식 내지 평가하는 사람은 일정한 관점에서 선택을 가하기 마련이므로, 그가 어떠한 각도에서 바라보느냐에 따라서 결론에는 상당한 차이가 생기는 것이다.

  우리나라의 소설에 나타난 한국인의 가치관의 일단을 정리해 보는 과정에서 거듭 발견하는 사실은, 작가들이 대체로 민족적 자기비판의 관점에서 현실을 바라보았다는 그것이다. 자기비판의 관점을 취한 까닭에, 자연히 부정적이고 비관적인 측면이 부각되는 반면에, 긍정적이고 낙관적인 측면은 뒤로 숨겨지는 결과가 되기 쉽다. 특히 일제시대의 작가들이 민족주의적 애국심을 통하여 사람들의 생활 태도를 소설로써 묘사했을 경우에는, 비판적 안목이 더욱 예리해지는 동시에 작품 위에 나타난 사람들의 모습은 주로 어두운 측면이 강조되는 경향이 있었다. 소설가라는 지성의 기질이 사물을 비판적으로 바라보는 경향이 있을 뿐 아니라, 일제 관헌들의 탄압 속에서 언론 내지 문필 활동이 가질 수 있는 자유의 한계가 매우 협소했다는 사실은, 우리 한국인의 민족의식 내지 애국심을 과시하는 글을 쓸 수 없게 하였고, 따라서 소극적으로 민족으로서 반성해야 할 측면과 일부 몰지각한 사람들의 정신 자세를 규탄하는 방향으로 붓대가 움직인 것으로 보인다.

앞 장에서 우리는 일제시대에 쓰인 소설이 당시의 사회상의 어두운 측면에 조명을 비췄다는 사실을 보았거니와, 일제의 탄압 아래 살던 우리 민족이 어떠한 사회사상과 개인적 인생관으로 삶을 설계했는가를 살펴보고자 하는 이 장에 있어서도 같은 경향에 부딪치게 된다. 당시의 사회사상에 있어서 주류를 이룬 것은 민족주의 사상이었다고 보아야 하거니와, 일제에 대한 반기와 항쟁의 뜻을 가진 민족주의를 공공연히 표명할 수 없는 사정 아래 놓였던 까닭에 그러한 사상이 제대로 표면화되기는 어려웠다. 민족주의와 아울러 또 하나의 큰 조류를 이룬 것은 자유 민권 사상이었다고 볼 수 있거니와, 자유 민권 역시 정치적 함축이 큰 개념이며, 자유 민권의 이념에 부합하는 사회가 실현되기 위해서는 우선 민족의 정치적 독립이 선행해야 하므로, 이 사상 역시 자유로운 표현이 허락되지 않는 형편이었다.

문필 활동이 극도의 탄압을 받았던 시대에 쓰인 소설을 자료로 삼고 그 시대의 사회사상을 추리한다는 것은 원칙적으로 불가능한 일에 가깝다. 그러나 가치관의 문제를 다루면서 이 부분을 완전히 생략할 수도 없는 까닭에, 미흡한 결과를 예상하면서, 다음에 가능한 범위 안에서의 정리를 꾀하고자 한다.

2. 민족의식의 반영

오늘날 우리 모두가 국토의 분단에서 오는 갖가지 불행을 체험을 통하여 절실하게 느끼듯이, 일제시대의 한국인들은 민족적 주권의 상실에서 오는 불행을 주야로 뼈저리게 당해야 했다. 독립을 잃은 민족이 받는 고통과 비애는 모든 사람들에게 직접적이고 현실적이었던 까닭에, 대의와 명분을 떠나서라도, 주권의 회복에 대한 염원은 누구에게나 매우 강렬하고 또 자연스러운 심정이었다. 이러한 염원은 자연히 민족의식으로 발전하기 마련이니, 일본 치하에 살던 우리 한국 사람들의 의식구조 속에는 누구의 경우에 있어서나 민족주의적 요소가 도사리고 있었다 하여도 과언이 아닐 것이다. 다만, 민족 주권의 회복이라는 것이 너무나 어려운 과제였으며, 그 쟁취의 시도는 곧 죽음을 각오한 모험이었던 까닭에, 아무나 함부로 그 심중을 행동으로 나타내지 못했을 뿐이다.

민족의식 내지 애국심의 강도는 개인에 따라서 크게 차이가 있었다. 혹은 의병으로 혹은 임시정부 내지 독립군에 투신함으로써 생명을 걸고 싸운 사람들도 있었으며, 다만 소극적이고 음성적인 반항에 그친 사람들도 있었다. 심지어는 일본 사람들의 앞잡이가 되어 친일파의 오명을 남긴 사람들도 더러 있었으나, 이들의 민족의식은 양심의 가책 또는 기정사실이나 실리를 앞세운 변명의 형태로 일그러져 나타났다. 그리고 당시 일반 민중의 민족의식이 어느 정도의 잠재력을 가졌는가는 3·1운동을 통하여 여실히 나타나고 있다.

소설가 중에서 민족주의를 대담하게 표명한 대표적인 인물로서 우리는 이광수를 알고 있다. 그는 이미 「어린 벗에게」 또는 「방황」과 같은 초기 작품 가운데서, '조선 사람'을 위하고 '동족의 교화'를 위하여 일신을 바치고자 하는 젊은이의 결심을 통하여 그의 민족주의의 싹을 드러냈고, 그의 최초의 장편소설 『무정』을 통하여 더욱 확신을 가지고 민족주의 및 교화(敎化) 사상을 피력하였다. 그 밖에, 『무정』의 뒤를 이어 같은 해 1917년에 발표된 『개척자』에서 춘원의 민족주의 사상은 한 걸음 더 구체적인 표현을 보였고, 그 뒤에 쓰인 역사소설 『단종 애사』와 『이순신』 그리고 농촌을 무대로 한 『흙』 등에서 그의 민족주의 내지 민족 교화 사상은 더욱 원숙한 경지를 보였다.

이광수의 민족주의가 정치적 항쟁의 방향보다는 민족의 교화에 역점을 둔 것은 여러 가지 의미로 해석이 가능하다. 민족주의를 정치적 항쟁의 방향으로 고취하기보다는 교화의 방면으로 전개시키는 것이 일본 정부의 직접적 탄압을 피하기에 유리했다는 점도 있었을 것이고, 민족의 밝은 내일을 위해서는 우선 교화를 통한 민족의 실력 양성이 앞서야 한다는 판단도 있었을 것이며, 더욱 근본적인 사유로는 무골(武骨)이 못 되는 문인(文人)으로서의 춘원의 기질을 생각할 수 있을 것이다. 어쨌든 현실에 지나칠 정도로 민감했던 춘원이었던 까닭에, 30세의 장년으로 「민족개조론」을 발표하여 '반역자'로서의 규탄을 받았고, 일제 말기에는 '변절자' 또는 '친일 문학가'로서의 낙인까지 찍혔다는 것은 우리 모두가 애석한 마음으로 기억하는 사실이다.

이광수의 작품에 나타난 민족주의는 다른 어떤 사람의 사상을 표현한 것이기보다도 바로 작가 자신의 사상을 표명한 것이라고 보는 것이 일반적이며 타당성 있는 견해일 것이다. 그러나 그것은 이광수 한 사람만의 사상은 아니었고, 당시의 한국의 지성인 또는 한국인 일반에게 상당히 널리 퍼져 있던 사상을 대변한 것이라고 보아도 무방할 것이다. 조연현(趙演鉉)도 지적하고 있듯이, 춘원이 역설한 "민족주의 사상은 일제하의 모든 한국 사람이 가졌던 민족 감정의 원류"에 근원을 두었던 것이며, 특별히 개인적이거나 독창적인 성질의 것은 아니다.[1] 춘원의 문학에 나타난 종교관이나 애정관보다도 그의 민족주의가 독자들의 가장 많은 공감을 불러일으킬 수 있었던 것도 그것이 우리 민족의 공통된 생활감정의 소산이었다는 사실 때문일

---

1 조연현, 『한국현대문학사』, p.255.

것이다.

사상가로서의 이광수가 해야 했던 일은 이미 한국의 대중 속에 널리 깃들어 있던 민족의식에 방향을 제시하고 또 그것을 조직화함으로써 거대한 역량으로 육성시키는 일이었을 것이다. 춘원도 그러한 사명감에 불탔던 사람이며, 민족의 계몽, 농촌의 부흥 등 구체적인 방법을 통하여 그 사명의 완수를 꾀한 바 있었으나, 당시의 어려운 여건이 한두 사람의 힘으로 그 뜻을 이루도록 허락하지 않았으며, 춘원 자신이 오히려 딜레마에 빠져 방향을 가누지 못한 꼴이 되었다.

이광수와 비슷한 태도로 민족주의 사상을 작품에 담은 사람으로는 『상록수』의 작가 심훈을 들 수 있을 것이며, 「먼동이 틀 때」, 「농부」, 「흙을 그리는 마음」, 「제일과 제일장」 등을 통하여 농민의 참다운 삶을 제시하려 한 이무영(李無影)도 『흙』의 작가와 약간의 공통성을 가졌다고 볼 수 있을 것이다. 특히, 『상록수』의 주인공들은 실재 인물을 모델로 삼은 것이며, 이무영은 그 자신이 농촌에 뛰어들어 호미와 괭이를 잡았다는 사실은, 우리 민족의 80퍼센트가 살던 농촌의 자력갱생(自力更生)을 통하여 민족의 내일을 밝게 하리라는 신념이 당시의 지성인들 사이에 상당한 세력을 가진 사상이었다는 것을 암시한다고 볼 수 있을 것이다.

이광수의 계몽주의에 반기를 들고 사실주의 내지 자연주의에 입각한 순수 문학의 수립을 기도한 김동인의 경우도, 비록 문학관은 달랐다고 하지만, 민족주의 사상을 바탕에 깔았다는 점에서는 공통성을 보였다. 철저한 탐미주의자였고 사생활에 있어서 극도의 난맥상을 보인 것으로 알려진 김동인의 작품 가운데는 민족의식의 그림자를 찾기 어려운 듯이 보이는 것들도 있으나, 「태형(笞刑)」과 「붉은 산」에서 그는 맹백히 강한 민족주의의 색체를 드러내고 있다.

그러나 문학과 인생에 대한 자세가 전혀 다른 김동인의 경우 그 민족주의를 표명하는 방식은 이광수와 크게 다르다. 사상범으로 몰린 많은 한국인을 수용한 감방 생활의 극도로 잔인한 모습을 생생하게 그린 「태형」은 강한 현실 고발에 가깝고, 인간의 말단으로서 정평이 있으며 '삵'이라는 별명까지 가진 정익호가, 목숨을 바쳐 민족의 원수를 갚은 뒤에, 고국의 붉은 산과 흰 옷을 그리며 애국가를 불러 달라고 부탁하는 「붉은 산」의 마지막 장면은 처절한 분노의 폭발이다.

"보구 싶어요. 붉은 산이 … 그리고 흰 옷이!"
아아 죽음에 임하여 그는 고국과 동포가 생각난 것이었다. … 그는 손을 들려고 하였다. 그러나 이미 부러진 그의 손은 들리지 않았다. 그는 머리를 돌이키려 하였다. 그러나 그 힘이 없었다.
그는 마지막 힘을 혀 끝에 모아 가지고 입을 열었다.
"선생님!"
"왜?"
"저것… 저것…"
"무얼?"
"저기 붉은 산이 … 그리고 흰 옷이 …"
여는 돌아보았다. 그러나 거기는 황막한 만주의 벌판이 전개되어 있을 뿐이었다.
"선생님. 노래를 불러 주세요. 마지막 소원. … 동해물과 백두산이 마르고 닳도록…"
여는 머리를 끄덕이고 눈을 감았다. 그리고 입을 열었다.
여의 입에서는 창가가 흘러 나왔다. …
"동해물과 백두산이 …"
고즈넉이 부르는 여의 창가 소리에 뒤에 둘러섰던 다른 사람의 입에서도 숙연한 코러스는 울리어 나왔다.

"무궁화 삼천리 화려 강산 …"[2]

김동인의 사실주의(寫實主義)는 일본 치하의 한국 사람들의 비참한 모습을 가차 없이 폭로하기도 하였다. 본래는 선량하고 순박하던 농촌의 처녀 복녀가 가난을 못 이겨 점점 타락해 가는 과정을 여실하게 그린 「감자」, 또는 우직하고 볼품 없는 곰네의 가정생활, 즉 술과 계집에 정신이 쏠려 집안을 돌보지 않은 게으른 남편으로 인한 불행한 사연을 그린 「곰네」 등을 우리는 그러한 각도에서 볼 수 있을 것이다. 그리고 허영심에 들떠 여성의 지도자로 자처하는 지각없는 여자와 그 주변의 타락한 모습을 폭로한 「김연실전」의 경우는 경박한 일부 풍조에 대한 냉엄한 질책의 뜻을 가졌다고 해석할 수도 있다.

김동인의 뒤를 이어 순수문학을 지향한 사람들은 대개 사실주의 또는 자연주의의 수법을 택했던 까닭에, 마음속에 민족주의가 깔려 있다 하더라도, 어떤 정치적 주장이나 직접적 설득의 형태로 그것을 표명하지는 않았다. 당위적 주장보다는 현실의 폭로를 통하여 간접적인 암시를 풍기는 방향으로 붓대를 돌렸다. 더러는 일제의 악랄한 식민지 정책을 고발하기도 했으나, 그보다도 한국 사람들의 비참한 모습을 자학적으로 폭로하는 경우가 많았다.

염상섭의 「만세전」 첫머리에는 일본 사람들이 한국의 노무자를 착취하는 이야기며, 일본의 경찰과 헌병이 한국인 여행자를 검문하며 물건을 압수하는 장면이 나온다. 그러나 일본인의 행패를 고발하는 대목보다도 한국 사람

---

2 김동인, 「붉은 산」, 『한국단편문학대계』, 제1권, pp.180–190.

들의 몰지각을 폭로하는 대목에 있어서 오히려 그의 붓대는 더욱 날카롭다. 일본 정보기관의 앞잡이 노릇이 직책이며 "육혈포도 차례에 못 간 순사보와 헌병 보조원"의 자리를 큰 벼슬로 알고 으스대는 "그러한 종류의 위인"들의 꼬락서니와, 일본 상인들이 쳐놓은 유혹의 그물에 걸려 그나마의 재산을 날려 버리고 쫓겨 가는 철없는 한국인의 어리석은 모습을 생생하게 그리고 있는 것이다. 참고 삼아 한 구절만 인용해 보기로 하자.

현대적 생활을 영위할 수단 방법도 없고 생산화식(生産貨殖)에 어둡거든, 안빈낙도(安貧樂道)의 생활 철학에나 철저하든지, 이도저도 아닌 비승 비속으로 엉거주춤하고 살아온 가난뱅이 이 민족이, 그 알뜰한 살림이나마 다 내놓고 협포로 물러앉고 나니 열 손가락을 늘이고 앉아서 팔아라! 먹자! 하고 있는 대로 깝살리는 것이 능사다. 그러나 팔고 깝살리는 것도 한이 있지, 화수분으로 무작정하고 나올 듯싶은가! 그렇거나 말거나 이 따위 백성을 휘둘러 내고 휩쓸어 내기야 누워서 떡먹기다.[3]

이것은 동경 유학에서 일시 귀국하는 작품 속의 주인공이 부산에 내리면서 느낀 감회의 일단이다. 부산이라는 곳은 그 당시에도 우리나라 제일의 항구로서 일본 상인들이 가장 빨리 들어온 곳이다. 부산에 들어온 일본 상인들은 얌전한 요리집이며 왜갈보가 득실거리는 유곽 등을 비롯한 향락의 설비로 한국 사람들을 유혹했다. 이 유혹에 걸려 한국의 향락주의자들은 조상에게서 물려받은 재산을 털어 올리고 시외로 쫓겨 가거나 촌으로 기어들어 갔던 것이다.[4] 이리하여 부산의 쓸 만한 곳은 차례로 일본인 손으로 넘어갔거

---

3 염상섭, 「만세전」, 『정수한국문학전집』, 제4권,, p.71.

니와, 작가는 이 부산을 '조선의 축사(縮寫)'라고 단정하며, 작중의 인물 '나'로 하여금,

> 조선을 상징한 것이 부산이다. 외국의 유람객이 조선을 보고자거든 우선 부산에만 끌고 가서 구경을 시켜 주면 그만일 것이다. 나는 이번에 부산의 거리를 들어가 보고 새삼스럽게 놀랐고, 조선의 현실을 본 듯싶었다.

라고 술회하게 하였다.[5]

동인(東仁)이나 횡보(橫步)보다도 더욱 냉철하고 더욱 섬세하게 현실을 폭로한 대표적인 작가로서는 현진건을 들 수 있을 것이다. 그의 초기 작품 「빈처(貧妻)」(1920), 「술 권하는 사회」(1921), 「타락자」(1922) 등은 자신의 개인 생활이 크게 반영된 신변 소설로 알려져 있으나, 그들 작품에 나타난 무능하고 가난한 지식인, 술과 여자, 현숙한 주부 등은 어떤 개인의 특수한 이야기라기보다도 1920년대 우리나라의 일반적 현실의 편모를 전한 것으로 볼 수 있을 것이다. 더욱이 가난하고 고달픈 한 인력거꾼의 슬픈 사연을 주제로 삼은 「운수 좋은 날」(1924)에 있어서, 현진건은 그 당시 한국 사회의 어두운 일면을 생생하게 전하고 있다.

현진건이 조용하게 현실을 관조하고 냉정하게 그것을 묘사한 데 비하여 주로 1930년대에 활발한 작품 활동을 펼친 채만식의 경우는 더 날카로운 독설과 신랄한 표현으로 당시 한국 사회의 모순되고 어두운 측면을 파헤치고 있다. 1934년에 발표한 「레디메이드 인생」에서 그가 그린 한 지식인의 비참

---

4 같은 책, pp.72-73.
5 같은 책, p.71.

한 모습은, 'P'라는 개인의 사정이기보다도 당시의 한국 지식인들이 흔히 경험한 일반적 상황이었다.

> 인텔리 … 인텔리 중에도 아무런 손끝의 기술이 없이 대학이나 전문학교의 졸업증서 한 장을 … 가진 직업 없는 인텔리. … 해마다 천여 명씩 늘어 가는 인텔리 … 뱀을 본 것은 이들 인텔리다. …
>
> 인텔리가 아니었으면 차라리 … 노동자가 되었을 것인데 인텔리인지라 그 속에는 들어갔다가도 도로 달아나는 것이 99퍼센트다. 그 나머지는 모두 어깨가 축 처진 무직 인텔리요, 무력한 문화 예비군 속에서 푸른 한숨만 쉬는 초상집의 주인 없는 개들이다. 레디메이드 인생이다.[6]

신학문을 닦으면 누구나 양반이 되고 출세할 수 있다는 생각에서 비교적 많은 사람들이 학교에 다녔고 더러는 대학에까지 진학했으나, 일본 치하에서 그들이 차지할 일자리는 별로 없었다. 따라서 많은 고등 실업자가 생겼거니와, P는 바로 그러한 사람들의 하나였다.

"밥 값에 밀리고 그것에 졸릴 것이 무서워" 하숙도 제대로 못하고 삼청동 꼭대기에 행랑방 하나를 빌렸으며, 그나마 "볕 구경을 잘 못해서 겨울에도 곰팡이가 슬고, 이불을 며칠씩 그대로 펴 두는 방바닥에서 먼지가 풀신풀신 오르는" 밑바닥 생활. 집주인으로부터 방값, 물값, 전기세 등의 독촉을 받으며 "굶어 죽지 않은 것이 기적"이라고 했을 정도로 궁색한 P의 생활이었으나, 그러나 P보다도 더 가난하고 비참한 사람들이 있었다. 예컨대, 20전에라도 몸을 팔겠다는 술집의 작부와 같은 사람들이다. 채만식은 이토록 어두

---

6 채만식, 「레디메이드 인생」, 『한국단편문학대계』, 제3권, p.13.

운 현실이 일본의 침략 때문이라고 밝혀 말하지는 않았으나, 읽는 사람은 나라 잃은 민족의 슬픔을 여실히 느낀다.[7]

1938년에 발표된 「치숙」은 반어(反語)와 자조(自嘲)로써 우리 민족의 슬픈 현실을 재치 있게 고발하고 있다. "대학교까지 공부한 것 풀어먹지도 못하고, 좋은 청춘 어영부영 다 보냈을 뿐 아니라, 신분(身分)에는 전과자라는 붉은 도장 찍혔으며, 몸에는 병까지 든"[8] 아저씨를 가진 작중 인물 '나'는,

> 그런 걸 보고 가만히 나를 생각하면, 만약 우리 증조할아버지네 집안이 그렇게 치패를 안 해서 나도 전문학교나 대학교를 졸업을 했으면, 혹시 우리 아저씨 모양이 됐을지도 모를 테니 차라리 공부 많이 않고서 이 길로 들어선 게 다행이다. … 이런 생각이 들어요.[9]

라고 말하면서, 일본인 상점의 '고쓰까이(심부름꾼)' 노릇하는 자신의 처지를 "앞길이 환히 트였다."고 스스로 만족해 한다.

『상록수』의 작가 심훈의 경우는 민족의식이 더 적극적인 표현으로 나타나 있다. 3·1운동 때 만세를 부르고 투옥된 경력이 있으며, 한때 중국으로 망명을 하기도 했던 심훈은, 우리 민족의 문제를 단순히 바라보고 탄식함에 그치지 않았다. 『상록수』의 전권을 통하여 우리는 팔장 끼고 앉아서 바라보고만 있을 수 없었던 당시 청년들의 의지를 읽을 수 있다. 주인공 박동혁이 이끄는 농우 회원들이 애향가를 부르는 장면은 이 점을 상징적으로 이야기한다.

---

7 같은 책, p.16, p.28 참조.
8 채만식, 「치숙」, 『한국단편문학대계』, 제3권, p.32.
9 같은 책, p.35.

십오 분 동안에 체조를 마치고, 동녘 하늘을 향해서 산천 정기를 다 마셔들일 듯이 심호흡을 한 뒤에, 청년들은 동그랗게 원을 그리고 서로 손을 잡고 둘러섰다.

이번에는 건배가 한가운데 우뚝 나서며

"자, 애향가(愛鄕歌)를 부릅시다." 하고 뽕나무 막대기를 지휘봉 대신으로 내젓기 시작했다.

...

××만(灣)과 ××산(山)이

마르고 닳토록

정들고 아름다운

우리 한곡(漢谷) 만세!

(후렴) 비바람이 험궂고

　　　물결은 사나와도

　　　피와 땀을 흘려 가며

　　　우리 고향 지키세!

얼굴에 혈조(血潮)를 띠고, 목에 심줄을 세우며 부르고 난 뒤에도 한참 동안이나 묵묵히 서 있다. 오늘 아침에는 은행나무에 몸을 반쯤 가리고 서서 이 노래를 듣다가 감격에 흐느끼는 여자가 있었다. 그는 영신이었다.[10]

애국가를 부를 수 없었던 일제 치하의 젊은이들이, 가사의 일부를 바꾸어 만든 애향가를 대신 부른 모습은, 그 당시 한국 사람들의 심정을 극적으로 묘사한 것이라고 보아서 틀림이 없을 것이다. 『상록수』는 농촌 운동을 통하

───

10　심훈, 『상록수』, 『정수한국문학전집』, 제1권, pp.170~171.

여 우리 민족에게 자력갱생의 길을 열고자 했던 충남 땅 한 시골 청년들의 모임 '공동경작회(共同耕作會)'를 모델로 삼았다 하거니와, 농촌 운동에 대한 꿈은 일제 치하의 생각 있는 청년들이 흔히 한 번쯤은 가져 보았던 일반적 현상이었고, 그 바닥을 흐른 것은 역시 뜨거운 민족의식이었다.

이상에서 언급한 작가 이외에도 민족의식을 작품에 반영시킨 사람은 많이 있다. 박종화(朴鍾和)의 역사소설에도 민족의식이 서려 있고 김내성(金來成)의 대중 소설 『청춘극장』에서도 그것을 찾아볼 수 있다. 시문학의 경우에는 더욱 많은 작가들이 강렬한 민족 정신을 노래하였다. 그러나 이들 문학에 나타난 민족 사상은 체계를 갖춘 정치사상 내지 철학 사상이 아니라, 비교적 소박하고 단편적인 민족의식의 단계에 머물렀다. 그것은 작가의 전문가적 사상이기보다는, 당시의 한국인이면 대개 누구나 가지고 있었던 민족 관념으로서 이해될 수 있는 것이었다. 이광수의 경우와 같이 계몽적이고 선각자적 견지에서 민족주의를 고취한 작품도 있었으나, 대부분의 경우는 일제의 압박에 대한 울분과 조국의 암담한 현실에 대한 개탄을 표명하는 데 그친 것이 많다. 심훈의 작품 세계에 나타난 민족의식은 농촌 운동이라는 구체적 방안을 통하여 약간 적극적인 모습을 띠기는 했으나, 역시 소박한 정열의 단계를 넘어서지 못하고 있다.

일제시대의 소설을 통해서 우리가 알 수 있는 것은, 어떤 작가의 조직화된 민족주의 사상이기보다도, 그 당시의 한국인들이 일반적으로 가지고 있던 민족의식의 모습이라는 점에 도리어 의의가 있다. 대부분의 사람들이 공통적으로 가지고 있었다는 점에서 그 민족의식은 큰 잠재 역량으로서 평가될 수 있는 것이었고, 한편 조직화되기 이전의 산발적인 의식 형태였던 까닭에 큰 성과로 연결되지 못한 아쉬움도 있었다.

3. 지식층과 사회주의

1923년을 전후하여 신경향파(新傾向派)로 불리는 작가들이 등장하였다. 김기진(金基鎭), 박영희(朴英熙), 최학송(崔鶴松), 주요섭(朱耀燮) 등이 대표하는 이른바 신경향파는, 1920년대부터 흘러들기 시작한 사회주의 운동과 때를 같이하여, 빈궁을 소재로 삼고 빈부의 차이를 과장하며, 사회 현실에 대하여 반항적 태도를 취하는 내용의 새로운 경향의 작품을 내놓기 시작하였다. 그 이전의 문학이 중류 이상의 생활을 주제로 삼아 온 것과는 대조적으로, 예컨대 인력거꾼, 매춘부, 빈농 소작인 등의 참담한 생활을 그리는 작품들이 쏟아져 나온 것이다. 이미 현진건의 「운수 좋은 날」에 있어서도, "오래간만에 돈을 얻어서 좁쌀 한 되와 십 전짜리 나무 한 단을 사다 주었더니", 그것으로 밥을 지어 "채 익지도 않은 것을 … 숟가락은 고만두고 손으로 움켜서 두 뺨에 주먹덩이 같은 혹이 불거지도록 누가 빼앗을 듯이 처박질하더니만", 그날 저녁부터 배탈이 나서 신음하는 아내에게, 달포가 넘어도 약 한 첩 못 쓰다가, 하루는 운수가 좋아 좀 낫게 번 돈으로 아내의 소원인 설렁탕 한 그릇을 사 가지고 집으로 돌아왔을 때, 아내는 이미 숨이 끊어져 있는 인력거꾼의 참담한 사정이 그려지고 있다.[11] 그러나 현진건은 인력거꾼의 가난한 삶을 생생하게 묘사함에 그쳤고, 그에 대한 해석이나 사회 비판 같은 것을 직접 시도하지는 않았다. 이에 비하여 최학송은 한 걸음 더 나아가 빈곤의 책임을 사회에 돌리는 현실 비판을 의도적으로 폭발시키는 차이를 보였다. 그의 대표작 「탈출기」에서 한 구절을 인용해 보자.

---

11 현진건이 「운수 좋은 날」을 발표한 것은 1924년이니, 신경향파의 작품이 나오기 시작한 때에 해당한다.

겨울은 점점 깊어 가고, 기한은 점점 박도하였다. 일자리는 없고 그렇다고 손을 털고 앉았을 수도 없었다. 모든 식구가 퍼래서 굶고 앉은 꼴을 나는 그저 볼 수 없었다. 시퍼런 칼이라도 들고 하루라도 괴로운 생을 모면하도록 쿡쿡 찔러 없애고 나까지 없어지든지, 그렇지 않으면 칼을 들고 나서서 강도질이라도 하여서 기한을 면하든지 하는 수밖에는 더 도리가 없게 절박하였다. … 나는 여태까지 세상에 대하여 충실하였다. … 그러나 세상은 우리를 속였다. 우리의 충실을 받지 않았다. 도리어 충실한 우리를 모욕하고 멸시하고 학대하였다. 우리는 여태까지 속아 살았다. 포악하고 위험스럽고 요사한 무리를 용납하고 옹호하는 세상인 것을 참으로 몰랐다. 우리는 우리로서 살아온 것이 아니라 어떤 험악한 제도의 희생자로서 살아왔다.[12]

백철이나 조연현 같은 국문학자들에 따르면, 최학송, 주요섭 등의 작품은 뚜렷한 계급의식에 근거한 것은 아니고, 다만 "순전히 개인적 자연 발생적 의식 과정의 표현"이거나, 또는 "무산계급에 대한 인도적인 동정심"을 토대로 삼은 감상주의의 단계를 벗어나지 못한 것이다.[13] 그렇게 보는 근거는 작품 그 자체의 내용에도 있겠지만, 이들 이른바 신경향파 작가들은 프로 문학의 조직체였던 '카프'의 주동 성원으로서 활동하지 않고 오직 개인의 위치에서 동조함에 그친 그들의 이력에도 있을 것이다.

1925년에 '조선 프롤레타리아 예술동맹'의 결성을 보았고, 이때부터 본격적인 프로 문학이 출현한 것은 널리 알려진 사실이다. 예술을 위한 예술 또는 순수 문학을 지향하던 『창조(創造)』나 『백조(白潮)』 또는 『조선문단(朝鮮

---

12 최학송, 「탈출기」, 이병기·백철, 『국문학전사』, p.337에서 전재.
13 이병기·백철, 『국문학전사』, p.337 및 조연현, 『한국현대문학사』, p.406 참조.

文壇)」의 문학적 태도를 정면에서 공격하면서, 뚜렷한 문제 의식과 정치적 목적에 입각한 문학 활동이 시작된 것이다. '조선 프롤레타리아 예술동맹', 즉 '카프'의 중심 인물이었던 박영희가 1927년에 발표한 「문예 운동의 방향 전환론」이라는 평론의 한 구절은, 신경향파 문학에서 본격적 프로 문학으로의 전환을 당연한 추이로서 고취하고 있다.

> 과거의 빈궁 소설, 극도에 이른 생활관만을 묘사하던 자연생장적 소설로부터 '프롤레타리아'의 문예 운동은 계급적 혁명을 위한 목적의식을 갖게 되어야 한다. 이럼으로써 조선의 사회 현실에 당면한 문예 운동은 자연생장성에서 목적의식으로 전환되지 아니하면 안 된다. 무산계급 문학 운동은 이곳에서 또다시 전개된다.[14]

백철의 증언에 의하면, 1924–1925년경부터 약 10년 동안은 프롤레타리아 문학이 문단을 제패한 시대라고 볼 수 있을 정도로, 한때는 그 세력이 압도적이었다. "프롤레타리아 문학은, 혹은 아나키즘에 대하여, 혹은 민족파, 절충파에 대하여, 또는 예술파에 대하여, 동정남벌(東征南伐)의 격렬한 논쟁과 공격을 전개"하여 항상 패권을 장악했다는 것이다.[15]

문학사에 대한 문외한이 일제시대 사람들의 의식구조의 일부를 살펴보고자 하는 이 소론에서, 그 당시 어떠한 프로 문학의 작품이 나왔고, 어떠한 예술 논쟁이 교환되었는가는 별로 문제가 되지 않는다. 여기서 우리가 알고 싶은 것은 문학이 아니라 가치관이다. 비록 짧은 기간이기는 하였으나, 프로

---

14 이병기·백철, 「국문학전사」, p.354.
15 같은 책, p.351.

문학이 문단을 크게 흔들어 놓았다는 사실이 의미하는 바가 무엇인지, 그것을 분석해 보는 일이 우리의 주된 관심사가 아닐 수 없다.

마르크스주의를 수입한 러시아가 공산 혁명에 성공한 것은 1917년이었다. 이 혁명의 성공을 계기로 공산주의 사상은 갑자기 세력을 떨치며 세계 각국으로 번지기 시작하였다. 특히 우리나라는 이 새로운 정치사상이 침투하기 쉬운 몇 가지 여건을 준비하고 있었다. 첫째로, 우리나라의 북단은 러시아 영토인 연해주(沿海州)와 국경선을 나누는 지리적 접근이 있었으며, 빈곤 또는 정치적 압박에 밀린 많은 동포들이 만주와 중국 본토 방면으로 이주 또는 망명함으로써 소련의 공산주의와 접촉할 기회를 가졌다. 둘째로, 일제의 가혹한 식민지 정책 아래서 국민 생활이 극도의 빈궁을 겪고 있었다. 셋째로, 1919년의 3·1 운동을 치른 국민들은 일종의 허탈감에 빠지게 되어, 새로운 자극을 민감하게 받아들이기 쉬운 심리 상태에 있었다. 넷째로, 일본에도 한때 공산주의 운동이 활발했으며, 만약 일본이 공산화된다면 조선은 자동적으로 일제의 지배를 벗어나게 되리라는 계산이 많은 우리나라 사람들로 하여금 일본의 공산주의자들과 손을 잡게 하였다. 이러한 여건에 편승하여, 러시아 혁명이 일어난 지 3개월 후인 1918년 1월에는 벌써 이르쿠츠크에 거주하던 남만춘(南萬春), 김철훈(金哲勳) 등이 고려공산당을 결성하게 되었고, 그 뒤 국내외 여기저기에 서울청년회, 무산자동맹, 화요회(火曜會), 북풍회(北風會) 등 공산주의 단체가 나타났다. 그리고 1925년 4월에는 화요회가 주동이 되어 다른 몇 개의 단체와 통합함으로써 조선공산당을 결성하기에 이르렀다.[16]

'조선 프롤레타리아 예술동맹'이 생긴 것은 이러한 배경에 의하여 뒷받침

---

16 홍태식, 『한국 공산주의 운동 연구와 비판』, 삼성출판사, 1969, pp.360-366 참조.

되었던 것이며, 프로 문학이 한때 문단을 제패하게 된 것도 이 같은 조류를 타고 생긴 일이다. 특히 주목되는 것은 공산주의에서 기본 계급으로 일컫는 노동자나 농민들보다도 그 당시의 지식층, 즉 중류 이상의 출신 가운데 좌경한 사람들이 많았다는 사실이다. 좌경 문인들의 경우는 이 점이 더욱 현저하다. 문인들 가운데 최학송과 같이 육체노동에 종사한 이력을 가진 사람도 없지 않았으나(최학송도 부친은 한의사였다 하니 출신으로 볼 때 노동계급은 아니다) 문인들은 역시 지식층에 속했으므로 프로 문학에 가담했던 작가들도 대부분은 계급적 필연성에 의하여 그 길로 들어선 것은 아니었다.

일본에 있어서도, 1920년대와 1930년대에 많은 지식인들이 공산주의 내지 사회주의로 기울어졌다. 특히 인도적 이상주의의 경향을 갖기 쉬운 젊은 지식인들이 공산주의를 그러한 시각에서 받아들인 경우가 많았고, 그 당시는 공산주의가 극히 새롭고 미래지향적인 사상이었다는 사실이 많은 젊은 이들에게 매력을 가졌기 때문이라고 분석된다. 어쨌든, 공산주의 내지 사회주의가 일본의 지식사회에서 크게 유행되었다는 사실은, 일본 교육기관에서 공부하게 된 우리나라 젊은이들에게 막대한 영향을 미치게 되었고, 문인들의 경우도 자연히 그러한 조류에 휩쓸리게 되었던 것이다. 우리나라의 프로 문학은 소련의 직접적인 영향의 결과이기보다도 일본을 통해서 들어온 공산주의 물결의 한 측면이었다고 볼 수 있을 것이다.

일제시대의 한국인으로서 고등교육을 받을 수 있었던 것은 대부분의 경우 지주계급의 자녀들이었다. 지주계급의 출신이 공산주의를 택했다는 것은 자신의 계급을 이탈한 태도 결정이라고 보겠거니와, 젊은 지성인들이 굳이 자신의 출신 계급을 등지게 된 심리를 우리는 몇 가지 이유로 분석할 수가 있을 것이다. 첫째로, 자기의 아버지나 할아버지가 소작인들을 착취하는 과정을 가까이서 목격한 젊은 지성인들은 그 불합리성을 간과하기 어려웠고, 따라서 아버지나 할아버지에 대한 비판이 자책(自責)의 감정으로 발전했을 것이다. 아버지나 할아버지를 대신한 죄의식이 일종의 반작용 심리를 자극할 때, 자기의 출신 계급에 대한 증오감으로 발전하기는 어려운 일이 아니다. 둘째로, 공산주의의 유물사관을 따르면, 앞으로 공산주의는 반드시 승리하기 마련이었다. 공산주의가 상승세에 있던 그 당시의 분위기 속에서 이러한 역사적 예언은 그대로 신봉되기 쉬웠고, 미래지향적인 젊은 지식인들은, 지식인의 일반적인 이기적 계산에 의하여, 앞으로 승자가 될 진영으로 전향하는 것이 현명하다고 판단했을 가능성이 크다. 셋째로, 그 당시에 있어서 공산주의는 일종의 상승 기류를 타고 지식사회에 유행하였다. 유행에 뒤떨어지기 싫은 심리와 공산주의와 지식층을 연결시키는 일종의 우월감이 젊은 지식인을 좌경의 길로 채찍질한다는 것은 충분히 있을 수 있는 일이었다.

프로 문학의 기수로서 그 당시에 활약했던 사람들의 이력을 일부 살펴보면, 그들의 출신 성분과 문학 사이에 일종의 접목 현상이 있음을 곧 발견할 수 있을 것이다. 자연발생적 신경향파 문학의 단계를 넘어서서 본격적인 프로 문학으로 발전시키는 데 크게 활약한 중심 인물로 알려진 김기진과 박영희는 모두 배재고보를 거쳐 동경에까지 유학한 사람이었다. 신경향파 작가의 대표로 알려진 주요섭은 상해에 유학한 인텔리였고, 이익상(李益相)은 신문사의 학예부장과 편집국장을 역임한 사람이다. 1920년대 중반부터 문단에 나타나서 프로 문학에 가담했고, 광복 후에 월북한 이기영(李箕永)도 은행원을 거쳐서 일본에 유학한 경력을 가진 인텔리였다. 신경향파 시인으로 알려진 이상화(李相和)는 대구의 명문 출신으로서, 중앙고보를 거쳐서 일본에 유학하였고 귀국한 뒤에는 영어와 역사를 가르치는 교사 노릇을 한 일이 있었다. 동반자 작가로 불리는 유진오와 이효석은 모두 경성제국대학을 나온 사람들이었고, 역시 동반자 작가로 알려진 채만식은 전북의 지주를 아버지로 태어나 중앙고보를 거쳐 와세다대학에 입학했던 사람이었다. 이러한 이름들이 프로 문학과 관계를 가졌다는 사실을 통하여, 우리는 일제의 어려운 세월 속에서 이 땅의 젊은 지식인들이 겪었던 고민과 방황의 일면을 짐작하게 된다. 인간은 본래 방황하기 마련이지만, 정치적 혼란기를 당하면 더욱 방황하기 쉽다는 사실을 여기서도 보게 된다.

프로 문학 내지 공산주의 사상으로 기울어진 지식인들이 반드시 깊은 이론적 연구를 거쳐서 그 길을 택한 것이라고 보기도 어렵다. 개중에는 물론 상당히 공부를 한 사람들도 있겠지만, 많은 경우에 있어서 그들이 가졌던 이론적 배경은 매우 소박한 초보적 단계에 머물렀던 것으로 보인다. 그 당시에 발표된 논문의 일절은 이러한 사정을 여실히 알려 준다.

사회 진화 사상 관점에서 19세기를 불죠아 혁명기라 할 것 같으면, 20세기에 와서 구주대전, 露大革命 이후로부터는 사회 혁명기(푸로레타리아 혁명기)가 시작되었고 ×××××한다. 각 변동기마다 사회 무대에 나와서 춤추는 계급들의 관계는 항상 不一할 것이 사실이겠다. 불죠아 혁명기에는 불죠아가 第三班列 解放運動의 지도자가 되어 貴賤的으로 존비의 구별이 있는 班列社會를 개조하고, 貧富的으로 구별이 有한 계급사회를 개조하여, 자기의 부권 실력을 이용하여 국가의 주권을 장악하면서 다수 農勞群衆을 착취하고 압박하였다. 현재 푸로레타리아 혁명기에 至하여는, 曾前 불죠아가 귀족 반열과 대립하던 것같이, 푸로레타리아가 불죠아와 대립하여 빈부의 구별이 유한 계급사회를 전복하려 한다. 이에 赤露를 擧例하여 보면 노동 계급이 농민과 동맹하여 국권을 독점하면서 舊守的인 불죠아의 政治上 及 經濟上 權勢를 빼앗아 가지고 국가 자본 제도를 경유하여 혁명적 신사회를 건설하려 한다.[17]

---

17 박우춘, 「세계농민운동의 과거와 현재」, 「개벽」, 36호, 1925 참조.

물론 일반 독자를 위한 계몽적인 글이기는 하겠으나, 극히 초보적인 내용의 논문을 당시의 유일한 종합지였던 『개벽』에 실었다는 사실은 사회사상에 대한 연구가 일반적으로 아직 낮은 수준을 벗어나지 못했음을 암시한다고 볼 수 있을 것이다. 같은 수준의 글을 우리는 김기진의 「계급문학의 의의」라는 논문에서도 찾아볼 수가 있다.

> 사회 상태는 변천하여 계급의 대립을 세워 놓았다. 이것은 생활 상태의 분열이다. 그리고 이 생활 상태의 분열은 생활 의식의 분열을 일으키었다. 이것이 근대적 자본주의가 가져온 커다란 효과다. 그리고 생활 의식의 분열은 美意識의 분열을 일으키었다. 여기서 하나의 美感 내지 美學이 있고, 이와 반대로 어디까지든지 새로운 美를 찾고 反逆의 美를 高唱하는 것은 또 하나의 미감 내지 미학이다. 이것은 미의식의 분열에 관한 一二例를 들었음에 불과한 것이다. 하여튼 생활 상태의 분열은 하나와 또 하나의 대립, 인생관, 처세관, 윤리관, 문예관의 분열을 일으킨 것은 사실이다.[18]

이것은 계급이 다르면 의식구조도 다르고 가치관도 다르다는 그들의 기초적인 학설을 소개한 것이거니와, 그 표현이 미숙하고 장황한 점에서 그 당시의 학문적 수준을 점칠 수 있게 한다. 1920년대 또는 1930년대에 학생 시절을 보낸 인사들 가운데, 『자본론』을 읽었다는 사람을 흔히 볼 수 있으나 과연 어느 정도 깊게 읽었는지는 의문이다.

이해의 심도는 어떻든간에, 그것은 새로운 사상이었고 그것에 대한 비판적 반론도 별로 소개되기 이전이었던 까닭, 그리고 그것은 일제에 항거하는

---

18 김기진, 「계급문학의 의의」, 『개벽』, 1925년 2월호 참조.

길이기도 했던 까닭에, 지식층의 많은 젊은이들이 그 길로 쏠리게 되었다. 그러나 자신이 노동자나 빈농의 출신이어서 투철한 계급의식의 토대가 있었던 것도 아니고, 또 깊은 학문적 이해에 기초를 둔 신념의 경지도 아닌바 다분히 젊은 혈기와 유행의 심리가 작용한 사조였던 까닭에, 언젠가는 와해될 가능성을 숨긴 거센 흐름이었다. 그 와해의 일부는 일제의 검거와 탄압에 의해서 촉진되었고, 남은 일부는 8·15 이후에 체험한 공산주의의 실제에 의하여 초래되었다.

그러나 비록 소수이기는 하였으나, 좌익에서 말하는 기본 출신의 성분을 가진 공산주의자들도 있었다. 일본 정부의 좌익 탄압이 심해지자 혹은 지하로 숨기도 하고 혹은 해외로 망명하기도 하여 가며 은밀한 활동을 계속하다가, 8·15를 맞아 공산 진영에서 크게 활약한 사람들 가운데는 이 부류의 사람들이 적지 않다.

4. 빈약한 민주주의의 기반

광복과 더불어 38선 남쪽에는 미군이 진주하였고, 미국의 큰 영향을 받아 가며 우리는 '자유민주주의'를 향하여 역사적인 출발을 하였다. 우리 한국의 정치 내지 사회의 자연적 발전의 결과로서 자생적으로 민주주의의 싹이 튼 것이 아니라, 밖으로부터 그 모종을 수입해 온 격이 되었다. 밖으로부터 들여온 모종이 잘 자라기 위해서는 그것의 착근과 성장에 적합한 토양의 준비가 필요하거니와, 그 당시에 과연 어느 정도의 준비가 되어 있었을까?

미국을 통해서 한국에 들어온 민주주의는 개인의 인권과 자유를 기본 전제로 삼는 것이며 개인들의 자율적 협동을 통하여 사회의 질서와 번영을 실현함을 목표로 삼는다. 이 목표가 실현될 수 있기 위해서는 국민의 대다수가 민주주의의 기본 정신이 무엇임을 이해하고 또 그 이념을 실천에 옮길 수 있는 심성을 갖추고 있어야 한다. 예컨대 민주주의가 내세우는 자유와 평등이 무엇인가를 이해하고, 내 권익뿐 아니라 남이 권익도 한결같이 존중하며, 공동체의 질서와 번영을 위해서 자발적으로 협동하는 마음가짐을 어느 정도 체득해야 한다. 과연 구한말에서 일제시대에 걸친 기간에 있어서 우리 한국인이 가졌던 민주 의식 내지 시민 의식의 수준은 어느 정도였을까?

개화 초기에 쓰인 신소설에는 가끔 민주주의와 직접 관련된 이야기가 나오고 있다. 예컨대, 이인직의 『설중매』에는 독립회관에서 개최된 연설회의 광경이 소개되면서, 거기 나오는 연사로 하여금 민주주의적 발언을 토로하게 하는 대목이 있다.

> "나의 말씀한 바 권리가 동등이 됨은 여러분도 다 아시는 바이어니와, 타일 협회 설립할 때에 재산과 지식이 없는 자라 하여 하등 인민을 정권에 참여치 못하게 할 이치가 없는 것은 명백함이오. 구라파에서도 영·미 제국은 동등 권리의 주의를 행하고, 홀로 압제를 주장하는 독일과 아라사 등 국에는 전제 정치를 행하여 형법상에는 편리하나, 인민의 권리는 조금도 진보되지 못하였으니, 여러분은 우리나라 정치 개량을 영미 제국을 본받을지오, 독일과 아라사 같은 전제 정치를 행치 말지어다."[19]

이광수의 작품에서도 민주주의 사상의 맹아라고 볼 수 있는 구절들이 여기저기 보인다. 이인직의 경우에도 그랬듯이, 문벌의 타파와 신분 사회의 모순을 역설하는 대목도 있고, 남녀의 동등과 여성의 해방을 주장하는 구절도 있다. 또 때로는 권위주의적 교육을 물리치고 학생의 의사와 자유를 존중

---

19 이인직, 『설중매』, 『정수한국문학전집』, 제3권, p. 89.

하는 새로운 교육을 찬양하기도 하였다. 이렇듯 이광수는 주로 민주주의의 도덕적 측면을 역설하였고, 그 정치적 측면에 대해서는 별로 언급이 없다. 이인직의 경우는 아직 구한말에 독립협회(獨立協會)가 활동하던 시대를 배경으로 삼은 까닭에, 올바른 정치의 길을 논할 흥미가 남아 있었을 것이나, 이광수가 문필가로서 활약하던 때는 이미 나라의 주권을 일본에게 유린당한 뒤였던 까닭에, 우선 나라를 되찾기 전에는 민주정치나 독재정치나를 막론하고 우리 한국인의 당면한 문제가 아니었다는 사실에서 자연히 정치는 관심 밖으로 밀려난 것이 아닌가 생각한다.

이광수는 그래도 계몽주의자였던 까닭에 민주주의 도덕을 고취하는 말을 즐겨 작품에 담았지만, 그 뒤에 순수문학에 뜻을 둔 작가들의 경우에는 그러한 설득도 차차 자취를 감춘다. 사회참여의 성격이 강한 작품의 경우에는 그 뒤에도 곳곳에서 당위적 발언을 발견할 수 있으나, 『상록수』의 채영신이 흑석리 어느 환갑집에서 기생과 광대까지 불러다 호화로운 잔치를 벌이고 있는 현자에 뛰어들어,

"여러분, 이런 공평치 못한 일이 세상에 있습니까? 어느 누구는 자기 환갑이라고 이렇게 질탕히 노는데, 배우는 데까지 굶주리는 이 어린이들은 비바람을 가릴 집 한 간이 없어서 그나마 길바닥으로 쫓겨났습니다. 이 아이들이 도대체 누구의 자손입니까?"

하고 항변하는 대목이 그렇듯이, 불평등에 대한 사회 고발의 색채가 강한 것이 많다.[20]

20　심훈, 『상록수』, 『정수한국문학전집』, 제1권, p.179.

1896년에 창립을 보게 된 독립협회의 지도자들은 서구적 민주주의의 기본 개념을 대략 파악하고 있었으며, 그것을 새 시대를 위한 정치의 지표로서 제시하였다. 독립협회는 우선 자주 독립을 기본 전제로 삼고, 그 기초 위에서 자유 민권과 자강(自强) 개혁의 사상을 고취했던 것이다. 19세기 말엽 열강이 우리나라를 식민지화하려고 온갖 획책을 다했던 시기에 결성된 애국 단체로서, 첫째로 자주 독립을 당면의 목표로 삼은 것은 당연한 일이며, 자주 독립을 확보한 다음에 조국을 자유 민권의 민주주의 원칙을 따라 근대화하고 자강 개혁의 이념을 따라서 발전시키자는 것이 구한말 선각자들의 정치철학이었다고 보인다.

민주주의에 입각한 국가 발전의 세 기본 원칙을 세운 독립협회는 정치, 경제, 교육, 국방, 사회 등 여러 분야에 걸쳐서 비교적 광범위한 세칙까지도 제시하고 있다. 생명과 재산의 자유, 언론과 집회의 자유 등 국민의 기본권을 상세히 규정하고, 신분제도의 폐지와 남녀의 평등 등 만민 평등의 이론을 전개하였음은 물론, 모든 국민의 참정을 바탕으로 한 입헌 대의 정체의 수립, 새 교육제도의 실시 등 여러 가지 문제에 관해서 구체적으로 언급하고 있다.[21]

1896년 7월에 창립된 독립협회는 1898년 11월에 이른바 독립협회 사건을 계기로 해산을 당했고, 그 뒤 만민공동회(萬民共同會)의 이름으로 잠시 생명을 연장했으나 다음 해에는 그것도 종식을 고하였다. 이리하여 정부의 부패와 무력은 다시 계속되었고, 일제의 마수는 날로 접근하여, 자유 독립을

---

21 독립협회의 정치 이론과 사회 이념 등 여러 가지 주장은 『독립신문』, 『황성신문(皇城新聞)』 등을 통하여 발표되었고, 협회가 주최한 토론회 등에서도 논의되었다. 이 소설에 있어서 독립협회에 관한 요약은 신용하(愼鏞廈)의 『독립협회의 사회사상 연구』(한국문화연구소, 1973)에 주로 의존하였다.

실현하려던 독립협회의 뜻은 수포로 돌아갔으니, 그 협회가 제시했던 민주주의의 이념도 따라서 무산되고 말았다.

그러나 독립협회의 의의를 소수의 소박한 꿈에 불과한 것으로 과소평가해서는 안 될 것이다. 여기서 특히 주목을 끄는 것은 당시 각계각층에서 독립협회의 주장에 공명하고 이를 지지했다는 사실이다. 이 협회는 전국 각지에 지방지회를 설치한 전국적 조직이었고, 또 협성회(協成會), 광무협회(光武協會), 순성회(順成會) 등 여러 자매 단체에 의해서 협찬을 받은 대중의 지반을 가진 단체였다. 그것도 타율적 강권에 의해서 지회나 자매 단체를 만든 것이 아니라, 자발적인 호응과 요구에 의해서 그렇게 된 것이다. 신용하(慎鏞廈)는 독립협회의 지방지회가 설치된 사정을 다음과 같이 전하고 있다.

> 독립협회는 지회 설립에 적극성이 없었으므로, 이 시기에 지회 창립은 전혀 그 지방민이 자발적으로 발기인단을 구성하여 서울의 독립협회에 대표를 보내어 지회 설치 인가를 호소하여 겨우 인가를 얻거나 거부당하는 형편이었다.[22]

독립협회에 대한 대중의 호응과 지지는 민중 대회와 찬조금의 구체적 사례가 이를 더욱 여실히 입증한다. 기록에 따르면, 독립협회가 주최한 서울의 민중 대회에, 당시 서울 인구의 10분의 1에 해당하는 3만 명이 운집한 일이 있다. 또 상인, 농민, 노동자, 천민 등 여러 계층의 사람들이 보조금 헌납과 기타의 행위로써 독립협회의 사업에 성원을 보냈다.[23] 이러한 사실은 우

---

22 신용하, 『독립협회의 사회사상 연구』, pp.32-33. 신교수의 이 주장은 그 당시의 『독립신문』 기사에 근거를 두었다.
23 같은 책, pp.49-56 참조.

리 한국의 대중이 새 시대에 눈뜨기 시작했음을 의미하는 것이며, 만약 일제의 침략이 우리 민족의 자주적 발전을 방해하지 않았더라면 19세기 말엽에 시작된 새로운 움직임이 상당히 좋은 결과를 가져올 수도 있었을 것임을 암시한다.

일제 36년의 식민지 정책은 민주주의의 싹을 의식적으로 말살하는 성질의 것이었다. 군벌이 정치의 실권을 오래 장악했던 일본은 그 자체 비민주적 요소를 많이 가지고 있던 나라이지만, 특히 우리 한국에 대해서는 무력과 관료주의의 통치로써 일관하였다. 자기 나라에서 채택하였던 대의원제도 한국에는 적용하지 않았으며, 조선총독부의 어용 기관인 도회의원(道會議員)이니 면협의회원(面協議會員)이니 하는 것을 선출함에 있어서도 소수의 제한된 사람들에게만 투표권을 주어서 우리 민족을 분열시키는 결과를 조장하였다. 학교교육에 있어서도 인권이니 민주주의니 하는 것을 힘써 가르치지 않았으므로, 그 방면의 훈련을 받을 기회가 거의 없었다. 짧게 말해서, 일제 36년은 우리 한국 사람들의 민주주의적 자각을 억제한 답보의 시기였다고 볼 수 있을 것이다.

올바른 민주주의의 훈련을 받을 기회는 없었지만 그래도 서구의 문물은 조금씩 흘러들어 왔고, 신학문을 배운 사람들의 수효가 늘어 감을 따라서 민도도 약간은 개발되는 측면이 있었다. 특히 자유와 평등에 대한 관념 따위는 조금씩 성장하는 경향을 보였다고 인정해야 할 것이다. 채만식이 1934년에 발표한 「레디메이드 인생」의 한 구절은 이 점에 관해서 약간의 참고가 될 것으로 보인다.

갑신정변(甲申政變)에 싹이 트기 시작하여 가지고 한일합방의 급격한 역사적 변천을 거치어 자유주의의 사조는 기미년에 비로소 확실한 걸음을 내어디디었다. 자유주의의 새로운 깃발을 내어걸은 시민(市民)의 기세는 등등하였다.

　"양반! 흥! 누구는 발이 하나길래 너희만 양발(반)이라느냐?"

　"법률의 앞에서는 만민이 평등이다."

　"돈… 돈이 있으면 무어든지 할 수 있다."

　신흥 부르주아지는 민주주의의 간판을 이용하여 노동자 농민의 등을 어루만지고, 경제적으로 유력한 봉건 귀족과 악수를 하는 동시에 지식 계급을 대량으로 주문하였다.[24]

　동반자(同伴者) 작가로 알려졌던 채만식의 냉소 섞인 일절이다. 반드시 사회상에 대한 정확한 묘사를 의도하고 쓰인 것은 아닐지 모르나, 사람들이 점차 자아에 눈뜨게 되고 자유니 평등이니 하는 것을 제 나름대로 해석하는 자본주의 초기의 풍조가 일기 시작했다는 것을 짐작하기에는 도움이 될 것이다. 어쨌든, 일제의 압박 아래서도 우리 민족이 차츰 개화의 방향으로 움직여 간 것은 사실이라 하겠다. 그리고 신분 사회의 불합리성에 대한 자각이 늘어나는 동시에 개인의 권리 의식도 차차 높아졌음에 틀림이 없다. 그리고 그와 같은 자각과 의식이 민주주의의 실현을 위한 준비의 일부가 될 수 있음에도 의심의 여지가 없다.

　그러나 자신의 권리 의식은 민주주의 실현을 위한 준비의 한 측면에 불과하다. 자기의 권리를 일방적으로 주장함에 그치고 남의 권리 또는 자신의 의무를 동시에 존중하는 공정성이 결여된다면, 한갓 이기주의로 흐르기 쉬우며 참된 민주주의의 실현은 기대하기 어렵다. 그런데 일제시대의 우리나라는 극심한 생활고에 시달렸을 뿐 아니라, 가족주의적 이기심이 여전했던 까

---

24 채만식, 「레디메이드 인생」, 『한국단편문학대계』, 제3권, p.12.

닭에, 남의 권익이나 공동체를 생각하는 마음이 미약한 상태에 머물렀다. 그리고 또 관존민비와 권위주의적 사고를 벗어나지 못했고, 사리(事理)를 따라 합리적으로 생각하는 습관이나 남의 의견에 귀를 기울여 가며 조용히 대화를 나누는 훈련을 거의 쌓지 못한 형편이었다. 이와 같은 여러 가지 점을 고려할 때, 8 · 15를 맞이했을 무렵에 있어서 우리나라가 갖추었던 민주주의 실현을 위한 준비는 극히 미약했다고 보아야 할 것이다.

5장
가족주의와 효

1. 위축된 생활 목표

2. 효와 혈통 관념

3. 과도기에 처한 대가족제도

5장 가족주의와 효

1. 위축된 생활 목표

가치관의 문제에 있어서 가장 근본적인 것은 삶의 궁극목적을 어디에 두느냐 하는 그것이다. 사람들은 의식 또는 무의식 가운데 추구하는 삶의 목표를 가졌다. 우리들의 행위는 거의 모든 경우에 있어서 저 삶의 목적과 연결되어 있다. 한 개인의 생애가 보람찬 것이 되기 위해서 우선 필요한 것은 그가 세운 삶의 목표가 확고부동한 것인 동시에 그의 행위 또는 실천이 그 목적에 잘 부합하는 일이다. 그리고 더욱 중요한 것은 그가 선택한 목표가 같은 사회의 다른 사람들의 목표 및 공동체의 요청과 잘 조화되는 일이다. 같은 사회에 속하는 개인들의 목표가 서로 충돌하거나 개인들의 목표가 공동체의 요구와 어긋날 경우에는 건전한 사회 발전이 어려워지는 동시에, 개인적 목표의 달성도 결국은 어렵게 된다.

조선시대의 소설을 읽는 사람은, 거기 사람들의 삶의 목표가 비교적 뚜렷하게 나타나 있음을 발견한다. 양반계급의 경우는 대개 글공부하여 과거에 장원하고 높은 벼슬 자리에 올라 가문을 빛내는 일, 좋은 배필을 만나 결혼하고 훌륭한 아들딸 낳아 행복한 가정을 꾸미는 일, 학덕을 연마하여 이름을 후세에 남기는 일 등이 사람들의 이상이었다. 한편 양반이 못 되는 서민의 경우는 생업에 종사하여 물질생활의 안정을 얻은 위에, 단란하고 행복한 가정생활을 즐기며, 위로는 조상의 제사를 성심껏 받들고 아래로는 일 잘하고 효성스러운 자녀들의 재미를 보아 가며 오래오래 살다가, 후손들이 살기에 어렵지 않을 정도의 유산을 남기고 가는 것이 일반적인 소망이었다.

그러나 일제시대에 쓰인 소설에서는 옳든 그르든 뚜렷한 삶의 이상이 나타나 있음을 찾아보기 어렵다. 간혹 삶의 목표로 볼 수 있는 것이 나타나 있을 경우에도, 그것은 매우 소극적이며 위축된 것임을 면치 못한다. 고관 대작의 벼슬 자리를 한국인에게 줄 리 없으니 입신양명하여 가문을 빛낸다는 것도 사실상 꿈 같은 소망이고, 본래 넉넉하지 못하던 국민경제가 일본인에 의하여 크게 침식을 당했으므로 물질생활의 안정을 얻는 일도 어려운 형편이었던 까닭에, 희망에 찬 이상을 품는다는 것이 자연 쉽지 않았던 것으로 보인다.

모든 일이 어려운 사정 속에서, 사람들의 가장 큰 관심사는 역시 경제생활의 안정이었던 것으로 보인다. 우리나라에서는 고래로 여자의 정조를 지극히 귀중한 것으로 여기는 전통이 있었거니와, 그 정조를 팔아서라도 생계의 대책을 마련하는 생활 태도를 주제로 삼은 소설을 볼 수 있을 정도로, 빈민층에게는 생존이 심각한 문제가 아닐 수 없었다. 정조를 팔아서 생계를 해결하는 이야기를 줄거리로 삼은 작품으로서는 김동인의 「감자」가 널리 알려져 있거니와, 김유정의 작품 가운데도 그와 비슷한 것을 찾아볼 수 있다. 그가 1933년에 발표한 「산골 나그네」는, 어디선가 떠돌아 온 젊은 아낙네가 과부임을 사칭하고, 술집 아들 덕돌이와 위장 결혼을 한 다음, 밤에 옷을 훔쳐 가지고 도망친 이야기로 엮어졌다. 집은 극도로 가난하고 남편은 병들어 누운 딱한 사정 아래서 그녀가 취할 수 있었던 궁여지책이었다. 대단치 않은 의복

몇 가지 훔치기 위해서 며칠 동안 남의 아내 노릇을 한 것이지만, 그것은 그녀 나름대로 병든 남편을 위한 충실한 아내의 길이기도 하였다.[1]

김유정은 「소나기」에서도 비슷한 소재를 다루었다. 빈농의 부인 쇠돌 엄마는 부자인 이주사와 배가 맞아 몸과 돈을 바꾸어 생계에 보탠다.[2] 쇠돌 아버지도 "이게 웬 땡이냔 듯이 아내를 내어논 채 눈을 살짝 감아 버리고 이주사에게서 나는 옷이나 입고 주는 쌀이나 먹고" 뱃속 편히 살아간다. 쇠돌 엄마와 이주사의 관계는 공공연한 비밀이었으며, "온 동리의 아낙네들은 치맛바람에 팔자 고쳤다고 숙덕거리며 은근히 **시새우는**" 처지였거니와,[3] 특히 춘호의 처는 쇠돌 엄마의 처지를 부러워한다. 돈 2원을 만들어 내라고 독촉이 성화 같은 남편의 소망을 푸는 길은 그밖에 없었기 때문이다. 천행으로 춘호의 처도 얼굴은 반반한 편이어서, 어느 소나기 퍼붓던 날 이주사에게 몸을 맡길 기회를 가졌고, 춘호도 그 눈치를 알고도 모르는 척, 다음 날 돈 2원을 받으러 가는 아내의 화장을 돕는다.[4]

김동인의 「감자」에 있어서나, 김유정의 두 단편에 있어서나 공통되고 주목되는 점은, 아내의 매음을 남편이 대견하게 생각했다는 것과 동리 아낙네들도 그러한 '관계'를 은근히 부러워했다는 사실이다. 아무도 유부녀의 부정(不貞) 그 자체를 잘하는 짓이라고 인정했을 리는 만무하다. 다만 이들 남편이 우리에게 알리는 것은 극도의 빈궁보다는 차라리 그 길이 낫다는 도덕 이전의 생활감정이며, 정조보다도 생존에 우위를 두는 소박한 가치 의식이다.

---

1 김유정, 「산골 나그네」, 『한국단편문학대계』, 제4권, pp.8-16 참조.
2 김유정, 「소나기」, 『한국단편문학대계』, 제4권, p.19 참조.
3 같은 책, p.19(강조는 저자의 첨가).
4 같은 책, pp.17-27.

정비석의 「성황당」에서는 산림법(山林法)을 어기고 경찰에 잡혀 간 남편을 기다릴 것인가 또는 자기에게 정성을 다하는 동네 젊은이 칠성을 따라서 멀리 떠나갈 것인가 하는 갈림길에서 방황하는 산골 아낙네 순이의 미묘한 심리가 더 섬세하게 그려지고 있다. 적어도 3년은 감옥살이를 해야 할 것이라는 말에 마음이 흔들려 칠성을 따라 나선 순이는 도중에서 마음을 돌려 먹고 결국은 남편 현보에게로 돌아오지만, 순이로 하여금 마음을 돌리게 함에 있어서 큰 힘이 된 것은 '성황당'에 대한 신앙심이었던 것으로 암시되고 있다. 즉, 성황님의 보살핌으로 현보는 곧 풀려날 것이라는 기대가 전혀 없었다면, 그녀는 집으로 돌아올 결심을 하기 어려웠을 것으로 보인다. 어쨌든, 「성황당」 전편을 통해서 나타난 산골 아낙네 순이의 가치 서열은, 첫째가 기본 생활의 확보요, 둘째가 남편에 대한 도리요, 항라 적삼과 목메린스 치마 따위의 사치스러운 옷은 그 뒤로 처진다고 보아서 무방할 것이다. 살기 위해서 정절을 꺾을 수 있었을지는 모르나, 호사스러운 생활에 대한 욕심에서 남편을 배반할 수는 없었던 것이 순이의 가치관이었다고 볼 수 있을 것 같다.

이와 같은 해석을 할 수 있는 근거는, 순이의 몸을 탐내는 또 하나의 사나이 산림간수(山林看守) 김주사와 대결하는 대목에서 찾아볼 수 있을 것이다. "분홍 갑사 저고리 사 줄 테니 말 들어 응!" 하며 김주사가 접근했을 때, 그 물건에 욕심이 없었던 것은 아니나, 순이는 단호하게 거절하였다. 다음에 말을 듣지 않으면, 허가 없이 소나무를 찍은 그의 남편을 고발한다고 위협하였으나 역시 끝까지 굽히지 않았다. 그러나 이틀 뒤에 김주사가 순경을 끌고 와서 남편 현보를 잡아 가는 것을 목격하자, "그럴 줄 알았다면 김주사 말을 들어주었던 편이 좋았을걸." 하고 후회했던 것이다.[5]

5 정비석, 「성황당」, 『한국단편문학대계』, 제4권, pp.254-257 참조.

물론, 모든 사람들이 육체적 생존에 최고의 가치를 두었다는 뜻은 아니다. 밑바닥에 깔려 있던 시민층에 그러한 경향이 강했음을 말한 데 그치며, 생활 조건이 다른 사람들에게는 또 다른 가치 의식도 있었을 것임에 틀림이 없다. 예컨대, 계용묵의 「청춘도」는 생존보다도 예술을 중요시해 온 주인공 상하가 예술보다도 더욱 위대한 사랑의 노예가 되고 있는 자기를 발견하는 심리를 묘사하고 있다. "예술을 희생하고 뜻 않은 곳에서 밥을 빌 수 없었던" 상하는 "금주의 사랑 앞에서는 예술의 힘도 생명을 잃는다."는 것을 깨달았던 것이다.[6] 그러나 결핵을 앓으며 생명의 위협을 느끼는 금주의 경우는, 상하에 대한 뜨거운 사랑과 자기의 생명에 대한 사랑의 갈등을 느끼면서, "생명이 있고야 청춘이 있지 않습니까." 하고 반문하였다.[7]

언제나 그렇듯이, 일제시대에 있어서도 각자의 처지를 따라서 사람들의 가치 서열은 다양했을 것이다. 다만 여기 한 가지 확실한 것은, 일반적으로 말해서, 정조를 생명보다도 중요시하던 조선시대의 관념은 조금씩 후퇴하는 반면에, 생명의 가치를 더 높게 보는 경향이 점차로 높아졌다는 사실이다. 이와 같은 가치 의식의 전환은 이미 이광수의 작품에도 반영되고 있다. 『무정』의 여주인공 영채가 청량사(淸凉寺)에서 강간을 당하고 자결한 것으로 알려졌을 때, 신문기자 우선은, "정조가 여자의 생명이니 정조가 깨어지면 몸을 죽이는 것이 마땅하다."고 생각한다. 그러나 남주인공 형식은 우선과는 견해를 달리하였다. 그도 "영채가 그처럼 정절이 굳은 것을 감탄은 한다. 그러나 영채의 이번 행위가 가장 옳은 일이라고는 생각하지 아니한다." 형식은 "충(忠)이나 효(孝)나 정절(貞節)이나 명예가 사람의 생명의 중심은

---

6 계용묵, 「청춘도」, 『한국단편문학대계』, 제2권, p.397.
7 같은 책, p.399.

아니니, 대개 사람의 생명이 충이나 효에 있음이 아니요, 충이나 효가 사람의 생명에서 나옴이라."고 생각하여, 도덕이 생명의 근원이 아니라 생명이 도덕의 근원임을 믿었던 것이다.[8]

경제적 생활의 안정을 넘어서서 출세도 하고 가문도 빛내기를 원하는 생각이 일제시대라고 없어졌을 리는 물론 없다. 이광수의 『무정』 가운데도, 하숙집 노파가 형식에게 "왜 벼슬을 안 하느냐?"고 성화를 하면서 벼슬 못하는 남자는 불쌍한 사람이라고 생각한다는 이야기가 나오거니와, 대체로 관존민비의 관념은 여전했으며, 비록 일제하의 말단직이나마 하나 얻기를 희망하는 태도가 일부에는 압도적이었다. 순경 또는 면서기 따위의 하급 공무원을 '나으리'라 부르고, 고등고시에 합격하여 군수가 되는 것을 필생의 목표로 삼고 법과를 지망하는 젊은이들이 많았다는 사실만으로도, 이 방면의 사정을 어느 정도 짐작할 수 있을 것이다. 그러나 조선시대와 비교할 때는, 벼슬 또는 입신양명에 대한 열기는 크게 떨어졌다고 보아야 하며, 일본 정부 아래서의 공직자를 멸시하는 기풍도 한편에 강했다는 사실도 기억해야 할 것이다. 다만, 또 한 가지 부인할 수 없는 것은, 조선시대에는 문벌이 낮아서 도저히 관직은 넘겨다 볼 수 없었던 계층에 속했던 사람들 가운데, 그러한 제한이 없어진 일제시대를 맞이하여 새로운 신분으로의 승진을 열망하는 기풍이 일부에 발생했다는 자연스러운 현상이다.

일제 치하에서 협조적 태도를 취함으로써 유리한 사회적 지위에 오르겠다

---

8 이광수, 『무정』, 전편, pp.212-214 참조. 그러나 이렇게 믿은 형식이 여자의 정절을 가볍게 생각한 것은 결코 아니다. 십여 년 동안 소식을 모르던 영채를 다시 만났을 때, 형식이 가장 신경을 쓴 것은 영채가 아직도 처녀인가 아닌가 하는 문제였다. 그 궁금증을 풀기 위하여, 형식은 영채의 얼굴과 몸을 유심히 관찰하기도 하고 그동안 겪은 일들을 캐묻기도 하였다. 같은 책, p.40 이하 참조.

는 사람들과는 정반대의 길을 택한 사람들도 적지 않았다. 일본 사람들이 세운 학교에서 공부하기를 거부하고, 일본 정권 아래서의 공직을 물리치는가 하면, 한 걸음 더 나아가 일본에 적극적으로 항쟁한 사람들도 적지 않았다. 이러한 생활 태도를 취한 사람들의 존재는 그 당시에 쓰인 소설에도 반영되었으니, "사업이 첫째고 연애는 둘째 셋째라고 하면서" 농촌 운동에 열중하는 청년들의 모습을 그린 『상록수』의 경우가 그것이고, "한가한 결혼 문제보다도 더 절박한 문제가 있다."고 하면서, 사회문제에 열중하는 동권이라는 청년을 주인공으로 삼은 박화성의 「하수도공사」도 그것이며,[9] 그 밖의 민족주의적 또는 동반자적 작가들의 작품들 가운데서 그러한 반영을 찾아볼 수 있다. 그리고 일제시대에 있어서 친일의 길을 택한 사람들과 이에 맞서 민족을 위해 일한 사람들을 대조적으로 다룬 작품으로서, 유주현의 『조선총독부』를 생각할 수 있을 것이다.

앞에서 본 바와 같이, 일제하에 살았던 한국인의 생활 목표는 크게 위축된 가운데, 사람들이 세운 삶의 설계는 처지와 환경 그리고 성격을 따라서 각양각색이었다고 말할 수 있을 것이다. 그러나 그 가운데서도 가장 일반적이었던 것은, 안정되고 행복한 가정을 꾸미고 그것을 지키는 일을 삶의 목표로 삼는 생활 태도가 아니었던가 생각된다. 가족주의적 사고방식 내지 가치관은 우리나라에 있어서 그전부터 오랜 전통을 가진 것이지만, 나라를 빼앗기고 넓은 사회로 진출하는 길이 막히게 된 민족으로서, 생활의 중심을 가정에 두는 경향이 더욱 강화되었다고 생각할 수 있을 것이다.

가정이 생활의 중심이 되고, 가정생활에 초점을 두고 삶의 목표를 추구하는 사람들에 있어서는, 도덕 내지 윤리에 있어서도 가정에 관계하는 것이 큰

---

9 박화성, 「하수도공사」, 『한국단편문학대계』, 제4권, p.230.

비중을 차지하게 되고, 인간관계에 있어서도 혈연 또는 인척을 매개로 삼는 그것이 비교적 중요한 의미를 갖는다. 이러한 사정으로 인하여, 일제시대에 있어서도 우리나라의 가치관은 가족주의적 색채를 계속 짙게 가졌고, 윤리의 중심도 가족 윤리에서 벗어나지 못했다는 인상이 깊다. 여러 소설에 나타나는 인간관계 가운데 가족적인 그것이 압도적이고, 소설 속에서 다루어지는 윤리 문제 가운데 가족 윤리에 관한 것이 많은 것도 그러한 사정을 암시하는 것으로 풀이된다.

아직 '핵가족'이라는 말이 나돌기 이전이었고 적어도 3대는 같이 사는 가족제도가 일반적이던 때였다. 따라서 가족 윤리에 있어서 중심이 된 것은 부자(父子)의 관계 또는 효(孝)에 관한 것이었다. 다음은 절을 바꾸어, 소설에 반영된 효의 윤리를 추려 보기로 한다.

2. 효와 혈통 관념

한일합방을 전후해서 쓰인 이인직의 소설을 보면, 작중의 젊은이들이 부모를 대하는 태도가 오늘의 그것과 크게 다르다는 것을 곧 발견한다. 예컨대 『설중매』의 첫머리는 여주인공 매선(梅仙)을 병석에 누운 어머니가 부르는 장면에서 시작되었거니와, 거기서 매선의 거동은 다음과 같이 묘사되고 있다.

> 소저의 나이 십륙칠 세는 되었는데, 나직한 소리로 선뜻 대답하며 문을 열고 조용히 들어오더니, 베개 옆에 와 나부시 앉으며,
> "어머니, 부르셨습니까. 아까까지 뫼시고 있었더니 어머니께서 잠이 곤히 드신 듯하기로 밖에 좀 나아가 신문을 보았습니다. …"[10]

아직 언문일치가 완전히 되기 이전의 문장인 까닭에, 그 당시의 딸들이 반드시 이와 똑같은 말씨를 사용했다고 보기는 어려울지 모르나, "엄마, 불렀어? 아까까지 난 엄마 곁에 있었는데 엄마가 잠이 곤히 든 것 같아서 밖에 좀 나가 신문을 봤어."라고 말할 요즈음의 딸과 비교하여, 실제로 현격한 차이가 있었음을 짐작하기에는 충분하다.

부모를 대하는 매선의 태도가 오늘의 딸들과 다른 것은 말씨나 진퇴의 예절에 있어서뿐만 아니라, 결혼 문제에 관해서도 더욱 현저하다. 매선의 아버지는 어떤 젊은이의 사진 한 장을 딸에게 주며 그와 결혼할 것을 명령하곤 세상을 떠났고, 그 아버지의 유언을 지키기 위하여 천신만고를 무릅써 가며 사진의 주인공을 찾는 데 성공한다는 것이 『설중매』의 줄거리를 이루고 있다. 매선은 "구구이 작은 예절을 지키다가는, … 선친의 유언을 거역하와 세상에 용납지 못할 불효 죄명을 면키 어려울까 하여", 부끄러움이나 남녀의 예절 따위를 무릅쓰고 남자를 찾아 나서, 결국은 뜻을 이루었던 것이다.[11] 물론 소설과 현실을 혼동해서는 안 될 것이나, 만약 그 당시에 '결혼에 관한 부명(父命)을 어기는 것은 용납 못할 불효'라는 윤리관이 현실 사회에 없었다면, 『설중매』와 같은 소설은 나올 수 없었을 것이다.

신소설이 쓰인 시대의 부모를 생각하는 자녀들의 마음이 오늘과는 현저하게 달랐다는 것은 『혈의 누』 가운데도 나타나 있다. 이 작품의 주인공 옥련은 전쟁터에서 부모를 생이별하고 고아가 되었으나, 천행으로 은인의 도움을 받아 일본을 거쳐 미국에까지 유학을 하게 된다. 옥련은 워싱턴에서 우등으로 고등학교를 마치고 신문에까지 크게 났으며, 그의 후원자이며 갑부의

---

10 이인직, 『설중매』, 『정수한국문학전집』, 제3권, p.85.
11 같은 책, p.124 이하 참조.

아들인 구완서라는 청년의 구혼까지 받게 되거니와 이토록 경사가 겹쳤음
에도 불구하고, 옥련은 별로 기쁜 줄도 모르고 오히려 수심만 가득하다. 그
리운 부모의 소식을 모르기 때문이다. 다음은 어버이를 그리워하는 옥련의
독백의 한 구절이다.

> 우리 부모는 세상에 살아 있는지, 부모의 생사도 모르니 혈혈한 이 한 몸이
> 살아 있은들 무엇하리오. 차라리 대판서 죽었더라면 이 근심을 몰랐을 것인
> 데, 어찌하여 살았던가. 사람의 일평생이 이렇듯 근심만 할진대, 죽어 모르는
> 것이 제일이라. …[12]

특히 옥련을 슬프게 한 것은 십여 년 전에 죽었을 부모의 장례를 아무도
제대로 치르지 못했을 것이라는 추측이었다.

> 세상에 어떠한 고마운 사람이 있어서 우리 아버지 송장을 찾아다가 고려장
> 같이 규구(規矩) 있게 장사를 지낼 수가 있으리오. … 우리 어머니는 정녕히
> 물에 빠져 돌아가신 것이라. 대동강 흐르는 물에 고기 밥이 되었을 것이니,
> 어찌 모란봉에 그처럼 규구 있게 장사를 지냈으리오.[13]

그러나 신소설이 나오던 무렵, 즉 20세기가 시작되던 무렵의 한국인들은
모두가 옛날식의 절대적 효도를 옳은 윤리로 믿었던 것은 아니다. 이인직의
소설에 나오는 사람 가운데도 전통적 효도에 반대하고 나서는 청년이 등장

---

12 이인직, 『혈의 누』, 『정수한국문학전집』, 제3권, p.37.
13 같은 책, p.39.

한다. 『설중매』의 주인공 이태순이 경제가 여의치 않아 양친을 봉양할 도리가 없음을 걱정했을 때, 그의 친구 정성조는 다음과 같은 말로 전통 윤리를 비난하고 있다.

> "자네도 양친이 계셔 매사를 간섭하는 모양이나, 우리 부형들도 너무 완고하셔서 참 민망하여 견딜 수 없네. 나의 소소한 월급량이라도 돈을 좀 보내어라, 집에나 좀 다녀가거라, 별 말씀을 다 하시니, 원래 사십 이후 사람들은 세상 형편을 모르기로, 장성한 자식을 어린아이와 같이 신칙(申飭)하여 진퇴를 마음대로 못하게 할 뿐 아니라, 가만히 들어앉아서 자식의 봉양이나 받으려 하는 모양일세. 자네도 아는바, 서양에서는 부모가 자식에게 재산을 전하여 주는 일은 있으나, 자식이 부모를 들어앉히고 공급하는 규모는 없지 아니한가. 자네도 사회를 개량코자 하는 사람이니 말이로세,"[14]

정성조의 이러한 말에 대하여 이태순은 상당히 긴 토론으로 응하고 있거니와, 그 대답의 요지는 대략 다음과 같은 내용이다. ① 서양의 풍속이라고 모두 아름다운 것은 아니며, 우리나라의 것이라 하여 모두 나쁘지도 않다. 마땅히 그 좋은 점을 취하고 나쁜 점은 버려야 한다. ② 부자의 윤리는 우리나라의 것이 본래 아름답다. 다만, 부모가 자녀를 노예같이 대하여 구속하는 것은 잘못이니 이 점은 고쳐야 할 것이나, 그 폐단을 시정하는 과정에서 너무 서둘러 천륜(天倫)을 상하는 일이 있어서는 안 된다. ③ 오랜 전통을 갑자기 버리고 서양 것을 급히 서둘러 받아들이는 것은 바람직한 일이 아니다. ④ 부모가 자녀를 기르는 과정에서 겪는 노고는 이루 말할 수 없이 크다. 그

---

14 이인직, 『설중매』, 『정수한국문학전집』, 제3권, p.93.

은공을 모르는 것은 결코 사람의 도리가 아니다.[15] 아마 이태순의 이러한 견해는 곧 작가 이인직 자신의 견해이기도 할 것이다.

이광수의 『무정』에도 딸의 효성을 나타낸 곳이 있다. 여주인공의 한 사람인 영채가 기생이 되는 사연이 그것이다. 영채는 본래 양가의 규수였으나 억울하게 감옥에 갇힌 아버지와 오빠를 구하고자 돈을 마련하기 위하여 천대받는 기생의 신분을 자원했던 것이다. 그리고 『무정』의 또 하나의 여주인공 선형의 형식에 대한 의무적인 사랑 가운데도, 부모를 위해서 자기를 희생하는 것이 당연히 도리라고 믿었던 전통적 윤리 의식이 현저하게 남아 있다. 후편 끝 부분에서 한 구절을 인용하기로 한다.

> 선형은 지금까지 형식에게 사랑을 받고 싶다 하는 생각은 별로 없었다. 형식이가 퍽 자기를 사랑하여 주니, 자기도 힘껏 형식을 사랑하여 주어야 되겠다 하는 생각은 있었다. 아내 되어서는 지아비를 사랑하라 하였고, 부모께서는 자기더러 이형식의 아내가 되어라 하였으니, 자기는 불가불 형식을 사랑하여야 한다는 생각은 있었다. 그러나 형식이 자기더러 요구하는 그러한 사랑, 손을 잡고 허리를 안고 입을 맞추려 하는 사랑은 없었다.[16]

딸들의 경우는 지극한 효성으로 부모의 명령에 절대 복종하는 사례가 많았지만, 아들들의 경우는 그와 반대의 현상도 자주 일어났던 것으로 보인다. 앞에서 언급한 『설중매』에서 이태순과 토론한 정성조의 발언에서도 그러한 암시를 발견하거니와, 이광수의 『무정』에는 더욱 구체적인 사례가 나

---

15 같은 책, p.94 참조.
16 이광수, 『무정』, 후편, p.195.

와 있다. 영채가 차에서 만난 여학생 병욱의 가정의 경우가 그것이다. 병욱의 오빠는 경제학을 배운 사람으로서, 자기가 중심이 되어 회사 같은 것을 경영하려 하나, 그의 부친은 위태한 일이라고 극력 반대한다. 그뿐만 아니라 병욱의 동경 유학에 대해서도 부자간에 의견이 대립한다. 아들은 누이에게 신학문을 가르쳐야 한다고 주장하지만, 아버지는 "계집애가 그렇게 공부는 해서 무엇하느냐. 어서 시집이나 가는 것이 좋다." 하며 반대한다. 이리하여 부자의 의견은 만사에 서로 엇갈린다. 부친은 아들을 "고집쟁이요, 철이 없고 부모의 말을 아니 듣는다."고 못마땅히 여기며, 아들은 부친을 "완고하고 무식하고 세상이 어떻게 변천하는지를 모른다."고 딱하게 여긴다.[17]

부자간 의견의 대립은 아마 어느 시대 어느 사회에도 있는 일반적 현상일 것이다. 그러나 유교의 윤리는, 아무리 부모와 다른 의견을 가졌다 하더라도 그것을 안으로 감추고 부모의 뜻을 따르는 것이 자식된 도리라고 가르쳤으며, 조선시대의 아들들은 대개 그 가르침을 실천에 옮겼던 것이다. 그러다가 개화의 바람이 불면서 바로 이 점에 현저한 변화가 생기게 된 것이다.

감히 부모의 뜻과 맞서고, 심지어 부모를 경멸하기까지 하는 새로운 풍조는 시대가 흐를수록 차차 더해 갔다. 『무정』의 병욱 아버지와 오빠의 경우는, 그래도 한편으로 서로 존경하는 마음이 있어서, "부자간에는 무엇이든지 서로 반대하면서도, 어딘지 모르게 서로 일치하는 점이" 있었으나,[18] 이무영이 1939년에 발표한 「제일과 제일장(第一課 第一章)」에 그려진 부자의 경우는 그 대립이 더욱 심각한 양상으로 나타나 있다. 이 단편의 젊은 주인공 수택은 열두 살에 고향을 떠나 고학으로 중학 공부를 하고 다시 동경으로

---

17 같은 책, pp.105-107 참조.
18 같은 책, p.107.

건너가 갖은 고생을 하며 C대학 전문부를 마친 30대로서 어느 신문사 기자의 경력을 가진 당당한 '문화인'이다. 한편 그의 아버지는 흙투성이가 되어 땅을 파는 일밖에 모르는 '원시인 그대로'의 늙은 세대다. 이토록 서로 거리가 먼 까닭에, 두 사람은 상대편을 이해하지 못하고, 서로 업신여긴다.

> 아들은 무엇보다도 아버지의 흙투성이가 되어 사는 꼴이 싫다 했다. … 옷에까지 흙투성이가 되어 사는 흙인지 사람인지 모를 한낱 평범한 농부에게 털끝만한 존경도 갖지 못했다. 당당한 문화인인 아들은 흙투성이인 김영감을 내 아버지라고 내세우기조차 꺼려했다. … 결혼을 하면서도 자기 아버지를 청하지 않은 것도 … 자기 아버지의 그 흙투성이 꼴을 (친구들에게) 뵈고 싶지 않다는 허영심에서였다. 김영감만 해도 이런 눈치를 못 챌 리는 없었다. 집안에서고 동리에서 왜 며느리를 보는데 안 가느냐고 해도,
> "아 그 잘난 놈 잔치에 못난 애비가 가? 땡꼴 곽주식이 아들놈처럼, 제 애빌 보구 누구냐니까, '우리 집 머슴'이라고 대답하더라는데, 그런 놈들이 애빌 보구 행랑 아범이라구 하지 말란 법이 있다던가?"
> 이렇게 격분을 했었다. 또 사실 그때의 수택으로서는 늑중 그렇게 대답했을지도 모른다. … 이런 아들이 지금 **도시에는 얼마나 많을 것인고** …[19]

시대가 변천하며 개화의 물결이 밀려든 과도기에 있어서, 신구 두 세대 사이의 사고방식이 갈등을 일으킨 것은 비교적 흔히 있는 현상이었다. 이무영이 "이런 아들이 지금 도시에는 얼마나 많을 것인고 … "라고 쓴 것은 수택 부자에 관한 이야기가 어느 정도의 일반성을 띠고 있음을 암시하는 것으로

---

19 이무영, 「제일과 제일장」, 『한국단편문학대계』, 제3권, pp.107-108(강조는 저자의 첨가).

주목을 끈다.

딸의 경우에 있어서도 심청의 전통은 조금씩 무너져 간 것이 아닌가 생각된다. 김유정이 1937년 『조광(朝光)』 2월호에 발표한 「따라지」에서 우리는 부친의 절대적 권위에 금이 가기 시작한 세태의 한 편모를 엿볼 수 있다. 「따라지」는 사직골 꼭대기 다 쓰러져 가는 초가집에서 셋방살이 하는 가난한 사람들의 구질구질한 생활상을 소재로 한 단편이거니와, 그 등장인물 가운데 폐병으로 앓아 누운 늙은 아버지와 버스 차장 노릇을 하는 그의 딸이 있다. 딸은 버스 차장으로 보이는 것이 싫고 고등과의 여학생처럼 보이고 싶은 생각 때문에, 보지도 않는 헌 잡지 사이에 도시락을 끼우고 책보로 싸서 무거운 줄도 모르고 들고 다닌다. 영락없는 여학생 책보따리같이 보이도록 정성을 다하여 짐을 싸는 것은 늙은 아비의 임무였다. 늙은 아비는 그 책보를 출근길에 오르는 딸에게 두 손으로 내바치며, "얘 일찌간이 돌아오너라. 감기 들라." 하며 아첨을 한다. 매일같이 거듭되는 이러한 광경은 같은 집에 세들고 있는 화류계 여성 영애의 비위에 거슬린다. "딸에게 구리칙칙이 구는 아버지는 보기가 개만도 못하다."는 것이다. 그러나 영애와 같은 직업을 가지고 같은 방에 세들어 사는 아끼꼬(秋子)는, "그럼 딸의 거 얻어먹구 그렇지도 않어?" 하며, 늙은이의 태도를 옹호한다.[20] 여기서 깊이 암시적인 것은 제삼자의 위치에 있는 영애와 아끼꼬의 가치판단이다. 영애는 병든 아버지와 가끔 말다툼도 하고 볼멘소리로 쏘아붙이기도 하는 버스 차장을 나무라기보다는 늙은 아비를 비난한다는 점, 그리고 아끼꼬는 한 걸음 더 나아가 늙은이의 그러한 태도를 오히려 자연스러운 현상으로 긍정했다는 점에 있어서, 우리는 변해 가는 세태의 편린을 엿본다.

---

20 김유정, 「따라지」, 『한국단편문학대계』, 제4권, p.79.

오늘의 늙은 세대는 우리나라의 젊은이들이 효도를 모른다고 크게 걱정한다. 자기들이 젊었을 때는 그렇지 않았다는 점을 강조하면서, 오늘의 타락을 개탄하는 경우가 많다. 40년 또는 50년 전에 비하여 오늘의 젊은이들에게 효심이 훨씬 떨어지는 것도 사실이고, 또 이러한 현상이 오늘의 젊은 세대 자신을 위해서도 결코 바람직한 일이 아니라는 것도 명백한 사실이다. 다만, 우리나라 효도의 붕괴가 근자에 갑자기 생긴 현상이라고 보는 것은 잘못일 것이다. 변화는 이미 먼 옛날부터 시작되었다고 보아야 한다. 이러한 변화는 이미 1930년 무렵의 김동인의 관찰도 놓치지 않았다. 우리는 동인이 1931년에 발표한 「발가락이 닮았다」 안에서 다음과 같은 구절을 읽는다.

> 그 좌석에 있던 스무 살쯤 난 젊은이가,
> "외려 일생을 자식 없이 지내면 편치 않아요?"
> 이러한 의견을 내는 데 대하여, '젊은이로서는 도저히 이해할 수 없는 혈속의 애정'이라는 문제와, 그 문제를 너무도 무시하는 이즈음의 풍조에 대한 논평으로 말머리를 돌려 버리고 말았습니다.[21]

이것은 방탕한 생활을 일삼다 고환염(睾丸炎)을 심하게 앓은 경력을 가진 32세 노총각 M이 약혼을 했다는 소문을 듣고, 그를 아는 사람들이, 그가 생식 능력을 가졌을까 못 가졌을까 하며 잡담을 하는 문맥 가운데 한 토막이다.

소설의 본 줄거리와는 별로 관계가 없는 대목이지만, 그 당시의 젊은이들이 혈속(血屬)의 애정을 모르며, 혈속의 애정 문제의 중요성도 모르는 경향

---

21 김동인, 「발가락이 닮았다」, 『한국단편문학대계』, 제1권, p.164.

이 있었다는 것을, 이 우연한 한마디를 통하여 알 수가 있다. 전통적 가족제도를 떠받들고 있던 사고방식이 내부로부터 흔들리기 시작한 것이다.

우리나라의 전통적 가족제도와 효의 윤리를 떠받들어 온 것은 혈통, 즉 핏줄을 중요시하는 혈족의 관념이다. 우리의 조상들은 자아의 한계를 개인으로 긋지 않고 자기가 속하는 혈족 전체와 자신을 동일시하였다. 이것은 내세나 영혼의 세계를 인정하는 특별한 종교적 신앙 없이도 영속적인 삶의 가능성을 보장해 주는 세계관이기도 하다. 그러나 개화의 바람이 개인주의적 자아의식을 강조함을 계기로, 자신을 혈족이라는 집단 속에 묻어 버리던 전통적 사고방식이 무너지기 시작한 것이다. 그리고 혈족 또는 가족과 자기를 동일시하는 인생관은 김동인이 말한 '혈속의 애정'의 바탕이었고, 우리나라 전통 윤리의 핵심을 이룬 효의 근원이었다. 이제 저 동양적 '우리'의 인생관이 무너지면서, 서구적 '나'의 그것이 그 자리로 들어서기 시작한 것이고, 이러한 의식구조의 변화는 혈속의 애정의 심리와 효의 윤리 현상에도 상당한 변화를 가져온 것이라고 생각된다.

가족 또는 혈통에 대한 관념의 변화가 모든 부류의 사람들에게 일반적으로 온 것은 아니었다. 그러한 변화는 신학문을 공부한 도시의 젊은이들 특히 젊은 남자들에게 먼저 왔다고 보인다. 농촌의 늙은 사람들은 여전히 옛 의식구조에 머물렀고. 도시의 젊은이들 가운데도 여자들 중에는 전통적 사고방식이 오래 지속되었던 것으로 보인다.[22] 농촌은 서구 문명으로부터 멀리 떨어져 있었던 까닭에 그랬고, 여자들은 학교교육을 받은 사람이 적었다는 사실과 모성애라는 선천적 특성으로 인해서 그랬던 것으로 설명할 수 있을 것이다. 그 당시 아직 농촌 인구가 전체 인구의 대부분을 차지했고 여자의 수는 남자의 수와 비등하다는 점으로 미루어 볼 때, 개인주의적 의식구조를 가졌던 사람들이 숫자적으로 그리 많지는 않았을지도 모른다. 다만, 신학문을 공부한 젊은 남자들이 새 시대에서 가졌던 기수적(旗手的) 위치와 그 영향력을 고려해 볼 때, 그들의 변화된 의식구조는 그들의 적은 수효에도 불구하고 상당히 중대한 의미를 갖는다고 보아야 할 것이다.

3. 과도기에 처한 대가족제도

조선시대에 비교해서 혈족 관념이 약화되고 효의 윤리도 흔들리기 시작했다고는 하나, 그러나 현대의 실정과 비교하여 볼 때, 아직도 옛것이 많이 남아 있었다. 대가족제도가 남아 있었고, 효도의 전통도 오늘에 비하면 신기할 정도로 남아 있었다. 염상섭의 역작 『삼대(三代)』는 1930년을 전후해서 서울 수하동(水下洞)에 살았던 부호 조씨 일가를 모델로 삼은 작품이라 하거니와,[23] 사실주의자의 거장으로 알려진 횡보(橫步)의 이 대표작을 통해서 우리는 그 당시 대가족제도의 변천해 가는 이모저모를 비교적 생생하게 읽을 수가 있다.

『삼대』의 젊은 주인공 덕기는 갑부인 조의관의 맏손자로서 경도(京都) 어느 대학에 재학 중이다. 개학날이 가까워 오므로 그가 일본으로 떠나려 했을

---

22 채만식이 1934년에 발표한 「레디메이드 인생」의 주인공 P에게는 이혼한 아내와의 사이에 아들이 있다. 아내는 아들만이라도 달라고 간청을 하면서, 친정의 도움으로 중등교육까지 시킨 다음 다시 돌려주겠다고 약속한다. P는 아들에게 국민학교 교육을 시킬 능력조차 없으면서, 아내의 제언을 거부한다. 자식을 꼭 찾고 싶은 생각은 없었으나, 어미 밑에서 원망만 듣고 큰 자식이 후일에 아비를 미워할 것이 두려웠기 때문이다. 여기 고등교육을 받은 아비의 이기적 개인주의와 구식 어미의 희생적인 모성애의 좋은 대조를 본다(『한국단편문학대계』, 제3권, p.16 참조). 또, 염상섭의 「만세전」에는 주인공의 아내가 임종을 앞두고, 자식의 앞날을 남편에게 신신당부하는 장면이 있다. "어떻든 저것만은 잘 맡으세요. … 저것을 생각하니까, 하 하루라도 더 살려는 것이지…" 하며, 엉엉 목을 놓아 운다. 이에 대하여 남편은, 부질없는 일같이 생각되어, "무어라 대꾸를 하여야 좋을지 망단하였다." 하니 그 태도가 냉담하다 하겠다(『정수한국문학전집』, 제4권, p.76 참조).
23 김용성, 『한국현대문학사탐방(韓國現代文學史探訪)』, 국민서관, 1973, p.68 참조.

때, "너 제사 지내고서 떠나거라." 하는 조부의 엄명을 받는 대목이 있다(이틀 뒤에 할머니의 제삿날이 다가오고 있었다). 제사를 지낸 다음 날 아침에는 조부가 낙상을 하고 자리에 누웠다. 덕기는 "조부가 거동이나 하는 것을 보기 전에 떠날 수가 없어서" 또 며칠 일본으로 떠나기를 연기한다.[24] 할머니의 제사를 위해서 또는 할아버지의 병환에 차도 생기는 것을 보기 위해서 여행 떠나려던 날짜를 연기하는 것은, 손자로서 당연한 도리로 되어 있었다는 점이 여기서 주목거리가 된다. 제사를 중요시하는 것은 유교 윤리의 기본 특색의 하나거니와, 계용묵의 단편 「이불」에는 강냉이죽으로 겨우 연명하는 가난한 부부가 남편의 금동곳을 팔아서 쌀밥 제사를 지낸 이야기가 있다.[25] 오늘도 한국 사람들은 제사를 소홀히 여기지는 않지만 그 정성이 40년 전과는 다르다.

『삼대』의 할아버지 조의관은 젊은 수원댁을 데리고 산다. 덕기에게는 서조모 뻘이 되는 수원댁은 덕기의 부모와는 사이가 나쁘다. 특히 덕기 어머니와 수원댁 사이에는 암투가 그치지 않는다. 이러한 현상은 그 당시 좀 잘사는 집이면 어디서나 볼 수 있던 일반적 현상이었다. 무너져 가는 대가족제도의 어두운 측면이다. 조의관 댁의 이 어두운 측면은 조의관의 임종이 가까워졌을 때 더욱 노골화하였다. 난봉이나 피우고 다니는 아들보다도 손자 덕기를 믿는 조의관이 빨리 전보를 치고 여비를 보내어 덕기를 오도록 하라고 성화 같은 재촉을 했을 때, 중간에 든 사람들은 그 여비를 가로채고 덕기의 귀성을 방해하였다. 덕기가 돌아왔을 때의 집 안 공기는 이상하기만 하였다. 다가오는 노인의 죽음을 슬퍼하는 기색보다는 그의 유산에 대한 관심이 지

---

24 염상섭, 「삼대」, 『정수한국문학전집』, 제4권, pp.11-15 참조.
25 계용묵, 「이불」, 『한국단편문학대계』, 제2권, p.403 참조.

배하는 무거운 분위기였다.

> 모든 사람의 얼굴에 나타난 떠들썩한 기분과 서로 속을 엿보려는 듯한 시
> 기와 의혹과 모색(摸索)의 빛이 덕기에게까지 전염되어 오는 것을 부지중에
> 깨달았다. 생각하면 뉘 집에서나 열쇠 임자의 숨이 깔딱깔딱할 때가 닥쳐오
> 면, 한 번은 겪고 마는 풍파가 이 집에서도 일어나려고 뭉싯뭉싯 검부잿불처
> 럼 보이지 않는 데서 타오르는 것일지도 모른다.[26]

조의관이 세상을 떠나자, 망나니 같은 덕기의 부친은 유서를 위조하고 그
인감 도장을 훔치는 등 온갖 못된 짓을 해서, 유산의 일부를 팔아먹는다. 도
박 밑천을 삼기 위해서 덕기에게로 갈 유산을 가로챈 것이다. 그 사실이 발
각이 되어 덕기 부친은 경찰에 잡히고 덕기는 증인으로 소환된다. 여기서 덕
기는 인간 이하의 자기 아버지를 무죄로 하기 위하여 위증을 선다.[27] 그것이
자식된 도리였던 것이다.

아직 남아 있던 대가족제도는 현진건의 작품에서도 볼 수가 있다. 1922년
에 그가 발표한 「타락자」의 주인공 '나'는 본래 청운의 뜻을 품고 열심히 공
부하던 모범생이었다. 그가 동경에 유학하고 있을 무렵 그의 오촌 당숙이 세
상을 떠났고, 그 때문에 당숙의 양자로 들어가지 않을 수 없었다. 80세가 넘
은 종조모와 30세 남짓한 당숙모는 입양한 젊은이가 집을 멀리 떠나 있기를
원치 않았다. 두 미망인의 소망을 뿌리칠 수 없어서, 결국 그는 학업을 중단
하게 되었고 그로 인하여 자포자기한다. 그가 타락의 길로 떨어지게 된 계기

---

26 염상섭, 「삼대」, 「정수한국문학전집」, 제4권, p.25.
27 같은 책, pp.41-49 참조.

는 바로 이 대가족제도였던 것이다.[28]

현진건의 1923년 작품 「할머니의 죽음」에서 우리는 조모에 대한 손자의 애정과 효성 이야기를 읽는다. '조모주 병환 위독'이라는 전보를 받고 일본 유학 중이던 손자는 그날로 기차를 타고 집으로 돌아온다. 그동안에 혹 돌아가시지나 않으셨나 하고 귀로에 걱정하는 마음씨나, 82세의 할머니 병상 옆에서 밤새움하는 그의 정성은 오늘의 효성스러운 아들도 따르기 어려울 정도다.[29] 그 당시 일본이라면, 오늘의 미국에 못지않게 먼 나라였다고 볼 수 있다. 할머니가 위독하다 하여 곧 귀국하는 것부터가 대가족제도의 윤리가 아닐 수 없다.

그러나 대가족제도의 윤리에는 현실에 부적합한 일면도 있었다. 현진건의 같은 작품을 보면, 할머니가 위독하다는 기별을 듣고 원근에서 여러 자손들이 모였다. 그 가운데는 변호사도 있고, 은행 또는 방직회사 등 바쁜 직장을 가진 사람들도 있었다. 할머니의 병세는 위독한 상태로 여러 날 끌게 되어, 모인 사람들은 무한정 머물러 있을 처지도 아니면서, 그러나 훌쩍 떠날 수도 없어 난처해 한다.[30] 진심으로 할머니의 임종을 지켜보고자 하는 애정보다도, 해묵은 관습과 남의 이목을 두려워하는 마음에서, 여러 사람이 환자의 곁을 떠나지 못했다는 점에 문제가 있었다고 보아야 한다.

대가족제도의 더 큰 폐단은 친척에 대한 의뢰심과 친척의 재물을 탐내는 부당한 욕심을 통하여 발생하였다. 대가족제도의 좋은 점은 개인적 이기심을 넘어서서 집안끼리 서로 돕고 사는 데 있었다. 그러나 자기가 집안을 도

28 현진건, 「타락자」, 『한국단편문학대계』, 제1권, pp.269-270 참조.
29 현진건, 「할머니의 죽음」, 『한국단편문학대계』, 제1권, pp.315-316 참조.
30 같은 책, p.322 참조.

와야 한다는 의무 의식보다도 집안으로부터 도움을 받을 권리가 있다는 생각이 앞설 경우에는, 도리어 의뢰심과 탐욕을 조장하는 결과가 되어 많은 폐단을 수반한다. 일제시대에 있어서, 우리 한국의 국민경제는 매우 궁핍한 상태에 있었고, 최저 생활의 보장조차 받지 못한 사람들이 과반수를 차지하였다. 이러한 사람들은 자연히 좀 낮게 사는 친척에 대하여 의뢰심을 품게 되며, 개중에는 자기의 빈곤의 책임을 자신의 무능이나 나태에 지우지 않고 잘사는 친척의 인색에 돌리는 경향도 있었다. 이러한 경우에는, 잘사는 사람들 측에서도 자연히 못사는 친척을 멀리하게 되고 집안끼리 상부상조하던 미풍양속은 안으로부터 붕괴된다. '상부상조'의 미풍은 글자 그대로 서로 도울 수 있을 경우에 건전한 발전을 가질 수 있으며, 원조가 일방적일 경우에는 그것이 오래 지속되기 어려운 것이 인심의 상례다. 도움을 주고자 하는 친척보다도 그것을 받으려 하는 친척이 적극적인 자세를 취할 경우, 친척의 의리는 상하기 쉽고, 친척 사이가 도리어 남만도 못한 관계로 전락하기가 일쑤다.

이인직의 『설중매』에는 삼촌에게 재산을 빼앗기지 않을까 걱정하는 여자의 마음이 기록되어 있다. 주인공 매선의 아버지는 약간의 재산을 남기고 타계했거니와, 미망인은 딸 매선에게, "너도 아는바 숙부는 본래 타인이요 또한 깊이 믿지 못할 사람이라, 우리 집의 약간 재산과 문권(文券)은 다 너의 부친이 진력하여 장만하신 바라, 아무쪼록 잘 보장하여 남에게 빼앗기지 않을지로다."라고 말하며 경계한다.[31] 이 삼촌은 실제로 문서를 위조하여 매

---

31 이인직, 『설중매』, 『정수한국문학전집』, 제3권, p.87. 여기서 삼촌을 '남'이라고 말한 것은 같은 혈속이 아니라 의(義)로 맺은 삼촌이라는 뜻이다. 작가는 친삼촌을 나쁘게 말하기가 거북하여 의삼촌으로 꾸민 듯하나, 가난한 친삼촌이 부유한 조카에게 해를 끼치는 일도 흔히 있는 일이었다.

선의 유산을 가로채려 하였을 뿐 아니라, 자기에게 유리하도록 매선을 결혼시키려고 갖은 모략을 꾸몄다.[32]

"무항산(無恒産)이면 무항심(無恒心)"이라는 말이 있듯이, 아무리 친척 사이라 하더라도 빈부의 차이가 심하면 서로 의좋게 지내기가 어렵다. 못사는 친척은 잘사는 친척을 시기하고, 잘사는 친척은 못사는 친척을 업신여기며 경계하기 때문이다. 이광수의 『무정』에서 한 구절을 인용해 보자.

> 내 집이 잘살고야 친척이 친척이라. 내 집에 재산이 있고 세력이 있을 때에는 멀고 먼 친척까지도 다정한 듯이 찾아오고, 이 편에서 어린아이 하나가 가더라도 큰 손님같이 대접하거니와, 내 집이 가난하고 세력이 없어지면 오던 친척도 차차 발이 멀어지고, 내가 저편에 찾아가서라도 "또 무엇을 달래려 왔나." 하는 듯이 눈살을 찌푸리는 것이다.[33]

이광수의 「무명」 가운데는 친척에 대한 의뢰심이 비교적 소상하게 묘사된 곳이 있다. 「무명」은 교도소 안의 죄수들의 생활을 소재로 삼은 작품으로, 수인 중의 한 사람인 윤은 면장을 지내는 당숙을 가졌다. 윤은 그 당숙에게 30원을 보내 달라는 편지를 내고 나날이 돈 오기를 고대한다. 윤은 당숙에게 돈을 청구하는 것이 당연한 일이며 따라서 꼭 보내오리라고 믿고 있지만, 당숙으로부터 돈 30원은 끝내 오지 않았다.[34] 같은 감방의 민이라는 죄수는 자기의 매부에 대한 의뢰심이 대단하다. 그는 툭하면 매부 자랑을 하며, 그

---

32 같은 책, p.112 이하 참조.
33 이광수, 「무정」, 전편, p.31. 이것은 여주인공의 한 사람인 영채의 집안이 몰락한 뒤의 그녀의 처지를 동정하는 문맥 중에서 인용된 것이다.
34 이광수, 「무명」, 『정수한국문학전집』, 제5권, p.153 이하 참조.

를 태산같이 믿는다. 그의 말을 직접 들어 보자.

> "내 매부가 부자지요. 한 칠백 석하고 잘살아요. 나가기만 하면 매부네 집
> 에 가 있을 텐데, 사랑도 널찍하고 좋지요. 그래도 누이가 있으니깐, 매부도
> 사람이 좋구요. 육회도 해 먹고 배갈도 한 잔씩 따뜻하게 데워 먹고 살아날
> 것도 같구면."[35]

위에 언급한 바와 같은 여러 가지 폐단은 대가족제도의 매력을 감소시켰
고, 그 밖의 근대 사회적 여건들이 대가족제도의 존속에 역행하는 방향으로
작용하였다. 특히 신식 공부를 한 젊은 세대 가운데는 부모 또는 조부모의
슬하를 떠나 독립하기를 희망하는 사람들이 많았고, 맏이가 아닌 경우에는
분가하는 것이 일반적 관례가 되었다. 즉 그 옛날 그랬듯이, 4대나 5대가 한
지붕 밑에 사는 대가족제도는 특수한 경우밖에는 보기 어려웠다. 그러나 장
자만은 부모를 한집에 모셔야 한다는 것이 일반적 통념이었고, 특히 부모된
사람들은 그것을 기대하였다. 한편, 젊은이들 가운데는 장자인 경우에도 부
모 곁을 떠나고 싶어 한 사람들이 있었으니, 여기 변동하는 시대에 있어서
신구 두 세대의 소망이 알력을 일으키는 계기의 하나가 있었다. 이러한 알력
은 흔히 일어났으며, 소설의 소재로도 이용되었다.

이무영의 「제일과 제일장」에 나오는 농부 김영감은 두 아들을 두었으나
맏아들은 뜻을 품고 집을 나간 지 10년이 지났으며, 둘째 아들도 농촌이 싫
어서 서울로 떠났다. 이러한 상황이 김영감 마음에 상처를 준 가장 큰 이유
는 "버젓이 아들을 둘씩이나 두고도 자식을 거느리고 있지 못한 것이 동리

---

35 같은 책, pp.166-167.

사람들 보기에 미안타는" 점에 있었다.[36] 여기서 우리는 그 당시 농촌에 있어서, 부모가 자식을 거느리는 것이 일반적인 풍습이었으며, 그 풍습에 어긋나는 자식을 가진 부모들은 크게 체면을 손상했다는 사실을 알 수 있다.

[36] 이무영, 「제일과 제일장」, 『한국단편문학대계』, 제3권, p.110 참조.

6 장
남녀 및 부부의 윤리

1. 개화 속의 전통
2. 결혼
3. 부덕(婦德)

6 장 남녀 및 부부의 윤리

1. 개화 속의 전통

개화의 물결이 한국 여성을 전통적 관습의 구속으로부터 풀어 주었다고는 하나, 그래도 오늘과 비교할 때 반세기 전의 한국 여성의 행동 양식은 크게 보수적이었다. 이광수의 『무정』가운데, 이형식이 김선형의 가정교사 노릇을 하는 장면이 있거니와, 그들의 행동거지는 오늘의 젊은이로서는 상상도 할 수 없을 정도로 근엄하다. 그 당시 젊은 남자를 딸의 가정교사로 채용했다는 것은 그 가정이 개화의 첨단을 걷고 있었음을 의미함에도 불구하고, 형식과 선형은 공부를 시작할 때와 마칠 때는 반드시 서로 정중하게 경례하기를 잊지 않았다. 선형을 따라서 같이 공부하는 순애라는 아가씨는 발을 가리기 위하여 치맛자락을 빼기에 바쁘고, 선형은 부채를 책상 밑에 숨기다시피 하여 조심조심 바람을 일으킨다.[1]

---

1 이광수, 『무정』, 전편, p.19, pp.105-106 참조.

'내외(內外)의 예절'이라는 것이 양반 사회에는 남아 있었다. 일가친척과 같은 특수한 관계가 없는 한, 남자와 여자가 서로 말을 하거나 편지를 주고 받는 것은 부당한 행동으로서 비난을 받았던 것이다. 일이 다급할 경우에는 이 내외의 예절을 무릅쓰고 여자가 남자에게 말을 걸기도 하였으나, 그럴 경 우에는 항상 어떤 변명 또는 죄책감이 수반하였다. 이인직의 『혈의 누』에는, 옥련 어머니가 "내외하기도 잊었던지, 중문간으로 뛰어나가서 노파를 꾸짖 고 우체 사령을 달랬다."는 이야기가 있다.[2] 또 『설중매』에는 "규중 여자로 타인 남자를 대하여 말을 물음은 온당한 일이라 못할지나 … "라는 구절이 있다.[3]

내외의 예절은 세월의 흐름을 따라서 조금씩 완화되기는 했으나, 남녀유 별(男女有別)의 관념과 관습은 1940년대까지도 상당히 강하게 남아 있었다. 이광수의 1932년 작품 『흙』 가운데는 "그동안에도 편지라도 자주 드리고 싶 은 마음 간절하였사오나, 여자가 남자에게 편지하는 것이 옳지 않을까 하와 편지도 못 올렸나이다."라는 사연이 있고,[4] 주요섭(朱耀燮)의 1936년 작품 「아네모네의 마담」에는 다방 손님이 마담에게 슈베르트의 미완성 교향곡을 부탁하는데 직접 말로 하지 않고, 쪽지에 적어 남자 아이를 시켜 전하는 이 야기가 있다.[5] 남녀유별의 관념은 '부끄러움'의 정서로 집약되었거니와 특

---

2 이인직, 『혈의 누』, 『정수한국문학전집』, 제3권, p.43. 이것은 대문 밖에서 기웃거리는 것이 우체부인 것을 모르고, 할멈이 "웬 젊은 녀석이 양반의 댁 안마당을 들여다보느냐."며 야단 을 친 것이 발단이 되어 옥신각신했을 때, 주인 마님인 옥련 어머니가 그 시비를 뜯어말리는 장면이다.

3 이인직, 『설중매』, 『정수한국문학전집』, 제3권, p.107. 이것은 여주인공 매선이 약혼자를 찾 아다니다, 바로 그 남자로 보이는 이태순에게 말을 묻는 장면에서의 변명이다.

4 이광수, 『흙』, 제1장 마지막 부분. 이것은 시골 아가씨 유순이 다음 해 돌아온다는 약속을 남 기고 상경한 애인 허숭에게 '처음이요, 마지막으로 보낸 편지' 가운데 한 구절이다.

5 주요섭, 「아네모네의 마담」, 『한국단편문학대계』, 제2권, pp.181-182 참조.

히 여자가 남자를 대할 때는 심한 부끄러움을 가누지 못하였다. 임옥인(林玉仁)이 1939년에 발표한 「봉선화」의 여주인공 혜경은, 누가 그의 약혼자 이야기만 끄집어내도 곧 두 뺨이 화끈했으며, 정거장에서 약혼자와 직접 만났을 때는 부끄러움에 고개를 들지 못했다.[6]

　지금도 '안사람'이니 '집사람'이니 하는 말이 사용되지만, 일제시대만 하더라도 여자가 직업을 갖는다는 것은 특수한 경우가 아니면 바람직한 일이 못 되었다. 유진오의 1939년 작품인 「어떤 부처(夫妻)」에도 "사내 자식이 제 손으로 계집 자식을 벌어먹이지 못하고 계집을 취직 전선에 내세운다는 것은 몹시 부끄러운 일"이라는 말이 보이거니와, 여자의 천직은 어디까지나 가정을 지키는 일이었고, 직업 전선에 나서 돈을 버는 것은 '바깥양반'이 도맡아 할 일이었다.[7]

　'정숙함'을 최고의 미덕으로 삼는 여자들은 복장에 있어서도 보수적인 전통을 지켰다. 거의 대부분의 여자들이 한복을 입었고, 양복은 보기 어려울 정도였다. 「어떤 부처」의 여주인공 희경은 어떤 그릴의 경리원으로 취직하고도 한복 차림으로 출근한다. 지배인이 양복이 잘 어울릴 것 같다며 권고했을 때, 희경은 눈을 둥그렇게 뜨고 놀랐으며, 남편과 상의해서 결정하겠다고 대답하였다.[8] 직장 여성의 경우에도 양복이란 그토록 망설여지는 새로운 생활양식이었던 것이다.

　여자가 남의 시선이 있는 곳에서 몸을 노출시킨다는 것은 비록 술집 여자의 경우에도 망측한 일이었다. 이석훈(李石薰)의 「질투(嫉妬)」에 나오는 산

---

6 임옥인, 「봉선화」, 『한국단편문학대계』, 제6권, pp.366-369 참조.
7 유진오, 「어떤 부처」, 『한국단편문학대계』, 제3권, p.375.
8 같은 책, pp.377-378.

월은 본래 색주가에서 술을 따르던 갈보 물림이다. 살림을 차린 뒤의 산월은 바지런한 성미에 섬 아낙네들을 따라서 바지락을 캐러 갔다. 옷을 버리지 않으려면 바지를 걷어 올려야 하는데, 산월은 부끄러운 생각에 첫날은 그렇게 할 수가 없었다. 다음 날부터는 산월도 부끄러움을 참고 정강이를 걷어 올렸다. 그 꼴을 본 남편 칠성은, 다시는 바지락 캐러 가지 말라고 엄한 금지령을 내렸다.[9]

귀고리나 목걸이 따위의 장신구를 사용하는 여자도 아주 보기 힘들었다. 도시의 다방 마담 같은 직업 여성 중에서도 그런 것 사용하는 사람을 보기는 어려웠다. 주요섭의 「아네모네의 마담」에 나오는 다방 마담 영숙이가 귀고리를 끼고 나타났을 때 그것이 큰 화젯거리가 되었다는 사연은 이러한 사정을 증언하고 남는다.

'아네모네'에 마담으로 있는 영숙이가 귀고리를 두 귀에 끼고 카운터에 나타난 날, '아네모네' 단골 손님들은 영숙이가 머리를 움직일 때마다 한들한들 춤을 추는 그 자줏빛 귀고리의 아름다움을 탄복하였다. …

"아 고것이 귀고리를 달구 나서니 아주 사람을 죽이네 그랴." 하고 한편 구석에서 차를 마시다 말고 수군거리는 사람도 있고,

"어, 마담이 아주 귀고리루 한층 더 뛰서 귀부인이 됐는 걸, 허허허 …" 하고 크게 웃는 사람도 있고 …[10]

이렇게 이 단편은 귀고리 이야기로 시작된다. 영숙이가 귀고리를 달게 된

---

9 이석훈, 「질투」, 「한국단편문학대계」, 제3권, p.411 참조.
10 주요섭, 「아네모네의 마담」, 「한국단편문학대계」, 제2권, p.180.

것은 어떤 학생 손님의 시선을 끌기 위해서였다. "귀고리를 끼고 나서면 조선서는 흔치 않은 일이라 필연코 그 학생도" 무슨 말을 걸어오게 될 것이라고 예상했던 것이다.[11]

임옥인의 단편 「봉선화」에는 약혼한 아가씨가 약혼자에게 보이기 위하여 손가락에 봉선화 물을 들이는 이야기가 담겨 있다. 매니큐어라는 것이 아직 알려지지 않았던 그 시절의 한국 아가씨들은 봉선화 꽃을 백반 또는 소금과 함께 다져서 손톱을 물들였다. 봉선화 이긴 것을 자기 전에 손톱 위에 얹고 헝겊과 실로 싸맨 다음 하룻밤을 곱게 자고 나면 손톱과 손가락 끝이 빨갛게 물든다. 솜씨 여하를 따라서 물이 곱게 들 때도 있고 실패할 때도 있다. 아침에 잠이 깨자마자, 물이 잘 들었나 궁금하여 헝겊을 풀어 보면서 아가씨들은 일종의 스릴을 느꼈다. 열 손톱을 모두 물들이는 것이 아니라 새끼손가락 또는 무명지에만 들이는 것이 보통이었지만, 그것은 아가씨들 자신의 솜씨에 달린 일종의 예술이었다. 손톱의 화장이라는 점에서는 오늘의 매니큐어와 비슷한 것이지만, 번쩍번쩍 광택이 나는 화학약품을 기계적으로 칠하는 오늘의 그것과는 그 마음가짐이나 분위기가 전혀 다르다.

남녀칠세부동석(男女七歲不同席)을 금과옥조로 삼았던 조선시대에 비교한다면, 남녀의 윤리가 개방의 방향으로 크게 변화했다고 보아야 할 것이나, 아직도 이성간의 교제에는 많은 제약이 따랐다. 일반적으로 자유연애는 허용되지 않았고, 미혼 남녀의 경우에도 사랑이란 원칙적으로 숨어서 하는 것 또는 어떤 위험을 각오하고 감행하는 모험이었다. 특히 여자의 경우에 있어서 애인을 갖는다는 것은 크게 부덕한 일로서 비난을 받았다. 이인직의 『설중매』를 보면, 여주인공 매선이 연애를 한다는 소문을 퍼트려 그의 약혼

---

11 같은 책, p.184 참조.

자로 하여금 매신을 몹쓸 여자라고 생각하게 하려는 셰략을 쓰는 악한들의 이야기가 있다. 매선이 미모가 출중하고 학식도 월등하지만, "청보에 개똥을 쌌다는 말과 같이 … 음탕한 행실이 한두 번이 아니라"는 것을 신문 잡보에까지 나도록 한 것이다. 그런데 그 '음탕한 행실'의 내용은, 어떤 남자와 노상에서 말을 주고받은 것과 또 편지 왕래가 좀 있었다는 정도의 것이다.[12]

남자의 경우에도 연애에 정력을 기울이는 태도는 대체로 권장을 받지 못하였다. 여색을 탐내는 것은 바람직한 것이 아니라는 유교적인 도덕관이 지배적이었다. 유진오의 1935년 작품 「김강사와 T교수」에서 T교수가 학생들의 사람됨을 평가한 말 가운데, "이 스스끼란 놈만 해도 웬 고약한 놈입니다. 학교는 결석만 하고 모처럼 학교에 오면 선생한테 싸움이나 하러 덤비고, … 게다가 품행이 좋지 못해 여학생한테 편지질하기가 일쑤입니다."라는 것이 있다.[13]

우리는 1장에서 김동인의 「김연실전」의 주인공 연실의 방탕한 생활과 개방적인 연애관에 대해 언급한 일이 있다. 여성의 해방을 주장하는 연실은 무엇보다도 자유연애를 찬양하면서 방탕한 이성 교제에 앞장섰던 것이다. 김연실의 이름을 빌린 이러한 연애관이나 생활 태도는 저 몹시 근엄한 보수적 성도덕에 대한 반동 현상이라고 보아야 한다. 연실과 같은 생각과 행동을 한 사람이 간혹 있었다 하더라도, 그러한 사람들의 존재는 극히 예외적인 성질의 것이었다고 보는 것이 옳을 것이다.

늙은 세대 가운데 연애는 도대체 부도덕한 것이라고 물리친 사람들이 많았던 것과는 달리, 젊은이들 사이에는 그것을 긍정적으로 받아들인 사람이

---

12 이인직, 「설중매」, 『정수한국문학전집』, 제3권, p.111 및 pp.119-120 참조.
13 유진오, 「김강사와 T교수」, 『정수한국문학전집』, 제4권, p.177.

많았던 것은 사실이다. 그러나 연애를 긍정한 사람들의 생각도 오늘날 젊은 이들의 생각에 비하면 상당히 보수적이었다. 연실의 친구 명애가 권장한 '신성한 사랑', 즉 육체의 교섭 없는 마음의 사랑을 가장 바람직한 사랑이라고 믿는 견해가 그 당시 젊은이들 사이에 지배적이었던 것이다.[14] 이광수가 여러 작품을 통하여 예시한 정신적인 사랑, 또는 심훈의 『상록수』에서 동혁과 영신이 주고받은 헌신적인 사랑이 당시의 젊은 세대에게 이상적인 것으로 받아들여졌다.

'정신적 사랑'이란 육체의 부정만으로 성립하는 것은 아니었다. 그것은 상대편의 개성과 인격에 대한 깊은 이해를 둔 전인격과 전인격의 교류라는 뜻을 가지고 있었다. 참고 삼아, 젊은 춘원의 연애관의 한 단편을, 김선형에 대한 이형식의 사랑을 비판한 대목에서 엿보기로 하자.

> 형식은 선형을 자기의 생명과 같이 사랑하노라 하면서도 선형의 성격은 한 땀도 몰랐다. 선형이가 냉정한 이지적 인물인지 열렬한 정적(情的) 인물인지 … 또는 그와 자기가 어떤 점에서 서로 일치하며 어떤 점에서 서로 모순하는 지 … 모르고 그저 맹목적으로 사랑한 것이라.
>
> 그의 사랑은 아직 진화(進化)를 지나지 못한 원시적 사랑이었다. 마치 어린 애끼리 서로 정이 들어서 떨어지기 싫어하는 것 같은 사랑이요, 또는 아직 문명하지 못한 민족들이 다만 고운 얼굴만 보고 곧 사랑이 생기는 것과 같은 사랑이었다.
>
> 다만 한 가지 다름이 있었다 하면, 문명치 못한 민족의 사랑은 곧 육욕(肉慾)을 의미하되 형식의 사랑에는 정신적 분자가 많았을 뿐이다. 그러나 형식

---

14 김동인, 「김연실전」, 『정수한국문학전집』, 제2권, p.147 참조.

은 다만 정신적 사랑이라는 이름만 알고 그 내용은 알지 못하였다. 진정한 사랑은 피차에 정신적으로 서로 이해하는 데서 나오는 줄을 몰랐다. 형식의 사랑은 실로 낡은 시대, 자각 없는 시대에서 새 시대, 자각 있는 시대로 옮아가려는 과도기의 청년(조선 청년)이 흔히 가지는 사랑이다.[15]

순진한 젊은이들이 마음속에서 동경한 플라톤적 사랑 또는 인격적 사랑이 사실상 어느 정도 실현되었느냐 하는 것은 전혀 다른 문제다. 다만, 단순한 육체적 교섭에 가까운 성애(性愛)가 공공연하게 추구되는 오늘과 비교할 때, 애정 문제에 관한 가치관에 상당한 변화와 차이가 있다는 것을 알 수 있을 것 같다.

자연주의의 경향이 강했던 1920년대 또는 1930년대의 작품 가운데 간통을 소재로 한 소설들이 많이 있다. 예컨대 김동인의 「감자」, 「발가락이 닮았다」, 나도향의 「뽕」, 김유정의 「소나기」, 김영수의 「소복」 등이 그것이며, 이광수의 『흙』에도 간통 이야기가 나온다. 만약에 현실 사회에 간통 현상이 전혀 없었다면 간통을 소재로 한 소설이 그렇게 나오기 어려우리라고 볼 수 있다는 점에서 이러한 소설을 근거로 그 시대의 '풍기문란'을 운위할 수도 있을 것이다. 그리고 실제로 채만식은 「레디메이드 인생」에서 "지금 세상은 정당한 성도덕이 서 있는 때도 아니다. 그것은 한 시대에 여러 가지 시대 사조가 엉클어져 있는 때문이다."라고 말하여 전통적 성도덕이 붕괴되어 가고 있었음을 시사하기도 하였다.

그러나 우리는 다른 관점에서 사태를 다르게 파악할 수도 있다. 역설적으로 말해서, 간통이 소설의 소재로서 애용되었다는 사실은 간통이라는 현상

---

15 이광수, 『무정』, 후편, pp.160-161.

이 아직은 희소가치를 가지고 있었다는 증거로도 볼 수 있을 것이다. 간통의 현장을 소상하게 묘사하지 않고, 단순히 그 사실만을 암시적으로 전달하여도 충분히 읽을거리가 되었다는 사실이 이러한 해석을 뒷받침한다. 특히 『흙』의 여주인공 영선의 경우는 자기가 저지른 간통의 죄과를 죽음으로써 사죄하기 위하여 열차에 투신 자살을 기도하고 있다. 그리고 영선이 그러한 결심을 하지 않을 수 없었던 배후에는, "친정에서도 돌아보지 아니하고 세상이 다 저를 버려서 죽든지 살든지 상관을 아니 하는" 그러한 분위기가 있었다.[16]

간통 행위가 발각되면 마을에서 강제 추방을 당하던 그러한 엄격한 성도덕이 차차 허물어지는 방향으로 기운 것은 부인하기 어려운 사실이다. 그러나 혼전의 정사 또는 간통을 대수롭지 않게 생각하는 사람들도 있는 현대의 서구적인 성도덕관과 비교한다면, 아직도 한국적 전통이 강하게 남아 있었다고 보아야 할 것이다. 유진오의 1939년 작품 「나비」의 주인공 푸로라가 화류계에 종사하면서도 유부녀로서 정절을 굳게 지키는 이야기라든지, 또는 김영수의 「소복」의 주인공 용녀는 간통을 예사로 하는 소문난 여자지만 마을의 다른 여자가 간통을 했을 경우에는 "참 더런 년"이라고 욕설을 퍼부은 이야기 등은, 그 시대의 성도덕이 현대적인 성개방의 관념에서는 아직 멀다는 것을 암시한다.

2. 결혼

박화성의 1932년 작품 「하수도공사」에 사랑과 결혼에 관한 짧은 대화가

---

16 이광수, 『흙』, 제3장 마지막 부분 참조.

보인다. 결혼의 가망이 없음을 알고 사랑을 단념하자는 동권에 대하여 용희는 "결혼만 해야 좋은가? 사랑만 하면 되지." 하고 반대한다. 이에 대하여 동권은, "그런 막연한 말이 어디 있어? 결혼은 아니 해도 사랑만 하면 그만이라는 사고방식은 아예 하지 말아야 해." 하며 타이른다.[17]

이 짧은 대화를 통하여 우리는 변화해 가는 사회에 있어서 연애와 결혼에 관한 생각도 변화하는 과도기의 한 측면을 본다. 연애라는 것은 아예 부도덕한 것으로 물리침을 받은 시대가 있었다. 다음에는 결혼을 전제로 하고 그 준비 과정으로서의 연애라면 굳이 탓할 것이 없다는 생각이 뒤따르고, 마침내 연애는 연애요 결혼은 결혼이라는 생각이 고개를 드는 변화의 과정이 앞에서 인용한 대화의 배경이라고 보아도 좋을 것이다. 그러한 1930년대에 있어서 결혼을 전제로 삼지 않는 연애를 용납한 한국인은 아주 수가 적었을 것으로 믿는다. 더욱이 농촌의 아가씨들 가운데 결혼은 안 해도 좋으니 사랑만 하자고 적극성을 보인 그러한 여자는 아주 적었을 것이다. 다만, 일본 여자 대학 영문학과에서 공부하고 그 당시 가장 첨단을 걷던 젊은 여류 작가가 여주인공 용희로 하여금 그러한 말을 하게 했다는 사실을 통하여, 우리는 연애 또는 결혼에 관한 사람들의 생각이 앞으로 크게 달라지리라는 예고를 판독할 수 있을 따름이다.

1920년대 또는 1930년대에 있어서도 결혼은 부모의 뜻을 따라서 정하는 경우가 거의 대부분을 차지했을 것으로 보인다. 특히 여자의 경우에 있어서는 당사자가 혼인 문제에 관해서 자기의 생각을 앞세우는 예는 많지 않았을 것이다. 그 당시 우리나라 소설의 주인공들은 대부분이 신학문을 공부한 사람들이지만, 「설중매」, 「무정」, 「흙」, 「만세전」, 「치숙」, 「레디메이드 인생」

---

17 박화성, 「하수도공사」, 『한국단편문학대계』, 제2권, p.229.

등의 경우가 모두 그렇듯이, 그들의 거의 모두가 부모의 일방적인 결정을 따라서 결혼을 하고 있다. 개화의 바람이 분 뒤에도 결혼에 관하여 이토록 불합리한 경향이 오래 계속된 큰 이유의 하나는 조혼의 풍습에서 찾을 수 있을 것이다. 대개 15, 16세 이전에 결혼을 시켰던 까닭에, 자녀들이 아직 자기의 주견을 당당하게 내세울 만한 성숙에 이르지 못했던 것이다.

당사자들의 의사를 무시하고 부모가 마음대로 정혼하는 관례는 개화와 함께 들어온 개인주의 사상에 비추어 볼 때 불합리하기 짝이 없는 것이었다. 부권으로 정혼하는 구습이 비판의 도마 위에 오른 것은 일찍부터였으며, 그 비판의 소리는 자연히 소설에도 반영되었다.

결혼 문제는 당사자들의 의사를 따라서 결정되어야 한다는 생각은 이인직의 『혈의 누』에도 이미 조금 비치고 있다. 여주인공 옥련의 미국 유학 학비를 대준 구완서가 "우리는 혼인을 하여도 동양 사람과 같이 부모의 명령을 좇을 것이 아니라 우리가 서로 부부될 마음이 있으면 서로 직접하여 말하는 것이 옳은 일이라."고 한 말 가운데, 혼사를 당사자들의 자유의지로 결정하는 서양의 풍습을 권장하는 작가의 의도를 읽을 수가 있다.[18] 이 구완서는 우리나라 부모들이 자식 나이 열 두서너 살만 되면 결혼을 시키는 조혼의 풍습을 비난하여, "입에서 젖내가 모락모락 나는 것을 장가를 들이면 짐승의 자웅(雌雄)과 같이 아무것도 모르고 음양배합(陰陽配合)의 낙만 알 것이라."고 말한 사람이기도 하다.[19]

결혼 문제를 부권으로 처리해 버리는 구습을 더 심각하게 비판한 것은 이 광수였다. 춘원은 그가 25세 때 발표한 「소년의 비애」에서 재색을 겸비한

---

18 이인직, 『혈의 누』, 『정수한국문학전집』, 제3권, p.41 참조.
19 같은 책, pp.36-37 참조.

난수(蘭秀)가 아버지의 명령을 따라 바보 신랑과 결혼하여 불행하게 되는 이야기를 그려, 일찍부터 이 문제에 대한 깊은 관심을 표명하였다.[20] 그리고 『무정』에서도 선형의 부모 김장노 부처가 선형과 형식을 자기네 마음대로 약혼시키고 만족해 하는 태도를 비판하여 다음과 같이 말하였다.

> 그리고 두 사람이 부부된 뒤에 행복될 것은 확실하거니 한다. 그래서 두 사람을 마주 붙인다. 다만 자기네 생각에 — 그 미련하게 옅은 생각에 좋을 듯하게 보이므로 마주 붙인다. 그러다가 만일 이 부부가 불행하게 되면 그네는 자기네 책임이라 하지 아니하고, 두 사람의 책임이라 하거나 또는 팔자라, 하느님의 뜻이라 할 것이다.
>
> 이 모양으로 하루에도 몇천 켤레 부부가 생기는 것이다.[21]

심훈도 『상록수』의 주인공들의 입을 통하여, 결혼이란 당사자들을 위한 것이지 부모를 위한 것이 아님을 자신 있게 말하고 있다. 영신에게 국민학교 다닐 때 사망한 아버지가 정한 약혼자가 있었다는 사실을 알고, 동혁은 "영신씨는 어머니를 위해서, 사랑이 없는 남자에게 한평생을 희생에 바칠 그런 봉건적인 여자는 아니겠지요?" 하고 물었으며, 영신은 "그런 말씀은 물어보실 필요도 없겠지요." 하고 자존심을 상한 듯이 자신 있는 대답을 하였다.[22]

---

20 한자를 많이 섞어서 쓴 이광수의 초기 작품 「소년의 비애」는 모두 6절로 나누어진 단편이다. 이 단편 가운데서 16세의 난수(蘭秀)가 부잣집의 15세 되는 천치 소년과 불행한 결혼을 강요당하는 이야기는 그 4절과 5절에서 전개된다. 이광수, 「소년의 비애」, 『한국단편문학대계』, 제1권, pp.10-20 참조.
21 이광수, 『무정』, 후편, p.64. 이광수 자신은 18세 때 백혜순(白惠順)과 중매 결혼을 하여 26세 되던 해에 이혼을 하였다.
22 심훈, 『상록수』, 『정수한국문학전집』, 제1권, p.175 참조.

이러한 확신을 가졌던 심훈은 이광수보다도 두 살 빨리 16세에 부모의 뜻을 따라 이미 결혼한 바 있으며, 23세 되던 해에 춘원이 그랬듯이 이혼을 감행하였다.

농촌에 틀어박혀 농사나 지을 뿐 개화의 바람을 타지 않은 사람들의 경우는, 부모가 정해 주는 대로 조혼을 하고도 별다른 불평 없이 살아갈 수 있었다. 그러나 경제에 여유가 있어서 신학문에 접촉할 수 있었던 사람들의 경우에는 그 폐단이 자못 심각하였다. 조혼한 사람들은 대개 아내의 나이가 한두 살 많은 것이 통례였으며, 학교에 다닌 것은 주로 남자들이었던 까닭에, 신학문을 공부하고 돌아온 남편들은 흔히 늙고 촌스러운 아내에 대하여 불평을 품게 되었기 때문이다.

부모들이 자식의 조혼을 서두른 이유의 하나는 빨리 손자를 보자는 것이었고 그 또 하나는 며느리의 노동력을 이용하자는 것이었다. 따라서, 어느 정도 육체의 성숙도가 높은 신붓감이 바람직했고, 자연히 신랑보다는 나이가 많은 규수들이 선택되었다. 그리고 여자에게는 학문이 별로 필요하지 않다는 옛부터의 관념과 특히 계집아이가 매일 문밖 출입을 하는 것은 당치도 않다는 늙은 세대의 완고한 생각으로 말미암아, 여자에게 학교 공부를 허락한 가정이 적었다. 따라서, 남편은 대학까지 다녔으나 여자는 국민학교에도 다니지 않은 부부가 생기는 실정이었다. 어릴 때는 멋모르고 부모의 명령을 따라 결혼한 젊은 지식인들이 늙고 구식인 아내에게 불만을 갖는 것은 시간 문제였고, 이 불만은 흔히 가정의 파탄을 초래하였다. 이광수의 『무정』에서도 그 전형적인 사례를 찾아볼 수 있다. 영채가 신세를 지게 된 병욱의 집은 황주의 부유한 가정이다. 병욱의 오빠는 동경에 가서 경제학을 공부하고 돌아온 지식인이었고, 그에게는 다섯 살 위인 아내가 있었다. 아내는 용모도 아름답고 마음씨도 곱지만 남편은 전혀 애정을 느끼지 못한다. 12세에 장가를 들고 그의 치마폭에 싸여 크다시피 한 은공을 모르는 바 아니지만, 애정이란 뜻대로 되는 것이 아니어서, 도무지 꼴도 보기 싫다. 그는 오입쟁이로 알려질 정로 외박이 잦고 아내는 매일 울며 산다. 이러한 사연을 듣고 영채가, "늘 그래서야 어떻게 사나요?" 하고 걱정했을 때, 병욱은 "요새 젊은 부부는 대개 다 그렇대요. 큰 문제지요. …" 하고 영채를 마주 보았다.[23]

아내가 보기 싫어 기생 오입을 하는 것만으로 만족한 사람은 거의 없었다. 한 걸음 더 나아가 소실을 두거나 이혼을 요청한다. 칠거지악이 없는 한 조강지처는 버리지 못한다는 가르침을 따라서 외도와 소실만으로 만족한 사람도 있고, 아예 이혼을 하고 신식 아내와 재혼한 사람들도 있었다. 여기서 주목을 끄는 것은 외도를 일삼고 소실을 둔 사람들보다도 이혼을 단행하고 일부일처의 원칙을 지킨 사람들이 더 많은 비난을 받는 경향이 있었다는 사실이다. 「무정」의 신문기자 우선이, 엄정한 일부일처주의를 주장하는 형식에 맞서, "첩을 얻든지 기생 외입을 하는 것은 결코 남자의 잘못하는 일이 아니라"고 공언할 수 있었으며,[24] 채만식의 「치숙」의 주인공 '아저씨'가 사회주의자이면서도 신여성을 소실로 둘 수 있었던 것은,[25] 모두 남자의 외도와 축첩이 너그럽게 용납되었던 사회 풍토 안에서였다.

물론 모든 조혼한 사람들이 예외 없이 축첩을 하거나 이혼을 한 것은 아니며, 별로 큰 파문 없이 부부로서의 관계를 유지한 사람들도 있다. 그러나 그러한 경우에도 그들의 결혼이 불행하기는 역시 일반이었다. 사실주의(寫實主義) 작가 염상섭의 「만세전」의 '나'와 '아내'의 경우는 그러한 사례의 표본이다. 일인칭으로 쓰인 「만세전」의 주인공은 동경 유학 중, 아내가 위독하다

---

23 이광수, 「무정」, 후편, pp.107-109 참조.
24 같은 책, pp.170-171.
25 채만식, 「치숙」, 「한국단편문학대계」, 제3권, p.33 참조.

는 전보와 전보환(電報換) 송금을 받는다. 해산 후더침으로 시름시름 앓던 아내였다. 전보를 받고 크게 놀라기보다는, "아직 죽지는 않은 게로군." 하는 안도감과 의아심을 섞어 느끼는 담담한 심경. "병인은 죽었든 살았든 돈 백원 온 것이 반가웠던" 주인공은 우선 돈을 찾아 가지고 요정으로 향한다. 귀국하면 한동안 못 보게 될 시즈꼬(靜子)와 작별의 술잔을 기울이고 싶었던 것이다. 시즈꼬의 배웅을 받으며 동경역을 떠나 집에 돌아와 보니 아내는 거의 혼수상태였다. 남편을 알아보고 겨우 아들의 장래를 부탁하며 눈물 흘리던 아내. "어서 끝장이나 났으면" 하는 생각이 불쑥 나며 시즈꼬를 생각하는 남편. 결국 며칠 뒤에, "민주를 대하면서도 하루바삐 납시사고 축원을 하고, 축원을 하면서도 민주를 대던 병인"은 숨을 거두었다.[26]

상처를 당한 주인공의 한 가지 고통은 눈물이 안 나오는 울음을 울어야 하는 것이었다. "처가붙이끼리라든지 집안 식구들까지 뒷공론을 하는 모양이나 파묻고 돌아올 때까지 눈물 한 방울 흘릴 수가 없었던" 남편, 다만 그도 사람이라 "아내가 살아 있을 때는 꿈에도 생각지 못하던 가엾은 생각이" 들기도 하고 마음 한 구석이 허전한 느낌이 들기도 하였다. 그러나 그것은 참된 부부의 사랑과는 다른 한갓 인간적인 뉘우침에 지나지 않는 것이었다.[27]

남편이 아내를 천대하는 비민주주의적 현상은 지식인 남편과 구식 아내 사이에서만 있었던 것은 아니다. 하류층에는 하류층대로 또 다른 형태의 학대를 아내들이 감수할 경우가 많았다. 무식하고 가난한 남자들은 여자에 관한 선택의 자유가 거의 없었던 까닭에, 첩을 두거나 이혼을 강요하지는 못하였다. 그러나 완력으로 아내를 학대하는 사례가 적지 않았다. 이런 경우에

---

26 염상섭, 「만세전」, 『정수한국문학전집』, 제4권, pp.55-77 참조.
27 같은 책, pp.79-80 참조.

는 도리어 아내 편에서 남편과 헤어지기를 원하지만, 남편 쪽에서 결코 놓아 주지 않는 까닭에, 참고 살거나 도망을 쳐 달아나거나 하는 것이었다.

이석훈의 「질투」는 바닷가에서 막벌이하는 칠성이가 색주가에서 술 따르던 산월을 아내로 맞아 살림을 하는 동안, 의처증으로 갖은 학대를 가하는 이야기가 줄거리를 이룬다. 견디다 못해 산월은 몇 번 도망을 시도했지만 뜻대로 되지 않았고, 결국은 칠성의 흉기에 찔리고 만다.[28] 김유정의 「금 따는 콩밭」에서도 우리는 남편이 경우 없이 아내를 대하는 이야기를 읽는다. 주인공 영식은 금광에 미쳐서 콩밭을 모조리 파헤치지만 금은 그림자도 보이지 않았다. 산제를 지내면 금이 나온다는 미신을 따라, 아내에게 산제 지낼 쌀을 꾸어 오라고 명령한다. "죽거리도 없는데 산제는 무슨 …" 하고 쌀 구할 길이 막연한 아내가 대꾸하면, "듣기 싫어, 요망맞은 년 같으니." 하고 호통을 친다. 「소나기」의 주인공 춘호가 노름돈 2원을 변통해 오라고 아내에게 호령을 하는 것과 비슷한 사연이다. 남편 영식의 명령을 어길 수 없어, 아내는 또 한 번 양근댁을 찾아가 염치없는 쌀을 꾸어다 떡을 쪘다. 떡시루를 이고 산길을 올라 금 나온다는 콩밭으로 향한다. 밭머리 못미처까지 왔을 때, 남편은 아내에게서 떡시루를 빼앗으며 거기 서 있으라고 명령을 한다. 남편 혼자 낑낑대는 것이 안타까워 좀 더 가까이 가는 아내에게, 영식은 "부정타라고 왜 올라와 요망맞은 년!" 하고 호통을 쳤다.[29]

'남녀동등'이라는 서구식 관념이 들어오지 않은 것은 물론 아니다. 「무정」의 동경 유학 신여성 병욱이 역설하였고 김동인의 연실도 주장했듯이, 남녀의 동등을 말한 사람들이 적지 않았다. 특히 신여성으로 불리는 여자들 가운

28 이석훈, 「질투」, 『한국단편문학대계』, 제3권, pp.408-416 참조.
29 김유정, 「금 따는 콩밭」, 『한국단편문학대계』, 제4권, pp.33-35 참조; 김유정, 「소나기」, 『한국단편문학대계』, 제4권, p.17 참조.

데 그러한 소리가 높았다. 그러나 제도 속에 자리잡은 오랜 전통이 말의 힘만으로 깨지기는 어려운 것이어서, 여자의 지위 향상은 하루 이틀에 실현되지 않았다.

남자는 첩을 두든 재혼을 하든 그것이 큰 흠이 되지 않았지만, 여자의 경우는, 첩살이는 두말할 것 없거니와, 두 번 시집간다는 것도 용이한 일이 아니었다. 버림받은 이혼녀가 다시 좋은 배필을 얻는다는 것은 아주 어려운 일이었고, 과부된 여자의 경우도 여러 가지 복잡한 사정이 개가를 방해하였다. 첫째 '과부'라는 이름이 여자에게는 치명상이어서 어지간한 사람은 데려가려고 들지 않았다. 김동리(金東里)의 1934년 작품 「화랑의 후예」에는 과부라는 것이 얼마나 억울한 신분인가를 말해 주는 대목이 있다.

「화랑의 후예」의 주인공 황일제는 자기 가문이 양반이라는 것밖에 내세울 것이 아무것도 없는 불쌍한 노인이다. 집도 가족도 없는 가난뱅이로서 친구들이나 찾아다니며 밥도 얻어 먹고 용돈도 뜯어낸다. 친구 한 사람이 그의 딱한 사정을 동정하여 결혼 중매를 꾀한다. 상대는 돈도 있고 나이도 30 전인 참한 과부다. 친구는 "아무리 과부긴 하지만 그렇게 늙고 가진 것 없는 이한테 갈려고 할지?" 염려도 했으나, "젊고 예쁜 홀아비가 어딨어요. 딸린 자식 없구 한 것만 해두 …" 하는 아내의 자신 있는 말에 용기를 얻어, 우선 황노인에게 그 과부 얘기를 끄집어낸다. 그러나 황노인은 '과부'라는 말에 펄쩍 뛰면서, "당찮은 말씀유 … 흥, 과부라니, 당하지 않은 말씀을 …" 화를 버럭 낸다. 남의 가문에 출가했던 여자에게 장가들라는 것은 양반인 자기에 대한 모독이라는 것이다.[30]

설령, 좋은 신랑감이 있어서 자기와의 결혼을 원한다 하더라도, 과부인 까

---

30 김동리, 「화랑의 후예」, 『한국단편문학대계』, 제4권, pp.97-98 참조.

닭에 그것을 받아들이기 어려운 사정도 있었다. 주요섭의 1935년 작품 「사랑 손님과 어머니」의 한 구절은 과부의 또 하나의 어려운 사정을 말해 준다. 주인공의 딸 옥희가 사랑 손님을 좋아하여 그를 아빠로 삼고 싶다고 말했을 때, 과부 어머니는 한참 동안 천장만 바라보다가 다음과 같이 말했던 것이다.

> "옥희야, … 옥희가 이제 아버지를 새로 또 가지면 세상이 욕을 한단다. 옥희는 아직 철이 없어서 모르지만 세상이 욕을 한단다. 사람들이 욕을 해. 옥희 어머니는 화냥년이다, 이러구 세상이 욕을 해. 옥희 아버지는 죽었는데 옥희는 아버지가 또 하나 생겼대, 참 망측두 하지, 이러구 세상이 욕을 한단다. 그리 되문 옥희는 언제나 손가락질 받구. 옥희는 커두 시집두 훌륭한 데 못 가구. 옥희가 공부를 해서 훌륭하게 돼두, 에 그까짓 화냥년의 딸, 이러구 남들이 욕을 한단다."[31]

"여자는 두 번 시집가서는 안 된다."는 유교적 관념이 옛날 그대로 철석같이 남아 있었던 것은 물론 아니다. 여자도 경우에 따라서는 재혼을 하는 것이 마땅하다는 의견이 서서히 고개를 들었고, 또 실제로 다시 새 남편을 얻는 여자들도 많이 있었다. 그러나 최정희(崔貞熙)의 「천맥(天脈)」의 여이와 같이, 재혼한 여자는, 그가 새 교육을 받은 개화된 여성일 경우에도, "여자는 한 남편을 좇아야 한다."는 관념이 떠나지 않아서, 항상 마음이 편치 않은 예가 많았다.[32]

---

31 주요섭, 「사랑 손님과 어머니」, 『한국단편문학대계』, 제2권, p.176.
32 최정희, 「천맥」, 『한국단편문학대계』, 제5권, p.361 참조.

3. 부덕(婦德)

　민주 사회에서는 지위가 높아지고 권한이 많아질수록 그의 도덕적 의무도 무거워지는 데 비하여, 봉건적인 사회에서는 지위가 낮고 무력할수록 도덕적 부담도 늘어 간다. 우리 한국 여성의 지위가 남자들 밑으로 깔려 있었고, 아직 사회 전체에 봉건적 색채가 남아 있는 동안, 그들에게 요청 또는 기대되는 품성과 행위도 한결 특수한 것이었다. 우리 사회에서 애용되는 도덕적 언사 가운데, '부덕', '현처', '현모양처', '요조숙녀' 등 오로지 여자들에게만 적용되는 찬사가 많은 것도, 어쩌면 사회적으로 불리한 여자들의 지위에 유래하는 역설적 현상일지도 모른다.

　현진건의 다분히 자전적인 작품 「빈처(貧妻)」를 읽는 사람은 1920년 무렵의 우리나라의 현처(賢妻)들이 어떠한 태도로 그의 남편을 대했는지 대략 짐작할 수가 있다. 「빈처」의 남편은 16세 되던 해 두 살 위인 부잣집 딸과 결혼한다. 결혼한 지 얼마 아니 되어 그는 학문에 뜻을 두고 중국과 일본을 떠돌아다니다 공부도 제대로 마치지 못하고 돌아온다. 문학을 지망하면서 독서와 집필로 소일하지만 수입은 하나도 없는 그가 그런대로 살아갈 수 있었던 것은, 집간과 세간을 마련해 줄 정도로 후한 처가의 덕분이었다. 그러나 처가 또는 친정에 기대는 것도 한도가 있어서, 아내는 시집올 때 가지고 온 혼수를 하나 둘 처분한 것으로 끼니를 때워 왔고, 이제는 그나마 바닥이 났다. 그런 공도 모르는 척 남편은 툭하면 짜증이나 내고, "저 따위가 예술가의 처가 다 뭐야!" 하며 도리어 호통을 치기가 일쑤다. 그래도 아내는 눈물을 떨굴 뿐 한마디의 대꾸도 없다. 그뿐만 아니라 남편이 자포자기하여 쓰던 원고를 집어던지고 화를 낼 때면, "왜 마음을 조급하게 잡수세요! 저는 꼭 당신의 이름이 세상에 빛날 날이 있을 것을 믿어요. 우리가 이렇게 고생을 하는 것이 장차 잘될 근본이야요."[33] 하며 위로하는 여유까지 보인다.

하루는 아내의 친정 언니가 찾아왔다. 아내에게 줄 고무신 한 켤레와 자기가 입을 값비싼 옷감을 들고서. 아내는 선물받은 고무신을 기뻐하는 기색을 노골적으로 드러내지 않았고, 언니의 비단 옷감을 크게 부러워하는 눈치도 보이지 않았다. 물질에 대해서 지나치게 관심을 표명하면 경제적으로 무능한 남편에게 좌절감을 느끼게 할까 두려워했기 때문이다.[34]

현진건은 헌신적인 사랑으로 남편을 하늘처럼 위하는 아내의 모습을 「술 권하는 사회」에서도 그렸다. 이 작품 속의 남편도 대학을 졸업하고 일자리를 얻지 못해 방황하는 인텔리 룸펜이다. 어딘지 분주히 돌아다니지만 아무 소득도 없이 집의 돈만 소비한다. 화풀이로 매일 술을 마시면 아내는 바느질 거리를 만지며 그가 돌아오기만 고대한다. "문 열어라." 하는 소리가 들린 것 같아서 대문까지 뛰어나가 보기도 하지만 아무도 없다. 환청을 들은 것이다. 실제로 남편이 돌아온 것은 새벽 두시쯤. 남편은 만취의 몸을 가누지 못하고 마루 끝에 쓰러져 있다. 행랑방 할멈도 뛰어나왔다. 아내는 쓰러진 남편을 붙들어 일으키고 싶은 생각이 간절하나, 그럴 수가 없었다. 할멈의 시선이 부끄러웠던 것이다. 방에 들어온 뒤에도 남편의 주사는 계속되지만, 아내는 한마디의 불평도 없이 도리어 그를 달래고 위로하기에 정성을 다한다.[35] 한마디로 말해서, 「술 권하는 사회」의 아내의 태도는 절대 인내, 절대 봉사, 절대 복종 그것이다.

「타락자」의 아내의 경우는 남편을 위하는 마음이 더욱 애절하다. 이 작품의 남주인공은 청운의 꿈을 품고 동경에 건너가 공부를 하고 있었으나, 대가

33 현진건, 「빈처」, 『한국단편문학대계』, 제1권, p.249.
34 같은 책, pp.255-256 참조.
35 현진건, 「술 권하는 사회」, 『한국단편문학대계』, 제1권, pp.161-165 참조.

족주의의 불합리한 요청 때문에 학업을 중단하고 집에 돌아와 실의에 빠져 있다. 그는 모든 불행의 원인이 마치 아내에게라도 있는 듯 온갖 화풀이를 아내에게 한다. 그러나 아내는 아무런 불평도 없이 남편의 매일 같은 성화를 달게 받아 준다.[36]

자포자기한 남편은 요정 출입을 하게 되었고, 그곳에서 알게 된 춘심이라는 기생에게 빠져 버렸다. 잠꼬대에도 '춘심'을 거듭 부르고 식욕까지 잃는 등 온갖 추태를 부리지만, 아내는 탓하지 않는다. 도리어 웃는 낯으로, "그만 일에 진지를 못 잡술 게 무어야요. … 정 그러시거든 한번 가셔서 정을 풀면 그뿐이지." 하며, 남편의 외도에 적극 협조한다. 남편이 "얻어도 샘을 아니 하겠소?" 하며 다짐을 하면, "옛날 요조숙녀(窈窕淑女)의 본을 받아 군자(君子)의 애물(愛物)을 시기치 않으리라."고 평소에 말해 온 아내는, "그것은 당신께 달렸지. 양편을 다 좋게 하면 왜 샘을 하겠습니까?" 하고 반문한다.[37] 남편이 그예 춘심과 하룻밤을 같이하고 돌아온 아침에도, "이젠 속이 시원하지요." 하고 빙그레 웃은 아내. 그러나 그녀의 얼굴빛은 피로 물들인 것 같았다.[38]

현진건은 아내가 마땅히 가져야 할 태도 또는 부덕을 논하기 위하여 윤리적 소설을 쓴 것은 물론 아니다. 다만 사실주의자로서 어떤 아내의 상을 사실대로 그렸을 뿐이다. 그러나 여기서 중요한 것은, 아직도 그러한 고전적인 아내가 있었다는 것과, 그러한 아내가 칭찬을 받았으면 받았지 여자의 인권을 스스로 포기했다 하여 비난을 받지는 않았다는 사실이다. 그리고 특히

---

36 현진건, 「타락자」, 『한국단편문학대계』, 제1권, p.284 참조.
37 같은 책, p.289.
38 같은 책, p.296 참조.

그 당시의 남편들은 그러한 아내를 좋아했다는 사실도 무시할 수가 없다. 「빈처」의 남편도 외국으로 다니는 동안에 이른바 신풍조에 물들어 한때는 일찍 장가든 것을 몹시 후회하기도 하였으나, 아내의 헌신적 애정에 감동하여 그에게서 의외로 따뜻하고 순결한 맛을 발견하였다.[39] 「빈처」의 작가 현진건 자신도, "당시 신학문의 맛을 들인 사람으로 일찍 결혼하여 구가정에서 교육받은 부인을 좋아한 사람이 별로 없었으나" 자기 아내의 정성에 감동되어 조강지처를 끝까지 아꼈다.[40]

현진건뿐 아니라 다른 사람의 소설에서도 횡포가 심한 남편과 오로지 인내와 순종으로 일관하는 아내의 이야기를 종종 볼 수가 있다. 예컨대, 채만식의 「치숙」의 아저씨는 인텔리 실업자로서 사회주의 운동을 합네 하고 빈들빈들 놀고만 있는데, 그의 아내는 "어질고 얌전해서 그 알뜰한 남편 양반 받드느라 삯바느질이야, 남의 집 품빨래야, 그 칙살스런 벌이를 해대서 겨우겨우 목구멍에 풀칠을 하고" 지낸다.[41] 계용묵의 「병풍에 그린 닭이」의 경우는 주인공이 무식한 하류층에 속한다는 사실과 시어미까지 합세해서 아내를 못살게 군다는 사정으로 말미암아, 아내의 자리는 더욱 처량하고 그의 인내는 더욱 초인적이다. 여주인공 박씨는 아기를 낳지 못한다는 이유로 시어머니의 구박이 심하다. 남편과 시어머니에 대하여 미안하고 죄스러운 생각에서, 남편에게 첩을 하나 얻을 것을 자진 권유한다. 남편은 못 이기는 척소실을 두었거니와, 그는 정을 소실에게로 옮기게 되었고 결국은 그마저 아내 박씨를 미워하기 시작한다. 무슨 짓을 해서라도 아들 하나 낳아야 하겠다

39 현진건, 「빈처」, 『한국단편문학대계』, 제1권, p.249 참조.
40 김용성, 『한국현대문학사탐방』, p.77 참조.
41 채만식, 「치숙」, 『한국단편문학대계』, 제3권, p.32 참조.

고 생각한 박씨는, 때마침 마을에 굿판이 벌어졌기에 거기나 가서 정성을 들이면 신령님이 복을 줄까 하는 일루의 희망을 걸고, 반대하는 시어미의 뜻을 어겨 가며 굿에 나갔다가 밤늦게 돌아온다. 그러나 시어미와 남편은 바람을 피우고 돌아왔다고 탈을 잡으며 욕설과 구타로 내쫓는다. 매에 못 이겨 일단 집을 나온 박씨였으나 하룻밤을 밖에서 지내고는 다시 시집으로 돌아간다. 발길을 돌리는 그의 심경을 작가는 다음과 같이 묘사하고 있다.

> 아무리 악한 시어미요 이해 없는 남편이라 하더라도, 이미 자기는 그 집 사람이었다. 어떠한 고초가 몸에 매질을 하더라도, 그것을 무릅쓰고 그 집을 바로 세워 나가얄 것이 자기의 반드시 하여야 할 의무요 짊어진 책임 같았다. 욕하면 먹고, 때리면 맞자.
> … 그만 것을 참지 못하여 마음을 달리 먹고 떠나온 것이 여간 마음에 뉘우쳐지는 것이 아니다. 병풍에 그린 닭이 홰를 치고 우는 한이 있더라도, 나는 그 집을 못 떠나야 옳다. 죽어도 그 집에서 죽고 살아도 그 집에서 살아야 할 몸이다.[42]

정비석의 「제신제」도 1940년대의 작품이지만, 거기에도 남편의 횡포와 아내의 인내가 대조적으로 그려지고 있다. 산지기 김서방은 자기 아내와 젊은 상전 '나' 사이를 공연히 의심하고 아내를 마구 욕하고 때린다. 그러나 아내 순실은 아무런 변명도 항거도 하지 않고 참고 견딘다.[43]

---

42 계용묵, 「병풍에 그린 닭이」, 『한국단편문학대계』, 제2권, p.388. 이 단편은 1943년 작품이다.
43 정비석, 「제신제」, 『한국단편문학대계』, 제4권, pp.299-300 참조.

상녁소가 1946년에 발표한 「삼십년」에도 남편이 아내에게 매질을 하는 것이 흔히 있는 일이었음을 암시하는 발언이 있다. 이 작품의 주인공 종훈은 고향 마을의 아가씨 필례를 은근히 사모했으나, 필례가 같은 마을의 기찬과 약혼하게 되자, 기찬에게 "어디 이상적인 신가정을 이뤄 보게." 하며 비꼬는 어조로 인사를 했다. 이때 기찬은 다음과 같이 대꾸했다.

"신가정? 난 자네도 알다시피 봉건적인 집안에서 자라난 사람야. 더군다나 우리 문중에서는 예편네가 말을 안 들으면 두들겨 가며 데리고 사는 버릇이 있어서 … 난들 별 수 있겠나. 신가정도 좋지만 예편넨 아이들처럼 때려 가며 가르쳐야 하느니."[44]

남편이 아내에게 쥐어 지내는 반대의 경우도 전혀 없지는 않았을 것이다. '맷돌 살림'이라는 말은 결코 최근에 생긴 말이 아니다. 김영수의 「소복」에 서와 같이, 남편의 성질이 유순하고 사람됨이 좀 모자라는 듯한 데다가 계집 은 얼굴이 반반하고 성미가 표독할 경우, 그런 가정이 생길 수도 있다. 그러 나 비록 아내가 좀 우세하게 굴었다 하더라도, 그 정도로 말하면 그 당시 남 편들의 방자에 비길 수 있을 정도로 심한 것은 아니었을 것이다. 「소복」의 경우만 하더라도, 아내 용녀가 남편 양서방을 넘보고 남편 대접을 제대로 안 했다 하지만, 아내가 거리낌 없이 한 행실은 남편에게 잔심부름을 시키고 또 남편을 무시한 외출을 자주 했다는 정도의 것이었다. 아내는 기어코 상고머 리 반찬가게 주인과 바람을 피우지만, 「타락자」의 남편이 그랬듯이, 자기의 방탕을 남편에게 공개할 수 있을 정도로 방자한 것은 아니었다. 그뿐만 아니

44 장덕조, 「삼십년」, 『한국단편문학대계』, p.334.

라 아내와 상고머리의 관계를 알게 되자 격분한 양서방은 결연히 간통의 현
장을 습격하여, "치마도 저고리도 벗은 벌거숭이 용녀"의 머리채를 잡고 드
러난 허리 위에 장작개비 세례를 퍼부었다.[45] 용녀도 결국은 한국의 아내였
다.

앞에서도 말했듯이, 불평등한 남녀의 지위에 대하여 비판의 소리가 전혀
없었던 것은 물론 아니다. 춘원은 일찍이 『무정』의 병욱으로 하여금 "삼종
지도(三從之道)라는 것이 여러 천 년 간 여러 천만 여자를 죽이고 또 여러 천
만 남자를 불행하게 하였다."고 역설하게 하였다. 그러나 민주화의 속도는
국가에 있어서나 가정에 있어서나 자못 완만하였다.

---

45 김영수, 「소복」, 『한국단편문학대계』, 제6권, pp.152-165 참조.

7 장
농민과 도시인

1. 농촌과 도시
2. 방황하는 지식인
3. 금전 문화의 시작

7장 농민과 도시인

1. 농촌과 도시

　개화의 바람은 도시에서부터 일기 마련이다. 우리나라의 경우도 서양의 새로운 문물이 먼저 들어온 것은 서울 또는 부산과 같은 큰 도시였고, 국민의 대부분을 차지했던 농촌은 옛 모습을 더 오래 간직하였다. 따라서 생활양식이나 사고방식에 있어서 농촌과 도시는 큰 차이를 보였다. 일제시대에 있어서의 우리나라 도시와 농촌의 차이를 전반적으로 반영한 소설을 찾아보기는 어려울 것이나, 그것을 단편적으로 말해 주는 작품은 더러 있다. 이무영의 「제일과 제일장」도 그 가운데 하나다.

　「제일과 제일장」의 주인공 수택은 신문기자의 직업을 포기하고 고향인 농촌으로 돌아온다. 농촌 생활에 대한 아름다운 꿈을 안고 근 10년 만에 돌아온 고향이다. 그러나 도시 생활에서 돌아온 수택의 눈에 비친 농촌은 너무나 초라하고 낯설어서 마치 남의 나라에 온 느낌이다. "바람이 잔뜩 든 벽하며, 흙을 안고 자빠진 종이장이며 … 도깨비라도 나와 멱살을 잡을 듯한 방이" 우선 수택의 첫 꿈을 산산이 부순다.

10여 년을 서울에서 살아온 '문화인'의 안목으로 볼 때, 농촌은 상상했던 것보다도 더욱 원시적이었던 것이다.[1] 농촌의 이토록 빈곤한 모습은 이광수가 『흙』에서 그린 산여울 마을의 모습, 된장에는 구데기 움질거리고 밤에는 물것, 낮에는 파리떼가 괴롭히는 산여울의 모습과 일치하는 것이기도 하다.

도시와 농촌의 차이가 가장 두드러지게 나타난 것은 물질생활보다도 의식구조에 있어서였다. 수택 아버지의 말을 빌리면, 도회지 사람들은 "맑구 정오(경우)가 밝다." 그러나 구수한 인정미가 없다. 한편 농촌 사람들은 경우에는 어두울지 모르나 구수한 인정으로 살아간다. 언젠가 수택의 집에 도둑이 들었을 때, 수택은 학교에서 익힌 유도 솜씨로 도둑을 잡아 땅에 메어꽂고 허리끈으로 두 팔을 꽁꽁 묶었다. 그러나 아버지는 도리어 아들의 몰인정을 나무랐다. 그뿐만 아니라 도둑에게 쌀 한 말까지 지워서 놓아 준 아버지는 이튿날 다음과 같은 설교를 하였다.

"사람이란 법만 가지구 사는 게 아니니라. 법만 가지구 산다면야 오늘날처럼 법이 밝은 세상이 또 어디 있겠니. 법으로만 산다면야 법에 안 걸릴 놈이 또 어디 있단 말이야. 넌 법에 안 걸리는 일만 하고 사는 상 싶지? 그런 게 아니니라. 올 갈에두 기다무라란 사람의 과수원에서 사괄 하나 따 먹다가 징역을 갔느니라. 남의 것을 따는 건 나쁘지. 나쁘기야 하지만 그게 징역갈 죈 아니지. … 너 어제 그게 누군 줄 아냐? … 알구 보면 다 알 만한 사람야. 시굴서야 서루 모르는 사람이 어디 있겠냐. 모두 한 집안 식구거든. … 사람 사는 이치가 다 그런 게란 말야!"[2]

1 이무영, 「제일과 제일장」, 『한국단편문학대계』, 제3권, p.107 참조.
2 같은 책, p.109.

짧게 말해서, 도회지 사람들은 법과 경우와 이지로 살아가려 하는데, 농촌 사람들은 이해관계를 초월한 애정으로 살아간다. 이것이 도회지에서 돌아온 수택의 눈에 비친 도시와 농촌의 근본적인 차이점이었다.

그러나 농민 문학가 이무영이 그린 순박하고 애정에 가득 찬 농촌만이 우리나라 농촌의 전부는 아니었다. 계용묵의 「백치 아다다」의 짓궂은 아이들이 "아다다 아다다" 하고 따라다니며 불구자를 놀리고 좋아하는 그런 일면도 있었다. 그리고 같은 마을 또는 같은 일가끼리는 서로 위하고 도와 가며 사는 반면에, 서로 모르는 사람에 대해서는 공연히 미워하고 적대시하는 버릇도 일부에 있었다. 그뿐만 아니라 『상록수』의 박동혁과 채영신의 경우와 같이 훌륭한 젊은 지도자를 얻은 농촌도 있었지만, 박영준의 「모범경작생」의 경우와 같이 얄미운 청년을 가진 농촌도 있었다. 이 소설의 주인공 길서는 동네 전체를 통하여 유일한 소학교 졸업생으로서, 마을의 지도자로 자타가 공인하는 '모범경작생'이었지만, 실은 면사무소나 군청의 직원들과 결탁하여 제 묘목을 비싸게 팔아먹고 세금은 줄이는 등 제 이익만 차리는 얌체족이었다.[3] 다만, 길서의 교활한 생활 태도도, 따지고 보면 그가 학교 공부를 하고 면사무소나 군청에 드나들면서 배운 새로운 지식에 토대를 두었다는 점에서, '도시적'이라고 말할 수 있을 것이다.

어쨌든, 일제시대에 있어서도 우리나라의 도시와 농촌이 크게 대조를 이루었음에는 의심할 여지가 없다. 대체로 말해서 농촌은 도시보다는 더욱 빈곤하고 지식 수준도 낮았다. 의식구조에 있어서 농촌 사람들에게는 순박함과 몽매함이 아울러 있었고, 도시 사람들에게는 합리적인 면이 강한 대신 퇴폐적인 기풍의 병폐도 있었다.

---

3 박영준, 「모범경작생」, 『한국단편문학대계』, 제4권, p.307 이하 참조.

농촌의 젊은이들은 도시에 대하여 동경을 품었다. 「모범경작생」의 진도 애비처럼 "나두 돈이 있으면 죽기 전에 서울 구경이나 한번 해봤으면 좋겠다." 하는 소원을 가진 사람들이 대부분이었으며,[4] 조상이 물려준 농토를 팔아서 도회지의 학교교육에 투자한 사람들도 있었다. 그리고 학교교육을 마친 뒤에 도회지에 눌러 사는 것이 소원이고 자랑이었다. 그러나 도회지의 생활은 겉모양만 화려했을 뿐 그 속은 매우 허망하고 불건강한 것이었다. 도시 생활의 퇴폐적 분위기에 환멸을 느낀 젊은 지식인들은 어린 시절을 보낸 농촌에 대한 향수에 젖었고, 인구의 80퍼센트를 차지하는 농촌으로 돌아가 문맹으로 가득 찬 내 고장을 계몽하는 일에 민족적 사명감을 느끼곤 하였다. 이광수의 『흙』, 심훈의 『상록수』, 이무영의 「제일과 제일장」, 「흙의 노예」 등이 쓰인 것은 모두 이러한 시대적 배경을 업고 생긴 일이었다.

물론, 그 당시의 도회지라는 것은 오늘의 대도시에 비하면 아주 소규모의 것이었다. 가장 큰 서울의 경우 1913년의 인구가 24만 명이었고, 1945년에는 85만 명이었다는 사실로 미루어 볼 때, 일제시대의 도시가 현대의 도시와 양상을 달리했음을 짐작하기 어렵지 않다. 그러나 그 당시 농촌에서는 석유 등잔을 사용하는 가정도 드물었는데 도회지에서는 전등이 사용되었다는 한 가지 사실만으로도, 농촌과 도시의 상대적 차이는 대단히 컸다고 인정해야 할 것이다.

2. 방황하는 지식인

"자손에게 천금을 남겨 줌은 차라리 한 권의 책으로써 가르치느니만 못하

---

4 같은 책, p.308 참조.

다(遺子千金不如敎子一卷書)."는 말이 옛날부터 전해 내려왔으나, 본래는 양반계급에게나 현실적 의미를 갖는 말이었다. 상민은 글을 배울 기회도 거의 없었고, 배운다 하더라도 아무 소용이 없었다. 그러나 갑신정변에 싹이 트기 시작한 평등주의의 물결은 서민에게도 교육의 기회를 주었고, 그들도 배우면 옛날의 양반처럼 행세할 수 있는 길이 열렸다. 이에, 교육은 모든 국민의 관심사가 되었고, 향학열은 방방곡곡에 높아졌다. 이러한 상황을 채만식의 1934년 작품 「레디메이드 인생」은 다음과 같이 말하고 있다.

> "배워라, 글을 배워라. … 지식만 있으면 누구나 양반이 되고 잘살 수가 있다."
> 이러한 정열의 외침이 방방곡곡에서 소스라쳐 일어났다.
> 신문과 잡지가 붓이 닳도록 향학열을 고취하고, 피가 끓는 지사(志士)들이 향촌으로 돌아다니며 삼촌의 혀를 놀리어 권학(勸學)을 부르짖었다.
> "배워라! 배워야 한다. 상놈도 배우면 양반이 된다."
> "가르쳐라! 논밭을 팔고 집을 팔아서라도 가르쳐라. 그나마도 못하면 고학이라도 해야 한다."[5]

여기서 말하는 교육이 학교에서 가르치는 '신학문' 교육을 뜻하는 것이었고, 일부 보수주의자들은 이러한 추세에 반발하기도 했으며, 경제 사정이 어려워 자녀를 학교에 보내지 못한 가정도 많았던 까닭에, 실제로 모든 젊은이들이 이 권학(勸學)대로 학업에 종사한 것은 아니다. 그러나 조선시대 또는 구한말과 비교할 때, 교육기관이 많이 증설되고 배운 사람의 수가 급격히

---

5 채만식, 「레디메이드 인생」, 『한국단편문학대계』, 제3권, p.12.

늘어난 것은 사실이다. 이리하여 새로운 지식이 조금씩 보급되었고, 새로운 지식을 배운 청년들 가운데는 면서기, 순사, 농업 기수 등으로 채용되어 새 양반이 된 사람들도 적지 않았다.

그러나 모든 지식인에게 길이 순탄하게 열린 것은 아니다. 하급 공무원, 학교 교원, 회사원, 신문기자 등 그들을 위한 직업이 공급되기는 하였으나, 누구나 일자리를 얻을 수 있을 정도로 직장이 흔한 것은 아니었다. 그뿐만 아니라 비교적 수가 많은 하급 공무원의 자리는 일본인의 앞잡이로서의 성질이 강했던 까닭에, 실은 그리 떳떳한 자리가 아니었다. 이리하여, 일단 청운의 꿈을 품고 학교교육을 받은 사람들 가운데는, 마땅한 자리를 얻지 못하고 방황하는 궁지로 몰리는 경우가 적지 않았다. 이러한 실정을 채만식은 다음과 같이 서술하고 있다.

> 인텔리 … 인텔리 중에도 아무런 손끝의 기술이 없이 대학이나 전문학교의 졸업 증서 한 장을 또는 조그마한 보통 상식을 가진 직업 없는 인텔리 … 해마다 천여 명씩 늘어 가는 인텔리 … 뱀을 본 것은 이들 인텔리다.
>
> …
>
> 인텔리가 아니었으면 차라리 … 노동자가 되었을 것인데 인텔리인지라 그 속에는 들어갔다가도 도로 달아나오는 것이 99퍼센트다. 그 나머지는 모두 어깨가 축 처진 무직 인텔리요 무력한 문화 예비군 속에서 푸른 한숨만 쉬는 초상집의 주인 없는 개들이다. 레디메이드 인생이다.[6]

「레디메이드 인생」의 P는 바로 그러한 무직 인텔리의 표본이다. 그는 삼

---

6 같은 책, p.13.

청동 꼭대기에 셋방 — "볕구경을 잘 못해서 겨울에도 곰팡이가 슬고 이불을 며칠씩 그대로 펴 두는 방바닥에서는 먼지가 풀신풀신 오르는" 행랑방 — 하나를 얻어 살면서, 돈이 있으면 매식을 하기도 하고 없으면 굶기도 하는 불규칙한 생활을 계속한다. 취직 자리를 찾아서 쫓아다니나 늘 허탕이다. 가끔 비슷한 처지에서 허덕이는 M 또는 H와 만나서 세상 불평을 털어 놓고, 때로는 책을 전당포에 잡히고 돈푼을 마련하여 갈보집에서 횟술을 마신다. ("서울 안에 P니 M이니 H와 같이 매일 만나 하는 일 없이 돌아다니고 주머니 구석에 돈푼 있으면 서로 털어 선술잔이나 먹고 하는 룸펜의 수가 수없이 많다.)[7] P에겐 연전에 이혼한 아내와의 사이에 생긴 아들이 있었다. 시골 형에게 맡겨 놓았으나, 형도 가난한 까닭에 감당할 수 없다고 그 아들을 서울 애비에게로 보내왔다. P는 아홉 살이 된 아들을 국민학교에 보낼 형편이 못 되어, 어느 인쇄소 문선과장에게 억지로 떠맡기는 것으로 겨우 당면 문제를 수습한다.[8]

채만식은 「치숙」에서도 방황하는 지식인의 모습을 그렸다. 대학에서 경제학을 공부한 주인공은 사회주의 운동에 투신하여 전과자가 된다. 가산은 이미 탕진되었고 몸에는 중병까지 걸려 있는 그는, 그에게 버림을 받은 구식 아내가 식모살이로 저축한 돈에 의존하여 겨우 입에 풀칠을 한다.

현진건의 「술 권하는 사회」에서도 우리는 지식인의 어려운 모습을 본다. 이 작품의 주인공 '남편'도 동경에서 대학을 마치고 돌아온 지식인이다. 대학 공부가 무엇인지 잘 모르는 아내는 하여간 그것이 굉장한 것 — "옛날 이야기에 나오는 도깨비의 부자(富者) 방망이 같은" 굉장한 것 — 으로만 믿고

---

7 같은 책, p.19.
8 같은 책, pp.16–17 및 pp.28–29 참조.

님편을 기다렸으나, 막상 돌아온 남편이 하는 꼴은 실망뿐이다. 돈은 한 푼도 벌지 못하고 집의 것을 소비만 하며 분주히 돌아다닌다. 집에 들어오면 공연히 성을 내고 나가면 술이나 마신다. 혼자서 한숨을 쉬기도 하고 자다 일어나 울기도 한다. 완전히 좌절감에 빠진 젊은이의 모습이다. 같은 작가의 「타락자」에서도 우리는 또 하나의 비슷한 청년상을 본다. 「타락자」의 주인공은 생활의 중심을 제대로 잡지 못한 마음의 공백을 술과 기생으로 메우는 가운데 자아를 상실한다.

물론 모든 지식인들이 위에서 말한 소설의 주인공들과 같은 길을 걸은 것은 아니다. 어떤 사람들은 일본인이 주관하는 관공서나 학교 또는 회사에 근무하면서 현실에 순응하는 타협의 길을 걸었고, 다른 어떤 사람은 한국인의 힘으로 운영하는 단체 또는 개인 사업에 몰두하며 때를 기다리기도 하였다. 또 좀 더 적극적인 자세로 민족운동에 투신한 사람들의 경우도 있었으나, 국외로 망명하지 않는 한, 그러한 운동을 오래 지속하기는 매우 어려운 실정이었다. 민족을 위하여 항일 투쟁에 종사한 사람들과 친일의 길을 통하여 일신의 영달을 꾀한 사람들의 모습을 대조적으로 그린 작품의 대표적인 것으로서 유주현의 대중소설 『조선총독부』를 들 수 있을 것이다.

고등고시를 통과하고 일본 관리가 된 사람들의 경우와 같이, '친일(親日)'이라는 비판을 받은 사람들 가운데도 그 나름의 민족의식과 고민을 가진 경우가 허다하였다. 항일 투쟁에 투신한 사람들 가운데도, 겹친 옥고와 협박과 회유를 당한 뒤에, 표면상으로나마 일본의 권력과 타협하는 듯한 태도를 취한 사람들이 적지 않았다. 다시 말해서 당시 한국의 지식인들은 복잡한 의식구조를 갖지 않을 수 없는 현실적 여건 속에 살고 있었다. 유진오는 그의 「김강사와 T교수」의 한 구절을 빌려 한국 지식인들의 다중인격(多重人格)을 다음과 같이 관찰하고 있다.

지식 계급이란 것은 이 사회에서는 이중 삼중 사중, 아니 칠중 구중의 중첩된 인격을 갖도록 강제되는 것이다. 어떤 자는 그 수많은 인격 중에서 자기의 정말 인격을 명확하게 쥐고 있다. 그러나 어떤 자는 자기 자신의 그 수많은 인격에 현황해 끝끝내는 어떤 것이 정말 자기의 인격인지도 모르게 되는 것이다.[9]

요컨대 지식인이란 언제나 그러한 경향을 갖기 마련이지만, 일제 아래 시달린 한국의 지식인은 더욱더 방황하게 되었다. 혹은 농촌과 도시 사이를 방황하였고, 혹은 항일과 친일 사이를 방황하였고, 또 더러는 전통과 신식 사이를 방황하였다. 가면을 쓰고 방황하는 가운데 자신의 참모습을 잃었고, 참모습을 잃고 방황했던 까닭에 앞으로 다가올 결정적인 기회에 대비하여 충분한 실력을 준비하지 못하고 헛되이 세월을 보냈다. 8 · 15 당시의 한국의 지식층이 그 역사적 사명을 다할 수 있는 식견과 실력을 갖추지 못했다는 사실은, 그 뒤에 많은 혼란을 자초하는 원인의 일부가 아닐 수 없었다 .

3. 금전 문화의 시작

어느 시대 어느 사회에 있어서나 물질생활의 안정은 모든 사람의 선결 문제이며, 따라서 경제적 가치에 대한 사람들의 관심은 항상 절실하였다. 그러나 우리나라의 전통적 가치 체계에 있어서 금전 또는 재물이 차지한 위치는 결코 정상에 가까운 것은 아니었다. 유교의 현실 존중과 중용 사상의 영향을 받은 우리의 조상들은 한편으로 경제적 가치를 소중히 여기면서도, 재

---

9 유진오, 「김강사와 T교수」, 『정수한국문학전집』, 제4권, p.175.

물에 대한 지나친 애착은 억제와 멸시를 받았다. 오히려 안빈낙도가 권장을 받았고, 학식과 덕망이 더 높은 평가의 대상이 되었다. 정신적 가치와 물질적 가치의 경중이 비교될 경우에는 대체로 전자의 우위를 인정하는 전통을 세워 왔다.

그러나 개화의 물결이 들어오고 일제의 세력이 침입함을 계기로, 금전 또는 재물이 가치 체계 안에서 갖는 비중이 차차 무거워져 가는 추세를 나타낸 것으로 보인다. 상공업이 발달하면서 돈의 힘이 커지는 것은 일반적인 현상이거니와, 우리나라의 경우는 경제권을 일본에 박탈당하고 국민 생활이 극도로 빈궁하게 되었다는 특수한 사정으로 말미암아, 금전과 재물에 대한 요청이 더욱 절실하게 된 것으로 보인다.

이광수의 『무정』 가운데 무식한 하숙집 노파가 "이 세상이 돈세상이랍니다."라는 말을 하며 신세 한탄을 하는 장면이 있다. 그리고 이 노파의 말을 들은 형식이 마음속으로 생각한 것을 춘원은 다음과 같이 적었다.

> 세상 사람은 다 아무라도 그만한 걱정은 있는 것이라 하였다. 아들이 없어 걱정, 벼슬을 못해 걱정, 장가를 못 들어 걱정, 시집을 못 가서 걱정, 여러 가지 걱정이 많으되 현대 사람의 걱정의 대부분은 돈이 없어서 하는 걱정이라 하였다.
> 돈만 있으면 사람의 몸은커녕 영혼까지라도 사게 된 이 세상에 세상 사람이 돈을 귀히 여김이 그럴 듯한 일이라 하였다.[10]

물론, 어느 시대에나 돈은 귀중하였고, 많은 사람들이 돈걱정을 했을 것이

---

10 이광수, 『무정』, 전편, pp.100–101.

다. 그러나 여기 "이 세상이 돈세상"이라고 말한 것이나 "돈만 있으면 사람의 몸은커녕 영혼까지라도 사게 된 이 세상"이라는 표현으로 보아 과거 어느 때보다도 돈의 위력이 강화되었다는 느낌을 이광수 및 그 당시 사람들이 가졌음을 짐작할 수 있다.

이광수는 그의 『흙』에서, 이 세상에 다른 무엇보다도 돈을 가장 귀중한 것으로 여기는 사람이 존재함을 암시하고 있다. 즉 허숭(許崇)의 장인 윤참판은 가장 값지게 여기는 것이 세 가지가 있는데, 그 세 가지 가운데 첫째가 돈이요, 둘째가 계집이며, 셋째가 아들이다.[11] 조선시대에도 돈을 제일로 생각한 사람들이 없지 않았으나, 그런 사람들은 주로 중인 계층이나 서민층에서 볼 수 있었다. 양반에게는 돈도 중요하지만, 역시 벼슬이나 가문이 더욱 중요하였다. 윤참판은 참판(參判) 벼슬까지 한 사람이 돈을 제일로 여겼다는 점이 이채롭거니와, 이미 나라를 빼앗기고 벼슬이라는 것이 옛날 일이 되고 만 세상이니, 이젠 돈밖에 더 귀중한 것이 없다고 느낀 양반이 생길 수도 있었음직하다.

돈이 가치 체계의 정상에 가까이 올라갔다고는 하나, 돈 그 자체를 최고의 목적, 즉 최상의 본래적 가치(intrinsic value)로 생각하는 가치 의식이 형성되었다는 뜻은 물론 아닐 것이다. 돈만 있으면 다른 것은 무엇이든 뜻대로 된다는 뜻에서, 즉 돈의 수단적 가치(instrumental value)가 지극히 높다는 체험을 통하여 돈을 몹시 존중히 여기는 가치 태도가 일어났다고 보아야 할 것이다. 그러므로, 여기서 근본적으로 중요한 것은 돈을 수단으로 삼고 얻고자 하는 그 목적이 무엇이며, 특히 그 목적들 가운데 가장 궁극적인 것이 무엇이냐 하는 문제가 아닐 수 없다. 이 문제를 생각하기 위한 길잡이로서,

---

11 이광수, 『흙』, 『정수한국문학전집』, 제5권, pp.60-61 참조.

우리 소설들 가운데서 참고가 될 만한 구절을 우선 찾아보기로 하자.

나도향(羅稻香)의 1925년 작품 「뽕」 가운데 그 주인공 안협집의 사람됨을 소개하는 곳이 있다. 타관에서 들어온 안협집이 철원 용담 마을에서는 가장 얼굴이 반반하여, 동리 아낙네들의 질투를 살 정도였다는 것을 적은 다음 작가는 이어서 다음과 같은 말로 안협집의 가치 의식에 대해 언급하고 있다.

> 그러나 촌구석에서 아무렇게나 자란데다가 먼저 안 것이 돈이었다.
> "돈만 있으면 서방도 있고 먹을 것, 입을 것이 다 있지." 하는 굳은 신조는 자기 목숨을 내어놓고는 무엇이든지 제공하여 부끄러운 것이 없었다.
> 열 오륙 세 적 참외 한 개에 원두막에서 총각 녀석들에게 정조를 빌린 것이나, 벼 몇 섬, 돈 몇 원, 저고리감 한 벌에 그것을 빌린 것이 분량과 방법이 조금 높아졌을 뿐이요, 그 관념은 동일하였다.[12]

이 인용을 통하여 알 수 있는 것은, 안협집이 일찍이 어려서부터 안 것이 돈맛이었다는 것과 그가 돈을 그토록 사랑한 것은 의식주의 기본 생활과 성욕의 충족 등 원초적 욕구의 만족을 위하여 그것이 절대로 필요했기 때문이라는 사실이다. 교육 정도와 생활 정도가 낮은 사람들의 경우, 아직 고상하고 정신적인 이상을 품을 여유가 없는 처지에서, 우선 생물학적 생존을 삶의 목표로 삼았고 그것을 위해서 필수 불가결한 돈에 애착했다는 것은 이해할 수 있는 인간 심리라 하겠다.

채만식의 「레디메이드 인생」에는 창녀가 단돈 몇 푼 때문에 남자를 붙드는 이야기가 상세히 적혀 있고, 심훈의 『상록수』에서는 박동혁과 함께 농촌

---

12 나도향, 「뽕」, 『한국단편문학대계』, 제1권, p.359.

운동을 하던 건배가 가난을 못 이겨 마을의 고리대금업자 강기천에게 매수 당하여 동혁 일파를 배반한다. 모두 정조나 의리보다도 돈을 선택했다는 이야기이며, 그 돈은 생존을 위해서 애착의 대상이 되었다는 것이니, 「뽕」의 안협집의 경우와 같은 범주라 하겠다.

계용묵의 「백치 아다다」에서도 우리는 돈 또는 재물에 관한 이야기를 본다. 첫째는 벙어리이며 백치인 아다다의 부모가 결혼 조건이 불리한 딸에게 논 한 섬지기를 붙여서 시집을 보낸다는 이야기. 시집에서는, 아다다 자신은 보잘것없었지만, 가지고 온 재물이 고마워서 새 며느리를 극진히 위한다.[13] 둘째로 아다다의 남편이 만주에 가서 투기 사업에 손을 댄 것이 요행히 들어맞아 큰돈을 벌어 온다는 사연이 있다. 돈이 생긴 남편은 새로 집을 짓고 새 아내를 맞이하는 동시에 아다다를 학대하기 시작했고, 아다다의 시부모까지도 태도를 바꾸어 병신 며느리를 몹시 구박하게 된다.[14] 셋째는 구박과 학대에 못 견디어 쫓겨난 아다다가 다시 시집을 간 둘째 남편 수룡에게 상당한 액수의 현찰이 있다는 사실을 알았을 때 아다다는 몹시 불안을 느꼈고, 마침내 수룡이 잠자는 사이에 그 돈을 바닷물에 던져 버렸다는 이야기다. 다년간 피땀을 흘려서 모은 돈이 하루아침에 허무하게 된 것을 안 수룡은 격분한 나머지 아다다를 발길로 차서 바닷물에 띄워 버렸다.[15]

돈 때문에 결혼을 하고, 또 돈 때문에 며느리를 보며, 또 돈 때문에 아내를 죽였다는 것은 「백치 아다다」의 등장인물들의 세계에 있어서 돈의 가치가 매우 높은 자리를 차지했음을 말한다. 그러나 돈 자체가 목적으로서 추구된

---

13 계용묵, 「백치 아다다」, 『한국단편문학대계』, 제2권, pp.369-371 참조.
14 같은 책, p.372 참조.
15 같은 책, pp.375-379 참조.

것은 아니며, 그 돈으로써 달성하고자 한 소박한 목적이 따로 있었음을 본다.

그 소박한 목적은 대략 세 단계로 나누어 볼 수가 있다. 첫째는 아다다가 염원한 최소한도의 행복이다. 오직 매를 맞지 않고 버림받지 않는 소극적 상태를 유지하고자 하는 가련한 소망, 이 소망이 돈으로 말미암아 파괴된다고 보았던 까닭에 아다다는 수롱의 돈뭉치를 바닷물에 던졌다. 둘째는 아다다의 첫째 시집 사람들이 애당초 품었던 삶의 목표, 즉 먹고 입고 자는 생물학적 생존의 안정이다. 이 목표의 달성을 위해서 논 한 섬지기가 필요하고 충분한 조건이었던 까닭에, 그들은 벙어리 아다다를 아내 또는 며느리로서 환영하였다. 아다다의 둘째 남편 수롱이 소망한 행복도 이 둘째 단계의 목표에 해당한다. 그 최저의 행복을 위한 보장으로 믿어 왔던 돈 150원을 수포로 날린 아다다였던 까닭에, 삼십이 넘은 노총각으로 겨우 얻은 아내였지만 그녀를 죽여 버렸다. 셋째 단계는 투기로 큰돈을 잡은 뒤의 아다다의 첫째 시집 사람들이 희구한 향락이다. 기본 생활을 하고도 남을 정도의 돈이 생긴 그들은 좀 더 쾌적하고 안락한 생활로 목표를 올렸다. 이 목표를 위하여 아다다는 거추장스러운 존재였던 까닭에 그를 학대하기 시작했던 것이며, 이것은 그들이 한 단계 더 높은 목표, 즉 인간답게 인간을 대접하며 살아간다는 도덕적 목표를 갖지 못했다는 것을 의미하는 것이기도 하다.

한층 높은 차원의 목적을 위하여 돈을 소중히 여긴 사람들도 있었다. 『상록수』의 주인공들의 경우는 그 대표적인 것이다. 박동혁이 이끄는 한곡리(漢谷里) 농우회원(農友會員)들은 술 담배를 끊고 또는 돼지를 치고 그 밖의 온갖 노력으로 3년 동안에 5백 원의 돈을 저축하였으며, 그 돈의 일부로 마을 어린이들을 위한 교사를 세웠다. 그리고 채영신은 동혁이 보약 값으로 보내온 10원을 저금해 두었다가 새 교사 마당에 달 종을 사기로 했다.[16]

그리고 인촌(仁村) 김성수(金性洙)와 같이 민족의 중흥을 위하여 민족 자본의 축적을 힘쓴 선각자들이 실제로 있었다는 것은 우리 모두 아는 역사적 사실이다. 그러나 끝까지 높은 목적을 위한 수단으로서 돈을 모으고, 또 실제로 그 돈을 높은 목적 달성을 위해서 활용한 사람이 그리 많았다고는 보이지 않는다. 처음에는 좋은 뜻을 세웠다가도 돈을 모아 가는 과정에서 목표가 바뀌는 것이 치부의 심리이기도 하다.

정비석은 「고고(孤高)」(1940)에서 본래 높은 뜻을 세워 돈을 벌기 시작한 사람이 마침내는 돈의 노예가 되는 경우를 언급하고 있다. 김공(金公)은 춘파선생(春坡先生)이 아끼는 청년으로서 착실히 농촌 운동을 시작하였다. 농촌 운동을 하자면 돈이 있어야 한다고 그는 서울로 올라가 증권에 손을 댔다. 이 소식을 들은 춘파선생은, 아마 다시는 그가 고향으로 돌아오지 않으리라고 예언하면서 "아까운 사람이 고향을 떠났다."고 아쉬워하였다. 춘파선생의 말 가운데는 다음과 같은 것도 있다.

> 돈은 필요한 물건이오만, 그렇다구 유용히 쓰자는 돈인데 사람이 되려 돈에 잡혀서야 무엇에다 쓰겠소. **옛 어른들은 그러지들 안으셨건만**…[17]

여기 강조한 마지막 한마디는 돈을 둘러싼 사람들의 가치관이 변해 가고 있음을 암시한다. 즉, 수단 가치였던 돈이 목적 가치로서의 성격을 띠기 시작했다는 것이며, 이는 자본주의 내지 금전 문화의 단초를 알리는 신호이기도 하다.

이상 여러 소설에 단편적으로 나타난 돈에 관한 가치 태도를 종합하여 우리는 다음과 같이 요약할 수 있을 것이다. 개화의 물결이 들어오고 일제의

---

16 심훈, 「상록수」, 『정수한국문학전집』, 제1권, p.176 및 p.179 참조.
17 정비석, 「고고」, 『한국단편문학대계』, 제4권, p.279(강조는 저자의 첨가).

침략을 겪은 우리 사회는 점차 금전이 위세를 떨치는 기풍으로 기울어지기 시작했다. 그러나 돈 그 자체가 목적으로서 추구되는 현대 자본주의에서 말하는 금전만능의 가치 풍토가 성숙했던 것은 아니다. 대부분이 가난했고 또 돈 없이는 하루도 살기 어려운 세태였던 까닭에, 절대적 생활 수단으로서의 금전이 절실한 관심의 중심이 되었던 것이다. 사람들이 돈으로써 달성하고자 하는 목적은 따로 있었다. 그 삶의 목적은 생활의 정도와 의식의 수준을 따라서 달랐으니, 어떤 사람은 단순한 생존의 지속을 목적으로 삼았고, 어떤 사람은 향락과 여유 있는 물질생활을 목적으로 삼았으며, 또 어떤 사람들은 민족의 재기와 같은 높은 차원의 목적을 위해서 분발하였다. 다만, 이 셋째 부류에 속하는 사람들은 수가 많지 않았으며, 겨레의 가치관을 건전하게 이끌어 가는 지도 세력으로서의 구실을 하기에 이르지 못한 아쉬움이 있다. 한편, 처음에는 수단으로서 추구되던 돈이 모르는 사이에 목적의 자리로 올라가는 욕구 변동(mutation of interests)의 현상도 일부에 나타나기 시작하였다.

장덕조가 광복 직후, 즉 1946년에 쓴 「삼십년」에는, 젊어서 미국에 건너간 김종훈이 32년 만에 돌아온 한국에서 옛날 좋아했던 여자이며 지금은 남의 아내가 된 필례를 만나는 극적인 장면이 있다. 종훈은 거액의 돈을 벌어왔을 뿐 아니라 현재 미 군정의 높은 자리를 차지한 쟁쟁한 명사인 데 비하여, 필례는 이북에서 넘어온 피난민으로 그 사는 형편이 말이 아니다. 필례의 가세가 극도로 빈곤함을 발견한 종훈은 필요한 액수의 돈을 원조하겠다는 의사를 전달한다. 그러나 필례는 단호히 이 제안을 사양하며, 가난한 대로 자기의 힘으로 살겠노라 말하고, 또 커가는 아이들만이 자기에게는 보배라는 말도 한다. 이 말을 들은 종훈은 30여 년 동안 자기는 미국에, 필례는 한국에 멀리 떨어져 사는 사이에 두 사람의 가치관에 큰 차이가 생겼음을 깨닫고 깊은 생각에 잠긴다.[18] 장덕조의 이 단편은, 광복 당시의 우리 한국인에게는 금전 제일의 미국적 가치관과는 조화되기 어려운 기질이 강하게 남아 있었다는 것을 암시한다.

---

18 장덕조, 「삼십년」, 『한국단편문학대계』, 제3권, pp.340-341 참조.

8 장

결론: 광복으로 이어진 가치 체계의 과제

1. 준비 없이 맞은 광복
2. 빼앗긴 교육
3. 가치 체계 혁신의 과제

8장 결론: 광복으로 이어진 가치 체계의 과제

1. 준비 없이 맞은 광복

이 글 첫머리에서 지적했듯이, 19세기 말엽과 20세기 초엽에 우리나라가 경험한 개화의 물결과 사회적 변동은 새 시대를 알리는 신호였으며, 새 시대에 맞는 새로운 가치 체계의 수립이라는 역사적 과제를 온 국민에게 안겨 주었다. 그 '새 시대에 맞는 새로운 가치 체계'란 일제 식민지로서의 조선에 적합한 가치 체계가 아니라, 일제의 지배를 벗어날 장차의 한국을 멀리 내다보는 미래 지향의 관점에서 요청되는 새로운 삶의 철학으로 보아야 마땅하다. 정치사적 관점에서는 일제 36년을 하나의 독립된 시기로 볼 수도 있을지 모르나, 문화사적 관점에서 볼 때 그것은 더 오랜 세월을 두고 전개될 새로운 시대의 도입부 — 고난과 시련의 도입부 — 라고 보아야 할 것이다. 현재 우리가 이어받아 앞으로도 계속될 이 새로운 시대가 새로운 가치 체계를 요구했던 것이며, 그 새로운 가치 체계를 위한 바르고 튼튼한 기초 작업을 수행하는 것이 20세기 전반을 산 세대의 공동 과제였던 것이다. 8·15의 광복을 계기로 새 시대의 문이 열리고 따라서 새로운 가치관의 과제가 시작되었다고 보는 것보다는, 이미 19세기 말엽에 시작된 새 시대와 새 가치관의 문제가 광복을 맞이하여 제2의 단계로 돌입했다고 보는 것이, 가치 체계의 문제를 생각하는 우리들을 위하여 더 적합한 관점이라고 믿는 것이다.

일제시대를 단절된 시기로 보지 않고 19세기 말에서 오늘에 이르는 문화사적 흐름의 연속성을 중요시하는 관점에서 볼 때, 20세기 전반에 있어서 한국인이 보였던 가치 태도의 동향이 갖는 의의는 더욱 크다. 만약 일제시대가 하나의 독립성을 가지고 단절된 시대였다면, 그 시대에 있었던 일은 이미 역사적 과거로서 청산하는 동시에, 광복을 계기로 삼은 새 출발만으로 그 뒤의 문제들을 처리할 수 있었을 것이다. 다시 말해서, 이전 시대로부터의 이월 또는 부채에 큰 신경을 쓸 필요 없이, 아주 백지에서 출발하는 셈으로 새 시대가 당면한 문제들에 대처할 수 있었을 것이다. 그러나 우리가 보는 바와 같이 19세기 말엽에서 오늘에 이르는 역사적 연속성을 중요시한다면, 일제시대에 있었던 일과 오늘에 있는 일들 사이의 인과적 관련성이 더 큰 비중을 차지하게 되는 동시에 일제시대의 잔재가 갖는 의의도 따라서 크게 될 것이다.

8·15는 '독립', '민주주의' 등 화려한 명목상의 선물과 아울러 여러 가지 어려운 문제들을 우리에게 안겨 주었다. 그 당시 '독립' 및 '민주주의'라는 기성(旣成)의 선물이 일시에 주어졌다고 단순하게 생각한 사람도 있었으나, 엄밀하게 말하면 독립 및 민주주의의 기회와 과제가 주어진 데 불과하였다. 일제만 물러나면 곧 자동적으로 독립과 민주주의가 실현되는 것이 아니라, 오직 그 실현을 방해했던 결정적인 장애의 하나가 제거되었을 뿐이며, 우리 민족의 현명한 판단과 실천을 기다리는 일은 더욱 늘어났던 것이다.

8·15가 가져다준 좋은 기회를 얼마나 잘 살리느냐 하는 것은 주로 우리 한국인이 가지고 있던 역량에 달린 문제였다. 그리고 그 역량 가운데서 가장 핵심적인 부분을 차지하는 것이 다름 아닌 가치관 내지 의식구조였다. 사람

의 가치관 내지 의식구조는 그의 행위를 결정하는 근본 요인이기 때문이다. 광복을 맞이한 우리 국민이 새로운 민주 독립 국가를 건설하기에 적합한 가치관을 준비하고 있었다면, 비록 부분적인 시행착오는 있었다 하더라도, 우리는 상당히 빠른 속도의 전진이 가능했을 것이다. 그러나 불행히도 우리들의 그 준비는 매우 미약하였다. 8 · 15 이후 많은 혼란과 시행착오를 겪어야 했던 것은 바로 그 때문이다.

민주 독립의 새 나라를 건설함에 있어서 첫째로 요청된 것은 굳은 단결과 협동이었다. 그러나 우리에게는 단결과 협동의 정신이 미약했다. 일제시대에는 독립의 염원과 반일 감정을 유대로 삼고 대부분의 한국인이 하나의 공동체 의식 아래 뭉쳐 있었다. 그러나 일본의 철수를 곧 독립의 성취로 오인했고, 이미 떠나간 일본인에 대한 반감도 점차로 해소되었던 까닭에, 우리를 하나로 묶었던 유대는 삭아 없어진 격이 되었다. 새로운 유대의 구실을 할 공동 목표와 일체감의 강력한 형성이 요청되었으나, 이 요청은 충분한 충족을 얻지 못했다. 물론 공동 목표에 대한 의식과 한 민족 한 국민으로서의 일체감이 전혀 없었던 것은 아니다. 그러나 그러한 의식이나 일체감은 충분히 확고하고 강력한 것이 아니어서, 좀 더 개인적인 목표 의식과 이기적인 욕구 앞에 거의 무력하였다.

일제가 물러간 뒤의 우리나라에는 상당히 많은 재산이 '적산'이라는 이름으로 공중에 떠 있었고 요령 있는 사람이면 '불하'라는 형식을 밟아 그것을 취득할 수가 있는 형편이었다. 그리고 새로운 기관과 직장이 무수히 생겼으며, 그 모든 자리를 한국인이 차지할 수 있는 절호의 기회가 열렸던 것이다. 그러나 적산과 취직 자리가 무한정 많은 것은 아니어서 모든 사람들의 탐욕을 만족시킬 도리는 없었고, 그 재산과 직장을 노리는 치열한 경쟁이 불가피하게 되었다. 그뿐만 아니라 1948년에 미 군정이 물러가고 우리 대한민국의 정부가 수립됨을 계기로, 정권을 둘러싼 더 큰 경쟁의 마당이 야심 있는 사람들의 이기심을 크게 자극하였다. 반세기에 가까운 오랜 세월을 통하여 재산과 지위와 권력에 굶주렸던 우리 한국 사람들에게 욕심나는 대상이 졸지에 무수히 쏟아져 나온 셈이다. 사람들의 탐욕과 이기심이 발동하지 않을 수 없었으며, 공동 목표에 대한 미약한 의식이나 민족의 이름에 의존한 막연한 일체감만으로 저 열화 같은 탐욕과 이기심을 조절하기는 어려웠다. 이리하여 개인적 목표에 대한 정열이 민족적 공동 목표에 대한 정열을 압도하게 되었고, 따라서 단결과 협동으로 민족의 과제를 수행하는 실천의 기풍을 세우는 일 또한 어려웠다.

민주 사회를 건설함에 있어서 둘째로 요청된 것은 인간의 존엄성과 자유에 대한 바른 인식이었다. 민주주의란 단순한 외형적 제도만으로 실현될 수 있는 것이 아니라 인간의 존엄성에 대한 굳은 신념과 자타가 고루 누려야 할 참된 자유에 대한 바른 인식을 기본 조건으로 요청한다. 그러나 우리는 이 둘째 조건에 대해서도 매우 미약한 준비로써 8 · 15를 맞이하였다. 우리나라에는 옛적부터 인간을 귀중히 여기는 사상이 있기는 하였으나 민주주의의 기본인 강한 평등 의식이 부족했으며, 근래에 잘못 수용된 서양의 물질문명으로 인하여 인간 존중의 관념이 약화되는 추세를 보였다. 다음에, '자유'의 개념에 대한 바른 인식도 민주주의를 위한 필수 조건이거니와, 오랜 억압에 눌렸던 상태로부터 갑자기 해방된 사람들이 받아들인 자유의 관념은 자칫 방종과 혼동되곤 하였다. 내 자유와 남의 자유를 같은 연관 속에서 생각할 마음의 여유가 없었으며, 자유에 따르는 무거운 책임을 망각하기가 일쑤였다.

근대에 민주 사회를 건설하는 데 필요한 또 하나의 요청은 강한 합리적 정신이었다. 새 시대가 요구하는 경제성장을 위해서나 민주주의가 요구하는 사회정의의 실천을 위해서나, 합리적 사고와 행위는 지극히 필요한 마음의 자세였다. 그러나 이 점에 있어서도 우리는 매우 불충분한 준비밖에 가진 것이 없었다. 우리 한국 사람들은 본래 기질에 있어서 정서에 치우친 일면이 있었다. 이석훈의 「질투」를 보면, 섬사람들이 "잘잘못은 훌떡 삼켜 버리고 동향 동무의 뱃놈의 의리를 세워서 편쌈을 크게 빚어내는" 장면이 있거니 와,[1] 이러한 가족주의적 태도는 전통적 한국인에게 흔히 있던 일반적 현상 이었다. 그리고 이 정서적 기질을 높은 차원으로 승화시켜 줄 적절한 훈련을 쌓지 못한 채 우리는 광복의 새 날을 맞았던 것이다.

2. 빼앗긴 교육

제2차 세계대전이 연합군의 승리로 끝난 좋은 기회를 민주국가의 건설을 위해서 효과적으로 살리기에 적합한 정신 자세의 준비를 우리가 갖추지 못 했던 원인에는 여러 가지가 있을 것이다. 그러나 그 가운데서 가장 중요한 것으로서는 일제시대의 교육이 식민지 교육이었다는 사실을 들어야 할 것 이다. 3·1운동이 일어난 뒤에 조선 총독으로 부임한 사이토 마코토(齋藤 實)가 '문화정치'를 표방하며 약간의 각급 학교를 세우기도 했으나, 거기에 서 새 시대에 적합한 한국인의 역사관이나 국가관 또는 가치관을 배운다는 것은 본래 불가능한 일에 가까웠다. 일제의 교육 목표는 우리 한국인으로부 터 민족 의식을 제거하는 데 있었던 까닭에, 우리의 견지에서 볼 때, 학교는 도리어 역기능적으로 작용하였다. 그리고 당시의 일본은 그 자체가 군국주 의를 고수했던 까닭에, 그들이 운영하는 학교에서 민주 시민으로서의 훈련 을 받는다는 것은 기대하기 어려운 일이었다. 다만 그들의 학교에서 인격의 성장을 위해서 도움이 되는 것을 배울 수 있었다면, 그것은 정직 또는 절제

---

1 이석훈, 「질투」, 『한국문학단편대계』, 제3권, p.409 참조.

따위의 개인적 덕복에 국한되었다.

일본 정권이 설립한 공립학교 이외에 한국인이 설립한 사립학교도 있었고, 기독교의 전도를 위해서 외국인이 세운 학교도 있었다. 이러한 사립학교들이 당시 한국인의 정신 교육에 미친 영향은 적지 않았다. 그러나 사립학교의 수가 그리 많지 않았고 또 사립학교에 대해서도 총독부의 감독과 간섭이 심했던 까닭에, 이 사립학교들을 중심으로 새 시대의 한국이 요청하는 인간상을 길러 낸다는 것도 어려운 일이었다.

학교에서 배우지 못한 것을 가정 또는 서당에서 배울 수도 있었으며, 특히 여자의 교육에 대하여 가정교육이 차지했던 비중은 매우 컸다고 보아야 할 것이다. 그러나 그 당시의 구세대에 속했던 부모나 훈장들은 대개 새 시대의 문물에는 어두운 편이었던 까닭에, 새 인간상을 위한 교육자로서는 충분할 수가 없었다. 그들이 가르칠 수 있었던 것은 오직 필요한 것의 일부에 지나지 않았다.

교육 특히 학교교육의 문제를 정면에서 본격적으로 다룬 일제시대의 소설은 필자가 아는 범위 안에서는 별로 없다. 다만 그 당시의 교사 또는 학교의 모습을 단편적으로 전해 주는 것은 더러 있으며, 일제시대 교육의 한 단면을 짐작하기에는 도움이 된다.

"소학교 선생님이 세이버(환도)를 차고 교단에 오르는 나라가 있는 것을 보셨습니까? 나는 그런 나라 백성이외다."[2] 이것은 「만세전」의 주인공이 일본 여자 시즈꼬(靜子)에게 보낸 답장의 한 구절이다. 무단 정치를 공공연히 내세웠던 합방 초기에 있어서, 소학교 교사들은 마치 군인 장교 같은 복장에 긴 칼을 차고 교단에 섰다. 이 한 가지 사실만으로도 그 당시의 학교교육이

2　염상섭, 「만세전」, 『정수한국문학전집』, 제4권, p.83.

얼마나 식민지주의적이었던가를 짐작할 수 있을 것이다. 3·1운동 뒤에 문화 정치를 표방하게 되었고 교사들의 복장도 평복으로 바뀌게 되었으나, 식민지 교육의 기본 원칙은 끝내 바뀌지 않았다.

이광수의 『무정』에는 사립학교의 교사와 학생들의 모습이 단편적으로 소개되고 있어, 그 일면을 부분적으로 전해 준다. 우선 전편 33절에 평양 대성학교(大成學校)에 관한 이야기가 간단히 언급되고 있다. 20세기 초에 대성학교라는 새로운 학교가 설립되었다는 것과 사상이 깊고 웅변이 좋은 함교장이 매주 공개 강연회를 열어 많은 사람들에게 깊은 감명을 주었다는 사연을 말하고 있다. 그리고 함교장의 연설 내용의 일부를 다음과 같이 소개한다.

그의 말하는 제목은, 조선 사람도 남과 같이 옛날 껍데기를 벗어 버리고 새로운 문명을 실어들어야 할 일과, 지금 조선 사람은 게으르고 기력이 없으니, 새롭고 잘사는 민족이 되려거든 불가불 새 정신을 가지고 새 용기를 내어야 한다는 것과, 이렇게 하려면 교육이 으뜸이니 아들이나 딸들이 반드시 새로운 교육을 받아야 한다 함이다.[3]

안창호(安昌浩) 선생의 발의로 1908년에 세워진 대성학교가 조국 독립을 위한 인재의 양성을 목표로 삼고 젊은이들의 정신 교육에 치중하여 상당한 성과를 거둔 것은 사실이다. 그러나 도(道)마다 각각 같은 학교를 하나씩 세워서 그곳에서 교육받은 유지들로 하여금 모든 읍면의 어린이들을 가르치게 하고자 했던 큰 계획은 좌절당하고 말았다.

---

3 이광수, 『무정』, 전편, p.132.

그 밖에도 겨레의 일꾼을 양성하고자 하는 목표 아래 세워진 학교들이 더러 있었지만, 적성 정권의 감시 아래서 그러한 큰 교육 목표를 달성한다는 것은 지극히 어려운 일이어서, 민족의 정기를 전체적으로 바로세우기에는 이르지 못하였다. 모든 교사의 자리를 학덕(學德)이 높고 지조(志操)가 뚜렷한 인사로써 채우기는 어려웠고, 일제의 풍부한 재정으로 운영되는 공립학교와 경쟁하여 우수한 소질의 학생들을 많이 끌어들이기도 어려운 일이었다.

『무정』의 주인공 형식도 한국인을 위한 사립학교의 교사로 되어 있다. 그가 영어 교사로 근무한 '경성학교'라는 가공의 이름을 가진 이 사립학교의 경우, 모든 교사와 학생들이 하나의 높은 뜻 아래 뭉쳐서 매진하는 교풍을 확립하기에는 이르지 못한 것으로 나타나 있다.[4] 첫째로, 형식은 자유 교육을 주장했으나, 교장과 교감은 권위주의의 교육 방침을 고수하고 학생들을 억압과 엄벌로 다스리기를 좋아하였다.[5] 둘째로, 교장은 무능하고 학감 배명식이 학교를 좌지우지하는데, 그 학감이 주색을 좋아하고 교만하기 짝이 없어, 여러 교사와 학생들의 배척을 받았다.[6] 셋째로, 학생들 가운데도 실망을 주는 사람들이 적지 않았다. 젊은 나이에 교육자가 된 형식은 온갖 정열을 학생들에게 쏟았고 그들을 위해서 모든 것을 바치리라고 결심하였다. 어려운 학생들에게는 학비도 대주었다. 그러나 학생들은 그것을 은혜로 받아들이지 않고, 마치 당연히 받을 것을 받는 줄로 여기며, 주는 시기가 좀 늦어도 투덜거리는 형편이었다. 재질로 보더라도 대부분이 평범한 학생들이어

---

4 이광수 자신 오산학교에서 교편을 잡은 일이 있었고, 그것은 그가 『무정』을 쓰기 시작한 것보다 몇 해 빠른 1910년 즉 그의 나이 18세 때의 일이었다.

5 이광수, 『무정』, 후편, p.13 참조.

6 같은 책, 전편, pp.78-95 참조.

서 장래가 크게 기대되는 바가 없었다. 그리하여 형식은 결국 자기의 헌신적인 사랑과 노력이 모두 부질없는 짓이었다고 후회를 하기에 이른다.[7] 경성학교에 관한 이러한 이야기가 우리에게 암시하는 것은, 겨레를 위한 큰 포부와 사명감을 안고 어떤 사립학교를 세웠다 하더라도, 그 꿈을 실현할 만한 교사와 학생을 얻기가 힘들어, 현실적으로는 그 설립의 취지와는 거리가 먼 결과에 이르기가 쉬웠다는 사실이다.

유진오의 「김강사와 T교수」는 일본인이 운영하는 전문학교의 이모저모를 단편적으로 소개하고 있다. 이 단편은 동경제대를 졸업한 김만필이 S전문학교의 독일어 강사로 채용되어 처음으로 학교를 방문하는 이야기부터 시작된다. 현관을 들어선 김강사는 한 사무원에게 교장실이 어디냐고 물었고, 사무원은 처음에는 뻣뻣하게 대하다가 방문객의 신분이 강사임을 알고 그제서야 몸을 납신하고 공손히 대한다. 교장실에 들어섰을 때 김만필은 교장 앞에 굽신대는 교무과장의 모습을 보았고 자기도 그를 따라서 허리를 굽히지 않을 수 없는 분위기에 싸인다. 교장은 김만필에게 처음에는 매우 공손하게 대했으나, 강사 사령서를 준 다음 순간부터 "이젠 자네도…" 하며 말을 놓는다. "우리 학교에서 조선 사람을 교원으로 쓰는 것은 이번이 처음이니까 한층 더 주의하고 노력하도록 하게!" 하며 엄숙한 훈시도 내렸다. 다음에는 전교생이 모인 강당으로 가서 장엄한 취임식을 하게 되거니와, 김만필은 그 취임식이 장엄하리라는 것을 미리 알고 모닝코트의 예복 차림으로 나타났던 것이나, 막상 눈앞에 그 광경을 당하고는 정신을 차릴 수 없을 정도로 큰 충격을 받는다.[8] 비록 단편적이기는 하나 S전문학교의 이러한 모습을 통

---

7 같은 책, 전편, pp.101–102 및 후편, p.11 참조.
8 유진오, 「김강사와 T교수」, 『정수한국문학전집』, 제4권, pp.172–174 참조.

하여 우리는 일제시대의 식민지 학원의 분위기를 짐작할 수 있다. 관료적이고 형식주의적이며 위계질서가 꽉 잡힌 그 분위기의 일단을 짐작할 수 있을 것이다.

김만필이 S전문학교 강사로 채용되게 된 과정도 흥미롭다. 동경대학의 은사 N교수로부터 총독부의 유력한 관리 H과장에게 보내는 소개장을 얻었고, H과장은 다시 자기의 부탁을 소홀히 다룰 수 없는 S전문학교 교장에게 소개하여 그 자리를 겨우 얻었던 것이다. 그러나 그전에 김만필이 독일의 좌익 문학을 소개한 일이 교장과 H과장에게까지 알려져, 하늘의 별 따듯이 어렵게 얻은 강사의 자리를 오래 지키지 못하고 밀려나게 된다. 교무과장 T교수는 과자 상자라도 들고 교장을 찾아가라고 귀띔을 하기도 하였으나, 김만필은 과자 상자를 사서 그 위에 명함까지 붙였으나 차마 그 짓은 할 수가 없어서 교장댁 방문은 보류하였다.[9] 이러한 이야기가 우리에게 암시하는 바는 식민지 조선에서는 전문학교의 인사 문제에까지 관리들이 영향력을 미쳤다는 것과 한국 사람으로서는 동경대학을 졸업하여도 전문학교의 시간강사 정도의 자리도 얻기가 지극히 어려웠다는 사실이다.

문교 행정의 모든 권한을 일본이 장악한 상태 아래서, 학교교육을 통하여 우리 한국을 위한 한국인을 길러 낸다는 것은 본래 불가능한 일이었다. 그렇다면 학교교육 이외의 다른 어떤 제도나 조직을 통하여 민족 정신의 함양을 꾀할 수 있는 길은 없었을까? 우선 머리에 떠오르는 것으로서 종교가 있다. 이스라엘 사람들은 오랜 세월 동안 정권을 상실했으나 그들의 종교를 통해서 겨레의 얼을 키워 왔고 종교를 중심으로 단결하였다. 그러나 우리나라의 경우에는 하나로 통일된 강력한 민족 종교가 없었다.

---

9 같은 책, p.175, pp.184-187 참조.

유교를 종교의 하나로 볼 것이냐 아니냐 하는 문제는 그 자체 논란의 여지가 있을 것이나 조선왕조 5백 년을 통하여 우리나라 사회규범의 근본을 이룬 것이 유교 특히 주자학(朱子學)의 가르침이었음에는 의심의 여지가 없다. 20세기에 들어온 뒤에도 유교의 전통은 우리 민족의 의식구조 속에 깊이 스며들어 사유와 행위에 음양으로 작용하였다. 그러나 개화의 새 물결은 유교의 가르침을 배척되어야 할 낡은 것으로서 의식하는 경향이 있었으므로, 옛날 그대로의 유교로 새 시대를 이끄는 정신생활의 원리로 삼을 수는 없었다. 유교의 기본 정신을 새 시대에 맞도록 다시 해석함으로써 계속하여 지도 원리로 삼는 길도 생각할 수 있겠으나, 유교적 전통과 서구적 사조가 맞부딪친 개화의 초기에 있어서, 그토록 한층 높은 차원의 해결을 기대하기는 시기가 너무 일렀다.

불교도 우리나라의 것으로서 소화된 지 오래며 많은 사람들의 생활 속에 연면히 살아왔으나, 새 시대를 위한 지도 원리로서 구실을 할 수 있을 정도로 세력이 큰 것은 아니었다. 조선시대에는 유교에 밀려 억제를 당했고, 일제시대에 들어와서도 속세에 환멸을 느낀 사람들을 위한 개인적 구원의 철학으로서의 구실이 컸던 불교는, 민족을 이끌어 가는 적극적인 원리로서 작용할 수 있을 정도로 강력한 세력을 이루지는 못하였다. 일찍이 「조선불교유신론」을 내고 「님의 침묵」을 노래한 한용운(韓龍雲)과 같이 불교의 사상을 애국과 애족의 차원에서 이해하고 가르친 위대한 출가(出家)도 있기는 했으나, 불교가 민족의 새 시대를 위한 지도 원리의 구실을 할 수 있도록 불교계를 개혁하고 조직화하는 일은 역시 후일의 과제로서 남아야 했다.

한용운의 눈에 비친 그 시대의 우리나라 불교계는 불교의 근본정신으로부터 멀리 이탈해 있었다. 불교는 본래 구세(救世)와 도생(度生)의 가르침이었음에도 불구하고 불제자들은 염세와 독선에만 흐르고 있었다. 사찰마다 염불당이 있어 이른바 염불을 외우고 있었으나, 그것은 염불(念佛)이 아니라

호불(呼佛)에 불과하였다.[10] 이러한 형편의 불교로써 민족을 이끄는 지도 원리의 기본으로 삼을 수는 없었으며, 비록 불교의 유신을 외치는 선각의 탁견이 있었다 하더라도, 전국의 사찰과 승려를 조직적으로 통괄할 권한이 우리 편에 없었으니 그 뜻을 실천에 옮기기 어려웠다.

김정한의 1936년 작품 「사하촌」에는 불교의 타락된 일면을 폭로한 장면이 있다. 우선 천여 년의 역사를 가지고 무려 백여 명의 젊은 중 늙은 중이 우글거리는 선찰(禪刹) 대산본(大本山) 보광사(普光寺)에서 백중 불공을 드리는 광경이 가관이다. 원근에서 모여든 선남선녀들이 엄청난 돈을 희사함(喜捨函)에 집어넣고는 큰절을 거듭한다. 가난한 사람들까지 없는 돈을 마련하여 톡톡 털어 바친다. 마치 헌납한 재물의 액수에 비례하여 복이 내리는 것처럼 앞을 다투어 시주돈을 낸 결과, 근방의 모든 땅은 보광사의 소유가 되었고 농민들은 그 소작인으로 전락하여 하대를 받는다.[11] 다음에, 타락한 중들의 거동은 더욱 가증스럽다. 극심한 가뭄으로 대흉이 들어 농민들은 굶어 죽겠다고 아우성인데, 보광사의 중들은 사전(寺田)에 소작료를 매기겠다고 간평(看坪)을 하러 성동 마을에 나타났다. 그들은 우선 마름인 진수네 집에 들러 술과 고기를 포식하고, 간평은 술취한 기분으로 처삼촌의 벌초하듯 무성의하게 처리하였다.[12] 물론 불교계 전부가 이토록 타락한 것은 아니었 겠지만, 전통을 자랑하는 대표적인 사찰이 이런 지경이었다면, 당시의 불교가 민족을 구하는 종교의 구실을 할 수 없었음은 의심의 여지가 없다.

민족을 구하는 종교의 구실을 새로 들어온 지 오래지 않은 기독교가 맡아서 하기도 어려운 일이었다. 개화를 지향하는 새로운 조류와 잘 조화되기 쉽

---

10 한용운, 「조선불교유신론(朝鮮佛教維新論)」, 『국민윤리연구』, 제2호, pp.218-220 참조.
11 김정한, 「사하촌」, 『한국단편문학대계』, 제4권, pp.414-417 참조.
12 같은 책, pp.422-425 참조.

고, 일제의 권력으로도 마음대로 할 수 없는 외국의 선교사 및 교단의 후원을 받고 있었다는 점에서 기독교는 매우 유리한 일면을 가지고 있었다. 그러나 외래의 종교로서의 기독교가 일조일석에 우리나라에 토착화하기도 어려웠고, 비록 토착화에 성공했다 하더라도 서양의 문화 풍토 위에서 성장한 그 교리가 동양 문화의 오랜 전통을 자랑하는 우리 한국을 위한 민족 종교로서 만인의 귀의처가 되기에는 어려움이 있었을 것이다.

기독교가 우리 민족의 정신 생활을 위한 전폭적인 지주가 될 수는 없었다 하더라도, 서구의 문물을 전달하여 사람들을 개화의 방향으로 이끄는 데 도움이 되었음은 명백한 사실이다. 그러나 기독교가 개화를 촉진하는 사상적 역량으로서 작용하고자 했을 때, 하나가 딜레마가 길을 방해하였다. 기독교가 근대화에 이바지하기 위해서는 우리 한국인의 의식구조의 밑바닥에 도사린 샤머니즘을 단호히 추방해야 했고, 기독교가 우리 한국의 대중 속에 깊숙이 침투하기 위해서는 샤머니즘과의 결탁 내지 타협이 유리했기 때문이다. 이리하여 불교의 경우에도 그랬듯이, 우리나라에 들어온 기독교는 한편으로는 토착 신앙 샤머니즘과 갈등을 일으키며 싸우기도 하였고, 또 한편으로는 샤머니즘과 결탁하여 대중의 구미에 맞추기도 하는 이중의 길을 걸었다.

김동리(金東里)의 「무녀도」는 우리나라의 전통적 토속 신앙인 샤머니즘과 새로 전래한 기독교적 신앙의 갈등을 상징적으로 그렸다. 그것은 근방을 돌아다니며 굿을 해주고 살아가는 무당 모화와 어려서 집을 나갔다가 예수교인이 되어 돌아온 그의 아들 욱이와의 처절하고 비극적인 대결을 통하여 표현되었다. "군데군데 허러져 가는 쓸쓸한 돌담과 기와버섯이 퍼렇게 뻗어 오른 묵은 기와집과 우묵한 잡초 속에 구물거리는 개구리 지렁이들"로 상징되는 무당의 토착 풍속의 세계와 "명랑한 찬송가 소리와 풍금 소리와 모여 앉아 기도를 올리고 빛난 음식을 향해 즐겁게 웃음웃는" 예배당으로 상징되

는 기독교의 세계와의 충돌은 거의 숙명적인 갈등이었다.[13]

한편 무당이 대표하는 샤머니즘과 목사가 대변하는 기독교는 본질적으로 근본이 다른 두 세계였음에도 불구하고, 그러나 한국의 대중은 그들에게 친숙한 샤머니즘의 창구를 통하여 새로운 종교 기독교를 받아들였다. 서울에서 부흥 목사가 왔을 때 그에게 기도로써 병을 고치는 능력이 있다고 알려졌고, 온 고을 사람들은 병을 고칠 목적으로 모여들었다. 목사가 기도를 올리면, "여자들의 월숫병 대하증쯤은 대개 '죄씻음'을 받을 수 있었고, 그 밖에도 소경이 눈을 뜨고, 앉은뱅이가 걷고, 귀머거리가 듣고 … 저희 믿음 여하에 따라서 모두 '죄씻음'을 받을 수 있다는 것이었다. 여자들의 은가락지, 금반지가 나날이 수를 다투어 강단 위에 내걸리게" 되는 형편이었다.[14] 샤머니즘과 기독교가 표면상 날카롭게 대립하면서 내면적으로는 융화해 버린 결과가 된 것이다. 그리고 기독교가 가졌던 근대적 정신은 뒤로 물러앉게 되었으니, 개화에 적합한 새로운 가치관을 심어 준다는 그 본래의 사명은 흐지부지하게 되는 경향으로 흘렀다.

3. 가치 체계 혁신의 과제

가치 체계를 가다듬는 과제는 어느 사회 어느 시대에나 따라다닌다. 불완전한 인간이 모여서 이루어진 사회인 까닭에 항상 개선해야 할 문제들이 있기 마련이며, 세월의 흐름을 따라서 시대상이 달라질 때마다 기성의 가치 체계에 결함이 생기기 때문이다. 그리고 한 국가 사회의 양상이 현저하게 변모

---

13 김동리, 「무녀도」, 『한국단편문학대계』, 제4권, p.111 참조.
14 같은 책, p.116.

할 정도로 큰 역사적 변화가 생길 때, 그 변화된 사회상에 적응하는 새로운 가치 체계의 수립이 긴요하게 된다. 우리 한국은 19세기 말엽에서 20세기 초엽에 걸쳐 서구 문명과의 본격적인 교류를 통하여 큰 충격을 받았고 이 충격으로 말미암아 정치와 경제를 비롯한 모든 것이 새로운 모습을 보이지 않을 수 없는 새 시대의 막이 오르기 시작하였다. 불행히도 이 새 시대는 순조로운 전개를 보이지 않고 민족사의 수난기를 우리에게 안겨 주었으며, 그 수난의 역사는 지금도 계속되고 있는 형편이다. 역사가 새 시대로 전환하면서 새로운 가치 체계를 수립하는 과제도 스스로 생기지 않을 수 없거니와, 새 시대의 전개가 수난의 과정이었던 까닭에, 가치 체계를 개조하는 문제도 순조로운 진전을 기록하지 못하고 시행착오와 혼돈을 거듭하였다.

우리가 이제까지 장단편의 소설을 토대로 살펴본 바에 따르면, 구한말과 일제시대를 통하여 새로운 가치 체계의 요청이 일부 선각자들에게 의식되었고, 그들 선각자들은 새로운 가치 체계의 방향을 모색하기도 하였으나, 여러 가지로 어려운 여건 아래서 그 모색의 노력이 만족스러운 성과에는 이르지 못하였다. 8·15를 맞는 우리 민족이 일사불란한 전진을 성취할 수 있는 정신적 기반을 준비하기에 이르지 못한 것이다. 그 정신적 기반을 준비하지 못하게 한 가장 큰 저해 요인으로서는 우리와 이해가 정면으로 상반되는 일제의 정치적 탄압을 생각하지 않을 수 없다. 우리 민족을 우리 민족이 요청하는 인간상으로 기를 수 있는 교육의 자유가 없었던 까닭에, 몇몇 탁월한 선각자가 겨레의 갈 길을 제시했다 하더라도 그 가르침이 온 겨레의 가슴속에 깊이 자리잡지 못하였던 것이다.

일제가 물러가고 우리 자신의 의사를 따라서 교육의 문제를 다룰 수 있게 되던 날, 우리는 가치관 교육의 문제에 충분한 관심을 돌리지 않았다. 이젠 모든 문제가 저절로 해결될 것처럼 낙관하고 이 막중한 문제를 소홀히 했던 것이다. 물론 교육 그 자체를 소홀히 한 것은 아니다. 전에 없이 높은 향학열을 보이기도 했으나, 주로 사회 경쟁에서 개인적 승리를 거두기에 필요한 능력을 길러 주는 일에 역점을 두면서, 질서 있는 사회를 건설하고 그 안에서 인간다운 보람찬 삶을 누리기에 필요한 인격을 함양하는 일은 뒤로 돌렸던 것이다. 이 점에 있어서는 문교 당국과 교육자들도 철학이 빈곤했고 학부모들도 생각이 부족했다.

1960년대에 들어서면서 우리들은 가치관 교육 내지 전체로서의 인간 교육의 중요성을 깨닫기 시작하였고, 일부 식자들 사이에 정신 교육의 재건을 역설하는 소리가 높았다. 그러나 벌써 오래된 타성을 졸지에 벗어나기 어려웠으며, 말로는 정신 교육을 강조하면서도 실제에 있어서는 항상 물질적 번영을 갈망하는 욕구에 우선순위를 빼앗기고, 교육 도장의 기풍을 일신하는 실천은 뒤따르지 않았다. 단편적인 혁신의 노력이 여기저기서 선을 보이기도 하였으나, 교육의 근본 목적을 설정하는 과정이 충분한 철학적 기반에 입각하지 않았으며 그 목적에 도달하는 교육의 방법이 주로 상식과 주먹구구에 의존하는 옛 방식을 탈피하지 못했다.

가치 체계를 새로 세우는 문제는 기발한 표어나 잡다한 상식으로 해결할 수 있는 다반사가 아니며, 일부 뜻있는 인사의 절규와 설교만으로 해결할 수 있는 예언자의 사업도 아니다. 그것은 교사들만이 관여할 분업적 소관도 아니며, 온 국민의 지혜와 노력의 동원을 요청하는 국가적 사업이다.

이제 우리는 한층 높은 차원에서 가치 체계 재건의 문제를 근원적으로 다루어야 하며 또 다룰 수 있는 시점에 이른 것으로 믿는다. 우선 문제를 전체에 걸쳐 체계적으로 다루는 청사진을 마련해야 할 것이다. 상식에 의존하는 대신 철학에 기반을 두고 주먹구구로 시험하는 대신 과학적 탐구를 거쳐, 공동의 목표와 수단을 결정해야 할 것이다. 우연한 착상을 따라 그때그때의 방침을 세울 것이 아니라, 근본적인 원리에 입각하여 원근의 이정표를 하나의 체계 속에 종합해야 할 것이다. 모든 문제를 정확한 역사관과 건실한 국가관을 통하여 통찰하되, 과정의 어떠한 부분도 정치의 도구로 삼아서는 안 될 것이다. 바른 가치 체계의 수립을 위해서 정치가 이바지해야 한다는 뜻에서, 가치 체계의 문제는 언제나 정치에 우선한다.

높은 차원과 새로운 방식으로 문제에 접근해야 한다 함은 모든 과거를 무시하고 백지에서 출발해야 한다는 뜻이 아니다. 역사가 연속적인 전개의 과정인 이상, 미래는 현재에 입각하여 형성되어야 하고 현재는 과거에 대한 투시를 통하여 파악되어야 할 것이다. 구한말과 일제시대의 가치관이 조선시대에 연결되어 있듯이, 오늘의 가치 풍토는 일제시대의 그것에 연결되고 있다. 소설이라는 국한된 자료에 의존한 이제까지의 작은 연구로써 과거에 대한 전체적 파악에 대신할 수 있다고 믿는다면, 철없는 과오를 범하는 어리석음이 될 것이다. 다만, 부분적 참고로서 도움이 될 수 있다면 그것만으로도 큰 보람이 아닐 수 없다.

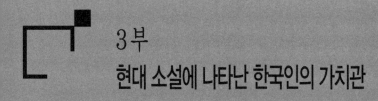

3부
현대 소설에 나타난 한국인의 가치관

1장

근대화의 과정과 가치관의 혼란

1. 연구의 주제와 방법
2. 사회의 변동과 인심의 혼란
3. 근대화의 양지와 음지
4. 외면적 가치의 추구

1장 근대화의 과정과 가치관의 혼란

1. 연구의 주제와 방법

조선시대의 소설 및 구한말과 일제시대에 쓰인 소설을 소재로 삼고 '옛 소설에 나타난 한국인의 가치관'을 연구하여 그것을 논문 및 단행본으로 발표한 바 있는 저자는, 당연히 8·15 이후에 쓰인 한국 소설을 소재로 삼고 같은 연구를 계속해야 한다고 믿어 왔다. 우리가 가치관의 문제에 깊은 관심을 갖게 되는 것은 단순히 과거에 대한 호기심 또는 지식욕 때문이라기보다는, 우리들의 현재와 미래에 대한 실천적 관심 때문이라고 보아야 할 것이다. 그렇다면 우리들에게 가장 중요한 것은, 과거의 선인들이 가졌던 가치관에 대한 지식이 아니라, 현재 우리들의 마음속에 살아 있는 가치관을 정확하게 파악하는 일이 아닐 수 없으며, 따라서 만약 조선시대나 구한말의 가치관만을 문제 삼고 오늘의 한국인의 가치관을 다루지 않는다면, 본말이 뒤바뀌는 결과가 되고 말 것이다.

그러나 연구의 남은 부분을 위하여 막상 현대 한국 소설을 이것저것 뒤져 보는 가운데, 저자는 스스로 계획하고 있는 연구에 방법론적 어려움이 있음을 발견하였다. 조선시대 또는 개화 초기의 소설과 현대의 그것 사이에는 현저한 질적 차이가 있거니와, 거기에 반영된 가치관을 추출해 낸다는 관점에서 볼 때, 현대 소설의 경우가 옛날의 그것보다도 어려운 점이 많다는 것을 발견한 것이다. 조선시대의 소설은 대개 권선징악적 성격이 강하고 그 구조와 표현이 소박 단순한 까닭에, 그 가운데 당시 사람들의 가치관이 비교적 알기 쉽게 나타났다고 볼 수 있다. 일제시대에 쓰인 소설의 경우에도, 이광수의 작품에 있어서 그 대표적인 경우를 볼 수 있듯이, 민족의 계몽을 위시한 윤리적 동기가 전면에 나타난 작품이 많은 까닭에, 그리고 그 당시의 일반인들이 공통적으로 가지고 있던 생활 태도를 소재로 삼은 것이 많은 까닭에, 그것들을 근거로 삼고 당시의 가치관을 짐작하기가 비교적 용이하였다.

해방 이후의 소설 가운데도 박영준(朴榮濬) 또는 안수길(安壽吉)의 작품의 경우와 같이 보통 사람들의 일반적 생활 태도를 소재로 삼고 윤리적 문제를 정면에서 다룬 것들도 없지 않으나, 특히 근래의 작품들은 특수한 사람들의 특수한 생활 태도를 다룬 경우가 많은 까닭에, 그것들을 근거로 삼고 한국인의 가치관의 일반적 경향을 찾아내기는 비교적 어렵다. 술집의 호스티스나 뒷골목의 깡패와 같은 특수한 사람들의 특수한 상황에서 보여주는 생활 태도를 근거로 삼고 한국인 일반의 가치관을 논한다면, 특수한 현상을 일반적 경향으로 잘못 확대 해석하는 오류를 범할 염려가 많다. 따라서 작품의 선정과 그 분석에 있어서 옛날 소설의 경우보다 어려운 점이 있는 것이다.

그러나 비록 특수한 상황에 놓인 특수한 사람이라 할지라도 그들이 현대한국의 소산임에는 틀림이 없으며, 그와 같은 특수한 사람들이 나타나게 된사실과 한국의 일반적 현실 사이에는 불가분의 관계가 있다고 보아야 할 것이다. 바꾸어 말해서, 예리한 분석의 안목을 갖춘 사람이라면, 그 특수한 사람들의 존재를 소재로 삼고도 우리 현실의 일반적 문제를 투시할 수가 있을 것이다. 저자에게 그토록 예리한 안목이 과연 있는지는 의문이다. 다만 저자가 현재 한국에 살고 있으며 해방 이후 오늘에 이르기까지 한국이 걸어온 길을 몸소 체험했다는 사실은 현대 한국의 소설을 자료로 삼고 한국인의 가치관을 이해함에 있어서 큰 도움이 될 것이다. 마치 플라톤의 철인(哲人)이 이데아의 그림자와도 같은 경험적 사물을 보고 이데아 그 자체의 참모습을 상기할 수 있듯이, 소설 속에 나타난 암시적인 이야기를 방편으로 삼고 저자가 살아온 시대의 가치관을 생각해 낼 수도 있음직하다.

이 연구는 한국인의 가치관에 대한 윤리학적 관심에서 이루어진 것이며, 한국 소설에 대한 문학적 관심에서 출발한 것은 아니다. 소설을 소재로 사용하기는 했으나, 소설의 문학적 가치나 역사적 의의를 고찰하는 따위의 일은 저자의 의도하는 바가 아니며, 오로지 한국인의 가치관이 이 연구의 대상이다. 따라서, 이 연구의 자료로서 사용하기 위한 작품을 선택함에 있어서 작품의 문학적 가치는 크게 문제 삼지 않기로 하였다.

해방 이후에 우리나라에서 발표된 모든 소설을 망라하여 연구의 대상으로 삼는 것은 사실상 어려운 일이며, 반드시 그렇게 할 필요도 없다고 생각된다. 대단히 많은 소설들 가운데서 소재로서의 가치가 비교적 큰 것을 선별적으로 다루고자 하거니와, 이 연구를 위한 소재로서의 가치와 작품의 문학적 가치는 반드시 일치하지 않을 것이다. 다만, 일반적으로 많은 관심을 끈 작품들이 이 연구를 위한 소재로서의 가치도 클 가능성이 많다고 생각되므로, 근래 문제작으로 널리 알려지고 있는 작품들을 우선적으로 훑어보았고, 그 가운데서 많은 자료를 뽑았다. 그러나 이것이 문학작품에 관한 연구가 아닌 까닭에 반드시 모든 우수 작품을 망라하고자 꾀하지 않았으며, 문학적으로 별로 문제가 되지 않을 것으로 짐작되는 작품이라 하더라도 이 연구를 위하여 도움이 된다고 생각한 것은 소재로서 활용하기를 굳이 기피하지 않았다.

2. 사회의 변동과 인심의 혼란

1) 해방 직후의 혼란상

이무영(李無影)의 1947년 작품 『삼년(三年)』 가운데는 해방 직후의 우리 나라 사회상의 이모저모가 소개되고 있다. 1945년 8월 15일은 우리 한국을 위해서 크게 경사스러운 날이었고, '해방'이라는 단어는 온 국민에게 감격 과 희망을 안겨 주었다. 그러나 8·15는 너무나 급격한 역사적 변화의 계기 였던 까닭에, 이 크나큰 변화에 대처할 만한 훈련과 마음가짐의 준비가 별로 없었던 한국인이 해방 직후 수년 동안에 경험한 것은 오히려 혼란과 실망에 가까운 것이었다. 일본에 건너갔던 한국 교포들이 전쟁이 끝난 직후에 귀국 을 서두르던 시모노세키 부두의 혼잡한 광경을 소개하는 것으로 『삼년』은 시작되고 있거니와, 그 혼잡은 해방 직후의 한국이 경험한 혼란을 상징적으 로 잘 나타낸 것으로도 볼 수 있다.

> 생각했던 거보다도 그것은 더 무서운 혼란이었다. 밀고 밀리고 하는 것이 아니라 이들을 막 물고 서로 빼앗기지 않으려고 기를 박박 쓰는 그런 혼란이 었다.
> 그것은 사뭇 뜸배질이다.[1]

"지금쯤 고국 동포들은 새 나라를 세우기에 눈코 뜰 사이 없으리라"고 생 각하며 며칠 안 남은 졸업식도 내던지고 부랴부랴 동경을 떠나서 귀국한 명

---

[1] 이무영, 「삼년」, 『신한국문학전집』, 어문각, 23권, p.201.

주의 눈에 보인 한국의 모습은 아주 실망스러운 것이었다. "싸움에 진 나라를 되바로잡아 보겠노라 눈이 발개서 나대는 일인들을 보아 온 명주에게는 진실로 그것은 의외의 일이었다." 사람들은 오로지 해방감에 도취되어 들떠 있었고, 이제부터 모든 것을 새로 건설하는 일에 중추가 되어야 할 청장년들까지도 매일을 술로 밝히는 꼴이었다.[2]

술에 취한 사람들은 거의 일본말을 예사로 사용하였고, 그들이 부르는 노래는 일본의 군가 또는 일제시대의 유행가가 대부분이었다. 뒷골목의 시정배라면 또 모르거니와 경찰서의 누구누구, 도청의 무슨 과장, 신문사 지국의 누구, 실업가의 아무개 등 이를테면 지방의 지도자층에 속하는 사람들까지도 같은 꼴이었다.[3] 이것은 해방된 지 1개월 뒤의 이야기거니와, 실은 이 일제의 잔재는 그 뒤에도 오래오래 남아서 좀처럼 뿌리가 뽑히지 않았다.

해방은 자유를 의미하는 것이라고 하였다. 그러나 그 '자유'의 참뜻을 제대로 이해하는 사람들은 많지 않았다. 많은 사람들이 자유와 방종을 혼동하였다. 어떤 사람은 식당에서 음식을 먹고 돈을 내지 않는 것도 자유라고 생각하였다.[4] 징용에서 돌아온 청산댁의 남편은 허주사 내외에게 보복의 폭행을 가하면서 그것도 자유인 까닭에 아무도 말릴 권리가 없다고 믿었다.[5] 자유와 방종을 같은 것으로 이해한 사람들이 많았던 까닭에 사회는 질서를 잃고 치안은 마비 상태에 가까웠다. 신문에는 날마다 강도 사건이 보도되었고, 정치적 성격을 띤 테러와 납치 또는 사사로운 감정에 근거를 둔 폭행이 잇달았다.[6]

---

2 같은 책, p.212.
3 같은 책, p.210.
4 조정래, 「청산댁」(1971), 『허망한 세상 이야기』, 삼중당, 1980, p.150.
5 같은 책, p.154.

사회의 혼란은 경제의 혼란으로 연결되었다. 일본 사람들이 물러간 자리에 미국 군정이 들어서게 되자 영어 잘하는 사람들이 판을 치게 되었고, 영어의 힘을 빌려서 갑자기 큰돈을 버는 부당한 사례가 속출하였다. 어떤 사람들은 일본인이 남기고 간 부동산 또는 고리짝을 접수하여 졸부가 되기도 하였다. '통역 정치'니 '통역 정부'니 하니 유행어가 나돌게 되었고, 거액의 뇌물이 영어 잘하는 세도가에게 바쳐졌다는 소문이 돌았다. 어느 날 신문에는 혼자서 적산 가옥 50여 채를 접수한 어떤 목사 관리의 이야기가 추위와 굶주림으로 노상에서 죽은 사람의 사진과 함께 나기도 하였다.[7]

　부당한 방법으로 벼락부자가 된 사람들도 있었지만, 일반 대중의 경제 사정은 매우 어려웠다. 반세기 동안 일본 식민지 정책에 눌려서 제대로 발달하지 못한 한국의 경제였던 까닭에, 일반 대중은 "먹고 입고 살고 하는 일체가 군색한 것은 말할 것도 없거니와, 미소 두 나라의 실랑이에 끼어 불조차 없는 어둠 속에서 지루한" 나날을 보내야 했다.[8]

　사회와 경제의 혼란 속에서 민족은 좌익과 우익으로 나누어졌다. "전 국민이 한 덩이가 되어도 36년 동안에 기름기 없는 땅이 되어 버린 이 강토를 다스리기가 어려울 것인데, 삼천만은 완전히 좌우 두 갈래로 나뉘어서 개 돼지처럼 맞붙어서 싸우고" 있었다.[9] 38선을 중간에 두고 남과 북이 서로 총질을 했을 뿐 아니라, 남한 자체 안에서도 사람들은 두 진영으로 갈라졌다. "거리고, 집이고, 찻간이고, 술집, 찻집 등 두 사람 이상이 모이는 자리는 언제고 그대로 싸움터가 될 수 있었다."[10] 온 국민이 한자리에 모여서 기념하

6　이무영, 『삼년』, 『신한국문학전집』, 23권, pp.324-327 참조.
7　같은 책, p.330, p.350; 조정래, 「청산댁」, 『허망한 세상 이야기』, p.150 참조.
8　이무영, 『삼년』, 『신한국문학전집』, 23권, p.348.
9　같은 책, p.233.
10　같은 책, pp.348-349.

고 축하해야 할 행사도 서울 운동장과 남산 공원으로 나뉘어서 거행되었다. 전에는 다정하던 친구들이 좌익과 우익으로 나누어지면서 서로 '죽일 놈'이라고 비난했으며, 실제로 서로 죽이는 사건이 잇달아 일어났다. 거리는 벽보로 가득 차고 신문은 성명서로 요란스러웠다.[11]

좌우로 나누어진 민족 분열의 불행은 6·25 전쟁으로 연결되었다. 최정희(崔貞熙)는 그의 장편 『인간사(人間史)』(1960)에서 6·25 당시의 민족 분열상을 "오직 하나뿐인 적을 향해 화살을 꽂던 조선 사람의 뭉치가 이리 찢기고 저리 찢겨서 네가 나의 적이 되고 내가 너의 적이 되어 가는 꼬락서니"라는 표현으로 개탄하고 있다.[12]

어둡고 부정적인 측면만이 세태의 전부는 물론 아니었다. 극도의 혼란 속에서도 나라의 주권을 되찾은 기쁨과 앞으로 건설될 새 나라에 대한 희망을 느끼는 사람들이 많았다. 해방 직후 시모노세키에서 귀국선을 타려고 앞을 다투는 군중이 수라장을 이루었을 때 이미 "조용합시다. 이 배에서 사람들이 내려야 탈 게니까 우리는 일등 국민답게 질서 정연합시다." 하고 외친 청년이 있었으며, 이 외침에 대하여 군중 속에서도 "그렇소! 일등 국민답게 한번 뻗대 있게." 하고 호응하는 소리가 있었다. 밤길에서 흑인 병사에게 강간의 슬픔을 당하고, "난 나를 독립을 위한 제물로 생각하기로 했어요. 내 몸은 더럽혀졌지만 대신 우리나라의 독립이나 빨리 이루어지기를 빌었어요." 라고 말한 혜란이와 같이, 순진하고 소박한 여인들도 있었다. 가문 좋고 아름다운 처녀 명주의 순정 어린 사랑의 접근을 "발의 때꼽만큼도 여겨 주지 않고" 오로지 나라의 건설을 위해서 헌신하겠다고 나선 손발과 같이, 애국

---

11 같은 책, p.232, p.257.
12 최정희, 『인간사』, 『신한국문학전집』, 24권, p.142.

의 뜻을 가지고 힘쓴 사람들도 있었다.[13]

특히, 군정 포고령 위반죄로 징역을 살고 나온 태임이가 초췌한 가운데도 눈을 빛내며 토로한 말, 즉 작가 이무영 자신의 의견이라고도 해석되는 『삼년』 끝머리의 말은 해방 직후에 한국인들이 느꼈던 희망적 측면을 상징적으로 나타내는 것으로 볼 수 있을 것이다.

> "우린 가장 행복한 때에 태어났다고 생각해요. 이 세상에 태어난 보람을 하구 죽을 수 있으니까. 우리는 우리의 새로운 역사를 꾸밀 수 있는 시대에 태어났단 말야. 우리가 죽은 다음에 우리의 역사를 쓰는 사람들은 반드시 우리의 서로 피를 흘린 이 비극이 그래도 헛된 장난이 아니었다는 것을 알게 될 게야. …"[14]

그러나 일단 극도에 달한 혼란과 충격의 상처가 단시일 안에 치유되기는 어려운 일이었다. 일부의 건설적인 노력에도 불구하고 어지러운 사태는 계속되었으며, 그 혼란의 와중에 6·25 전쟁이 일어났으니, 우리 민족은 더욱 결정적인 치명상을 입고 신음해야 하는 처지에 놓이게 된 셈이다. 동란이 가져온 파괴와 혼란은 전일의 그것보다도 더한층 심각한 것이었으니, 1953년의 휴전 이후 오늘에 이르는 우리 한국의 역사는 저 파괴와 혼란의 나락으로부터 되살아나고자 하는 민족의 노력과 시행착오의 과정이라고 하여도 과언이 아닐 것이다.

---

13 이무영, 『삼년』, 『신한국문학전집』, 23권, pp.202-203, p.315 및 p.320 참조.
14 같은 책, p.353.

2) 윤리 의식의 부재

6·25 당시와 그 직후의 사회상을 주제로 삼고 그 전체를 정면에서 다룬 소설이 있을지도 모르나 저자의 시야에는 들어오지 않았다. 그러나 저자가 읽은 작품들 가운데도 그 당시의 인심과 사회상을 단편적으로 전해 주는 소설은 상당히 많이 있었다. 예컨대, 김광주(金光洲)의 「표정」, 최정희의 『인간사』, 김송(金松)의 「서울의 하늘」, 곽학송의 『김(金)과 이(李)』 등이 그것이며, 비록 단편적이기는 하나 그것들 가운데 나타난 것만으로도 당시의 혼란상을 어느 정도 짐작하기에는 큰 부족이 없을 것 같다.

전방의 군인들이 목숨을 걸고 치열한 전투에 종사하던 전쟁의 와중에 있어서, 부산을 위시한 후방의 대도시에서는 해이한 정신 상태를 바로잡지 못하고 타락한 생활 태도를 계속함으로써 뜻있는 사람들로 하여금 개탄을 금치 못하게 했다는 것은, 많은 사람들이 알고 있는 사실이다. 그 당시 후방의 한심스러운 상황을 곽학송은 그의 1964년 작품 『김과 이』에서 다음과 같이 말하고 있다.

휴전 회담이 시작될 무렵 김은 단 한 번 후방에 온 적이 있었다. 전쟁하는 나라의 상태가 도저히 아닌 후방 풍경에 김은 침을 뱉고 돌아섰다. 벌레만도 못한 것들. 대한민국 따위는 숫제 빨갱이에게 먹혀 버려라. 일주일 간의 휴가를 포기한 김은 일선으로 향해 달리는 군용 트럭에 흔들리며 웃었다. 차라리 웃었다.[15]

---

15 곽학송, 「김과 이」, 『신한국문학전집』, 12권, p.98.

최정희의 『인간사』 가운데서도 우리는 전쟁 당시 부산의 불미스러운 모습의 일단을 찾아볼 수가 있다. 예컨대, 부산이 본거지인 김창욱 내외는 부산이 객지인 오상철을 자기 집에 유숙하게 하고 극진하게 대접하거니와, 그것은 오상철에 대한 순수한 호의에서가 아니라, 자기의 두 아들이 군대에 가지 않고 견딜 수 있게 된 것이 오상철의 힘 때문이었고 또 앞으로도 그의 힘을 빌려야 할 일이 종종 있을 것으로 예상되었기 때문이다. 오상철은 성철수도 자기 집으로 모시고 싶어서 애를 태우는 유력한 인사였고, 김창욱은 무역을 함네 하고 내세우곤 있지만 물건을 실어 오고 내가는 일은 언제나 밤늦게 하는 사람이었다. 오상철이 그 관직을 물러나게 되자 김창욱 내외의 태도는 돌변하여 오씨네 가족을 구박하기 시작하였다.[16]

많은 사람들 가운데 어쩌다 몰지각한 사람이 간혹 섞여 있는 것이라면 크게 문제될 것이 없다. 그러나 몰지각이 일반적 풍조라면 문제는 심각하다. 김광주는 그의 단편 「표정」에서 한 등장인물의 입을 통하여 1·4 후퇴 당시의 세태를 다음과 같이 말하고 있다.

"한 사람도 머릿속이 온전한 사람은 없는 것 같습니다. … 대한민국 사람들은 모두 머리가 약간 돌아가고 있는 것 같습니다."[17]

혼란한 사회상은 휴전이 성립된 뒤에도 한동안은 여전하였다. 그 점은 특히 서울이 심했거니와, 김송의 「서울의 하늘」은 다음과 같은 서두로 시작되고 있다.

---

16 최희정, 「인간사」, 『신한국문학전집』, 24권, p.136, p.144.
17 김광주, 「표정」, 『신한국문학전집』, 27권, p.106.

환도 직후의 서울 거리는 술렁거렸다. 들떠서 술렁거렸다. 외국 제품이 모이고 흩어지고 원조 물자가 들어오자 달러 지폐가 난무하였다.[18]

김송에 따르면, "동란 이후의 혼란은 날이 갈수록 더욱 심했고, 폭력과 깡패가 난무하고, 풍기 문란이 어두운 골목을 범람하게 했다."[19] 그뿐만 아니라 도처에 사기꾼과 협잡배가 들끓었고 배신과 횡령이 상식화하였다. 「서울의 하늘」의 여주인공 박인숙은 화장품 장사를 하였는데, 시중에서 거래되는 화장품의 대부분은 밀수품이었다. 밀수품이 적발될 경우도 있었으나, 검색하는 경관을 매수함으로써 위기를 모면하는 길이 열려 있었다. '사바사바'라는 말은 그 당시의 유행어다.[20]

「서울의 하늘」의 여주인공 박인숙은 평양에서 유복한 가정에 태어나서 일제시대로서는 최고의 여성 교육기관이었던 전문학교에 다니다가 해방을 만난 재색 겸비의 재원이었다. 38선이 막혀서 고향과의 연락이 두절되면서 그녀에게 시련의 험난한 길이 닥치거니와, 회사원, 술집의 여급, 밀수 화장품 장사 등의 직업을 전전하는 가운데, 사기와 협잡에 걸려서 몸도 버리고 재물도 잃는 비극적 말로를 밟게 된다. 본래는 선량했던 박인숙이 그렇게 전락하고 말게 된 것은, 주인공 개인의 잘못 때문이기보다는, 혼란하고 부도덕한 사회 때문에 일어난 불행이라고 보는 것이 작가 김송의 판단인 것으로 보인다.

전쟁을 전후해서 남을 모함하는 좋지 못한 풍조가 일어났다. 자기가 일어서기 위해서는 동료나 친구도 쓰러뜨리고자 하는 비열한 심리가 발동한 것

---

18 김송, 「서울의 하늘」, 『신한국문학전집』, 9권, p.5.
19 같은 책, p.24.
20 같은 책, p.27, pp.64~66 참조.

인데, 주로 좌익으로 몰아서 밀고하는 행위가 많았다. 6·25가 터지면서 당시 하나밖에 없던 한강 다리가 아군에 의해서 폭파되었고 나룻배를 타기도 몹시 어려웠던 까닭에 대부분의 서민층은 서울을 빠져나가지 못했거니와, 서울이 수복된 뒤에 그들을 적에게 부역한 자로 모는 사태가 벌어진 것도 그 대표적 사례라고 볼 수 있을 것이다. 당시의 상황을 최정희의 『인간사』는 다음과 같이 전하고 있다.

> 문오들이 들어와서도 한참만에야 정부가 서울에 들어왔다. 그들은 도강파, 비도강파의 구별을 짓는 일에 손을 먼저 썼다. 한강을 넘은 자는 애국자요, 서울에 남은 자는 적에게 부역한 자로 몰렸다. 단체나 직장에선 A, B, C로 등급을 매겨 가지곤 수사기관에 지난날의 동료들을 고발하는 등 서글픈 광경이 수없이 벌어졌다.[21]

1950년대 초엽의 비열하고 비정한 인심은 황석영(黃晳暎)의 「한씨연대기(韓氏年代記)」에도 그 단편이 나타나고 있다. 이 작품의 주인공 한영덕 의사는 동업자였던 박가와 김가로부터 빨갱이라는 허위 고발을 당하고 모진 고초를 겪거니와, 그 고발의 동기가 몹시 비열한 것이다. 박가는 자기가 평양의 한 전문학교 출신으로서 행세하고 있는 것이 거짓이라는 사실을 한영덕이 암시했다는 이유로 앙심을 품었던 것이며, 김가는 한영덕의 후처 윤씨에게 엉뚱한 야심을 품고 한씨를 모함했던 것이다. 이 사건으로 말미암아 한영덕의 동창 친구들까지 잡혀 들어가서 모진 고문을 당해야 했고, 그들은 수사관에게 돈을 먹이고 겨우 풀려 나오게 되며, 풀려 나온 뒤에 한영덕의 매씨

---

21 최정희, 『인간사』, 『신한국문학전집』, 24권, pp.139-140.

와 만나는 것조차도 몹시 꺼린다. 한편, 한영덕의 매씨 한여사의 국민학교 동창생이며 친구이기도 한 민창호가 한여사를 종종 찾아와서 도와줄 듯이 한다. 그러나 민창호의 속셈은 한여사를 속이고 돈을 뜯어 가는 동시에 그녀로부터 어떤 정보를 얻고자 함에 있었다.[22]

"진짜냐? 가짜냐?" 하는 말이 유행어처럼 흔히 사용된 것도 같은 무렵이었을 것이다. 일본 사람들이 물러가고 각종 직장에 많은 자리가 비었을 때 이력을 속이고 취직하는 사례가 많았으며, 「한씨연대기」의 박가가 이력을 속인 것도 그 하나의 예라고 볼 수 있을 것이다. 그리고 8·15 직후에는 모두가 애국자로서 자처하는 경향이 있었으며, 사기나 절도, 그 밖의 파렴치범들까지도 출옥한 뒤에는 모두 사상범으로 둔갑을 하고 대단한 애국자로서 행세하는 판국이었다. 가짜 애국자들이 우후의 죽순처럼 도처에 나타났던 것이다.[23]

이력서에만 거짓이 있었던 것이 아니라 생활의 모든 국면에 있어서 거짓을 일삼는 사례가 많았다. 공금 또는 남의 돈으로 물건을 살 때는 영수증을 첨부함으로써 그 비용의 액수를 증명하도록 되어 있으나, 그 영수증이라는 것이 도대체 믿을 만한 것이 못 되었다. 물건을 판 사람은 영수증의 금액을 얼마로 적을까를 산 사람에게 묻는 경우가 많았으며, 심할 경우에는 백지 영수증을 떼어 주기도 하였다.[24] 대체로 이러한 세태인지라 거짓말을 하고 속이는 것이 정상적이고 참말을 하고 정직하게 사는 것은 도리어 웃음거리가 되기도 하였다.[25]

---

22 황석영, 「한씨연대기」, 『객지』, 창비사, 1974, p.132 이하 참조.
23 최정희, 「인간사」, 『신한국문학전집』, 24권, p.119; 이무영, 「삼년」, 『신한국문학전집』, 23권, p.213; 박경리, 『시장과 전장』, 현암사, 1964, p.63 참조.
24 박경리, 「집」(1966), 『신한국문학전집』, 11권, pp.480~481 참조.
25 박경리, 「쌍두아」(1967), 『신한국문학전집』, 11권, p.511 참조.

이러한 풍소는 양심의 소리나 도덕의 원리를 근본적으로 부정하는 사고방식으로 발전할 수 있다. 실제로, 해방 이후에 쓰인 한국 소설의 등장인물 가운데는 양심 또는 도덕의 권위에 대하여 회의적이거나 부정적인 태도를 취하는 사람들이 나타나고 있다. 예컨대 박경리(朴景利)의 1959년 작품 『표류도』에서 '나'로 등장하는 다방 마담은 독백처럼 다음과 같은 말을 하고 있다.

민우씨는 시인이고 미남인데 왜 항상 여자 동무도 없이 저렇게 외로운지 모르겠다. 시를 써야 한다는 것이 벌써 비극인 것 같다. 그리고 그는 선량하다. 그 **선량함이 하나의 구경거리로 취급되고 있는 현실을** 그는 모르는가? 모르기 때문에 그는 시를 써야 하는가?[26]

김송의 「서울의 하늘」에 등장하는 박인숙과 김관식의 대화에서 우리는 양심 또는 도덕의 권위를 아주 노골적으로 부정하는 발언을 발견할 수가 있다.

"김사장은 법을 무시하고, 요인(要人)을 끼고 대일 무역 ― 그것도 밀수업으로 백만장자가 된 것은 다 아는 일이죠. 불법으로 축재한 그 돈을 빈민 사업이나 사회 사업에 쓰세요. 그리고 저 같은 약자를 농락하는 걸 삼가 주세요!"

"지금 나를 충고하는 건가요?"

"충고해야 소용이 없다는 건 알지만 양심을 깨우친 것 뿐이죠."

"허허 양심? 고맙소. 하지만 나는 그런 양심 같은 건 개발에 토수같이 가치가 없다고 생각하는데…"[27]

---

26 박경리, 「표류도」, 「신한국문학전집」, 11권, p.28(강조는 저자의 첨가).

양심을 비웃거나 도덕의 권위를 의심하는 사람은 어느 시대 어느 사회에나 더러 있는 것이 보통이다. 따라서 양심 또는 도덕에 대해서 냉소적인 사람이 간혹 있다 하더라도, 그것이 예외적인 현상이라면 반드시 큰 문젯거리가 된다고 말하기 어렵다. 그러나 해방 직후부터 1950년대 초기에 걸쳐서 양심과 도덕에 대하여 냉소적 태도를 취한 사람들은 '예외적'이라고 말하기가 어려울 정도로 그 수효가 많았다. 정직하고 양심적인 사람은 손해를 보기 마련이라는 것이 일반의 생각이었고, 도덕적인 사람이 바보 대접을 받는 경향이 있었다. 특히 윤리학을 공부한다는 것은 어리석은 짓으로 보였으며, '윤리'니 '도덕'이니 하는 단어가 주는 인상이 좋지 않았던 까닭에, 그런 말을 써야 할 경우에는 '모럴'이라는 말을 대신 사용하는 사례가 많았다.[28]

그러나 모든 사람들이 양심과 도덕에 대하여 등을 돌린 것은 물론 아니다. 양심의 마비와 도덕의 파탄을 강조하여 작품 위에 부각시켰다는 사실 자체가 무질서한 현실에 대한 고발이라고 볼 수 있으며, 양심과 도덕을 냉소로 대한 사람들의 태도 가운데도 현실을 불만족하게 여기는 반동(反動)의 심리가 깔려 있다고 보아야 할 것이다. 사람의 마음 바탕에는 도덕적인 행위나 인격을 숭상하는 생각이 살아 있는 것이 보통이며, 이는 혼란 속에 살았던 한국인의 경우도 예외는 아니었을 것이다. 목청을 높여서 발언한 사람들 배후에서 침묵을 지킨 다수의 존재를 무시해서는 안 되듯이, 평범했던 까닭에

---

27 김송, 「서울의 하늘」, 『신한국문학전집』, 9권, p.69.

28 저자가 윤리학을 전공하기로 작정했을 때, 왜 그따위 무의미한 학문을 하느냐고 만류한 선배들이 있었다. 저자 자신은 윤리학을 전공한다는 말을 공공연하게 말하기에 부담을 느껴서, 누가 물으면 그저 "철학을 공부한다."고 대답하였다.
김이석의 「아름다운 행렬」에서 소설가 허규는 주여사에 대하여, "정직하다는 것은 칭찬이 아니라 지금엔 사람이 그만큼 모자란다는 의미밖에 안 되겠지요."라는 말을 하고 있다. 김이석, 「아름다운 행렬」, 『신한국문학전집』, 27권, p.164.

소설에 등장하지 못했던 다수의 선량한 사람들의 존재를 잊어서는 안 될 것이다.

혼란이 지속하여 극도에 달하면 사람들은 자연히 질서의 소중함을 절실히 느끼기 마련이고, 나 자신을 위해서나 사회 전체를 위해서나 도덕의 재건이 필수의 과제임을 깨닫게 된다. 이와 같은 개선의 의지는 작은 규모로 나타날 수도 있고 큰 규모로 나타날 수도 있다. 김이석(金利錫)의 「아름다운 행렬」의 송여사가 타락의 길을 청산하고, 돈을 위해서는 수단을 가리지 않는 황원장의 악덕과 맞서서 고군분투하는 김영호의 편에 서서 싸울 결심을 한 것은 그 작은 규모의 경우라 할 것이다.[29] "요컨대, 나쁜 풍속이 자꾸만 생기려는 우리 주위를 아름다운 풍속으로 만들기 위하여 노력하는 것이 우리들의 일이지요."라는 송여사의 말 가운데 우리는 혼란과 악덕의 풍토를 벗어나려는 의지의 새로운 기운이 싹트고 있음을 읽을 수 있을 것이다.[30]

선량한 사람들이 나누어 가지고 있는 악에 대한 증오와 개조에 대한 의지가 광범위하게 결합하면 막강한 힘을 발휘할 수가 있다. 저자는 1960년의 4·19 혁명을 일으킨 원동력이 저 도덕적 개조의 의지가 크게 결합했음에 있었다고 보고 싶다.

---

29 선량한 사람들은 전혀 소설에 등장하지 않는다는 뜻은 물론 아니다. 선량함이 적극적이어서 크게 돋보일 경우에는 소설의 등장인물로서 환영을 받을 수도 있다. 예컨대, 김이석의 「아름다운 행렬」을 보면, 돈과 쾌락의 추구에 여념이 없는 사람들이 우글거리는 황산원(黃産院) 주변에서, 천여사와 송여사의 유혹을 물리치고 묵묵히 환자의 치료에만 전념하는 부원장의 모습이 소개되고 있다. 여기서 저자가 말하고자 하는 것은 혼란과 부도덕에 염증을 느낀 사람들은 많았겠지만, 그들 보통 사람들은 대체로 소극적이었던 까닭에 정신 풍토의 대세를 좌우하는 세력으로서의 영향력을 갖지 못했다는 점이다.
30 김이석, 「아름다운 행렬」, 『신한국문학전집』, 27권, p.222 참조.

3. 근대화의 양지와 음지

1) 경제개발과 '제2경제'

사회의 혼란 및 도덕의 타락과 불가분의 관계를 가지고 정치의 타락이 진행되고 있었다. 이승만 정권의 잘못은 비단 그 독재적 성격에만 있었던 것이 아니라, 그 정권에 깊이 관여했던 정치적 지도층이 일반 사회악과 결탁하고 또 그것을 조장했다는 사실에도 있었다. 흔히 그렇듯이, 권력은 금력과 결탁을 했고, 타락된 형태로 결탁한 권력과 금력은 온갖 부정과 부패의 온상이었다.

4 · 19 혁명에 대하여 국민 대중이 그토록 크게 호응한 것은, 정치적 자유에 대한 권리 의식보다도, 이승만 정권의 도덕적 타락에 대한 분노와 증오에 힘입은 바 컸다고 생각된다. 사실 그 당시 일반 대중의 정치 의식이 민주주의 정신에 투철할 정도로 높지 못했다는 것은, 독재자 이승만 대통령의 하야에 즈음하여 대중이 흘린 천진난만한 눈물이 여실히 말해 준다. 국민의 대다수는 아마 이승만의 정권욕보다도 그 주변 사람들의 치사스러운 탐욕을 더미워했을지도 모른다.

4 · 19의 성격을 어떻게 규정할 것이냐 하는 것은 역사가에게 맡겨야 할 문제라 하겠으나, 저자는 4 · 19 혁명을 주도한 정신의 바탕은 정치적이기보다도 도덕적이었다는 생각으로 기울어진다. 그것은 정권을 탈취하고 또 계승하려는 의지에 의하여 주도된 것이 아니라 부정과 부패의 뿌리를 뽑고자 하는 의지가 주도한 투쟁이었다는 점에서 도덕적 운동으로서 성격이 강하다. 그리고 4 · 19 혁명에 조직성이 부족하고 우발적 요소가 강했다는 사실도 그것이 정치적이기보다는 도덕적인 거사였다는 견해를 뒷받침한다.

윤리적 성격이 강했던 4 · 19를 주도한 대학생들의 일각에서 '새생활운동'

이라는 기치를 내걸고 일종의 국민 윤리 운동을 시도한 적이 있었다. 빗자루를 들고 거리를 청소하거나 줄을 서서 차례대로 버스를 타는 것과 같은 일상적인 일부터 시작하자는 취지였고, 대학생들 자신이 솔선수범으로 실천에 앞장서기도 했다. 만약 그들의 새생활운동을 정부와 학교 당국 그리고 언론 기관이 조직적이고 적극적인 후원으로 뒤를 밀었다면, 그리고 더 많은 대학생들이 그 운동에 동참했다면, 아마 상당한 성과를 거둘 가능성도 있었을 것이다. 그러나 애석하게도 모처럼 발족한 새생활운동은 광범위한 호응을 받지 못하고 일부 학생들의 서클 활동에 가까운 차원에서 머뭇거리다가 흐지부지 시들어 가고 말았다. 이리하여 범국민적인 운동으로까지 성공하지는 못했으나, 극도로 타락해 가던 우리나라의 윤리적 상황을 바로잡고자 하는 자각과 의지가 구체적 형태를 띠고 나타난 최초의 실천 운동이었다는 점에서, 4·19 직후의 대학생들이 전개했던 '새생활운동'의 의의는 컸다고 보아야 할 것이다.

장면(張勉)을 수반으로 하는 민주당 정권 때에는 야당의 젊은 의원들이 '청초회(淸潮會)'라는 모임을 조직하고 정신 풍토의 정화를 외치고 나온 적이 있었다. 청조회의 정체가 정치적 모임이었는지 윤리적 순수성을 띤 모임이었는지 굳이 따질 필요는 없을 것이며, 설령 그것이 정치적인 저의를 숨긴 모임이었다 하더라도, 국민의 여론이 윤리적 혁신을 갈망하고 있었다는 사실을 암묵리에 알려 주는 움직임이었음에는 의심의 여지가 없다. 어쨌든 새로운 가치 풍토의 출현을 고대하는 기풍이 1960년대에 들어서면서 일기 시작했다는 사실이 우리의 주목을 끈다.

5·16 주체 세력은 정권을 장악하자마자 윤리적 구호를 내걸기 시작했다. 구악을 일소하겠노라고 공약을 하면서 '인간 개조'라는 윤리적 목표를 국민의 공동 과제로서 제시하였다. 철학적 이론의 뒷받침이나 방법론적 연구의 준비도 없이 성급하게 내건 목표였던 까닭에, 어떤 현실적 성과를 거둘 수

있는 조직적 운동으로 발전하지는 못하고 말았으나, '새생활운동'과 '청조회'에 있어서 민간 운동으로 제기된 정신 풍토의 재정립이 민족적 공동의 과제라는 것을 정부 차원에서 다시 확인했다는 점에서 기록해 둘 만한 움직임이었다.

민정으로 형태를 바꾸면서 박정희(朴正熙) 정권이 안정된 기반을 굳히게 되었을 때, 정부가 가장 큰 역점을 둔 것은 근대화를 서두르는 경제 정책이었다. 가장 시급한 것이 가난을 극복하고 국민의 기본 생활을 안정시키는 일이라고 판단했던 것이며, 기본 생활이 안정되면 국민의 정신 풍토의 개선도 자연히 이루어지리라고 낙관했던 것일지도 모른다.

박정희 정권의 경제개발정책은 상당한 성과를 거두었다. 적어도 1970년대 전반까지의 10여 년 동안의 경제 정책은 성공적이었으며, 그 기간에 있어서의 한국 경제의 성장률은 가히 획기적이라고 말할 수 있을 정도로 높았다. 새로운 공장 지대가 생기고 농업에도 많은 기계를 사용하게 되었다. 고속도로가 뚫리고 전 국토가 일일 생활권으로 좁혀졌다. 농어촌에까지 전기가 들어가게 되고 텔레비전과 냉장고 등 가전제품의 보급도 높아졌다. 농촌의 어린이들도 보릿고개를 모르고 자라게 되었다.

그러나 물질생활의 향상과 비례하거나 병행하는 정신 풍토의 개선은 뒤따르지 않았다. 물질생활이 풍요롭게 됨에 따라서 사람들의 인심은 도리어 더 나빠지는 일면조차 있었다. 몸이 편하게 된 것만큼 마음도 편해지고 삶 전체에 대한 만족도 늘어 가야 할 터인데 반드시 그렇지가 못하였다. 몸은 편하나 마음은 도리어 불편할 경우도 적지 않았다. 사회적 혼란 속에서 삐뚤게 성장한 마음의 자세의 타성에서 오는 문제뿐 아니라, 공업화 내지 근대화의 부작용으로서 새로운 문제들이 일어나게 되었던 것이다.

박정희 대통령은 경제 상태의 개선과 아울러 정신 상태의 개선도 중요하다는 것을 직감적으로 깨달았다. 1968년 초의 기자회견에서 그가 '제2경제'라는 새로운 낱말을 만들어 가며 국민 생활의 윤리적 측면을 강조한 것은, 그의 그러한 깨달음을 소박한 형태로 표명한 것이다. 통상적인 의미의 경제생활을 첫째로 생각하고 그 다음으로 중요한 것으로서 정신 자세를 생각한 듯한 용어 내지 발상법에는 문제가 있다 하더라도, 어쨌든 경제만이 중요한 것의 전부가 아니라는 것을 대통령이 연두 기자회견에서 강조했다는 점에서 상당한 파문을 일으켰다. 대중매체들이 연일 특별 기획으로 보도했으며, 고급 관료들은 대통령의 뜻을 구현하는 방안을 두고 고심하였다.

이어서 같은 해 12월에 국민교육헌장이 제정 선포되었다. 수십 명의 지식인이 동원되고 수개월의 준비 기간이 선행됐던 이 헌장의 제정은 저 '제2경제'의 후속탄이었으며, 국민 윤리의 확립을 위한 기본 개념을 마련하려는 의도의 표명이었다. 헌장 서두에도 "우리의 나아갈 바를 밝혀 교육의 지표로 삼는다."라고 명시되어 있다.

정신 풍토의 개선 내지 국민 윤리의 확립에 대한 박정권의 관심은 그 뒤에도 여러 가지 형태로 꾸준하게 나타났다. 1970년대 초반부터 대학의 교양 필수 과목으로서 '국민 윤리'를 추가한 것도 그것이었고, '새마을운동'과 '새마음운동'을 전국적 규모로 전개한 것도 그것이었다. 그리고 1978년에 있었던 '한국정신문화연구원'의 설립도 그 근본 취지는 같은 맥락에서 파악해야 할 것이다.

이상에 간단히 언급한 바와 같은 일련의 움직임이 과연 얼마나 성과를 거두었느냐 하는 것은 간단하게 단정하기 어려울 것이다. 정신 상태의 변화는 눈에 보이지 않는 측면이 클 뿐 아니라 지금 그 성과를 결산하기에는 아직 때가 이른 까닭에, 함부로 단정적인 말을 할 수가 없다. 그러나 피부로 느끼는 바에 따르면, 그 성과는 그리 큰 편은 아니었다는 생각이 앞선다. 제3공화국 시대를 배경으로 삼고 쓰인 소설들을 살펴보아도, 그동안에 우리나라 정신 풍토가 크게 정화되었다는 견해를 뒷받침할 만한 구절은 찾아보기 어렵다. 우리들의 정신적 상황은 계속 혼미를 거듭해 왔다고 보는 것이 우리들의 일반적인 관찰이며, 제5공화국이 발족하면서 또다시 '의식 개혁'의 기치를 들고 나온 것도 저 일반적 관측을 뒷받침하는 것이라고 하겠다. 대통령이 선두에 서서 전개한 정신 개혁 운동이 소기의 성과를 거두지 못한 원인을 찾아내는 것은, 실패의 경험을 장차 살리기 위하여 반드시 해야 할 일일 것이다. 그러나 그 문제에 들어가기 전에 제3공화국 시절의 정신적 상황이 소설가들 눈에 어떻게 비쳤는가부터 우선 살펴보기로 하자.

2) 이기주의와 윤리의 부재

박영준의 1968년의 작품 『가족』 가운데서 우리는 다음과 같은 구절을 발견한다.

> 어떤 방법으로든 돈을 벌어야겠다는 생각을 가진 사람들 때문에 수많은 사람들이 피해를 받고 있다. … 크게 돈을 버는 사람들도 마찬가지다. 악착스럽게 굴어야 돈을 번다. 천만 원을 벌려면 수백만 원을 유용하게 써야 한다. 큰돈을 버는 사람일수록 비록 부정이라고 해도 그런 돈은 많이 쓴다. 그래야만 재벌이 되는 모양인데, 그렇게 해서 돈을 번 사람들은 사회의 영웅이 된다. 요즘의 영웅은 오직 갑작 부자뿐이다.[31]

기차표의 암거래가 성행하는 바람에 여러 사람들이 피해를 입는다는 이야기로부터 시작해서, 수단을 가리지 않고 돈을 모아서 졸부가 된 사람들의 이

---

31 박영준, 『가족』, 『신한국문학전집』, 25권, p.313.

야기로 연상이 옮겨 간 것이다. 여기서 암시뇌고 있는 부징한 방법이란 뇌물을 먹이고 특혜를 입는 경우를 말하는 것으로 보인다.

뇌물을 통하여 권력과 결탁하는 방법과 아울러 흔히 사용된 또 한 가지 방법은 약자의 몫을 수탈하는 그것이었다. 간척지 공사장의 현장을 직접 체험하고 썼다는 황석영의 『객지(客地)』를 보면, 오갈 데 없는 인부들의 노임을 수탈하는 갖가지 방법이 소상하게 폭로되고 있다. 『객지』에 나타난 공사장의 비정한 실태를 우리는 다음과 같이 요약할 수 있을 것이다.

(1) 식비와 일용품 비용에도 미달하는 낮은 임금을 주는데도 하루의 노동 시간은 매우 길다.

(2) 숙박 시설이 형편없이 빈약하다.

(3) 노임은 한 달에 두 번씩 후불하는데 식비는 현금으로 받는 까닭에, 밥값을 치르기 위해서는 노임 전표를 할인 판매함이 불가피하다.

(4) 일의 능률을 따라서 노임을 더 주는 제도인 '웃개'로 일을 맡을 경우에는 십장에게 2할 내지 3할을 바쳐야 한다.

(5) 감독이 부하 인부가 한 일의 실적을 사실보다 적게 기록하고 그 차액을 착복한다(깎아치기).

(6) 불평을 하면 깡패를 동원하여 매질한다.[32]

윤흥길(尹興吉)의 단편 「직선과 곡선」에 보이는 다음 대화에서도 우리는 기업 윤리의 타락 또는 기업가들에 대한 불신의 정도의 일단을 짐작할 수 있을 것 같다.

"우리 기업인들은 거개가 소비자나 종업원들의 취약점을 먹고 살찌고 있는

---

32 황석영, 『객지』, 창비사, 1971, 전편 참조.

것 같아요. 그들은 사회가 혼란하고 무질서할수록 그 혼란이나 무질서를 치부에 이용하고자 혈안이 됩니다. …"

"실상을 정도 이하로 평가하는 점에서 오 선생 얘기는 틀린 것 같군요. 제가 보는 견해로는 그보다 훨씬 정도가 심합니다. 그들은 닭하고 비슷한 생리를 가졌어요. 닭들은 무리 중에서 탈장 증세가 있는 놈을 발견하면 우우 달겨들어 숨이 끊어질 때까지 똥구녁을 쪼아댑니다. 먼저 경쟁자가 뻗고 다음에 소비자가 뻗을 때까지 그들은 마구 쪼아대는 겁니다."[33]

아마 이 대화의 어조에는 좀 지나친 데가 있을 것이며, 1960년대나 1970년대의 한국 기업체가 모두 그랬다고는 더욱 말할 수 없을 것이다. 그러나 그 당시 기업 윤리의 일반적 경향을 짐작하는 데는 위에 인용한 대화도 상당한 참고가 될 것이다. 기업가의 부도덕한 치부 행위를 고발한 소설가가 윤흥길과 황석영 등 두세 사람에 지나지 않는다면, 그들의 견해가 편파적이라고 볼 수도 있을 것이다. 그러나 기업가의 비리를 고발한 소설은 그 밖에도 많이 있다. 우리는 조세희(趙世熙)의 『난장이가 쏘아올린 작은 공』과 「은강 근로가족의 생계비」, 곽학송의 「두 위도선」, 조정래의 「동맥」, 박용숙(朴容淑)의 「검은 연기 밑에서」, 김이석의 「아름다운 행렬」 등 무수한 작품에서 기업 윤리의 타락이 고발되고 있음을 보는 것이다.

악덕 기업가도 후덕한 사람으로서 세상에 알려지기를 원한다. 어떤 기업가는 자기의 명성을 조작하기 위하여 간계를 부리기도 하였다. 윤흥길의 「직선과 곡선」에 등장하는 동림산업 사장은 자기 승용차에 치인 권기용에게 치료비를 배상하고 또 그를 자기 회사에 채용하기로 약속한 다음에 신문기

---

33 윤흥길, 「직선과 곡선」, 『아홉 켤레의 구두로 남은 사내』, 창비사, 1977, p.239.

자로 하여금 "마르지 않는 인정의 샘"이라는 큰 제목 아래 "자해 상습범에 뻗친 갱생의 손길"이라는 작은 제목을 붙여서 마치 권이 차에 뛰어든 것처럼 허위 보도를 하게 함으로써 자기를 선전하였다. 그는 또 회사의 선전을 위해서 회사원들에게 제복을 입히기로 작정하고, 회사원들의 반대를 무릅쓰고 그 계획을 강행하면서, 마치 동림산업을 뜨겁게 사랑하는 사원들이 제복 입기를 자원한 것처럼 여론을 조작하였다.[34] 그리고 신석상(辛錫祥)의 「프레스 카드」에 등장하는 오사장은, 그가 탈세와 폭리로 부정 축재한 사실을 지방 신문이 집요하게 파고들자, 아예 그 신문을 사버렸다.[35]

정치인과 관리들의 비리와 부패도 기업가의 그것 못지않게 고발을 당하고 있다. 박연희(朴淵禧)는 그의 「변모」에서 교사 이진규의 입을 통하여, "국민의 손으로 선출해 놓으면 협잡이나 해 처먹고 정권 유지에만 굶은 이리떼처럼 혈안이" 되어 있다고 말하면서, 자유당이 그 짓을 하다가 망했는데 아직도 정신을 못 차린다고 질타하였다.[36] 신석상은 그의 「프레스 카드」에서, 탁하기 짝이 없는 김만복 지사장으로 하여금 교육청 관리과장에게 "그래도 나는 너희들보다는 깨끗하단 말이야!"라고 말하게 함으로써 공무원의 부패가 심상치 않다는 것을 암시하였다.[37]

이호철(李浩哲)은 그의 『공복사회(公僕社會)』에서 공무원 사회의 실상을 비교적 구체적으로 묘사하고 있다. 구태의연한 자세로 국록을 먹고 있는 여러 공무원들 틈에서 성실하고 일 잘하는 모범 공무원 이원영 주사가 고군분투하는 모습을 줄거리로 삼은 이 작품을 통하여, 우리는 1960년대 후반의

---

34 같은 책, p.245, pp.251-271 참조.
35 신석상, 「프레스 카드」, 『신한국문학전집』, 34권, p.328.
36 박연희, 「변모」, 『신한국문학전집』, 28권, p.44.
37 신석상, 「프레스 카드」, 『신한국문학전집』, 34권, p.338.

한국 공무원상의 한 단면을 실감 나게 들여다볼 수가 있다. 몰지각한 공무원들이 얼마나 국고금을 낭비하고 있는가, 그들이 얼마나 관료주의적이며 무사안일한 태도로 자리를 지키는가, 또 그들이 사리(私利)를 위해서 얼마나 요령을 부리는가를 이호철은 비교적 상세히 밝히고 있는 것이다. 이원영의 자세가 옳다는 것을 마음 한구석에서 인정하면서도 그들은 한 덩어리가 되어 그를 배척하였고, 결국 이원영은 배겨 나지 못하고 물러나는 것으로 이 작품은 끝을 맺는다.[38]

정치인과 관리들의 부패가 5·16 이후에 시작된 것은 아니었다. 자유당 국회의원 주변의 부조리를 고발한 강신재의 『오늘과 내일』, 외자청 과장의 축첩과 그 첩에게 아부하는 배계장의 비행을 소개한 유주현의 「유전(流轉) 24시」, 근무 시간에 다방 출입을 하며 업자들과 밀담을 하는 관공리들의 생태 등 공인(公人)들의 비리를 그린 박경리의 『표류도』 등의 증언이 아니라도, 우리는 정치계와 공무원 사회의 부패가 해방 직후부터 싹튼 고질이라는 사실을 알고 있다.[39] 이 뿌리 깊은 폐습을 고쳐 보려고 박정권은 그 나름의 시도를 했던 것이나, 박정권 자신이 안고 있는 체질적 약점과 구조적 제약으로 인하여 큰 성과를 올리지 못했을 따름이다.

윤리적 비판의 도마 위에 오른 것은 기업가와 정치인 그리고 관리들에 국한된 이야기가 아니다. 유주현은 보결 입학에서 돈거래를 하는 학원의 부정을 고발했고(「유전 24시」), 박영준은 돈으로 가짜 박사 학위를 산 대학교수와 돈밖에 모르는 작가 및 바람기로 비틀거리는 유한 부인들을 거론했으며

---

38 이호철, 「공복사회」, 『자유만복(自由滿腹)』, 단음출판사, 1968 참조.

39 강신재, 『오늘과 내일』, 『신한국문학전집』, 11권, p.43, p.83; 유주현, 「유전 24시」, 『신한국문학전집』, 28권, p.268, p.270; 박경리, 『표류도』, 『신한국문학전집』, 11권, p.279, p.381, p.389, p.392 참조.

(『고속도로』), 신석상은 언론계 주변의 비리를 폭로했고(『프레스 카드』), 김홍신(金洪信)은 관광 지대의 여관 업자들의 등을 쳐먹는 관광 회사 운전수와 담당자 그리고 그 밖의 여러 계층 사람들의 악덕을 규탄했으며(『인간시장』), 박경수는 술과 여자로 얼룩지는 시골의 원색적 풍속도를 소개하였다(『향토기』). 그리고 박완서는 사찰 주변의 세속화를 날카롭게 풍자하였고(『부처님 근처』), 이문열은 교회도 젊은 영혼의 안식처가 되기에 부족함을 암시하였다(『사람의 아들』). 결국, '똥 묻은 개냐 겨 묻은 개냐' 하는 정도의 차이는 있을지 모르나, 어떠한 분야의 어떠한 계층도 큰소리치기는 어려운 처지에 이른 것이다.

'근대화'의 기치를 들고 경제개발정책을 정력적으로 추구한 결과로서 물질생활의 수준은 상당히 향상되었으나, 경제의 성장과 병행하는 정신의 성장이 없었던 까닭에, 우리들의 사회생활은 여전히 혼란과 불안을 벗어나지 못했으며, 어떤 경우에는 상황이 옛날보다도 더욱 악화하여 문제가 더욱 어려워진 국면도 있다. 옛날보다도 더욱 어려워진 문제들 가운데서 특히 심각한 것은 지나친 빈부의 격차와 관련된 문제들, 즉 특권층의 지나친 사치, 국민 내부의 위화감, 뒷골목의 사회악 등을 포함한 여러 가지 문제들이다.

김광주는 그의 『아방궁』에서 호텔 아방궁 29층의 극도로 사치스럽고 음란한 구조와 부잣집 어린이 백일 잔치의 한없이 호화로운 광경을 소개하여 부유층의 지나친 낭비의 단면을 규탄하였고, 조정래(趙廷來)는 그의 「이방지대」와 「인형극」에서 특권층의 사치스럽고 호화로운 소비생활의 비리를 부각시켰다.[40] 한편, 『객지』와 「한씨연대기」 등으로 알려진 황석영, 『아홉

---

40 김광주, 『아방궁』, 『신한국문학전집』, 27권, pp.7-8, pp.11-12; 조정래, 「이방지대」, 『허망한 세상 이야기』, 삼중당, 1980, pp.5-26; 조정래, 「인형극」, 『허망한 세상 이야기』, pp.114-115, p.121 참조.

426 • 소설에 나타난 한국인의 가치관

켤레의 구두로 남은 사내」와 「직선과 곡선」 등을 발표한 윤흥길, 「정든 땅 언덕 위」, 「단씨(段氏)의 형제들」을 쓴 박태순(朴泰洵), 『난장이가 쏘아올린 작은 공』으로 주목을 끈 조세희 등은 가난한 사람들의 비참한 생활상을 폭로하였다.

어느 시대 어느 사회에도 부자와 빈자의 차이는 있었고 아마 앞으로도 있을 것이다. 그러나 우리나라의 경우는 그 정도가 너무 지나친 것이다. 1960년대 이후의 경제개발계획이 상당한 성과를 거두면서 우리나라 빈부의 격차는 그전보다도 더욱 커졌다. 그 격차가 더욱 벌어진 까닭에, 전체의 생활 수준은 현저하게 향상했음에도 불구하고, 경제생활과 관련된 우리들의 사회문제는 여전히 심각한 것이다. 이문열(李文烈)의 「새지 않는 밤」에서 신문과 껌을 파는 정직하고 선량한 소년의 말은, 비록 그 표현이 온건하기는 하나, 우리 사회의 문제의 근원이 무엇인가를 잘 나타내고 있다.

"제가 보니까요, 세상에는 무엇이든 넉넉한 것 같데요, 그게 공평하게 나누어져 있지 않고 한 군데 몰려 있기 때문에, 없는 사람은 꼭 필요한 것도 모자라고 있는 사람은 흔전만전 쓰고도 남아도는 것 같았어요."[41]

황석영은 그의 『어둠의 자식들』에서 서울 뒷골목의 어둡고 비정한 모습을 낱낱이 폭로하였다. 깡패와 소매치기 또는 날치기 등의 생태, 가난한 시골 처녀가 사기에 걸려서 매춘부로 전락하는 과정, 포주와 기둥서방의 죄악상, 사창가 악당들과 내통하고 있는 경찰의 실태, 걸인 수용소와 소년원의 잔인과 폭력, 귀금속 절도와 장물아비의 결탁 등 온갖 사회악의 모습을 생생하게

---

41 이문열, 「새지 않는 밤」, 『어둠의 그늘』, 문학예술사, 1981, p.158.

그렸다. 가난한 가정에서 태어나 소아마비로 불구가 된 한 소년이 어두운 뒷골목을 전전한 체험을 토대로 삼은 소설인 까닭에, 『어둠의 자식들』의 이야기는 단순한 이야기에 그치지 않는 우리들의 현실이다.[42]

김홍신도 그의 『인간시장(人間市場)』을 통해서 우리나라 사회악의 여러 단면을 보여주었다. 이 소설은 무수한 깡패 집단의 생태, 여자 제비족과 깡패의 결탁, 가짜 휘발유를 양산하는 악당들의 수법, 술집에서 호스티스로 일하는 여대생의 매춘 행위, 한 텐트 안에서 집단으로 기거하는 십대 소년 소녀들의 "눈 뜨고 못 볼 장면"들을 소개하고 있다. 이 작품에 『어둠의 자식들』과 견줄 수 있을 정도의 현실성이 있는지는 의문이나, 작가 자신이 현장 취재를 했다는 증언으로 미루어 볼 때, 이 작품이 배경으로 삼고 있는 사회악 현장 이야기의 상당한 부분이 객관적 근거를 가지고 있을 것으로 짐작된다.[43]

'인간 개조'에서 시작하여 '새마음운동'에 이르기까지 여러 가지 구호와 방안을 동원해 가며 정책적 차원에서 20여 년 동안 그 나름의 노력을 계속했음에도 불구하고, 우리나라의 정신 풍토가 별로 크게 개선되지 못한 근본 사유는 무엇일까? 이 물음에 정확하게 대답하는 일은 우리가 윤리적 개선의 의지를 포기하지 않는 한 매우 중요할 것이다. 우리는 과거의 실패한 경험으로부터 무엇인가를 배워야 하기 때문이다. 그러나 이 문제는 독립적으로 따로 다루어야 할 정도의 큰 문제인 까닭에, 이 글에서는 본격적으로 다룰 처지가 아니다. 다만, 여기서는 매우 기본적인 사실 하나만을 지적하고 다음 문제로 넘어가고자 한다. 즉, 정부가 주도하는 윤리 운동이 성공하기 위해

---

42 황석영, 『어둠의 자식들』, 현암사, 1980.
43 김홍신, 『인간시장』, 행림출판, 1981.

서 갖추어야 할 조건에 관해서 간단히 언급해 두고자 한다.

3) 설득력 없는 국민 윤리 운동

무릇 윤리 운동을 전개하는 사람들은 은연중 자신들을 교육자의 입장에 올려놓게 된다. 정부가 국민을 상대로 정신 개혁 운동을 벌일 경우에는, 정부 당국이 교육자의 위치에 놓이게 되고 국민은 피교육자의 처지에 놓이기 마련이다. 그리고 교육이 성과를 거두기 위해서는 피교육자가 교육자에 대해서 믿음을 가질 수 있어야 한다. 지식 교육을 위해서는 교육자가 유식한 사람이라는 신뢰가 앞서야 하고, 인간 교육을 위해서는 교육자의 인격에 대한 신뢰가 전제되어야 한다. 그러므로 정부가 주도하는 정신 개혁 운동이 성과를 거두자면 정부 지도층에 대한 국민 일반의 도덕적 신뢰감이 앞서야 한다. 정치적 수완이나 행정 능력에 대한 믿음뿐 아니라 존경받을 만한 지도자로서의 인간적 신뢰가 전제되어야 하며, 정부의 최고 책임자로서의 대통령뿐만 아니라 그를 떠받드는 관료들과 여당까지도 도덕적 신임을 받아야 하는 것이다.

박정권의 국민 윤리 운동이 큰 성과를 올리지 못한 근본 사유의 하나는 그들이 국민 일반의 도덕적 신뢰를 얻는 데 실패했다는 사실에 있었다. 박정권이 '잘사는 나라'를 만들기 위해서 매우 열심히 노력했음에도 불구하고, 또 그들의 정신 개혁 운동이 단순한 정치적 가면극은 아니었음에도 불구하고, 국민 일반의 도덕적 신임을 얻지 못한 이유는 명백하다. 즉, 그들은 민주주의적 지도자로서의 모범을 보여주는 일에 실패했던 것이다. 해방 이후 대부분의 한국 사람 마음속에는 민주주의가 옳다는 관념이 뿌리를 내렸고 정부 당국도 민주주의를 표방해 왔던 까닭에, 정치적 지도자가 존경과 신뢰를 받기 위해서는 그가 민주주의자임을 실천으로써 보여줄 필요가 있었던 것인데, 박정권은 이 필요조건을 충족시키지 못했다.

'민주주의'의 개념이 반드시 명확한 것은 아니나, 한국적 상황에서 민주적 정치 지도자로서 존경과 신뢰를 받기 위해서는 두 가지 일을 해야 할 것으로 보인다. 하나는 평화적 정권 교체의 요청에 부응하는 일이요, 또 하나는 합리적 분배를 통하여 빈부의 격차를 좁히는 일이다. 그런데 박정권은 이 두 가지 가운데서 하나도 충족시키지 못했던 것이다. 정치적 민주주의의 요청을 충족시키지 못한 점에 대해서는 특히 지식층의 실망이 컸고, 경제적 민주주의의 요청을 만족시키지 못한 점에 대해서는 특히 서민층의 실망이 컸다.

공정한 분배를 통하여 균형된 사회 발전을 성취하지 못한 데 대해서는 약간 변명의 여지가 있었다. 수출 시장에 있어서 국제적 경쟁력을 높이자면 저임금이 불가피하니 일정한 기간 동안 우선 참아 달라는 변명 겸 호소가 그것이었다. 이 변명과 호소가 설득력을 갖기 위해서는 상류층도 검소한 소비생활로써 고락을 함께했어야 하거니와, 실제에 있어서 상류층의 사치와 낭비가 날로 심했던 까닭에 저 변명과 호소가 설득력을 잃었다. 평화적 정권 교체의 약속을 어긴 데 대해서도 '한국의 특수 사정'을 방패로 삼고 변명을 시도했으나 애당초 논리가 닿지 않는 주장이었다.

논리가 닿지 않는 주장을 고수하기 위해서는 힘으로 밀어붙여야 한다. 박정권은 강력한 힘을 동원하여 유신 체제를 밀고 나갔다. 박정권에는 그만한 힘이 있었던 까닭에 힘으로 밀고 나갈 수가 있었던 것이나, 힘으로 밀고 나가는 일과 인간 교육을 하는 일은 양립하기 어려운 두 가지 과제인 까닭에 국민 윤리 교육의 스승으로서는 실패할 수밖에 없었다. 윤리 교육의 스승으로서 성공하기 위해서 갖추어야 할 첫째 조건은, 앞에서도 말한 바와 같이, 도덕적 신뢰감을 얻는 일이거니와, 평화적 정권 교체의 약속을 어겼을 뿐 아니라 힘으로 국민을 제압했다는 사실은 도덕적 신뢰감을 기대할 수 없는 치명적 결함이었기 때문이다.

사상 문제에 대한 힘에 의한 제압에 가장 예민한 것은 지식층이다. 언론과 비판을 담당하는 것은 주로 지식층인 까닭에 권력자의 힘과 제일선에서 맞부딪치는 것은 지식인이며, 따라서 지식층과 힘의 정권은 자연히 대립하기가 쉽다. 문인도 사회 현실에 대하여 하고 싶은 말이 많은 지식층에 속하는 까닭에, 우리나라의 소설가들 가운데도 민주주의가 거부당한 우리나라를 지극한 억압의 나라로서 의식한 사람들이 있다. 우리는 그 예를 최인훈과 박완서에서 찾아볼 수 있을 것이다. 우선 최인훈(崔仁勳)의 말부터 들어 보자. 그는 『회색인(灰色人)』의 김정도의 입을 빌려서 다음과 같이 말하고 있다.

> "학의 말은 역사는 필연이 아니라 자유에 의해서 움직인다는 설이지만 반드시 그렇지도 않아. 구체적으로 꼼짝할 수 없는 그런 환경이란 게 있어. 어떻게 해볼래야 해볼 수 없는 그런 환경 말이지. 우리의 지금 상태가 그것 아냐? 그래서 '갇힌 세대'가 아닌가? 갇혔다는 것. 옥 속에 있다는 것. 이것이 우리의 환경이야. 우리는 갇혀 있어. 갇혀 있으니까 최소한 입에 들어가는 먹이는 누군가가 준단 말이야. 마치 죄수처럼…"[44]

최인훈은 이것이 자유당 시대의 이야기인 것처럼 위장하고 있지만, 이것은 자유당 시대보다도 공화당 시대에 들어맞는 말이다. 정보기관이 엉성했던 자유당 시대에는 그렇게 앞뒤가 꽉 막히지는 않았고, 또 그때는 나라 전체가 가난해서 "최소한 입에 들어가는 먹이"조차도 주지 않았다.

박완서(朴婉緖)는 우리 한국을 "세상에서 제일 무거운 틀니"가 끼인 것처럼 고통스러운 나라라고 그의 작중 인물을 시켜서 말하게 하였다. 일인칭 소

---

[44] 최인훈, 『회색인』, 삼중당, 1974, p.85.

설 「세상에서 제일 무거운 틀니」의 '나'는 이웃 사촌 설희 엄마가 이민으로 김포공항을 떠난 뒤에 다음과 같이 말하고 있다.

　　나는 설희 엄마가 부러워서, 이 나라와 이 나라의 풍토가 주는 온갖 제약으로부터 자유로워진 그녀가 부러워서, 그녀에의 선망과 질투로 그렇게도 몹시 아팠던 것이다.

　　나는 그런 아픔이 부끄러운 나머지 틀니의 아픔으로 삼으려 들었고, 나를 내리누르는 온갖 한국적인 제약의 중압감, 마침내 이 나라를 뜨는 설희 엄마와 견주어 한층 못 견디게 느껴지는 중압감조차 틀니의 중압감으로 착각하려 들었던 것이다.[45]

　박완서의 작중 인물 '나'로 하여금 그토록 중압감을 느끼게 한 직접적인 원인의 하나는 너무나 철저한 정보 정치에 있었다. '나'에게는 6·25 때 의용군으로 월북한 오빠가 있었고, 그 오빠가 밀봉 교육을 받고 간첩으로서 남파되리라는 정보를 안 모 기관에서는 '나'의 집 식구를 차례로 연행했거니와, 그 기관에서 '나'의 집안에 관한 뒷조사를 철저히 해놓고 있었음에 '나'는 큰 충격을 받았다. 채광이 시원치 않은 음침한 방인데도 굳이 선글라스를 쓰고 있던 기관원은 "내가 알고 있는 나보다도 그가 알고 있는 내가 훨씬 더 진짜 나려니" 하는 생각이 날 정도로 '나'의 먼 친척까지도 샅샅이 알고 있었던 까닭에, "하느님 맙소사, 하느님 맙소사" 소리가 저절로 나올 수밖에 없었던 것이다.[46]

45　박완서, 「세상에서 제일 무거운 틀니」, 『세상에서 제일 무거운 틀니』, 삼중당, 1979, p.48.

최인훈과 박완서의 소설이 말하듯이 그토록 무거운 억압을 박정권이 온 국민에게 했다고 볼 수 있는지는 의문이다. 위에 인용한 두 작품이 모두 박정권 치하에서 발표되었다는 사실 자체가 그 시대의 언론 탄압이 최악의 상태는 아니었다는 것을 증명한다고 볼 수 있으니, 두 사람의 소설에는 약간의 과장 내지 과민성이 있다고 해석하는 편이 공정할 것이다. 그러나 이 두 작가의 소설을 터무니없는 허구라고 가볍게 생각하는 것은 옳지 않을 것이다. 비교적 보수적이고 온건한 작가 박영준까지도 1969년 작품 『고속도로』에서 "가짜를 만들어 내는 세상", 청년들에게 허탈감을 안겨 주고 학생들에게 대학에 대한 매력을 잃게 한 어두운 시대를 한탄함으로써, 박정권 시대가 적어도 지식층에게는 밝고 자유로운 세상이 아니었음을 증언하고 있다.[47] 지식층은 윤리적 개혁 운동에 있어서 국민의 선두에 서야 할 사람들이다. 선두에 서야 할 지식층에게 무거운 소외감을 안겨 주고 정부만이 언성을 높여 부르짖은 국민 윤리 운동이 큰 실효를 거두지 못한 것은 당연한 결과라 하겠다.

4. 외면적 가치의 추구

1) 금전에 대한 과욕

우리는 거의 모두 국가와 민족을 사랑하고 질서 정연한 사회의 실현을 염원한다. 해방 이후 오늘에 이르는 사회적 혼란, 빈부의 심한 격차, 비민주적 정치 현실 등을 바람직하다고 생각하는 사람은 거의 없을 것이다. 부정 축재

---

46 같은 책, pp.40-41.
47 박영준, 『고속도로』, 『신한국문학전집』, 25권, p.80, p.90 참조.

를 했거나 독재정치에 가담한 사람들까지도 그들이 진정으로 원한 것은 그런 사태가 아니었을 것이다. 차를 몰거나 보행을 하는 사람들 가운데 아무도 교통의 정체와 혼란을 원하는 사람이 없듯이, 우리는 아무도 우리 사회가 잘 못되기를 원하지 않는다. 원하지 않는 교통의 혼란과 체증이 일어날 경우가 있듯이, 아무도 원하지 않는 사태가 국가 전체에 일어날 경우가 많다. 우리 한국의 불행도 그러한 경우의 하나에 해당한다.

우리의 현실이 우리가 원한 바가 아니라 함은, 우리 현실에 대한 책임이 우리에게 없다는 뜻은 아니다. 우리는 질서를 원했고 정의롭고 민주적인 국가의 건설을 원했으나 우리가 원하는 목표에 적합하도록 행동하지는 않았다. 슬기로운 실천이 뒤따르지 않았던 까닭에 우리의 소망과는 다른 결과가 생겼던 것이며, 우리의 실천이 초래한 결과인 까닭에 우리 현실에 대한 책임은 우리 스스로가 져야 하는 것이다.

우리가 질서와 균형의 민주 사회를 원했음에도 불구하고 우리의 실천이 그 소망을 뒷받침하지 않은 것은 우리의 욕구 체계에 혼란이 일어났기 때문이다. 다시 말해서 우리들 각 개인은 국가와 사회에 대한 소망 이외에 각자의 개인적 소망도 가지고 있거니와, 이 개인적 차원의 소망과 저 국가적 차원의 소망이 조화를 이루지 못했기 때문에 우리의 실천적 행위는 국가적 차원의 소망을 외면하게 된 것이다. 국가적 차원의 소망은 나 한 사람의 노력으로 성취할 수 있는 목표가 아니며 또 단시일 안에 실현될 수 있는 목표도 아닌 까닭에, 일상생활에서 내 행위를 좌우하는 직접적 동기가 되기보다는 간접적이고 관념적인 희망으로서 심리의 후방으로 밀리기가 쉽다. 한편, 개인적 차원의 소망은 주로 나 자신의 실천에 성패가 달린 목표이며 나 개인과의 이해관계도 더 가까운 목표인 까닭에, 일상생활에 있어서 내 행위를 좌우하는 직접적 동기로서 심리의 전방을 점령하기가 쉽다. 특히 개인주의의 경향이 강한 현대인의 의식구조에 있어서는, 개인적 차원의 소망이 국가적 차원의 소망을 압도할 경우가 많다. 따라서 개인적 차원의 소망이 요구하는 행위와 국가적 차원의 소망이 요구하는 그것이 서로 어긋나서 두 가지를 모두 실천할 수가 없을 경우에는, 국가적 차원의 소망은 뒤로 밀려날 수밖에 없었다.

그동안 우리는 막연하게나마 질서 있고 정의로운 사회를 건설할 것을 염원하였고 민주주의 국가를 실현할 것을 희망하였다. 그러나 우리의 실천적 행위가 그 소망에 부응하지 못했던 까닭에, 우리의 현실은 우리가 바라는 바와는 다른 방향으로 기울고 말았다. 국가적 차원의 소망과는 잘 조화되지 않는 개인적 차원의 소망이 우리의 실천적 행위를 좌우했기 때문이다. 그렇다면 그동안에 한국 사람들이 추구해 온 개인적 차원의 소망이란 어떠한 것이었을까? 우리들은 그동안 무엇을 개인적인 삶의 목표로 삼고 살아온 것일까? 역시 소설에 나타난 바를 따라서 돌이켜 보기로 하자.

사람들의 인생 목표는 가지각색이어서, 그동안 한국인이 추구해 온 개인적인 삶의 목표를 일률적으로 말하기는 어렵다. 엄밀하게 말하자면 개인들의 삶의 설계는 사람에 따라서 차이가 있다. 그러나 같은 시대의 같은 사회에 사는 사람들이 삶을 보고 삶을 설계하는 태도에는 어떤 공통점 또는 현저하게 우세한 경향이 있는 것이 보통이다. 지금 여기서 우리가 문제로 삼는 것은 바로 그 공통점 또는 우세한 경향이다.

현대 한국인의 대다수가 추구하고 있거나 적어도 한 번쯤은 추구한 적이 있는 삶의 목표를 '출세'라는 말로 포괄할 수 있을 것이다. '입신양명'을 최고의 보람으로 숭상했던 조상들의 사고방식을 이어받은 우리 한국인에 있어서, '출세'는 거의 모든 사람들의 절실한 소망이다. 이 세상에 태어나서 남의 밑에 깔리어 미천하게 살 것이 아니라, 기왕이면 남이 우러러보는 드높은 위치에서 영광되게 살고 싶은 것이 우리들의 공통된 생각이다.

출세에도 여러 가지 길이 있다. 운동선수로서 영웅이 되는 길도 있고, 일류 배우나 가수가 되는 길도 있으며, 바둑으로 큰 영광을 얻을 수도 있다. 그러나 운동선수나 영화배우로서 출세하는 것은 특수한 자질을 타고난 사람에게만 가능한 길이다. 그렇다면 오늘날 만인의 목표가 되는 출세의 길은 무엇일까?

이문열의 장편소설 『그대 다시는 고향에 가지 못하리』에 다음과 같은 대화가 보인다.[48]

> "하지만 한 번 … 떠나신 후로는 대단한 성공을 거두셨다고 들었는데요.…"
> "음, 물론 한때는 남 듣기에는 대단하다고 할 만큼 좋은 때가 있었지. 이를 악물고 이곳을 떠난 나는 처음 한동안 오직 복수의 일념으로 물불 가리지 않고 뛰었어. 우선 돈이 목표였지. 자네네 문중은 학문으로 그걸 얻었지만 이 시대는 돈이면 무엇이든 되니까. 예컨대 국회의원에 나가서 직접 권세를 잡을 수도 있고, 명예와 위신을 사들일 수도 있으니 말이야. …"

경상도 한 보수적인 마을의 양반 가문에 태어난 '나'와 (그 가문의 딸과 연애를 한 것이 문제가 되어 고향을 떠난 문벌이 낮은) 강만덕의 대화다. 옛날에는 글공부가 출세의 필수 조건이었지만, 지금은 돈이 출세의 필요하고도 충분한 조건이라는 것을 암시하는 내용이다.

이문열은 단편 「새지 않는 밤」에서도 비슷한 말을 하고 있다. 이 일인칭소설의 '나'가 신문팔이 소년에게 학교에 들어가서 공부를 하라고 권했을 때, 소년은 "학교에서 일등 했다고 사회에서도 제일 잘사는 것 같지는 않더군요."라고 말했다. 그리고 5만 3천 원이 든 저금통장을 보이면서, "이만하

---

48 이문열, 『그대 다시는 고향에 가지 못하리』, 민음사, 1980, p.106.

면 제 또래 아이들이 영어 단어 몇 천 개 외운 것만큼은 되겠죠."라고도 말하였다.[49]

같은 취지의 말을 더욱 강렬한 표현으로 나타낸 것으로서 또 박영준의 『고속도로』에서 상오와 혜수가 주고받은 대화가 있다.

"그래두 상오가 돈벌이 하겠다는 게 어울리지 않는것 같아."

"모르는 소리 하지 마. … 남에게 짓밟히지 않구 남을 짓밟으며 살고 싶을 뿐이야. 모든 욕구 불만의 원인이 무엇인지 알아? 짓밟히구 산다는 거야. 짓밟히지 않고 살려면 돈이 있어야 해. 돈만이 영웅을 만드는 거야."[50]

돈의 힘이 강한 것은 새로운 현상이 아니다. 그러나 부정과 부패와 혼란이 거듭했던 해방 이래의 한국에 있어서 돈이 발휘한 위력은 거의 절대적이었다. 최정희의 『인간사』에 등장하는 오상철 부자는 반민자처단법(反民者處斷法)에 저촉되어 체포되었지만 곧 풀려 나왔다. 그리고 "금전으로 안 되는 일은 없지. 현재 형무소 안엔 돈 없고 약한 자들만 남아 있지."라고 말하였다.[51] 곽학송은 『김과 이』에서 "대한민국은 돈이면 그만인 나라였다. 대다수의 대한민국 국민은 돈이면 움직여졌다."라고 말했으며,[52] 최인훈의 『회색인』에 등장하는 오승은은 "배웠다는 새끼들도 돈만 주면 개처럼 꼬리치는 판"이라고 내뱉었다.[53]

49 이문열, 「새지 않는 밤」, 『어둠의 그늘』, pp.159-160.
50 박영준, 「고속도로」, 『신한국문학전집』, 25권, p.17.
51 최정희, 「인간사」, 『신한국문학전집』, 24권, p.129.
52 곽학송, 「김과 이」, 『신한국문학전집』, 12권, p.100.
53 최인훈, 「회색인」, p.39.

돈이 막강한 힘을 가졌다 함은 그것이 어떤 목적 달성을 위해서 크게 쓸모가 있다는 뜻이다. 돈의 가치는 본래 수단적 가치다. 그러나 수단으로서 중요시되던 것도 그 소중함이 절정에 이르면, 그 자체가 목적으로서 추구될 수가 있다. 인간 심리의 내부에서 수단 가치가 목적 가치로서 탈바꿈을 하는 것이다. 돈에 관한 한국인의 가치관에 있어서 바로 이 가치의 질적 변화 현상이 일어났다. 돈 그 자체가 삶의 목적으로 승격하게 되고, 돈을 위해서 돈을 벌고자 하는 풍조가 생긴 것이다. 돈으로써 안 되는 일이 없고 돈이 아니고서는 아무 일도 되지 않는 우리나라의 풍토에 산업화하는 자본주의 사회의 생리까지 겹치게 된 결과로서 그러한 가치관의 변질이 생긴 것이다.

종교의 근본 목적은 신앙 생활에 있고, 예술의 근본 목적은 예술적 창작에 있으며, 학교의 근본 목적은 교육에 있고, 의술의 근본 목적은 건강과 생명에 있다. 그러나 우리 한국에서는 종교와 예술 또는 학교까지도 돈벌이를 위한 수단으로 전락한 사례가 많았다. 돈이 가치 체계의 정상을 차지하게 된 것이다. 소설에 나타난 사례 가운데서 몇몇 경우를 들어 보기로 하자.

박완서의 「부처님 근처」에서는 여편네들이 부처님을 향하여 지칠 줄 모르고 계속 절을 하는 광경이 그려지고 있다. 절을 천 번 하는 기록을 세우는 여자도 있다고 수군거리는 가운데 극성스럽게 절을 하는 아낙네들. 그토록 정성스럽게 절을 하는 목적은 대개 "돈이 자가사리 끓듯하게" 재수가 트이도록 빌기 위해서다. '재수 불공'이라는 이름이 붙은 불공도 있을 정도다. 불공 드리러 온 여자들은 쉬는 시간에 잡담을 즐기거니와, 다음과 같은 잡담도 있다.

"돈이야 여기선 휴지 같잖은가 뭐. 작년 사월 팔일만 해도 돈을 중들이 주체를 못해 가마니에다 우거지처럼 처넣고 꽉꽉 밟아서 은행으로 메구 갔대지 않소."

"설마 …"

"보살님도 설마가 뭐예요. 장사 치고 부처님이나 예수 파는 장사만큼 수지 맞는 장사도 없다오. 우리도 어디 절이나 하나 이룩할까. 젠장."[54]

유주현의 「유전 24시」에는 화장터에서 시신을 불태워 저승으로 보내는 마지막 작별의 장면이 나온다. 그때 목침처럼 네모진 얼굴을 한 스님은 가족 대표에게 근엄하게 이른다. "망인에게 극락 세계로 갈 여비도 드리셔야죠."[55]

김송은 「서울의 하늘」에서 여주인공 박인숙으로 하여금 다음과 같은 말을 하게 한다.

> "시대가 변하는데 인간이라고 불변일 수야 있나요. 기독(基督)에서 떨어진 저희들이 다시 옛날을 회상한다는 것은 부질없는 일이지요. 인간은 교(敎)만으로는 살아갈 도리가 없으니까요. 돈이 있어야 살 수가 있지요. 돈이 곧 인간의 생활을 좌우하는 시대니까 교(敎) 대신 돈을 찾게 되는 것이 우리 같은 범인의 생존 목표겠지요."[56]

이것은 박인숙이 옛 애인이며 학생 시절에 목사를 지망했다가 방향을 바꾸어 지금은 무역회사 사장이 된 강승구에게 한 말이다. 기독교에 생활의 중심을 구하다가 그리스도를 떠나간 사람은 박인숙과 강승구 이외에도 많이 있을 것이다. 그러나 교회에 나가는 사람들의 숫자는 날로 늘어서 신개발 지

---

54 박완서, 「부처님 근처」, 『세상에서 제일 무거운 틀니』, pp.59-60.

55 유주현, 「유전 24시」, 『신한국문학전집』, 28권, p.279.

56 김송, 「서울의 하늘」, 『신한국문학전집』, 9권, p.29.

역에는 새로운 교회가 여기저기 세워졌고, 새 교회가 어느 정도 기반을 잡게 되면 이익을 남기고 팔아 넘기는 경우도 있다는 소문이 떠돌았다.

서근배의 단편 「잔설(殘雪)」에는 화가가 예술가 아닌 삽화가로 전락하는 이야기가 그려졌다. 이 작품의 주인공 시우는 본래 서양화가로서 출발했지만 서양화로는 생계를 지탱할 수가 없기 때문에 부업으로 삽화를 그리기 시작했다. 삽화가 좋은 평가를 받게 되어 부업이 본업이 되었고, 삽화가로서 유명하게 되자 생활수준도 높아졌다. 높은 생활수준이 몸에 배고 그것을 유지하기 위해서 삽화에 골몰하다 보니 예술적 가치가 있는 그림은 한 장도 못 그리게 되었다. 삽화를 그리는 데는 자기의 생각대로 그리는 것이 아니라 출판사 측의 요구에 맞도록 그려야 하거니와, 그런 식의 그림으로 화법이 굳어 버려서 옳은 그림을 그릴 수 없게 된 것이다. 한편 시우의 친구 최우집은 화가로서의 지조를 꺾지 않고 그림다운 그림을 그리기에 성공했으나, 생계를 꾸려 나갈 수 없어서 늘 시우에게 돈을 얻으러 오곤 했다.[57]

그 본연의 사명을 망각하고 돈벌이 쪽으로 방향을 돌리는 타락은 교육계에도 있고 의사들에게도 있었다. 서근배의 「W 여고 이야기」에서 우리는 교장과 재단 총무 과장 등이 교육은 등한시하고 돈 버는 일에만 열중하는 이야기를 읽을 수 있으며,[58] 그리고 김이석의 「아름다운 행렬」에서는 악덕 산부인과 의사가 교활한 방법으로 환자들의 돈을 울궈내는 이야기와 당국이 그것을 눈감아 주는 사연을 읽을 수가 있다.[59]

돈을 소중히 여기고 그것을 벌고자 애를 쓰는 것은 반드시 나쁠 것이 없

---

57 서근배, 「잔설」, 『신한국문학전집』, 12권, p.177, p.179-181.
58 서근배, 「W 여고 이야기」, 『신한국문학전집』, 12권, pp.150-153.
59 김이석, 「아름다운 행렬」, 『신한국문학전집』, 27권, pp.150-151, pp.216-217.

다. 무조건 비난을 받아야 마땅한 것은 돈의 소중함을 모르고 돈을 벌고자 하는 노력을 전혀 안 하는 사람들이다. 돈에 대한 애착과 추구가 비난의 대상이 되는 것은, 돈을 추구하는 방법이 부당하거나 돈을 버는 목적이 좋지 않은 경우에 한한다. 우리 한국 사람의 경우에 있어서도, 돈을 벌기 위해서 악착같이 노력했다는 그 사실에 문제가 있는 것이 아니라, 돈을 버는 방법과 돈을 버는 목적에 문제가 있다고 보아야 할 것이다.

한국인이 돈을 열심히 추구했을 때 그 방법이 잘못된 경우가 많다는 것은 지금까지 인용한 예화에서도 어느 정도 밝혀졌다. 절이나 교회를 돈벌이의 수단으로 이용하는 것은 그릇된 방법이다. 화가가 예술가로서의 자세를 굽히고 돈을 버는 것도 그릇된 방법이며, 의사가 필요 없는 주사를 놓아 주고 돈을 많이 받는 것도 그릇된 방법이다.

그릇된 방법으로 돈을 번 사례를 소설 가운데서 찾는 일은 바닷가에서 조개껍데기를 줍는 것처럼 쉬운 일이다. 여자가 몸을 팔아서 돈을 버는 이야기는 너무나 흔해 빠졌다. 고리대금으로 돈을 버는 이야기도 흔하고, 밀수나 사기로써 돈을 버는 이야기도 종종 발견할 수 있다. 뇌물을 주고 '사바사바'를 해서 돈을 버는 이야기도 여기저기 나온다.

일반적으로 말해서, 남이야 어찌 되든 사회야 어찌 되든 개의치 않고, 내 돈벌이에만 열중할 경우에는 그 방법이 잘못되었다고 보아야 한다. 그런데 돈이 가치 체계의 정상을 차지한 한국의 풍토 속에서, 사람들은 내 돈벌이를 위해서 남을 밀어제치는 것을 사양하지 않는 경향이 있는 것이다. 박완서의 「부처님 근처」에 따르면, 부처님 앞에 돈복을 비는 사람들은 우선 자기가 가져온 초에 불을 붙여서 부처님 앞 촛대에 꽂는다. 촛대의 숫자가 모자라는 까닭에, 불이 켜져 있는 남의 초를 뽑아 버리고 그 자리에 내 초를 꽂는다. 모두 다 그렇게 하면서 별로 죄책감 따위는 느끼지 않는다.[60] 모두가 바로 그런 식이다.

박영준의『고속도로』를 보면, 대학에서는 철학을 공부했으나 돈벌이를 위해서 영화 제작에 손을 대기로 결심한 상오가, 그 방면에 경험이 많은 선배의 조언을 듣기 위하여 어떤 영화사 사장을 만나 보는 장면이 있다. 그때 그 선배가 상오에게 던져 준 충고의 제일성은, "영화 제작은 자기 돈으로 하지 말 것"이었다. 지방 영화관 주인이나 보따리 장수 등 남의 돈을 끌어서 영화를 만들어야 한다는 것이며, "영화가 실패에 돌아간다고 해도 자기가 망하는 것이 아니라 돈 낸 사람들이 망한다는 배짱"이 중요하다는 것이다. 돈을 벌겠다는 사람이 남의 사정을 생각하는 나약한 마음을 가져서는 안 된다는 것인데, 이것은 상오도 이미 알고 있었던 상식이었다.[61]

2) 안이한 생활 목표

방법을 가리지 않는 이기적 정신 자세로 모은 돈을 고상하고 거룩한 목적에 사용한다는 것은 기대하기 어려운 일이다. 사람의 생활 태도에는 일종의 타성 또는 동질성이 있는 것이 보통이며, 고상하고 거룩한 목적을 가진 사람이라면 애당초 아름답지 못한 방법으로 돈을 벌지 않을 것이다. 저속한 방법으로 벌어들인 돈은 저속한 목적을 위해서 소비되기 마련이다.

한국 사람들 가운데도 애써서 모은 돈을 뜻있고 보람된 일을 위해서 사용한 특지가들이 있었다. 일생 모은 돈을 장학 사업을 위해서 희사한 사람도 있고 복지사업을 위한 기금으로 사회에 반환한 사람도 있었다. 그러나 그러한 특지가의 수는 많은 편이 아니며, 또 그런 특지가들은 돈을 버는 과정에

---

60 박완서, 「부처님 근처」, 『세상에서 제일 무거운 틀니』, pp.54-55.
61 박영준, 「고속도로」, 『신한국문학전집』, 25권, p.35.

서도 대체로 떳떳한 방법에 의존한 것으로 전해지고 있다. 떳떳하지 못한 방법까지도 사양하지 않고 탐욕스럽게 돈을 모은 사람들은 대체로 저속한 목적을 위해서 그 돈을 소비하는 경향이 있었다.

알뜰하고 정당한 방법으로 돈을 모아서 불우한 계층 또는 사회 전체를 위한 뜻있는 일에 사용한 소수의 특지가를 제외한다면, 나머지 대부분의 사람들이 돈을 대해 온 태도는 대략 다음과 같은 세 가지 유형으로 나누어 볼 수 있을 것이다.

(1) 정직하고 알뜰한 방법으로 돈을 벌어서 본인과 가족의 행복을 위해서 그것을 사용한다.

(2) 방법의 청탁을 가리지 않고 많은 돈을 벌어서 사치스럽고 호화로운 향락을 누리는 것을 삶의 신조로 삼는다.

(3) 방법의 청탁을 가리지 않고 많은 돈을 벌어서 권세 있고 명성 있는 지위에 올라 사회의 승리자로서의 영광을 누린다.

이것은 논리적으로 엄밀한 분류는 아니다. 특히 둘째 유형과 셋째 유형은 서로 섞일 수 있는 것이어서 실제로 그 한계선을 긋기가 어려울 것이다. 그러나 일단 이상과 같은 세 가지 유형으로 나누어서 고찰하는 것이 서술의 편의를 위해서 유리할 것으로 생각되므로, 논리적으로는 불완전하나마 이 분류를 따라서 살펴보기로 한다.

첫째 부류는 선량한 서민층에 많은 평범한 소시민의 태도다. 이 부류에 있어서는 '본인과 가족의 행복을 위해서' 가장 중요한 것을 무엇이라고 보느냐에 따라서 다시 두 가지의 생활 태도가 나누어진다. 물질적으로 궁핍함이 없이 건강하고 안락하게 사는 것만으로도 충분히 행복하다고 느끼는 사람들은, 알뜰하게 번 돈으로 아담한 주택과 볼품 있는 가구와 편리한 가전제품 등을 갖추고 주말을 즐기는 따위의 생활을 추구할 것이다. 그러나 학문이나 예술 또는 종교 등에 있어서 탁월한 정신적 가치에 도달하는 것을 행복의 필수 조건으로 생각하는 사람들은, 알뜰하게 모은 돈을 활용하여 자신과 가족의 인간적 성장을 꾀하는 일에도 많은 관심을 기울일 것이다.

소설 작품에 나타난 바에 따르면, 위에 말한 두 가지 생활 태도 가운데서 현대 한국인에게 많은 것은 물질생활에 치중하는 첫째 유형이다. 박완서의 「카메라와 워커」에서 우리는 전형적인 한국 소시민의 생활 목표를 여실히 나타낸 구절을 찾아볼 수가 있다.

"훈아, … 공대 같은 데 가면 요새 공장이 많이 생겨서 공대 출신이 잘 팔린다더라. 넌 큰 기업체에 취직해서 착실하게 일해서 돈도 모으고 연애도 하고 결혼도 해서 살림 재미도 보고 재산도 늘리고, 그러고 살아야 돼. 문과 가서 뭐하겠니? 그야 상대나 법대로도 풀릴 수 있지만 그게 그리 쉬우냐. 까딱하면 문학이나 철학이나 하기가 꼭 알맞지. 아서라, 아서, 사람이 어떡하면 편하고 재미나게 사느냐를 생각하지 않고, 사람은 왜 사나, 뭐 이런 게지. 돈을 어떡하면 많이 벌 수 있나 하는 생각보다 돈은 왜 버나, 뭐 이런 생각 말이야. 그리고 오늘 고깃국을 먹었으면 내일은 갈비찜을 먹을 궁리를 하는 게 순선데, 내 이웃은 우거짓국도 못 먹었는데 나만 고깃국을 먹은 게 아닌가 하고 이미 뱃속에 들은 고깃국조차 의심하는 바보짓 말이다. 이렇게 자꾸 생각이 빗나가기 시작하면 영 사람 버리고 마는 거야. 어떡하든 너는 이 사회에 순응해서 이득을 보는 사람이 돼야지. …"[62]

여기 인용한 것은 「카메라와 워커」의 여주인공 '나'가 6 · 25 때 부모를 잃고 할머니 밑에서 큰 조카 훈이에게 한 말이다. 올케 대신 어머니 노릇을 해

62 박완서, 「카메라와 워커」, 『세상에서 제일 무거운 틀니』, pp.194-195.

가며 키운 훈이가 "대통령이나 장군이나 재벌이나 판검사나 그런 게 되기를 바라지 않고", 대기업에 취직해서 생활의 안정을 누리고 "예쁜 색시 얻어 일요일이면 카메라 메고 동부인해서 야외로 놀러 나갈 만큼은 재미있게 살기를" 바란 '나'가 고모로서 한 말이다.[63] 아마 이것은 '나' 한 사람만의 의견이 아니라 현대 한국의 대부분의 부모들이 그 아들 또는 딸에게 하고 싶은 말일 것이다. 젊은 자녀들 가운데는 부모들의 이런 의견에 대해서 한때 불만을 느끼는 사람들도 많을 것이다. 그러나 대부분의 자녀들은 부모들의 속된 이상을 별로 저항 없이 받아들일 것이며, 학생 시절에 한때 반발을 느낀 젊은이들도 나이가 들면서 대개는 부모가 당부한 길을 따르게 됨과 아울러, 자기가 부모의 입장이 되면 옛날 부모로부터 설득당한 철학을 다시 다음 세대에게 물려주고자 할 것이다.

요즈음 한국의 신문과 잡지들은 대개 비슷한 내용으로 가득 차 있고, 텔레비전이나 라디오도 늘 그것이 그것이다. 같은 대중매체를 보고 듣는 사람들은 같은 생각을 하게 되는 것인지, 사람들의 인생을 보는 눈도 마치 규격품처럼 서로 닮아 가는 경향이 있다. 삶에 대한 포부도 서로 닮기 마련이어서, 카메라 메고 가족 동반하여 주말에 야외로 나가거나, 컬러 텔레비전과 자개장을 안방에 들여놓는 것이 철수네 집이 생활 목표라면, 그것은 영희네 집 목표이기도 하고 병근네 집 과제이기도 하다. 이런 실태를 박완서는 「어떤 야만」에서 다음과 같이 집약하고 있다.

내가 처음으로 집을 장만해 온 이 골목 식구들은 남자들은 하나같이 내 나이 또래의 착실한 월급장이로 아침에 출근했다가 저녁 일곱시에서 여덟시 사

---

63 같은 책, pp.195-196.

이에 들어오고, 여자들은 또 하나같이 내 아내처럼 아이를 둘만 낳고, 기다란 홈웨어를 입고, 전자 밥통 계니 밍크 담요 계니로 살림 장만하기를 좋아하는 모범 주부들이다.[64]

옷차림이나 가구에 대한 욕망이 규격화한다는 현상 배후에는 남에게 뒤떨어지지 않겠다는 경쟁 심리가 있고, 이 경쟁 심리가 물질을 중심으로 발동할 때 사치와 허영의 풍조가 일어나기 쉽다. 사람들은 너도나도 '일류'를 찾게 되고 서로 '최고급'을 과시하고 싶어 한다. 이런 심리는 여자에게 더 강한 것이 보통이어서, 중류 이상의 부인들의 관심은 그 '일류'로의 발돋움으로 기울게 되고, "남에게 뒤져서는 안 된다."에서 "남보다 앞서야 한다."로 삶의 목표가 상승한다. 조정래의 「이방지대」에 나오는 여자들의 고급 아파트 마을에 대한 관심은, 물질생활의 우월로 발돋움하기 직전의 부인들 심리의 일부를 잘 보여주는 예가 될 것이다. 80평 짜리 고층 아파트가 즐비하고, 15평 짜리 집값에 해당하는 고급 가구도 팔며, 오이와 계란 마사지에 식상을 하고 제주도 토종꿀까지 동원해서 목욕을 하기도 하는 고급 아파트 지대. 그 근방으로 이사온 '나'의 집을 방문한 여고 동창생들은 많은 것을 물었다. "아이스크림 하나라도 전화만 걸면 배달해 준다는데 사실이냐. 상점의 물건이 최고급이라는데 정말이냐. 미장원이나 의상실이 서울에서 일류들만 여기 모였다는데 진짜더냐." 대략 이런 질문을 퍼부었던 것이다.[65]

64 박완서, 「어떤 야만」, 『세상에서 제일 무거운 틀니』, p.212.
65 조정래, 「이방지대」, 『허망한 세상 이야기』, p.24.

3) 사치와 향락

우리들의 둘째 유형은 지나치게 이기적이며 향락주의적인 사람들에게 흔한 태도다. 금전 제일의 가치 풍토에 휩쓸려서 필요 이상의 돈을 모은 사람들은, 그 남아 돌아가는 돈을 사치와 낭비로 처치하게 될 것이다. 또 천성이 "카메라를 메고 가족과 함께 공일날 야외로 나가는" 정도의 안락한 생활로는 만족하지 못하고, 그보다 더 화려하고 풍요로운 물질 속에서 자기를 과시하고 싶은 사람들은, 정직한 방법만으로는 소원을 성취할 수 없을 것이므로, 자연히 수단을 가리지 않고 돈을 벌고자 할 것이다. 그러므로 인과(因果)의 선후는 어떻든간에, 방법을 가리지 않고 돈을 벌고자 하는 태도와 호화롭고 사치스러운 생활로 달리는 태도는 자연히 연결되기가 쉽다.

우리나라는 해방 이후 혼란이 계속되는 가운데 부도덕한 방법으로 큰돈을 버는 사람들이 많았고 또 산업화의 과정에서 소비성향이 조장되었던 까닭에, 그리고 우리 민족성 가운데 전통적으로 호탕한 기질이 강했던 까닭에, 사치스럽고 호화로운 생활을 추구하는 경향도 매우 강하다. 온갖 가전제품을 장만하고 불편 없이 살아가며 주말에는 카메라를 메고 가족이 함께 야외로 나가는 정도의 즐거움을 현재의 삶의 목표로 삼는 사람들도, 만약 그 이상이 그들에게 현실적으로 가능하다고 생각된다면, 더 사치스럽고 호화로운 생활로 목표를 올릴 가능성이 클 것이다. 이러한 추리를 뒷받침하는 구절을 우리는 여러 작가의 많은 소설에서 찾아낼 수가 있다.

김광주의 「아방궁」에 나오는 호스티스 '쌀살이'의 이상은, 좋은 음식을 먹고 호화롭게 몸치장을 함과 아울러, 춤을 추고 술을 마시며, 거기에 보태서 자가용을 굴리고 골프를 치며 즐겁게 사는 것이다.[66] 술을 따르고 웃음을 팔아 가며 열심히 돈을 벌어서 그녀도 한번 떵떵거리고 살아 보고 싶다는 것인데, 무슨 수를 써서라도 많은 돈을 벌어서 호화롭게 사는 것을 삶의 승리요 출세의 길이라고 생각하는 것은, 호스티스와 같은 특수한 계층만의 인생관이 아니라, 어느 정도 일반화된 관념일 것이다. 특히 여자들에게 그런 인생관이 많을 것이며, 남자들은 그런 여자들의 동지요 반려자다.

여자의 환심을 사려면 그녀가 원하는 것을 해주거나 해줄 듯이 약속을 하는 것이 가장 효과적이다. 박영준의 『고속도로』의 주인공 상오와 초희가 데이트하는 장면에서 우리는 그들의 소원이 무엇인가를 짐작할 수 있거니와, 그들의 소원은 어떤 특수한 개성을 가진 사람들의 특수한 소원이라기보다는 오늘의 청년들이 흔히 갖기 쉬운 꿈이라고 해도 과언이 아닐 것이다.

스카이웨이로 드라이브를 즐긴 상오와 초희는 팔각정에 내려서 서울 장안을 내려다본다. 이때 초희는 "이런 데 집을 짓구 살았으면…" 하고 감상에 젖거니와, 상오는 걱정 말라고 달래면서 10년 안으로 재벌이 될 것이라고 장담을 한다. 재벌이 되면 바닷가와 호숫가 그리고 설악산 등에 별장을 짓고, 죽을 때까지 인생을 즐기자고 다짐을 한다. 초희는 재벌이라는 말에 숨이 막힐 듯한 흥분을 느끼며 장차 상오와 결혼하여 재벌의 아내가 될 날을 환상한다.[67]

김송의 「서울의 하늘」에는 넓은 홀에서 10여 쌍의 남녀가 춤을 추는 어느 장관 부인 생일 잔치 광경이 소개되고 있다.[68] 자유당 시절부터 불기 시작한 춤바람 이야기는 정비석(鄭飛石)의 『자유부인』이 아니라도 여러 소설의 여기저기서 읽을 수 있다. 한국에서 성행한 사교춤은 건전한 사교의 방편이기보다도 환락과 타락의 상징이었다.[69]

---

66 김광주, 「아방궁」, 『신한국문학전집』, 27권, p.24.
67 박영준, 「고속도로」, 『신한국문학전집』, 25권, pp.22-23.
68 김송, 「서울의 하늘」, 『신한국문학전집』, 9권, p.22.
69 정비석은 『자유부인』에서 오선영 여사가 춤바람을 타고 탈선하는 과정을 매우 상세하게 보여주고 있다.

한국의 현실에 대한 고발의 의도가 뚜렷한 곽학송의 1970년 작품 『두 위도선』에서도 "미국도 일본도 아닌 이 나라 사회에서 소비가 미덕이라는 말이 진리처럼 된 풍조"에 대한 증언을 들을 수 있고, 여자대학교 근처에는 책방과 양장점이 1 대 50의 비율로 존재하며 대학교 주변에 술집과 다방이 즐비하게 늘어선 현실에 대한 지적을 읽을 수 있다.[70] 소비와 향락의 풍조는 소수의 특권층에서 일기 시작했을 것이다. 그러나 그 특권층은 선망의 대상이 되고 가치 풍토 형성의 선구자가 되기 마련이므로, 그들에게서 비롯한 풍조는 점차 전국으로 퍼져 갈 소지를 품고 있었다.

사치스러운 소비 풍조가 전국적으로 만연하는 경향을 상징적으로 나타내 주는 현상의 하나로서 '바캉스' 열풍을 들 수 있을 것이다. 신문들까지도 부채질을 했고 그 서양말이 풍기는 고급스러움으로 더욱 매력적인 '바캉스'는, 본래 부유층에서 시작된 풍속이었지만, 점차 서민층에까지 전파되어 그짓을 못하면 부끄러움을 금치 못하기에 이르렀던 것이다. 박경리의 『표류도』를 보면, 여름방학이 되면 다방에 손님이 줄 정도로 사람들은 산과 바다를 찾으며, 피서를 갈 만한 능력이 없는 사람들은 '불평분자'가 되어 다방에라도 나가서 답답함을 달랜다.[71] 김홍신의 『인간시장』에서도 "불황 불황 하지만 놀러가는 데만은 불황이 없는" 세태와 "여름에 바캉스 안 갔다 오면 조상 모독죄에라도 걸리는 줄 아는" 심리에 대한 언급이 있다.[72] 그리고 박완서는 「세상에서 제일 무거운 틀니」에서, 집세와 이자놀이로 근근이 사는 설희 엄마가 레이스를 떠서 마련한 돈으로 바캉스 떠날 계획을 하는 이야기를 삽입하였다.[73]

---

70 곽학송, 『두 위도선』, 『신한국문학전집』, 12권, p.62.
71 박경리, 『표류도』, 『신한국문학전집』, 11권, p.359.
72 김홍신, 『인간시장』, p.120.

사치와 낭비의 풍조를 만연시킨 심리의 바탕을 이루는 것은 쾌락주의의 가치관이다. 현세를 중요시한 우리 민족은 전통적으로 즐기며 사는 생활을 숭상하는 경향이 있었거니와, 특히 산업사회의 물질문명을 수용하면서 쾌락을 추구하는 경향은 더욱 강화되었다. 박경리의 「집」 가운데 "생활을 가져라." 하는 말이 "일에만 몰두하지 말고 좀 즐겨라." 하는 뜻과 통한다는 것을 암시하는 구절이 있거니와,[74] 쾌락을 삶의 목표로서 추구하는 경향은 해방 이후 우리 한국인의 가치관을 특징지은 매우 중요한 경향의 하나로 생각된다. "인간이란 짧게나마 자기가 만족할 수 있도록 살다 죽으면 되는 것 아니냐."고 반문하면서 사랑이 제일이라고 강조한 『고속도로』의 혜수처럼 솔직하게 향락을 찬미하지는 않더라도,[75] 실제 행동을 통하여 쾌락 추구에 열중한 것은 각계각층에 있어서 일반적인 경향이었다. 그러기에 춤바람이 그토록 거세게 일어났고, 호텔과 여관이 숙박보다도 유흥을 위한 장소로 전락했으며, 성의 향락이 생활 전체에 있어서 큰 비중을 차지했다.[76] 마음에 양식이 될 책을 사는 사람이 적은 데 비하여, "정신의 위안보다도, 예술의 감상보다도" 오로지 그 시간을 즐기기 위하여 극장 앞에 몰리는 사람들이 많고, 특히 '육체파 영화배우'가 나오는 영화관 앞에는 인파가 장사진을 이루는 현상을 통해서,[77] 그리고 서점에 즐비하게 진열된 각종 서적 가운데서 그래도 "제일 인기가 좋은 것은 야담과 나체 사진이 가득 실린 각종 대중 잡지"라는 독서의 경향을 통해서, 우리는 우리 사회에 쾌락주의의 추세가 강

73 박완서, 「세상에서 제일 무거운 틀니」, 『세상에서 제일 무거운 틀니』, p.37.
74 박경리, 「집」, 『신한국문학전집』, 11권, p.484.
75 박영준, 「고속도로」, 『신한국문학전집』, 25권, p.44.
76 극심한 쾌락주의 경향을 주로 다룬 소설로서는, 정비석의 『자유부인』, 이원수의 『욕망의 밤』, 정현웅의 『축제의 제목은 욕망』 등 많은 대중 소설이 있다.
77 김송, 「서울의 하늘」, 『신한국문학전집』, 9권, p.65.

하다는 것을 확인할 수 있을 것이다.

사치와 낭비의 풍조를 만연케 한 또 하나의 심리적 바탕은 허영심이다. 남의 눈에 자신의 모습을 좋게 보이고 싶은 것은 일반적인 심리이거니와, 한국인에게는 전통적으로 외화(外華)를 중요시하는 경향이 강하다. 더욱이 해방 이후의 혼란기에 있어서는 겉차림이 좋아야 사람다운 대접을 받는 풍조가 있었고, 또 알맹이를 있는 그대로 내보여도 좋을 만큼 실력이 탄탄하지 못한 사람들이 많았던 까닭에, 자신의 모습을 초라하게 보이고 싶지 않은 심정이 허영심으로 발전하는 경향이 있었다. 그 경향은 약자의 위치에 놓여서 살아온 여자들에게 더욱 강했다.[78]

박완서의 「주말농장」은 여자들의 허영심을 거울 속처럼 보여주는 풍자적인 작품이다. 주인공 화숙은 "정작 알맹이는 화려한 겉치레에 착취당하고" 보잘것없이 살고 있으면서, 그 "누추한 알맹이를 누구에겐지 엿뵐 것 같아" 늘 조마조마한 그런 여자다. 그 화숙이네가 친구들과 어울려 청평 근처 시내가 있는 곳으로 야유회를 가게 되는데, 이때 화숙뿐 아니라 그 친구들 모두의 허영심이 앞을 다툰다.[79]

수영이 가능할 정도로 큰 하천이 있는 곳으로 가는 것도 아니지만 그래도 수영복은 가지고 가야 한다는 의견이 만장일치가 되었고, 서로 남보다 더 고급인 수영복을 장만하고자 하는 허영심이 소동을 벌인다. 마침 외국에 가 있는 화숙이 남편으로부터 보내온 수영복이 더없이 야하고 고급이라는 사실이 전화를 통하여 알려졌고, 모두 그것 못지않게 야하고 고급인 외제 수영복을 당연히 구해야 하겠는데, 서울 장안에 그만한 것이 없어서 큰 소동이 벌

78 김용운, 「토정비결」, 「신한국문학전집」, 47권, p.42.
79 박완서, 「주말농장」, 「세상에서 제일 무거운 틀니」, pp.79-80.

어진 것이나. 수영복뿐 이니라 아이들의 옷도 "기 죽지 않게 차려 내놔야" 할 것이기 때문에 여간 신경이 쓰이지 않는다.[80]

소동은 옷차림 문제만으로 그치지 않았다. "남편이 자주 외국을 드나드는 게 자랑인 효순은 외제 등산 기구를 총동원해 야유회 취사 준비를 하는가 하면, 아이들의 귀족적인 까다로운 식성이 자랑인 난주는 복숭아에 참외가 한창인 철인데도 바나나니 미제 깡통 주스, 미제 초콜릿을 사모으기에 바빴고", 또 다른 친구들은 그녀들대로 자랑하고 싶은 것이 있어서 온통 법석을 떨었다. 그리고, 기왕 시골 나가는 길에, 한 집에 25만 원씩 돈을 내서 공동 소유의 '주말농장'을 하나 장만하자는 기발한 안이 나왔으므로, '25만 원'이라는 말이 자주 입에 오르게 되었을 때, 모두 그 '25만 원' 앞에 '단돈'이라는 부사를 붙여서 25만 원을 얕잡아 보는 데 쾌감을 느꼈다.[81]

여자들의 허영심은 다른 소설에서도 여기저기서 그 모습을 드러내고 있다. 김이석의 「아름다운 행렬」에서는 잡지사 기자로서 몇 푼 되지 않는 월급을 받는 남희가 호텔 바에 들러서 레몬 스카치를 혼자 마시는 것을 고상한 취미로 삼는다. 그리고 남희의 숙모는 돈도 없으면서 숙소만은 반드시 반도 호텔로 정한다.[82] 김용운(金龍雲)의 「토정비결」에서 가정교사를 고르기 위하여 대학생을 면접하는 어머니들이 첫째로 강조한 것은 그들의 아이들이 모두 '일류' 국민학교생이라는 것과 내년에는 꼭 '일류' 중학교에 들어가야 한다는 것이었다. 또 최정희의 『인간사』에서 양진수 아내는 산동네를 떠나서 살되 그 산동네 사람들이 자기가 버젓하게 사는 모습을 볼 수 있도록 가

---

80 같은 책, pp.79-91.
81 같은 책, pp.85-92.
82 김이석, 「아름다운 행렬」, 『신한국문학전집』, 27권, pp.213-215.

까운 곳으로 이사하는 것이 간절한 소망이었다.[83]

4) 권력과 지위

여자들의 허영이 화려한 옷차림이나 가구 따위의 사치품에 대한 욕망과 결합하기 쉽다면, 남자들의 허영심은 권력과 지위에 대한 욕망과 결합하기 쉽다. 우리의 셋째 유형인 권세 있고 명성 있는 지위에 오르는 것을 출세 또는 성공의 으뜸으로 여기는 사람들이 무수히 나타나게 되는 연유다. 우리 한국은 전통적으로 관존민비의 의식이 강했는데, 특히 현대사회에 있어서는 금력과 권력의 유대관계가 현저하게 강화되어서 돈과 권력이 서로 붙어 다니는 추세이므로, 돈에 대한 탐욕이 권력에 대한 탐욕을 동반할 경우가 허다하다. 그러나 반드시 돈벌이를 먼저 하고 그 돈의 여유가 권세욕을 유발했다는 뜻은 아니며, 초기에는 도리어 권세와 지위에 대한 욕망이 먼저 발동한 경우가 많았다.

최정희의 『인간사』에 나오는 '삼팔 따라지' 양진수는 돈도 별로 없으면서 국회의원에 출마하고, 그전에는 없었던 문패를 큼지막하게 만들어서 움막처럼 초라한 집 앞에 달았다. 그의 아내 문희는 입후보 등록을 마치자마자 벌써 국회의원의 아내가 된 것처럼 좋아했다. 그의 아들 홍기놈마저도 으스대며 제 또래 아이놈들에게 제 책가방을 들려 가지고 오고 가기가 일쑤였다. 양진수의 주변 사람들 중에서도 갑자기 양진수에 대한 태도를 바꾸는 우매한 무리들이 있었다. 양진수는 일곱 명의 입후보자들 가운데서 꼴찌로 낙선

---

83 김용운, 「토정비결」, 『신한국문학전집』, 47권, p.44; 최정희, 「인간사」, 『신한국문학전집』, 24권, pp.129-130.

을 했거니와, 그가 낙선을 하자 홍기놈도 풀이 꺾기고 그 책가방 심부름하던 아이놈들도 볼 수 없게 되었다.[84]

양진수는 돈이 없어서 낙선한 것으로 판단하고 이번에는 돈부터 모으기로 방침을 바꾸었다. 돈만 있으면 다음 선거 때는 문제 없다고 생각하며, 적산 가옥 점령하기와 일본인들이 남기고 간 귀중품 사고 팔기 등 방법을 가리지 않고 돈을 벌기 시작했다. 그러나 불행히도 6 · 25 사변 때 처형을 당하게 되어 국회의원의 꿈은 이루지 못하고 만다. 이에, 그의 아내 문희는 아들 홍기를 국회로 내보내어 "돈과 권세로써 억울하게 죽어 간 남편의 원수를 갚으리라."고 결심한다.[85]

강신재의 『오늘과 내일』에서는 자유당 시절의 여당 국회의원 주변 이야기가 소개되고 있다. 부정과 부패의 악명이 높았음에도 불구하고 자유당 소속 국회의원 김도훈은 온갖 영화를 누린다. 그의 후처 오숙희도 "무슨 짓을 해서라도 권력은 지켜야 한다."고 마음속으로 다짐하며 내조에 여념이 없다. "허구한 날 끊이지 않는 선거구 사람들의 치다꺼리를 낯 한 번 찡그리는 일 없이 해냈고", 권력층 요인들을 융숭하게 대접하는 일에도 지칠 줄을 몰랐다. 그녀는 이의장 댁에 식모까지 바쳤는데, 그냥 소개만 한 것이 아니라 미리 훈련까지 시켜서 보냈고, 이의장 댁은 인색하기로 유명했으므로 그 집에서 주는 액수보다 훨씬 많은 돈을 뒤로 보태 줌으로써 오래 붙어 있도록 하였다.[86]

박연희의 「변모」는 5 · 16 전후의 세대를 그린 작품이다. 그 작품에 등장하는 강규수는 미국의 무역회사 사원을 가장한 정보원 브라운으로부터 받

---

84 최정희, 「인간사」, 『신한국문학전집』, 24권, pp.125-127.
85 같은 책, pp.129-159.
86 강신재, 「오늘과 내일」, 『신한국문학전집』, 11권, pp.15-43.

은 정치 자금으로 민주당 국회의원이 되었다. 그가 받는 정치 자금의 대가의 일부로서 그는 누이동생 규희를 설득하여 브라운과 동거 생활을 하게 하였고, 또 국회 상공분과위원의 신분을 남용하여 수입 제한이 되고 있는 원사를 홍콩에서 들여 오는 편의를 브라운에게 제공하고 커미션을 받기도 하였다. 그러다가 5·16 정변을 당하고 강규수는 한때 크게 당황했으나, 다시 공화당에 입당함으로써 재기를 꾀하기로 결심한다. 강규수의 아버지도 아무런 정치철학도 없으면서 네 번이나 국회의원에 출마한 경력이 있었다.[87]

　권세 있는 지위를 탐내는 것은 정치적 기질을 가진 소수에만 국한된 현상이 아니라 모든 분야에 있어서 일반적인 경향이었다. 대학교수들은 큰 학자가 되는 것보다도 학장이나 총장이 되는 것이 더 좋은 일이라고 생각하였고, 의사는 명의가 되는 것보다 종합병원 원장이 되는 편이 더 바람직하다고 믿었다. 그리고 장관은 고사하고 차관만 되더라도 대학교수나 의사로서는 큰 영광이라고 생각하는 사람들이 많았다.

　권세와 지위를 탐내는 심리 배후에는, 권세도 지위도 없는 사람은 사람 대접을 받기 어려운 불합리한 풍토가 있었다. 옛날 신분 시대를 배경으로 삼고 "만만한 놈은 성도 없다."는 속담이 생겼거니와, 아직도 일반 서민은 권력과 지위 앞에서는 만만한 사람들임을 면치 못했던 것이다. 박완서의 「연인들」 가운데는 '높은 양반' 한 사람 지나가기 위해서 육교가 차단이 되고 교통이 한동안 마비가 되는 야단법석 이야기가 나온다. 한 발 앞서 육교를 건너간 여자 친구와 합류하기 위하여 경찰의 제지를 무시하고 통제선을 넘으려던 남자 대학생은 "함부로 법과 질서를 무시한" 혐의로 길바닥에 내동댕이쳐지는 창피를 당한다. 대학생은 홧김에 술을 마시고 통행 금지 위반에 걸려 7일

87　박연희, 「변모」, 『신한국문학전집』, 28권, pp.28-65.

간 구류 처분을 받거니와, 유치장 안에서 또 인간 이하의 수모를 당하고 "어른됨과 동시에 사람들이 무기력하게 되고 비열해지는" 까닭을 깨닫는다.[88]

이문열의 『어둠의 그늘』에도 힘없고 가난한 사람은 억울하게 당하기 마련인 풍토에 대한 언급이 있다. 평범한 어부 형제가 연안에 쳐 둔 그물을 걷기 위해 배를 끌어내고 있을 때, "갑자기 부두에 검은 승용차가 한 대 서더니 몇 사람이 내려 그 배를 전세 내자"고 교섭을 했다. 거절을 당하자 그들은 반강압적으로 나왔고, 어부 형제도 이에 반발을 느껴서 태도가 좀 거칠어졌다. 옥신각신하다 주먹이 오가고 난투 끝에 곤죽이 되도록 맞은 것은 형제 편이었다. 그러나 경찰이 개입하게 되자, 상대편은 지체 있는 분들이어서 무사히 풀려 나고 어부 형제는 상해 혐의로 구속을 당한다.[89]

돈과 향락 그리고 권력과 지위를 탐내는 풍조가 강하면 자연히 사람들은 이기적으로 행동하기가 쉽다. 그들이 추구하는 삶의 목표가 경쟁적이요 배타적인 까닭에, 그것을 얻기 위해서는 남을 밀어제쳐야 할 경우가 흔히 생기고 따라서 이기적으로 행동하게 되는 것이다. 이기적 풍조가 만연하게 되면, 협동이 어려워지므로 사회가 혼란에 빠지고 국력이 쇠퇴하는 동시에, 필경은 모든 개인들까지도 어려움을 겪게 된다. 이러한 결과는 그 나라의 모든 시민을 위하여 바람직한 바가 아니므로, 저 이기적 풍조를 극복함으로써 그 원인을 제거하는 것은 그 사회의 우선적 공동 과제가 아닐 수 없다. 오늘의 우리 한국도 바로 그러한 공동 과제를 안고 있는 국가의 하나임을 알 수 있다.

이기적 풍조를 극복하는 방안으로서 우리는 두 가지 길을 생각할 수 있을

---

88 박완서, 「연인들」, 『세상에서 제일 무거운 틀니』, pp.103–107, pp.118–119.
89 이문열, 『어둠의 그늘』, 문학예술사, pp.35–36.

것이다. 하나는 돈과 쾌락 또는 권력과 지위 따위의 외면적 가치를 가치 체계의 정상에서 끌어내리고, 인격과 교양, 학문과 예술, 그리고 자유와 평화 같은 내면적 가치를 그 자리에 회복시키는 길이다. 또 하나는 개인적 인생 목표에 우선하는 정의의 원리를 확립함으로써 개인들의 이기심을 어느 한계 안에 묶어 놓도록 대비하는 길이다. 이 두 가지 길은 이론적으로는 모두 가능하다고 생각되나, 어느 편도 실천에 옮기기에는 큰 어려움이 있을 것으로 예상된다. 일장일단이 있는 두 가지 길을 함께 추구하는 길도 생각할 수 있을 것이다. 그러나 이 문제는 문제를 제기하는 것으로 그치고, 좀 더 상세한 논의는 다음 기회로 미루고자 한다.

2 장
가족제도와 가족 윤리의 흔들림

1. 사회변동과 가족주의의 균열
2. 전통적 가족제도의 붕괴
3. 가족 내의 인간관계
4. 한국 가족 윤리의 문제점

2장 가족제도와 가족 윤리의 흔들림

1. 사회변동과 가족주의의 균열

1) 전통 사회와 가족주의

한국의 전통 사회가 가족을 핵심으로 삼았고 그 윤리 또한 가족주의를 바탕으로 삼았다는 것은 주지의 사실이다. 우리의 전통적 가족제도는 대가족제도였고, 따라서 우리나라 가족주의는 친족주의(親族主義)의 색채를 강하게 띠고 있었다. 그런데 해방 이후 우리나라가 겪은 급격한 사회변동은 대가족제도에 큰 충격을 주었고, 전통적 가족주의에 심각한 파문을 일으켰다. 본래 한국의 대가족제도는 농업경제를 배경으로 삼고 형성되었거니와, 근래 우리가 경험하고 있는 사회변동은 농경 사회의 붕괴 과정을 그 중요한 측면으로서 포함하기 때문이다.

토지에 매달리기 마련인 농경 사회에서는 인구의 이동이 극히 완만하다. 선조와 자손이 대를 이어 가며 같은 부락에서 같은 땅을 경작하는 경우가 허다하며, 이사를 한다 하더라도 인근 부락으로 옮겨 앉는 것이 고작이다. 따리서 친척관계 또는 인척관계로 연결된 사람들끼리 모여서 살기 마련이고, 대인관계는 주로 친척 또는 인척 관계가 있는 사람들 사이에서 이루어지는 것이 상례였다.

윤리란 본래 원만한 인간관계를 위한 처방으로서의 성격이 강하다. 따라서 친척 또는 인척들끼리 모여 사는 사회에서는 가족, 친척 또는 인척 사이의 인간관계를 조정하는 규범, 즉 넓은 의미의 가족 윤리가 윤리의 대종(大宗)을 이루게 된다. 혈연 또는 지연의 관계가 없는 사람과는 접촉할 기회가 별로 없는 전근대적 농경 사회에서는, 가족 윤리만 확고부동하게 정립되면 나라 전체의 윤리의 기틀이 잡힌다 하여도 과언이 아니다. 그러므로 일찍부터 농업국으로서 발전해 왔을 뿐 아니라 가족주의적 유교 사상의 영향을 오래 받아 온 우리나라의 전통 윤리에 있어서, 가족 윤리가 막대한 비중을 차지하게 된 것은 당연한 현상이라 하겠다.

한국의 전통적 가족주의는 대가족을 자기와 동일시하는 일종의 집단적 자아의식에 바탕을 두고 형성된 것이었다. 가족주의에 따르면, 가문 전체의 이익이 가족의 성원 각 개인의 이익에 우선한다. 개인으로서의 '나'를 생각하기에 앞서서 가문으로서의 '우리'를 먼저 생각하는 것이 전통적 가족주의의 근본정신이다. 가족을 구성하는 성원 각자가 각각 독립된 주체로서 삶의 목표를 추구하기보다는 가문 전체의 공동 목표를 위해서 온 가족이 협동해야 한다고 우리 조상들은 믿었다. 한 사람의 입신양명은 그가 속하는 가문 전체의 영광이며, 한 사람의 수치는 그 가문 전체의 치욕이었다.

가족주의의 견지에서 볼 때, 한 집안으로서의 '우리' 속에는, 같은 시대에 사는 친족뿐 아니라, 옛날의 조상들과 앞으로 태어날 자손들까지도 포함된다. 조상은 지성으로 숭배하여야 할 '우리'의 뿌리이며, 자손은 '우리' 생명의 연장선이요 가문의 희망이다. 뿌리와 줄기와 가지, 그리고 잎과 꽃과 열매가 모두 합해서 하나의 '나무'를 이루듯이, 역대의 조부모와 부모와 삼촌,

그리고 형제와 자매와 종형제들뿐 아니라 앞으로 태어날 자손들까지도 모두 합해서 하나의 '우리'를 이룬다. 그리고 잎과 꽃과 가지가 그것들의 모체인 '나무' 전체와의 연결 속에서 생명을 갖듯이, 가족의 성원인 개인들은 하나의 '우리'인 가문에 유기적으로 연결됨으로써 그 진가를 발휘한다.

이토록 가문의 전체성이 강조되는 까닭에, 전통적 가족주의에 있어서는 현대적 의미의 개인적 자유 또는 개인의 독립성은 근본적인 제약을 받는다. 가족의 성원들은 가문의 의사를 따라서 가문의 공동 목표에 협조할 의무가 있는 것이며, '가문의 영광'을 외면하고 독립된 개인의 목표만을 독자적으로 추구할 자유는 원칙적으로 허용되지 않았다.

가문의 공동 목표 또는 가문의 규범을 모든 가족과 친족의 참여와 합의를 통해서 민주주의적으로 결정하는 것은 아니었다. 대개는 집안의 가부장적 권위에 의하여 목표 내지 규범이 결정되고, 아랫사람들은 그저 어른들의 뜻을 따르도록 요청되는 것이 상례였다. 다시 말하면 가족 또는 친족의 성원들이 모두 일대일의 동등한 자격으로 공동체의 문제에 참여하는 것이 아니라, 항렬(行列), 종지(宗支), 장유(長幼), 남녀(男女), 적서(嫡庶) 등의 구별을 따라서, 각기 경중이 다른 자격으로 공동 과제에 참여했던 것이다. 같은 문중의 식솔들은 모두 귀중한 인간존재로 인정되는 가운데도 엄연한 수직적 인간관계의 질서가 지배했던 것이다.

2) 근대화의 충격과 가족 윤리의 동요

8·15 이후에 우리나라가 겪어 온 급격한 사회변동은, 앞에서도 잠시 언급한 바와 같이, 한국의 대가족제도와 전통적 가족 윤리에 크나큰 동요를 일으키는 결과를 초래하였다. 산업화의 추세는 인구의 이동을 촉진하였고, 따라서 여러 대가 한지붕 밑에서 대가족을 형성하고 살거나 일가친척들이 조

상들이 불려준 땅을 지키며 한곳에 모여 산다는 것이 사실상 어렵게 되었다. 보수적 취향을 가진 사람들이 옛날 그대로의 생활 방식을 따르고자 애쓴다 하더라도 현실의 사정이 그것을 허락하지 않는 경우가 많았다.

객관적 여건이 전통적 가족제도와 가족 윤리를 위협했을 뿐 아니라, 사람들의 의식 세계에도 변화가 생기게 되어 전통적 대가족제도와 가족 윤리에 대하여 부정적 태도를 취하는 경향도 이에 가세하였다. 근래 수용된 서구의 문물은 한국인의 자아의식을 눈뜨게 하였고, 개인의 인권과 자유 그리고 인간의 평등을 일깨웠다. 이 서구적 개인주의의 안목으로 볼 때, 한국의 전통적 대가족제도와 가부장적 가족 윤리에 많은 불합리한 점이 있음을 간과하기 어렵다. 따라서 전통적 가족제도와 가족 윤리를 옛 모습 그대로 답습하기는 어렵다는 의견이 여론화한 것이다.

전통적 가족제도와 가족 윤리를 오늘의 실정과 현대인의 심성에 맞도록 고쳐야 한다는 견해에는 대부분의 사람들이 원칙적으로 찬동하였다. 그러나 구체적으로 무엇을 어떻게 고치느냐 하는 문제에 이르러서는 보수적 견해와 급진적 견해가 다각도로 대립하였다. 기성세대와 젊은 세대의 견해가 다르고, 남자와 여자의 생각이 다르며, 농촌 사람과 도시 사람의 의견이 달랐다.

행동 내지 실천의 대립은 관념 내지 의식의 대립보다도 더욱 심한 편이다. 바람직한 가족 형태나 가족 윤리에 대해서 말로는 같은 의견을 주장하면서도, 실제 행동에 있어서는 전혀 다른 태도를 취하는 경우가 많은 것이다. 예컨대 결혼하기 전에는 "부모를 한집에 모시고 사는 것이 자식의 도리"라는 견해에 찬동한 청년이 막상 결혼을 한 뒤에는 따로 사는 편을 택하는 경우가 허다하다. 또 말로는 "며느리도 내 자식이니 딸과 마찬가지로 아끼고 사랑하는" 것이 자기의 생활 신조라고 밝힌 시어머니가 실제로는 매우 가혹한 태도로 며느리를 괴롭히는 사례도 적지 않다.

가족제도 내지 가족 윤리에 대한 의견 및 행동의 격차는 심각한 사회문제로 발전할 소지를 가졌다. 세상에 태어난 사람은 극소수의 예외를 빼고는 모두 어떤 가족의 한 성원으로서 살고 있으며 또 앞으로 계속 그렇게 살아가기 마련이다. 따라서 어떤 가족제도 내지 가족 윤리 속에 사느냐 하는 것은 모든 사람들의 이해와 관계되는 현실적 관심사이며, 바람직한 가족제도 내지 가족 윤리에 대한 태도의 대립은 대체로 이해관계의 대립을 반영하기 마련이다. 모든 사람들의 이해관계와 직결되어 있는 문제인 까닭에, 남녀노소의 구별 없이 모든 사람들은 이 문제에 대하여 관심을 갖게 되며, 또 각각 자기에게 유리한 길을 옹호하는 경향이 있는 까닭에, 이 문제는 복잡한 양상의 태도의 대립을 초래할 뿐 아니라 그 대립을 해소하는 일이 매우 어려운 과제가 되는 것이다.

가족제도 내지 가족 윤리에 관한 의견 및 행동의 대립에 있어서 가장 심각한 사회적 의미를 갖는 것은 아마 기성세대와 젊은 세대 사이의 격차일 것이다. 기성세대는 다른 문제들에 대해서도 일반적으로 보수성이 강하거니와, 특히 가족 문제에 관해서는 더욱 강한 보수적 태도를 취하는 경향이 있다. 바깥 사회에서 남과 대할 때는 상당히 진보적 태도로 임하는 아버지나 남편도 집에 들어와서는 의외로 권위주의적인 가장으로서 거동하는 경우가 많은 것으로도 짐작할 수 있듯이, 기성세대는 대체로 가족 문제에 있어서 강한 보수적 성향을 보이는 경우가 많다. 가족 문제에 관한 어른들의 태도와 항시 부딪쳐야 하는 젊은이들은, 혈연의 정과 그 밖의 사유로 인하여 겉으로는 적당히 순응하는 경우가 많지만, 내심으로는 심한 반발을 느끼는 것이 일반적 현상이다. 그리고 가족 문제에 관한 이와 같은 세대 간의 태도의 차이는 미묘한 감정과 얽혀서 여러 가지 사회문제로 발전할 소지가 되기 쉬운 것이다.

대개의 부모들은 자신이 자녀에게 쏟은 정성을 염두에 두고 있는 까닭에, 자녀들의 반항을 이지적으로 이해하기보다는 감정적으로 받아들이기가 쉽다. 섭섭하고 괘씸하다는 생각이 앞서는 까닭에 지적 대화로써 문제의 해결로 접근하기가 어렵게 되고, 부모의 감정 섞인 완고한 태도에 대하여 자녀는 다시 반발로 반응하게 되는 악순환을 거듭할 경우가 적지 않다. 이리하여, 세대 사이의 대화의 두절이라는 현상이 부모와 자식 사이에서부터 일어나게 된다.

자녀들은 부모들에 대해서 느끼는 반발을 기성세대 일반에 대한 반발로 확대시키기가 쉽다. 사랑과 은혜를 입은 부모에게 직접 반항하기가 어려운 까닭에, 가족 이외의 기성세대에게로 화살의 방향을 돌리는 심리가 작용하기 쉬우며, 이러한 사정은 오늘날 우리나라가 처해 있는 미묘한 정치적 상황과도 연관되어, 기성세대 전반에 대한 젊은 세대의 반항과 불신의 풍조를 조성하기도 하였다.

전통적 대가족제도의 붕괴 과정, 가족 상호간의 애정과 갈등, 신구 두 세대의 의식의 차이, 가정에 있어서의 가족 성원들의 기능, 가족 윤리에 대한 다양한 견해, 그리고 결혼에 관한 여러 가지 풍습과 의견 등은 여러 작가의 소설에도 다양한 형태로 반영되고 있다. 다음은 박영준, 박완서, 윤흥길, 유재용, 한수산 등 여러 작가들의 소설에 나타난 것을 소재로 삼고, 가족제도와 가족 윤리에 대한 현대 한국인의 의식구조와 태도를 여러모로 검토해 보고자 한다.

2. 전통적 가족제도의 붕괴

1) 박영준의 『가족』

박영준은 1968년에서 1969년에 걸쳐 발표한 장편소설 『가족』을 통하여 한국의 가족제도와 가족 윤리가 내면적으로 무너져 가고 있는 모습을 비교적 소상하게 나타내고 있다. 강연화라는 여인을 주인공으로 삼은 이 소설의 줄거리 가운데서 우리의 문제와 관계가 깊은 부분만을 우선 간추려 보기로 하자.

강여사는 본래 전통적 농촌 가정에 태어나서 고등학교까지 마치고 교육자의 부인이 된 가정주부였다. 남편이 6·25 때 피난길에서 사망한 뒤부터 그녀에게는 시련의 길이 시작된다. 강여사에게는 아들과 딸 남매가 있었고, 남매를 아버지 있는 애들 못지않게 기르고 가르치는 일을 지상의 과제로 삼으며 최선을 다하는 것이 그녀의 삶의 전부였다. 처음에는 부산 국제시장 한 구석에서 잠도 제대로 못 자며 아동복을 만들어 팔았다. 서울로 올라온 뒤에는 한때 술집을 경영하는 친구에게 돈을 빌려 주고 이자를 받아 살았으나, 그 빚 대신 술집을 인계받아서 직접 경영을 하였다. 술장사는 했지만 교육자의 아내였던 과거에 부끄럽지 않도록 몸가짐을 단정히 하였다. 유혹이 있을 때는 그것을 당장에 물리쳤고 또 그 자리에서 잊었다. 그녀에게는 오직 두 자식밖에 없었고, 그들은 무엇과도 바꿀 수 없는 보배로운 존재였다. 열심히 모은 돈으로 남매를 대학 공부까지 마치게 한 다음에 딸은 시집보내고 아들은 회사에 취직을 시켰다. 여기까지는 고생한 보람이 있었던 것이다.[1]

그러나 그토록 애쓰고 생애를 바쳐서 길러 놓은 자식들은 오직 저희만을 생각했지 홀어머니에 대한 효심이 거의 없었다. 수절해 가며 혼자 손으로 기른 어머니의 은공을 고맙게 여기지는 않고, 술장사로 번 더러운 돈으로 공부시켰다고 도리어 원망을 하였다. 아들 강우는 술집을 그만두라고 강여사에게 요구하였다. 어머니가 술장사를 한다는 사실이 제 결혼에 불리한 조건이 된다는 것이 그 이유의 전부였다. 술집을 그만두는 것이 어떻겠느냐고 상의

---

1 박영준, 「가족」, 『신한국문학전집』, 25권, pp.254-258.

조로 권고한 것이 아니라 협박하는 어조로 도전해 왔을 때 강여사는 내심 분노와 고독을 느꼈으나 양보하고 아들의 의사를 따르기로 하였다.[2]

술집을 처분하기로 결정한 다음 며칠 뒤에 아들은 애인을 집으로 데리고 왔다. 그때 강여사는 집에 있었으나, 아들은 애인을 소개하지도 않고 자기 방으로 들어갔다. 술장사를 했다 해서 그런 것일까, 어머니는 안중에도 없다는 태도였다. 종일 함께 지낸 다음에 여자를 배웅해 보낸 뒤에도 아들은 어머니에게 그 여자에 관해서 침묵을 지켰다. 치밀어 오르는 감정을 누르고 강여사가 이름과 나이 등 궁금한 것을 물어보았을 때 아들은 겨우 간단간단하게 대답을 하였다. 스물 네 살 먹은 송영주라는 아가씨였다. 아들은 이미 그 색시 집에 여러 번 놀러간 일이 있었고 결혼에 관한 내락까지 얻어 놓았다고 실토하였다. 그 정도로 진행이 될 때까지 한마디 의논도 하지 않았다는 사실에 어머니 강여사는 심한 소외감을 느꼈지만, 좋은 말로 결혼에 찬동하며 아들의 비위를 맞추었다.[3]

영주를 며느릿감으로 환영하는 뜻에서 강여사는 그녀를 집으로 초대하였다. 식사를 마친 다음에 그릇을 내가고 식탁을 훔치는 따위의 일을 강여사가 했을 때 영주는 손 한 번 까딱하지 않았다. 과일을 깎고 찻잔을 가져다 놓을 때도 바라보기만 하고 도와줄 생각을 하지 않았다.

새 며느릿감을 시댁 어른들에게 인사시키기 위하여 대전에 갔을 때 영주는 미니스커트를 입고 있었으므로 큰절을 제대로 하지 못하는 등 민망스러운 점이 있었다. 강여사는 영주를 감싸는 쪽으로 무던히 신경을 썼거니와, 서울로 돌아오는 차 안에서 영주는 도리어 심통을 부렸다. 식당에 가서 저녁

---

2 같은 책, pp.260-262.
3 같은 책, p.262, pp.280-281.

을 먹자고 했을 때 불손한 태도로 거부하는 등 애를 먹였다. 하는 수 없이 강여사는 "그럼 우리만이라두 가서 먹구 오자."고 하며 강우에게 식당차로 가기를 재촉하였다. 그때 강우는 "나두 먹구 싶지 않아요." 하며 영주에게 동조했다. 애당초 저녁을 먹자고 먼저 제의한 것이 바로 강우였다.[4]

영주와 결혼한 강우는 저희들끼리 따로 나가 살겠다고 주장하였다. 강여사는 절대로 너희들에게 불편이 없도록 노력할 것이며, 무엇이든 너희들 하자는 대로 할 것이니, 제발 한집에 살자고 간청을 하였다. 그러나 강우는 영주가 불편할 것 같다고 하면서 따로 살기를 고집하였다. 딸 민혜까지도 요즈음 젊은이들은 모두 따로 살기를 원한다고 말하면서 강우의 편을 들었다. 강여사는 형언할 수 없는 고독을 느꼈지만 따로 사는 데 동의할 수밖에 없었다. 결국 전셋집 하나를 얻어서 강우네는 딴살림을 나거니와, 그 전세 비용은 강여사가 부담해야 했다.[5]

강여사는 자기가 경영하는 술집의 단골 손님인 하사장에게 자기의 고독한 사정을 하소연하였다. 강우가 다니는 회사의 주인이기도 한 하사장은, 요즈음 세태가 일반적으로 그렇게 되었다고 말하면서, 자기의 두 딸 이야기를 하였다. 하사장은 딸만 두었는데 모두 성장해서 결혼을 했다. 큰딸은 남편이 무직 상태여서 아이들까지 전부 데리고 와서 친정 살이를 하고 있다. 아들이 없는 집이라 사위를 아들 삼아 데리고 있을 수도 있겠지만, 그 사위가 미운 짓만 하고 일을 거듭 저지르는 위인이라 진절머리가 날 지경이다. 그래서 가끔 사위와 충돌을 하기도 하는데, 그럴 때면 딸은 언제나 제 남편 쪽을 두둔한다. 그렇게 속을 썩이며 4년 동안이나 살아오고 있는 중인데, 이번에는 둘

---

4 같은 책, pp.285-286, pp.310-315.
5 같은 책, p.274, p.331, p.337, p.342, pp.344-345.

째 딸이 이혼을 하고 친정으로 들어왔다. 아버지와 아무런 사전 의논도 없이 갈라서서 보따리를 싸 가지고 왔다는 것이다. 친정에 온 뒤에도 아버지의 말은 듣지 않고 제 고집만을 부린다. 경제적으로는 전적으로 아버지에게 의지하면서 아버지의 의견은 듣지 않는 그 태도에 하사장은 슬픔을 느낀다는 것이었다.[6]

하사장은 오래전에 상처를 당하고 홀아비로 살고 있지만 아직 재혼을 안 하고 있다. 딸들이 아버지의 재혼에 반대하기 때문이다. 저희들이 잘 모실 터인데 무엇이 부족해서 또 장가를 드느냐는 것이 표면상의 이유지만, 참뜻은 아버지의 유산을 계모에게 빼앗기지 않으려는 속셈에 있었다. 큰딸은 두 번씩이나 취직을 시켜 주었는데도 상사와 싸우고 뛰쳐나온 제 남편을 하사장의 양자로 입적시켜 달라고 조르기도 하였다. 우리나라에서는 양자의 제도가 없다고 넌지시 사절하자, "그럼 우리 상속은 어떻게 되는 거지요?" 하고 노골적인 질문을 하였다.[7]

강여사의 아들 강우도 부모의 도움을 일방적으로 받을 권리가 있는 것처럼 욕심을 부린 점에 있어서 하사장의 딸들과 다를 바가 없었다. 약혼식 때 신부에게 줄 예물은 당연히 다이아몬드 반지로 해야 하며, 그것도 반 캐럿짜리는 해야 한다고 주장했다. 강여사의 술집이 팔린 것을 알자, 강우는 그 대금을 전부 자기에게 달라고 요구하였다. 그리고 강여사와 하사장 사이가 가까움을 알고, 자기를 과장으로 승진시켜 주도록 하사장에게 부탁해 달라고 염치없는 요구를 하기도 하였다.[8]

박영준은 그의 『가족』에서 어떤 특수한 사람들의 예외적인 이야기를 하려

6　같은 책, pp.293-295.
7　같은 책, pp.296-297.

고 한 것이 아니다. 작가로서의 그의 근본 의도는 허물어져 가는 우리나라 가족제도와 가족 윤리의 일반적 현상을 고발하고 문제를 제기하고자 함에 있는 것으로 보인다. 그는 하사장의 입을 빌려서, 이기주의에 가깝도록 개인주의적인 것이 요즈음 젊은 세대의 일반적 현상임을 거듭 말하고, 우리나라의 가족제도가 무너져 가고 있음을 안타까워하고 있다. 하사장의 입을 빌린 다음 구절은 그 대표적인 예가 될 것이다.

> "요즘 세상에 자식에게 효도를 받으려는 이가 얼마나 있겠습니까. 그러니 효도라는 것이 자취를 감추어 버렸지만 슬픈 것은 가족제도의 붕괴입니다. 최소한도 부모와 자식 사이에는 이해타산을 떠난 정의(情誼)가 있어야겠는데, 그것이 없어져 가고 있다는 것입니다. … 모두가 서양에서 들어온 개인주의 사상 때문이라고 생각합니다만, 이렇게 나아가면 우리나라 사람들이 가지고 있는 아름다움이 송두리째 뿌리 뽑히는 것이 아닐까 생각합니다. …"[9]

하사장의 이 말 뒤에 이어지는 대화도 작가 박영준의 의도가 일반적 문제를 제기함에 있음을 보여준다.

> "그러니 어떻게 하면 좋지요!"
> 강여사는 하사장 개인의 문제가 아니라 오십대 전체에 대한 문제점을 들어 하사장의 의견을 물었다.
> "어떻게 할 순들 있습니까. 그냥 살다 죽는 거죠."

---

8 같은 책, pp.300-301, pp.380-389.
9 같은 책, pp.296-297.

"그럼 우린 희생적 존재란 건가요?"

"그렇겠지요. 그렇지만 그것은 우리들 부모들 때부터 싹튼 희생이라 할 수 있을 겁니다. 우리 부모 때부터 그런 희생을 조금씩 받기 시작했으니까요."

"그럼 우리 자식들 대에는 어떻게 될까요?"

"거야 더 심하겠지요. 그들이 우리에게 정의(情誼)를 보여주지 않는 대가를 그들 스스로가 받을 겁니다. 좀 더 큰 대가가 되겠지요."[10]

요즈음 한국의 젊은이들이 모두 강여사와 하사장의 자녀와 같지는 않을 것이다. 방방곡곡을 찾아보면 기특한 효자와 효녀들도 상당수 있을 것이다. 그러나 전체적인 추세로 볼 때, 박영준의 『가족』이 제기한 문제가 한갓 편견 또는 기우의 소산이라고 보기는 어렵다. 우리 현실의 어두운 측면을 다소 과장한 점이 있을지는 모르나, 박영준이 제기한 문제에는 상당한 객관성이 있다고 보아야 할 것이다.

2) 가족 의식의 차이

일인칭 소설인 윤흥길의 『에미』(1982)는 '나' 즉 남기범이 고향을 찾아오는 대목으로 시작된다. 어머니가 급환으로 위중하다는 소식을 듣고 서울에서 내려오는 그를 마을 어귀에서 만난 촌로(村老)는 대뜸 "예이끼, 이 천하에 막돼먹은 사람 같으니!" 하고 호통을 친다. 어머니가 위독한데 너무 늦게서야 찾아왔으니 불효막심하다는 뜻이다. 촌로의 꾸지람 가운데는 "사람이 사람된 도리 챙기는 자리에 소용이 있어 모으는 것이 재물이거늘, 설령 억만

---

10 같은 책, p.297.

금을 머리꼭지에다 이고 지고 앉았어도, 애시당초 사람 구실 못할작시면 필시 그게 화근이지 재물인가, 어디? 자네네 자당어른 자네한티 쏟은 삼십 년 적공이 오늘날 일적포말(一滴泡沫)일세 그려."라는 말도 있었다. 남기범이 어머니가 위독하다는 연락을 받고도 즉시 귀성하지 않은 사유가 사업을 합네 하고 돈벌이에 미친 데 있다는 짐작으로 하는 말이었다. "인륜을 그르치는 것보다 더 큰 죄가 세상 천지 어디 또 있을 것인가." 하는 것이 촌로의 결론이었다.[11]

마을 안으로 걸어서 들어가던 남기범이 두 번째로 만난 것은 그의 외사촌뻘 되는 청년들이었다. 외사촌 동생들은 남기범이 자가용을 타고 오지 않은 것에 대하여 노골적인 실망을 표시한다. 전번에는 남기범이 자가용을 타고 고향에 왔었고, 그때 그가 타고 온 자가용 승용차가 그 부락에 사는 일가친척들에게 크나큰 자랑거리가 되었던 것이다.[12]

고향 집에 발을 들여놓자마자 남기범을 반겨 맞은 것은 그의 이모였다. 이모는 대문간에 들어서는 기범을 와락 끌어안고 늘어지며 눈물에 젖은 목소리로, "이놈의 집구석에 인자사 제대로 생긴 남씨 하나 들어왔네. 독허고 무정한 이 사람아, 한양 살림 재미에 아침마다 서말 닷되씩 깨가 쏟아져서 자기 태생도 잊었더란 말인가!" 하며 호들갑을 떤다. 그리고 그녀는 얼마 전에 보낸 편지 받아 보았느냐고 성급하게 묻는다. 그 편지라는 것이, "대견하고 자랑스러운 우리 조카님 보거라."로 시작된 것이었는데, 그 내용의 요지는 재작년에 고등학교를 졸업한 자기 아들의 취직을 부탁한다는 사연이었다.[13]

고향에 돌아오던 날 밤에 남기범은 산 너머 안들부락에 사는 큰 외삼촌으

11 윤흥길, 『에미』, 한국방송사업단 출판부, 1982, pp.1-5.
12 같은 책, pp.12-13.
13 같은 책, pp.15-16.

로부터 잠깐 다녀가라는 전갈을 받았다. 남기범이 어렸을 때 집을 나간 아버지는 영영 돌아오지 않았고, 그래서 아버지를 대신하여 생질을 훈육하고자 하는 의도에서 종종 어린 기범을 붙잡아 오게 하여 무릎꿇림을 시킨 외숙이었다. 전갈을 받고 밤길을 더듬어 외숙 댁에 도착한 기범은 이 날도 불효 막심한 놈이라고 호된 꾸중을 들어야 했다.[14]

평생을 소박데기로 살면서 두 아들에 정성을 쏟아 온 어머니는 다시 회춘하지 못하고 세상을 떠나거니와, 자신이 억척스러운 노력으로 모아 놓은 재산의 분배에 관한 유언을 할 때, 자기 친정 동생, 즉 기범의 이모에게도 논 한 자리 돌아가도록 배려한다. 그리고 어린 손자들에게는 사촌끼리 친형제 이상으로 가깝게 지낼 것을 간곡히 당부한다.[15]

위에서 우리는 『에미』라는 장편소설의 주인공들의 고향인 전북 어느 농촌에서 있었던 일들을 일부 소개했거니와, 이상의 단편적 소개를 통하여 우리가 알 수 있는 것은 한국 농촌의 늙은 세대의 마음속에는 아직도 전통적 가족주의가 완고하게 남아 있었다는 사실이다. 늙은 세대뿐 아니라 젊은이들도 농촌에서만 생활한 사람들에게는, 사촌이 타고 온 자가용에 큰 자랑을 느낄 정도의 소박한 의식이 남아 있었다.

이들 농촌 사람들과 비교할 때, 서울에서 다니러 온 남기범 일행의 태도는 자못 대조적이다. 우선 남기범은 어머니가 위중하다는 연락을 받고도 즉각 달려오지 않고 지체했다는 점에서 고향 사람들의 기대를 크게 배반했을 뿐 아니라, 고향에 돌아온 뒤에도 그곳 일가친척들과 한덩어리가 되지 못하고 다소 국외자 같은 거리를 유지한다. 그는 촌로의 호통과 큰 외삼촌의 꾸지람

---

14 같은 책, pp.30-42.
15 같은 책, pp.272-279.

에 대해서 정면으로 항거하거나 변명하지는 않았으나 진심으로 뉘우치는 태도를 보이지도 않았다. 그리고 어머니는 자기를 버리고 달아난 남편을 끝까지 남편으로 생각하고 그를 위하여 기도를 하기도 하였는데, 아들 기범은 끝내 아버지를 '아버지'라고 부르기를 거부하고 '그 사람'이라고 부르며 적대시한 것도 대조적이다.[16]

기범의 아내는 그 농촌과는 더욱 융화하기 어려운 이방인이었다. 시어머니의 임종이 가까워 왔다는 것을 알았을 때, 그녀의 마음을 가득 채운 것은 가까운 사람의 죽음을 애도하는 슬픔이 아니라, "다른 여자들처럼 초상 마당에서 안 나오는 곡소리를 억지로 짜내는 재주가 자기한테는 없다는" 사실에 대한 걱정이었다. 그리고 시골뜨기들에게나 어울리는 흰 치마저고리와 흰 버선 따위의 촌스러운 상복을 입을 일에 대해서 자못 신경이 쓰였다.[17]

부모를 따라서 할머니 댁에 온 기범의 두 아들은 더욱 냉담했다. 자신의 운명이 임박했음을 예감한 할머니가 손자들을 불러오라고 분부했을 때, 기범의 조카들은 금세 나타났으나 기범의 아들 녀석들은 한사코 가까이 오기를 꺼렸다. 그 아이들의 의식 세계에 있어서 할머니는 그들의 '우리' 속에 포함되지 않았던 것이다.[18]

가족 또는 친족에 대한 농촌 사람과 도시 사람의 의식의 차이는 다른 작가들의 소설에도 여기저기 나타나 있다. 다음은 최인훈의 『회색인』 가운데 등장하는 농촌 출신 김학의 심정을 그린 구절의 일부다.

그는 병석에 누워 있는 아버지의 아들이었고, 몰락해 가는 지방 유지의 차

---

16 같은 책, pp.172-173.
17 같은 책, p.33.
18 같은 책, p.278.

남이었고, 나날이 소란스러워 가는 시골 도회의 아들이었다. 그에게는 아직도 이 모든 것을 뿌리치고 그 김학이라는 순수한 개인의 자리만을 차지하겠다는 용기가 없었다. 형만 해도 그랬다. 그 나이에 아직도 결혼하지 않았으면서 동생의 학비를 책임지고 대겠다고 말하는 인간은 분명히 냉정한 도회인은 아니었다.[19]

가족 또는 가문에 대한 의식의 격차는 농촌 사람과 도시 사람 사이에 있어서보다도 늙은 세대와 젊은 세대 사이에 있어서 더욱 심하다. 이를테면, 할아버지나 할머니는 손자와 손녀에 대해서 깊은 관심을 가지고 있는 데 비해서, 손자나 손녀는 할아버지나 할머니에 대해서 별로 관심이 없거나 도리어 귀찮은 존재로 생각하는 사례가 많다. 바꾸어 말하면, '핏줄'이라는 것에 대한 애착이 늙은이들에게는 아직도 꽤 남아 있는데 젊은이들의 의식 세계에 있어서는 '핏줄'이라는 관념이 일반적으로 미약하다. 이것은 우리가 일상생활을 통해서 피부로도 느끼는 사실이거니와, 소설 가운데서도 이러한 관찰을 뒷받침하는 구절은 흔히 찾아볼 수가 있다.

유재용이 1979년에 발표한 중편소설 「고목(古木)」은 강원도가 고향인 어느 월남한 가문의 구심점을 이루었던 '아버지'가 노환으로 누워서 죽음을 기다리는 상황을 배경으로 삼고 가족 또는 친족들의 말과 행동을 엮은 작품이거니와, 여기서도 우리는 가문에 대한 의식이 늙은이들에 의해서 겨우 명맥을 유지하고 있는 상황에 대한 서술을 찾아볼 수 있다.

일가 집안 사람들은 아버지가 자리 보전하고 누운 사실을 모르고 있었다.

---

19 최인훈, 『회색인』, p.63.

알리지 않으면 장사를 치르고 나도록 모르고 있을 것이다. 육촌이나 팔촌 형제들은 손가락 꼽을 만큼은 넘어와 있었지만, 평소에는 왕래가 없는 편이었다. … 뉘 집 결혼식이나 장례식 때면 쌍문동 당숙모가 지팡이 짚고 허우적거리며 돌아다녀 가지고 어떻게 어떻게 모아 놓곤 했다. 모여들 때면 전화번호니 주소니 쪽지에 갈겨써 가지고 서로 주고받고 하지만, 주머니에 집어 넣은 쪽지들은 며칠 못 가 어디론지 사라져 버리곤 했다. 집안에 무슨 큰일이 생기면 당숙모가 다시 전화도 하고 지팡이 짚고 찾아다니며 소식을 전해 일가 집안 사람들을 모아 놓는다. … 당숙모 연세가 칠십. 저러다가 당숙모가 덜컥 세상 뜨는 날이면 그나마 일가붙이들 모여 얼굴 대하는 일도 못하게 될 것이 아닌가. …[20]

결국 칠십 노령의 당숙모가 극성을 떨어서 일가친척이 어쩌다 모일 뿐이며, 젊은 사람들은 친척끼리도 무관심해서 이렇게 가다가는 흐지부지 흩어져서 차차 남남이 되고 말리라는 것이다. 이 소설에서 이야기꾼 노릇을 하는 '나'에 대해서 당숙이 한 말 가운데도, 요즈음 젊은 사람들은 집안 어른에 대해서 냉담하다는 나무람이 들어 있다. 당숙은 자기 집을 찾아온 '나'에 대해서 "그 형님 돌아가신대두 이젠 서러워할 사람은 나 하나밖에 없을 게다."라고 말했던 것이다. 아버지의 죽음을 아들인 '나'보다도 사촌인 자기가 더 슬퍼할 것이라는 뜻이다. 당숙은 집안에서 아버지 다음으로 연세가 많은 노인이다.[21]

가족 내지 가문에 대한 의식에 있어서 늙은이와 젊은이의 차이가 크다는

20 유재용, 「고목」, 『사양(斜陽)의 그늘』, 고려원, 1980, p.83.
21 같은 책, p.84.

것을 더욱 뚜렷하게 드러내 보이는 것은, 박완서의 『도시의 흉년』에서 뒷방에 물러앉은 '할머니'와 그 손자 손녀들이다. 할머니는 하나밖에 없는 손자 수빈에 대해서 온 정성을 쏟는다. 수빈을 위해서 절에 가서 기도를 올리는 것이 할머니의 가장 큰 관심사이며, 수빈이 군에 입대한 뒤에는 꿈자리만 좀 뒤숭숭해도 수빈이 걱정으로 성화가 난다. 그리고 큰손녀 수희가 사법고시 합격자와 결혼을 하게 되자, "집안에서 한 사람만 세도를 잡으면 딸린 사람은 저절로 출세를 할 수 있는 법"이라고 말하며 할머니는 기뻐하였다. 이제 할머니의 가장 큰 소망은 좀 더 오래 살아서 외증손자와 증손자를 보는 일이다.[22]

그러나 손자와 손자사위에 대한 할머니의 사랑은 오직 일방적이다. 아무도 할머니를 위하거나 사랑하지 않는다. 수빈은 할머니를 귀찮은 늙은이로 여기고 늘 퉁명스럽게 대한다. 손자사위 서재호는 처조모에 대해서는 거의 무관심하다. 손녀들의 경우는 할머니를 대하는 태도가 더욱 버르장머리없을 뿐 아니라 악의에 차 있다. 할머니는 본래 손자와 손녀의 차별이 심했고 특히 수빈과 함께 쌍둥이로 태어난 수연을 몹시 미워했던 까닭에, 손녀들도 할머니를 무시하거나 미워하였다.[23]

손자와 손녀뿐 아니라 아들과 며느리도 할머니를 한갓 귀찮은 존재로밖에 여기지 않는다. 『도시의 흉년』의 이야기꾼 노릇을 하는 수연의 다음 술회는 이 지씨 가족 가운데서 할머니의 위치가 어떠한 것인가를 단적으로 알려 주기에 충분하다.

---

22 박완서, 『도시의 흉년』, 문학사상사, 1977, 제1권, p.25, p.28, pp.112-113, p.117, 제2권, pp.34-35, pp.134-135.
23 같은 책, 제1권, p.134, 제2권, pp.114-115.

그래서 할머니가 나가자 집 안 공기가 한결 가벼워진 것 같으면서 남은 사람 모두가 편안해 보였다. 어느 때고 할머니가 돌아가 이 집을 아주 나가면 사람들이 오래오래 이렇게 편안해지리라. 그러나 나는 왠지 할머니가 돌아가는 일이 우리 집에 실제로 일어날 것 같지가 않았다.[24]

『도시의 흉년』에서 이야기꾼 노릇을 하는 '나', 즉 수연은 가족의 유대를 '질기고 끈끈한' 관계로 보고 있으며, 그 '얽매임'으로부터 해방되기를 바라는 생각이 그녀의 의식구조 밑바닥에 깔려 있다.[25]

아마 모든 젊은이들이 가족을 수연처럼 생각하지는 않겠지만, 가정을 한편으로 자신의 보호를 위한 울타리로 의식하면서 다른 한편으로는 끈끈하고 지겨운 굴레로 느끼는 것은 오늘날 젊은이들의 일반적 현상일 것이다.

3) 개인적 자아와 가족 또는 친족

현대인은 상반되는 두 가지 욕망의 엇갈림 속에 살고 있다. 집단의 한 성원으로서의 소속과 참여만으로 삶에 만족할 수 있었던 옛날 사람들과는 달리, 오늘날 우리는 강한 개인적 자아의식을 가지고 있으며, 개인적 자유와 자립에 대한 누를 수 없는 욕망을 가지고 있다. 옛날 사람들이 주로 '우리를 위해서'라는 의식 속에서 살았다면, 오늘의 우리는 주로 '나를 위해서'라는 의식 속에 살고 있다 하여도 사실과 크게 어긋나지는 않을 것이다. 그러나 현대인도 필경 사회적 존재임에는 다를 바가 없으며, 의식하든 안 하든 간에

---

24 같은 책, 제2권, p.117.
25 같은 책, 제3권, p.6.

집단에 대한 소속과 참여의 욕망을 깊이 간직하고 있다. 우리는 자립을 갈망하되 고립은 원치 않으며 소속은 염원하되 구속은 몹시 싫어한다.

우리 한국의 전통 사회에 있어서 사람들이 '우리'로서 의식한 가장 기본적인 집단은 가족 또는 친족이었다. 20세기에 들어온 뒤에도 나라의 주권을 빼앗긴 한국인 일반에게는 여전히 가족 또는 친족이 가장 기본적인 '우리'로서 의식되었고, 오직 뜻이 큰 인사들에게만 민족이 가장 절실한 '우리'로서 의식되었다. 1945년의 해방을 계기로 주권을 되찾음과 동시에 서구적 개인주의 사상이 더한층 세차게 밀려들어 왔고, 자아에 대한 사람들의 의식에도 큰 변화가 생겼다. 주권의 회복으로 인하여 국가를 '우리'로 느끼는 국민의 의식이 강화되었고, 서구적 개인주의의 수용에 의하여 개인으로서의 '나'를 생각하는 경향도 강화되었다. 다만, 국가에 대한 '우리 의식'이 강화된 정도보다도 개인인 '나'에 대한 자아의식이 강화된 정도가 훨씬 더 큰 것으로 보인다. 해방 이후의 거듭된 정치적 혼란과 민주주의 토착화의 지지부진한 시행착오 등으로 인하여 말뿐이 아닌 투철한 애국심이 국민 일반의 의식 속에 뿌리를 내리기까지에는 아직도 먼 거리가 남은 것으로 보이는 데 비하여, 국민들의 개인주의적 자아의식은 이기주의에 가까울 정도로 지나치게 형성되었다고 여겨지는 것이다.

인간이 집단에의 소속과 참여를 갈망하는 심리의 바탕에는 자기 보존에 대한 본능, 정 또는 사랑의 교환에 대한 욕구, 그리고 일과 성취에 대한 욕망 등이 깔려 있을 것이다. 농경 사회에 살던 우리 조상들이 가족 또는 친족에 대하여 그토록 몰입할 수 있었던 것은, 가족이라는 공동체가 저 세 가지 욕구를 모두 충족시켜 주었기 때문일 것이다. 우선, 자급자족하던 농경 사회에 있어서 한 대가족에 속하여 식구로서의 자리를 확보한다는 것은 의식주의 기본 생활의 보장을 의미한다. 둘째로, 혈연으로 이어진 가족 내지 친족의 공동체는 정 또는 사랑의 교환이라는 점에서는 가장 모범적인 집단이다.

그리고 셋째로, 옛날에는 가족 또는 친족이 모여 사는 장소가 바로 그 성원들의 주된 일터이기도 하였다.

그러나 사회가 극도로 다양하게 분화된 현대에 있어서는, 가족이나 친족만으로 위에 말한 세 가지의 기본욕구를 충족시킬 수는 없다. 자기의 생존을 지키기 위해서는 국가와 같은 크고 강한 집단에 속해야 하며, 일과 업적의 성취를 위해서는 가정 밖에 따로 일터를 가져야 할 경우가 많다. 따라서, 가족과의 동화(同化)는 삶을 의미하고 가족으로부터의 이탈은 죽음을 의미했던 옛날과는 달리, 현대인의 경우에는 가족이 갖는 절대적 중요성은 크게 감소되었다고 보아야 할 것이다. 그러나 현대에 이르러 가족의 중요성이 전적으로 없어진 것은 아니며, 가족 내지 가정은 현대인에게도 여전히 매우 중요한 제도로서 남아 있다. 가정은 지금도 식구들을 보호하는 구실을 하고 있으며, 많은 사람들에게 가정은 작고 큰 일을 하는 장소이기도 하다. 특히 정과 사랑을 주고받는 점에서는 여전히 가족 내지 가정이 가장 근본적인 집단이다.

한 가지 분명한 것은 가족 내지 친족이 가졌던 절대성은 무너져 가고 있다는 사실이다. 따라서 가족은 상대적 가치만을 인정받기 마련이거니와, 가족의 중요성을 어느 정도의 것으로 보느냐 하는 것은 사람과 경우에 따라서 다양할 수밖에 없게 되었다. 앞 절에서 살펴본 농촌과 도시의 의식의 차이 및 늙은 세대와 젊은 세대의 의식의 차이도, 가족의 중요성을 어느 정도로 평가하느냐 하는 문제에 대한 주관적 견해의 차이에서 온 것이라고 분석할 수 있을 것이다.

자기중심적 성향이 강한 현대인이 가족 또는 친족의 중요성과 고마움을 평가함에 있어서 취하는 기본적 관점은 많은 경우에 역시 **자기중심적**이다. 다시 말해서, 가족이나 친족이 **자기에게** 얼마나 필요하고 절실한 존재라고 느끼느냐에 따라서 가족 내지 친족에 대한 평가가 달라진다. 가족 또는 친족 가운데 다른 사람을 대하는 태도도 마찬가지여서, 자기와의 이해관계에 따라서 자신의 태도를 결정할 경우가 많이 있다. 요컨대, 일부의 노년층을 제외하고, 대부분의 사람들은 "어떻게 하면 우리 집안 전체가 잘될 것인가?" 하는 관점보다는 "어떻게 하면 나에게 유리할 것인가?" 하는 관점에서 태도를 결정하는 경향이 있다. 소설 속의 주인공들의 언행 가운데서 위의 관찰을 뒷받침하는 사례를 들어 보기로 하자.

유재용의 「고목」에서 '고목'에 해당하는 집안의 큰 어른 '아버지'의 죽음이 임박했을 때, 경제 사정이 어려운 아들 '나'는 묘지를 마련하는 문제로 고심을 한다. 장사로 돈을 모은 '누님'에게 상의했더니, 누님은 화장해 버리라고 잘라서 말을 했다. 그러나 화장이라는 것에 마음이 내키지 않는 '나'는 일가 집안끼리 돈을 모아서 친족 묘지를 장만하는 안을 제시하기도 하고, 문중의 공동 출자로 공원 묘지를 경영하는 안을 가지고 일가친척들과 상의하기도 하였다. 나이가 많은 '당숙'은 좋은 생각이라고 찬동하며 다른 친척에 대한 설득에 나서기도 했으나, 젊은 축에서는 별로 호응해 주지 않아서 흐지부지되고 말았다. 결국, "죽은 사람 치다꺼리 하느라고 산 사람이 못 살게 돼서는 안 된다."는 것이 지배적인 의견이었고, 이때 '산 사람'의 첫째는 각자의 자기 자신이었던 것이다.[26]

겉으로는 핏줄을 내세우며 친족 의식을 강조하는 농촌 사람들도 안으로는 이기심의 발동을 주체하지 못하는 사례는 윤흥길의 『에미』에도 몇 군데 나타나고 있다. 이 작품의 여주인공 '어머니'는 억척같은 노력으로 상당한 재산을 모았거니와, 그녀의 임종이 가까웠을 때 그 유산을 둘러싼 암투를 남기범의 아내를 통하여 다음과 같이 말하고 있다.

---

26 유재용, 「고목」, 『사양의 그늘』, pp.79~93.

"이모님은 꼭 병아리를 노리는 소리개 같아요. 그런 점에서는 동서두 마찬가지구요. 저마다 어머님을 위하는 척하지만, 실은 염불보다두 잿밥에 욕심이 있는 거예요."

이렇게 비판적으로 말한 기범의 아내에게도 "자기네들이 뭔데 … 엄연히 시퍼렇게 살아 있는 큰아들은 제쳐두고는 자기네끼리만 …"이라고 중얼거리게 함으로써, 이 큰며느리도 그 암투의 국외자가 아님을 『에미』의 작가는 암시하고 있다.[27]

가문 의식과 이기주의가 결합할 때, 가문 자체를 중요시하기보다도 자기와의 이해관계를 따라서 가문에 대한 태도를 결정하는 현상이 생긴다. 이를테면 친척이 잘살아서 자기에게 혜택을 줄 경우에는 그 친척을 내 일가라고 가까이하고 친척이 못살아서 피해만 끼칠 경우에는 남남처럼 멀리하는 따위의 현상이다. 『에미』 가운데도 남기범이네가 의지가지없었을 때는 똘똘 뭉쳐서 그들을 푸대접했던 외가 어른들이, 기범이가 회사 사장이 되고 술잔도 사게 되자 태도가 크게 달라지는 대목이 있다.[28]

아직도 남아 있는 문중 의식과 그보다 우세한 개인적 이기주의의 관계를 더욱 명료하게 드러내 보여주는 것은, 이문열의 단편 「분호난장기(糞胡亂場記)」에 나오는 총대(統代) 선거에 관한 이야기다. 이 일인칭 소설은 이야기꾼인 '나'의 고향에서 있었던 어떤 대의원 선거를 주제로 삼고 있거니와, 이야기는 유권자 5천 명도 못 되는 면에 입후보자가 13명이나 난립한 데서 시작된다. 그 13명 가운데 6명은 '나'의 족인(族人)이거니와, 문중에서는 집안

27 윤흥길, 『에미』, p.180.
28 같은 책, pp.158–159.

끼리의 산표를 막기 위하여 문회(門會)까지 열고 입후보자들의 조정에 나섰으나, 웃어른들의 간곡한 분부와 설득에도 불구하고 입후보자 본인들의 개인주의적 고집으로 인하여 그 조정이 잘 이루어지지 않았던 것이다.[29]

일가끼리 서로 돕는 것은 우리나라의 전통적 미덕으로 알려져 왔다. 그리고 상호 부조의 미덕이 제대로 실천되기 위해서는 도와주는 편에 자발성과 적극성이 있어야 한다. 그러나 우세한 이기주의의 경향 속에서 가문 의식에도 자기중심적 사고가 발동하는 오늘의 한국에 있어서는, 돕는 편보다도 도움을 받는 처지에 놓인 편이 더욱 적극적으로 나오기가 쉽다. 쉽게 말해서, 주고자 하는 의사보다도 받기를 기대하는 의사가 앞서는 것인데, 이러한 사례는 소설 가운데서도 흔히 발견된다.

박영준의 『가족』 가운데 주인공 강여사에게 그의 맏동서가 돈을 요구하는 대목이 있다. 강여사가 돈 많은 하사장과 재혼을 하게 되었다는 소문을 듣고 찾아온 것인데, 그전에 백만 원 빌려 간 것에 대해서는 이렇다는 말 한마디도 없이 또 돈을 요구한다. 강여사는 일단 사절하지만, 집요하게 요구하는 맏동서의 성화에 못 견디어, 결국 40만 원을 또 마련해 주기로 약속한다. 그것은 주는 것이기보다도 빼앗기는 것에 가깝다.[30] 박완서의 단편 「어떤 야만」은 재일 교포인 친척의 덕을 보려고 하다가 도리어 사기를 당하는 사람의 이야기를 희극조로 다루고 있다.[31]

가족 또는 가문에 관한 사람들의 의식에도 개인차가 많다. 아직도 공동체로서의 가족 또는 가문에 대한 정열이 강한 사람들이 있는가 하면, 가족이나

---

29 이문열, 「분호난장기」, 『어둠의 그늘』, 문학출판사, 1981, p.191.
30 박영준, 『가족』, pp.393-394.
31 박완서, 「어떤 야만」(1976), 『뿌리깊은 나무』.

가문에 대한 성의를 거의 찾아보기 어려운 철저한 개인주의자도 있다. 따라서 일률적으로 말하기는 어려우나 그런대로 어떤 추세나 경향을 발견함은 가능할 것이다. 대체로 말해서, 농촌 사람들과 노년층에는 전통적 가족 의식이 아직도 상당히 남아 있고, 도시 사람이나 젊은 세대에도 가족 또는 가문을 아끼는 의식이 다소간 남아 있기는 하나, 자기중심적 개인주의의 물결에 밀려서, 우리나라의 전통적 가족주의는 점차 약화되어 가는 추세에 있다는 것이 지금까지의 우리들의 관찰이었다.

3. 가족 내의 인간관계

위에서 우리는 근래 한국의 가족제도와 한국인의 가족 의식이 변화해 가는 일반적 추세를 거시적으로 살펴보았다. 농촌과 도시의 차이, 늙은 세대와 젊은 세대의 차이, 소속과 참여에 대한 욕망과 개인적 자아의식의 관계 등을 전체적으로 훑어보았다. 다음은 남편과 아내, 부모와 자식, 형제와 자매 등을 따로따로 나누어, 가족적 인간관계의 이모저모를 개별적으로 살펴보기로 한다. 우선 남편과 아내의 관계부터 시작하기로 하자.

1) 두 개인으로서의 부부

윤흥길의 『에미』의 주인공 '어머니'는 사팔뜨기였던 까닭에 결혼한 지 얼마 못 가서 소박을 맞았다. 남편이 집을 나가서 다시는 돌아오지 않은 것이다. 소박을 맞은 뒤에도 '어머니'는 평생 수절을 했을 뿐 아니라 남편을 남편으로 생각하며 일편단심 그가 돌아오기만 고대하였다. 그녀가 할 짓 못할 짓 다해 가며 모은 돈으로 새 집을 지었을 때, "어머니는 다른 무엇보다도 큰방을 꾸미는 일부터 시작했다." 손수 도배 장판을 하고 콩기름을 먹이는 등 부지런을 떨었다. 아무 때나 사람이 들어 살 수 있도록 방 꼴이 갖추어진 다음에는 온갖 가구를 들여놓았다. 그러고는 날씨가 추워지면 아궁이에 불을 지펴 구들장에 냉기가 돌지 않도록 보살폈고, 장마가 질 때는 습기가 차지 않도록 또 군불을 넣었다. 그러나 아무에게도 그 방을 사용하는 것은 허락하지 않고 비워 두었다. 어느 날 갑자기 남편이 돌아오더라도 불편함이 없도록 항상 준비를 하고 있었던 것이다.[32]

'어머니'의 남편이 집을 찾아 돌아온 적이 꼭 한 번 있었다. 6·25 사변이 났을 때 그는 도청의 고급 공무원의 신분이었고 따라서 쫓기는 신세가 되었던 것인데, 피신할 만한 곳이 마땅치 않아 자기가 버린 옛집을 찾아왔던 것이다. 그때 '어머니'는 밤을 새워서 집 뒤 산기슭에 움집을 파고 그 속에 자기를 버린 남편을 숨겨 주고는 여드레 동안이나 뒷바라지를 했다. 그러나 그곳도 안전하지 못하여 다른 곳으로 피해 가다가 남편은 결국 잡히게 되거니와, 남편의 체포 소식을 들은 '어머니'는 40리 길을 걸어 전주를 찾아갔고, 남편이 갇혔을 것으로 짐작되는 그곳 형무소 근처를 배회하였다. 한나절을 서성거리다 그녀는 다시 먼 길을 걸어서 금산사가 있는 모악산을 찾아갔다. 영험하기로 소문이 난 그곳 미륵불에게 남편의 석방을 기원하기 위해서였다. 그녀는 이틀마다 금산사 미륵상을 찾아가 꼬박 철야 기도를 드렸다.[33]

'어머니'의 아들 기범은 집을 버린 아버지를 원망했고, '아버지'라는 말을 거부하고 언제나 '그 사람'이라고 불렀다. 기범의 그러한 태도를 '어머니'는 몹시 못마땅하게 생각했고, "숨이 붙어 있는 동안에 이 에미는 니가 그 분을 아버님이라고 부르는 소리를 듣고 싶었느니라." 하며 임종의 자리에서 애원하

---

32 윤흥길, 『에미』, p.81.
33 같은 책, pp.198~203.

다시피 말했다.[34]

『에미』의 여주인공이 남편에 대해 취한 헌신적 태도는 현대 한국의 아내들의 일반적 경향과는 상당한 거리에 있다고 보아야 할 것이다. 그것은 차라리 옛날 전통 사회에서 한국의 아내들이 취했던 태도의 전형(典型)에 가까울 것이다. 그러나 농촌의 할머니들 가운데는 아직도 옛날 전통 사회의 어머니상을 간직한 부인들이 남아 있음을 부인하기 어려울 것이다. 1960년 전후만 하더라도 남편에게 무조건 헌신적인 아내들이 경향 각지에 적지 않았고, 지금도 그런 사람들이 더러는 남아 있을 것으로 보인다. 4·19 당시를 배경으로 삼은 강신재의 『오늘과 내일』에 나오는 오숙희 여사도 그러한 여자에 가깝다. 오숙희는 자유당 시대에 영화를 누렸던 어느 국회의원의 아내이거니와, 그녀는 남편의 출세를 위한 내조에 있어서나 남편이 수사 당국에 의해서 쫓기고 있을 때나 변함없이 헌신적인 아내로 일관하였다.[35]

남편에게 무조건 헌신적인 아내의 수보다도 아내에게 무조건 헌신적이기를 바라는 남편의 수가 더 많을 것이다. 대체로 말해서, 한국의 남편들은 아내의 태도에 대하여 보수적이다. 최인호의 단편 「타인의 방」은 밤늦게 술에 취해서 돌아온 남편이 아파트 현관 문을 두드리는 이야기로부터 시작된다. 그의 호주머니에도 열쇠가 들어 있었지만, 그것을 사용하지 않고 굳이 초인종을 누르고 현관 문을 두드렸다. 남편이 귀가했을 때, "문을 열어 주는 것은 아내의 도리이며, 적어도 아내가 문을 열어 준 후에 들어가는 것이 남편의 권리가 아니냐는 생각을" 그가 고수하고 있었기 때문이다.[36] 오정희(吳

34 같은 책, pp.172-173.
35 강신재, 『오늘과 내일』, 『신한국문학전집』, 11권, pp.16-17, pp.38-39, p.43, p.121.
36 최인호, 「타인의 방」, 『신한국문학전집』, 47권, pp.504-505.

貞姬)의 단편 「불의 강」의 '나'는 현모양처 형의 여자는 아니지만, 담배를 피울 때는 남편 모르게 피우고 언제나 그가 오기 전에 창문을 열어 연기를 뽑고 양치질을 했다.[37] 이러한 경우도 역시 그 남편의 보수적인 성향을 간접적으로 말해 주는 것으로 해석할 수 있을 것이다.

아직도 남편을 하늘처럼 섬기는 아내가 간혹 있을지도 모르고, 옛날의 가부장적 태도를 고수하고자 하는 남편들도 더러 있을 것이나, 전체적으로 볼 때 과거 전통 사회의 남편들이 누렸던 권위는 점점 떨어져 가는 추세에 있다는 것은 주지의 사실이다. 이러한 사실은 소설 가운데도 직접 또는 간접으로 흔히 반영되고 있는 것을 찾아볼 수 있다.

박완서의 『도시의 흉년』에 등장하는 지대풍은 무력한 남편의 대표처럼 그려져 있다. 그는 경제적으로 무능했고, 수단을 가리지 않고 돈을 모은 아내 덕분으로 호의호식은 하고 있으나, 집안에 있으나 마나 한 존재가 되고 말았다. 아내 김복실 여사는 남편을 아주 무시한다. 기분이 나쁠 때는 딸을 상대로 자기 남편을 '느 아범'이라고 부를 정도다. 김복실 여사의 눈으로 볼 때, 그 남편은 집 안의 가구와 같은 한갓 구색에 불과한 존재였다.[38]

남편은 아내에게 반말을 하고 아내는 남편에게 존댓말을 사용하는 언어의 관습이 그대로 남아 있고, 남편들에게 남자로서의 우월감과 자존심이 아직도 일반적으로 강하기는 하지만, 아내들도 이제는 내심 동등한 권리를 의식하는 경향이 현저하다. 따라서, 남자들만 밖에 나다니며 온갖 경험을 하고 여자들은 집에서 부엌 살림이나 맡는 것을 당연하다고 생각하는 아내는 보기 드물다. 남자들과 마찬가지로 뛰쳐나가고 싶은 생각을 실천에까지 옮기

---

37 오정희, 「불의 강」, 『불의 강』, 문학과지성사, 1977, p.23.
38 박완서, 『도시의 흉년』, 제1권, p.25, pp.52~53, p.180, p.219.

지는 못하는 아내들도 집 안에만 갇혀 있는 생활에 적지 않은 불만을 느끼는 사례가 많다. 오정희의 단편소설 「봄날」은 단조롭고 지루한 삶에 대한 아내의 불만을 주제로 삼은 작품이다.

일인칭 소설인 「봄날」의 이야기꾼 격인 '나'는 자기의 남편을 독자들에게 소개할 때, '그이'라는 말 대신 '승우'라는 이름을 사용함으로써 그 부부 사이의 거리를 암시하고 있다. '나'는 늘 퉁명스럽고 심드렁한 남편 승우를 대단하게 여기지 않는다. 남편이 집에 있을 때나 없을 때나 사는 것이 따분하다.

> 우리 생활의 대부분을 차지하고 있는 것은 콜라와 은빛 가느다란 독침으로 빈틈없이 꽂히는 개털이었다. 있는 건 오직 개털뿐이야. 그 왼 모두 점점 텅비어 가고 그 빈 공간을 오직 개털만이 분분히 날리고 있는 거야. 나는 진저리를 쳤다. … 거기에는 이상하게도 사람을 질식시키는 것이 있었다.[39]

> 나와 승우와의 사이에 또한 집 안 전체에 충만해 있는 절대로 깨어질 리 없는, 나뭇잎 하나도 흔들릴 수 없이 잠겨 있는 평화에 나는 어떠한 희생을 바쳤던가. 영원히 괴어 있는 물의 진부함. 괴어 있는 물의 평화.[40]

여기 인용한 두 구절은 '나'가 대표하는, 자극 있는 삶을 원하는 여자들의 불만을 아주 잘 그려 주고 있다. 이러한 불만은 옛날 전통 사회의 여자들은 거의 모르고 지냈던 고통이다.

---

39 오정희, 「봄날」, 『불의 강』, p.131.
40 같은 책, p.132.

저녁에 돌아올 시간이 늦어질 것이라고 예고하고 승우가 나간 뒤의 집은 더욱 적막하다. '나'는 잠시 개를 애무해 보지만 성에 차지 않는다. 홀로 무료하게 있는데 남편의 후배인 졸업반 학생이 찾아왔다. 후배는 선배가 집에 없음을 알고 바로 돌아서려고 했으나, '나'는 굳이 그 초면의 청년을 방으로 끌어들인다. 이를테면 은근한 유혹의 손길을 뻗친 셈인데 결과는 미수에 그친다. 일이 불발탄으로 끝을 맺은 것은 '나'의 자제력 때문이 아니라, 그 대학생이 '밥맛 없는 사내', 즉 순진한 청년이었기 때문이다. 아무 일 없이 청년이 돌아간 뒤에 '나'는 거울을 보며 울었다.[41]

권태로운 중년 부인의 '고독'에 연유하는 위기가 언제나 불발탄으로 끝나고 마는 것은 아니다. 때로는 불륜의 관계로 떨어지는 수도 있다. 박영준의 『고속도로』에 등장하는 오여사는, 남편이 캐나다로 돈벌이 떠난 사이에 장차 사위가 될 사람의 동생인 명수를 유혹하여 향락에 빠진다. 정현웅(鄭賢雄)의 장편소설 『축제의 제목은 욕망』에 나오는 유부녀 한여사는, 성의 개방은 인간 회복의 길이라고 주장하며 대학생 준호를 유혹하는 데 성공하였고, 별장에서 우연히 만난 청년 성윤과도 운우의 정을 나누었다.[42]

물론 소설의 이야기와 같은 사건이 우리 현실 속에서도 어디서나 예사로이 일어난다고 보기는 어렵다. 드물게 일어나는 까닭에 소설의 이야깃거리가 되기도 할 것이다. 그러나 부부를 일심동체로 생각하던 전통적 관념이 크게 흔들리고 있으며, 남편을 무조건 하늘처럼 섬기기보다는 동등한 입장에서 아내도 자신의 독립된 생활을 가져야 마땅하다는 생각이 여자들 사이에 일반적으로 퍼져 가고 있다는 것은 의심 없는 사실이다.

---

41 같은 책, pp.139~147.
42 박영준, 『고속도로』, 『신한국문학전집』, 25권, pp.42-57. 정현웅, 『축제의 제목은 욕망』, 오른사, 1981, p.82 이하, 특히 pp.106-107.

손장순(孫章純)의 단편 「행복과 불행의 거리」는 현대의 남편과 아내가 각각 자기중심적 의식으로써 서로 대하고 있다는 것을, 즉 부부는 '가까운 타인'에 불과하다는 것을, 여실히 보여주고 있다. 이 단편에서 부부로 등장하는 상규와 예선은, 서로 상대편을 위해서 무엇인가 해주고자 하는 마음은 약하고 각각 자기를 위해서 상대편이 무엇인가 해주기를 바라는 마음이 강하다. 배우자를 위해서 자기가 있는 것이 아니라 자기를 위해서 배우자가 있는 것이다.

　대학교수인 남편 상규는 자기의 일과 자기의 오락밖에 모른다. 그의 오락에 있어서 큰 비중을 차지하는 것이 섹스이며, 그 섹스를 위해서 필요한 존재가 바로 아내 예선이다. 그에게 있어서 "가정은 생존경쟁의 전쟁터에서 돌아와 아내의 봉사를 받기만 하는 휴식처"에 지나지 않는다.

　예선은 단순한 섹스보다도 폭이 넓은 순수한 사랑을 갈망한다. "자신의 몸보다도 그녀를 더 아껴 주는 애인을" 가지고 싶은 것이 예선의 가장 큰 소망이었고, 여자의 마음을 사로잡기 위한 수단에 불과했던 결혼 전 상규의 적극적 접근을 순수한 사랑으로 오인하고 그의 결혼 신청을 받아들인 예선이었다. 그녀는 남편이 아내의 생일을 기억하고 다정한 선물을 사다 줄 것을 간절하게 바랐고, 때로는 주말에 여행을 같이 가거나 음악회에 데려가 줄 것을 기대하였다. 그러나 그러한 기대는 번번이 어긋났고, 그래서 그녀는 상규와의 결혼을 잘못된 결합이라고 후회한다.

　상규와 예선의 사이가 부부는 일심동체라던 전통적 관념과는 먼 거리에 있다는 것을 구체적으로 밝혀 주는 사례의 하나는, 언젠가 예선의 생일 기념으로 외식을 했을 때 일어났다. 그날도 옆구리 찔러 절 받는 격으로 예선이 솔선하여 식당 출입을 하게 된 것인데, 남편은 수중에 돈 가진 것이 없다는 핑계로 음식값 지불을 아내에게 떠넘기려 했다. 예선이 가지고 있던 수표로 지불하려다가 거스름돈이 없다 하여 결국 상규의 '비상금'으로 값을 치르게 되었지만, 예선으로서는 남편의 태도가 뜻밖이었고 그의 마음가짐에 적지 않게 기분이 상했다. "주머닛돈이 쌈짓돈이고, 쌈짓돈이 주머닛돈"이라는 전통적 관념과는 달리, 내외간에도 네 돈 내 돈의 구별이 있음을 암시하는 토막 이야기다.

　그와 비슷한 개인주의적 사고방식은 자가용 차 검사 날에 관한 언쟁에서도 나타났다. 날짜 가는 것도 제대로 모르는 남편을 못마땅하게 생각하는 예선은, "차 검사 날이 언제죠?" 하고 하루는 물었다. 이 물음에 이어서 나눈 이 부부의 대화 가운데는 다음과 같은 말이 있다.

　　"그런 걸 왜 나한테 물어보지? 그런 것 하나 관리할 자신이 없으면 내버려 둬."
　　"당신 참 이상하지 않아요? 차를 관리하는 것은 집집마다 남자의 소관인데, 내가 거기까지 신경을 써주는 것만 해도 고맙게 생각하지 않고 왜 화를 내요? …"

　부부간에 돈에도 네 돈 내 돈의 구별이 있듯이, 일에도 네 일 내 일의 구별이 있는 것이다. 상규도 예선도 모두 자기중심으로 사고의 반경(半徑)이 돌아가고 있었던 것이다. 필경 서로 주기보다는 받기를 원하는 이기심으로 말미암아 팽팽한 평행선을 극복하지 못한 것인데, 이러한 현상은 상규와 예선의 가정에서만 볼 수 있는 특수 현상이 아니라, 정도의 차이는 있으나 대개의 가정에서 흔히 찾아볼 수 있는 일반적 현상에 가까울 것이다.[43]

43　손장순, 「행복과 불행의 거리」, 『월간문학』, 1983년 7월호, pp.74-89 참조.

2) 부모의 마음과 자녀의 마음

한국의 전통 사회에 있어서 가부장이 절대적 권위를 누렸다는 것은 주지의 사실이다. 저자의 어린 시절만 하더라도 가장인 아버지 또는 할아버지의 권위는 거의 절대적이었다는 기억이 생생하다.

해방 후에 쓰인 소설 가운데도, 아버지의 권위가 절대적이었던 옛날이야기가 회고담의 형식으로 가끔 선을 보인다. 유재용의 「고목」을 보면, 이야기꾼 '나'는 그의 아버지가 집안에서 절대적 권위를 휘두르던 해방 전 이야기를 회고한다. 이 소설의 주인공 아버지는 자수성가로 부자가 된 사람으로서 돈에 대하여 몹시 무서웠다. 두 아들을 일본에까지 유학을 시킨 것은 그로서는 특별한 용단이었는데, 거금의 학비를 들여 공부를 시킨 큰아들이 대학 졸업반에서 독립운동을 하다가 체포되었다. 귀한 돈 들인 것이 허사가 되었다고 생각한 아버지는 노발대발하여 석방 운동은 염두에도 두지 않았다. 결국 1년 징역의 선고를 받고 복역하다 열 달 만에 가석방되었으나, 옥고로 쇠약한 큰아들은 집에 돌아온 지 한 달 만에 죽었다. 죽은 뒤에도 아버지의 노여움은 풀리지 않았고, 큰아들은 상여도 타지 못한 채 한밤중에 초라한 관 하나로 뒷문을 빠져나가야 했다. 아무도 감히 아버지의 뜻을 거역하지 못했던 것이다.[44]

박완서의 『도시의 흉년』에도, 수연의 대고모 할머니의 회고담 가운데, 가부장이 절대적 권위를 휘두른 이야기가 있다. 대고모의 어머니는 만삭의 몸을 친정에서 풀었는데 남매 쌍둥이를 낳았다. 남매 쌍둥이는 상피를 붙도록 운명지어져 있다는 미신으로 인하여, 산모의 시아버지는 계집애 신생아는

---

44 유재용, 「고목」, 『사양의 그늘』, pp.97-100 참조.

당장에 없애라고 시어머니를 통하여 엄명을 내렸다. 산모는 마지막으로 자기 남편과 의논할 기회를 달라고 애원했으나, 시어머니는 영감님과 의논할 필요도 없이 일언지하에 거절했다. "그 무렵, 부모 모시는 사람이 자식의 역성을 들거나 자식의 일을 저희끼리 결정하려고 드는 것"은 용납될 수 없었기 때문이다.[45]

그러나 저 대고모의 이야기로부터 두 세대가 지난 오늘날은 옛적과 같은 가부장의 권위를 찾아보기는 어렵다. 『도시의 흉년』에 등장하는 수연네 가정만 하더라도 아버지는 명목상 가장의 자리를 차지하고 있을 뿐 실권은 거의 없다. 딸 수연이 아버지 지대풍에 대해서 느끼는 감정은 존경심이나 권위감과는 거리가 멀었고, 일종의 연민 섞인 우정에 가까운 것이었다. 수연에 있어서 그의 아버지는 때로는 경멸의 대상으로 멀리 느껴지기도 하고 때로는 연민의 대상으로서 가까이 느껴지기도 하는 피붙이였다.[46] 이제 자녀들은 부모를 존경의 대상이기보다는 비판의 대상으로 보게 되었고, 그래도 피붙이인 까닭에 한편으로 애착도 느끼는 갈등의 대상으로서 바라보게 되었다.

세상의 부모들도 이제는 자신의 권위가 무너졌다는 것을 잘 알고 있으며, 노후를 위해서는 권위를 대신할 자위책을 강구해야 한다고 믿는다. 박완서의 중편 「유실(遺失)」 가운데 우리는 다음과 같은 구절을 발견한다.

용돈 한두 푼 얻어 쓰기 위해 아낌없이 투자해서 기른 아들 딸한테 수모에 가까운 눈치를 봐야 하는, 그들보다 한 발 앞서 늙은 이들의 뼈아픈 전철을

---

45 박완서, 『도시의 흉년』, 제3권, pp.247-249 참조.
46 같은 책, p.43, p.107 참조.

밟지 않기 위해 그들은 재물을 악착같이 움켜쥐었다. 그들에겐 몇 가지 금기 사항이 있었다. 죽기 전에 분재하지 않기, 죽기 전에 부동산 명의 이전 안 해 주기, 아들이나 사위가 사업 자금 딸린다고 아무리 애걸해도 퇴직금 보따리 안 끌르기 등의 금기 사항은 본인만 엄수할 게 아니라, 남이 행여 어길 기미 만 보여도 집단적인 성토를 아끼지 않을 정도였다. … 돈을 무덤까지 갖고 갈 수 없다는 말은 신식 노인에게는 해당 안 되는 옛말이었다.[47]

「유실」의 주인공 김경태의 "교우 범위 내의 중노인들은 하나같이 이렇게 노후 관리에 철저했다."는 것이다. 김경태의 친지들뿐 아니라 도시에 사는 대부분의 노인층이 그와 대동소이한 태도를 취하거나 또는 그 비슷한 방향 으로 움직이는 것이 오늘날 우리 현실의 추세가 아닐까 한다.

지금도 농어촌 사람들의 생각에는 전통적 사고방식에 가까운 면을 다분히 남기고 있는 것으로 보인다. 우리는 한수산의 장편 『유민(流民)』 가운데 소 박한 농촌 사람들의 가족 관념을 그린 대목을 곳곳에 발견할 수가 있다. 이 작품 속에 등장하는 늙은 세대의 심리 속에는 아직도 전통적 의식의 잔영이 짙게 남아 있고, 젊은 세대의 경우도 도시인에 비하면 보수적 색채가 현저하 다.

『유민』에 등장하는 인물들 가운데서 살림 형편이 가장 넉넉한 최상호와 그의 아들의 경우에 있어서 우리는 농촌의 아버지 마음과 아들 마음의 미묘 한 왕래의 일단을 엿볼 수 있다. 상호의 장남 형주는 교사로 취직이 되어 고 향 마을을 떠나게 되거니와, 맏아들로서 부모의 곁을 떠나는 것에 대하여 죄 책감을 느낀다. 아버지 상호도 속으로는 자식의 떠남을 못마땅하게 생각하

---

47 박완서, 「유실」, 『내일의 한국 작가』, 홍성사, 1982, p.162.

면서 굳이 말리지 않는다. 다만, 경제 사정이 여의치 않아서 살림을 내주지는 못한다고 잘라서 말한다. 형주도 그 점에 대해서는 불평을 하지 않는다. 이렇게 해서 형주 내외는 어린것들 둘만 데리고 빈손으로 떠나거니와, 나가면 고생이 심할 줄 알면서도 작심하고 떠나는 것은 아이들의 장래를 위해서라고 다짐한다.[48] 형주 내외의 입장에서 볼 때, 그들의 부모보다도 자식들의 장래가 더 소중한 것이다.

상호의 둘째 아들 형태는 본래 진실성이 부족한 청년으로 별다른 명목도 없이 집을 떠나갔다. 두 아들을 객지로 떠나보낸 상호는 늙은이끼리의 삶에 허전함을 느껴 이웃 마을에 사는 사돈 종구를 찾아갔고, 술잔을 기울이면서 그들이 나눈 대화의 결론은 늙어 갈수록 더욱 자식이 품 안에 있어야 한다는 것이었다. 이때 '자식이 품 안에 있다' 함은 여러 가지 뜻을 포함한 말일 것이다. 단순히 한집에 산다는 것뿐 아니라, 자신들이 못다 한 일을 자식이 이어받아 끝을 맺어 주는 것까지 포함한 여러 가지 기대의 뜻을 아울러 가진 것으로 보인다. 상호는 깊은 골의 물을 양지말로 끌어내는 수로(水路)를 만들어 밭을 논으로 만드는 역사를 구상하고 있었다. 그 일의 시작은 자신이 하고 끝맺음은 자식들이 해주었으면 하는 희망을 버리지 못하였다.[49]

도시와 농촌을 막론하고, 한국의 부모들은 노후를 자식에게 의존하고자 하는 마음보다는 자식들의 장래에 대한 책임감이 강한 것으로 보인다. 『유민』의 등장인물 가운데 달평이라는 가난한 뱃사공이 있거니와, 그는 아들의 제대를 앞두고 강술을 마시며 몹시 심란해 한다. 그 모습을 본 친구가 까닭을 물었을 때, 달평은 다음과 같이 하소연을 한다.

48 한수산, 『유민 · 깊은 강』, 고려원, 1982, pp.108-120 참조.
49 같은 책, pp.256-262.

"너도 자식 새끼 기르재. 생각을 좀 해봐라. 제밀 허는 거 좋지. 그런데 좋음 뭘 허냐? 집구석이라고 와 봐야 다리 뻗을 방이 있냐. 애비라는 게 뒤를 댈 힘이 있냐. 부쳐 먹으라고 내줄 땅마지기가 있냐. 애비된 맘이 뭐가 편헐 게 있겠냐 말이다."[50]

이 하소연 가운데 아들의 장래를 위해서 어떤 보장을 해줄 책임이 있다는 강한 의식이 깃들어 있음을 보거니와, 아버지의 이러한 책임감은 두 아들을 위해서 재혼을 보류한 박영준의 『고속도로』의 명배 아버지의 경우에서도 발견된다.[51]

아들 또는 딸의 장래에 대한 강한 책임감의 배후에는 자녀와 자신을 동일시하는 심리가 있다. 다시 말하면, 자녀에 대한 부모의 책임감은 타인에 대한 의무감의 심리에 바탕을 둔 것이기보다는 자기의 신분에 대한 애착의 심리를 바탕으로 삼은 것, 즉 일종의 자애지정(自愛之情)이다. 최인훈의 『회색인』의 주인공 독고준이 대학에 들어갔을 때, 그의 아버지는 "너만 성공하면 내 고생은 아무 일도 없다."고 말하며 자식의 경사가 곧 자신의 경사임을 말했다.[52] 또 박경수(朴敬洙)의 자전적 장편의 주인공 강문호가 검정고시에 합격하여 급사에서 국민학교 교사로 승진했을 때, 가난한 농사꾼인 그 부모는 "너만 잘되면 우리는 굶어도 좋다."고 하며 기뻐하였고, "이젠 동네 사람들도 우리 집을 전처럼 보지는 않는다."고 우쭐댔다.[53]

자녀를 자신과 동일시하는 심리는 아버지보다도 어머니에게 더욱 강하

---

50 같은 책, pp.348-351.
51 박영준, 『고속도로』, 『신한국문학전집』, 25권, p.9.
52 최인훈, 『회색인』, p.29.
53 박경수, 『동토』, 행림출판사, 1978, pp.55-57, pp.215-219 참조.

다. 박완서는 『도시의 흉년』에서 수연 엄마의 친구들에 관하여 다음과 같이
서술하고 있다.

엄마의 포목 장수 친구들은 반 이상이 과부들이었다. 오로지 자녀들만을
위해 돈 버는 재미로 사는 수절 과부들. 그녀들은 딴 직업 여성들과 달라서
명실공히 수절 과부들이었다. ‘오직 자식들만을 위해 살다 간 나의 어머니,
여기 잠들다’ 라는 묘비명(墓碑銘)이 가장 잘 어울릴 과부 어머니들 …[54]

자녀에 대한 열성이 대단한 것은 과부 어머니들에 국한된 현상이 아니다.
수연 어머니는 과부는 아니지만 과부들 못지않게 자녀들 특히 아들 수빈에
게 헌신적이었고, 소설의 소재가 되지 않은 대부분의 한국 어머니들은 자녀
들의 영욕(榮辱)을 자신들의 영욕과 동일시하는 심리가 매우 강하다.

동일시의 심리는 자녀들 쪽에도 있다. 유재용의 장편 『비바람 속으로 떠
나가다』에서 우리는 아버지의 잘못을 아들이 대신 사과하는 사연을 읽게 된
다. 이 소설에서 일제 때 금성군 제일 가는 재산가로 등장하는 한영섭은 술
장사 하는 장전댁에 접근하여 딸 귀자를 낳게 했으나, 귀자가 자기의 핏줄이
라는 것을 인정하지 않는 비정으로써 장전댁 모녀를 불행하게 만들었거니
와, 한영섭의 아들 지웅은 이복 여동생에게 아버지의 잘못을 진심으로 사과
했던 것이다. 그는 “아버지가 끝내 잘못을 뉘우치지 못하실 경우에는 내가
아버지 빚을 물려받아 갚아 주겠어.”라고까지 말하고 있다.[55]

부모의 부덕(不德)에 대하여 수치감을 느끼는 동일시의 심리는 박완서의

---

54 박완서, 『도시의 흉년』, 제1권, p.214.
55 유재용, 『비바람 속으로 떠나가다』, 소설문학사, 1982, pp.88-92 및 p.152 참조.

『도시의 흉년』에서도 여러 곳에 나타나 있다. 이 소설에서 아버지로 등장하는 지대풍은 숨겨 둔 여자에게 아이를 낳게 했을 뿐 아니라, 자기 자신에게 경제적 능력이 없으므로, 아내가 포목 장사로 번 재산을 훔쳐 내서 숨겨 둔 모자에게 빼돌린다. 한편 남편을 성적 불구로 잘못 알고 있는 어머니 김복실은 운전기사 최씨와 불륜의 관계를 맺었다. 이 두 비밀을 모두 알게 된 수연은 다음과 같은 독백을 한다.

> 엄마의 잘못도 아버지의 잘못도 용서할 수가 없다. 차라리 고아이고 싶다. … 고아일 수만 있다면 엄마의 간밤의 나쁜 짓이 나와 무슨 상관이란 말인가. 날이 갈수록 징그러운 발전을 거듭하는 아버지의 간지가 나와 무슨 상관이란 말인가. 나와는 아무 관계도 없는 일이다.[56]

부모가 자녀를 자기와 동일시하는 심정과 자녀가 부모를 자신과 동일시하는 심정은, 그것이 둘 다 동일시(identification)의 심리라는 점에서는 공통성을 갖지만, 그 내면에는 상당한 차이점도 있는 것으로 보인다. 자녀를 자신과 동일시하는 부모의 마음의 핵심을 이루는 것은 애정이요 애착이다. 자녀들의 성공이 곧 나의 성공이요, 자녀들의 행복이 곧 나의 행복이다. 자녀들은 내 생명의 연장으로서 내가 하려다 못다 한 일의 끝마무리를 해줄 나의 후계자다. 그러므로 부모는 자기 자신을 사랑하듯이 자녀를 사랑하며, 자신에게 애착을 갖듯이 자녀에게 애착을 갖는다. 알기 쉽게 말하자면, 부모는 자녀를 자기 자아의 핵심적 부분으로서 자기와 동일시한다.

그러나 자녀들의 동일시의 심리는 좀 다르다. 자녀는 부모를 자기 자아의

---

56 박완서, 『도시의 흉년』, 제3권, pp.154-155.

핵심적 부분으로서가 아니라 주변적 일부로서 자기와 동일시한다. 부모에 대해서 갖는 자녀의 동일시 심리는 뜨거운 애정이나 애착 없이도 가능하다. 자녀는 부모를 자신의 변두리의 한 부분을 차지하는 존재로서 의식하는 까닭에, 만약 그 부분이 마음에 들지 않을 경우에는 차라리 그 부분을 잘라 버리는 편이 자기를 위하는 길이라는 생각을 가질 수도 있다. 어쨌든 자녀가 부모와 끝까지 운명을 함께해야 한다는 강한 충동을 느낄 경우는 드물며, 따라서 부모의 행복을 위해서 온갖 힘과 정성을 쏟아야 한다는 뜨거운 애정을 느낄 경우도 드물다.

그러나 부모는 자녀를 자기 자아의 중심부를 차지하는 자신의 일부로서 의식하는 까닭에, 마음에 들지 않는다고 해서 잘라 버릴 수가 없다. 잘라 버릴 수 없는 핵심적 부분인 까닭에 끝까지 운명을 함께해야 하는 것이며, 그 부분을 살리기 위해서 최선을 다해야 한다고 느끼는 것이다.

3) 시어머니와 며느리의 사이

며느리도 자식이라는 말이 있기는 하지만, 우리나라 가정에 있어서 며느리의 위치는 자못 미묘한 것이고, 특히 시어머니와 며느리의 갈등은 전통적으로 여러 가지 문제의 근원이 되곤 하였다. 현대에 이르러 고부의 사이는 옛날에 비하여 많이 달라지긴 했으나, 아직도 여러 가지 문제점을 안고 있는 것으로 보인다. 우선, 가정 문제를 주로 다룬 박완서의 『도시의 흉년』 가운데 여기저기 단편적으로 보이는 고부간의 갈등상을 살펴보기로 하자.

수연의 어머니, 즉 『도시의 흉년』이 소개하는 가정에 있어서 대들보격이요 실권자이기도 한 김복실도 지대풍에게 시집을 당시에는 구박이 자심한 새며느리에 불과했다. 지대풍과 김복실이 결혼한 것은 해방되기 전해였는데, 그것은 지대풍이 징병으로 끌려 갈 것을 내다보고 사지(死地)로 떠나기 전에 씨나 받아 놓자는 지씨(池氏) 집안의 계산을 따른 야만적 중매 결혼이었다. 그러나 18세의 어린 나이로 지씨 집안의 씨받이 며느리로 들어온 김복실은 남편이 전쟁터에 나가기 전에 잉태하지 못했고, 그래서 생과부가 된 처지에 대하여 위로는커녕 갖은 구박을 시어머니로부터 받아야 했다. 시어머니는 툭하면 눈을 모로 뜨고 다음과 같은 푸념을 맞대 놓고 퍼부었던 것이다.

"아유, 내가 눈에 뭐가 씌었지. 어디 계집이 없어 고르고 골라 저런 돌계집을 이 손 귀한 집안에다 들였을꼬. 그래도 명색이 계집이란 게 엉덩짝이라곤 없이 꼭 아녀석 궁둥이 모양 착 달라붙었으니 무슨 수로 수태를 한담. 공연한 짓 해서 이 비상 시국에 식구만 하나 늘렸으니 아이고 내 팔자유."[57]

시어머니의 구박을 김복실은 죽은 듯이 잘 참아 냈고, 다행히 남편도 죽지 않고 돌아왔다. 그러나 돌아온 남편은 애국인지 정치인지 한답시고 설치고 돌아다니기에 바빠서 가정일은 오불관언이었다. 그러던 중에 6·25 전쟁이 일어났고, '애국자' 지대풍은 가족을 버려 두고 피난을 갔다가 수복 후에 일단 돌아왔으나, 곧 다시 제2국민병으로 소집을 당하여 집을 떠나갔다. 이 같은 전란의 와중에서 지대풍의 가정을 지킨 것은 며느리 김복실이었다. 피난으로 빈집에 들어가서 숨겨 둔 곡식을 가져다가 늙은 시모와 어린 자식의 식생활을 해결했고, 다음에는 부잣집에 들어가서 값진 물건을 반출하여 시장에 내다 팔아 돈을 만들었다. 그리고 그 돈을 밑천 삼아 미군 상대의 색시 장사를 해서 큰돈을 벌었다.[58]

---

57 같은 책, 제1권, pp.42-43.

그렇게 해서 돈을 번 김복실은 이젠 당당한 실력자로 군림하게 되었고, "위세가 등등하던 시어머니도 어느 틈에 며느리 앞에 기가 죽어 유순해졌다." 별다른 마찰도 없이 자동적으로 고부간의 위치가 뒤바뀐 것이다.[59] 결혼 초기에는 시집살이를 하고 고초를 겪던 며느리가 후일에 안방 차지를 하게 되면 세력이 뒤바뀌어 시어머니가 도리어 설움을 받게 되는 것은 우리 사회에 있어서 실제로 흔히 있는 일이다.

고부의 갈등은 김복실 다음 세대에 이르러서도 사라지지 않았다. 다만 옛날과 같은 노골적인 형태의 것이 아니고 은연중의 대립에 가까운 모양으로 바뀌기는 했으나, 그 갈등의 뿌리는 여전히 남아 있었다. 수연의 언니 수희가 약혼을 하고 장차 시어머니가 될 노부인과 함께 도배지를 사러 갔을 때 이미 갈등의 징조가 나타났고, 결혼을 한 뒤에는 수희에게 원한이 쌓이고 쌓일 정도로 갈등은 누적하였다.[60]

한수산의 『유민』에 등장하는 최형주의 아내 자명도 그녀의 계시모 황씨에게 적지 않게 부대꼈다. 시아버지 상호는 며느리 편을 들어 황씨를 나무라기도 했지만, 도리어 사태를 더욱 나쁘게 만들었을 뿐이다. 그래서 며느리 자명은 어린 딸 지윤에게 '소쩍새'의 슬픈 전설을 거듭 이야기해 주곤 하였다.[61]

고부 사이의 갈등 문제는 박영준의 『가족』 가운데도 일부 나타나고 있다. 『가족』 가운데서 시어머니의 자리를 차지하는 강연화 여사는 며느리를 구박한 일이 없었지만, 외아들인 강우와 한집에 살기를 원했던 것과 친정의 사회

58　같은 책, p.43 이하 참조.
59　같은 책, p.49.
60　같은 책, 제2권, pp.148–149, p.280 참조.
61　한수산, 『유민』, pp.54–55, pp.61–62 참조.

적 지위가 우세한 며느리 명주 쪽에서 남편 강우의 역성에 힘입어 아니꼽게 구는 데서 갈등이 일어났다. 모든 것을 강여사가 양보하고 아들과 며느리 하자는 대로 따라감으로써 문제는 수습이 되었지만, 결국 이 경우에는 시어머니 쪽이 당하는 결과가 되었다.[62]

며느리가 시어머니에게 당하기도 하고 시어머니가 며느리에게 당하기도 한다. 그 형태는 여러 가지로 차이가 있지만 우리나라에 있어서의 고부간의 갈등은 대개의 가정이 경험하는 일반적 현상이다. 이 일반적 현상의 원인 가운데서 가장 큰 비중을 차지하는 것은 아들에 대하여 지나치게 애착하는 한국적인 모정(母情)일 것이다. 앞에서 아버지가 자녀에 대해서 갖는 동일시의 심리를 살펴본 바 있거니와, 부모가 자녀에 대해서 갖는 애착 가운데서도 아들에 대한 어머니의 그것은 유난히 강렬하다. 때로는 이 애착의 강렬도가 병적으로 심하기도 하여서 그것이 며느리와의 갈등의 원인이 된다는 것은 널리 알려진 사실이다.

아들에게 뜨거운 애착으로 대하는 어머니의 태도는 소설에도 가끔 반영된다. 6·25 전쟁이 일어나고 공산군이 젊은이들을 의용군으로 내몰았을 때, 남편 보고 아들 대신 의용군에 나가라고 성화를 부린 「고목」의 모정은 그 대표적인 예라 하겠다.[63] 그 밖에도, 평생을 두 아들을 위해서 살았다 하여도 과언이 아닌 윤흥길의 「에미」의 주인공의 경우도 그것이고, 아들 수빈을 위하는 일이라면 못할 짓이 없었던 「도시의 흉년」의 김복실의 경우도 그것이다.

---

62 박영준, 「가족」, 「신한국문학전집」, 25권, pp.280-286, pp.297-302.
63 유재용, 「고목」, 「사양의 그늘」, p.114 참조.

4) 형제와 자매

형제와 자매 또는 남매의 관계는 부부, 부자, 모녀, 모자, 고부 등의 관계에 비하면 감정의 유대와 갈등이 약한 편이다. 결혼을 한 뒤에도 형제가 같은 집에 살던 옛날의 대가족제도 아래서는 형제 사이의 우애의 문제가 가족윤리에 있어서 상당한 비중을 차지하기도 했지만, 장성한 뒤에는 으레 따로 살기 마련이고 유산이 있을 경우에는 분배의 원칙이 법으로 정해져 있는 오늘날에 있어서는, 형과 아우 사이에 심각한 문제가 생기는 경우는 비교적 드물다. 따라서, 『흥부전』의 경우와 같이 형제의 관계를 소설의 주제로서 부각시킨 작품은 근래에 보기 드문 것으로 안다. 다만 현대에 있어서도 형제나 자매의 관계가 가까운 인연으로 맺어져 있음에는 다를 바가 없으며, 소설에 있어서도 비록 주제의 위치에는 오르지 않더라도 부차적인 언급의 대상이 된 경우는 가끔 찾아볼 수 있다.

김국태(金國泰)가 1970년에 발표한 「물 머금은 별」은 형제간의 대화를 주축으로 삼은 단편이다. 이 단편은 형과 아우 사이의 미묘한 심정을 주제로 삼은 작품으로서 우리나라 형제들의 인간관계의 이모저모를 비교적 잘 보여주고 있다.

「물 머금은 별」에 나타난 형제간의 심리의 첫째는 아우에 대한 형의 권위의식과 이 권위 의식에 대해서 아우가 느끼는 약간의 반발이다. 이 작품에 등장하는 형제 가운데서는 아우가 더 영특하다는 것이 정평이었고, 아우가 만만찮은 말상대가 된 데 대하여 형은 어떤 두려움 비슷한 것을 느꼈으며, 대학생이 가져야 할 마음가짐에 관한 토론에서 아우가 쉽게 자기의 의견에 승복하지 않는 것에 대하여 초조함을 금치 못한다. 논리로써 압도하지 못하므로 자연히 형으로서의 권위의 힘을 동원하는 듯한 인상을 주었고, 형의 권위적 태도에 대하여 기분이 언짢다고 아우는 불평을 했던 것이다. 이러한 대화를 통하여 우리는 이 형제의 사이가 좋으면서도 미묘한 경쟁의식을 가지고 서로 대하고 있음을 알 수가 있다.[64]

김국태의 단편을 통하여 우리가 둘째로 알게 되는 것은 거기 등장하는 형제 사이의 우애가 두텁다는 것, 특히 아우에 대한 형의 사랑이 돈독하다는 사실이다. 아우가 그 뒤에 학원 문제의 주동 학생으로 지목되어 군대에 입대하게 되었을 때, 형은 아우의 만류를 뿌리치고 훈련소까지 동행을 하였으며, 동행하는 기차 안에서의 형제의 수작은 매우 정겨운 것이었다.[65] 모든 가정의 형제들이 다 그렇지는 않겠지만 오늘날 한국의 형제들의 사이는 대체로 좋은 편인 것으로 생각되며, 가족 사이의 갈등 가운데서 형제나 자매의 그것은 비교적 그 빈도와 심각성이 덜한 것으로 보인다.

「물 머금은 별」에서 우리에게 가장 흥미롭게 느껴지는 대목은 작품 끝머리에 보이는 다음 대목이다.

> 자리에 되돌아온 아우는 잠 좀 자야겠다며 비비적거려 형의 무릎을 베고 누웠는데, 아우에게서는 담배내가 풍겨 왔다. 밖에 나가 담배를 피우고 온 모양이었다. 형 면전에서 담배 피우기를 사양하는 아우가 형에게는 느닷없이 기특하게 느껴졌고, 그리고 가슴에 뿌듯이 차 올라오는 것이 있었다.[66]

오늘날 한국의 아우들이 모두 형의 면전에서 담배 피우기를 삼갈지는 의문이다. 그러나 위의 짧은 인용을 통하여 우리는 한국의 가정 윤리에 보수적인 일면이 있음을 엿볼 수가 있을 것이다.

---

64 김국태, 「물 머금은 별」, 『신한국문학전집』, 34권, pp.44-45.
65 같은 책, pp.49-52 참조.
66 같은 책, p.53.

형제의 우애와 그 윤리의 보수적 측면은 강신재의 『오늘과 내일』에 등장하는 만택과 영택 형제의 경우에서도 볼 수가 있다. 5·16 직후에 깡패들을 체포하여 한 줄에 엮어서 서울 시가를 행진하게 한 일이 있었을 때, 메지 마누라의 큰아들 만택도 그 행렬에 끼어 있었다. 4·19 때 활약하기도 했던 그의 아우 영택이 그 행렬을 목격하거니와, 이때 영택은 형 만택에 대하여 미움과 모멸 대신에 애정과 슬픔을 느끼며 눈물을 흘렸다.[67] 이청준(李淸俊)은 그의 중편 「조만득씨」에서 망나니 동생에 대하여 무던히 너그러운 형의 이야기를 소개한다. 이 소설의 주인공 조만득은 본래 마음씨가 착한 사람이기도 하지만, 사사건건 말썽만 부리고 툭하면 돈을 요구하는 못된 아우에 대해서는 특별히 무던하여 끝까지 참고 도와주기를 계속한다.[68]

일반적으로 집안끼리는 서로 도와주어야 한다는 것이 한국의 전통적인 관념이기도 하지만, 특히 형은 아우의 뒤를 받쳐 줄 의무가 있다는 생각이 아직도 상당히 남아 있는 것으로 보인다. 유재용의 「사양(斜陽)의 그늘」에서 우리는 형이 자기에게 한몫 떼어 주지 않았다고 평생 원망하는 아우의 이야기를 읽는다. 이 일인칭 소설의 이야기꾼인 '나'의 아버지는 자수성가하여 돈을 모았거니와, 그렇게 모은 재산을 굳게 움켜쥐고 하나밖에 없는 동생에게 나누어 주지 않았다. 조상의 유산도 아니고 형이 직접 번 재산이지만, 그것을 나누어 주지 않은 데 대하여 아우되는 분, 즉 '나'의 작은아버지는 두고두고 원망을 했던 것이다. 그리고 이 원망을 들은 '나'도 아버지가 '형 노릇을 잘못했다'는 것을 인정한다.[69]

자매의 사이도 형제의 사이와 근본은 같다고 보아야 할 것이다. 그러나 현

---

67 강신재, 『오늘과 내일』, 『신한국문학전집』, 11권, pp.139-140 참조.
68 이청준, 「조만득씨」, 『내일의 한국 작가』, p.28 참조.
69 유재용, 「사양의 그늘」, 『사양의 그늘』, pp.39-40 참조.

실적으로는 자매간의 의식과 형제간의 의식 사이에 다소의 차이가 있는 것으로 보인다. 그 차이의 어떤 것은 여성 심리의 특수성에 기인하고 다른 어떤 것은 남성과 여성의 사회 문화적 위치의 차이에 기인하는 것으로 보인다.

박완서의 『도시의 흉년』은 가족 내부의 복잡한 인간관계를 다루고 있거니와, 이 작품 속에 나타난 수희와 수연 두 자매의 관계는 대단히 미묘하다. 같은 부모의 소생임에도 불구하고, 이 자매 사이에는 일종의 불협화(不協和)에 가까운 심리가 왕래한다. 특별한 이유가 있는 것도 아닌데 서로 가시 돋힌 말로 신경을 건드리기도 하고, 때로는 악의에 찬 말다툼을 하기도 한다. 이를테면 공연한 갈등이 가끔 생기는 것인데, 그 갈등의 심리적 근원은 여자에게 흔히 있는 시샘인 것으로 보인다. 두 자매의 나이 차가 적고, 부모와 할머니의 사랑이 주로 외아들인 수빈에게로만 쏠리고 있다는 상황이 그들의 시샘을 더욱 촉진했을지도 모른다.

가끔 시샘도 하고 말다툼도 하지만 수연과 수희 사이에는 같은 동기로서의 애정도 없지 않다. 그러한 애정이 가장 뜨겁게 발동한 것은 자매에게 각각 불행이 닥쳐왔을 때였거니와, 특히 수연은 자기에게 동기간의 애정이 부족한 것을 뉘우치며, 자기 자신에 대한 혐오를 느끼기도 하였다. 동기간에는 서로 사랑하며 의좋게 지내야 한다는 당위 의식이 살아 있는 것이다.[70]

형으로부터 경제적 지원이 있기를 기대하고 이 기대가 어긋났을 경우에 형을 원망하는 예는 흔히 있으나, 같은 기대나 원망의 심리를 언니나 여동생에 대해서 느끼는 경우는 드문 것으로 보인다. 우리 주변에서도 그런 실례를 찾아보기 어렵고, 소설의 이야기 가운데서도 그런 사례를 발견하기가 어렵다. 아마 우리나라가 전통적으로 남성 위주의 사회여서 경제권이 주로 남자

---

70 박완서, 『도시의 흉년』, 제3권, p.162, p.336 참조.

들에게 있었다는 것과 여자는 출가하면 외인이라는 관념으로 말미암아, 누이나 언니에 대해서는 의존심을 갖지 않는 것이 관례가 된 것이 아닐까 생각한다.[71]

남매의 관계는 형제의 관계와도 좀 다르고 자매의 그것과도 좀 다르다. 형제 사이에 생길 수 있는 경제적 이해관계의 대립도 덜하고, 자매 사이에 생기기 쉬운 시샘의 심리도 희박하다. 대체로 말해서, 남매의 사이는 다정하고 무난한 관계를 유지하는 것이 보통이며, 심각한 갈등이나 문제가 생기는 것은 특수한 경우라고 생각한다.

오누이 사이의 다정한 관계는 시누이와 올케 사이에서 부정적으로 작용할 수도 있다. 고부간의 갈등과 관련하면서 시누이와 올케 사이의 알력이 심각하게 일어나는 사례도 아직 더러 있는 것으로 보인다. 『도시의 흉년』에 등장하는 수연과 순정은 본래 뜻이 통하는 친구 사이였지만, 순정이 수연의 올케가 된 다음에는 은연중의 마찰이 생기기도 하였다.[72]

4. 한국 가족 윤리의 문제점

1) 가족 의식의 차이에서 오는 문제들

무릇 심각한 욕구의 대립 또는 인간적 갈등이 있는 곳에서는 윤리의 문제가 생기게 된다. 사람들이 모여서 사는 곳에는 욕구의 대립 또는 인간적 갈

---

71 형이 동생의 원조를 기대하거나 누이가 남동생의 지원을 당연한 것으로 생각하는 경우는 비교적 드물다. 이것도 장남을 중심으로 경제권이 상속된 우리나라의 전통에 근거가 있는 것으로 볼 수 있을 것이다.

72 박완서, 『도시의 흉년』, 제3권, pp.314-317 참조.

등이 있기 마련이고, 따라서 인간들의 집합으로서의 크고 작은 모든 사회에는 갖가지 윤리의 문제가 생길 수밖에 없다. 그리고 부단히 일어나는 윤리의 문제를 실천적으로 해결하는 것은 모든 생활인의 공동 과제이며, 그 원만한 해결을 위한 이론적 원칙을 제시하는 것은 윤리학의 임무다.

가족 내지 친족도 사람들의 모임, 즉 일종의 사회다. 그것은 규모가 매우 작은 사회이기는 하나, 서로의 관계가 가장 밀접한 까닭에 자칫하면 욕구의 대립 또는 인간적 갈등이 심각하게 생길 가능성을 내포한 까다로운 집단이다.

사람들이 모여서 사는 곳엔 어디서나 문제가 있기 마련이지만, 지난날 전통 사회에 있어서의 한국의 가족에는 욕구의 대립 또는 인간적 갈등은 비교적 적었던 것으로 보인다. 가족을 자아와 동일시하는 '우리 의식' 내지 공동체 의식이 강한 반면에 개인적 자아에 대한 의식은 약했던 까닭에, 개인적 이해관계의 대립에서 오는 갈등이 일어날 소지가 비교적 적었던 것이다. 유교 사상에 바탕을 둔 가부장적 권위가 확립되어 있었고, 가부장의 의사가 곧 가족 전체의 의사로서 수용되는 것이 일반적 현상이었던 까닭에, 가족 내부에 있어서 성원들의 욕구나 의견이 대립함으로써 심각한 갈등이 일어나는 경우는 적었던 것으로 보인다.

그러나 근래에 사정이 크게 달라졌다는 것은 주지의 사실이다. 급격한 사회변동에 따르는 생활 조건의 변화와 서구적 사고방식에서 그 전형을 찾아볼 수 있는 개인적 자아의식의 발달로 말미암아, 우리나라 전통적 가족 윤리에 동요가 오기 시작한 것이다. 가족을 구성하는 성원들이 여러 자아로 나누어지는 동시에 그 사이에 인간적 갈등이 자주 일어나게 되었고, 그 갈등을 지혜롭게 해소할 수 있는 보편적 원칙이 아직 수립되지 못한 단계에 있는 실정이다. 이제 역사적 전환기에 처한 우리 사회에 있어서 한국의 가족 윤리가 안고 있는 문제의 뿌리가 무엇인가를 대략 살펴보기로 하자.

첫째로, 가족에 대한 의식의 차이에서 오는 문제들이 있다. 이미 앞에서도 살펴본 바와 같이, 오늘날 한국 사람들이 가족에 대하여 가지고 있는 의식, 특히 그 윤리 의식은 모든 사람에 있어서 한결같거나 비슷하지 않다. 농촌과 도시가 다르고 늙은 세대와 젊은 세대가 다르다. 대체로 말해서, 농촌 사람들과 늙은 세대에는 전통적 가족주의가 많이 남아 있고, 도시 사람들과 젊은 세대에는 서구적 개인주의의 경향이 강하다. 가족 내지 가문에 대한 애착심이 다르고 같은 피붙이 사이의 '인륜(人倫)의 도리'에 대한 견해가 현격하게 서로 다르다.

예컨대 농촌 사람과 늙은 세대 가운데는 노후의 부모를 한집에 살며 모시는 것이 자식된 도리라고 믿는 사람들이 많은 반면에, 도시 사람과 젊은 세대 가운데는 핵가족이 현대에 적합한 제도라고 생각하는 사람들이 수적으로 우세하다. 농촌의 늙은 세대의 의식 가운데는 '가문'에 대한 관념이 강하고 가까운 집안끼리는 자주 왕래하며 서로 도와야 한다는 생각이 많으나, 도시의 젊은 세대 가운데는 당내(堂內)도 남남으로 생각하는 경향이 지배적이다. 농촌과 도시를 막론하고 할아버지와 할머니는 손자와 손녀에 대한 애정과 관심이 깊은 것이 보통이지만, 손자나 손녀가 조부모에 대해서 깊은 애정과 관심을 갖는 경우는 더러는 있겠으나 그리 흔한 편은 아니다. 일반적으로 말해서 시어머니들이 생각하는 '고부간의 도리'와 며느리들이 생각하는 그것 사이에는 상당한 거리가 있다.

이러한 의식의 차이가 문제로서의 성격을 갖는 이유는, 우리의 의식은 남에 대한 기대와 나 자신의 행동을 결정함에 있어서 결정적인 요인으로 작용한다는 사실에 있다. 예컨대, 맏아들은 부모를 모시고 사는 것이 '자식된 도리'라고 믿는 농촌의 늙은 세대는 자기의 맏아들 또는 외아들이 그렇게 해줄 것을 은근히 기대한다. 그러나 그러한 대가족제도는 과거의 유물이며 현대 산업사회에는 적합하지 않다고 믿는 젊은이들은 저희들끼리 살 궁리를 할 공산이 크다. 이리하여 늙은 부모들의 기대는 충족되지 않게 되거니와, 이러한 기대의 어긋남은 의식의 차이가 많은 사람들 사이에서는 어디서나 일어나기 마련이다.

기대의 어긋남은 대체로 불만과 갈등의 원인이 되거니와, 자주 가까이 접촉할 기회가 많은 가족들 사이에 있어서는 특히 심각한 갈등의 원인이 될 위험성이 높다. 따라서, 가족 또는 친족 사이의 갈등을 막기 위해서는 그들 사이에 기대의 어긋남이 극소화하도록 해야 하며, 그 가장 근본적인 대책으로서 우선 가족에 대한 사람들의 의식의 차이를 좁히는 길을 생각하지 않을 수 없다.

여기서 첫째로 부딪치는 것은, 사람들의 의식을 인위적으로 바꿀 수 있느냐 하는 문제다. 사람들의 의식은 생활환경의 여러 조건을 따라서 자연적으로 형성되는 것이며, 인위적 노력으로써 좌우할 수 있는 것이 아니지 않느냐 하는 반론을 예상할 수 있는 것이다. 그러나 우리들의 생활환경이라는 것이 오로지 자연적으로 주어지는 것만은 아니며 그 큰 부분은 사람들에 의하여 만들어진다는 사실을 부인하지 못한다면, 사람들의 의식을 바람직한 방향으로 바꾸도록 노력해야 한다는 주장이 무의미한 공론(空論)이라고 보기는 어려울 것이다. 물론, 사람들의 의식구조를 마음대로 고친다는 것은 사실상 불가능한 일이며, 또 의식의 개조가 어느 정도 가능하다 하더라도 그것이 단시일 안에 이루어질 수 있는 과제는 아니다. 그러나 모든 나라가 실천하고 있는 인간 교육의 노력은 필경 의식의 개조를 위한 노력에 해당하며, 그 노력이 옳은 방향과 방법을 따를 경우에는 크나큰 성과를 거둘 수 있다는 것은 역사적으로 밝혀진 사실이다.

우리가 여기서 둘째로 부딪치는 문제는, 우리들의 가족 의식을 어떤 방향으로 조정하기를 꾀해야 하느냐 하는 문제, 즉 바람직한 가족 의식의 개념을 정립하는 문제다. 이 문제는 여러 가지 견해의 대립을 초래하기 쉬운 문제이며, 섣불리 일방적으로 처리할 수 없는 문제다. 다만, 여기서 우리는 이 문제에 대한 기본적 방향만을 예비적으로 고찰해 보고자 한다.

우리는 현대 의식과 전통 의식의 조화를 꾀하는 방향으로 목표를 정해야 할 것이다. 우선, 날이 갈수록 젊은이들의 개인적 자아의식이 강해져 가는 현대의 추세를 전적으로 반대 방향으로 돌린다는 것은 생각도 할 수 없는 일이다. 그리고 개인주의적 자아의 껍질을 벗어나서 더 큰 자아로서의 '우리' 속으로 나를 융화시킬 때 더욱 인간다운 인간이 탄생한다는 사실도 부인할 수가 없다. 이 두 가지의 엄연한 사실은, 개인인 '나'의 독립성과 주체성을 양도할 수 없는 기본권으로 생각하는 현대적 자아의식과 공동체로서의 가문의 발전 속에 더 큰 자아의 성장을 발견한 전통적 가족 의식의 조화를 꾀할 것을 시사한다. 그러나 이 이질적인 두 가지의 의식을 조화시킨다는 것이 과연 가능할 것인가?

강한 개인적 자아의식과 가족적 공동체 의식을 종합적으로 조화시키는 일은 가능하다고 생각된다. 강한 개인적 자아의식을 가진 사람이 가족에 대하여 확고한 공동체 의식을 갖는다는 것은 논리적으로 모순된 일이 아니며 심리적으로도 가능한 일이다. 강한 개인적 자아의식을 살리기 위해서 우리가 반드시 이기주의자가 될 필요는 없으며, 가족에 대하여 확고한 공동체 의식을 갖기 위해서 우리가 반드시 전체주의자가 될 필요도 없다.

개인으로서의 '나'를 살리기 위해서 양보할 수 없는 것은 나의 주체성이며 나의 이기심은 아니다. 공동체로서의 '우리'를 살리기 위해서 필요한 것은 공동체에 대한 사랑과 협동심이며 개인의 부정은 아니다. 공동체 '우리'를 살리기 위해서 작은 '나'의 작은 이익을 부정할 필요는 더러 있을 것이다. 그러나 그 작은 이익의 부정이 한 개인 자체의 부정을 의미하는 것은 아니다. '나'의 작은 것을 부정하고 큰 '우리'를 위해서 협동할 때 개인의 자아는 더욱 크게 산다. 옛날의 집단적 자아의식의 경우는 여러 성원들이 공동체 '우리' 속에 용해되었다. 이를테면 '우리'가 '나'들을 삼켜 버렸다. 그러나 우리가 목표로 삼고자 하는 개인과 공동체를 조화시킨 개인적 자아의식의 경우에는 공동체가 주체적 자아로서의 '나'의 범위 안으로 포섭된다. 이를테면, '나'가 '우리'를 나의 가슴 안에 품는 것이다.

여기서 말하는 '우리' 즉 공동체로서는 가족 이외에도 직장, 사회 단체, 국가 등 여러 가지를 생각할 수가 있다. 따라서, 위에 전개한 '나'와 '우리'의 조화에 관한 주장은 가족 윤리뿐 아니라 사회윤리 전반에 적용할 수 있는 개념이다. 다만 여러 가지 공동체 가운데서 가족은 그 규모가 가장 작고 또 '나'와는 가장 밀접한 관계에 있으므로, '나'의 가슴속에 품기가 비교적 용이한 공동체다. 그러므로 자아의 범위를 우선 가족으로 확대하고, 그 '우리 의식'을 다시 더 큰 공동체에까지 넓혀 간다면, 가족 윤리의 정립이 사회윤리 전반의 정립을 위한 발판의 구실을 하는 결과가 될 것이다.

개인적 자아의식과 가족적 공동체 의식의 조화 내지 종합에 성공한다면, 그 밖에 남는 문제들은 그 종합의 바탕 위에서 해결할 수 있는 지엽적 문제가 될 것이다. 예컨대, 노후의 부모와 함께 살아야 하느냐 또는 따로 살아야 하느냐 하는 따위의 문제들은, 작은 '나'의 작은 이익에 애착하는 옹졸한 자아의식만 극복되면, 그 높은 차원의 자아의식을 바탕으로 삼고 해결될 수 있을 것이다. 지엽적인 문제들에 대해서 일률적인 해답을 내려야 할 이유는 없을 것이며, '가족의 모든 성원들을 위해서'라는 기본 원칙에 모두 협력하는 태도만 확립된다면, 구체적 상황에 맞는 여러 가지 해결 방안이 가능하게 될 것이다. 노부모를 모시고 사는 것이 옳은 해결 방안이 될 경우도 있을 것이고, 따로 사는 것이 옳은 해결책이 될 경우도 있다는 식의 융통성을 가질 수가 있을 것이다.

바람직한 가족 의식의 개념이 정립된 다음에 우리가 부딪치는 문제는 바람직한 가족 의식을 형성 내지 함양하는 방법의 문제다. 이 문제는 자기교육을 포함한 교육의 방법의 문제에 해당하는 것으로서 교육학자들의 전문적 연구를 통하여 해결되어야 할 문제이며, 이 자리에서 성급한 해결책을 제시할 필요는 없을 것으로 보인다. 의식 개조의 구체적 방안은 교육학 전문가들에게 맡기고 여기서는 다만 한두 가지 기본적인 원칙 문제만 언급해 두고자 한다.

현재 정부 주변에서는 '의식 개혁'의 가치를 앞세우고 국민 의식의 개조를 역설하고 있거니와, 정부가 주도하는 이 운동의 성과는 크게 만족스러운 편이 못 된다. 이와 같은 사실에서 얻을 수 있는 교훈은 가족 의식에 관한 우리 문제에 대해서도 좋은 참고가 될 것이다.

정부가 주도하는 의식 개혁 운동의 반성에서 우리가 얻게 되는 교훈의 하나는 의식 개혁 운동은 한 정부의 사업으로서보다도 온 국민의 사업으로서 추진되어야 한다는 원칙이다. 현대 민주국가에 있어서 한 정권의 수명은 10년을 넘기기 어렵거니와, 국민 의식 개혁의 과제는 그보다 훨씬 오랜 기간을 요구하는 장기적 과제가 아닐 수 없다. 따라서, 국민 의식 개혁 운동은 정권이 교체된 뒤에도 꾸준히 계속될 수 있도록 온 국민의 운동으로서 정착해야 할 것이다. 그리고 이 운동이 국민 운동으로서 정착하기 위해서 가장 중요한 것은 이 운동에 있어서 관료주의적 색채를 배제하는 일일 것이다.

이제까지의 의식 개혁 운동에 대한 반성에서 우리가 얻게 되는 교훈의 또 하나는 '말의 힘'만으로는 이 운동에서 큰 성과를 기대하기 어렵다는 사실이다. 이제까지의 정신 개혁 운동에 있어서는, 구호, 표어, 강연, 설교 등 언어의 힘을 동원하는 방법에 주로 의존하였다. 이 방법은 말을 하는 사람이 듣는 사람의 신뢰와 존경을 받고 있을 경우에는 좋은 성과를 기대할 수 있으나, 그렇지 못할 경우에는 곧 벽에 부딪치게 된다. 따라서 '말의 힘'의 한계를 보완하기 위해서 제도의 개혁을 병행하는 일이 매우 중요하다. 자아의식과 공동체 의식의 조화를 유도하기에 적합한 제도를 수립하는 일은 언어를 구사하는 일보다도 더욱 역점을 두어야 할 정부의 과제다.

2) 남녀의 차별에서 오는 문제들

유재용의 「사양의 그늘」은 임종이 가까운 '아버지'가 '복님'을 찾는 이야기부터 시작된다. 복님은 '아버지'가 술집 여자에게 접근하여 낳게 한 여자아이였으나, '아버지'가 자기 딸이라는 것을 인정하지 않아서 아비 없는 자식으로 커야 했던 여자다. 복님이 '아버지' 얼굴을 그대로 닮았고 복님 어머니가 그 관계를 강력히 주장했지만, 아버지가 복님을 딸이 아니라고 잡아뗌으로써 부양의 책임을 면할 수 있었던 것은, '세상이 남자 편'이었기 때문이다.[73] 박영준의 『가족』의 여주인공 강연화는, 젊었을 때 남편이 아내의 화장을 반대했던 까닭에 외출할 때도 화장을 마음대로 할 수가 없었다.[74]

'복님'이 출생하던 시절이나 '강연화'가 젊었던 시절에 비하면, 지금은 한국 여성의 권익 내지 자유가 크게 신장했다고 볼 수 있을 것이다. 그러나 아직도 남녀의 불평등 현상은 무수히 남아 있다. 1970년대 후반의 사회상을 배경으로 삼은 소설 가운데서 남녀의 차별을 증언하는 대목을 흔히 찾아볼 수가 있다.

오정희의 단편 「불의 강」의 '나'는 자기가 담배를 피운다는 사실을 남편에게 숨기고 있다. 남편이 출근한 사이에 담배를 피우고, 언제나 그가 돌아오기 전에 창문을 열어서 연기를 뽑고 또 양치질까지 하였다. 이 가정은 남편이 완고한 편은 아니어서 아내가 쥐어 지내는 형편이 아닌데도, '나'는 '뚜

---

73 유재용, 「사양의 그늘」, 『사양의 그늘』, p.37 참조.
74 박영준, 「가족」, 『신한국문학전집』, 25권, p.323, p.326 참조.

렷한 이유 없이' 그것을 숨기고 있었다.[75] 뚜렷한 이유도 없이 그것을 숨겨야 했다는 것은, '나'의 가정의 특수한 사정보다도 한국 사회의 일반적 분위기가 여자들의 흡연을 억압하고 있었기 때문일 것이다. 저자가 들은 실화 가운데, 화장실에서 몰래 담배를 피운 사실이 시집 식구에게 알려져서 이혼을 당한 신부의 이야기가 있다. 여성의 흡연이 바람직하냐 아니냐 하는 문제를 떠나서, 유독 여성의 흡연이 문젯거리가 된다는 바로 그 사실에 상징적인 의미가 있는 것으로 보인다.

박완서의 『도시의 흉년』은 1970년대 후반에 발표된 작품이지만, 거기서도 여자가 억울하게 당하는 이야기를 곳곳에서 발견할 수가 있다. 쌍둥이 남매가 같은 해에 입학을 하면 쌍둥이 남매라는 사실을 광고하는 결과가 된다는 이유로, 여자 쌍둥이 수연은 남자 쌍둥이 수빈보다 1년 늦게 국민학교에 입학시킨 이야기, 생일이 같음에도 불구하고 입대한 수빈에게 보낼 생일 음식만 준비하고 집에 있는 수연은 관심 밖에 밀려났다는 이야기 등등. 그 가운데서도 남녀의 불평등을 가장 극적으로 보여주는 것은 암사돈이 수사돈에게 눌려 지내야 하는 풍습에 관한 이야기다.

시집간 딸은 데려다 아무리 극진히 해산 구완을 해도 아들을 낳지 못할 때는 죄인처럼 쩔쩔매며 수사돈을 맞아야 하는 게 암사돈의 억울한 처지였다. 숫제 삼칠일이 지나도록까지 수사돈이나 사위의 방문 한 번 못 받아 보고, 기다리다 지치면 쌀에 미역에 아기 옷까지 새로 장만해 이고 지고, 딸과 어린것을 데리고 사돈댁을 찾아가 쉰 떡 맡기듯이 떠맡기고는, 구박받는 모습이 눈에 선해 눈물을 머금고 돌아서는 게 암사돈의 정해진 서러운 운명이었다.[76]

---

75 오정희, 「불의 강」, 『불의 강』, p.23.

남녀의 차별 대우는 여성들에게만 문제가 되는 것이 아니라 우리나라 모든 사람들의 문제가 된다. 여자아이를 경시하고 남아를 선호하는 일반적 경향이 한국의 인구 문제를 심각하게 만드는 가장 큰 원인이라는 것은 널리 알려진 사실이다. 남존여비의 낡은 관념이 며느리의 '시집살이'라는 불합리한 현상을 당연한 것으로 만들었고, 이 불합리한 현상과 관련해서 한국의 낭비 풍조가 더욱 심해졌다. 약한 처지에 놓인 신부 측에서는 뇌물의 성질을 띤 물건까지 보태서 혼수를 장만해야 하고, 신랑 측에서도 답례를 위해서 또 어느 정도 예산을 추가해야 한다. 근래에는 아파트와 자동차 따위의 큰 재산도 딸려 보내는 사례까지 허다하여, 사치와 낭비의 문제뿐 아니라 그 이상의 폐단을 수반하는 사회문제까지 일으키곤 한다. 그리고 인구의 절반을 차지하는 여성이 차별 대우를 받고 있다는 사실은, 민주주의를 표방하고 있는 우리나라의 국가 목표에 비추어 볼 때도 결코 작은 문제가 아니다.[77]

　기하급수적으로 불어 가는 인구의 문제, 사치와 낭비의 풍조, 물질 위주의 타락한 결혼관, 그리고 비민주적 인간관계 등은 우리들 모두의 심각한 문제이며, 남녀를 차별하는 우리들의 낡은 관념이 저 어려운 문제들을 더욱 어렵게 만들고 있다. 여기서 당연히 얻게 되는 결론은 남자와 여자를 동등하게 대접해야 한다는 그것이거니와, 구체적으로 남녀를 동등하게 대접하는 길이 무엇이며 어떠한 방법으로 남녀 동등의 원칙을 실현하느냐 하는 것이 우리들 앞에 놓여 있는 현실적인 문제다.

　남녀평등 문제의 해결 방안을 전체적으로 다루는 일은 저자의 전공 영역

76　박완서, 『도시의 흉년』, 제3권, p.245.

77　결혼 예물을 위해서 사치품을 사들이는 이야기며, 사람보다도 돈을 보고 배우자를 정하는 타락한 청년의 이야기 등은 우리 주변에도 흔히 있고, 소설에도 여기저기 소개되고 있어서, 굳이 어떤 사례를 들어 증언할 필요가 없을 것으로 보인다.

밖의 일이며, 이 저술의 목표를 넘어서는 과제다. 여기서 저자는 가족 문제에만 관심을 국한하고, 가족 내부에 있어서의 남녀평등의 문제를 해결하고자 할 때 특히 유의해야 한다고 생각되는 몇 가지 점에 대해 언급하는 것으로 만족하고자 한다.

첫째로, 남녀평등을 실현하는 것은 여성을 위해서만 중요한 일이 아니라, 대국적 관점에서 볼 때는, 남성을 위해서도 중요하다는 사실을 잊지 말아야 할 것이다. 지구촌 전체가 존망의 위기에 처해 있는 오늘날, 인류가 두 갈래 또는 세 갈래로 나누어져 맞서서 싸우는 것은 일반적으로 어리석은 일이지만, 특히 남성과 여성이 두 진영으로 나누어져 마치 그 사이에 필연적인 이해의 대립이라도 있는 것처럼 맞서는 것은 어리석기 짝이 없는 일이다. 본래 남성과 여성은 서로 도우며 살기 마련이어서, 원대한 안목으로 본다면, 참으로 여성을 위하는 길과 참으로 남성을 위하는 길은 결국 하나일 수밖에 없다. 그러므로, 여성의 지위가 향상되는 것이 여성들을 위해서 바람직한 일임에 틀림이 없다면, 그것은 남성들을 위해서도 바람직한 일임에 틀림이 없다.

둘째로, 여성의 지위 향상을 위해서 우선 해야 할 일은 여성에게 잠재해 있는 능력의 충분한 개발이라는 사실을 명심해야 할 것이다. 두 사람 사이에 실력의 차이가 있을 때, 실력이 우월한 사람 쪽이 주도권을 잡게 되는 것은 자연스러운 현상이며, 그 반대의 길을 간다는 것은 원칙적으로 어려운 일이다. 가정과 같은 작은 집단에 있어서나 또는 국가와 같은 큰 집단에 있어서나, 그것이 공동체로서의 질서를 유지하고 번영을 누리기 위해서는 지도자 내지 중심적 인물을 필요로 하거니와, 이때 더 슬기롭고 더 능력이 있는 사람이 지도적 위치에 서는 것은 오히려 당연한 일이다. 그런데 종래 여자들이 지도적 위치에 선 사례가 적은 가장 큰 이유는 여자들에게 잠재력을 개발할 기회가 적게 주어졌다는 사실에 있다. 따라서, 여자들이 사회적으로 유력한 위치에 오르기 위해서 먼저 해야 할 일은, 그 위치 자체에 대한 권리의 주장이 아니라, 그 위치에 적합한 실력을 양성할 기회를 확보하는 일이다.

셋째로, 지적해 두어야 할 것은, 남녀의 동등을 위해서 근본적으로 필요한 조건은 남녀가 같은 일에 종사하는 것이기보다도 남자가 하는 일과 여자가 하는 일을 동등하게 평가하는 것이라는 점이다. 아기 낳는 일을 남자가 대신할 수는 없으며, 힘든 근육노동에 종사하여 여자가 남자와 동등한 능률을 올리는 일도 불가능에 가깝다. 그러므로, 여자와 남자가 같은 일에 종사함으로써 동등하게 되기는 어려운 일이며, 서로의 특성을 살려서 다른 일을 하되 그 다른 일의 중요성을 동등하게 평가함으로써 동등하게 되는 길을 찾아야 할 것이다.

넷째로, 강조해야 할 점은, 가계(家系)의 계승과 유산의 상속 등에 관한 현행 친족법 가운데 남녀의 차별을 둔 조항을 시정하고, 그 시정을 따라서 현존하는 법적 차별 대우가 실제로 소멸하도록 힘써야 한다는 점이다. 현대의 민주국가에 있어서 남녀의 차별을 법적으로 보장하고 있는 것은 이해할 수 없는 일이다. 이를 지체 없이 시정해야 할 것이며, 법의 시정을 따라서 현실도 시정되도록 온 국민과 정부가 함께 노력해야 할 것이다.

3 장
남녀관과 성윤리 의식

1. 남성과 여성
2. 남녀의 사랑과 성윤리
3. 결혼관과 결혼 풍속
4. 성도덕의 문제점

3장 남녀관과 성윤리 의식

1. 남성과 여성

1) 여자의 자기 비하

해방 이래 한국 사회는 급격한 변동을 겪어 왔고, 사회 전반의 급격한 변동을 따라서 윤리관 내지 가치관에도 혼란과 변화가 대단하였다. 윤리관 내지 가치관이 전반적으로 변화해 온 과정 가운데서 특히 그 변화의 폭이 큰 것은 성윤리(性倫理) 내지 남녀의 윤리라고 생각된다. 이 장에서 우리는 남녀의 사랑, 결혼 등에 관한 가치관의 문제를 살펴보고자 하거니와, 우선 소설에 나타난 한국인의 남녀관부터 살펴보기로 한다.

해방 직후의 북한 어느 국민학교 이야기부터 시작되는 박경리의 『시장(市場)과 전장(戰場)』에 다음과 같은 대화가 보인다.

> "여자란 물과 같아서 그릇에 따라 달라지는 거요. 잘난 남자 만나면 절로 현명해지는 거구, 못난 남자 만나면 병신이 되는 거구."

"이 선생이 어때서 그러세요? …"[1]

이것은 자기의 남편이 변변치 못하다 하여 불만인 정순이라는 여교사와 그의 동료가 주고받은 말이다. 교양이 있는 여자로서 자기 남편을 못난 사람이라고 말하는 것은 우리 전통 사회에서는 있을 수 없는 일이었다. 감히 그런 말을 정순이 할 수 있었다는 것은 세상이 많이 달라졌다는 것을 의미한다. 그러나 더욱 주목되는 것은 여자를 물에 비유하고 남자는 그릇에 비유했다는 사실이다. 동료 앞에서 남편을 비판할 수 있을 정도로 전통적 관념을 벗어난 그녀였지만, 여자의 자주성을 인정하거나 주장하기에는 이르지 못했음을 나타내는 이 비유의 발언을 통하여, 우리는 상황의 과도기적 특색을 간취할 수가 있다. 세상이 바뀌고 사람들의 의식도 많이 달라졌지만, 그러나 남녀의 동등까지에는 아직도 요원한 거리가 남아 있음을 의미한다.

새 시대의 교육을 받지 못한 시골 부인의 경우는 "여자는 남자를 섬기고 살아야 한다."는 생각이 더욱 완고하다. 유재용의 『비바람 속으로 떠나가다』에 등장하는 소작인의 딸 순임이 첫 결혼에 실패하고 다시는 시집을 가지 않겠다고 고집을 부렸을 때, 그의 어머니는 다음과 같은 말로 딸을 나무랐다.

"지집은 못난 사내건 잘난 사내건 사내 셈기구 살아 가두룩 매련됐어. 니가 아직 지 짝을 만나지 못한 것 같애. 찾어서 짝지어 줄 테니, 이번에는 하늘이 증해 준 짝이레니 알구서 살아야 한다. 시집살이래는 게 눈 감구 삼 년, 귀 막구 삼 년, 입 막구 삼 년, 이렇게 아홉 해를 겐데내야 겨우 자리가 잽히는 법

1 박경리, 『시장과 전장』, 현암사, 1964, p.59.

이여."[2]

6 · 25 전쟁 때 대구 피난지에서 젊은 예술가들이 겪은 고난을 소재로 삼은 김이석의 단편 「동면(冬眠)」에서도 우리는 '여필종부(女必從夫)'의 살아 있는 이야기를 발견한다. 이 작품의 여주인공 혜란이 일행의 입에 풀칠을 하기 위한 궁여지책으로 나이트 클럽에 나가겠다고 결심을 표명했을 때, 그녀의 내연의 남편 성훈은 대뜸 손을 날려 혜란의 얼굴을 갈겼다. 그리고 "이년아, 예까지 와서 양갈보가 되겠단 말인가?" 하고 외쳤다. 그러나 혜란은 돈 한 푼 벌어오지 못하면서 손찌검과 역설만 퍼붓는 성훈에게 반항하지 않았다. 반항하지 않고 다음과 같은 말을 했을 뿐이다.

"그래요. 당신이 싫다면 그만두겠으니 그렇게 흥분할 건 없어요. … 물론 나두 그런 곳 나가고 싶은 마음은 아니에요. … 허나 우린 살아야 하지 않겠어요. … 만일 여기서 우리들의 목숨이 끊어진다면 어떻게 되는 거예요. 당신의 문학도 우리들의 연극도 모두 끝나 버리고 마는 것이겠지요. 그래도 좋아요? 좋다면 물론 저도 나가지를 않겠어요. **당신의 말이라면 무엇이나 복종할 생각인걸요.**"[3]

여기서 혜란이 연극에 종사할 정도로 진보적인 여자라는 사실과 자기에게 이년 저년 하며 반말로 대하는 성훈에게 '저'라는 일인칭 대명사까지 써가며 존대어를 사용하고 있다는 사실들을 감안할 때, 그 당시 아직도 남존여비의

---

2 유재용, 『비바람 속으로 떠나가다』, p.226. 순임 어머니의 이 말도 해방 직후 과도기 시절에 한 말이다.
3 김이석, 「동면」, 『신한국문학전집』, 27권, pp.252-253(강조는 저자의 첨가).

의식이 지배적이었음을 알 수가 있다.

한국의 전통적 관념에 따르면, 여자가 남자의 가는 길을 앞질러서는 안 된다. 무거운 물동이를 이고 가던 여자도 남자와 길이 엇갈리게 되면, 옆으로 비켜섰다가 남자가 지나간 뒤에 걸음을 계속하는 것이 옛날의 법이었다. 이러한 낡은 관념은 해방 후에도 일부에는 남아 있었다. 박경수의 장편 「동토」의 주인공 강문호가 국민학교 교사가 되어 첫 부임길을 떠나던 새벽에 어떤 여인이 무심코 강문호의 앞을 가로질러 가려고 했을 때, 문호의 어머니는 여인의 앞길을 막고 걸음을 멈추도록 하여 문호가 먼저 여인 앞을 지나가도록 법석을 떨었다. 어디 감히 여편네가 대장부의 앞을 가로지르는 법이 있느냐는 것이다. 문호의 어머니 자신도 자기 아들 문호보다 한 발도 앞서서 걷는 일이 없었다.[4] 더 옛날 같으면 누가 막지 않더라도 그 여인 스스로가 남자의 앞을 가로지르지 않도록 조심했을 것이다. 「동토」의 경우는 낯모를 여인이 자발적으로 길을 사양하지 않았다는 점과 그러나 문호 어머니의 극성이 통했다는 점 등에 해방 직후의 과도기적 성격이 나타나고 있다.

남존여비의 의식은 '부엌일은 여자나 하는 일'이라는 고정관념 속에도 살아 있다. 앞에서 언급한 김이석의 「동면」에 여주인공 혜란이 극단 식구들을 위해서 밥을 짓는 장면이 있다. 혜란이 혼자서 수고하는 것이 미안하기도 하고 여자 가까이서 함께 일하는 것이 즐겁기도 하여서, 남자 단원들이 풍로에 부채질하는 것으로 그녀를 도우려고 한다. 그러나 혜란은 그건 남자가 하는 일이 아니라면서 부채를 뺏고 남자들을 방으로 쫓아 버린다.[5] 최정희의 장편 「인간사」 안에도 여자의 직분은 "밥 딛고 자식 잘 기르고 하믄 그만이다"

4 박경수, 「동토」, pp.60-61 참조.
5 김이석, 「동면」, 「신한국문학전집」, 27권, pp.250-251.

그 이상의 것은 다 소용없는 짓이라는 말을 한 사람이 있다.[6] 박영준의 『고속도로』에는 유한 부인 오여사가 딸의 애인의 아우인 명수의 하숙집에 와서 빨랫감을 내놓으라고 성화를 부리는 장면이 있다. 집에 가지고 가서 가정부에게 빨도록 하겠다는 것이다. 아직은 빨 것이 없으니 다음에 가지고 가겠다고 명수가 대답했을 때 오여사는 "사내가 그런 걸 어떻게 가지구 다니나. 내가 가지구 갈게, 어서 내 놔." 하면서 재촉을 한다.[7]

'남편을 섬긴다' 또는 '아내를 거느린다'는 따위의 우리나라 말투는 그 근원을 옛날 전통 사회에서 찾아야 하겠지만, 지금도 구세대 여성 가운데는 '남자를 섬김'이 여자의 행복을 위해서 필요 불가결한 조건이라고 믿는 사람들이 적지 않다. 박완서의 『도시의 흉년』에 보이는 다음 구절은 남자에게 의존하는 구세대 여인의 생활 태도를 꼬집은 것이다.

　　엄마가 일부 종사에 최고의 가치를 두고 욕구 불만과 긍지를 동시에 키우며 사는 거나, 이모가 서방 밥 얻어먹고 사는 여자 팔자에 대한 향수를 못 버리고 죽는 날까지 남자 편력을 계속하며 사는 것이나, 결국에 가서는 자기의 삶의 의미를 남자에게 두고 있다는 것으로 무엇이 다르랴. 나는 이모와 엄마에게 똑같은 연민을 느꼈다.[8]

이 인용 속의 '나'는 여대생 수연이거니와, "나는 이모와 엄마에게 똑같은 연민을 느꼈다."는 마지막 발언을 통하여 우리는 오늘의 젊은 여성들이, 남

6 『인간사』의 주인공 문호의 어머니가 감옥에 있던 아들을 면회 왔을 때, 문호의 애인 채희를 염두에 두고 한 말. 최정희, 『인간사』, 『신한국문학전집』, 24권, p.54 참조.
7 박영준, 『고속도로』, 『신한국문학전집』, 25권, p.201 참조.
8 박완서, 『도시의 흉년』, 제2부, p.107.

편을 하늘처럼 여기던 옛날 여인들의 전통적 의식에 대하여 정면에서 반기를 들고 있는 것을 확인할 수가 있다. 그러나 개성과 독립성이 강한 새 세대 여성의 표본격인 수연도, 그녀가 진정으로 좋아하는 남자 구주현 앞에서는, 평소의 도도한 태도를 버리고 한 마리의 순한 양으로 변하곤 하였다. 탈춤에 관한 대화를 나누다가 구주현으로부터 "하긴 넌 여자니까. … 소견이 좁은 것은 여자의 생리 아냐?"라는 말을 들었을 때도, 수연은 화를 내지 않고 그와의 대화를 그냥 즐기고 싶었을 뿐이었다.[9]

그러나 어쨌든 젊은 세대 여자들의 의식에 큰 변화가 일어나고 있다는 것은 엄연한 사실이다. 한갓 남자의 보조자로서 남편을 하늘처럼 섬기며 부엌살림이나 하는 것이 여자의 직분이요 사명이라는 생각에 심각한 금이 가고 있는 것이다. 앞 장에서 언급한 바 있는 손장순의 「행복과 불행의 거리」에 등장한 여주인공 예선의 경우만 하더라도, "남편을 하늘처럼 섬긴다."든지 "여자는 반드시 지아비의 뜻을 따른다." 하는 따위 부덕(婦德)의 개념은 도저히 용납될 수 없는 낡은 유물이다. 예선의 의식 세계에 있어서 부부는 어디까지나 독립된 두 개인의 연합이며, 아내는 남편의 보조자라는 생각은 추호도 없다. 남편 상규와 의견의 대립이 있었을 경우에, 예선은 언제나 일대 일의 자세로 맞서곤 하였다.[10]

최희숙(崔姫淑)의 단편 「아내는 하늘」을 통해서도 우리는 "남편은 하늘이니라!" 하는 저 오랜 가르침의 권위가 서서히 무너져 가는 소리를 듣는다. 이 일인칭 소설의 주인공 '나'는 자기를 배반하고 집을 나간 남편이 돌아오

---

9 같은 책, 제1부, pp.319-320 참조.
10 손장순의 이 단편 후반부에 다음과 같은 구절이 있다. "예선은 이런 경우 그에게 양보하면 영원히 부당하게 몰리고, 자신의 권리를 되찾지 못하게 될 것을 우려한다." 손장순, 「행복과 불행의 거리」, 『월간문학』, 1983년 7월호, p.84.

기를 막연하게 기다리며 시어머니와 두 아들을 보호하는 세대주의 구실을 하고 있거니와, 그녀는 "멍에와 고통과 회한만이 남아 있는 뿌연 안개 같은" 그 기다림의 생활에 깊은 회의를 느낀다. 그녀는 정신병으로 난폭해진 남편에게 절망을 느끼고 집을 나간 그녀의 동서가 결코 돌아오지 않으리라고 예측하거니와, 그와 같이 예측하면서도 동서의 가출에 대하여 도덕적 비난의 감정은 느끼지 않는다. "시어머니에게 있어 '남편은 하늘'이었지만, 동서에게 있어선 '아내는 하늘'이었음이 분명했다."는 이 작품 마지막 구절이 현대 한국 여성의 변해 가는 의식 세계를 매우 상징적으로 말해 주고 있다.[11]

2) 남자와 여자의 언어

언어와 사고방식 사이에 밀접한 관계가 있다는 것은 주지의 사실이다. 우리는 두 사람 사이에 사용되는 말씨를 따라서 그 두 사람의 관계를 어느 정도 짐작할 수가 있다. 특히 우리말의 경우는 존대어와 하대어의 구별이 까다로워, 언어가 인간관계를 나타냄이 더욱 현저하다.

우리나라에서의 남존여비의 전통은 언어 생활에도 그대로 반영되어, 남자는 여자에 대하여 하대어를 많이 쓰고 여자는 남자에 대하여 존대어를 많이 쓰는 관습을 형성하였다. 이 같은 언어 생활의 불평등은 해방 후에도 꾸준히 지속되었고, 지금도 구세대 사이에는 그 전통이 그대로 살아 있다. 그러나 젊은 남녀들의 세계에서는 요즈음 주고받는 말투가 크게 달라지고 있다는 사실이 주목을 끈다.

1960년대만 하더라도 한국의 남녀 대학생들은 특수한 경우가 아니면 서

---

11 최희숙, 「아내는 하늘」, 『월간문학』, 1983년 5월호, pp.55-67 참조.

로 존대어를 쓰는 것이 상례였다. 그러나 근래에 이르러 젊은이들의 언어 생활에 급격한 변화가 오고 있는 것으로 보인다. 젊은이들의 증언에 따르면 1970년대 초기부터 남녀 대학생들이 존대어를 버리고 서로 반말을 하며 벗을 트기 시작했다. 이 같은 새로운 풍조가 빨리 온 대학도 있고 늦게 온 대학도 있거니와, 대부분의 여학생들이 대등하게 반말을 사용하는 가운데, 일부 보수적인 여학생들은 남학생들의 반말에 대하여 여전히 존대어로 응하기도 하였다. 이같이 보수적인 여학생에게 "왜 너만 손해를 보느냐?"고 다른 여학생들이 충고를 하는 경우도 있었다는 증언으로 미루어 볼 때, 그러한 언어 생활 가운데서도 여대생들은 남녀의 동등을 의식한 것으로 짐작된다. 최근에 와서 대학생들의 언어 생활은 또 좀 달라진 것으로 보인다. 이제는 남자 대학생으로부터 반말을 듣고 혼자만 경어를 쓰는 여자 대학생은 찾아보기가 어렵게 되었다.

언어 생활의 그러한 변화는 요즈음 여자 대학생들 사이에 술을 마시거나 담배를 피우는 사람들이 많아졌다는 사실과도 일맥상통하는 현상이 아닐까 한다. 음주 또는 흡연 그 자체가 즐거워서 술이나 담배를 가까이하는 경우도 많겠지만, 남자들만이 음주나 흡연을 즐길 특권이라도 있는 것처럼 생각해 온 종래의 관념에 대한 반발의 심리도 상당히 작용하고 있다는 분석도 성립할 수 있을 것으로 보인다.

언어 생활의 변화는 가정에서 부부간에 사용하는 말씨에도 일어나고 있다. 지금도 늙은 세대의 부부들은 남자가 반말을 쓰고 여자는 존대어를 쓰는 종전의 관습이 그대로 남아 있지만, 젊은 부부들은 다 같이 반말을 사용할 경우가 많다. 다만 남편은 언제나 반말을 사용하지만, 아내는 가끔 존대어를 섞어서 쓰는 경우가 많다는 차이는 남아 있다. 그러나 이러한 차이는 한갓 과도기적 현상일 수도 있다.

박영준의 『가족』에 등장하는 강여사와 하사장은 강여사가 경영하는 술집에서 만난 사이고 하사장의 나이가 훨씬 위이지만, 늘 서로 존대어를 사용하였다. 모든 일을 서로 상의해 가며 정신적으로 의지할 정도로 두 사람 사이가 가까워진 뒤에도 그들은 여전히 서로 존대어를 사용하였다. 그러다가 그들은 결혼을 약속하게 되었고, 하사장은 그 약속의 예물로서 반지 하나를 강여사에게 건네준다. 그것을 건네주는 순간에도 하사장은 "마음의 표십니다. 받으십시오." 하고 존대어를 쓰고 있다. 그때 강여사는 기왕이면 그 반지를 하사장 손으로 끼워 달라고 부탁을 했고, 부탁을 따라서 반지를 끼워 준 동작이 도화선 구실을 하여서 두 사람은 처음으로 입을 맞추었다. 입맞춤이 있은 다음 순간부터 하사장은 말을 놓기 시작하였고, 강여사는 여전히 존대어를 계속 사용하고 있다.[12] 강여사와 하사장의 이와 같은 수작에는 작가 박영준의 보수적 취향도 반영되었다고 보아야 할 것이나, 거기 구세대의 일반적 경향도 잘 드러나 있다고 생각된다.

박경수의 『동토』의 주인공 강문호가 가정교사 격으로 들어간 자모 회장댁의 맏딸 백혜경을 처음 만났을 때 두 사람이 사용한 말은 모두 깍듯이 정중한 존대어였다. 당시 19세였던 문호는 혜경이 자기보다 두 살 위라는 사실을 의식하고 그 도도한 여대생을 손윗사람처럼 대했던 것이다. 그렇게 서로 존대어를 사용하는 관계는 한동안 지속되었거니와, 그러는 가운데 두 남녀는 아주 가까운 사이가 되었고, 마침내 살을 섞은 다음 순간부터 문호는 반말을 쓰기 시작한다. 그러나 혜경은 여전히 존대어를 계속 사용하고 있다. 문호와 혜경이 만난 것이 6 · 25 전쟁 직전쯤 될 것이니, 이 두 사람은 박영준의 『가족』의 주인공들과 같은 세대에 속하는 셈이다.[13]

---

12 박영준, 『가족』, 『신한국문학전집』, 25권, p.377 참조.
13 박경수, 『동토』, p.83. pp.188-199 참조. 혜경은 문호와 결혼한 뒤에도 계속 존대어를 사용하였고, 문호는 아내에 대하여 공연한 행패를 부리곤 하였다.

김영수(金永壽)의 1960년 작품 「바람아 불어라」의 주인공 오학수는 아내의 여고 동창생이요 기혼자이기도 한 최수해에게 말을 놓고 있다. 대학 강사인 오학수는 본래 예절바른 사람이었고, 최수해에 대해서도 처음에는 자신을 '저'라는 일인칭으로 가리킬 정도로 정중했다. 그러나 최수해가 자기 집이층을 빌려 살게 되고 접촉이 잦은 뒤부터 반말을 쓰게 된 것이다. 아내의 친구인 기혼자에게 경어를 쓰지 않는다는 것은 좀 이례적인 경우라 하겠으나, 이 경우는 최수해라는 여자의 태도도 상당히 작용한 것으로 보인다. 최수해는 모델을 직업으로 삼는 여자로서 그 당시 벌써 술과 담배를 즐겼고, 좋게 말하면 발랄한 태도로, 나쁘게 말하면 경박한 태도로 오학수에게 접근했던 것이다. 만약 최수해가 일반 가정주부와 같은 정숙한 태도로 일관했다면 오학수도 말을 낮추지는 않았을 것이다. 그러나 최수해 편에서 먼저 말을 낮춘 것은 아니다. 그녀는 오학수와 아주 가까워진 뒤에도 끝까지 '오선생님'이라는 존칭과 아울러 정중한 존대어를 사용하였다.[14]

해방 후에 출생한 젊은 남녀들의 말씨는 소설의 대화에서도 달라지고 있다. 박영준의 『고속도로』는 1969년부터 『동아일보』에 연재된 장편인데, 이 작품에 등장하는 방종한 여대생 혜수는 애인 명배와 명배의 친구 상오에 대해서 서슴지 않고 반말을 사용한다. 본인이 있는 자리에서나 없는 자리에서나 남자 친구 또는 애인의 이름을 존칭 없이 마구 부른다. 그러나 남녀 대학생들의 이러한 말투에 대해서 저항을 느끼는 젊은이들도 있었다. 명배의 동생 명수도 그런 보수적인 대학생의 한 사람이다. 이 점에 관한 명수의 느낌을 적은 한 구절을 다음에 인용해 보기로 한다.

---

14 김영수, 「바람아 불어라」, 『신한국문학전집』, 9권, pp.159–160, p.199 참조.

형 명배와 혜수가 만나 이야기할 때 그들이 서로 반말하는 것을 들은 적이 있다. 그때도 약간 귀에 거슬렸지만, 형이 없는 자리에서 형을 이름만으로 부르는 혜수가 어쩐지 경솔한 여자로 생각되었다. 요즘 젊은 사람들은 연인들끼리 존경어를 조금도 안 쓴다. 자기도 연애를 하게 되면 그렇게 될지 모른다. 그런데도 명수는 여자들의 반말질에 귀가 익숙치 못하다. 대학생답지 않게 보수적이라서인지.[15]

남녀 친구들끼리 반말을 하는 풍습에 대해서 저항을 느낀 젊은이들이 실제로 많아서 명수를 그런 청년으로 설정한 것인지, 작가 박영준 자신이 느낀 저항감을 명수에게 투영한 것인지, 그것은 알 수가 없다. 어쨌든 대학교수이기도 했던 작가 박영준은 남녀 대학생들의 말씨에 대하여 깊은 관심을 보였고, 같은 소설에 등장하는 다른 여대생 초희에게는 남자 친구와의 대화에서 존대어를 사용하게 하였다. 그러나 초희의 남자 친구 상오는 그녀에 대해서 반말만 하는 청년으로 그렸다. 그리고 상오는 바람끼가 많은 청년이었지만, 초희의 정숙한 태도에서 "보통 여자에게서 볼 수 없는 매력"을 느꼈다.[16]

자유분방하여 남자 친구들에게 항상 반말로 대하던 혜수도 상오의 아기를 임신하고 그에게 결혼을 간청할 때는 존대어를 사용하고 있다. 그러나 상오가 끝내 결혼을 거절하자 갑자기 태도를 바꾸어 '개새끼'라는 욕설까지 퍼부었다.[17] 사람이란 자기의 처지에 따라서 말씨가 달라지는 경향이 있다. 근자

---

15 박영준, 「고속도로」, 「신한국문학전집」, 25권, p.5.
16 같은 책, pp.20~21 참조.
17 같은 책, pp.118~120 참조.

에 젊은 여자들이 대등한 말투로 남자를 대하게 된 것도, 어떤 점에서는 여자가 전보다 강해졌다는 사실을 반영하는 것이라고도 볼 수 있을 것이다.

박영준이 『고속도로』를 발표한 뒤에도 다시 오랜 세월이 흘렀다. 다른 작가들이 최근에 발표한 소설에 등장하는 남녀 대학생들의 대화는 혜수와 상오의 시절보다도 더한층 거칠다. 다음은 정현웅의 『축제의 제목은 욕망』에 보이는 대화의 한 부분이다.

> "내가 한잔 살게. 우리 한잔 마실래?"
> 소희는 웃으며 그의 팔을 끼었다.
> "어디로 가는 거야?"
> "내가 한잔 산다니까."
> "누가 사든 나 지금 술 마실 생각 없어."[18]

위의 인용에서 "우리 한잔 마실래?" 하고 술을 사겠다고 말한 사람은 소희라는 여대생이다. 소희는 이 소설에 등장하는 사람들 가운데서는 가장 착실하고 건전한 편이다.

박완서의 『도시의 흉년』 가운데는 위의 인용보다도 더 거친 발언이 있다. 다음은 대학생들의 크리스마스 파티의 한 장면이다.

> 어떤 놈팡이가 혀 꼬부라진 소리로 제 짝 계집애에게 고래고래 악을 썼다.
> "우리 아버지는 재벌이다. 너 재벌 며느리 될래?"
> "우리 아버진 느네 아버지보다 더 더러운 부자다."

---

18 정현웅, 『축제의 제목은 욕망』, p.193.

계집애가 발길로 놈팡이를 걷어차는 시늉을 하면서 깔깔댔다.

여기저기서 한마디씩 내뱉었다.

"야 이 집 더럽게 큰 아파트다."

"그래 그래, 이 집도 우리 집처럼 더러운 부잣가 보다."

"야 우린 더럽게 취했다. 안 그래?"

"오늘밤 더럽게 재미없게 놀았다."

"난 파트너가 더럽게 걸렸어."[19]

이것은 술이 취한 상태에서 한 말들이다. 취중에 한 말들이므로 평상시의 대화와 같은 수준에 놓고 보는 것은 부당하다는 생각도 든다. 그러나 취중의 발언이 때로는 더 정식한 의사의 표시가 될 수도 있다. 어쨌든 여기서 한 가지 분명한 것은, 저 향연의 수라장에 있어서 남녀 대학생들은 완전에 가까운 언어의 평등을 누리고 있다는 사실이다. 언어에 있어서뿐 아니라 대학 생활 전반에 걸쳐서 오늘의 젊은 남녀들은 유감 없는 평등을 누리고 있다고 보아도 무방할 것이다.

그러나 그 평등이 대학 사회 밖에서까지 보장되고 있는 것은 아니다. 일단 대학의 문을 나서면 남자들에게는 없는 여러 가지 문제들이 여자들을 기다리고 있다. 직장을 갖거나 시집을 가게 되면 대학 사회에서는 없던 행동의 제약이 여자를 따라다닌다. 아직은 음주와 흡연도 남자들처럼 자유롭게 즐길 수가 없다. 결혼 생활에는 지금도 '시집살이'가 있고, 직장 생활은 취직 자체가 남자보다 훨씬 어렵다.

『도시의 흉년』의 '나'인 수연이 대학을 마치고 직장을 구하려 했을 때, 여

---

19 박완서, 『도시의 흉년』, 제1권, p.132.

자인 까닭에 당해야 했던 푸대접은 예상보다도 훨씬 심각했다. "유능한 인재를 구한다는 광고는 그 속의 잔글씨에서 반드시 병역을 필했거나 면제된 남자로 인재의 범위를 못박고 있었다." 그리고 그러한 명시가 없는 모집 광고를 보고 응모한다 하더라도, 시험의 기회도 주지 않는 경우가 많았고, 설령 그 기회를 얻더라도 낙방을 먹곤 하였다.[20]

수연은 생각다 못해 지도 교수를 찾아갔다. 지도 교수에게 추천을 의뢰해 오는 취직 자리가 더러 있다는 소문에 기대를 건 것이다. 그러나 여성의 균등한 사회참여를 역설해 온 여권 운동자로 알려져 있고 본인도 여성인 그 지도 교수의 반응은 아주 의외였다. 그녀는 "부잣집 따님이 좋은데 시집이나 가지 취직은 뭐할려고 해?"라고 대뜸 말했던 것이다. "선생님까지 그렇게 말씀하시다니 정말 뜻밖"이라고 의아해 하자, 교수는 "난들 오죽해서 그러겠니. 실은 나도 요즈음 들어 여권 운동에 점점 자신이 없어지는걸." 하고 힘없는 말을 하였다.[21] 수연과 지도 교수의 이 대화는 여성의 사회적 지위에 관한 한국의 현실을 상징적으로 말해 주고 있다.

한국 사회가 여성에게 불리하다는 것은 박영준의 『고속도로』의 결말에서도 잘 나타나 있다. 이 작품에 등장하는 상오와 명수, 혜수와 연숙, 그리고 오여사는 모두 퇴폐적인 성유희로 타락의 구렁으로 깊이 빠져들었다가 늦게야 자기의 잘못을 뉘우친다. 그런데 지난날의 과오를 뉘우침으로써 남성인 상오와 명수는 그런대로 재생의 길에서 다시 일어서게 되나, 여성인 혜수와 연숙 그리고 오여사는 끝내 옛 상처를 이기지 못하고 불행의 늪에서 헤매게 된다.

---

20 같은 책, 제3권, p.157.
21 같은 책, pp.158-159.

2. 남녀의 사랑과 성윤리

1) 개방과 보수의 갈등

앞에서 우리는 남녀의 차별에서 오는 가족 윤리의 문제점을 살펴본 바 있고, 앞 절에서는 한국에 있어서 일반적인 남존여비의 전통이 과도기를 맞아서 일어나는 남녀관 및 언어 생활의 변화의 조짐을 소설에 나타난 범위 안에서 살펴보았다. 지금까지의 고찰은 남자와 여자의 관계를 그 대립의 측면에서 본 것에 가깝다. 이제 우리는 남녀관계의 또 하나의 측면, 즉 그 화합의 측면으로 초점을 옮기고, 사랑과 성윤리에 관한 가치관이 어떠한 방향으로 움직이고 있는가를 소설 문학을 통하여 고찰하기로 한다.

남성과 여성은 각각 단독의 힘만으로는 살아가기 어려울 정도로 서로가 서로를 필요로 한다. 남성과 여성은 필경 화합하고 협동하도록 마련되어 있으며, 그 사이에 어떤 대립의 관계가 생기고 존비의 차별이 생긴 것은 본질을 벗어난 비정상에 가까운 현상이라고 볼 수도 있다. 다만, 사회적 차원에서 볼 때, 현실적으로 남성과 여성 사이에 대립의 성격을 띤 측면이 있음은 부인하기 어려운 사실이니, 우리는 이 현실을 장차 더 큰 화합으로써 극복해야 할 하나의 중간 현상이라고 이해해야 할 것이다.

남녀의 화합은 원래 개인과 개인의 결합을 그 출발점으로 삼는다. 한 남자와 한 여자의 결합 가운데서 가장 안정된 형태로서 제도화한 것이 결혼에 해당하거니와, 유교 문화권에 속하는 우리나라에서는 이 결혼이라는 제도를 매우 중요시해 왔다. 가족주의 사상이 지배적이었던 조선시대에 있어서는 결혼을 단순한 두 개인 남녀의 결합이기보다는 두 가문의 결합으로 보았고, 따라서 배우자의 선택도 당사자들의 개인적 자유의사보다는 가문을 대표하는 가부장의 의사를 좇아서 결정하는 것이 관례가 되었다. 그리고 결혼을 떠나서, 즉 결혼과 관계없이 남녀가 결합하는 것은 끔찍한 불륜이라고 보는 유교적 도덕관념이 지배했으므로, 남녀의 자유연애라는 것은 용납될 여지가 없었다. 요컨대, 결혼이라는 제도를 통한 남녀의 결합만이 정당한 결합이었고, 그 제도를 통한 남녀의 결합도 당사자들의 자유 선택에 맡겨지지 않았던 까닭에, 이른바 자유 연애는 불법일 뿐 아니라 부도덕한 야합일 수밖에 없었다.

그러나 금세기 초부터 서양의 개인주의 사상이 들어오면서 결혼은 두 가문을 위한 결합이기보다는 당사자 두 개인을 위한 결합이라는 관념이 고개를 들게 되었다. 개인주의와 때를 같이하여 자유주의의 물결도 흘러들어 오게 되었고, 자유주의 물결을 탄 서구의 새로운 문물은 남녀칠세부동석(男女七歲不同席)을 원칙으로 삼던 전통적 성도덕에 동요를 일으키기 시작했다. 그러나 우리나라의 전통적 보수성과 일제의 전체주의적 성향은 저 개인주의 내지 자유주의 물결에 무거운 제동을 걸었다.

해방을 계기로 개인주의와 자유주의의 물결을 막던 제동은 일시에 제거되었다. 미국의 문물이 거침없이 쏟아져 들어왔고, 그 자유와 개방의 물결은 이미 동요를 일으키기 시작했던 우리나라의 전통적 성도덕에도 결정타를 안겼다. 이제 해방 후에 쓰인 소설을 소재로 삼고 남녀의 윤리의 변모해 온 모습을 살펴보기로 하자.

해방이라는 역사적 사건은 남녀노소 모든 한국인에게 의식의 변화를 일으켰지만, 특히 도시의 여성에게 더욱 현저한 변화를 가져왔다. 그 변화를 이무영의 『삼년』은 다음과 같은 대화 속에 담고 있다. 아내가 집을 나간 장인태와 그의 친구의 대화다.

"어떤가 자네 집안엔 별일 없나?"
"우리 집에?"

"응 자네와 부인 사이에 말일세, 우리 집 같은 일까지야 일어나지 않았겠지만, 자네 부인이 해방된 후로 갑자기 생각이 달라지셨다든가, 우리네의 이 구지레한 살림이란 것에 그 어떤 싫증을 일으킨다든가. … 가정이란 것에 대한 여성의 생각이 뿌리채 달라졌다는 그런 눈치 못 챘는가 말이지."

"일테면 저 「인형의 집」 노라처럼?"

"일테면 노라인 셈이지. 그러나 엄격히 따지자면, 해방된 후에 생긴 우리 가정의 노라는 「인형의 집」의 노라와는 좀 다르지 않을까? 스무남은 해 전 우리 한국에 남녀 동등이니 하고 낡은 생각을 쳐부순다는 생각이 들어왔을 때, 「인형의 집」 노라는 그때 벌써 다 생겼었지. 그랬지만 워낙 수천 년 동안 내려온 습관 때문에 엄두를 못 내다가, 이번 해방이 되면서 그 울이 툭 터지니까 비로소 용을 쓰게 된 것이 아닐까!"[22]

아마 장인태의 말에는 과장이 섞였을 것이다. 해방 후의 모든 한국 여성의 마음이 그의 아내 숙경의 경우처럼 그토록 큰 변화를 일으켰다고 보기는 어렵다. 그러나 전통적 도덕관념에 의해서 억제되었던 자유 의식의 보(洑)가 터진 것은 분명한 사실이다. 그 자유 의식은 남녀노소 모두에게 높아졌지만, 특히 여성의 고조된 자유 의식은 사랑과 성의 윤리에 큰 변혁을 일으키는 결정적 요인이 되었다.

『삼년』에 등장하는 젊은 남자들은 주로 민족의 독립이다 정치다 하며 동분서주하지만, 함께 등장하는 젊은 여자들은 대개 남녀의 애정 문제로 고민한다. 이 소설에 나타나는 청년 손발의 다음 발언은 그 당시 남녀의 관심의 차이를 단적으로 지적하고 있다.

---

22 이무영, 「삼년」, 「신한국문학전집」, 23권, p.224.

"지금 남자들은 독립을 찾느냐 못 찾느냐 눈이 벌게서 날뛰는 판인데 집을 들어앉아서 난 누굴 사랑하구 누구 코는 어떤데 눈은 어떠니 이런 꿈만 꾸구 있다는 건 아무리 변명한대두 잘하는 일은 아닐 겁니다. … 이건 좀 과한 말 같지만, 여성들은 독립운동보다는 독립운동을 하러 다니는 남성들한테 더 흥미를 갖는 것이 아닌가 — 이런 생각까지 들 때가 많습니다."[23]

손발의 말의 앞부분은 집에 들어앉은 여자들에 대한 비난이고, 뒷부분은 독립운동에 참여한다고 밖으로 뛰어다니는 여자들에 대한 비난이다. 이 비난이 모든 여성에게 적중한다고 보기는 어렵겠지만, '인형의 집'에서 풀려난 여성들의 자유로운 관심이 애정 문제로 많이 쏠렸다는 말은 여성 심리의 정곡에서 멀지 않은 관찰이라고 생각된다.

'인형의 집'에서 해방된 여성의 자유로운 관심이 애정 문제로 쏠리게 되었을 때 종래 보수적이던 사랑의 풍토에 획기적인 변화가 온 것은 당연한 귀추였다. 한국의 성윤리가 그 전통적 보수성을 실천으로써 지킬 수 있었던 것은 주로 여성들의 철저한 정절의 덕에 힘입은 바 컸다. 다시 말해서, 남자들의 마음은 일찍부터 방탕스러운 길을 향하여 열려 있었으나, 여성들의 빈틈없는 도덕관념의 힘으로 유교적 성윤리가 제 모습을 지킬 수 있었던 것이다. 그러나 이제 그 마지막 방어선이 무너진 셈이니 순결을 자랑하던 전통적 성윤리에 큰 변화가 일어난 것은 매우 자연스러운 귀추가 아닐 수 없다.

남녀의 애정이란 생리에서 오는 본능 이외에 아무것도 아니라는 주장이 나오기도 하였다. 사랑을 신비스러운 것으로 보는 낡은 로맨티시즘에서 벗어나야 한다는 것이다.[24] 애정을 느끼는 정부와 살을 섞는 것은 죄가 될 것

---

23 같은 책, p.311.

이 없으며, 결혼에 얽매여서 사랑도 느끼지 않는 남녀가 부부 생활을 계속하는 것이 도리어 죄가 된다는 논리도 선을 보였다.[25] 바로 이러한 논리를 따라서 『삼년』의 숙경은 처녀 시절의 애인 최일과 운우의 정을 나누었고, 남편과 아이들을 버리고 집을 나갔다. 그러나 삶의 현실은 그런 단순한 논리만으로는 설명할 수 없는 복잡성을 가지고 있었다. 우선 숙경 자신이 양심의 가책으로 형언할 수 없는 고통을 받아야 했고, 숙경의 주위 사람들도 숙경의 행위를 예사롭지 않은 심각한 문제로서 중대시하였다.[26] 짧게 말해서, 숙경의 행실은 하나의 커다란 '과오'에 불과했던 것이다.

숙경의 행실이 '과오'였다는 것은, 그것이 예외적인 행실이었고 일반적으로 용납될 수 없는 행위였음을 의미한다. 숙경의 행실은 세상이 용납하지 않았고, 숙경 자신도 용납할 수가 없었다. 결국 숙경의 경우는 과도기에 간혹 나타날 수 있는 특수한 경우에 지나지 않았다. 그녀는 소설의 주인공으로서 적합한 예외자였던 것이다.

한편으로는 개방적 성윤리의 물결이 들어오면서도 다른 한편으로 전통적 도덕관념이 굳건히 남아 있어서 많은 혼란과 갈등을 야기한 것이 이 과도기의 일반적 현상이었다. 그리고 이질적인 두 조류의 만남에서 오는 혼란과 갈등은 『삼년』의 숙경의 경우 이외에도, 다른 여러 소설의 등장인물들의 언행

---

24 『삼년』의 등장인물 최일의 말(『신한국문학전집』, 23권, p.248 참조). 박연희의 중편 「연모」에 등장하는 채은주는 "우리 사회에서 정조 문젤 두고 심각하게 생각하는데 역시 후진성에서 오는 사고방식 같아요."라는 말도 하고 있다. 박연희, 「연모」, 『신한국문학전집』, 28권, p.27.

25 『삼년』의 여주인공 명주의 의견(『신한국문학전집』, 23권, p.345). 박경리의 『표류도』의 '나'는 혼외정사를 저지르고 고민하는 광희를 위로하며, "정조라는 것이 언제나 마음과 같이 있는 것이라면, 후회가 있을 수도 없고 죄악일 수도 없고, 더군다나 그것은 아무것도 아니었을 거야."라는 말을 하였다. 박경리, 『표류도』, 『신한국문학전집』, 11권, p.321.

26 이무영, 『삼년』, 『신한국문학전집』, 23권, p.249, p.255 등.

을 통하여 그 모습을 드러내고 있다. 한두 사례만 더 골라 보기로 하자.

6·25 전쟁 직후의 세태를 소재로 삼은 박경리의 『표류도』에 등장하는 광희는 다방의 레지로 일을 하다가 젊은 시인 민우와 가까워져 임신을 하게 된다. 수술을 받음으로써 임신의 문제는 일단 수습이 됐지만, 광희는 크게 고민한다. 세상 사람들이 모두 자기를 경멸하는 것만 같고 따라서 남의 눈들이 무서워졌다. 그리고 자신의 꼴이 더없이 천하게 느껴졌다. 광희는 자신의 갈등을 이기지 못하고 다방을 떠나게 되며, 종로 3가의 홍등가에서 윤락까지 하는 파멸의 길을 걷는다. 그녀는 필경 그 파멸의 길을 벗어나지 못하고, 자포자기 끝에 정신이상에 걸려 자살하는 것으로 생애를 마친다.[27] 광희가 사생아를 갖게 된 것은 다방이라는 직장의 분위기 탓도 있었겠지만, 성에 대한 개방적인 풍조의 영향이 컸다고 보아야 할 것이다. 그리고 그녀가 "저를 경멸하죠? 저를 경멸하죠? 눈들이 무서워요.…" 하며 고민했다는 사실에서, 아직도 전통적인 성윤리의 보수적 관념이 만만치 않게 남아 있었다는 것을 알 수가 있다.

박경리의 『표류도』에는 십대 젊은이들의 방종과 퇴폐적 풍조에 대한 언급도 있다. 다음은 "불량한 십대들이 거래하는 장소" 음악 살롱 주변에 관한 광희의 목격담이다.

"그애들은 우리들보다 훨씬 생각이 진보적이고 영리해요. 재미나게 자유롭게 지내는 거죠. 손가락 몇 개만 펴면 오케이. 서늘하고 어두운 숲 속이 그들의 삶의 향연이 벌어지는 장소죠. 때론 여자 편에서 프로포즈하는 경우도 있어요. … 그들은 그룹을 짜서 놀기도 해요. … 그들한테는 사랑이니 책임이니

---

27 박경리, 『표류도』, 『신한국문학전집』, 11권, pp.356-359 참조.

하는 그런 거추장스러운 것이 없어요. 다만 엔조이하는 거죠. 자유롭게 순간은 낙원이 되는 거죠."[28]

　스스로 윤락의 구렁으로 빠진 광희도 '불량한 십대들'이라고 표현을 했다. 일반 기성세대의 눈에는 그들 십대의 방종이 더욱 심각한 문제로 보였을 것이다. 십대의 그와 같은 방종은 성개방의 새로운 풍조가 들어오기 전에는 상상도 하기 어려운 현상이었다. 그리고 그러한 현상은 전통적 성윤리의 보수적 관념과의 갈등을 떠나서도 문제성을 지닌 현상이라 하겠으나, 우리나라의 경우는 보수적 관념도 아직 많이 남아 있는 까닭에 더욱 심각한 문제로서의 성격을 더하게 된다.
　김영수의 「바람아 불어라」에는 유부녀가 외간 남자와 춤을 추는 장면이 소개되고, 그것이 내외간 갈등의 원인이 되는 이야기가 실려 있다.[29] 이 작품의 주인공 오학수는 그의 부인과 함께 어느 국회의원 집에서 열린 크리스마스 파티에 참석했던 것인데, 그 자리에서 아내 종세는 젊은 국회의원과 춤을 추게 되었고, 그 광경을 목격한 오학수는 "눈에서 불을 뿜었다." 집에 돌아온 뒤에도 오학수 내외는 냉전과 말다툼을 하게 되었고, 아내가 한때 집을 나가는 소동이 벌어지기도 했다. 이 춤 이야기에서 주목을 끄는 것은, 오학수와 그 아내 사이에서만 갈등이 생긴 것이 아니라, 춤을 춘 종세의 마음 내부에도 갈등이 있었고 아내의 춤을 못마땅하게 생각한 오학수도 내면적 갈등을 일으켰다는 사실이다. 즉, 종세는 유부녀로서 외간 남자와 손을 맞잡고 춤을 추었다는 사실에 대해서 한편으로는 스스로 책망하는 괴로운 반성

28　같은 책, p.364.
29　김영수, 「바람아 불어라」, 『신한국문학전집』, 9권, pp.188-192 참조.

을 하기도 하고, 다른 한편으로는 그게 무엇이 잘못이냐는 자기변명의 심정도 경험했던 것이다. 한편, 오학수도 아내의 춤에 대하여 정정당당한 나무람을 하지 못하고 속으로만 냉가슴을 앓았으니, '사교춤'이라는 새로운 풍속에 대한 수용과 배척의 갈등이 빚은 복합된 태도가 아닐 수 없다. 이와 같은 갈등은 오학수 부부의 개인적인 갈등에 그치는 것이 아니라 사교춤이라는 서양의 풍습에 대하여 우리 한국 사회 전체가 경험한 수용과 배척의 갈등의 한 부분이라고 보아야 할 것이다.

유재용의 『비바람 속으로 떠나가다』에는 강정애라는 여자가 바람둥이 대학생에게 속은 사연이 있다. 삼팔선을 넘어 다니기가 별로 어렵지 않던 해방 직후의 이야기다. 강정애가 어느 대학생에게 사랑을 느꼈을 때, 그 대학생이 가족에게 알리지 말고 멀리 평양으로 가자고 제안을 했다. 강정애는 그 제안에 찬성을 하였고, 두 사람은 일단 개성역 앞에서 만나기로 하고 헤어졌다. 약속대로 개성역에서 만난 다음에 대학생이 안내한 집으로 갔더니 그곳에는 다른 처녀 세 명이 미리 와 있었다. 알고 보니 강정애와 마찬가지로 그 대학생과 사랑의 도피행을 위하여 모인 여자들이었다. 결국 한 남자를 놓고 "네 여자가 헝클어져 서로 머리칼을 꺼들고 물어뜯고 꼬집고 하며 난장판을" 벌였거니와, 그 가운데 두 여자는 그 남자에게 '바칠 것 다 바친 사람'임을 내세우며 절대로 양보할 수 없다고 악을 썼다.[30]

강정애의 이야기는 특수한 사례의 허구에 불과할지 모르나, 이러한 이야기가 가능했다는 사실에서 우리는 그 당시 벌써 일부 젊은 층에서는 남녀관계가 놀라울 정도로 개방적이었음을 알 수가 있다. 처녀들이 정조를 제공했다는 사건도 사건이며, 그런 이야기를 숨기지 않고 발설했다는 사실이 주목

---

30 유재용, 『비바람 속으로 떠나가다』, pp.308-309.

을 끈다. 강정애는 정조를 제공한 두 사람 중에는 들지 않았으나, 자신의 그런 이야기를 사귄 지 며칠 안 되는 청년에게 털어놓고 있다. 여자가 자기의 사랑 이야기를 아무에게나 가볍게 발설한다는 것은 해방 전에는 별로 없던 일이다.

그러나 강정애가 들려준 이야기 가운데도 당시의 여자들에게 보수적인 일면이 남아 있었다는 것을 알려 주는 내용이 있다. 그것은 일단 몸을 허락한 남자와는 헤어지지 말아야 한다는 관념이다. 정사를 그때만의 향락의 수단으로 여기는 태도에 비하면 『비바람 속으로 떠나가다』의 처녀들의 생각은 현저하게 보수적인 편이다.

6 · 25 전쟁 시절의 사회상을 배경으로 삼은 김송의 중편 「서울의 하늘」의 주인공 박인숙의 경우는 『비바람 속으로 떠나가다』의 처녀들보다 한층 더 보수적이다. 박인숙은 정동수라는 청년의 주선으로 얻게 된 직장에 나가면서 야간 대학에 다니는 여대생이다. 그녀의 미모에 끌린 정동수의 집요한 접근으로 두 사람은 다방과 극장 등을 함께 다니는 사이가 되었거니와, 박인숙은 정동수와 나란히 걷지 못하고 몇 걸음 뒤에 따라가는 수줍음을 보였다. 정동수도 같은 직장인데도 의사를 전달하는 방법으로 쪽지를 써서 보내는 따위의 구식 수법을 쓰고 있다. 그러다가 정동수는 강제로 박인숙의 몸을 훔치거니와, 박인숙은 순결을 잃는 순간 자기의 일생을 망쳤다고 절망하였다. 그리고 이 절망은 그녀를 끝내 파멸시키고 만다.[31]

성문제와 관련된 보수적 관념은 시골 사람들에게 더욱 완고하게 남아 있었다. 6 · 25 이후 1960년대에 이르는 사이의 한국 농촌을 배경으로 삼은 박경수의 『향토기(鄕土記)』에서도 우리는 농촌의 보수성의 일단을 볼 수가 있

---

31 김송, 「서울의 하늘」, 『신한국문학전집』, 9권, p.21, p.23, p.25.

다. 이 소설의 여주인공 윤주는 경찰에 연행된 남편 학규를 구제하기 위하여 동분서주하던 중 악덕 도매상에게 강간을 당하고 만다. 불가항력의 상황이 었지만, 윤주 자신도 절망에 빠지고 주위에서도 그 사건을 매우 중대시하는 분위기 속에서 그녀는 참혹한 고초를 겪는다.[32]

같은 작가의 『동토』에도 시골 사람들의 보수적 성관념이 여기저기 단편적으로 나타나 있다. 예컨대, 어느 면소재지 국민학교에서 동료 교사들끼리 연애를 했다는 풍문으로 인하여 여교사가 전근을 당하는 이야기가 있다. 남녀 교사가 모두 독신이었고 또 육체적 관계를 맺은 것도 아닌데 그런 조처를 취하게 된 것은 농촌의 보수적 관념이 아니고서는 설명하기가 어렵다. 또 이 작품의 주인공 강문호가 주인집 딸 혜경과 처음 입을 맞춘 다음 순간, 강문호는 "이제 혜경이는 버젓한 나의 여자"라고 확신하였다. 키스 한 번에 그토록 큰 의미를 부여할 수 있었던 것도 시골 사람의 소박하고 보수적인 사고방식 때문일 것이다. 그리고 혜경이가 문호와 몸을 섞었는데도 그녀의 어머니는 혜경을 다른 남자에게 시집보내려고 한다는 말을 듣고, 문호의 어머니는 "원 세상은 말세다!"[33] 하고 크게 놀랐다. 첫 남자와 평생을 같이 살아야 한다는 관념 때문이었을 것이다.

한수산(韓水山)의 『유민(流民)』도 시골을 배경으로 삼은 작품으로, 그 가운데 홍천댁이라는 유부녀가 동네 영감과 간통을 한 사건이 발생한다. 그 소문이 퍼지자 동네 사람들은 그 남녀를 고장 밖으로 쫓아내든지 무슨 방법을 써서 '부정한 남녀'에게 매질을 가해야 한다고 여론이 분분하다.[34] 최일남

---

32 박경수, 『향토기』, 삼중당문고, 1977, pp.165-167, p.173, p.191, p.199, p.217.
33 박경수, 『동토』, p.134, p.182, p.227 참조.
34 한수산, 『유민』, 고려원, 1982, pp.151-152. 여기에 나오는 '홍천댁 간통 사건'은 6 · 25 직후의 일로 기록되어 있다.

(崔一男)의 중편 「세 고향」에도 그와 비슷한 이야기가 실려 있다. 이 소설에 등장하는 달순이가 덕수라는 청년의 유혹에 넘어가서 정조를 잃었을 때, 그녀의 부모는 '너 죽고 나 죽자'는 식으로 사생 결단을 내려고 덤벼들었고, 동네 사람들의 뒷공론이 시끄러웠다. 달순은 결국 고향을 떠나서 서울로 자취를 감추어야 했으며, 수년 뒤에 다시 고향에 나타났을 때도 동네 사람들의 눈초리는 여전히 부드럽지 않았다.[35]

성에 대한 개방적인 풍조가 서양 사회에서 일어났고 서양의 문물을 먼저 받아들인 것이 대도시라는 사실을 감안할 때, 도시 사람들에 비하여 농촌 사람들의 성도덕 관념이 보수적인 것은 당연한 일이라 하겠다. 그러나 이제 한국은 전 국토가 도시화하는 추세를 보이고 있다. 인구의 급증 및 도로와 통신 시설의 발달로, 도시에서 일어난 일들은 곧 전국에 알려지게 되고, 도시 사람들의 생활양식과 사고방식은 머지않아 방방곡곡으로 전파한다. 성도덕에 관한 도시와 농촌의 차이도 점점 좁혀져 가고 있는 것이 오늘의 실정이다.

2) '성의 자유'의 물결

순결을 여자의 생명으로서 존중하던 전통적 성윤리의 관념이 개방의 방향으로 변해 가는 과정에는 몇 가지 단계가 있다. 해방을 계기로 성적 자유주의의 물결이 처음 들어왔을 때 외간 남자와의 성적 접촉을 불륜의 극치로서 엄금했던 전통적 성윤리가 무너지기 시작한 것은 사실이나, 성윤리 자체를 근본적으로 부정하는 극단적인 사람은 거의 없었다. 1950년대에도 이미 연

---

35 최일남, 「세 고향」, 『내일의 한국 작가』, 홍성사, 1982, pp.67-68.

애의 자유를 구가하는 풍조가 일반화하였고, 기혼 또는 미혼의 남녀들이 혼외 정사를 범한 사례가 소설의 소재로서 화제에 오르기도 했으나, 성에 관한 윤리 규범을 전적으로 부정하는 사람들은 거의 없었다. 혼인과 관계없이 몸을 섞을 경우에는 '사랑하는 사이니까'라는 이유가 있었고, 그런 이유에 근거를 두고 행동한 사람들도 행동이 있은 다음에는 후회하고 고민하는 것이 상례였다.

그러나 1960년대 후반 이후의 한국 사회를 배경으로 삼은 소설에 나타난 남녀의 행태는 그보다도 더욱 무질서하여, 성윤리 자체를 부인하는 극단적 사태를 예고하는 듯한 풍조로 접근하고 있다. 남자와 여자의 문제를 가볍게 생각하는 경향이 생겼고, 참된 의미의 사랑이라기보다는 성을 유희하는 불성실한 태도도 일부에 나타나기 시작하고 있다.

박완서의 『도시의 흉년』에, 부잣집 아들 수빈이 돈밖에 모르는 장사꾼인 어머니에게 자동차를 한 대 사 달라고 조르는 대목이 있다. 자동차의 용도는 "몰고 다니면서 이대 애들 좀 꼬시겨 보기" 위해서 사용하는 데 있었다. 아들의 그와 같은 불건전한 생각에 대한 어머니 김복실의 반응은, "원 녀석도, 차 없으면 그까짓 기집애 못 꼬실까 봐 그래. 두고 봐라. 너만 하면 여대생들이 나라빌 하고 모여들 테니."였다.[36] 물론 소설의 허구이기는 하지만, 이런 사고방식을 가진 젊은이와 그 어머니가 한국 어디에도 있을 수 없다면, 작가 박완서는 그러한 대화를 작품 속에 삽입하기가 어려웠을 것이다.

김복실 모자의 대화를 한갓 농담으로 해석할 여지도 없지 않다. 그러나 설령 그것을 농담으로 본다 하더라도, 그 농담을 통하여 세태의 한 측면을 짐작할 수 있을 것이다. 농담이든 진담이든 그런 대화가 있을 수 있다는 것은

---

36 박완서, 『도시의 흉년』, 제1권, p.106.

여자 대학생까지도 성의 노리개로 생각하는 불성실한 의식이 일부에 존재한다는 것을 의미한다. 그리고 그 불성실한 의식의 바탕에는 인간의 존엄성에 대한 믿음이 무너진 인간 상실의 가치관이 깔려 있다고 볼 수 있을 것이다.

『도시의 흉년』의 '나' 수연이 겨우 두 번째 만난 구주현과 입을 맞추고 뒹구는 장면도 장난기로 가득 차 있다. 어느 고고 미팅에서 파트너가 된 일이 있던 그들이 대학 축제 탈춤 마당에서 다시 만났을 때, 그들은 곧 가까운 숲속으로 달려갔다. 달려가서 풀밭에 뒹굴며 첫 번째 입을 맞추었거니와, 그 진행이 가벼운 장난기로 가득 차 있으며 그들의 부모가 젊었을 때 경험했음 직한 망설임이나 심각함은 전혀 없다.[37]

『도시의 흉년』의 수연은 다른 대학 축제에서 그의 형부 서재호를 파트너로 삼는다. 그때 서재호는 대학 축제에 초대되기 위해서 여대생들이 "분칠하고 새옷 입고 교태 부리는 꼴"을 "최고 학부 다닌다는 여자들이 자기 신분을 예전 관기(官妓)처럼 타락시키고도 부끄러운 줄 모른다."고 꼬집었다. 그런 소리를 하는 서재호를 증오했지만, 결국 그녀는 축제의 폭죽이 터지는 하늘 아래서 형부에게 몸을 허락했다. 서로 사랑하는 것도 아니면서 그들은 다만 일시적인 본능을 채우기 위해서 몸을 섞었던 것이다. 수연의 경우는 본능보다도 장난에서 그런 짓을 하였다.[38]

대학 축제에서의 장난이 수연에게 임신을 시키는 결과를 가져왔다. 뒤처리를 상의하기 위해서 이모에게 임신한 사실을 알렸을 때, 수연은 상대 남자가 누구라는 것은 숨겼다. 조카딸이 미혼으로 임신했다는 사실을 알고도 이

---

37 같은 책, pp.291-294.
38 같은 책, 제2권, pp.57-59.

모는 별로 놀라거나 당황하지 않았다. 오히려 잘된 일이라고까지 하였다.

"세상에 우리 수연이가 어느새 시집갈 때가 됐구나. 좋을 때다. 좋을 때야. 요새 세상에 배불러 갖고 혼인한다고 흉될 거야 뭐 있냐. 오죽 못났어야 연애도 못 걸고 있다가 생판 모르는 남자한테 숫처녀로 시집을 갈까. …"[39]

수연에게 임신을 시킨 남자가 형부인 서재호라는 것을 알았다면 이모도 놀랐을 것이다. 구세대인 이모는 수연에 비하면 그래도 보수적이었던 까닭에 처녀 임신을 결혼과 연결시켜서 생각했던 것이다.

수술비를 받아 내기 위해서 수연은 임신한 사실을 어머니에게 알리지 않을 수 없었다. 딸의 정조 상실을 알게 된 어머니의 반응은 이모와는 좀 달랐다. 우선 딸의 바람기에 대하여 가벼운 질책을 했다. 다음에는 '후환'을 두려워했다. "한 번 배가 맞은 놈이 호락호락 떨어져 나가지 않고 그걸 꼬투리로 우리 재산에 탐이나 안 내려는지" 그것이 걱정이라고 하였다. 셋째로는 그 일을 할머니에게 눈치채지 않도록 각별히 조심하라고 일렀다. 할머니는 완고한 구식 노인네라 그런 일을 '이해'하지 못할 것이므로 비밀로 해야 한다는 것이다.[40] 그리고 병원으로 가는 택시 안에서 다음과 같은 말로 가벼운 불평을 하였다.

"요새 여대생들은 약고 약아서 재미는 재미대로 보고도 이런 일은 안 당한다더라. 또 당해도 제가 알아서 처리하지 부모 속 안 썩인다더라. 너도 이왕

---

39 같은 책, p.103.
40 같은 책, pp.112-114.

이면 그렇게 할 것이지 뭣하러 엄마한테 알렸냐?"[41]

딸의 정조 상실을 알고 '너 죽고 나 죽자'는 식으로 사생 결단하고 추궁한 최일남의 「세 고향」에 나오는 달순네 부모의 경우와는 크게 다른 어머니의 반응이다. 요새 여대생들에게 그런 일은 있을 수 있는 일이라는 양해 비슷한 것이 있는 태도다.

당사자인 수연도 크게 고민하거나 후회하는 태도를 보이지 않고 있다. 그것은 어디까지나 '돌발적인 실수'였다고 말하기도 하고, "요새 여대생 성한 그릇 몇 안 된다."는 무책임한 변명도 하였다. 한 세대 이전의 처녀들처럼 "이제 나는 망했다."는 식의 당황함은 전혀 없었고, "좋은 치료를 받고 충분한 몸조리를 해야" 하겠다는 침착한 태도를 보였다.[42]

그래도 수연은 장난으로 저지른 행동의 뒷맛이 몹시 고약했다고 술회하고 있다. 서재호는 아무렇지도 않은데 다소라도 다친 것은 여자인 자기라는 것을 인정하였다. 그러나 또 한 사람의 당사자인 서재호는 아주 느긋하고 유들유들했다. 그에게는 아무 일도 없었던 것이나 마찬가지였고, 장래가 촉망되는 젊은 법관으로서 이 나라의 질서유지와 사회정의 실현을 위하여 매일 위엄 있는 출퇴근을 하였다.[43]

박영준의 1969년 작품인 『고속도로』도 성도덕의 난맥상을 다루고 있다. 이 장편에 등장하는 오여사는, 남편이 외국에 나가 있는 틈에 아들 또래의 대학생 명수를 유혹하여 그의 동정을 빼앗은 후 상당히 오랫동안 불륜의 관계를 계속한다. 명수에게 독방을 얻어 주고 그곳을 밀회의 장소로 이용하기

---

41 같은 책, p.115.
42 같은 책, pp.114-115.
43 같은 책, p.75, p.137.

도 하고, 모자를 가장하고 제주도까지 함께 여행을 하기도 하였다. 다음은
오여사가 명수에게 한 말 가운데 한 구절이다.

> "명수는 모를 거야. 요즘 여자들이 권태 때문에 얼마나 정신적인 방황을 하
> 는지를. 계를 한다구 모여 다니며 별별 일들을 다 하지. 남편들의 눈으루 보
> 면 기절할 일들을 천연스럽게 하구 있단 말야. 윤리부재(倫理不在)지. 윤리를
> 다 알구 있지만 그것이 물하구 기름처럼 생활과 분리되어 있을 뿐이지. 사실
> 힘든 일이야. 윤리를 지키자면 인생이 고독하니까. 그렇지만 윤리보다 생활
> 을 더 중요하게 생각하는 현대에 산다는 게 문제지. …"[44]

이것은 오여사의 입을 빌린 작가 박영준의 말이라고 해석할 수도 있음직
하다. 박영준은 오여사같이 방황하는 유한 가정주부들이 상당히 많다고 관
찰한 것으로 보인다.

명수는 오여사와의 첫 번째 탈선이 있은 뒤에 그 사실을 아버지에게 알렸
다. 양심의 가책을 못 이겨서 고백한 것은 아니며, 이미 끝난 사연으로 생각
이 되어 비교적 가벼운 마음으로 이야기하였다. 교육자인 아버지는 기가 막
힌 일이라고 개탄하며 우선 오여사를 비난했다. 다음은 그들 부자의 대화의
일부다. 작가의 눈에 비친 세태를 생생하게 전해 준다고 생각되기에 좀 길게
인용해 두기로 한다.

> "기가 막힌 일이다. 그러다가는 남편이 며칠 동안 출장을 간 새도 참지 못
> 해 딴짓들을 하지 않겠니."

---

44 박영준, 「고속도로」, 『신한국문학전집』, 25권, p.83.

"세상이 다 그렇게 돼 가구 있잖습니까. 시대의 추세 같아요."

"그게 사회 풍조라면 우리나라 가정들은 장차 어떻게 되겠니."

"돈은 있구 할 일이 없는데다가 시간적 여유가 있으니까 그런 문제가 일어나겠죠. 당연하지 않습니까."

"그럼 남편이 돌아온 뒤의 가정은 어떻게 되니."

"남편이 모른다면 아무 일두 없이 무사 통과겠지요."

"남편이 알면 죄가 되구, 남편이 모르면 죄가 안 된단 말이냐."

"모르면 없었던 거나 마찬가진데 죄구 뭐구 있습니까."

"요즘 젊은 애들은 유한 마담에게 육체를 제공하구 돈을 뜯어내다가 제가 좋아하는 여자하구 데이트한다더라만 너두 그럴 생각이냐?"

"너무 무시하지 마십시오. 전 그렇게 비굴한 자식은 아닙니다."

"그런 줄은 안다. 좌우간 다시는 그 여자와 절대루 가까이하지 말아라."[45]

오여사의 딸 혜수는 어머니보다도 더욱 개방적이고 방탕스럽다. 그녀는 명수의 형인 명배와 결혼을 약속한 사이거니와, 명배가 군대에 들어간 사이에 명배의 친구인 상오에게 접근한다. 상오와 서로 포옹하고 있는 순간을 명수에게 들켰을 때, 그들은 슬그머니 떨어졌을 뿐 크게 당황하거나 부끄러워하지는 않았다. 그들의 행동을 용서할 수 없는 배신 행위라고 생각한 명수가 분노의 기색을 보이자, 혜수는 "명순 너무나 감정에 선을 긋구 살아가는 것 같아. 틴에이저가 그럴 수 있어?"라고 말할 정도였다. 이 말을 들었을 때, 명수는 자기가 정말 잘못 생각하고 있는 것이 아닌가 하는 자기 회의를 느꼈다.[46] 잠시 후 상오는 먼저 떠나갔고 곧 이어서 혜수는 시무룩한 명수를 달

---

45 같은 책, pp.63-64.

래서 함께 외출을 하거니와, 거리에서 혜수는 명수의 팔을 꼈다. "명순 연애 안 한다지. 외롭잖아?" 하면서.[47]

혜수 자신은 고등학교 1학년 때부터 연애를 경험했다고 명수에게 털어놓았다. 껌을 오래 씹으면 아무 맛도 없다는 비유를 들며, 연애의 상대는 자주 바꾸는 것이 바람직하다는 말도 하였다. 그녀는 사랑을 삶의 극치라고 찬미하면서, "인간이란 짧게나마 자기가 만족할 수 있도록 살다 죽으면 되는 거"라는 말도 하였다.[48]

혜수가 바람을 피우지 못하도록 감시를 해달라는 부탁을 군대로 떠나는 명배로부터 받은 상오는 자신이 혜수의 몸을 훔친다. 그는 혜수 외에도 여러 여자와 무책임한 관계를 맺는다. 어떤 영화 회사의 사무원 연숙을 유혹하여 첫 데이트에 호텔까지 끌고 간 일도 있다. 명동 다방에서 우연히 처음 만난 미스 김이라는 여자와 함께 술을 마시고, 그 길로 수원까지 가서 함께 여관에 간 사연도 있다.[49]

정현웅의 1981년 작품 『축제의 제목은 욕망』도 성도덕의 붕괴 현상을 주제로 다루고 있다. 준호라는 아르바이트 대학생이 장님으로 가장하고 요정의 악사로 일하다가 '한여사'로 불리는 어느 유한 마담에게 발견되어 그 집 딸아이의 바이올린 가정교사로 입주하는 데서 이야기는 시작된다. 한여사의 남편은 무역선 선장으로 해외에 머무는 날이 많고, 외로움을 참지 못하는 중년 부인 한여사의 유혹에 준호도 자연히 끌려들어 간다는 통속적인 줄거리다. 이 소설의 문학적 평가는 모르겠으나, 이른바 프리 섹스의 문제를 정

---

46 같은 책, pp.40-42.
47 같은 책, p.503.
48 같은 책, pp.43-44.
49 같은 책, pp.109-117.

면으로 다룬 점에서 우리의 주목을 끈다.

『축제의 제목은 욕망』 가운데는 프리 섹스의 시비에 관한 논쟁도 선을 보이고 있다. 한여사와 준호가 어느 호숫가에 자리한 별장에 묵고 있을 때, 그곳에 물놀이를 위해서 온 한 쌍의 젊은 남녀 박성윤과 미스 장을 만나게 되었고, 네 사람이 합석한 자리에서 프리 섹스가 화제에 올랐던 것이다.

성의 자유는 인간 본연의 생명의 표현이요, 원시 상태로 되돌아가는 것이며, 인간 회복의 지름길이라는 것이 한여사의 주장이었다. 그녀는 오늘날 젊은이들에게 만연되고 있는 성의 자유의 물결을 인간성 회복의 조짐으로서 환영하였고, 인간성의 거짓 없는 표현을 역설하면서 그룹 섹스도 언급하였다.

이와 같은 극단론에 대하여 박성윤은 성의 자유화가 지나치면 인간의 존엄성과 사회의 질서를 파괴하는 결과를 가져온다고 맞섰다. 그러나 뒤에 가서는 프리 섹스의 만연이 인간성 회복의 돌파구 구실을 할 수도 있다면서 한여사의 의견에 동조하는 편으로 기울었다. 박성윤의 의견이 성의 자유를 긍정하는 편으로 기울자, 미스 장은 "그럼 프리 섹스는 있어야 될 것으로 생각하세요?" 하며 따지듯이 물었고, 이에 대하여 박성윤은 "있어야 될 게 아니라. 있잖아 지금?" 하고 대답하였다.[50]

그날 밤에, 프리 섹스에 반대한 미스 장은 준호를 유혹했고, 한여사와 박성윤은 향나무 밑 바위 위에서 비를 맞으며 그들의 이론대로 성의 자유를 즐겼다. 각각 상대를 바꾼 셈이다. 다음 날 아침에 그들은 태연스럽게 아침 인사를 나누었고, 한여사는 떠나가는 박성윤과 미스 장에게 "부디 두 분, 행복한 결실을 맺도록 해요." 하며 축복의 인사를 보냈다.[51]

---

50 정현웅, 『축제의 제목은 욕망』, pp.104-107.

『축제의 제목은 욕망』은 자유분방한 여대생의 기질도 화제에 올리고 있다. 대학교 1학년생인 한여사의 맏딸 윤희의 행동은 자유분방하다면 자유분방하고, 천진난만하다면 천진난만하다. 윤희는 동생의 가정교사인 준호를 오빠처럼 따랐던 것인데, 어리광을 부리듯이 몸을 기대 오기도 하고 친구들이 보는 데서 목에 키스를 하기도 하였다. 윤희의 친구들이 준호 앞에서 취한 몸가짐도 도가 지나치게 자유분방하다. 양가의 규수답지 않은 외설적인 몸짓을 서슴지 않고 했던 것이다. 윤희나 그의 친구들처럼 조심성 없이 행동하는 여대생들이 우리 한국에 실제로 얼마나 존재하는지는 의문이다. 준호가 앞을 보지 못하는 장님인 줄만 알았던 까닭에 그녀들은 제멋대로 행동했다는 것인데, 장님 앞이라는 특수한 상황 아래서 취한 몸가짐이 그녀들의 본색을 가장 솔직하게 드러낸 것임을 말하고 싶었던 것이 작가의 의도가 아닐까 생각된다.[52]

우리나라의 전통적인 관념에 따르면, 여자가 외설스러운 말을 입에 담는 것은 부덕(婦德)에 크게 어긋나는 것이었다. 옛날 사람들도 언어와 정신 상태 사이에 밀접한 관계가 있다고 믿었기 때문일 것이다. 어쨌든, 술자리 같은 특수한 경우에 남자들이나 즐길 수 있을 법한 외설스러운 잡담을 행세하는 집안의 부녀자들이 입에 담는다는 것은 종전에는 있을 수 없는 일이었다. 그러나 근래에는 여자들도 옛날 같으면 '망측스럽다'고 할 만한 잡담을 곧잘 즐기는 것 같다. 소설에 나타난 예를 둘만 인용해 보기로 한다. 첫 번째 것은, 명동에 있는 숙녀 양화점의 미남 점원을 두고 여대생들이 나눈 잡담이다.

---

51 같은 책, pp.119-140.
52 같은 책, pp.30-33, pp.50-51, p.202 참조.

"그래 그래, 그만큼 훤칠하고 반반하고 상냥하고 터치가 부드러운 미남자로 하여금 온종일 여자들의 발목만 주무르게 한다는 건 너무 했어. 안 그래?"

"그래 그래, 우리 같은 여대생의 날씬한 발목만이면 또 몰라. 염치없는 중년들의 고랑내 나는 코끼리 발목까지 주물러야 한다는 건 정말 너무 비참해. 그만한 미남이면 좀 더 좋은 대우를 받을 권리가 있을 텐데."

"암 있구 말구. 올 봄 대학 축제 때 파트너로 삼아 주면 어떨까. 넥타이나 고상한 걸로 갈아 매주고 서울 대학 뱃지나 하나 얻어다 달아 주는 거야."

"어머, 그럭하면 그야말로 하늘 아래 하나뿐인 특제 파트너가 되겠다. 애."

"계집애들, 그저 축제다 하면 코찡찡이라도 S대생이면 제일인 줄 알지만, S대 애들 촌스럽고 서툴고 거만하고 덜떨어지게 구는 건 하여튼 알아줘야 한다니까."

"그러니까 우리는 우리 맘대로 이상적인 파트너를 조립하는 거야. 조립해서 하루만 신나게 꿰차고 다니다가, 볼짱 다 보고 나서 깨끗하게 분해해 버리면 뒤끝 없고 좀 좋아."

"그러니까 조립식 파트너가 되나? 나쁘지 않아."[53]

이것은 박완서의 『도시의 흉년』에서 뽑은 구절이다. 작가가 여성이라는 사실은 소설에서의 대화가 여성들이 실생활에서 나누는 대화와 어느 정도 유사성을 가졌을 가능성이 크다는 심증을 굳게 한다. 다음에는 같은 작가의 단편 「주말농장」에 보이는 중년 부인들의 대화 한 구절을 인용해 보기로 하자. 이것은 소풍 나온 서울의 유한 계급 가정주부들이 만득이라는 청년을 발

---

53 박완서, 『도시의 흉년』, 제1권, pp.150-151.

견하고 나눈 잡담이다.

"어머머 저기 저 남자 누구지?"

"글쎄 촌사람 치곤 제법 때가 벗었는데."

"때만 벗은 게 아니라 멋있게 생겼는데."

"커피나 한 잔 주고 슬슬 장난이나 좀 칠까."

"그래 그래. 뭐니 뭐니 해도 여자들만의 야유횐 김 빠진다."

"너희들은 모른대도. 저 원시적인 야성과 도시적인 우울이 빛과 그늘을 이루고 있는 저 얼굴. 아니 난 못 살아."

"얘 안 되겠다. 쟤가 요새 몇 달째 독수공방이더니 생각이 좀 다른 게 아냐."

"어떠니? 내버려 둬. 쟤 남편이라고 정조대 차고 외유하진 않을 테니."

"아닌 게 아니라 저 남자 쓸만한데. 한마디로 섹시해."

섹시하다는 말에 하도 노골적인 액센트를 주는 바람에 여자들이 한꺼번에 까르르 웃어 젖힌다.[54]

위에 인용한 두 토막의 대화는 모두 장난기 섞인 농담에 불과하다. 외설스러운 농담을 했다고 해서 그 사람들을 음탕하거나 성도덕적으로 타락했다고 말할 수는 없다. 다만 종전 같으면 술집 여자들이나 입에 담을 수 있었던 음탕한 언어를 여자 대학생 또는 가정주부들이 예사로이 사용하게 되었다는 사실은, 오늘날 한국 여성들의 성도덕 관념이 옛날에 비해 매우 개방적이라고 볼 수 있는 증거로서의 의의를 가질 것이다.

---

54 박완서, 「주말농장」, 『세상에서 제일 무거운 틀니』, pp.92-93.

3) 무질서 속에서의 질서

소설에 등장한 인물들이 실제로 존재하는 사람들을 대표한다고 보기는 어렵다. 저자는 앞 절에서 박완서, 박영준, 정현웅 등의 소설에 등장하는 인물들이 성의 자유의 바람을 일으킨 사례를 열거하였다. 이들 현대의 작가들이 단순한 흥미를 위해서 황당무계한 이야기를 꾸며 냈다고는 생각되지 않으며, 사회 현실에 대한 비판 내지 고발의 정신이 그들에 있다는 것을 인정할 때, 작품에 등장하는 인물들과 비슷한 생각 또는 행동을 하는 사람들이 현실에도 더러 존재한다고 보아야 할 것이다. 그러나 이들 작품을 통해서 우리가 말할 수 있는 것은, 작중의 인물들처럼 성의 자유의 바람을 일으킨 사람들이 일부에 존재한다는 사실에 그치며, 현대 한국인의 전부 또는 대부분이 그들과 같은 생활 태도를 가졌다는 일반론은 아니다. 우리나라에는 성문제에 관한 전반적 통계가 없으므로 단정적인 주장을 할 수는 없을 것이나, 아직은 무절제한 성의 자유에 반대하는 사람들의 수가 압도적으로 많으리라고 생각된다. 우리의 생활 주변을 관찰할 때, 한국인의 대부분이 성의 자유의 물결에 휩쓸리고 있다고 말하기는 어렵다.

소설에 등장하는 인물들의 언행을 통해서도 성의 자유와는 반대 방향의 물결도 있다는 주장을 뒷받침할 수가 있을 것으로 보인다. 우선 그 하나의 예로서 박완서의 단편 「창 밖은 봄」에 나오는 인물들의 언행을 음미해 보기로 하자.

「창 밖은 봄」은 가정부 길례와 물역가게에서 잡부로 일하는 정씨의 사랑 이야기를 줄거리로 삼고 있다. 길례는 이미 결혼에 실패한 경력이 있어서, 자기가 처녀가 아니라는 사실이, 나이는 많아도 버젓한 총각인 정씨와 결합하기에 결정적인 결격 사항이 된다고 생각한다. 한편 정씨는 정씨대로 자기의 나이가 너무 많아서 젊은 길례에게 청혼할 염치가 없다고 생각한다. 그런 연유로 그들은 서로 좋아하지만 대담한 접근을 삼가고, 중국집 후미진 방에서 '영양 보충'을 즐기는 정도로 만족하는 밀회를 3년 가까이 계속했다.

길례와 정씨가 중국집에서 밀회한 사실이 발각되었을 때, 길례가 일하는 집 '사모님'은 무슨 큰 변괴나 생긴 것처럼 수선을 떨며, 그 사실을 친구에게 알리고 대책을 상의한다. 상의를 받은 친구의 해결책은 아주 단호하다. 당장 내보내야 한다는 것이다. 첫째로, 불결해서 용서할 수가 없고, 둘째로, 다른 아들 딸에게 미칠 악영향 때문에 한집에 두어서는 안 된다는 것이다. 이렇게 충고하는 친구는 아들 딸이 조숙해서 고등학교 때부터 이성 문제로 속을 썩인 경험이 있는 어머니이기도 하다.[55] 길례는 결국 주인집에서 쫓겨나게 되어 정씨와 동거 생활을 하게 되지만, 그들의 결합을 '성의 자유'로 설명하기는 어려울 것 같다. 그리고 길례를 고용했던 '사모님'과 그의 친구는 남의 일에 대하여 순결을 주장함으로써 그들의 당위 의식 속에 보수적 관념이 강하게 남아 있음을 보여주고 있다.

『도시의 흉년』의 중년 부인 김복실은 운전수 최씨와 불륜의 관계를 맺은 일을 저지른 사람이지만, 자기의 큰딸 수희가 약혼자인 서재호에게 혼전에 몸을 내주는 일이 없도록 경고도 하고, 피서 여행에는 둘째 딸 수연을 감시꾼으로 딸려 보내기도 했다.[56] 정현웅의 『축제의 제목은 욕망』의 여대생 운희는 가정교사 준호에게 자유분방한 태도를 취하는 개방적 일면을 보였지만, 어머니 한여사와 준호의 방종스러운 관계를 알게 되자 충격을 받고 자살을 하였다. 비록 자신은 순결의 길을 밟지 못하더라도 남의 방종을 방관하거나 용서할 수 없다는 것은, 당위 의식은 아직도 성의 자유를 긍정하지 않고

---

55 박완서, 「창 밖은 봄」, 『세상에서 제일 무거운 틀니』, pp.242-245.
56 박완서, 『도시의 흉년』, 제2권, p.112.

있다는 것을 의미한다.

철두철미한 성자유론자라면 자신의 방종뿐 아니라 다른 사람들의 방종도 허용해야 할 것이다. 자기와 관계가 먼 사람들뿐 아니라 배우자나 약혼자 또는 아들이나 딸과 같이 자기와 아주 가까운 사람이 방종스러운 생활을 하더라도 그것을 허용할 수 있을 때, 비로소 그는 철저한 성자유론자라 할 수 있다. 아직 우리나라에 그토록 철저한 성개방론자는 거의 없을 것으로 안다.

근래 쓰인 소설의 인물들 가운데도 깊은 그리움의 정서를 바탕으로 삼고 진지한 사랑을 한 젊은이들이 있다. 한수산의 『유민』에 나오는 형주와 신애의 사랑은 그 좋은 예가 될 것 같다. 다음은 형주가 아프다는 소식을 듣고 신애가 보낸 편지의 일부분이다.

처음으로, 서로 아끼는 사람들은 왜 같이 살고 싶어 하는지를 알 것 같았어요. 사랑한다는 말 대신에 서로 아낀다는 말을 쓸 수밖에 없는 건, 선생님과 제 사이가 너무 슬퍼서예요.

아프시다는 얘기를 듣고 온 날 밤 내내 같이 살고 싶다고 울었어요. 그리고 다음 날 일어나서 아주 씩씩하게 살기 시작했습니다.[57]

박완서의 『도시의 흉년』에 보이는 여대생들 가운데서 순정이라는 간호학과 학생이 수빈을 대한 태도는 시종일관 진지하고 성실하다. 순정이 수빈을 처음 만난 것은 대학생들의 그룹 미팅에서였고, 몇 번 거듭 만나는 사이에 키스를 허락하는 등 다른 젊은이들과 대동소이한 길을 밟았으나, 연애를 장

---

57 한수산, 『유민』, p.324. 이 편지를 주고받은 신애와 형주는 시골 국민학교 교사들이다. 그들의 성장지가 농촌이고 나이도 좀 들었다는 사실이, 이와 같은 진지한 편지의 왕래를 가능케 하는 데 도움이 되었을 것이다.

난삼아 하지 않고 결혼을 염두에 두고 수빈에게 일편단심으로 대한 점이 다르다. 수빈도 이대생들 꼬시게 자동차 한 대 사달라고 어머니에게 졸랐을 때는 불성실하기 짝이 없었지만, 순정의 성실한 태도에 대해서는 자신도 성실로써 응하고 있다.

수빈의 여동생 수연은 대학 축제에서 형부 서재호와 일을 저지를 정도로 개방적인 여자였으나, 그녀에게도 깊은 정신적 사랑에 대한 갈망이 있었다. 그녀의 다음과 같은 술회는 그녀가 진심으로 갈구한 것이 단순히 관능적인 남녀의 접촉이 아님을 알 수 있게 한다.

> 남보다 맛있는 키스를 할 수 있는 남자가 곧 사랑할 만한 가치가 있는 남자가 될 수는 없지 하는 생각이 들었다. 그렇게 해서 시작되는 사랑은 부끄럽고 부끄러운 치정으로 여겨지기까지 했다. … 나는 한 남자에게 사로잡혔고 그 남자에 대해 내가 알고 있는 거란 키스의 감촉밖에 없다. 그것은 엄마나 이모나 절름발이 첩이 남자를 원하는 번뇌와 무엇이 다를까. 나는 내가 그들과 닮은 느낌으로 남자를 원하는 데 심한 부끄러움을 느꼈다. …[58]

일반적으로 결혼을 염두에 두고 이성을 사귈 때 사람들은 진지하고 성실한 태도로 사랑 문제를 생각하는 것으로 보인다. 수연도 구주현을 결혼의 상대로서 고려했을 때, 전혀 딴사람이 되어서 그에게 정성을 다하였다. 박영준의 『고속도로』에 나오는 바람둥이 권상오도 단순한 관능적 만족을 위해서는 혜수를 이용했으나, 혜수가 결혼을 요구하자 태도를 바꾸어 그녀를 멀리했다. 바람둥이도 결혼의 상대로서는 바람둥이를 원하지 않는다.[59]

---

58 박완서, 『도시의 흉년』, 제1권, p.325.

3. 결혼관과 결혼 풍속

1) 배우자의 조건

가족주의가 지배하던 시절에는 결혼은 두 개인의 결합으로서의 의의보다도 두 가문의 결합으로서의 의의가 더 컸다. 따라서, 당사자들의 자유의사는 묻지 않고 오로지 집안 어른들의 결정을 따라서 결혼이 성립하는 것이 그 당시의 일반적 관행이었다. 타의에 의해서 부부가 된 남녀는 결혼을 계기로 한집에 사는 가운데 대개 서로 사랑하는 사이가 되었다. 결혼이 먼저고 사랑은 그 뒤를 따른 셈이다.

그러나 결혼이 사랑을 보장할 수는 없다. 결혼은 강제로도 시킬 수가 있지만, 사랑은 강요만으로는 이루어지지 않는다. 다만, 선택의 여지가 없을 경우에는 밖으로부터의 결합이 안으로부터의 사랑을 유발할 공산은 크다. 우리나라의 전통 사회에 있어서 여자가 이성으로서 접촉할 수 있는 남자는 오직 부모가 정해 준 남편뿐이었다. 그리고 남편은 하늘같이 섬겨야 한다는 교육도 받아 왔다. 이러한 조건 아래서는 대개의 경우 아내는 남편을 사랑하게 되었을 것이고, 비록 사랑의 정을 느끼지 못하더라도 아내로서의 도리를 다할 수밖에 없었을 것이다.

남편의 경우도 사정은 비슷했다. 아내는 가장 떳떳하게 접근할 수 있는 유일한 이성이었고, 부모가 정혼한 아내는 아끼고 사랑해야 한다는 교훈도 있었다. 다만, 특권층의 자제들은 어느 정도 나이가 들면 기방 출입의 기회도 가질 수가 있었고 애첩을 거느릴 수도 있었다. 따라서, 일편단심 남편만을

---

59 박영준, 「고속도로」, 『신한국문학전집』, 25권, p.118.

바라보아야 하는 아내보다는 선택의 여지가 있었던 셈이고, 결혼이 애정을 수반할 인과(因果)의 힘이 좀 약할 수밖에 없었다. 그러나 대개의 경우는, 첫 번째로 접촉하게 되는 이성이고 또 아끼고 사랑할 의무가 있는 아내에 대해서 자연히 어느 정도의 애정을 느끼게 되었을 것이다. 애정을 느끼지 못할 경우에도, 첩을 거느리는 것은 허용되었으나, 조강지처를 버리는 일은 용납되지 않았다.

개화와 더불어 서양의 개인주의가 들어오면서 우리나라의 젊은 세대도 개인적 자아의식의 눈을 뜨기 시작했다. 개인적 자아의 눈을 뜨고 보았을 때, 결혼은 당연히 젊은 당사자들을 위한 결혼일 수밖에 없었고, 당사자들을 위한 결혼이라면 배우자의 선정은 일차적으로 당사자들의 의사를 존중함으로써 결정함이 마땅하다는 결론이 불가피하였다. 그리고 사람의 인품이란 한두 번 만나는 것만으로는 알아보기 어려운 것이니, 결혼을 약속하기에 앞서서 당사자들끼리의 충분한 교제가 바람직하다는 논리가 성립하게 되었고, 이러한 논리는 자유 연애를 허용하는 근거의 구실을 하였다. 다만, 이 단계에서의 연애는 어디까지나 결혼을 위한 예비 단계로서의 뜻이 컸으며, 결혼을 염두에 두지 않은 연애는 건전한 관계로서 인정되기 어려웠다. 아마 이러한 생각이 해방 전의 한국의 지식층이 일반적으로 가졌던 윤리 의식이었을 것이다.

해방 뒤에 들어오기 시작한 성(性)의 자유의 물결은 연애와 결혼을 굳이 연결시키지 않는 점에 특색이 있다. 결혼의 상대로서 적합한가 아닌가를 알아보기 위해서 남자와 여자가 접근하는 것이 아니라, 남녀의 접촉 그 자체를 즐기기 위해서 남녀가 접근한다. 이와 같은 풍조 속에서 자칫하면 연애는 한갓 장난에 불과한 것이 되기 쉽다.

『도시의 흉년』에 등장하는 인물들 가운데 경화라는 여대생이 있거니와, 경화는 가까이 사귀던 남자들이 대여섯 명도 넘었으나 그 사람들은 모두 제쳐놓고 전혀 새로운 청년과 약혼을 하겠다고 발표를 하였다. 친구들이 의외라고 말하자, 경화는 "대학 시절의 유치한 연애 장난은 이제 그만 청산할 때도 되지 않았느냐?"고 반문하였다.[60] 경화네 가정 사정을 잘 아는 어느 양장점 주인은 경화의 약혼 소식을 듣고 다음과 같이 말하였다.

"경화 신랑 인물이 그만하고 일류 대학 출신이겠다, 그동안에 왜 애인이 없었겠어. 경화만 해도 그렇지 좀 바람둥이야. 그런데도 부모가 짝지어 주니까 둘 다 과거를 훌훌 털어 버리는데 옷에 묻은 검부락지 털어 내는 것보다 더 쉽게 털어 버리더라고. 하여튼 알아줘야 돼, 요새 젊은 애들 세상 사는 재주는. 우리 때만 해도 더러더러 사랑에 속고 돈에 우는 순정파도 있었건만, 그런데 세상이 왜 이렇게 드라이해지지....."[61]

물론, 모든 젊은이들이 연애와 결혼을 분리해서 생각한다고 보기는 어렵다. 가까이 사귀는 사람들 가운데 평생의 반려자로서 마땅하다고 판단되는 상대가 발견되면, 그 사람과 결혼하리라는 생각을 갖지 않는 미혼 남녀는 요즈음도 많지 않을 것이다. 대부분의 사람들은 지금도 연애가 결혼으로 연결되는 것이 바람직하다는 생각을 가지고 있을 것이며, 또 실제에 있어서 연애를 통하여 결혼 상대를 결정하는 젊은이도 많이 있다. 어떤 젊은이들은 고등학교 시절부터 알게 된 친구와 일편단심 꾸준히 사귀다가 결혼에까지 이르는 모범을 보이기도 한다. 다만, 연애는 반드시 결혼을 위한 준비 과정으로 보아야 한다는 생각은 일반적으로 가지고 있지 않으며, 연애와 결혼을 일단

60 박완서, 『도시의 흉년』, 제1권, p.254.
61 같은 책, p.312.

분리해서 생각하는 추세가 젊은이들에게 강하다는 것은 부인하기 어려운 사실이며, 이러한 추세의 바탕을 이루는 것은 성에 대한 개방적인 관념이라고 여겨지는 것이다.

연애와 결혼을 분리해서 생각한다는 것은, 연애에 적합한 상대와 결혼에 적합한 상대가 반드시 일치하지 않는다는 사실과 연관이 있을 것이다. 연애의 상대로서 갖추어야 할 가장 중요한 조건은 성적 매력이라 하겠으나, 결혼의 상대로서 갖추어야 할 조건은 성적 매력 이외에도 여러 가지가 있다고 보는 것이 일반적인 생각이다. 그리고 결혼의 상대로서 갖추어야 할 가장 중요한 조건이 무엇이냐는 문제에 대한 생각도 옛날 전통 사회의 경우와는 많은 차이가 있는 것으로 보인다.

우리나라 전통 사회에 있어서 신랑 또는 신부의 조건으로서 가장 중요한 것은 문벌이었다. 문벌만 훌륭하면 다른 점은 보지 않아도 믿고 정혼을 해도 좋다는 생각을 가진 사람들도 많았다. 요즈음 동물 애호가들이 강아지나 망아지를 구할 때 그 족보에 의존하는 것과 비슷한 태도라 하겠으며, 이러한 태도의 바탕에는 같은 한국인 중에도 여러 가지 '씨'가 있다는 관념이 깔려 있었던 것으로 보인다.

오늘날 결혼 상대를 물색하는 사람들의 경우는, 후보자의 가문 전체를 문제 삼기보다는 당사자 '개인'을 중요시하는 경향이 강하다. 다만 당사자 '개인'의 어떤 측면을 가장 중요하다고 생각하느냐 하는 문제에 대해서는 경우에 따라서 많은 개인차가 있는 것으로 보인다.

결혼 상대자를 선택함에 있어서 후보자의 어떤 점을 가장 중요하다고 생각하느냐고 묻는다면, 대다수의 사람들은 '인품이 가장 중요하다'고 대답할 것이다. 그러나 이러한 대답이 언제나 실천적 행동과 일치하는 것은 아니다. '인품'이라고 하는 애매하고 모호한 기준에 의존하기보다는 외모, 신장, 경제력, 학력, 직장 등 구체적이며 눈에 보이는 기준을 따라서 혼사를 결정하는 경우가 많다. 사람의 인품이란 내면적 속성이라고 보아야 할 것인데, 이와 같이 외면적 조건들을 중요시하는 실태는 '인품이 가장 중요하다'는 관념을 결과적으로 배반하는 것에 가깝다. 내면적인 속성으로서의 인품과는 거리가 먼 여러 가지 외면적 조건들이 중요시되는 가운데, 특히 현저한 것은 경제력이 결정적인 조건의 구실을 하는 경향이 강하다는 사실이다.

박완서의 장편『도시의 흉년』에 나오는 지대풍 부부는 큰딸 수희의 신랑감으로서 어느 부잣집 막내아들을 지목하고 본인 수희의 의사를 물었다. 그러나 수희는 이미 결혼을 언약한 남자가 있다면서 반대 의사를 표명하거니와, 그 말을 듣고 수희 어머니가 다짜고짜 물은 것은, 그 언약한 남자가 돈푼이나 있는 집 자식인가 아닌가였다. 아직은 집 한 채 없는 사람이라는 대답을 듣고 부모는 노발대발하며 강경한 반대 의사를 표명하였다. 그러나 그 사람이 비록 가난하나 사법고시에 합격한 청년이라는 말을 듣고 부모의 태도는 돌변하였다.[62] 사법고시에 합격한 청년들에게는 권세와 돈이 아울러 따른다는 통속적인 생각에 입각하여, 그들을 '일등 신랑감'으로 여기는 사람들이 많은 것이다.

지대풍의 집 맏사위로 내정된 예비 법관 서재호가 수희를 배우자로 선택한 동기는 더욱 타산적이고 탐욕스럽다. 서재호의 논리를 따르면, 정의의 수호를 임무로 삼는 법관이라는 직업을 가지려면 부정의 유혹을 뿌리칠 수 있을 정도로 경제적 안정을 누리는 것이 필수 조건이다. 그런데 자기는 가난한 가정의 출신이므로 부잣집 딸과 결혼함으로써 경제적 지반을 마련할 필요가 있다. 수희도 서재호의 계산을 알고 있었고, 수희의 어머니 김복실 여사도, 그런 좋은 사윗감을 놓칠 수 없었던 까닭에, 딸과 사위 앞으로 한밑천

---

62 같은 책, 제2권, pp.5-14.

떼어 주기로 쾌히 승낙하였다. 법관의 체면을 손상하지 않을 정도의 집도 사주고, 가게 터도 한두 개쯤 마련해 주기로 한 것이다.[63]

딸을 시집보낼 때 딸려 보내는 재물에는 뇌물로서의 성격이 곁들였다. 남존여비의 전통적 관념은 아직도 신부를 약한 위치에 놓이게 하므로, 시댁의 선심을 사기 위해서 뇌물의 성격을 띤 재물을 진상하는 것이다. 수희의 경우에 특별히 많은 재산을 딸려 보내기로 작정한 것도, 수희가 학벌이 신통치 않은 것을 보상하는 뜻도 있었지만, 서재호가 과부의 외아들이라는 점을 고려하여 시집살이를 경감하자는 계산이 크게 작용하였다.[64]

부동산을 뇌물로 진상하는 것은 특수한 경우에 속하며, 일반적으로는 예물을 포함한 혼수에 많은 돈을 투자함으로써 시댁의 환심을 산다. 우리나라의 경제 사정에 비추어 보나 개인적 가정 형편에 견주어 보나 도저히 납득이 안 갈 정도의 비싼 시계와 반지 등을 예물로 주고, 별로 사용하지 않는 보료와 병풍도 장만한다. 텔레비전과 냉장고는 물론 필수품이고, 시댁의 가족뿐 아니라 먼 친척들을 위해서 흉잡히지 않을 정도의 물건을 준비해야 한다. 한마디로 말해서 돈을 물쓰듯 해야 하는 것이다. 수희의 경우도 성대한 약혼식을 올리면서 서재호는 "무지무지하게 비싼 시계와 반지를" 받았고, 수희도 "그만한 값에 해당하는 패물을" 받았다. 그러나 양쪽 예물은 모두 수희네 집에서 부담하였다. 그 밖의 혼수를 장만하는 마당에서도, "개같이 벌어서 정승같이 쓴다."는 속담을 따라서 돈 아까운 줄을 몰랐다.[65]

결혼에 관련된 사치와 낭비는 약혼식의 예물과 그 밖의 혼수에만 국한되

---

63 같은 책, pp.16-18.
64 같은 책, pp.15-16.
65 같은 책, p.72, p.77.

지 않는다. 함이 들어오는 날 함을 지고 온 신랑 친구들이 돈을 뜯어내는 장난은 장난의 정도에 머물지 않고 욕심 섞인 행패로 변할 수도 있다. 결혼식에 청첩장을 내거나 답례품을 주는 일은 못하기로 되어 있지만, 형태를 바꾸어서 여전히 행해지고 있을 뿐 이니라, 결혼식장 주변의 낭비는 오히려 점점 더해 가는 추세를 보이고 있다. 다음은 수희와 서재호의 결혼식 광경의 한 부분을 묘사한 구절이다.

> 결혼식은 엄마가 결사적으로 모아 들인 하객들 덕택으로 입추의 여지없이 성황을 이룬 가운데 격식대로 진행됐다. 식이 끝나고 가족 사진을 찍고 나서, 신랑 친구와 함께 찍는 사진, 신부 친구와 함께 찍는 사진을 따로따로 찍고도 뭐가 부족한지 서재호가 고교 동창과 따로 찍으니까 언니(수희)도 고교 동창과 따로 찍고, 서재호가 대학 동창과 따로 찍으니까 언니도 초급대학 동창과 따로 찍고, 서재호가 고시 합격 동기하고 같이 찍으니까 언니는 마담 그레이스와 그녀의 살롱에서 사귄 호스티스 풍의 멋쟁이들을 모조리 불러내서 같이 찍느라, 사진 찍기는 좀처럼 끝날 줄을 몰랐다.[66]

2) 전통과 외래의 혼합

결혼에 관한 사람들의 마음가짐과 그 풍습을 살펴보는 가운데, 우리는 한국에 있어서 전통적인 것과 서양으로부터 들어온 새로운 것의 혼합을 발견하게 된다. 다시 말하면, 오늘날 한국인의 결혼관 및 결혼 풍습에는 서양 문화의 영향이 현저한 가운데, 한국의 전통적인 관념과 관습도 한편으로는 상

---

66 같은 책, pp.177-178.

당히 완고하게 남아 있음을 본다.

연애와 결혼을 일단 별개의 것으로 분리해서 생각하는 사고방식은 한국의 전통 사회에서는 있을 수 없는 새로운 것이다. 신붓감이나 신랑감을 선정함에 있어서 그 집안의 경제적 형편을 고려하는 것은 어느 사회에서나 볼 수 있는 일반적 현상이라 하겠으나, 부잣집 딸과 결혼하여 처가의 덕을 보겠다는 태도는 우리나라 전통 사회에서는 비열한 심사로서 경멸의 대상이었고, 어느 정도 자존심이 있는 사람은 크게 수치스러운 일로 생각했다. 『도시의 흉년』의 서재호가 그랬듯이 돈을 보고 배우자를 정하는 태도를 서양적이라고 단적으로 말하기는 어려울 것이나, 재물을 극도로 탐내는 풍조는 서양의 물질주의의 영향으로 볼 수 있을 것이며, 처가로부터 아파트나 자동차 따위의 거액의 선물을 받는 것을 예사롭게 생각하는 태도는 옛날에는 보기 드문 일이었다. 신혼 살림의 경제적 부담을 신랑 측에서만 지는 것을 부당하게 여기고 신부도 마땅히 지참금을 가지고 와야 한다고 생각하는 것도 서구적 사고방식에 가깝다 할 수 있을 것이다.

한편 사법고시 합격생을 최고의 사윗감으로 평가하는 사람들의 의식 속에는 전통적 가문 의식과 관존민비의 관념이 남아 있다. 시장에서 포목 장사로 벼락부자가 된 김복실이 가난한 고시 합격생 서재호를 사위로 맞아 들이기로 했을 때 그녀의 가정에서는 그로 인하여 자신의 가문이 한층 높게 승격한다고 믿었고 그 점을 가장 대견스럽게 생각했다. 다음은 지체 높은 신랑을 사위로 맞이하게 된 기쁨에 흥분된 상태에서 김복실이 작은딸 수연에게 한 말이다.

"… 그리고 다른 건 몰라도 연애 거는 것만은 그저 언니를 닮아라. 언닐 닮지 못하려거든 아예 걸질 말든지. 말이야 바른 대로 말이지, 아 연애니까 그런 높은 신랑 자리가 우리한테 걸렸지, 중매였어 봐라, 어림도 없었을걸. 말이야 바른 대로 말이지, 우리가 돈만 있다 뿐이지 어디 가문이 있냐. 딸애 덕에 우리가 가문을 얻었지. …"[67]

김복실은 남편 지대풍이 무식하게 굴거나 상소리로 술주정을 할 때는, "당신도 이제 가문을 생각해요, 가문을. 당신이 어디로 보나 그까짓 뿌로커 최씨나, 백수건달 김씨하고 어울리게 됐나 말예요." 하고 핀잔을 주기도 하였다. 반대로 김복실이 주책을 떨거나 저속하고 거친 말을 쓰면, 지대풍 편에서 "법관 사위 체면을 생각해서라도 좀 고상하게 굴라"고 나무랐다.[68]

인연을 맺은 양가가 대등한 위치에 서지 않고 바깥사돈 집이 높은 자세를 취하며 안사돈 집이 낮은 자세를 취하는 풍습도 서양 사회에서는 보기 어려운 현상이며 남존여비의 전통적 관념의 잔재라고 보아야 할 것이다. 딸을 보내는 집에서 사위나 그 가족들에게 뇌물의 성격을 띤 재물을 보내는 관례와 '시집살이'의 관념은 서양의 문물이 판을 치는 새로운 풍조 속에서도 아직 상당히 완고하게 남아 있다.

배우자를 선정하는 과정에 있어서도 서양의 개인주의적 사고방식과 우리나라의 가족주의적 전통 의식이 함께 작용하는 경우가 많다. 배우자의 결정은 원칙적으로 당사자의 의사를 따라야 한다는 것이 일반적 통념이기는 하지만, 막상 혼담이 구체화하는 단계에 이르면 부모의 조언 내지 간섭이 따르는 것이 일반적 현상이다. 서양의 부모들처럼 모든 결정을 자녀의 자유의사에 맡기는 경우도 전혀 없지는 않을 것이나, 어느 정도 후견인으로서의 간섭을 할 경우가 많다. 경우에 따라서는 그 간섭이 부모와 자녀 사이의 알력을

---

67 같은 책, p.77.
68 같은 책, pp.75–76.

초래하기도 한다. 『도시의 흉년』의 수희의 혼담을 둘러싸고도 처음에는 집안이 소란할 정도의 의견 대립이 있었거니와, 그의 동생 수빈의 신붓감으로서 순정이 거론되었을 때 어머니 김복실이 표명한 반대는 더욱 강경하였다. 김복실의 기준에 따르면 며느리로서 갖추어야 할 조건 가운데 가장 중요한 것의 하나가 '부잣집 딸'이라는 것이었는데, 정순은 가난한 집의 딸이었던 것이다. 그따위 가난뱅이 딸을 며느리로 받아들인다는 것은 상상도 할 수 없는 일인 것처럼 펄펄 뛰었다.[69]

배우자를 선정하는 문제에 있어서 아직도 부모의 간섭이 따르는 현상은, 결혼 및 살림 장만에 드는 비용의 많은 부분을 부모가 부담하는 것이 관례가 되고 있다는 현상과 밀접하게 연관되어 있을 것이다. 김복실은 큰딸 수희를 시집보낼 때 많은 재산과 혼수로써 그 뒷바라지를 했다. 안사돈의 입장이었던 까닭에 특히 많은 것을 바치게 되었다. 아들 수빈을 결혼시킬 때는 바깥사돈의 위치에 서게 되거니와, 자기도 딸 시집보낼 때에 바친 것과 비슷한 액수의 재물을 받아야 마땅하다는 생각을 갖는 것은 자연스러운 심리라 하겠다. 그런데 가난한 집의 딸을 며느리로 삼을 경우에는 그러한 기대를 채울 길이 없어진다. 이와 같은 사정은 자녀의 결혼 문제를 본인들에게만 일임하기를 어렵게 만드는 요인으로서 작용할 것이다.

약혼식에서 신혼여행에 이르기까지의 여러 가지 절차 가운데도 외래의 풍습과 전통적 풍습의 혼합을 찾아볼 수가 있다. 약혼식은 옛날에는 일반적으로 없었던 새로운 의식이다. 옛날에는 신랑집에서 하인을 시켜서 사주단자(四柱單子)를 신부집에 보내는 것으로써 약혼이 정식으로 성립하였다. 사주단자를 받아들이고 하인을 대접하는 절차를 약혼식이라고 부를 수도 있을

---

69 같은 책, 제2권, pp.204-205, 제3권, p.13.

지 모르나, 오늘날 우리가 말하는 약혼식과 같이 양가에서 여러 사람들이 한 자리에 모여서 향연을 함께하는 절차는 새로운 풍습이라고 볼 수 있다. 채단과 패물 등을 담은 함을 신부집으로 보내는 절차는 옛날부터 내려오는 전통적 풍습이다. 그러나 많은 가정에서는 재래식 함 대신에 서양식 가방을 사용하고 있으며, 함을 지고 가는 사람도 하인에서 신랑의 친구들로 바뀌었다. 함을 지고 간 사람들이 돈을 요구하며 애를 먹이는 풍습도 그 양상이 옛날과는 많이 달라졌다.

해방 전에는 한국의 전통적 결혼식을 올리는 가정이 많았으나, 전쟁이 끝나고 미국의 문물이 밀려들어 오면서 거의 서구식 결혼식 일색으로 바뀌었다. 한때는 들러리를 세우고 축사의 차례도 두는 등 복잡한 양상의 예식을 올렸으나, 차차 간소화하는 방향으로 풍습이 바뀌었다. 예식을 서양식으로 올리는 가운데도 폐백을 드리는 절차 같은 것은 오랜 전통적 관습을 계승하고 있다. 폐백은 신부 측에서 신랑 댁에 올리는 예절이므로 생략하기가 어려웠을 것으로 보인다. 예식이 끝나면 서양의 풍습을 따라서 신혼여행을 떠난다. 근래 복고풍을 따라서 재래식 결혼식을 올리는 사람들이 일부에 다시 생기고 있으나 신혼여행의 풍습은 그대로 따른다. 신혼여행의 풍습이 들어오면서 '신방 지키기'와 '신랑 달아먹기' 등 신랑을 괴롭히던 풍습은 자연히 자취를 감추게 되었다.

4. 성도덕의 문제점

성도덕이 도덕 체계 전체 안에서 차지하는 비중을 어느 정도로 보는 것이 옳으냐에 관해서 사람들의 의견은 크게 두 갈래로 나누어진다. 일반적으로 말해서, 보수적인 사람들은 성도덕을 도덕 전체의 핵심으로 생각하는 경향이 강한 데 반하여, 새 시대를 강조하는 사람들은 성도덕의 문제를 사생활의 문제에 불과한 것으로서 가볍게 생각하는 경향이 있다. 한편에서는 성도덕이 무너지면 그 사회의 윤리 전체가 흔들린다고 걱정을 하는가 하면, 다른 한편에서는 전통적 성도덕의 붕괴는 지엽적인 문제에 불과하다는 견해를 취한다.

성도덕을 도덕의 핵심이라고 믿는 사람들은 프리 섹스의 풍조를 크게 위험시하고 개탄하는 반면에, 성도덕의 문제를 사생활의 문제에 불과하다고 경시하는 사람들은 성의 자유의 물결에 대해서도 크게 우려하지 않는다. 우리나라의 학자 가운데는 성의 자유를 공공연하게 주장하는 사람은 알려지지 않았으나, 외국 철학자 가운데는 성의 자유를 자연에 대한 순응으로서 적극적으로 지지하는 사람들도 있다.[70] 그러나 전체로 볼 때는 성의 자유를 일종의 타락으로 간주하는 견해를 취하는 사람들이 아직도 더 많을 것으로 보인다.

성의 자유의 물결을 어떻게 받아들일 것인가 하는 문제에 대한 본격적인 해답을 시도하는 것은 이 책의 목표를 넘어서는 일이다. 여기서는 다만 몇 가지 기본적인 원칙의 문제만 언급해 두고자 한다.

첫째로, 성의 문제는 사생활의 문제라는 견해와 관련해서 '사생활'과 사회생활의 관계를 분명히 해둘 필요가 있을 것이다. 흔히 '사생활'은 개인적 자유의 영역에 속하며 타인 또는 사회가 간섭할 수 없는 분야라고 말하는 사람들이 있으나, 타인의 간섭을 배제하는 그 '사생활'의 범위에 대해서 명확한 생각을 가진 사람은 많지 않다. 우리는 항상 사회 안에 살고 있으며 흔히 말하는 '사생활'도 사회생활의 맥락 속에서 이루어진다. 그리고 사회 속에서

---

70 러셀(B. Russell)이 『결혼과 도덕(*Marriage and Morals*)』이라는 책에서 성의 자유를 적극적으로 주장한 것은 널리 알려진 사실이다. 엘리스턴(Frederick Elliston)이라는 철학자도 성의 자유를 지지하는 논문을 발표한 적이 있다.

의 모든 행위는 사회의 일반적 규범의 제약을 받아야 하며, 만일 '사생활'을 '사회규범의 제약을 받지 않는 생활 영역'이라고 정의한다면, 절대적 사생활이란 있을 수 없다고 보아야 할 것이다. 그러므로 사생활도 사회규범을 전제로 하는 개념으로 보아야 할 것이며, 이미 사회규범을 준수하고 짜인 개인적 생활 계획을 전제로 하고 그렇게 짜인 생활 계획을 따르는 실천 생활의 일부가 '사생활'의 범위 안에 들어갈 것이다. 다시 말해서, 사생활은 처음부터 모든 사회규범의 제약을 배제한 절대적 자유의 영역이 아니라, 이미 사회규범의 관문을 통과한 연후에 사회규범이 허용하는 범위 안에서 누릴 수 있는 제한된 자유의 영역이다.

예컨대, 침실에 든 부부가 어떠한 형태의 성생활을 즐기느냐 하는 것은 일단 외부의 간섭을 배제할 수 있는 사생활의 문제에 속한다. 그러나 이 경우에 있어서도 아무렇게 해도 좋은 무제한의 자유가 허용되지는 않는다. 아내가 원치 않는 행동을 남편이 해서는 안 되며, 남편이 원치 않는 행동을 아내가 해서도 안 된다. 그리고 방음이 제대로 되지 않은 상황에서 제삼자의 신경을 건드릴 염려가 있는 소리를 내는 따위의 행동도 허용되지 않는다. 일반적으로 말해서, 사회 또는 타인에게 피해를 주는 행위는 '사생활의 자유'의 범위를 벗어나는 행위다.

그러나 항상 어떠한 타인에게도 지장을 주지 않고 산다는 것은 사실상 불가능하다. 지장을 받는 사람의 입장에서 말한다면, 나에게 불리한 타인의 행위 가운데도 참고 허용해야 할 행위가 있다. 사회 안에서 접촉을 가지고 사는 사람들은 자연히 서로 영향을 주고받는 생활을 하기 마련이다. 서로 영향을 주고받는 행위 가운데는 마땅히 해야 할 행위도 있고, 해서는 안 될 행위도 있으며, 해도 좋고 안 해도 좋은 행위도 있다. 여기서 '해야 할 행위'와 '해서는 안 될 행위' 및 '해도 좋고 안 해도 좋은 행위'의 한계선을 정하는 기준이 되는 것이 곧 사회규범에 해당한다.

도대체 그 '사회규범'의 정체가 무엇이냐 하는 것은 철학적 근본 문제에 속하며 이 자리에서 우리가 다루어야 할 문제는 아니다. 다만 한 가지 확실한 것은 우리 사회에 있어서 현실적으로 사회규범의 구실을 하고 있는 법이나 도덕관념은, 절대적 기준으로서의 타당성을 인정받을 수 있는 선천적 실체가 아니라 사회생활 속에서 인간에 의해서 만들어진 경험적, 역사적 산물이라는 사실이다. 경험적, 역사적 산물인 까닭에 그것은 시대의 변천을 따라서 변동하기 마련이며, 그 타당성에 대해서 의문을 제기할 수 있는 상대적 규범이다.

이상과 같은 맥락에서 볼 때, 성의 자유를 주장하는 논의의 요지는 이제까지 성에 관한 행위를 규제해 온 전통적 사회규범이 지나치게 많은 제약을 가해 왔으므로, 그 사회규범을 크게 완화하는 쪽으로 고쳐야 한다는 주장으로 이해된다. 이를테면, 성의 쾌락을 즐기는 것은 자연이 개인에게 부여한 권한인데 이에 대하여 사회가 불합리하게 많은 제약을 가해 왔다고 주장하는 것이다. 따라서, 문제의 핵심은 종래 성의 자유를 제한해 온 여러 가지 규범 가운데서 어디까지가 합리적 근거를 가지고 있으며, 어디서부터는 합리적 근거를 결여하는가를 가려 내는 일에 있다.

전통적 성도덕 관념의 바탕에는 성욕 그 자체를 추악한 것으로 보고 성욕의 억제는 그 자체가 유덕한 행위라고 생각하는 믿음이 깔려 있었다. 그리고 이러한 믿음이 합리적 근거를 갖지 못한 독단이라는 성자유론자의 주장은 일단 받아들여야 할 것으로 보인다. 식욕의 경우와 마찬가지로 성욕도 자연스러운 방법으로 충족시키는 것이 바람직하다는 주장을 원칙적으로 거부하기는 어려울 것 같다. 그러므로, 성욕의 억제 그 자체를 찬양하는 금욕주의적 성도덕은 합리적 근거가 없다는 결론에 이른다.

그러나 이러한 결론이 곧장 성의 자유를 무조건 정당화하지는 않는다. 논자들이 말하듯이, 성욕도 식욕과 마찬가지로 하나의 자연현상에 지나지 않는다 하더라도, 식욕의 충족이 아무런 제약도 받지 않을 수 없듯이, 성욕의 충족도 무제한의 자유를 누릴 수는 없을 것으로 보인다. 첫째로, 우리의 행위는 타인에게 부당한 피해를 입혀서는 안 된다는 일반적 원칙의 제약을 받아야 하고, 둘째로, 우리 자신의 삶을 되도록 값진 것으로 만들기 위하여, 우리는 최선의 생활 설계를 따라서 행위해야 한다는 원칙의 제약을 받아야 한다.

"타인에 대하여 부당한 피해를 입혀서는 안 된다."는 일반적 원칙을 거부할 수는 없으며, 진지한 태도를 버리지 않는 한 모든 사람은 이 원칙을 받아들일 것이다. 그러나 여기서 말하는 '부당한 피해'의 한계가 누구에게나 명백한 것은 아니며, '부당한 피해'의 한계가 모호함으로 말미암아 여러 가지 어려운 문제가 생긴다.

예컨대, 혼전의 성경험이 어떤 타인에 대하여 부당한 피해를 입히는지 아닌지는, 이른바 강제 추행의 경우와 같이 명백하지는 않다. 명동 거리와 같은 공개된 장소에서 애인끼리 입을 맞추는 행위의 경우도 '부당한 피해'의 원칙에 저촉되는 것인지 아닌지 명백하지 않으며, 과부가 돈으로 미혼인 청년의 몸을 사는 경우도 그리 명백하지 않다. 이와 같이 명백하지 않은 경우를 일일이 열거하고 그 하나하나에 대해서 어떤 판정을 내리는 작업을 시도할 생각은 없다. 다만, 이러한 '명백하지 않은 사례'를 문제 삼을 때 우리가 고려해야 할 기본적인 사항 하나만을 지적해 두고자 한다.

"타인에 대하여 부당한 피해를 입혀서는 안 된다."고 말할 때, 그 '피해'의 관념 속에는 물질적인 것과 정신적인 것이 모두 포함되어 있다고 보아야 한다. 그런데 '정신적 피해'는 피해의 대상으로 짐작되는 사람들의 심리 상태에 따라서 큰 차이가 생긴다. 예컨대, 같은 농담도 그것을 받아들이는 사람의 성격과 심경 여하에 따라서, 듣는 이에게 피해를 주기도 하고 안 주기도 한다.

어떤 성행위가 남에게 정신적 피해를 주느냐 안 주느냐 하는 것은, 그 행위를 직접 또는 간접으로 알게 될 사람들이 성문제에 대해서 가지고 있는 관념 또는 의식 여하에 따라서 크게 좌우된다. 쉽게 말해서, 그것을 아무렇지도 않게 생각하는 사람들에게는 아무런 피해도 주지 않는 행위도, 그것을 끔찍하고 망측스러운 행위라고 생각하는 사람들에게는 피해를 줄 수가 있다. 예컨대, 아내가 혼전에 성경험을 가졌다는 사실을 알고도 추호의 불쾌감도 느끼지 않는 남편이 있다면, 그는 아내의 혼전 성경험에 의하여 별로 피해를 입지 않을 것이다. 그러나 그 사실을 알게 되었을 때 큰 충격을 받을 것임에 틀림이 없는 남편은 같은 사실에 의해서 상당한 피해를 입을 가능성을 지녔다고 보아야 할 것이다.

현재 우리나라에는 성의 자유의 물결이 들어오고 있으나, 많은 사람들의 의식 세계는 아직도 크게 보수적이다. 자기 자신은 행동에 있어서 성의 자유를 추구하는 경향을 가진 사람들까지도 타인의 같은 경향에 대해서는 이를 용납하지 않는 경우가 많다. 특히 한국의 남성들은 행동에 비하여 관념은 보수적인 편이어서, 성의 자유를 하나의 신념으로서 논리 일관하게 긍정하는 사람은 적으며, 특히 자기와 가까운 관계에 있는 여자들의 방탕에 대해서는 부정적 반응을 보이는 경향이 있다. 이러한 보수적 관념이 일반적으로 많이 남아 있는 동안, '성의 자유'에 해당하는 행위들이 타인에게 부당한 피해를 입힐 가능성은 크다고 보아야 할 것이다.

성의 자유에 대하여 부정적 반응을 일으키게 하는 보수적 관념은 마땅히 청산되어야 할 유물이며 따라서 그러한 보수적 관념에 기인하는 '피해'는 '부당한 피해'가 될 수 없다고 주장할 사람이 있을지 모른다. 그러나 감정 속에 깊은 뿌리를 가진 어떤 관념에 대하여 그것이 마땅히 청산되어야 할 부당한 관념이라는 것을 증명하기는 결코 쉬운 일이 아니다. 그 뿌리에 해당하는 감정까지도 부당하다는 것을 밝혀야 하거니와, 자연현상으로 존재하는 어떤 감정의 부당성을 밝히는 일은 원칙적으로 매우 어려운 일이다. 성의 자유를 아름답게 느끼느냐 추하게 느끼느냐 하는 것은 우리가 마음대로 할 수 있는 심리가 아닌 까닭에, 어떻게 느끼는 것이 옳고 어떻게 느끼는 것이 그르다는 것을 가려서 말하기가 어려운 것이다.

다음은 "자신의 삶을 되도록 값진 것으로 만들기 위하여, 우리는 최선의 생활 설계를 따라서 행위해야 한다."는 원칙에서 오는 제약을 생각해야 한다. "타인에게 부당한 피해를 입혀서는 안 된다."는 것이 타인에 대한 의무라면, "나의 삶을 되도록 값진 것으로 만들어야 한다."는 것은 나 자신에 대한 의무다.

어떤 삶이 가장 값진 삶이냐는 물음에 대해서 반론의 여지가 없는 해답을 제시하기는 매우 어려운 일이다. 그러나 한 가지 말할 수 있는 것은, 우리가 일반적으로 가지고 있는 가치 의식에 따르면, 사람이 타고난 소질, 즉 잠재 능력을 — 특히 정신적 가능성을 — 되도록 크게 발휘하는 삶이 소질을 끝내 잠재우고 만 삶보다 값지다는 것이 우리들의 전통적 통념이라는 사실이다. 예컨대, 위대한 예술가로서 성장할 수 있는 소질을 가진 사람이 그 소질의 연마를 게을리하는 것은 잘못이며, 타고난 소질을 발휘하여 훌륭한 예술가가 될 때 값진 삶이 실현된다는 것이 우리들의 통념이다. 사람은 누구나 어느 정도 성장할 수 있는 가능성을 지니고 있다고 보아야 할 것이며, 각자가 타고난 가능성을 최대한 발휘하도록 사는 가운데 값진 삶이 실현된다는 것이 우리들의 일반적인 신념이다.

각자가 타고난 소질을 최대한 발휘하도록 사는 것이 바람직한 삶이라는 전제를 받아들일 때, 성의 자유가 '자아의 실현'이라고 부를 수 있는 이 목적을 달성함에 적합한 길이냐 아니냐 하는 것이 이 자리에 있어서의 우리들의 문제가 된다. 이 문제에 대해서 일률적으로 단정적인 대답을 제시하기는 어려울 것이다. 그러나 대체로 말해서, 성의 쾌락에 대한 어느 정도의 절제가 저 목적의 달성을 위해서 바람직한 태도라는 것은 의심의 여지가 없을 것으로 보인다.

성의 자유와 성적 쾌락의 추구가 동일한 개념은 아니다. 그러나 엄격한 성도덕의 규범이 성적 쾌락 추구에 대하여 제동 장치의 구실을 하는 반면에 '성의 자유' 사상이 이 제동 장치를 부당하게 여긴다는 것은 명백한 사실이다. 따라서, 성의 자유가 일반적 원칙으로서 받아들여질 때, 성적 쾌락을 추구하는 경향이 촉진되리라는 것은 쉽게 예상할 수가 있다.

타고난 소질을 개발함으로써 자아를 실현하기 위해서는 갈고 닦는 노력이 선행해야 한다. 그런데 만약 우리가 성의 자유를 구가하며 관능의 쾌락을 추구하는 일에 많은 시간과 정력을 소비한다면, 타고난 소질을 갈고 닦아서 자아를 실현하는 일에 적지 않은 지장이 생길 것이다. 이러한 관점에서 볼 때, 성의 자유 그 자체는 나쁠 것이 없더라도, 우리가 더 큰 가치의 실현을 목표로 삼을 경우에, 그것이 결과적으로 바람직하지 못한 생활 태도를 유발하기 쉽다는 사실 때문에, 어느 정도의 제약이 요구된다는 결론을 얻게 될 것이다.

4 장
시민 의식과 민주 사회 건설의 과제

1. 전통 의식과 시민 의식

2. 직업관과 직업윤리

3. 민주 시민 윤리 정립의 과제

4장 시민 의식과 민주 사회 건설의 과제

1. 전통 의식과 시민 의식

1) 전통 사회의 의식구조

서양의 문물이 들어오기 이전의 우리나라 전통 사회는 가족주의적 농경 사회를 주축으로 삼았다. 다시 말하면, 친척 또는 인척 관계로 연결된 사람들이 같은 지역에 모여서 농업에 종사하며 대를 이어서 사는 농촌이 우리나라 전통 사회의 기본 단위였다. 혈연(血緣)과 지연(地緣)이라는 두 가지 유대로 형성된 전통적 농경 사회의 특색은, 인구의 이동과 사회변동이 거의 없다는 사실과 사회 성원들은 대개 서로 잘 아는 '집안 사람들'이라는 사실에 의해서 파악될 수가 있을 것이다.

전통적 농경 사회에 있어서는 가문의 성쇠가 개인의 생애를 좌우한다. 개인은 가문과 운명을 같이하기 마련이며, 가문을 떠나서 개인이 독립하여 잘 산다는 것은 있을 수 없는 일이다. 융성한 가문의 한 성원으로서의 신분을 보유하는 일은 개인의 행복을 위해서 가장 근본적인 조건이다. 가문은 자유

의사로 선택하거나 바꿀 수 없는 것이므로, 한 개인이 자신의 행복을 위해서 취할 수 있는 가장 현명한 길은, 자기가 이미 속해 있는 가문에 충성을 다하는 동시에 가문의 융성을 위해서 힘을 다하여 이바지하는 일이다.

이상과 같은 생활 조건은 전통적 농경 사회 사람들의 의식구조를 결정함에 있어서 거의 절대적인 요인으로서 작용했을 것이다. 옛날에는 외부 사회와의 왕래가 적었고 비슷한 생활 조건을 가진 인근 부락과의 교류가 그들이 가졌던 생활 반경의 거의 전부였던 까닭에, 어떤 다른 요인이 사람들의 의식 세계를 결정하는 새로운 변수로서 개입할 여지가 별로 없었다.

우리 조상들의 전통 사회에서는 개인은 독립된 개체로서 파악되기보다도 어떤 가문의 한 성원으로서 파악되는 경향이 있었다. 한 사람을 평가함에 있어서 가장 중요한 것은 그의 재능이나 체질이기보다도 그의 가문이다. 보잘 것없는 집안의 똑똑한 젊은이보다는 혁혁한 가문의 변변치 못한 자손을 더 높이 평가하는 경향이 있었다. 각 개인도 자신을 독립된 자아로서 의식하기보다는 가족과의 뗄 수 없는 관계 속에서 자아를 의식하는 것이 보통이었다. 이와 같은 민족주의적 자아의식은 우리 조상들의 의식구조의 근간을 이루었고, 이러한 가족주의적 의식구조를 바탕으로 삼고 우리 한국의 전통적 윤리 의식은 형성되었다.

전통 사회에 있어서 만나는 사람들은 혈연과 지연으로 연결된 사람이며, 서로 잘 아는 사이 또는 알 만한 사이의 사람들이다. 따라서, 전통 사회의 윤리는 서로 잘 아는 사람들 또는 알 만한 사람들 사이의 원만한 관계와 질서 유지를 위해서 요구되는 규범을 주축으로 삼고 형성되기 마련이었다. 윤리 사상은 본래 사람들 사이에 일어나는 문제들을 해결하기 위한 처방으로서 제시되거나 형성되기 마련이다. 그러므로 전통 사회에서의 대인관계의 문제는 서로 잘 아는 사람들 또는 알 만한 사람들 사이에서 일어났다는 사실은, 우리의 전통 윤리를 가족 윤리 중심의 규범 체계로서 형성되게 하였다.

가족 윤리란 아주 가까운 사람들 사이의 행동 규범이거니와, 만나는 사람들 전체가 가족의 연장과도 같은 전통 사회에 있어서 가족 윤리 중심의 윤리 사상이 형성된 것은 당연한 추세라 하겠다.

가족주의적 윤리의 기본적 특색의 하나는 정과 사랑이 인간관계를 다스리는 가장 근본적 원리로서 전제되고 있다는 사실에서 찾아볼 수 있을 것이다. 가족과 같은 가까운 사람들 사이에 어떤 문제가 생겼을 때, 그것을 해결하는 가장 적절한 방법은 그들 사이에 이미 형성되어 있거나 형성되어야 마땅한 혈육(血肉)의 정(情) 또는 가족애(家族愛)의 심리를 동원하는 그것이다. 권리와 의무를 내세우고 경우를 따지는 따위는 가까운 사이에서 사용하기에 바람직한 방법이 아니다. 전통 사회에서 으뜸으로 숭상하는 덕은 효(孝)와 충(忠)이거니와, 효와 충의 바탕을 이루는 것은 이해타산을 초월한 정리(情理)와 사랑이다.

가족적인 윤리의 또 하나의 특색은 사람들 사이의 위계질서가 확연하며 아랫사람은 윗사람의 권위를 당연한 것으로서 받아들인다는 사실이다. 가족에는 가장이라는 어른이 있으며, 그 어른을 정점으로 삼고 다른 식솔들은 각각 하나씩의 자리를 가족 안에서 차지하되, 그들 자리 사이에는 항렬과 연령 그리고 성별을 따라서 명백한 서열이 있다. 문중에는 문중 어른이 있고 마을에는 마을의 어른이 있어서 공동체의 정상을 차지하되, 어른은 사랑과 권위로써 아랫사람들을 돌보아야 하며, 아랫사람들은 존경과 순종으로써 어른의 뜻을 받들어야 한다.

위에 말한 바와 같은 특색을 가진 전통 윤리가 그 시대의 모든 사람들에 의해서 그대로 실천되었다고 보기는 어려울 것이나, 하나의 당위 의식으로서 그러한 윤리 의식이 사람들의 마음속에 자리잡고 있었다는 것은 의심의 여지가 없다. 혈연과 지연을 유대로 삼은 농경 사회라는 역사적 현실이 그러한 윤리 의식을 형성시켰을 뿐 아니라, 가족적 윤리 사상의 훌륭한 본보기인 유교의 가르침을 국교로서 숭상한 조선의 정책은 삼강(三綱)과 오륜(五倫)으로 요약되는 전통적 윤리 의식을 국민의 마음속에 깊이 심어 주었다.

일단 깊이 심어진 윤리 의식은 그 윤리 의식을 형성시킨 사회의 구조가 바뀐 뒤에도 오래도록 남는 것이 일반적 현상이다. 우리나라의 경우에도 서양의 새로운 문물이 들어오고 근대화가 진행되기 시작한 뒤에도, 즉 혈연 중심의 농경 사회가 아닌 산업사회로의 발전이 궤도에 오른 뒤에도, 전통적 윤리 의식은 살아서 남아 있을 경우가 많았다. 전통적 윤리 의식이 옛날의 모습 그대로 존속한 것은 물론 아니고 모든 사람에게 같은 정도로 남은 것도 아니지만, 다소 변형된 모습으로 많은 사람들의 마음속에 살아남아 있었고 현재도 남아 있다.

가정의 질서를 유지함에 가장 자연스러운 원리인 친애(親愛)의 윤리를 국가와 천하에 확대 적용함으로써 덕이 지배하는 세계를 실현함이 공자(孔子)의 이상이다. 이해타산을 초월한 가족 내부의 사랑을 그대로 옮겨서 이웃과 겨레를 사랑하고 나아가서 전 인류에게까지 미친다면, 온 세상이 평화와 행복을 누리게 될 것이라는 논리다. 이 논리에는 한 가지 매우 중요한 가정이 있다. 부모와 자식 같은 가까운 사이에 싹트는 사랑의 정을 무한히 키워 갈 수 있다는 성선설(性善說)의 가설이다. 만약 사람마다 타고난 사랑의 싹을 키우고 키워서 만나는 모든 사람들을 감쌀 수 있을 정도로 폭을 넓히게만 된다면, 공자의 이상은 실현이 가능하다고 말할 수 있을 것이다.

실제로 그토록 넓고 큰 사랑을 가진 위대한 인품이 역사 위에 나타났다고 전해지고 있다. 석가모니와 예수 그리스도가 그러한 인품으로 전해지고 있으며, 최근에는 슈바이처의 사랑이 끝없이 컸다고 알려져 있다. 그러나 성현으로 불리는 위대한 인물이란 극히 예외적인 존재이며, 보통 사람들은 그 근처에도 이르지 못하는 것이 인간의 현실이다. 특히 현대 산업사회의 인간상은 개인주의 내지 이기주의의 색채가 농후하여 가족 내부에 있어서도 너와 나를 떼어서 의식하는 경향이 있다. 이러한 현실 속에서 친애의 정 하나만으로 거대한 인간 집단이 평화와 행복을 누린다는 것은 한갓 꿈에 지나지 않으며, 옛날 전통 사회의 의식으로 현대사회의 모든 문제를 처리하고자 할 경우에는 무리에서 오는 폐단이 생기기 마련이다. 그러한 폐단의 사례는 우리 생활 주변에서도 찾아볼 수 있고 우리의 현실을 반영한 소설 속에서도 찾아볼 수 있다.

우리나라 중고등학교의 평준화 정책이 실시되기 이전에 과외 공부가 성행하였고, 과열 경쟁의 분위기 속에서 학부모들의 극성이 '치맛바람'이라는 유행어를 낳은 적이 있었다. 그 '치맛바람' 이야기는 곁가지 화제로서 가끔 소설가의 입길에 오르곤 했거니와, 현대의 사회 실정에 부적합한 가족주의적 처사의 폐단이 어떤 것인가를 보여주는 좋은 본보기가 되기도 한다.

박경수의 「화려한 귀성」 가운데 서울의 학구제에 관한 이야기가 보인다. 이른바 일류 학교로만 지망생이 몰리는 것을 막기 위하여 서울을 몇 개의 학구로 나누고 각 학구 내에 현주소를 가진 아이들만이 그 학구 안에 있는 학교에 지망할 수 있게 하는 것이 학구제인데, 이 학구제를 어기는 학부모들의 이야기다. 자기가 원하는 학교가 있는 구역 안으로 형식상으로만 주소를 옮겨 놓고 실제로는 아주 먼 다른 구역에서 통학을 하는 것인데, 콩나물 시루 같은 버스의 교통난을 더욱 심하게 하는 원인이 될 뿐 아니라, 어린아이들의 건강을 위해서도 못할 짓이다.[1]

박완서의 『도시의 흉년』 가운데는 김복실 여사가 담임 선생을 돈으로 매수하여 그의 아들을 반장이 되도록 만드는 이야기가 실려 있다. 실력이야 있든 없든 내 자식이 반장이 되기를 원하고 내 자식이 일류 학교에 입학하기를

---

1 박경수, 「화려한 귀성」, 『신한국문학전집』, 13권, p.7.

원하는 것은 전통 사회의 가족주의적 사고의 유물이거니와, 이러한 사고방식이 건전한 민주 사회 실현에 역행하는 마음가짐임은 두말할 필요도 없다.[2]

가족주의적 이기주의의 폐단은 군복무에 있어서도 나타난다. 홍성원(洪盛原)이 1968년에 발표한 「무전여행」 가운데 병역 기피에 관한 이야기가 잠깐 나타난다. 소문에 따르면, 돈 5만 원만 들이면 군대에 안 갈 수가 있으며, 군에 안 가는 사람들은 공공연한 장소에서는 비난의 대상이 되지만 뒤에서는 모두 부러워한다는 내용이다. 그리고 입영 통지서를 받았을 때 당사자는 자기의 "일생이 수챗구멍에라도 쑤셔 박히는 듯한 아쉬움과 허탈감을 느꼈다."는 이야기도 곁들였다.[3]

1960년대 후반부터는 병무 행정의 규율이 궤도에 오르기 시작하여 병역을 기피하기가 어렵게 되었다. 그러나 군복무에 대한 기본적인 생각은 여전하여서, 군에 입대는 하되 자기 아들만은 편하고 수월한 자리에서 기간을 채우도록 주선을 하는 폐단이 생겼다. 박완서의 『도시의 흉년』에 수빈의 입영 잔치 광경이 나오는데, 잔치에 모인 아낙네들은 수빈이 훈련을 마친 뒤에 편한 곳으로 배치되도록 '손을 써야' 한다고 이구동성으로 말한다. 후일에 수빈 어머니는 돈은 얼마가 들든지 좋은 데 배치되도록 어느 준장에게 청탁할 것을 서두른다.[4]

병역을 기피하거나 편한 곳으로 배치를 받기 위해 '손을 쓰기' 위해서는 돈이 많거나 지위가 높아야 한다. 이 길도 저 길도 막힌 서민층은 속수무책이다. 속수무책이나 자식을 위하는 생각에는 다를 바가 없다. 조정래의 「청

---

2 박완서, 『도시의 흉년』, 제1권, p.75.
3 홍성원, 「무전여행」, 『즐거운 지옥』, 삼중당, 1977, p.32, p.36.
4 박완서, 『도시의 흉년』, 제1권, p.20, pp.111-112, pp.120-123.

산댁」의 주인공 청산댁은 월남전에 출정한 아들 만득을 위해서 다음과 같이 빌었다.

> "비나이다 비나이다 용왕님전 비나이다. 우리 만득이 전장터에 나갔습네다. 용왕님이 굽어살피사 총알이 우리 만득이 피해 가게 … 용왕님전 비나이다. **딴 집 자석 다 몰라도 우리 만득이만 살아서 돌아오게 용왕님 굽어 살펴 줍시사.**"[5]

학부모의 치맛바람이 학원의 질서를 어지럽힐 경우에 있어서나, 병역의 의무를 소홀히 할 경우에 있어서나, 그로 인하여 생기는 폐단을 우리는 두 가지로 나누어 볼 수가 있다. 하나는 지역사회 또는 국가 전체의 조직 생활에 미치는 악영향이요, 또 하나는 불특정한 개인이 입는 피해다. 다시 말해서, 학구제의 규정을 어기거나 병역의 의무를 소홀히 하는 사람이 생기면, 학구 또는 국가 전체가 하고자 하는 일에 차질이 생기는 동시에, 누군지 모를 어떤 사람이 개인적인 피해를 입는다.[6] 국가의 질서를 어지럽히고 누군지 모를 타인에게 피해를 입힐 행위를 감행한다는 것은 큰 공동체와 타인을 아끼는 마음이 부족함을 의미하거니와, 국가와 같은 큰 공동체에 대한 의식이 약하고 타인의 권익을 가벼이 여기는 것은 전통적 의식구조의 일반적 경향이다.

---

5 조정래, 「청산댁」, 『허망한 세상 이야기』, p.128(강조는 저자의 추가).
6 예컨대, 어떤 사람이 자기의 아이를 위해서 학구제를 어기면, 학구제라는 제도가 흔들릴 뿐 아니라, 학구제가 제대로 실시되었을 경우에 좋은 학교에 들어갈 수 있었을 다른 아이 하나가 정원 밖으로 밀려나게 된다.

2) 현대사회와 시민 의식

전통 사회와 현대사회의 현저한 차이점을 우리는 여러 각도에서 지적할 수 있을 것이나, 윤리학적 견지에서 볼 때 다음 두 가지도 매우 중요한 차이점이라고 생각된다. 첫째로, 전통 사회에 있어서는 개인의 생활과 실질적인 연관성이 많은 공동체는 가문(家門) 또는 향리(鄕里)와 같은 작은 집단이었으나, 현대사회에 있어서는 국가 또는 국제사회와 같은 큰 집단이 개인의 생활과 밀접한 관계를 가졌다. 둘째로, 전통 사회에 있어서는 한 개인이 일상생활에서 접촉을 갖는 것은 가족과 일가친척 또는 동네 어른들과 같이 혈연 내지 지연으로 이어진 잘 아는 사람들이었으나, 현대사회에 있어서는 특별한 관계가 없는 아주 낯선 사람들과 접촉할 기회가 빈번하다.

물론 옛날에도 국가가 있었고 모든 국민은 국가의 성원으로서 존재하였다. 그러나 일부 특권층을 제외한 일반 서민과 국가의 관계는 비교적 소원한 것이어서, 국가의 혜택을 국민이 피부로 경험하는 기회는 드물었다. 이를테면 국가는 일반 서민으로부터는 멀리 떨어진 곳에 있었다. 그러나 현대인은 누구나 국가를 지척에 두고 있으며, 국가를 대표하는 정부와 매일같이 얼굴을 맞대고 있다.

옛날 전통 사회에서도 타관 사람과 만나는 일이 있었고, 한 번 보고는 다시 안 보게 되는 그런 사람들도 있었다. 그러나 그런 경우는 어쩌다 있는 드문 일이며, 낯모를 사람들끼리의 만남이 어떤 이해관계를 매개로 삼을 경우는 더욱 드물었다. 이와는 반대로 현대사회에서는 매일같이 낯모를 사람들과 무수히 만나게 될 뿐 아니라, 그 만남이 매매 또는 경쟁과 같은 이해관계를 수반하는 것이 보통이다.

국가와 같은 대규모의 집단과 일반 시민의 거리가 가까워지고 무수한 낯모를 사람들과 이해관계로 만날 기회가 빈번한 현대사회에 있어서는 삼강

내지 오륜으로 요약되는 전통 윤리만으로는 해결하기 어려운 여러 가지 문제에 부딪친다. 예컨대, 국가를 외침으로부터 막기 위하여 병역법을 실시하고 있거니와, 병역법이 제대로 지켜지고 국토가 잘 수호되기 위해서는 국민 일반의 국가관과 준법정신이 확고해야 한다. 그런데 우리의 전통 윤리에는 국가관과 준법정신에 대한 강조가 부족하다. 물론 충(忠)의 덕을 원용함으로써 이 문제를 해결할 수도 있을 것이나, 전통적 덕목으로서의 충은 본래 국가라는 공동체와 국민의 관계를 규정하는 규범이기보다는 일차적으로는 군주(君主)와 신하(臣下)의 도리를 밝히는 대인관계의 규범이다. 바꾸어 말하면, 충은 군주의 은총을 받고 국록을 먹는 관직에 오른 경력이 있는 사람들에게는 강력한 의미를 갖는 덕이었으나, 일반 서민과는 관계가 먼 덕목이었다. 충의 대상을 군주라는 인격으로 보지 않고 국가라는 공동체로 보는 해석이 불가능하거나 부당하다는 뜻이 아니라, 그러한 재해석은 현대인의 과제이며 옛날 사람들의 충성심은 임금이라는 인물을 떠나서 생각하기 어려웠다는 사실을 말하고자 함이다. 군주가 국가의 상징으로서 엄존했던 옛날에는 그 군주에 대한 관리들의 일차적인 충성과 일반 국민의 이차적인 충성만으로도 국토 방위의 문제는 가능했다. 그러나 임금과 같은 국가의 중심이 없고 정부와 국가를 동일시할 수도 없는 현대 국가에 있어서는, 대인관계의 덕(德)으로서의 충(忠)만으로는 부족하며, 집단으로서의 국가에 대한 사랑과 국가의 근본으로서의 국법에 대한 존중이 절실히 요청된다.

또 현대사회에서는 경제에 관련된 윤리 문제에 부딪치는 경우가 많거니와, 그 대부분이 옛날 전통 사회에서는 거의 일어나지 않았던 문제들이며, 따라서 전통적 윤리 의식만으로는 해결되기 어려운 성질의 것이 많다. 예컨대, 부정 외래품의 거래의 문제 또는 사기나 횡령의 문제 따위는 옛날에는 거의 일어나지 않았다. 또 현대적인 의미의 사회정의의 관념이 희박했던 까닭에, 공정한 분배에 관한 문제도 현실적으로는 야기되지 않았다. 따라서,

전통 윤리의 가르침 가운데는 부정 외래품의 거래나 사기나 횡령 또는 불공정한 분배를 경계하는 덕목이 부족하다.

일반적으로 말해서, 낯모를 사람들, 즉 혈연의 관계도 지연의 관계도 없는 서로 모르는 사람들 사이에 일어나는 문제를 해결하기에 적합한 행위의 습성으로서의 시민의 덕이 전통 윤리에는 부족했다. 낯모를 사람들끼리 부딪치는 일이 적었던 까닭에 낯모를 사람을 어떻게 대접할 것이냐 하는 문제에 봉착할 기회도 적었고, 따라서 낯모를 사람들 사이의 문제를 다스리는 시민의 덕의 발달이 부족했던 것이다.

전통 윤리 사상 가운데 낯모를 사람들의 관계에 원용할 수 있는 가르침이 전혀 없는 것은 아니다. 인의예지신(仁義禮智信)과 성(誠) 등의 덕목을 적절히 풀어서 적용을 하면, 어떠한 인간관계의 문제에 대해서도 올바른 해답을 얻을 수가 있을 것이다. 그러나 전통 윤리의 경전 속에 모든 경우를 위한 충분한 가르침의 원리가 있다고 해서, 그것이 바로 실천적 역량으로서의 덕의 함양을 보장하는 것은 아니다. 경전(經典)이라는 것이 본래 일반 대중이 모두 친숙할 수 있는 상식의 기록이 아닐 뿐 아니라, 실천의 역량으로서의 덕은 책으로 배울 수 있는 것이 아니라 거듭된 실행으로 익혀야 하는 습성의 일종이기 때문이다.

사회의 외형적 모습의 변화가 빠른 것에 비하여 사람들의 의식의 변화는 비교적 더딜 경우가 많다. 우리 한국의 경우도 의식의 변화가 외형의 변화를 못 따라간 것으로 관찰된다. 해방 당시에도 전근대적인 요소가 많았던 우리나라는 최근 40년 동안에 빠른 속도로 근대화를 서둘러 왔으나, 우리나라의 근대화가 잘 진척된 것은 주로 경제 분야에 있어서이며 국민의 의식구조는 옛날의 전통 의식을 간직하는 경향이 강했으므로, 근대적인 시민 의식을 함양함에 있어서는 미흡한 점이 많았다.

이무영의 『삼년』, 최정희의 『인간사』, 박경리의 『시장과 전장』, 박완서의

『도시의 흉년』 등 여러 소설에 가짜 애국자 또는 사이비 애국자가 도처에 횡행했다는 이야기가 보인다. 실제로도 애국자임을 자처하는 사람들이 해방 이후 지금까지 무수히 나타났거니와, 진심으로 국가와 민족을 아끼고 사랑하는 사람들은 비교적 적었으며, '애국'을 빙자해서 일신의 영달을 꾀한 사람들이 많았다. 새로운 민주국가의 건설을 공동의 과제로 삼았던 한국 사람들을 위해서 진실로 요청된 것은 국가에 대한 공동체 의식이 확고한 착실한 시민들이었거니와, 실제로 많이 날뛴 것은 정치를 일신의 명예와 이권을 위한 투기적 기회로 생각한 사람들이었다.

한국인에게 민주주의적 공동체 의식이 부족했다는 것은 국회의원과 그 밖의 국민의 대표를 뽑는 선거에서 잘 나타났다. 자유당 시대의 타락한 선거 풍토의 모습은 강신재의 『오늘과 내일』, 정비석의 『자유부인』 등에 잘 소개되고 있거니와, 1970년대에 들어와서 실시된 '통일 주체 대의원' 선거를 다룬 이문열의 「분호난장기」에 이르러서도 우리는 별로 달라진 바 없는 선거의 모습을 보게 된다.

우선 입후보에서부터 난맥상이다. 정말 자격이 있는 사람들은 사양하는데 '통일 주체 대의원'의 임무가 무엇인지도 모르는 사람들이 너도나도 무더기로 입후보를 하였다. 일단 입후보의 절차를 마친 사람들의 일부는 돈을 받고 사퇴했으며, 나머지 입후보자들은 당선을 위하여 수단을 가리지 않았다. 인신공격, 매수 작전, 권모술수 등 모든 비열한 방법을 동원하였다. 입후보자들이나 유권자들이나 선거를 국가를 위한 행사로 보기보다는 자기 개인을 위한 기회로서 생각하는 경향이 있었다.[7]

박연희의 중편 「변모」에 나오는 대화 가운데 다음과 같은 발언이 있다.

7 이문열, 「분호난장기」, 『어둠의 그늘』, pp.189–207.

"세상엔 신돈(辛旽) 같은 놈들이 많아서 나라 일이 이 꼴이라니까. … 국민의 손으로 선출해 놓으면 협잡이나 해처먹고 정권 유지에만 굶은 이리 떼처럼 혈안이 되라고 한 건 아니란 말이야. 자유당이 그것을 하다가 망했단 말이야."[8]

이 짧은 발언 가운데 한국 정치가들의 대다수가 가졌던 정신적 자세가 단적으로 표현되고 있다. 입후보자의 인품 자체보다도 혈연관계나 동문관계 또는 물질적 혜택 등을 따라서 투표한 유권자들이나, 일단 당선이 되면 국가의 이익보다도 개인과 당파의 이익을 우선적으로 생각한 정객들이나, 모두 국가 공동체에 대한 관념이 부족했던 것이다.

박용숙은 단편 「검은 연기 밑에서」를 통하여 환경의 오염과 주민의 피해는 돌보지 않고 이윤 추구에만 급급한 기업가의 이기적 행태를 고발하고 있다. Y마을 인근에 새로운 공장이 건설되어 그 굴뚝에서 뿜어내는 검은 연기가 온 마을과 산천을 덮었다. 첫해에 겉으로 나타난 피해는 빨래를 말리는 아낙네들의 짜증 정도로 그쳤으나, 다음 해부터는 아주 심각한 양상이 드러나기 시작했다. 아황산가스를 뒤집어쓴 과수와 기타 농작물들이 싹순부터 시들시들해졌고 한여름이 되기도 전에 누렇게 떡잎이 지기 시작했던 것이다. 마을의 지도자격인 정목사는 마을 주민들과 상의하여 시정을 요구하는 진정서를 공장 측에 냈으나 몇 개월이 지나도록 아무 반응도 없었다. 다음에는 진정서를 여러 통 만들어서 요로에 제출하였다. 그러나 정목사가 경찰서에 불려 가 모욕을 당한 것밖에는 아무런 효과도 거두지 못하였다. 결국, 군중의 데모와 폭동 사태까지 일어났으나 만족스러운 결과에는 이르지 못하

---

8 박연희, 「변모」, 『신한국문학전집』, 28권, p.44. 교사 권상서가 술자리에서 동료에게 한 말이다.

고 말았다.[9] 이것은 하나의 소설 이야기이기는 하나, 이와 대동소이한 사건은 실제로도 많이 일어났다. 이와 같은 불합리한 사태의 근본 원인 가운데 국가 공동체와 타인의 권익에 대한 의식이 부족하다는 심리적 요인의 비중을 가볍게 평가할 수는 없다.

나의 권익과 남의 권익을 같은 기준으로 존중히 여기는 공정심은 현대의 민주 시민이 갖추어야 할 기본적 심성이거니와, 이 기본적 심성의 부족을 알리는 이야기는 여러 소설 여러 곳에서 찾아볼 수가 있다. 그 '남'이 나와 혈연 또는 지연 따위의 특별한 관계가 없을 경우에, 즉 그가 '낯모를 남'일 경우에 있어서, 우리 한국인은 남의 권익을 소홀히 대접하는 폐단이 심하다.

곽학송의 중편 「두 위도선」 가운데 버스 안내양의 인권이 유린되는 이야기가 소개되고 있다. 안내원의 인권을 유린하는 것은 버스 회사를 경영하는 운수업자 및 같은 회사에 근무하는 남자 운전수들이다. 안내양이 하는 일이 과중한 노동이라는 것은 세상이 아는 바와 같으나, 그 월급은 얼마 되지 않는다. 부족한 보수를 보충하기 위하여 안내양들은 매일 수입 중에서 일정한 금액을 빼돌려서 부수입으로 삼는다. 이른바 '삥땅'이라는 것인데, 한 달 동안 떼어 내는 삥땅을 합치면 월급의 두 배가 좀 넘는다. 그 정도의 일은 하고 있다고 믿는 까닭에 안내양들은 자기가 삥땅을 떼는 행위에 대하여 양심의 가책을 받지 않았으며, 그것이 죄가 되느냐고 묻는 질문을 받은 어떤 신부는 절대로 죄가 아니라고 단호한 대답을 하였다. 그러나 삥땅이 합법적 행위는 아니었던 까닭에 안내양들은 그 짓을 숨겨 가며 해야 했고, 그 비밀을 아는 운전사에게는 약점을 잡힌 꼴이 될 수밖에 없다. 운전수들 가운데는 짐승스러운 사내도 있어서, 안내양의 약점을 이용하여 정조를 유린한다. 이것이

---

9 박용숙, 「검은 연기 밑에서」, 『꿈을 꾸는 버러지』, 삼중당, pp.282-289.

작가 곽학송이 고발한 안내양 인권 유린의 줄거리다.[10]

1970년에 발표한 「두 위도선」 안에 담긴 안내양의 이야기에 별로 새로운 정보는 없다. 아무것도 새로울 것이 없는 이야기를 여기 다시 옮기는 것은, 농경시대의 전통 사회에는 없었으며 따라서 전통적 윤리 의식만으로는 해결하기 어려운 새로운 사회문제들이 현대사회에서 일어난다는 사실을 예시하기 위해서다. 운수업자나 운전수의 입장에서 볼 때, 안내양은 일가친척도 아니요 친구의 딸도 아닌 낯모를 사람이다. '낯모를 사이'라는 사실이 안내양들의 윤리적 무방비 상태를 더욱 심각하게 만들고 있다는 사실은, 낯모를 사람들 사이에 일어나는 문제들을 해결하기에 적합한 새로운 시민 윤리의 수립이 시급하다는 주장을 뒷받침한다. 국가라는 거대한 집단에 대한 공동체 의식이 부족하고 도시화로 치닫는 산업사회에서 낯모를 사람들이 이해관계에 얽혀 가며 만나야 할 기회가 많다는 사실로 인하여 일어나는 현대사회의 문제들의 예는, 그 밖에도 얼마든지 있다. 한수산의 『유민』에 거듭 나오는 '군수 물자 빼돌리기'와 '도벌' 이야기, 박완서의 『도시의 흉년』 속에 보이는 '세금 나누어 먹기', 이문열이 「새지 않는 밤」의 신문팔이 소년의 관찰을 통하여 고발한 사회 불균형의 문제 등등.[11]

낯모를 사람들을 대할 때 공연한 적대 의식을 느끼며 상대를 꺾고자 하는 원색적 심리가 아직도 뿌리 깊게 남아 있다는 사실을 중심 소재로 삼은 근래의 작품으로서 한천석(韓天錫)의 단편 「몰매」를 들 수 있다. 이 작품에 등장하는 고등학생 기철과 승표는, 마을에서 멀지 않은 산기슭 우물터까지 어슬

---

10 곽학송, 「두 위도선」, 『신한국문학전집』, 12권, pp.78-80.
11 한수산, 『유민』, p.104, p.154, p.169, p.173, p.269, p.280, p.295, pp.314-315; 박완서, 『도시의 흉년』, 제2권, p.320; 이문열, 「새지 않는 밤」, 『어둠의 그늘』, p.158.

렁어슬렁 걸어 나왔을 때, 같은 또래의 낯선 아이들 다섯 명과 마주쳤다. 거기서 5대 2의 시비가 붙었다. 싸울 이유가 따로 있었던 것은 아니다. 자연스럽게 시선이 마주쳤을 때 그 시선이 째려봄으로 변했고, 째려봄은 그대로 묵과할 수 없는 모욕으로 해석되었다. 그래서 결국 몽둥이와 깨진 병을 마구 휘두르는 패싸움으로 문제가 커지고 말았거니와, 중과부적으로 기철이네 쪽이 중상을 입고 수술을 받아야 하는 파국에 이르고 말았다. 기철이 집이 몹시 가난하여 치료비를 마련하려고 그 부모가 동분서주하고 있을 때, 지서에서 전갈이 왔다. 기철이에게 보호자와 함께 지서까지 오라는 내용이었다. 다섯 아이들 쪽의 한 녀석이 기철이가 휘두른 깨진 병에 좀 다친 것인데, 그쪽이 선수를 써서 경찰에 고발했던 것이다. 치료에 6주일이 걸린다는 의사의 진단서까지 첨부해서 고발한 것인데, 어찌 된 셈인지 경찰에서는 기철의 중상은 모르는 척하고 저쪽 편만 들었다. 경찰관의 눈으로 볼 때, 땅이나 파는 기철이네 집 사람들은 모두 낯모를 사람이었던 것이다.[12]

황석영의 「삼포 가는 길」에 다음과 같은 대화가 있다.

> "야아, 그럼 거기 가서 아주 말뚝을 박구 살아 버렸으면 좋겠네."
> "조오치. 하지만 댁은 안 될걸."
> "어째서요."
> "타관 사람이니까."[13]

삼포라는 곳이 땅도 비옥하고 물고기도 흔하다는 말을 들었을 때, 영달이

---

12 한천석, 「몰매」, 『월간문학』, 1983년 12월호, pp.47~74.
13 황석영, 「삼포 가는 길」, 『신한국문학전집』, 34권, p.531.

가 그곳에 아주 눌러살고 싶다는 말을 흘린 것이고, 정씨는 영달이 타관 사람임을 상기시킨 것이다. 무심코 나눈 대화지만 한국인의 지방색을 잘 나타낸 구절이다.

한국인의 지방색은 다른 소설에서도 가끔 모습을 나타내고 있다. 김동리의 「밀다원 시대(蜜茶苑 時代)」는 1955년에 발표한 단편으로서 좀 오래된 것이기는 하지만, 그 가운데 "지금까지는 서울에 있는 놈들이 문단을 리드해 왔지마는 지금부터는 부산이 수도로 됐으니까 재부(在釜) 문인들이 문단의 주도권을 잡아야 한다."는 말을 부산의 문인이 했다는 대목이 있다. 여기서 '주도권을 잡는다' 함은 실력에 있어서 앞서간다는 뜻이 아니라, 세력을 장악한다는 뜻이다. 그리고 그 속된 주도권을 잡기 위한 계략의 하나로서 『항도문학』이라는 잡지에 서울에서 내려온 문인들 가운데 알려진 사람들을 중상하는 글을 많이 실었다는 이야기도 있다.[14] 이청준의 단편 「굴레」에도 모 신문사가 신입사원을 공개 모집하면서 어느 특정 지방 출신은 뽑지 않는다는 소문에 관한 이야기가 얼굴을 내밀고 있다.[15] 지방색이 현대사회에 어울리지 않는 낡은 의식이라는 것은 설명조차 필요 없는 평범한 상식이다.

2. 직업관과 직업윤리

1) 현대사회와 직업

옛날의 전통적 농경 사회에서는 생활의 대부분을 자급자족으로 꾸려 나

---

14 김동리, 「밀다원 시대」, 『신한국문학전집』, 26권, p.434.
15 이청준, 「굴레」, 『병신과 머저리』, p.6, p.16, p.19, p.25.

갔다. 품앗이도 하고 물물교환도 하여 서로 도와 가며 협동 생활을 한 것도 사실이나, 그 협동의 범위는 같은 부락 내부로 국한될 경우가 많았고, 어지간한 것은 가족 단위로 자급자족하는 생활을 하였다. 가끔 장에 가서 공산품도 사고 대장간에 가서 연장을 벼릴 필요도 있었으나, 오늘의 도시 생활에서와 같이 남의 힘을 빌리지 않고서는 하루도 살기가 어려운 실정은 아니었다. 서울 사람들과 지방에서도 특권층에 속하는 사람들의 경우는 좀 달랐으나, 그들이 차지하는 인구의 비율은 비교적 작았다.

그러나 현대사회는 생활양식이 복잡하고 분업이 크게 발달한 까닭에, 서로 남에게 의존해야 할 사항이 옛날보다 훨씬 많아졌다. 지금은 농촌 사람들도 공장에서 만든 옷을 입으며 광산 또는 도시에서 보내는 연료를 사용한다. 도시 생활의 경우에는 남의 힘을 빌려야 할 경우가 더욱 빈번하며, 원고를 쓰고 있는 이 시간에 저자에게 간접적 혜택을 주고 있는 사람들의 수효는 이루 헤아릴 수가 없을 정도다. 저자가 사용하고 있는 원고지, 만년필, 책, 전등, 책상, 옷과 난방 장치 등 필수품 가운데서 내 손으로 만든 것은 한 가지도 없으며, 그 가운데 어느 한 가지 물품, 예컨대 만년필이 제조되어 내 손에 들어오기까지에 몇 사람의 노동이 관여했을까를 생각할 때, 실로 많은 사람들과 연결되고 있음을 알 수가 있다. 그리고 집필하는 동안에 나와 연결되고 있는 그 무수한 사람들은 나와 직접 만난 일이 없는 낯모를 사람들이다. 옛날 사람들은 일가와 친척 그리고 마을 사람들과 같은 알 만한 사람들과 서로 도와 가며 살았지만, 지금은 전혀 누구인지 모르는 무수한 사람들의 보이지 않는 도움을 받아 가며 살고 있다.

옛날 사람들은 주로 알 만한 사람들끼리만 서로 돕고 살았으므로, 그 알 만한 사람들끼리만 사이좋게 지내는 것만으로도 생활에 사실상 큰 지장은 없었다. 그러나 현대사회에서는 무수한 낯모를 사람들과 깊이 연결되어 있으므로, 훨씬 넓은 범위의 사람들과, 아마 외국의 사람들과도 사이좋게 지내야 할 사정에 놓여 있다. 지금 우리가 낯모를 사람들이라고 해서 먼 곳의 사람들을 물리친다면, 그것은 옛날 사람들이 같은 고장 사람들끼리 반목하고 사는 것과 같은 어리석음을 범하게 될 것이다. 오늘날, 아는 사람들 사이의 인화에만 치중한 전통적 윤리의 한계를 넘어서서, 더 광범위한 인간관계를 안중에 둔 새로운 시민 윤리의 수립이 요청되는 사유가 바로 여기에 있다.

현대를 사는 사람들이 무수한 타인들과 서로 도와 가며 살도록 연결을 지어 주는 유대의 구실을 하는 것은 직업이다. 바꾸어 말하면, 우리는 직업을 통하여 서로 도움을 주고받는다. 우리는 직장에서 만드는 물품과 직장에서 행하는 봉사를 통하여 서로 도울 뿐 아니라, 직장 생활을 통하여 국가의 공동 과제에 참여함으로써도 서로 도움을 주고받는다. 우리는 모두 국가라는 큰 공동체의 혜택을 입고 살거니와, 국가라는 공동체를 유지하고 발전시킴에 있어서 주역을 담당하는 것은 여러 가지 직업에 종사하는 일꾼들이다. 이 사실은 우리가 도움을 주고받는 사람들의 범위는 물품과 봉사를 통하여 연결되는 사람들에만 국한되는 것이 아니라, 모든 국민 전체를 포함한다는 것을 의미한다.

직업의 본질은 분업(分業)이다. 국가는 국가로서 수행해야 할 공동의 과제를 안고 있거니와, 국민 각자는 자기의 능력과 위치를 따라서 저 공동 목표 수행에 참여한다. 자기의 능력에 맞는 일을 함으로써 공동 목표에 참여하는 대가로서 보수를 받을 경우에, 그가 하는 일을 우리는 '직업'이라고 부른다.

직업의 본질이 국가라는 공동체에 참여하는 분업이라는 사실은, 직업에 강한 사회성을 부여하는 동시에, 직업인에게 응분의 사회적 책임을 부과한다. 직업은 한 개인 또는 가정의 생계를 위한 수단이기에 앞서서, 국민의 한 사람으로서 맡은 바를 수행할 책임이 담겨 있는 일자리다.

직업이 강한 사회성을 지니고 있으며 직업인에게는 응분의 사회적 책임이

지워진다는 사실은, 올바른 직업관과 건실한 직업윤리의 수립이 현대사회를 위해서 매우 긴요한 과제라는 것을 의미한다. 여기서 우리는 올바른 직업관 또는 건실한 직업윤리가 어떠한 생각과 행동을 말하는 것인가 하는 물음과 맞부딪치게 된다. 그러나 이 물음을 상세히 다루는 것은 이 책의 의도 밖의 일이라고 생각되므로, 여기서는 큰 줄거리에 대해서만 간단히 짚고 넘어가고자 한다.

직장인은 첫째로, 직업의 사회성과 직업인의 책임을 항상 염두에 두어야할 것이다. 경제생활이 삶 전체에서 차지하는 비중이 지나치게 크고 따라서 직업을 생계를 위한 수단으로만 생각하기가 쉬운 현대에 있어서, 우리는 자칫하면 직업의 개인적 이해관계만을 염두에 두고 직업의 사회성과 직업인의 사회적 책임을 망각하기가 쉽다. 그러나 직업의 본질을 분업으로 보는 견지에서 볼 때, 직업이 갖는 더 큰 중요성은 사회참여에 있다는 사실을 부인하기 어려울 것이며, 직장인은 항상 이 사실을 잊지 말아야 할 것이다.

둘째로, 직장인은 직업인으로서의 자신의 사회적 책임이 무엇인가를 깊이 인식해야 할 것이다. 직업의 종류에 따라서, 직장에서의 위치에 따라서, 직장의 안과 밖의 여러 가지 사정을 따라서, 한 직장인이 수행해야 할 책임이 결정되거니와, 그 책임이 무엇인가를 정확하게 아는 것은 그 책임을 수행하기 위한 선행 조건이다. 다만, 한 직장인에게 부과되는 사회적 책임이 무엇인가를 정확하게 안다는 것은 그리 쉬운 일이 아니다. 예컨대, 어떤 회사원이 수행해야 할 사회적 책임은 그 회사의 기업주의 기대나 희망과 반드시 일치하지 않는다. 자기의 사회적 책임을 정확하게 인식하기 위해서는 국가 또는 국민 전체의 공동 이익을 우선적으로 고려하는 거시적 관점을 취해야 할 것이다.

셋째로, 직장인은 자신의 사회적 책임으로서 인식한 바를 수행하기 위해서 성실한 노력으로 최선을 다해야 할 것이다. 자신의 사회적 책임이 무엇인가를 관념상으로는 알면서도 그것을 실천으로 수행하지 못할 경우가 있다. 사회적 책임을 관념상으로 아는 데 그치고 실행은 하지 못하는 가장 큰 이유의 하나는 사사로운 이익에 대한 욕심이요, 그 또 하나는 의지력의 부족이다. 직장 생활에 있어서 의식의 전면을 차지하는 것은 사회봉사보다도 생계를 위한 수입이기가 쉽다는 사실로 말미암아 사회적 책임을 망각하는 일이 없도록 항상 의식적 노력을 기울여야 할 것이다.

직업에 있어서 사회적 책임을 강조함은 노동의 대가로서의 보수의 문제를 가벼이 여겨야 한다는 뜻이 아니다. 직업은 보수를 전제로 하는 것이며, 직장 활동에는 당연히 응분의 보수가 따라야 한다. 열심히 일을 하여 사회적 책임을 다하는 직장인에게 응분의 보수가 돌아가도록 하는 것은 사회에서 져야 할 책임이다. 우리는 지금 논의를 간단하게 하기 위하여, 직장인이 책임을 다할 경우에 응분의 보수가 보장된다는 전제 아래서 논의를 전개해 왔다. 여기서 "직장인이 사회적 책임을 다하도록 열심히 일을 하여도 응분의 보수가 돌아오지 않을 경우에는 어떻게 할 것인가?" 하는 물음과 "응분의 보수란 어느 정도의 보수를 말하는가?" 하는 매우 어려운 문제와 만나게 되나, 이 문제는 지금 우리가 다루고 있는 문제와는 차원을 달리하는 별개의 문제다.

형식논리를 따르기로 말하면, 사회정의의 문제부터 해결한 다음에 직업에 따르는 책임의 완수를 고려하는 순서를 따르는 편이 옳을 것이다. 그러나 현실적으로는 사회정의의 문제를 제대로 해결하는 일이 단시일의 과제가 아닌 까닭에, 저 형식논리의 순서를 고집할 경우에는 끝없는 혼란에 빠지고 말 것이다. 직장인으로서의 책임을 다해 가면서 사회정의의 실현을 꾀하도록 병행하지 않을 수 없는 것이 현재 우리가 처해 있는 상황이라고 보아야 할 것이다.

보수의 문제와 관련해서 또 하나 염두에 두어야 할 것은, 직업인으로서 맡은 일을 훌륭하게 달성하는 과정 그 자체를 통하여 실현되는 보람 내지 가치도 중요하다는 사실이다. 예컨대, 교수라는 직업을 가진 사람이 자기의 직책을 다하기 위하여 학자로서의 업적을 올리고 교육자로서의 인격을 연마한다면, 그 업적과 인격이 물질적 혜택을 수반하지 않더라도, 자아의 실현으로 직결되는 그 성취 자체가 매우 큰 보람이다. 옛날 한국의 장인(匠人)들은 경제적 이해타산을 초월하여 오로지 좋은 물건을 만들어 내는 일에 심혈을 기울였고, 그러한 장인 기질의 결과로서 도자기와 목기 그리고 석탑 등에서 불후의 명작을 남겼다. 그 명장들이 자신들의 작품에 대한 물질적 보수를 그 당시에 충분히 받았다고는 생각되지 않으나, 불후의 명작을 남겼다는 그 사실만으로도 그들은 보람된 삶을 가졌다고 볼 수 있을 것이다. 모든 종류의 직업에 관해서 교수와 예술가의 경우와 똑같은 설명이 가능할지는 의문이다. 그러나 어떠한 종류의 일이든 그 일을 훌륭하게 해내는 그 성취 자체 속에 그 일 나름의 보람과 가치가 있음에는 의심의 여지가 없다.

2) 직업을 대하는 한국인의 태도

우리나라의 전통적 신분 사회에서는 직업이 신분과 불가분의 관계를 가지고 있었다. 사농공상(士農工商)으로 나누어지는 신분의 제한을 따라서 가업에 종사해야 했고, 현대에 있어서와 같이 마음대로 직업을 선택할 자유가 없었다는 것은 널리 알려진 사실이다. 사회생활에서 가장 중요한 것은 신분이었고 가장 높은 신분을 차지했던 선비 또는 양반 계층에서는 재물에 대한 지나친 애착을 천한 마음가짐으로서 경계했던 까닭에, 일을 돈벌이의 수단으로 생각하는 현대적인 직업 관념은 약했던 것으로 보인다. 신분 사회에서도 말기에는 장사를 해서 큰돈을 번 거상도 있었으나 일반적 현상은 아니었고, 돈을 벌기 위해서 직업에 종사한다기보다는 먹고 살기 위해서 생업(生業)에 종사한 것이 그 당시의 일반적 생활상이었다고 생각된다.

해방 이후로 우리나라의 사회상은 급격한 변화를 경험하였고, 직업에 관한 사람들의 태도도 많이 달라진 가운데, 옛날 신분 사회에서 형성되었던 관념의 그림자도 일부는 남아 있는 실정이다. 직업을 보는 눈이나 직업을 대하는 태도가 어떠한 양상을 보이고 있는지, 소설에 나타난 자료를 따라서 개관해 보기로 하자.

박경수의 『동토』 가운데서 주인공 문호가 국민학교 사환으로 채용되었을 때, 농부인 그의 아버지는 몹시 기뻐하였다. 사환이 된 것을 출세라고까지는 생각하지 않았지만, 그것이 '생일 혀먹는 것'보다는 백 번 나을 뿐 아니라, 앞으로 출세를 위한 발판임에는 틀림이 없다고 믿었던 것이다. 수년 후에 문호는 국민학교 교사가 되었고 어느 부잣집 사위가 되었거니와, 그 부잣집 산지기와 문호가 첫인사를 했을 때도 옛날 신분 의식의 잔재가 모습을 드러냈다. 산지기 부부에게 한동안 신세를 지게 된 문호가 "앞으로 신세가 많겠습니다. 전연 객지이니 그저 의지하고 지내겠습니다."라고 인사했을 때, 문호보다도 나이가 30세 정도 더 많은 산지기 부부는 이마가 땅에 닿을 듯이 허리를 굽히며 이렇게 말했다. "오히려 저희가 드릴 말씀입죠. 앞으로는 말씀 놓아 하십시오. 서방님."[16]

『동토』는 해방 직후의 충청도 어느 농촌을 배경으로 삼은 작품이다. 글공부하는 사람을 땅파고 농사짓는 사람보다 지체가 높다고 믿던 전통적 관념을 거의 그대로 가지고 있던 사람들이 노년층에 아직도 남아 있던 시절의 이야기다. 이 작품에 보이는 바와 같은 극도로 낡은 생각을 가진 사람들은 그 뒤에 점차 자취를 감추기 시작하였고, 지금은 거의 찾아보기 어렵게 되었

---

16 박경수, 『동토』, p.39, pp.319-320.

다. 그러나 직업의 귀천을 구별하는 관념이 아주 없어진 것은 아니다. 어떤 특정한 직업을 천시하는 경향은 그 뒤에 쓰인 소설에도 흔히 나타나 있다.

박경리의 『표류도』의 여주인공 강연희가 살인을 하게 된 것은 다방 마담이라는 그녀의 직업을 천직(賤職)으로 생각하는 일반적 관념과 깊은 관계가 있다. 최영철이라는 작자가 미국 청년을 데리고 다방 '마돈나'에 들렀을 때 미국 청년은 마담 강연희의 미모에 반했고, 최영철은 "이런 곳에 있는 여자는 레이디가 아니니까" 돈만 주면 손쉽게 차지할 수 있고 뒤가 귀찮지도 않다고 장담하면서, "사실 저 여자는 내 것인데 조건에 따라서는 양보할 수도 있다."고 제멋대로 지껄였다. 강연희가 영어를 못 알아들을 것으로 생각하고 마음 놓고 떠든 것인데, 강연희는 영어를 이해하였고 그 모욕에 격분한 나머지 카운터의 빈 청동 꽃병을 던진 것이 급소에 맞아 최영철을 죽인 결과가 되었다. 이 사건을 담당한 검사도 수사 과정에서 "다방 마담의 직업을 가진 여성이라면, 남자의 그만한 희롱쯤 받아넘겨 버리는 것이 당연하지 않소?"라고 따짐으로써, 다방 마담이라는 직업이 천한 직업이라는 관념에 동조하고 있다.[17]

같은 소설의 다른 곳에서 강연희가 손님 김상현과 나눈 대화에도 다방 마담이라는 직업이 떳떳하지 못한 직업이라는 함축이 깔려 있다. 그리고 요정에 나가는 여자는 다방 마담보다도 더 천하며 밤거리의 여자는 요정의 접대부보다 더 천하다는 것을 암암리에 전제로 하고 대화를 나누고 있다.[18]

유재용의 『비바람 속으로 떠나가다』에는 접대부를 천시하는 관념을 더 노골적으로 드러낸 대목이 있다. 여고를 나온 한지연이 음식점에 취직하기 위

---

17 박경리, 『표류도』, 『신한국문학전집』, 11권, pp.383-384, p.396.
18 같은 책, p.283.

한 교섭을 하는 단계에서, 경리를 보는 일 같으면 할 생각이 있으나, 술좌석에 나가는 일은 못하겠다고 태도를 분명히 하고 있다. 술집에서 일하는 것이 내키지 않는 노릇이나 경리원이라면 해보겠다는 것이다. 주위 사람들도 수입이 많은 접대부 자리보다는 경리원 자리가 좀 떳떳하다는 점에 모두 의견을 같이하고 있다.[19]

『비바람 속으로 떠나가다』의 귀자는 어머니가 술장사를 했다는 이유로 학교에서 같은 또래 아이들의 멸시를 받았다. 박영준의 『가족』에 등장하는 강여사가 술장사를 했다는 이유로 아들 강우의 괄시를 받았다는 이야기는 앞에서 소개한 적이 있다. 강여사의 딸 민혜는 "술장수의 딸이라 할 수 없다."는 욕을 남도 아닌 남편으로부터 들은 적이 있다.[20]

유재용의 중편소설 「사양의 그늘」의 이야기꾼 '나'가 닭장사를 하고 싶다는 의사를 아버지에게 말했을 때, 아버지는 하필이면 살생을 해야 하는 그런 장사를 하느냐고 반대하였다. 그러나 집을 한 채 마련하기 위해서는 그렇게라도 해야 하지 않겠느냐는 '나'의 고집에 못 이겨 일단 승낙을 하면서 다만 그 장사를 오래 할 생각은 말라고 조건을 붙였다. '나'도 닭장사가 창피스러운 직업이라고 느꼈던 까닭에, 낯선 사람들만이 사는 먼 곳에 가서 그 장사를 시작해야 하겠다고 생각했다.[21]

술장사와 닭장사 또는 푸줏간 따위의 특정한 장사뿐 아니라, 상업을 일반적으로 천시하는 관념도 사람들 마음 한구석에 남아 있다. 『비바람 속으로 떠나가다』의 지연이 백화점 점원으로 취직하고 싶다는 뜻을 말했을 때, 그의 오빠 지웅은 "하필이면 왜 장사꾼의 심부름꾼 노릇을 할려구 그러지?"

---

19 유재용, 『비바람 속으로 떠나가다』, pp.357-362, p.366.
20 박영준, 『가족』, 『신한국문학전집』, 25권, p.268.
21 유재용, 「사양의 그늘」, 『사양의 그늘』, pp.31-33.

하고 못마땅하다는 반응을 보였다.[22]

박완서의 「카메라와 워커」에 등장하는 훈이는 6·25 때 부모를 잃고 할머니와 고모 손에 컸다. 삼류 대학 토목과를 졸업하고 겨우 얻은 첫 직장이 Y건설 회사 영동 고속도로 현장이었다. '측량 기사보'라는 임시직원 자리여서 작업복을 입고 먼지를 뒤집어써야 할 처지였다. 이 사실을 안 훈이 할머니는, "집세만 받아 먹어도 굶지는 않을 텐데, 그게 어떤 귀한 자식이라고 객지로 노동벌이를 보냈느냐."고 불평을 했다. "대학 문턱에도 못 가 본 사람도 아침이면 신사복에 넥타이 매고 출근하는데, 헌다 헌 대학 나온 애가 노동벌이가 웬말인가." 하며 탄식하기도 했다.[23] 늙은 세대일수록 근육노동을 천시하는 경향이 남아 있음을 보여주는 대목이라 하겠다.

이문열의 『그대 다시는 고향에 가지 못하리』에 등장하는 종갑씨는 경상도 어느 고장에서 양반을 자랑하는 가문에 태어났으나, 방랑벽이 있어서 가정을 지키지 못하고 여기저기 떠돌아다니다가, 인근 민촌 사람들이 꾸민 농악대의 상쇠가 되어서 문중이 사는 마을로 돌아왔다. 걸립패가 종가(宗家)의 넓은 마당에 이르러 본격적인 지신밟기가 벌어졌을 때, 상쇠 종갑씨는 문중 어른들로부터 오줌 세례를 받고 호된 꾸중을 들었다. 농악대에 끼어서 꽹과리를 치는 것은 집안 망신 시키는 짓이라고 보았기 때문이다.[24] 농악의 풍물꾼뿐 아니라, 가수나 배우 또는 무용가와 같은 연예인을 명예스럽지 못한 직업으로 보는 관념도 아직 일부에 남아 있다.

한 가지 일을 분담함으로써 사회에 이바지하고, 이바지에 대한 반대 급부로서 생계비를 마련하며, 일에 대한 성실한 노력을 통하여 자아의 성장을 도

22 유재용, 『비바람 속으로 떠나가다』, pp.351-352.
23 박완서, 「카메라와 워커」, 『세상에서 제일 무거운 틀니』, pp.195-199.
24 이문열, 『그대 다시는 고향에 가지 못하리』, 민음사, pp.40-43.

모하기 위해서 우리는 직업을 갖는다. 이 세 가지의 목적을 모두 훌륭하게 달성함에 성공적인 직장 생활이 이상적인 직장 생활이라 하겠거니와, 직장 생활을 통하여 이 세 가지 목적을 달성함에 성공하느냐 못하느냐를 결정하는 가장 중요한 요인은, 직업의 종류이기보다도 직업을 대하는 태도라고 생각된다. 세 가지 목적을 달성함에 유리한 직종과 불리한 직종이 있다는 사실을 부인하기는 어려울 것이다. 그러나 같은 종류의 직업에 종사하는 사람들 가운데도, 어떤 사람은 훌륭하게 세 가지 목표를 달성하는데 어떤 사람은 그렇지 못하다는 사실에 비추어 볼 때, 직업의 종류보다도 직업을 대하는 태도가 더욱 중요하다는 결론을 얻게 된다.

직업을 대하는 사람들의 태도에는 개인차가 많으므로, 한국인 전체의 그 것이 어떻다고 일률적으로 말하기는 어렵다. 그러나 대체로 말해서, 직업을 대하는 한국인의 태도에는 아직 미흡한 점이 많으며, 시민 윤리의 일환으로서 직업 윤리를 확립함이 앞으로의 과제로 남아 있음에는 의심의 여지가 없다.

공무원과 기업가를 비롯한 여러 가지 직업인들의 부패상을 고발한 소설이 많다는 것은, 앞에서 근대화의 과정에 있어서의 사회상의 혼란을 서술했을 때, 구체적 예를 들어서 이미 언급한 바 있다. 많은 중복은 바람직하지 않다고 생각되므로, 문맥의 연결과 보충을 위해서 몇 가지 예만 다시 첨가하기로 한다.

강신재는 『오늘과 내일』에서, 국회의원이 이권 운동에 개입하여 거액의 뇌물을 받는 이야기와 경찰이 폭력배와 야합을 하는 이야기로 정치가들의 부패를 고발하였다. 여기서 폭력배와 야합한 경찰의 행위를 정치가의 부패라고 말하는 이유는, 깡패 조직을 정권 유지에 이용하도록 방침을 세운 것은 정치가들이며 경찰은 하수인에 불과하기 때문이다.[25]

김송은 「서울의 하늘」에서 정치가의 사주와는 관계가 없는 경찰관 자신들의 비리에 대해 언급하고 있다. 이 작품의 주인공 박인숙이 서울에서 화장품 소매상을 했을 때, 많은 이윤을 남기기 위해서 일본제 밀수품을 다루게 되었다. 밀수 화장품을 부산에서 서울로 운반하는 도중 기차 안에서 경찰의 검색을 통과해야 했거니와, 치마 속까지도 살피는 경찰의 눈을 속일 수는 없고, 돈으로 해결하는 것이 가장 '지혜로운' 방법이었다는 것이다. 김송은 여기서 '사바사바'라는 유행어를 소개하고 있다.[26]

박경수도 그의 단편 「작은 왕국」에서 공무원의 부수입에 대해 언급하고 있다. 이 작품에 등장하는 중앙청 공무원 문호가 고향에 돌아와 옛 친구와 술잔을 나누는 자리에서, 공무원이 월급만으로는 살기 어려우나 부수입이 짭짤하다는 것을 자랑삼아 이야기하고 있다. 그 말을 들은 고향 친구는 "거 괜찮은 수입인데." 하고 감탄했다.[27]

박경리는 그의 『표류도』에서 공무원의 부패가 사법 행정에까지 미치고 있다는 것을 암시하고 있다. 미결수로 수감되었던 여자가 1년 징역을 선고받았다는 공판의 결과를 듣고 자칭 여두목 행세를 하던 여자는, "거 너무한데. 돈만 있어 봐라. 그까짓 것 문제 없는데, 무죄가 뻔한걸 …" 하고 뇌까렸던 것이다.[28] 박완서도 『도시의 흉년』에서 변호사에 관련하여 비슷한 암시를 하고 있다. 구주현을 면회하기 위하여 수연이 구치소 대기실에서 기다리고 있었을 때, 미지근한 연탄 난로를 둘러싼 여자들의 잡담은 변호사들에 대한 모욕인 동시에 사법 행정에 대한 불신이었다. 그 잡담 가운데 "몇 십만 원 주고 산 변호사가 징역 5년 짜리를 겨우 징역 3년으로 줄여 놓고 나가떨어졌

---

25 강신재, 「오늘과 내일」, 『신한국문학전집』, 11권, p.43, p.83.

26 김송, 「서울의 하늘」, 『신한국문학전집』, 9권, p.27.

27 박경수, 「작은 왕국」, 『신한국문학전집』, 13권, p.39.

28 박경리, 『표류도』, 『신한국문학전집』, 11권, p.389.

으니, 그런 날도둑놈이 어디 있겠느냐."는 말도 있었고, "몇 백만 원 주고 산 변호사가 갈 데 없는 징역 20년 짜리를 깨끗한 무죄로 만들었으니, 그건 과히 비싼 폭도 아니다."라는 말도 있었던 것이다.[29]

김이석이 그의 중편소설 「아름다운 행렬」에서 어떤 산부인과 의사의 악덕을 고발했다는 것은 앞서 1장에서 간단히 언급한 바 있다. 그 작품에 소개되고 있는 황 산부인과에서 저지른 부도덕한 의료 행위의 구체적 예는 다음과 같은 것들이다. 첫째, 필요도 없는 환자에게 링거 주사를 놓고 많은 돈을 받는다. 둘째, 산모의 젖성분 분석을 환자들에게 권고하여 엉터리 분석에 대한 요금을 톡톡히 받는다. 셋째, 입원실이 부족하도록 환자가 몰릴 때는 돈 많은 환자를 우선적으로 입원시킨다. 넷째, 불법 인공 유산 수술을 원하는 환자들을 많이 끌기 위해서 병원 이름을 '안심 병원'이라고 고치는 동시에, 남의 눈을 속여 가며 산부인과를 찾는 사람들이 편한 마음으로 병원 출입을 하기 쉽게 하기 위하여 내과와 소아과도 겸해서 영업을 한다.[30]

박경리는 그의 『표류도』와 단편 「쌍두아」에서 우리나라의 무책임한 번역 출판에 관해서 가볍게 언급하고 있다. 출판사에서는 번역료를 절감하기 위해서 번역을 제대로 감당할 만한 실력이 없는 초보자에게 일을 맡긴다. 서양말로 된 원전을 번역하는데 서양말에 대한 지식이 부족한 사람에게 맡기는 경우가 많다. 일본 번역이 있으니까 중역(重譯)을 하면 된다는 것이 번역을 맡기는 출판사와 그것을 맡는 번역가의 무언 중의 양해 사항이다. 그리고 무명의 역자를 내세우면 팔리지 않을 것이므로 저명한 학자의 명의를 빌려서 다른 이름으로 출판한다는 것도 처음부터 양해하고 시작한다. 약간의 사례

---

29 박완서, 『도시의 흉년』, 제3권, p.51.
30 김이석, 「아름다운 행렬」, 『신한국문학전집』, 27권, pp.150-151, pp.216-217.

를 받고 이름을 빌려 주는 저명한 학자도 있는 것이다. 결국 출판사 사장과 번역자 그리고 저명한 학자 세 사람이 공모해서 많은 독자들을 속이고 우롱하는 셈이다.[31] 이문열도 그의 단편 「새지 않는 밤」에서 실제로 번역하는 사람과 이름 빌려 주는 사람이 서로 다른 번역 출판에 관하여 언급하였다.[32] 박경리의 경우나 이문열의 경우나 그러한 무책임한 번역 출판을 꼬집어서 고발했다기보다는, 그러한 행태를 상식화된 사실처럼 가볍게 언급하고 있을 뿐이다.

　상인들의 부도덕한 행위는 박완서의 『도시의 흉년』에서도 찾아볼 수가 있다. 마담 그레이스는 명동에서도 이름이 알려진 일류 양장점을 경영하지만, 그도 가끔 국산 옷감을 외국제라고 속여서 비싼 값을 받곤 하였다.[33] 일류를 자랑하는 양장점이 그럴 정도라면 동대문 시장은 더욱 말할 것도 없다. 다음은 동대문 시장 골목을 빠져나가다가 수연이 당한 광경이다.

　　마네킹처럼 우아하게 서 있다가 십 년 지기처럼 반가워하는 여자가 있어, 누구였더라 생각해 내려고 눈을 두어 번 깜박거리는 새에 재빨리 내 어깨엔 인조 가죽 코트가 걸쳐 있기도 했다. 어쩌면 이렇게 잘 받으실까, 이런 고급품엔 임자가 따로 있다니까. 싸게 해드릴게요. 마수거리니까요. 가까스로 그 인조 가죽 코트를 벗어던지고 도망칠라치면, 쌍년 사지도 않을 걸 왜 입어 봐. …[34]

---

31 박경리, 「표류도」 및 「쌍두아」, 『신한국문학전집』, 11권, pp.369–370, pp.503–507.
32 이문열, 「새지 않는 밤」, 『어둠의 그늘』, p.148.
33 박완서, 『도시의 흉년』, 제1권, p.247.
34 같은 책, 제3권, pp.68–69.

기업가들의 비윤리적인 태도에 내해서는 1장에서 황석영과 윤흥길의 고발을 소개한 바 있고 이장 앞 절에서 박용숙의 고발에 언급한 바도 있으므로, 여기서 더 이상 열거할 필요는 없을 것이다. 언론계의 비리에 대해서는 이미 신석상의 「프레스 카드」의 일부를 소개한 바 있다.

직업을 대하는 태도가 남의 모범이 될 만큼 훌륭한 사람들의 사례도 많을 것이다. 모범적인 경우가 소설에 흔히 소개되지 않은 것은 세상을 보는 작가들의 비판적 시각 때문이기도 하리라고 생각된다. 그러나 대체로 말해서, 직업을 대하는 태도가 좋지 않은 사람들이 더 많은 것은 우리가 실생활을 통해서도 일상적으로 경험하는 바다. 관공서의 창구에서나 법률가의 사무실에서 또는 종합병원에서 냉랭한 푸대접 내지 모욕적인 대우를 받아 본 경험이 없는 사람은 특수한 계층의 사람들뿐이다.

한국 사람들의 직업을 대하는 태도가 일반적으로 좋지 못한 첫째 이유는, 직업을 돈벌이의 수단으로만 생각하고, 직업이 갖는 사회적 책임과 직장 생활을 통한 자아의 성장은 소홀히 여기는 편협한 관점 때문일 것이다. 관념상으로는 직업의 사회적 책임과 직장 생활을 통한 자아의 성장이 중요하다고 인정하는 사람들도 실천에 있어서는 그것을 망각할 경우가 많다. 직업에 있어서 돈벌이의 비중을 지나치게 의식하는 것은, 현대 생활에 있어 경제적 가치가 차지하는 비중이 과대하다는 사실 때문일 것이다.

한국인의 직업관에 있어서 돈벌이가 절대적 비중을 차지하고 있다는 것은 교사 또는 교육자라는 직업에 대한 사람들의 태도에서도 충분히 찾아볼 수가 있다. 교육자라는 직업은, 적성에 맞는 사람이 선택하여 능동적으로 노력만 한다면, 사회에 이바지하고 자아의 성장을 도모하기에 가장 적절한 직종의 하나다. 그러나 4년제 대학 졸업 이상의 학력을 가진 사람들 사이에서, 교사라는 직업은 보잘것없는 직종으로서 외면당하는 경향이 심하다. 교사라는 직업에 종사하여 경제적으로 여유 있는 생활을 즐긴다는 것은 매우 어렵기 때문이다.

윤흥길의 「아홉 켤레의 구두로 남은 사내」의 주인공이자 이야기꾼인 '나'는 교사라는 직업에 대해서 다음과 같이 술회하고 있다.

> 기껏해야 교육위원회 장학사나 교감 교장인데, 그걸 바라보고 삼사십 년씩 근속하기에 너무 억울하다는 느낌을 어쩔 수가 없었다. 적어도 내게는 여러 모로 미루어 많이 불공평한 세상에서 어쩌다 잘못 얻어걸려 하는 직업이 바로 선생이었다.

'나'가 여기서 교사를 '잘못 얻어걸린 억울한 직업'이라고 평가한 이유가 적은 물질적 보수에 있다는 것은, 그의 아내가 남편을 보는 태도에 대한 서술에서 명백하게 드러나고 있다.

> 아내가 선생한테 시집온 팔자를 그리 자랑스럽게 여기지 않는 이유는, 전적으로 여학교 시절의 에델바이스 클럽 회원들 거개가 선생보다는 훨씬 수입이 좋은 직업의 남자와 결혼한 데 있었다.[35]

직업을 대하는 한국인의 태도가 대체로 좋지 못한 또 하나의 이유는, 낯모를 사람들의 인격과 권익을 존중하는 현대적 시민 의식의 전통이 서지 않은 데 있을 것이다. 직업을 매개로 삼고 우리들이 관계를 맺는 사람들의 대부분은 나와 특별한 관계가 없는 낯모를 사람들이다. 예컨대, A라는 기업체가 생산하는 물품을 사거나 쓰는 사람은 수백만 또는 수천만 명에 달하거니와,

---

35 윤흥길, 「아홉 켤레의 구두로 남은 사내」, 『아홉 켤레의 구두로 남은 사내』, pp.160-161.

그 고객들의 대부분은 A기업체의 기업주나 종업원으로서는 듣고 보지도 못한 생판 남들이다. 잘 모르는 사람들의 권익과 인격을 존중하는 현대적 시민 윤리의 훈련이 부족한 까닭에, 무수한 미지의 사람들을 위해서 직업인으로서의 사회적 책임을 소홀히 하기 쉬운 것이다. 식품이나 의약품을 제조하는 기업에 종사하는 사람들 가운데 자기 회사에서 만든 제품을 자기 가족에게는 먹이지 않는 경우가 있다는 풍문이 사실이라면, 여기서 더 이상의 설명은 필요치 않을 것으로 보인다.

이상과 같은 고찰은 우리를 하나의 중요한 결론으로 안내한다. 즉, 직업윤리만을 따로 떼어서 그 확립을 꾀할 것이 아니라, 우리 사회의 가치 체계 전체의 문제와 함께 그 일환으로서 직업윤리 정립의 문제도 다루어야 한다는 결론이다. 돈의 가치를 지나치게 중요시하는 가치관과 낯모를 사람들의 권익에 대한 무책임한 태도를 근본적으로 고치지 않는 한, 직업윤리의 정립을 기대하기는 어려울 것이다.

3. 민주 시민 윤리 정립의 과제

1) 윤리적으로 성숙한 사회

무릇 사회가 질서를 유지하고 존속하기 위해서는 그 성원들의 행위에 어떤 제한이 가해져야 한다. 모든 사람들이 저마다의 충동과 욕구를 따라서 멋대로 행동한다면, 잠시도 충돌과 혼란이 그칠 사이가 없을 것이니, 사회가 사회로서 존립하기가 어려울 것이다. 방종에 대한 제한은 사회가 사회로서 존립하기 위한 필수 조건이다.

사회생활에 있어서 사람들의 방종을 규제하는 기능을 수행하는 것에 세 가지 종류가 있다. 첫째로, 강제성을 띠고 밖으로부터 행위자에게 제약을 가하는 강자(强者)의 힘이 있다. 둘째로, 행위자에게 심리적 압박으로 받아들여지는 사회적 이목(耳目)이 있다. 셋째로, 행위자가 내심(內心)의 요청을 따라서 스스로 자기에게 가하는 자제력(自制力)이 있다. 이 세 가지는 발생학적으로 서로 깊이 연결되어 있어서 한계선을 분명히 긋기가 어려운 경우도 없지 않으나, 원칙적인 구별은 가능하다고 생각된다.

첫째, 강제성을 띤 강자의 힘의 대표적인 것은 폭력과 그 위협이다. 약자로 하여금 말을 듣게 하는 강자의 실력은 일반적으로 폭력 또는 그 위협으로서의 성격을 띠고 있다. 남의 눈치를 볼 줄 알기 이전의 아주 어린 아이들의 행동은 주로 이 강자의 실력에 의하여 규제된다. 국민학교 어린이들 사회에 있어서도 완력이 지배하는 경우가 많으며, 무법자들이 판을 치는 우범지대는 글자 그대로 폭력이 지배하는 지역이다.

법에 의한 질서도 그 본래의 성격으로 말하면 '힘의 질서'의 한 유형이라고 보아야 할 것이다. 법은 그것을 어긴 사람에게 강제적 제재를 가한다는 전제 아래 제정되는 것이며, 이 전제는 국가권력이라는 막강한 힘에 의하여 뒷받침되고 있다. 다만, 현대 민주국가의 법은 두 가지 점에서 무법자의 폭력과 다르다. 첫째로, 민주국가의 법은 그것의 규제를 받는 국민들 자신의 참여를 거쳐서 제정된다는 점에서 자유 계약에 의한 규범으로서의 성격을 띠는 것이므로, 단순히 외부로부터 가해지는 남의 힘으로서의 폭력과 다르다. 둘째로, 민주국가의 법은 국민 스스로 납득하고 자진하여 받아들일 수 있는 규제라는 점에서, 위협에 눌려서 마지못해 굴종하는 폭력과 다르다. 물론 이것은 민주주의 정신을 따라서 제정된 법의 경우이며, 국민의 의사를 무시하고 만들어진 법의 경우는 폭력과 근본적으로 다를 것이 없다고 보아야 할 것이다. 법은 행위자가 이를 기꺼이 받아들여 자진해서 준수할 때, 외적 강제력의 범주를 벗어나 내적 자제력의 범주로 승화한다.

둘째로, 남의 이목도 우리들의 행동을 제약하는 힘으로서의 기능을 가졌다. 사회적 존재로서의 인간은 남의 칭찬과 비난을 의식하기 마련이며, 이 의식이 우리들의 행동에 대해서 적지 않은 영향력을 가졌다. 칭찬과 비난의 주체로서의 남의 이목은 그것이 나의 밖에 있다는 점에서 타율적 규제력이다. 그러나 남의 비난이나 칭찬을 무시할 수 있을 정도로 배짱이 강한 사람에게는 무력하다는 점에서, 즉 그것을 무시하더라도 강제적 제재는 따르지 않는다는 점에서, 폭력과 법이 대표하는 첫째 범주의 규제력과 다르다. 첫째 범주의 규제력이 본질에 있어서 물리적이라면, 이 둘째 범주의 것은 본질에 있어서 심리적이다. 남의 이목은 그것이 내 밖에 있다는 점에서는 첫째 범주인 '남의 힘'에 가깝고, 그것이 심리적이라는 점에서는 셋째 범주인 내적 자제력에 가깝다.

남의 이목의 주된 내용을 이루는 것은 그 사회의 도덕적 통념에 입각한 비난 또는 칭찬이다. 남을 평가하는 사람들 자신의 이해관계를 반영한 주관적 관점에서 비난 또는 칭찬을 보내는 경우도 많으나, 그러한 비난은 별로 두려워하지 않는 것이 일반적 경향이다. 우리가 진실로 두려워하는 것은 사회의 도덕적 통념에 입각한 비난, 다시 말해서 개인적 이해관계를 초월한 것으로 인정받을 수 있는 도덕적 비난이다. 도덕적 비난이기는 하나 그것이 밖으로부터 오는 것이라는 점에서, 남의 이목을 두려워한 행위의 자제는 아직 타율의 단계를 벗어나지 못한 것으로 보아야 할 것이다. '남의 이목'은 강제적 제재력을 갖추지 못했다는 점에서 강자의 힘과 다르다. 한편, 남의 이목을 존중하느냐 안 하느냐 하는 것은 어느 정도 내 의사로 결정할 수 있다는 점에서, 우리들의 셋째 범주인 내적 자제력에 한 걸음 다가선 것이라고 볼 수 있다.

우리들의 셋째 범주, 즉 행위자의 내적 요구에 따르는 자제력은 흔히 '양심의 소리'라고 불려 온 것을 그 대표로 볼 수 있을 것이다. 그러나 모든 사람들의 내적 자제력을 '양심의 소리'라고 일률적으로 말하기는 어렵다. 그 내면의 요구가 더 정서적이거나 더 직각적인 사람들의 경우는 '양심의 소리'라는 명칭이 적합할 때가 많을 것이다. 그러나 논리의 일관성의 요구를 존중하고 거시적 관점에서 심사숙고한 끝에 태도를 결정하는 사람들의 경우는, 오히려 '이성의 소리' 또는 '지성의 소리'라는 표현이 더 적합할 것이다. 양심의 소리든 이성의 소리든, 그것은 자율의 능력이라는 점에서 타율의 요인으로서의 강자의 힘 또는 남의 이목과 크게 다르다.

강자의 제재 또는 남의 이목이 두려워서 자기의 욕망 내지 충동을 억제하는 사람들은, 이들 밖으로부터의 위협이 없을 경우에는 제멋대로 행동할 가능성이 많다. 그러므로, 설령 강자의 의사 또는 남의 이목이 정당한 것만을 요구한다 하더라도, 밖으로부터의 감시에는 한계가 있으므로, 저 타율적 제약만으로는 이기적 인간의 방종에서 오는 사회적 불안을 막기 어렵다. 한편, 자신의 내부에 있는 양심 또는 이성의 감시를 벗어날 수는 없는 까닭에, 이 내적 자제력은 만약 그것이 충분히 강력하기만 하다면, 질서유지의 장치로서 가장 믿음직한 것이 될 것이다. 여기에 과연 그토록 강력한 자제력을 사람들이 일반적으로 갖는다는 것이 현실적으로 가능하냐 하는 어려운 문제가 남아 있음은 물론이다. 그러나 인간에게 가능한 한에 있어서 이 자율의 기능을 최대한으로 함양하는 것이 우리들의 윤리적 이상임에는 의심의 여지가 없다.

이상에서 우리가 행동 규제의 기능을 가진 세 가지의 장치를 부각시킨 것은, 한 국가나 사회의 윤리적 상황을 분석 내지 진단함에 있어서, '강자의 힘', '남의 이목', 그리고 '본인의 내적 자제력'이라는 이들 세 개념이 매우 중요한 길잡이가 된다고 보았기 때문이다. 우리는 앞으로 한국이 안고 있는 민주적 시민 윤리 정립의 과제를 살펴보고자 하거니와, 이 고찰을 위한 준비로서 한국의 윤리적 상황에 대한 분석과 진단이 선행해야 할 것이다.

어떠한 사회를 막론하고 강자의 힘, 남의 이목 또는 본인의 자제력 가운데 어느 한 가지만이 사람들의 행동을 규제하는 장치로서 작용하는 경우는 없으며, 세 가지 장치가 모두 행동 규제의 기능을 발휘하는 것이 모든 인간 사회의 현실이다. 그러나 세 가지 장치 가운데 어느 것이 어느 정도의 비중을 차지하느냐 하는 정도의 차이는 사회에 따라서 각각 다르다. 이를테면, 강자의 힘이 행동 규제를 위한 주된 장치로서 기능을 발휘하는 사회도 있고, 남의 이목이 비교적 큰 비중을 차지하는 사회도 있으며, 내면적 자제력이 가장 큰 힘으로서 작용하는 사회도 있다.[36] 그리고 강자의 힘과 남의 이목 및 행위자 자신의 자제력의 질적 내용에도 많은 차이가 있다. 다시 말해서, 올바른 판단 또는 선량한 의지와 결합되어 있는 규제력도 있고, 그릇된 판단 또는 사악한 의지와 결합되어 있는 규제력도 있다. 강자의 힘에도 선량한 동기에서 옳게 작용하는 것과 그 반대의 것이 있으며, 남의 이목의 바탕을 이루는 여론에도 옳은 것과 그른 것이 있고, 자제력으로서의 양심의 지시 가운데도 객관적 타당성을 잃은 것이 있을 수 있다.

진실로 윤리적인 행위의 기본적 특색은 자율성에 있다. 겉으로 보기에 같은 행위라 할지라도, 그 행위의 동기가 무엇이냐에 따라서 도덕적 가치는 달라진다. 예컨대, 강자의 힘에 눌려서 약속을 이행했을 경우와 자발적으로 그렇게 했을 경우는 그 도덕적 가치에 현격한 차이가 있다. 남의 이목을 의식하고 약속을 이행할 경우는 강압에 못 이겨 그렇게 했을 경우보다는 높이 평가되나, 자신의 신념을 따라서 그렇게 했을 경우보다는 낮게 평가되어야 마땅할 것이다. 대체로 말해서, 남의 이목을 의식하고 방종을 억제하는 경우는 타율에서 자율로 이행하는 중간 단계의 과정이라고 보아도 무방할 것

---

36 예컨대, 독재국가는 첫째 부류에 가까울 것이고, 종친회나 동창의 모임 가운데는 둘째 부류에 속하는 것이 많으며, 단란한 가정의 경우는 셋째 부류에 가까울 것이다.

이다.

비록 강자의 힘에 눌려서 타율적으로 한 행위라 할지라도 결과적으로 객관적 타당성을 가질 경우가 있고, 비록 나의 신념을 따라서 자율적으로 한 행위라 할지라도 객관적 타당성이 없을 경우가 있다. 강자의 힘에 눌려서 타율적으로 행위한다는 것은 바람직한 일이 아니나, 어쨌든 사회적 요청에 맞추어 객관적으로 타당성 있는 행위를 한다는 것은 매우 중요한 일이다. 한편 자신의 신념을 따라서 자율적으로 행위한다는 것은 그것이 자율적이라는 점은 바람직한 일이나, 만약 그 행위가 객관적 타당성을 잃는다면 전체로서 옳은 행위라고 볼 수 없다.

윤리적 견지에서 볼 때 가장 이상적인 행위는, 행위자의 신념을 따른 자율적 행위일 뿐 아니라, 사회적 요청에 비추어 보더라도 객관적 타당성을 갖는 행위다. 그리고 윤리적 견지에서 볼 때 가장 좋지 않은 행위는, 강자의 힘에 눌린 타율적 행위일 뿐 아니라 사회적 요청을 배반함으로써 객관적 타당성마저 잃은 행위다. 여기서 윤리적으로 가장 성숙한 사회 또는 윤리적 이상 사회가 어떤 것이냐 하는 물음에 대한 해답이 자연히 추리된다. 즉, 객관적 타당성을 가진 행위를 자율적으로 행위하는 사람들이 그 사회의 주축을 이루었을 때, 그 사회가 윤리적으로 가장 성숙한 사회다. 반대로 타율적이면서도 객관적 타당성이 없는 행위가 많은 사회일수록 윤리적 이상에서 먼 거리에 처진 사회라 하겠다.

우리가 목표로 삼고 있는 민주국가의 이상도 위에서 말한 바와 같은 의미의 '윤리적으로 성숙한 사회'와 일치한다고 생각된다. '민주주의'라는 말은 사람에 따라서 다소 뜻이 다르게 쓰이고 있으나, 모든 국민의 인권을 평등하게 존중하는 행위를 국민 각자가 자율적으로 수행하는 나라를 건설함이 민주주의의 이상이라는 것을 부인하는 사람은 적을 것이다.

2) 현대 한국의 윤리적 상황

사회를 구성하는 성원들의 방종에 제약을 가하는 사회적 역학의 일반적 상황을 편의상 '윤리 풍토'라는 말로 표현한다면, 모든 사회의 윤리 풍토에는 '힘의 지배'의 요소가 있다고 보아야 할 것이다. 지구 위에 현존하는 크고 작은 모든 사회는 아직 윤리적 이상으로부터 요원한 거리에 있다고 보아야 하거니와, 이는 곧 모든 사회가 '힘의 지배'의 측면을 불식하지 못했다는 사실을 의미한다 하여도 과언이 아닐 것이다. 현대에 있어서도 국제사회는 여전히 힘의 지배 아래 있다. 가장 규모가 작고 혈연과 애정으로 뭉친다는 가족 사회의 경우도 힘의 지배가 자취를 감추었다고는 보기 어렵다. 그러므로, 전체로서의 한국 사회에 '힘의 지배'의 현상이 보인다 하더라도 특별히 놀라거나 비관할 이유는 없을 것이다.

여기서도 우리에게 중요한 것은 정도의 문제다. 한국 사회의 모든 구석으로부터 힘의 지배 현상을 완전히 몰아낸다는 것은 불가능한 일이다. 그러나 여러 문화적 선진국과 비교하여 만약 우리 한국에 있어서의 힘의 지배가 지나칠 정도의 것이라면, 그것은 깊이 반성해야 할 문제인 동시에 시정을 위한 노력이 있어야 할 문제가 아닐 수 없다. 그리고 실제에 있어서 우리 한국은 '힘의 지배'의 요소가 비교적 강한 사회라고 보는 것이 저자의 개인적 소견이다.

덕치는 유교의 이상이었다. 가정은 말할 것도 없거니와, 국가 전체도 법과 힘에 의해서가 아니라 도덕으로써 다스려야 한다고 공자와 그의 제자들은 가르쳤다. 우리 한국은 고래로 유교의 영향을 크게 받았으니, 만약 유교의 이상이 이 땅에 실현되었다면, 우리 윤리 풍토에 있어서 '힘의 지배'의 요소는 비교적 약하다는 결과를 가져왔을 것이다. 그러나 유교의 본고장인 중국의 경우와 마찬가지로, 우리 한국의 정치 현실도 공맹(孔孟)의 가르침 그대로일 수는 없었다. 그뿐만 아니라 유교의 도덕 사상 그 자체에도 인간관계를 수직의 그것으로 보는 경향이 강하다는 사실이 문제를 더욱 어렵게 만들었다.

한 왕조를 창건하고 그것을 지키는 데 가장 긴요한 것이 힘이라는 사실은 조선시대의 경우도 예외가 아니었다. 이태조의 창업은 그의 막강한 무력으로써 가능했고, 힘이 약한 단종은 수양대군에게 자리를 내주어야 했다. 특히 정조 이래의 세도정치는 인의(仁義)를 무시한 패도가 현실을 지배한 본보기로서 부족함이 없었다. 일본 제국주의에게 유린당한 반세기는 더욱 말할 것도 없다. 결국은 재야(在野)는 관권에게 눌리고 상민은 양반에게 눌리며, 여자는 남자에게 눌리고 아이들은 어른에게 눌리다가, 급기야 민족 전체가 일본인에게 눌리는 불행을 겪은 것이다. 이토록 수직적 인간관계의 전통이 오래 지속된 것이니, 우리 한국은 평등을 전제로 한 자율의 윤리가 발전하기에는 매우 불리한 역사를 가진 셈이다.

1945년의 해방을 계기로 사정은 크게 달라졌다. 자유와 평등 그리고 민주주의 등의 개념이, 비록 관념적이고 피상적이기는 하나, 일반 사람들의 일상적 관심사가 되었다. 사람은 누구나 동등한 인권을 가지고 있으며 그런 뜻에서 만인은 평등하다는 것을 어렴풋하게나마 믿게 되었다. 역대 정권은 민주주의를 표방하였고 국민 모두가 이 표방을 환영하였다.

그러나 머릿속에서 평등을 생각하고 말로 '민주주의'를 외치는 것과 평등 또는 민주주의가 사회 현실 가운데 실현되는 것은 같은 일이 아니다. 해방 이후의 많은 한국 사람들은 머릿속에서 평등을 생각하고 말로 민주주의를 지껄였지만, 우리들의 실천과 현실은 아직도 평등의 이념이나 민주주의의 이상으로부터 멀리 떨어져 있다. 생각과 말은 많이 변했지만, 우리들의 체질과 실천은 아직도 옛 상태를 크게 벗어나지 못한 측면이 허다하다.

황석영의 『어둠의 자식들』은 이동철이라는 실재 인물의 체험담을 소재로 삼고 쓰인 소설이다. 어두운 뒷골목과 참담한 밑바닥 인생을 그린 이 소설은 한국의 특수 지대에 관한 내용을 담고 있으나, 한국 전체의 윤리적 상황을 파악하는 데도 좋은 참고 자료가 된다.

『어둠의 자식들』의 주인공 이동철이 체험한 세계는 처음부터 끝까지 거의 모두가 힘이 지배하는 사회였다. 가난한 가정에 절름발이의 몸으로 태어난 이동철이 국민학교 같은 반 아이들의 짓궂은 희롱과 멸시를 막는 길은 오직 칼을 휘둘러 독종으로서의 근성을 발휘함으로써 무섭게 보이는 방법뿐이었다. 그러나 그러한 행동은 담임 선생의 미움을 사게 되었고, 담임 선생 역시 폭력으로써 이동철의 거친 행동을 다스렸다. 국민학교를 중도에서 그만두고 뒷골목으로 떠돌아다니던 동철은 남대문 시장에서 절도범으로 체포되어 아동 보호소로 넘겨지거니와, 아동 보호소의 직원들이 아이들의 행동을 규제하는 방법도 주로 무서운 매질이었다.[37]

아동 보호소를 도망쳐 나온 동철은 한동안 넝마주이로 입에 풀칠을 했지만 오래지 않아 다시 소년원의 신세를 지게 된다. 소년원이라는 곳도 역시 폭력이 지배하는 사회였다. 소년원의 직원들은 소년수들 가운데서 힘이 강한 놈들에게 특권을 주어 폭력으로 원생 전체를 휘어잡게 한다. 이른바 이 '왈왈구찌'도 직원들의 폭력 앞에서는 꼼짝도 못한다.[38] 소년원을 나온 동철이 한동안 '짬짬이' 또는 '찐드기' 따위의 강청(强請)을 곁들인 거지 노릇을 하다가 다음에 끌려간 곳은 거지 수용소였다. 거지 수용소에도 수용자들로 하여금 말을 듣게 하는 방법은 역시 폭력이었다. '선생님'이라고 불리는 수용소 직원들이 무서운 매질을 일삼았을 뿐 아니라, 거지들 가운데서 뽑히어

---

37 황석영, 『어둠의 자식들』, pp.21~22.
38 같은 책, pp.29~34.

직원들의 보조역을 맡는 이른바 '통장'들까지도, 저희들이 같은 처지의 거지임을 망각하고 다른 거지들을 잔인하게 두들겼다. 이를테면 공포심을 일으킴으로써 수용소의 기율을 잡았던 것이다.[39]

거지 수용소를 빠져나온 이동철은 뒷골목과 형무소 사이를 전전하다가 양동 사창굴로 들어가 창녀의 기둥서방이 되었다. 이 사창가의 생태는 더욱 처절한 약육강식의 연속이었다. 그가 양동 사창가에 발을 들여놓던 날 이미 무서운 폭력이 그에게 가해졌고, 그 자신 누구 못지않은 독종이라는 사실을 폭력으로 증명함으로써 그 동네 식구가 될 수 있었다. 사창가의 강자는 포주와 기둥서방이고, 그들의 밥 노릇을 하는 약자는 창녀들이다. 그러나 여기에도 강자 위에 또 강자가 있고 약자 밑에 또 그들의 밥이 되는 약자가 있다. 포주와 기둥서방들보다 더 강한 자는 담당 구역의 경관들이고, 창녀보다도 더 약한 자는 시골에서 멋모르고 상경하여 어물어물하다가 걸려든 소녀들이다.[40]

사창가의 기둥서방 생활에 싫증을 느낀 이동철은 절도범 전과자들과 공모하여 금은방을 털었고, 수사망을 벗어나기 위하여 강원도 어느 철도 공사장으로 몸을 숨겼다. 그 공사장도 역시 폭력이 지배하는 무법천지에서 멀리 벗어난 곳은 못 되었다. 현장 감독은 공구장, 도십장, 십장 등으로 계층을 이루고 있었으며, 십장은 일반 인부들 위에 군림하였다. 공사장에는 현장 감독 이외에 대여섯 명의 깡패도 있었다. 공사장의 '질서'를 잡는 것이 그들의 소임이다. 인부들의 반항에 대비하여 회사 측의 방패 노릇을 해주고, 그 대가로서 돈을 받는 것이 그들의 생업이다. 만약 회사 측에 대해서 불만이 생길

39 같은 책, pp.37-41.
40 같은 책, pp.83-93.

경우에는, 인부들을 선동하여 파업을 일으키고 자신들이 일으킨 피업을 무마해 주는 조건으로 돈을 뜯어내기도 한다. 사리를 따라서 일이 처리되는 것이 아니라 폭력과 돈의 힘이 그 고장을 지배하는 것이다.[41]

이동철이 체험한 세계는 우리나라 가운데서 특수 지대라고 말할 수 있는 뒷골목 사회다. 이 특수 지대에서 발견된 '폭력의 지배'라는 특색을 우리나라 전체의 특색으로서 확대 해석할 수는 없을 것이다. 그러나 그것이 우리나라 전체와는 별로 상관이 없는 사소한 일이라고 가볍게 생각할 문제는 아니다. 우리 한국 안에 그러한 어두운 곳이 있다는 사실도 심각한 문제이지만 '힘의 지배'라는 현상이 뒷골목에 국한된 현상이라고 단정하기 어려운 현실이 우리로 하여금 이동철의 특수한 체험에 깊은 관심을 갖게 한다.

힘밖에는 무서운 것이 없고 자신의 폭력밖에는 믿을 것이 없는 뒷골목의 사람들을 길러 낸 것은 우리 한국 사회다. 한국의 뒷골목은 완전히 고립해서 존재하는 것이 아니라, 양지바른 앞골목과 이웃하여 우리 한국 전체 속에 유기적으로 연결되어 있다. 이동철이 체험한 폭력의 세계 가운데 아동 보호소, 소년원, 거지 수용소, 사창가 담당 경관, 철도 공사장 등 어엿한 공공 기관도 관여하고 있다는 사실은 이 유기적 연결성을 강력히 증언한다. 그리고 자유당 말기에, 서울의 이름 있는 깡패 두목들이 정부의 최고 수뇌부와 긴밀한 야합 관계를 맺었다는 사실도 우리 기억에 생생하다.

어두운 뒷골목이 한국 전체와 연결되고 있다는 사실은, 그 뒷골목의 윤리 풍토와 한국 전체의 윤리 풍토 사이에도 연관성이 있다는 것을 시사한다. 만약, 한국 전체의 윤리 풍토 안에서 '힘의 지배'라는 특성이 우세한 비중을 차지하지 않았더라면, 저 뒷골목의 윤리 풍토도 그토록 비인간적인 폭력의 지

---

41 같은 책, pp.258-271.

배 아래 들어가지는 않았을 것이다.

우리들의 일상적 관찰도 한국의 윤리 풍토에서 '힘의 지배'가 우세한 비중을 차지하고 있다는 가설을 뒷받침한다. 우리나라의 역대 정권과 행정 관리들이 국민을 대해 온 자세는 높은 곳에서 내려다보는 그것이었고 힘으로 끌고 가는 그것이었다. 국민의 여론 또는 민의를 앞세우고 민의의 파악을 위한 대화의 중요성을 강조하기도 했지만, 현실을 움직인 것은 힘으로 조작한 '민의'였고 자유로운 분위기가 결여된 일방적인 대화였다. 이러한 사태의 책임이 위정자와 관료들에게만 있다고는 생각하지 않는다. 국민들 편에서도 그러한 대우를 자초한 책임을 나누어야 할 것으로 믿는다. 오랫동안 수직적 인간관계의 전통 속에서 살아온 우리 한국인은 일반적으로 강한 자에게 약하고 약한 자에게 강한 심성을 가지고 있다. 바로 이러한 심성은 힘의 지배를 위한 온상이 되는 것이며, 특히 우리의 현실이 정치의 안정을 절실하게 요청하는 사태의 연속이었다는 사실은, 많은 국민으로 하여금 꾹꾹 눌러 가며 강력하게 끌고 가는 정치를 환영하게 하였다.

국민 일반이 민주 시민다운 공동체 의식을 가지고 각자의 직분과 의무를 다한다면, 힘으로 누르는 정치나 행정이 설 땅을 잃게 된다. 그러나 힘이 간섭하기 전에는 사사로운 욕망과 편견을 자제할 줄 모르는 정도의 민도를 극복하지 못한 국민은, 힘으로 군림하는 정치에 정당화의 구실을 부여한다. 우리 한국의 민도를 후자의 수준으로 단정하여 평가하고 싶지는 않다. 그러나 오늘날 한국인의 민도가 언어와 이론으로 판단할 때는 상당히 높은 수준에 있을지 모르나, 행동과 실천을 기준으로 삼을 때는 아직도 한심스러운 단계를 벗어나지 못했다는 인상을 부인하기 어렵다. 행동과 실천에 있어서 민주주의적인 국민들만이 민주주의적인 정부를 가질 수 있다.

힘이 지배하는 풍토는 정치와 행정의 세계에만 국한된 현상이 아니다. 힘으로 누를 필요가 없는 집단, 다시 말해서 성원 각자의 자율적 협동만으로도 질서와 번영을 기대할 수 있는 집단보다는 그렇지 못한 집단이 훨씬 더 많은 것이 오늘의 한국 실정이 아닐까 한다. 이것은 아마 우리 한국만의 고민이 아닐지도 모른다. 중고등학교의 학생들까지도 폭력을 휘두르는 불행이 우리 한국에만 국한된 현상이 아니라는 사실은, 우리에게 위안의 근거라고 보기보다는, 현대 문명에 대한 인류의 반성을 촉구하는 경종으로 받아들여야 할 것이다.

한국인은 남의 이목에 대해서도 민감한 편이다. 식견이 탁월하고 존경의 대상이 될 만한 사람들의 이목 또는 국민 대다수의 이목에 해당하는 여론을 중요시할 경우에는, 이목에 대한 민감성이 밝은 사회의 건설을 위해서 큰 도움이 될 것이다. 그러나 강자의 이목 또는 의견을 달리하는 여러 사람들의 이목을 지나치게 의식할 때는, 본인의 주견이 죽게 되고 진정한 자율을 잃게 되는 폐단이 생긴다. 또 여자의 경우에 흔히 볼 수 있듯이, 이목에 대한 민감성이 허영심과 결합할 경우에도 사치 풍조 또는 유행의 노예 등 좋지 못한 결과를 부르기 쉽다. 우리 한국인의 경우에 있어서도, 남의 이목에 대한 감수성은 바람직한 결과로 연결되기도 하고 나쁜 결과로 연결되기도 할 것이므로, 그 장단을 일률적으로 말하기는 어렵다. 다만, 남의 이목에 대한 의식에 기준을 둔 행위의 결정은 아직 타율의 경지를 벗어나지 못한 것이므로, 자신의 신념에 기초를 둔 자율의 경지를 이상으로 삼는 우리의 견지에서 볼 때, 역시 딛고 넘어서야 할 단계임에 틀림이 없다.

3) 앞으로의 과제

가장 이상적인 건축은 생활 공간으로서의 목적에 적합한 동시에 예술적 가치가 높은 건축이다. 가장 이상적인 의복은 건강 보호와 활동에 적합한 동시에 보기에도 아름다운 의복이다. 윤리 내지 가치관의 경우도 마찬가지여서, 가장 이상적인 윤리 내지 가치관은 인간이 삶의 과정에서 봉착하는 문제들을 해결하기에 적합한 동시에 그 자체 안에 심성(心性)의 아름다움을 크게 간직한 그것이다. 바꾸어 말하면, 윤리 내지 가치관은 원만하고 만족스러운 인간 생활을 위한 처방으로서의 수단적 측면과 그 자체를 위한 문화적 가치로서의 목적적 측면을 아울러 가지고 있으며, 이 두 가지 측면이 모두 탁월한 윤리 내지 가치관이 가장 바람직한 윤리 내지 가치관이다.

윤리 내지 가치관의 수단적 측면과 목적적 측면 가운데 어느 편이 더 중요하냐 하는 문제에 대해서는 상반되는 견해의 대립이 있을 것이다. 옷에 있어서 실용성과 미관 가운데 어느 편이 더 중요하냐는 문제에 대해서 견해의 대립이 예상되는 것과 비슷한 사정이다. 궁극적으로 어느 쪽이 더 중요하냐 하는 문제에 대해서는 관점에 따라서 서로 다른 대답이 성립할 수 있을 것이나, 실천적 순서에 있어서는 수단적 측면을 우선적으로 고려해야 할 것으로 보인다. 건축 또는 의복의 경우에 있어서 우선적으로 실용성을 고려하고 그 다음에 예술성을 고려하는 것이 실천적으로 당연한 순서이듯이, 윤리 내지 가치관의 경우에도 그 도덕감에 대한 호소력보다는 인간 생활을 위한 적합성을 먼저 고려하는 것이 실천적으로 당연한 순서라고 생각된다. 아무리 모양과 색채가 보기에 아름답더라도 몸에 맞지 않고 활동에 불편한 의복을 바람직한 의복으로 평가하기 어렵듯이, 설령 도덕감에 대한 호소력이 강한 윤리라 하더라도, 인간 생활의 현실 문제에 대한 적합성이 결여된다면 타당한 윤리라고 보기 어렵다.

그뿐만 아니라 미감 또는 도덕감 자체도 현실적 적합성 여부를 따라서 크게 좌우된다. 대체로 말해서, 현실적 적합성을 갖지 못한 의복이나 건축은 미감에 대한 강한 호소력은 오래 갖기 어려우며, 현실적 인간 생활을 해결함에 적합하지 못한 행위나 가치관은 도덕감에 대한 강한 호소력을 유지하기 어렵다. 도덕감을 선천적 소여(所與)로 보기는 어려우며 인간 생활의 역사를 따라서 생성하는 경험적 산물로 보아야 한다면, 인간 생활에 대한 현실적 적합성이 행위 내지 가치관이 유발하는 도덕감의 원천이라고 보아야 할 것이다. 다만, 일단 형성된 도덕감은 생활 조건이 바뀐 뒤에도 그대로 남아 있는 경향이 있으므로, 과거에 적합성을 가졌던 행위나 가치관을 경험적 근거로 삼고 형성된 전통적 도덕감은 시대가 바뀌어서 새로운 행위 또는 가치관이 요청되게 된 뒤에도 상당히 오랫동안 남아 있는 경향이 있다. 그러나 과거의 행동 방식 또는 가치관으로는 현실 문제를 해결할 수 없다는 것이 분명하게 된 다음에는, 그 과거의 행동 방식 또는 가치관이 도덕감에 대해서 가졌던 호소력은 조만간 감소하거나 소멸되고 말 것이다. 한편, 새로운 사회 현실에 적합한 새로운 행동 양식 또는 새로운 가치관은 처음에는 도덕감에 거슬릴 것이나 점차 호소력을 얻게 될 것이다.

이러한 관점에서 볼 때, 시대의 변천으로 말미암아 전통적 가치관이 현실에 대한 적합성을 잃었을 경우에, 새로운 가치관의 정립을 위한 노력은, 어떤 도덕감을 기준으로 삼고 시도될 것이 아니라, 새 시대의 인간적 현실에 대한 적합성을 기준으로 삼고 출발해야 한다는 결론을 얻게 된다. 다시 말하면, 새로운 가치 체계가 바람직한 것이 되기 위하여 충족시켜야 할 첫째 조건은 새 시대가 야기하는 실천적 문제들을 해결하기 위한 처방으로서의 적합성이다.

새로운 윤리의 정립이 요청된다 함은 종래의 윤리가 모든 면에서 부적합하다는 것을 의미하지 않는다. 흔히 '전통 윤리'로 불리는 규범의 체계 가운데는 수많은 행위의 처방이 포함되어 있으며, 새 시대가 새 윤리의 정립을 요청할 경우에도 전통 윤리에 포함된 행위 처방의 상당한 부분은 여전히 타당성을 잃지 않는 것이 보통이다. 그러므로, 새 윤리의 정립이 종전의 윤리의 전폭적 부정을 전제로 삼아야 한다고 생각할 이유는 없으며, 현실적으로는 전통 윤리의 일부는 살리고 일부는 수정 내지 보완하는 방향으로 새 윤리의 정립을 시도하는 것이 바람직하다.

한국의 전통 윤리는 씨족 중심의 농경 사회를 지반으로 삼고 형성된 것이었고, 본래 혈연과 지연으로 연결된 친근한 사람들 사이에 있어서 적합성이 강한 윤리였다. 인구의 이동이 빈번하고 낯모를 사람들과도 직접 또는 간접으로 관계를 다각도로 맺기 마련인 현대사회에 있어서, 가족주의적 정서를 바탕으로 삼는 전통 윤리만으로는 해결이 어려운 여러 가지 문제가 생기는 것은 불가피한 현상이다. 그러므로, 오늘의 사회를 위한 삶의 지혜로서의 현대 윤리는 개인적 안면과 정의(情誼)가 없는 사람들 사이에 생길 수 있는 여러 가지 관계를 원만하게 다스리기에도 부족함이 없도록 보완되어야 할 것이다.

우리들의 전통 윤리는 주로 정의(情誼)에 바탕을 둔 윤리였다. 정의라는 것은 상대방이 누구냐에 따라서 두텁고 얇은 차이가 있기 마련이므로, 우리나라의 전통 윤리에 따르면, 가까운 사람은 더 위하고 먼 사람은 좀 덜 위하는 것은 당연한 일이다. 경우에 따라서는 사람을 차별하지 않는 것이 도리어 그릇된 처사가 된다. 옛날의 전통 사회에 있어서는 사람들의 관계가 주로 사사로운 관계였던 까닭에 개인적 친소를 따라서 사람 대접에 차별을 두어도 별로 지장이 생기지 않았고, 도리어 그것이 질서를 위해서 도움이 되기도 하였다. 그러나 현대사회에 있어서는 사람들의 만남과 관계가 공적인 성격을 띨 경우가 많으므로, 개인적 친소를 따라서 사람 대접을 달리할 경우에는 여러 가지 부당한 결과를 수반하기 쉽다. 그러므로, 공사(公私)의 구별을 분명히 하고 공적인 문제에 관해서는 모든 사람을 한결같이 대접하는 것은 현대의 시민 윤리가 보완해야 할 원칙의 하나가 된다.

우리 한국인이 가지고 있는 또 하나의 취약점은 국가에 대한 공동체 의식이 미흡하다는 점이다. 전통적으로 우리 조상들이 강한 애착을 느낀 공동체는 가문 또는 고향의 지역사회였고, 일본에게 주권을 빼앗겼던 반세기 동안은 국가를 가져보지 못했으며, 해방 후에는 개인주의가 범람하고 정치의 혼란이 거듭했으므로, 국가에 대한 민주 시민의 공동체 의식이 형성되기에 어려움이 많았다. 근래 위정자들이 애국심과 국가관을 고취하기도 했지만, 주로 말의 힘에 의존한 국민 윤리 교육이 국가에 대한 체질화된 공동체 의식을 심어 주는 데 크게 성공을 거두지는 못하였다. 그러므로, 말로 시작하여 말로 끝나는 관념적인 애국심과 국가관이 아니라, 국민 각자의 민주 시민으로서의 자각을 바탕으로 삼은 실천적인 국가 공동체 의식을 함양하는 것도, 앞으로 한국 윤리가 보완해야 할 과제의 하나다.

오늘날 한국의 윤리적 상황의 또 하나의 취약점은, 질서유지에 있어서 '힘의 작용'이 차지하는 비중이 큰 반면에, 행위자 자신의 자각과 자제력이 차지하는 비중이 미약하다는 사실이다. 지구상에 존재했던 어느 나라도 국민 각자의 도덕적 자율만으로 질서가 유지된 예는 없을 것이다. 이기심의 방종을 힘으로 제약하는 타율적 규제는 과거에도 필요했고 앞으로도 필요할 것이다. 그러나 타율의 힘만으로 복잡한 현대사회의 질서를 유지하기는 어려운 일이며, 선량한 시민들의 자율적 협동을 주축으로 삼지 않는 한 현대의 민주 사회를 건설하기는 기대하기 어렵다. 그러므로 그것이 단시일 안에 이룩할 수 있는 일은 아니나, 대다수 국민의 자율적 시민 의식을 함양함으로써 민주국가 건설의 토대를 구축하는 것도 우리들의 중요한 교육적 과제의 하나라 하겠다.

행위를 규제하는 힘이 타율적으로 가해지느냐 자율적으로 가해지느냐 하는 문제와 아울러 또 한 가지 중요한 문제는, 밖에서 또는 안으로부터 행위를 억제하는 기준이 되는 판단 또는 의지의 질이다. 오로지 강자의 의지 또는 명령을 따르는 타율의 질서라 하더라도, 명령하는 강자의 뜻이 선량하고 판단이 지혜롭다면 결과적으로 우선은 큰 지장이 없을 것이다. 한편, 모든 사람들의 모든 행동이 자율적으로 이루어진다 하더라도, 자율적 행위의 바탕을 이루는 각자의 신념이 그릇된 내용의 것이라면, 사회는 혼란과 파멸을 면하기 어려울 것이다. 신념이 서로 다른 사람들이 각각 제멋대로 자율적 행동을 한다면 사회 자체가 성립하기 어려울 것이며, 신념이 서로 같다 하더라도 그들의 공통된 신념이 그릇된 것이라면, 그들의 집단은 현실에 대한 적응력을 잃고 조만간 파탄에 봉착할 것이다. 그러므로, 행동을 규제하는 것이 행위자 자신이냐 타인이냐 하는 문제뿐 아니라, 그 규제의 내용 또는 질이 어떠냐 하는 것도 매우 중요한 문제다.

남의 행위에 대해서 타율적으로 간섭하는 강자의 의지나 판단에도 여러 가지 경우가 있고, 자율적 규제의 바탕이 되는 판단은 더욱 각양각색이다. 그러므로, 타율 또는 자율로 나타나는 규제의 내용 또는 질에 관해서 한국 사람들의 수준을 일률적으로 평가하기는 어렵다. 여기서 우리가 할 수 있는 것은 한국인의 윤리 의식이 가졌다고 생각되는 일반적 약점에 대해서 간단하게 언급하는 일 정도일 수밖에 없다.

한국인 가운데 윤리의 본질을 현실 문제의 해결이라는 관점에서 이해하는 사람은 많은 편이 아니다. 우리가 당면하는 현실 문제의 해결을 위한 처방으로서 윤리를 이해하기보다는 선천적 원리 또는 옛 성현의 가르침에 근거를 둔 신비스럽거나 모호한 규범으로서 이해하는 경향이 있다. 이러한 경향에도 그 나름의 장점이 없는 것은 아니나, 복잡한 현대사회의 어려운 문제들을 해결하기에 요구되는 정확한 판단을 얻는 데 저해 요인이 될 공산이 크다. 그러므로, 윤리라는 것을 막연하고 추상적인 가르침의 다발로 생각하는 소박한 차원을 넘어서서, 냉철한 분석과 거시적 종합을 요구하는 현실 문제 해결을 위한 처방의 체계로서 이해하는 관점을 강화함으로써, 실천 문제에 대한 판단의 질을 높이는 바탕을 구축하는 일도 앞으로의 과제로서 지적될 수 있을 것이다.

보편적 사고에 약하다는 사실도 한국인의 윤리 의식 수준에 부정적으로 작용한다. 가족주의의 전통이 강한 우리 한국인은 나에게 가까운 사람을 더 위하고 먼 사람은 덜 위해도 좋다고 생각하는 경향이 있다. 이 논리를 극단으로 몰고 가면 나만 위하고 남은 소홀히 대접해도 무방하다는 사고방식에 도달한다. 논리의 일관성을 해치는 일이 없도록 나와 남의 인격과 권익을 동일하게 존중하는 보편적 사고는, 칸트가 역설한 바와 같이, 윤리의 기본 원칙이다. 그러나 우리 한국인은 바로 이 보편적 사고에 있어서 약한 편이다. 우리 한국인은 사유(思惟)에 있어서 감정의 영향을 크게 받는 경향이 있다는 사실도 보편적 사고에 약한 원인의 하나일 것이다. 보편적 사고는 가장 지성적인 사고의 기본이기 때문이다.

무릇 높은 수준의 윤리 의식의 소유자가 되기 위해서는 적어도 두 가지의 심성을 갖추어야 한다고 생각된다. 윤리적으로 탁월한 인격이 되기 위해서 갖추어야 할 첫째 심성은 넓은 의미의 '사랑'의 감정 또는 인정이다. 그리고 또 하나는 지성을 따르는 보편적이고 합리적인 사고의 습성이다. 우리 한국인은 전통적으로 인정이 풍부한 민족으로 알려져 왔을 정도이므로, 첫째 조건에 있어서는 별로 손색이 없다고 보아도 좋을 것이다. 그러나 보편적 사고 내지 합리적 사고에 있어서는 전통이 약한 편이어서, 이제까지 한국인의 윤리 의식 수준 향상을 저해하는 결함으로서 작용해 왔다고 생각된다. 그러므로 이 취약점을 보완하는 것도 현대에 적합한 시민 윤리의 정립을 위해서 역점을 두어야 할 조건의 하나가 아닐 수 없다.

5 장
지식층의 정치의식

1. 불투명한 정치의식
2. 6 · 25와 4 · 19
3. 민족의식과 민주 의식
4. 급진주의와 기성세대의 과제

5장 지식층의 정치의식

1. 불투명한 정치의식

1) 지식층과 정치의식

민주 사회의 건설이 실현되기 위해서는 민주 사회에 적합한 사람들이 그 사회의 주도 세력을 형성해야 한다. 다시 말해서, 민주 사회가 요구하는 가치관을 체득한 사람들이 국가 발전의 방향을 제사하고 그 주도 세력으로서의 충분한 구실을 할 때, 민주주의의 이념이 현실성을 가지게 된다.

앞 장에서 우리는 민주 사회가 요구하는 시민 의식의 이모저모를 단편적으로나마 언급한 바 있거니와, 거기서 언급한 것은 주로 일상생활 또는 직장생활에 있어서 요구되는 민주 시민의 가치관에 해당하는 내용의 것들이었다. 이 장에서 우리는 한국인의 정치의식의 측면으로 시선을 돌리고자 한다. 정치를 떠나서 민주 사회의 문제를 생각하기 어려우며 한 나라의 정치현실과 그 국민의 정치의식 사이에 불가분의 관계가 있다는 것은 평범한 상식이다. 우리는 주로 지식층의 정치의식에 관심을 집중하고자 한다. 우리나라의 경우에 있어서 뚜렷한 정치의식이 강한 것은 이른바 지식층이며, 소설 가운데서도 정치 문제에 대하여 명백한 의견을 표명한 사람들이 대개 이 계층에 속할 뿐 아니라 지식층의 정치의식이 결국은 전 국민의 정치의식을 좌우하는 견인차의 구실을 할 가능성이 크다고 생각되기 때문이다.

'지식층'이라는 말은 그 뜻이 모호한 가운데 일반적으로 사용되는 일상용어의 하나다. 한글 사전은 이 말을 "비교적 높은 지식을 가지고 지적 노동에 종사하는 사회층"의 뜻으로 풀이하여 그 한계를 명확하게 밝히기가 어려움을 암시하고 있다. 그러나 이 연구를 위해서는 '지식층'이라는 말의 상식적 이해만으로 충분할 것이며, 굳이 그 외연을 명백히 규정할 필요는 없을 것이다. 이 장에서 우리가 '지식층의 정치의식'을 문제 삼을 때, 관심의 초점은 '정치의식' 쪽에 있으며, '지식층의'라는 한정은 부차적으로 부가된 것에 지나지 않는다. 어쨌든, 우리는 앞으로 '지식층'이라는 말을 엄밀한 규정 없이 비교적 넓은 의미로 사용하게 될 것이다.

근래 참여문학의 추세가 강한 가운데 작가 자신들의 정치적 내지 사회적 소신을 간접적으로 표명한 소설은 많이 발표된 것으로 안다. 그러나 지식층 일반의 가치관 특히 그 정치의식을 직접적으로 다룬 작품은 그리 많은 편이 아닌 것으로 보인다. 저자가 문학에 문외한임을 감안하여, 주위의 조언을 받아 가며 찾아보았으나 별로 많은 것을 발견하지 못하였다. 특히 1970년대 이후의 지식층의 정치의식을 찾아보기에 마땅한 소설은 매우 귀한 편이었다. 이러한 취약점을 보충하기 위하여 우리는 소설 이외의 자료에서도 약간의 도움을 얻어야 했다. 특히 대학생들의 정치의식을 다룬 소설의 결핍을 보완하기 위해서 대학생들의 글 또는 그들과의 대화로부터 상당한 도움을 받았다.

8·15 이후 오늘에 이르기까지 우리 한국인은 격동하는 시기에 살아왔고, 따라서 많은 사회적 변천을 경험하였다. 그러므로 흔히 '지식층'이라고 불

리는 사람들도 그 성장 과정과 사회적 경험이 다양하며, 그들의 정치의식도 자연히 여러 갈래로 나누어진다. 소설만을 소재로 삼고 그 여러 갈래를 모두 들추어 내기는 불가능할 것이다. 여기서는 우선 4·19를 하나의 큰 전환점으로 보고, 그 앞과 뒤에 있어서 우리나라 지식층의 정치 내지 사회 문제에 대한 생각들이 어떠했는가를 그것들이 소설에 나타난 것을 중심으로 삼고 살펴보는 것으로 만족하고자 한다.

2) 지식층의 좌경(左傾)

8·15에서 6·25에 이르는 사이에 한국의 젊은 지식인들이 경험했던 갈등과 방황을 주로 다룬 이병주(李炳注)의 『관부연락선』의 한 구절은 1946년의 어느 고등학교에 관하여 다음과 같이 말하고 있다.

> 당시의 학교는 학원의 생리로써만 움직이고 있었던 것이 아니다. 일종의 정치 단체적인 생리가 작용하고 있었다. 그르므로 학생들은 교사들의 교사로서의 자격을 묻기 전에, 대상이 되는 교사가 그들의 편인가 아닌가에 중점을 두는 경향이 있었다.[1]

민족의 해방을 맞이하여 독립된 신생국을 건설한다는 꿈에 들뜬 시대였다. 당시의 모든 고등학교가 정치적 관심으로 과열 상태에 빠졌다고 말할 수 있을지는 의문이나, 적어도 일부의 고등학생들과 대부분의 대학생들이 정치 문제에 대하여 깊은 관심을 가졌으리라는 것은 상식적으로도 능히 추측

---

1 이병주, 『관부연락선』, 신구문학사, 1973, 상권, p.33.

할 수 있을 것이다. 여기서 우리의 흥밋거리가 되는 것은, 당시의 학원에 정치 바람이 불었다는 그 사실 자체보다도, 그 정치 바람의 방향 또는 양상이다.

『관부연락선』의 주인공 유태림이 근무한 C고교의 경우를 보면, "학교의 주도권은 완전히 좌익 세력의 수중에 있었다. 교장과 교감, 그리고 몇몇 교사들을 빼놓곤 대부분의 교사들이 학교의 체통과는 전연 다른 정치단체의 조직 속에 들어 있었고, 학생들도 대부분이 학생동맹이란 좌익 단체에 소속되어 있었다."[2] 그리고 다른 학교의 경우도 비슷했다고 적혀 있는 이 소설의 내용에 약간의 과장이 들어 있지 않을까 하는 생각이 드나, 대체로 말해서 당시 학원에 좌익 세력이 일찍이 선수를 치고 침투한 것은 널리 알려진 사실이다. 해방 전부터 우리나라에는 민족주의와 결합된 공산주의의 지하 조직이 있었고, 8·15를 맞이함과 동시에 그들의 세력이 젊은 지식층 속으로 파고들었던 것이다.

그러한 좌익의 움직임에 비판적인 세력도 없지 않았으나 대체로 약세의 위치에 머물렀다. "좌익 계열의 움직임에 반대하는 언동은 곧 미 군정에 추종하는 것으로 되고, … 일제 때의 노예 근성을 청산하지 못한 소치이며, 조국의 민주적 독립을 반대하는 노릇이란, 일종의 통념 같은 견해가 지배적이었다."[3]는 작가의 서술을 글자 그대로 받아들이기는 어렵다 하겠으나, 그렇게 본 사람도 있었다는 사실은 주목할 만하다. 특히 "교양이 있고 학식이 있는 사람이면 무조건 자기들의 편이 되지 않으면 안 된다."고 생각한 좌익이, 교사나 학생들 가운데서 쟁쟁하고 똑똑한 사람들에게 손을 뻗쳐 포섭하는

2 같은 책, 상권, p.35.
3 같은 책, 상권, p.35.

데 어느 정도 성공했다는 사실은, 대세에 큰 영향을 미쳤다.[4]

지식인이 좌경한 동기에는 여러 가지가 있을 것이다. 역사의 흐름으로 보아 좌익에 가담하는 편이 "전도 유망한 청년으로서의 대접을 받고 애국자로서 행세할 수 있는" 길이라는 이해타산에서 그렇게 한 사람도 있을 것이고,[5] 유태림과 함께 학병의 경력을 가진 사람들로서 C시 안에 있는 친구들의 모임에 나타난 P의 경우와 같이, "거부의 아들이면서 인민 대중을 위할 줄도 안다는 제스처"를 위해서 또는 어떤 속죄의 심리에서 좌익에 가담한 사람도 있을 것이며,[6] 또 그 밖에도 여러 가지 유형이 있었을 것이다. 그러나 가장 지성인의 특성을 잘 나타내어 우리의 주목을 끄는 것은 『관부연락선』의 여주인공 서경애의 경우다.

유태림에게 보낸 서경애의 긴 편지에 따르면, 그녀는 "조국의 민주적 독립을 위해서", 그리고 그 길이 비록 험준하기는 하나 "다수 인민과 더불어 걷는 길이니 그 사실만으로도 충분히 보람이 있을 줄" 믿는 까닭에, 다시 말하면 "우리 민족이 살아갈 수 있는 활로를 찾자는 절실한" 동기에서 그 길로 뛰어들었다.[7] 그러나 그녀가 처음부터 공산주의의 이론이나 실제를 알고 들어간 것은 아니며 다만 "놀고 있으니까 동무들이 여맹에 가입하자고" 하기에 "승낙을 한 것도 안 한 것도 아닌 상태에서 보류하고 있었는데, 굉장한 감투를 씌워 버리는" 바람에 어물어물 끌려 들어간 것이었다.[8] 요컨대 서경애는 확고한 이론적 근거 위에서 그 길을 택한 것이 아니라, 다분히 낭만적이

---

4 같은 책, 상권, p.40, p.171 참조.
5 같은 책, 하권, p.70.
6 같은 책, 하권, p.132.
7 같은 책, 상권, p.402.
8 같은 책, 상권, p.327.

며 막연한 판단에서 출발한 것이라고 볼 수 있다.

일제시대에는 고등학교만 다녀도 부유층의 자녀로 보일 정도였다. 대학이나 전문학교에 다닌 사람으로서 가난한 가정의 출신은 거의 없었다. 따라서 그 당시 지식인 좌익의 대부분은 이른바 기본 성분이 아니었다. 직접 착취를 당한 원한으로 가득 찬 사람들이 아니었던 것이다. 요컨대 그들은, 부유층에 대한 적개심이 아니면 철저한 '혁명 투사'가 될 수 없다는 계급이론으로 볼 때, 복잡한 동기와 한계성을 가지고 출발한 사회주의자들이었다. 철저한 공산주의자가 되기에 부적합한 성분과 교육의 배경을 가졌던 까닭에, 그들의 사상 가운데는 공산주의가 배격하는 감상주의(感傷主義) 내지 인도주의(人道主義)의 색채가 따르기 일쑤였다.[9]

좌익이 일어나면 우익도 생기기 마련이다. 그 당시의 일반적 풍조가 사람을 좌 아니면 우로 보는 양분법의 그것이었고, 특히 좌익에서는 자신들에게 동조하지 않는 사람이면 반동, 즉 우익으로 보는 형편이었으므로, 자연히 우익으로 인정되는 사람들이 생기기 마련이었다. 물론 처음부터 적극적으로 좌익에 대항하는 자세로 임한 사람들도 있었다. 그러나 지식인으로서 극성스러운 우익은 적어도 8·15 직후에는 많지 않았다. 지식층 가운데 조직적인 우익 운동이 활발하게 된 것은 뒤에 생긴 일인데, 처음에는 좌익도 우익도 아닌 어중간한 위치에 자리한 지식인들이 많았다. 좌우 어느 편의 주장에도 부분적인 공감과 저항을 느끼는, 이를테면 중간 노선에 가까운 사람들, 현대 어느 사회에서나 흔히 찾아볼 수 있는 그러한 사람들이 우리나라에도 많았다. 『관부연락선』의 주인공 유태림도 아마 이러한 부류에 속하는 전

---

9 같은 책, 하권, p.142에, 공산주의자로 자처하는 P가 실은 센티멘털리스트 내지 '지드 주의자'에 불과하다는 말이 보인다. 해방 직후의 지식인 공산주의자들에게 인도주의의 색채가 강했다는 것은 박경리의 『시장과 전장』에도 곳곳에 나타나고 있다.

형적 인물일 것이다.

3) 막연한 중간 노선

유태림은 대지주의 아들로 태어난 수재로서 일본에 건너가 대학 공부를 한 청년이다. 일본에 유학했을 당시 민족주의 운동에 가담한 혐의로 검거당한 경력도 있고, 학병으로 끌려간 경력도 있다. 학병에서 돌아온 1946년에 그는 모교인 C고등학교의 교사로 초빙되었다. 실력이 쟁쟁한 그는 곧 학생들의 존경을 받게 되었고, 좌익 계열의 교사들은 그를 자기네 진영으로 끌어들이고자 애를 쓴다. 그러나 유태림은 학생들을 선동하여 학원에 정치 바람을 몰고 오는 그들의 태도에 전적으로 동조할 수가 없었다. 학원을 정치의 도구로 이용하는 것이 옳다고 생각되지 않았을 뿐 아니라, 수단과 방법을 가리지 않고 날뛴다 해서 좌익이 말하는 바와 같은 좋은 세상이 올 것 같지도 않았다. '혁명'의 이름으로 모든 것을 한꺼번에 달성하려고 서두르는 급진주의(急進主義)보다는 한 걸음 한 걸음 이상으로 접근하는 점진주의(漸進主義)가 더 현명하다고 생각되었다. 유태림의 이러한 생각은 서경애와의 대화에서도 여실히 나타나고 있다.

> "지식인에게는 지식인으로서의 이상이 있다. 국가로 말하면 자유가 있는 나라, 모든 계층이 평등한 자격으로 정치에 참여할 수 있는 나라, 능력과 노력에 의해서 응분의 보수를 받고 살 수 있는 나라."
> "그런 이상국이 가만히 앉아 있어도 출현할까요?"
> "그 방향으로 노력하고, 그 방향에서 이탈할 때는 저항도 해야지. 그리고 지식인의 이런 이상이 급격하게 달성될 수는 없더라도, 지식인은 끈덕지게 이런 이상을 추구해 가야 되잖을까. 그대로 안 된다고 하더라도, 이 이상이

거울이 되고 도표(道標)가 되어 조금씩 낫게 하는 작용을 하기든."

"이를테면 점진주의군요."[10]

유태림과 서경애의 견해 차이는 다음 대화에 있어서 더욱 명백하게 나타
난다.

"말하자면 공산주의냐, 자본주의냐, 양자 택일을 하자는 얘긴데, 우리가 명
료하게 간단하게 세상을 보련다고 해서 세상 자체가 그렇게 명료하게 간단하
게 되나요. 예를 듭시다. 명료하고 간단한 방향으로 러시아 혁명이 진행되는
가운데 줄잡아도 피아간 4, 5백만의 인민이 죽었다고 합니다. 4, 5백만을 죽
이고 80점쯤 되는 나라를 만들기보다 사람 하나 죽이지 않고 60점쯤 되는 나
라를 만들자는 편에 나는 서 있는데, 경애씨는 4, 5백만 명을 죽이는 한이 있
더라도 혁명을 해야겠다는 말씀인가?"

"그럼 유선생은 혁명의 희생만 생각하고, 불합리한 제도 때문에 눈에 보이
지 않게 죽어 가는 생명은 생각지도 않으시는 모양입니다."

"그러니까 점진적으로 그런 불합리한 제도를 고쳐 나가는 편에 서겠다는
것 아닙니까."

"그런 가능이 있을까요?"

"그 가능이 아마 공산 혁명의 가능보다 더욱 가까울 겁니다. 구체적으로 말
하면, 이 나라를 소비에트 같은 나라로 만드는 것이 쉽겠습니까, 스웨덴 같은
나라로 만드는 것이 쉽겠습니까. …"[11]

---

10 같은 책, 하권, p.320. 여기서 지식인의 이상에 대해서는 의견의 대립이 없는 것이 주목된다.
    양심적인 지식인들이 대립하고 고민한 것은 주로 이상에 도달하는 방법에 관한 문제요 목적
    그 자체에 관한 문제가 아니었음은 대체로 일반적 현상이 아니었을까 한다.

유태림은 노동자와 농민을 위해서 희생을 무릅쓰고 싸워야 한다는 일부 지식인들의 인도주의적 공산주의에 반대한다. 그는 러시아 혁명이 성공을 거둔 뒤에 인도주의적 공산주의자들은 결국 숙청당했고, "노동자, 농민을 빙자하여 스스로를 특권적 지위에 앉히려는" 술수에 있어서 앞섰던 사람들만이 영화를 누리게 된 사실을 지적한다. 자기는 그런 희생물이 되고 싶지 않다는 것이다. 그러나 그는 자기의 기득권을 지키기 위해서 노동자와 농민에 대항하여 싸우고 싶은 생각도 없다고 확언한다. 노동자와 농민들이 "그들의 실력을 가지고 사회나 국가의 주인이 될 수 있다면 그것은" 바람직한 일이라는 것이다.[12]

유태림은 하나의 중도 노선을 따라서 점진적으로 나아가야 한다는 점까지는 주장이 확실하나, 구체적으로 무엇을 어떻게 해야 할지 몰라서 엉거주춤할 수밖에 없는 그런 지성인이다. 예컨대, 미 군정에 대하여 어떠한 태도를 취하는 것이 옳을지 모른다고 그는 솔직히 고백하기도 하였다. 어느 대화에서 공산주의자 M교사는, "설혹 악화되는 한이 있더라도 현재의 상황을 바꿔 놓고 보아야 한다."는 전제에서, 공산주의를 무기로 삼고 무조건 미 군정에 항거해야 한다고 단언하였다. 한편 우익의 입장을 택한 이선생은 "해방의 은인이며 민주주의 종주국이라고 할 수 있는 미국의 정책에 협조하면서, 우리 민족에게 유리한 방법을 모색하는 것"이 옳다고 말하였다. 그러나 유태림은, "미 군정에 항거하는 태도가 옳은 건지 추종하며 이용하는 태도가 옳은 건지 … 판단이 서질 않는다."고 고백하면서, "그러니까 나는 내가 감당할 수 없는 범위에 대한 판단은 일체 보류하고, 내가 감당할 수 있는 범위,

---

11 같은 책, 하권, p.321.
12 같은 책, 하권, pp.319-320 참조.

예를 들면 내 고장, 이 학원에 일어난 일이면 그때 그 테두리 안에서 최선을 다해 대응할 수밖에 없다고 생각한다."고 말하였다. 다만 그는 자기의 그런 태도가 절대로 옳다는 것은 아니라고 인정하면서, "되도록이면 더 높고 넓은 시야의 정치적 또는 인간적인 견식을 갖도록 노력해야겠다."고 부언하였다.[13]

결과를 중요시하는 신중론자였던 유태림은 정치 문제에 관해서 방관자의 태도를 취할 경우가 많았다. 과연 어느 길이 좋은 결과를 가져올 것인지 판단이 어려울 경우가 많았고, 따라서 자연히 행동을 보류하곤 하였던 것이다. 울적한 마음을 달래기 위하여 기생집에서 음주로 소일하는 비생산적 시간을 보내기도 하였다. 유태림은 자신의 이러한 방관자적 태도를 소시민적 근성에 유래하는 것으로 진단하고, "조국이나 민족을 위해서 지푸라기 하나 들려고 하지 않았던" 비실천적 태도를 청산해야 한다고 반성하며 괴로워한 적도 있다.[14]

항상 방관만 해온 자신을 부끄럽게 여기면서 "보잘것없는 자기를 지키기에 전전긍긍하는 꼴을 탈피하고 싶었던" 유태림은, 1947년 남한 단독 정부 수립이 문제되었을 때 이에 결연히 반대하고 나섰다. 단독 정부의 수립은 국토의 분열을 항구화시킬 염려가 있을 뿐 아니라 남북 전쟁의 위험을 조장한다는 것이 유태림의 주장이다. 그러나 유태림의 친구이며 일인칭(나)으로 『관부연락선』의 이야기꾼 구실을 하는 이선생에 따르면, 유태림이 단독 정부 수립에 반대하는 것도 지식인다운 그의 심약한 성격탓이라 볼 수 있다. 다시 말해서, "서경애의 음연한 압력, 언젠가 말한 M선생과 같이 밤중에 찾

13 같은 책, 상권, pp.211~212 참조.
14 같은 책, 하권, p.230 참조.

아왔던 공산당 C시 당책의 권고에 대한 체면, 옳은 일에 스스로 앞장서겠다고 한 학생들에게 대한 맹세, 누구에게나 굿보이(good boy)가 되어야 하는 수작들이 누적되어 유태림을 궁지에 몰아넣고 있음이", 그로 하여금 군정 수립에 반대하지 않을 수 없게 했다는 것이다.[15] 다만 이선생은 단독 정부 수립을 찬성하는 견지에 섰던 사람이므로, 그의 관찰에 약간의 편견이 작용했을 가능성도 없지 않다.

어쨌든, 확실한 것은 유태림이 단독 정부 수립에 반대했다는 사실이다. 사석에서 반대했을 뿐 아니라, 국제연합(UN)에 보내는 '남조선 단독 정부 수립 반대 진정서'에 관한 서명 운동에도 참여했다.[16] 이 서명 운동은 좌익이 주동한 것이었다. 평상시 좌익에 비판적인 그가 좌익이 추진한 단체 운동에 가담했다는 사실은, 지식인 유태림의 복잡하고 괴로운 입장을 상징하는 것으로 볼 수 있을 것이다.

유태림은 자기와 같은 계층을 인민의 적으로 규정하는 공산주의에 동조할 생각은 없었지만, 그들을 적극적으로 증오하는 반공 사상도 뚜렷하게 없었다. 그의 집에는 박창학과 강달호 같은 남로당 간부가 된 동창 친구가 드나들었고, 때로는 그들을 숨겨 주기도 하였다. 그뿐만 아니라 그는 몇 차례에 걸쳐 좌익의 무허가 집회에 참석했다는 혐의를 받기도 하였다. 이런 유태림을 좌익인 학생 동맹 아이들은 반동이라 부르고, 우익인 학생 연맹 아이들은 회색 분자라고 불렀다.[17]

6·25 전쟁이 일어났을 때, 반동 분자라는 죄목으로 정치보위부에 체포되

---

15 같은 책, 하권, pp.226–229 참조.
16 같은 책, 하권, pp.241–245 참조.
17 같은 책, 하권, pp.87–88.

었다가 동창 친구이며 좌익 운동을 하다가 쫓겼을 때 유태림의 신세를 진 일이 있던 강달호의 주선으로 풀려 나게 되었으나, 거기에는 한 가지 조건이 따랐다. C시 연극 동맹의 책임자로서 일해야 한다는 조건이었다. 그때 강달호는 C시 인민위원회의 문화부장을 맡고 있었으며, 유태림의 석방을 위하여 정치보위부 책임자를 설득하는 과정에서 그러한 조건이 따르게 된 것이다. 우정으로 자기를 돕고자 하는 강달호의 면목을 무시할 수 없었던 절박한 상황에서, 유태림은 본의 아니게 그 자리를 수락했다.

새로 극단을 조직하여 이동 연극을 공연하는 것이 유태림의 임무였다. 지연 작전을 써 가며 그 준비를 하고 있는 동안에, 전세가 바뀌어 공산군이 후퇴하고 국군이 다시 들어왔다. 지도위원이라는 이름의 감시원도 달아나고 없었다. 유태림은 극단을 해산하고, 다시 자유로운 몸이 되었다.

그러나 그 자유를 오래 누리기 전에 유태림은 한국 경찰에 체포되었다. 부역자라는 죄목이다. 유태림 자신은 자기가 대한민국에 죄를 지었다고 느끼지 않았으나 현실은 냉엄하였다. 불행 중 다행으로 곧 풀려나기는 했으나, 그는 마음에 큰 상처를 입었다. 공산군의 기관에도 잡히고 대한민국의 경찰에도 구속되었다는 그 사실 자체에 큰 충격을 받은 것이다. 자기 딴에는 양심껏 살아 보려고 한 것인데, 이젠 설 자리가 없다는 기분이 들었고 도무지 살맛이 나지 않았다.[18]

1951년 5월, 유태림은 해인사를 찾아갔다. 고요한 환경 속에 한동안 묻혀 살고 싶었던 것이다. 그러나 그곳도 그에게 조용한 안식처는 아니었다. 7월 12일 밤, 해인사를 습격한 빨치산 부대에 의하여 유태림은 납치되고 말았다. 납치된 뒤의 소식은 아무도 모른다.

---

18 같은 책, 하권, p.368 참조.

일제 말기에 교육을 받은 젊은 지식인들의 생각과 행동을 그린 『관부연락선』의 끝머리에서 우리는 다음과 같은 구절을 읽는다.

> 유태림이 자기 나름으로 옳게, 착하게, 바르게, 보람 있게 살려고 했던 것을 의심하지 않는 나는, 한국의 지식인이 그 당시 그렇게 살려고 애썼을 경우, 월등하게 운이 좋은 환경에 있지 않는 한, 거개 유태림과 같은 운명을 당하지 않았을까 하는 생각을 지워 버릴 수가 없다.[19]

2. 6·25와 4·19

1) 지식인과 공산주의

체험의 뒷받침이 없는 정치의식 내지 정치 이념은 모호한 관념론의 색채를 벗어나기 어렵다. 8·15를 계기로 사람들은 갑자기 민주주의 또는 공산주의를 표방하고 나섰지만, 일제의 통치 아래서 정치적 훈련의 기회를 갖지 못했던 한국인의 정치의식이 뚜렷한 개념과 신념의 기초를 갖지 못했음은 당연한 일이다. 그들의 마음속에는 민족, 자유, 평등, 진보 등의 관념이 정리되지 않은 상태로 혼재했을 뿐, 비교와 비판 그리고 선택을 거친 확신의 체계로서의 정치사상을 간직한 사람은 드물었다.

6·25 전쟁의 민족적 시련은 한국인이 가졌던 막연한 정치의식에 뚜렷한 골격을 부여하는 데 크게 기여한 심각한 체험이기도 하였다. 좌우 두 진영 사이의 경계선을 명확하게 구획하는 결과를 가져오기도 한 6·25의 체험을

---

19 같은 책, 하권, pp.381-382.

생생하게 그려 동족 상잔의 의미를 여실히 부각시킨 작품의 하나로서 박경리의 『시장과 전장』을 손꼽을 수 있을 것이다. 이 소설에 나오는 주인공들의 언행에 대한 분석은 그 당시의 한국인이 가졌던 정치의식을 이해함에 상당한 도움이 될 것으로 기대된다.

『시장과 전장』에 등장하는 인물들 가운데서 특히 우리의 주목을 끄는 것은 인텔리 출신의 공산주의자 하기훈과 장덕삼이다. 이들은 모두 지주의 가정에 태어나 대학 교육을 받은 젊은이들이며, 공산 조직에 투신하여 혹은 지하 공작원으로 혹은 빨치산으로 활동하면서 그들이 말하는 '투쟁 경력'을 상당히 쌓아 올린 사람들이다.

하기훈이 어떠한 동기에서 공산주의자가 되었는지는 분명히 밝혀진 바 없다. 때로는 냉담한 허무주의자 같기도 하고 때로는 다정다감한 시인 같기도 한 그가 독자들에게 소개되었을 때는 이미 공산주의자가 되어 있었다. 그는 보기에 따라서는 아주 투철한 공산주의자 같기도 하다. 기회주의적 동기에서 남로당 입당 원서에 서명까지 한 자기 아우를 '반동 분자'로 규정하면서, "만일 남반부의 전부가 해방되고 전쟁이 끝난다면 난 너를 어느 구석의 탄광에 보내겠다."고 말했을 정도의 그는, 6 · 25 당시 부하를 거느리고 지프차를 타고 다닐 수 있는 위치에 이미 오르고 있었다.[20]

그러나 하기훈을 어릴 때부터 알고 있으며 한때 공산주의에 심취한 적도 있었던 민족주의자 석산(石山) 선생에 따르면, 기훈은 진정한 공산주의자가 되기 어려운 인물이다. 낭만적이며 시인 기질이 너무 강하다는 것이다. 석산 선생에 따르면, 하기훈의 낭만적 시인 기질은 허무주의로 통한다. 그는 결국에 가서 아무것도 믿지 않는다는 것이다. 공산주의자가 되려면 "마치

20　박경리, 『시장과 전장』, 현암사, 1964, p.201.

예수쟁이가 하나님만을 믿는 것처럼" 완강한 믿음을 가져야 하는데, 하기훈에게는 그 맹목적인 믿음이 없다는 것이다. 심지어 석산 선생은, "자네는 공산주의 사회에서 가장 위험한 인물"이라고까지 말한다.[21]

하기훈이 석산 선생을 배반하고 공산주의자가 될 것임을 암시했을 때, 그것은 "너 자신을 배반하는 것과 마찬가지"라는 말을 들은 적이 있다. 기훈은 그와 비슷한 말을 그의 애인 이가화로부터도 들었고, 그의 직속 부하 장덕삼으로부터도 들었다. 그가 "나는 아무도 사랑한 일이 없다. 나는 내 이념을 사랑했을 뿐이다."라고 말하며, 가화에 대한 애정이 없는 것처럼 말했을 때, 가화는 그것이 일종의 자기기만 내지 위악(僞惡)이라고 대꾸했다. 그리고 언젠가 회의적인 자신의 심중을 털어놓은 장덕삼에게 '반역자'라고 매도하며 호통을 쳤을 때, 장덕삼은 "하동무, 하동무, 거 거짓말 그 그만하시오. 당신이나 나나 마찬가지요. 당신이 좀 더 냉정하고 참을성이 있다는 점이 다르지요."라고 받아넘긴 일이 있었다.[22]

하기훈에게는 다정다감한 일면이 있었다. 학생 시절에 해인사에 가 있었을 때 고독에 못 견디어 돼지 새끼들에게 정을 붙인 적이 있었고, 6·25 전쟁 중의 어느 날 노상에서 비둘기에게 모이를 주는 어린이와 잠시 친구가 되곤, 다음에 올 때는 콩 많이 갖다 주겠다고 약속하기도 하였다. 그리고 인민군이 후퇴하는 위급한 마당에서 부상당한 소년병을 동생처럼 돌보아 주는 인간미를 보이기도 하였다.[23] 한마디로 말해서, 그에게는 휴머니스트의 색채가 있었다.

장덕삼도 하기훈을 휴머니스트라고 평한 적이 있다. 다음에 그들의 대화

---

21 같은 책, p.71.
22 같은 책, p.130, pp.191-192, p.356 참조.
23 같은 책, pp.93-94, p.173, pp.268-269 참조.

한 구절을 인용해 보기로 하자.

 "아무튼, 아무튼, 뭐라 해도 하동무는 휴머니스트요!"
 "맑스는 휴머니스트가 아니더란 말이요? 맑시즘은 휴머니즘이 아니란 말이요?"
 "맑스는 휴머니스트였죠. 하지만 볼셰비크는, 레닌은 아니었습니다. 스탈린도 아니었습니다. …"[24]

 그렇다면 북한의 공산주의는 어느 쪽일까? 하기훈과 장덕삼의 대화는 이 문제까지는 언급하지 않았다 그러나 이 문제는 그들에 있어서 매우 절실한 문제였을 것이다.
 장덕삼은 학생 시절에 "연인을 생각하듯 코뮤니즘을 동경한" 다정다감한 성격의 소유자다. 공산주의 이론에 대한 정확한 지식이 있었던 것은 아니고, 다만 '혁명가 교리문답'에 나오는 멋있는 문구와 그 주인공 네차에프의 소설적 인물에 반한 것이 동기가 되어, 젊은 꿈을 안고 공산주의 세계에 뛰어든 사람이다. 월북을 감행한 행동파이기도 했던 그는 전형적 이상주의자였다.[25]
 새롭고 옳은 사회를 건설하는 보람된 과업에 참여하는 꿈을 안고 월북한 장덕삼은 머지않아 회의에 빠지게 된다. "몇 사람의 지도자들을 빼놓고 과연 지식 분자들이 그 세계에서 필요한가?" 하는 의문을 품게 된 것이다. 자기 딴에는 열성적으로 하느라고 하지만 저쪽에서 그것을 믿어 주지 않고 받

---

24 같은 책, p.223.
25 같은 책, pp.219-220 참조.

아들이지 않고 있음을 눈치챘을 때, 공산주의자들 사이에도 계급의 벽이 있음을 깨닫고 그는 자기의 처지에 고독을 느꼈다. "같이 박수를 치고 소리를 지르다가도 문득 혼자서 있는 걸 느끼곤" 했다. 처음에는 지식인으로서의 우월감을 가지고 임했던 것인데, 이젠 속절없이 열등감으로 떨어져야 함을 알았을 때, 인간 장덕삼은 역시 괴로웠다고 술회한다.[26]

북한 당국으로부터 받은 불신과 소외에 대하여 장덕삼은 한때 불평과 야속함을 느꼈다. 그러나 전세가 불리하여 패주하는 빨치산 대열에 끼어 갖은 고생을 했을 때, 그는 "그네들의 판단이 정확했다."고 뉘우쳤다. 노동자 농민 출신의 빨치산과 같은 투철한 계급의식과 강인한 투쟁심이 자기에게 없다는 것을 깨달은 것이다. 그들의 계급의식과 투쟁심이 본능인 데 비하여 지식인의 그것은 의지적임에 불과함을 알았고, 지식인에게는 언제든지 배반할 수 있는 가능성이 숨어 있음을 마음속에 발견하였다. 그는 그의 선배이며 상사인 하기훈에게 이렇게 말하고 있다.

"우리의 뿌리는 부르주아 계급에 있는 겁니다. 우리는 다만 프롤레타리아에게 가지를 뻗었을 뿐입니다. 하나, 그들은 무산 계급에 뿌리를 박고 꿋꿋이 서 있습니다. 설령 그들의 부르주아 계급에 가지를 뻗었다 하더라도 그 가지는 쳐버리면 그만입니다. 그러나 우리는 가지를 쳐버려도 뿌리에서 새싹은 돋아나지 않습니다. 그 유식한 의식 때문입니다. 우리는 물 위에 뜬 기름입니다. 우리는 돌아갈 길이 없습니다."[27]

---

26 같은 책, p.222 참조.
27 같은 책, pp.356-357.

산길을 타고 북으로 도주하다 장덕삼은 토벌대에 잡혔다. 살고 싶어서 그는 정직한 자백서를 썼다. 이념에 대한 정열도 혁명에 대한 영웅주의도 이제 모두 사라지고, 그는 오로지 살고 싶었다. 결국 그는 귀순하여 국군에 협력한다. 그리고 이념이나 구호가 없는 한국으로 돌아온 것을 자기를 위한 진정한 해방이라고 느꼈다.[28]

8·15에서 6·25에 이르는 약 5년 동안에 공산주의로 기울었던 젊은 지식인의 수효는 상당히 많을 것으로 짐작된다. 그들 가운데는 명백한 이해타산에서 그 길을 택한 사람들도 있을 것이나, 대부분의 경우는 미지의 것에 대한 막연한 동경 또는 낭만 섞인 이상주의를 따라 그렇게 했을 것으로 추측된다. 하기훈과 장덕삼은 바로 그러한 청년들의 표본이다.

8·15 이후 남한과 북한의 현실을 지배한 것은 낭만주의도 아니고 이상주의도 아니었다. 모든 시대의 모든 사회가 대체로 그랬듯이 여기도 생존과 지배를 위한 치열한 경쟁의 마당이었다. 질서가 잡히기 이전의 과도기였던 까닭에, 세속적 사회 경쟁이 특히 가열했다고 보는 편이 옳을 것이다. 이러한 사회 풍토 안에서 낭만주의자나 이상주의자가 뜻을 이루고 산다는 것은 매우 어려운 일이어서, 젊어서 한때 꿈을 사랑하던 사람들도 조만간 생존의 현실로 돌아오기 마련이다.

어떤 이념을 위해서 자신을 희생하겠노라 나서는 사람들도 그 마음의 바닥에는 자기 자신을 아끼는 마음이 깔려 있다. '올바른 새 사회'의 건설을 위해서 그 길을 택한다고 공언한 젊은 지식인들의 경우도 아마 대개는 예외가 아닐 것이다. 그토록 헌신적인 노력으로 공을 세우면, 앞으로 실현될 '새 세상'에서 인정도 받고 어느 정도의 대접도 받을 것을 기대하는 것이 인간의

---

28 같은 책, pp.403-404.

심리일 것이다. 그러나 이 기대가 충족될 수 없는 것임을 깨닫고 장덕삼은 자기의 행로에 대하여 회의와 딜레마를 느끼기 시작한 것인데, 이와 같은 기대의 어긋남을 경험한 것은 장덕삼에게만 특유한 사건이 아니었다.

성격이 냉정하고 인내심이 강한 하기훈의 경우는 장덕삼보다는 공산주의 사회에 대한 적응력이 강했다. 그는 의식 자체도 견고했으며, 대한민국으로 돌아올 수 있는 기회도 있었으나 끝내 마음을 바꾸지 않았다. 그러나 그도 지식인 공산주의자의 한계를 모르도록 우둔한 사람은 아니었다. "남반부에 완전한 해방이 오면 그때부터 5개년 혹은 10개년 계획을 할 일꾼들은 따로 있어. 당신이나 나 같은 소모품은 쓸모없이 된단 말이오."라고 덕삼에게 말했을 때 그는 농을 하듯 싱글싱글 웃었다지만,[29] 인간 하기훈의 마음 바닥은 역시 허전했을 것으로 생각된다.

6·25를 전후해서 월북한 지식인들이 그쪽에서 실제로 어떠한 생애를 겪게 되었는지 소상한 내막은 알 수 없다. 다만 그들의 계급 이론 또는 남로당 숙청설 등으로 미루어 볼 때, 그리 만족스럽지 못한 사례가 많을 것이라는 것이 일반적 관측이다. 어쨌든, 6·25의 처절한 비극을 몸소 경험한 지식인들 사이에 북한에 대한 안이하고 낭만적인 태도가 안개처럼 사라졌다는 것은 우리 모두 잘 아는 사실이다.

공산주의 또는 북한에 대한 태도가 달라진 것은 지식인만이 아니었다. 공산주의를 싫어하는 감정이 남한 각계각층에 퍼지기 시작했다. 대부분의 소시민과 농민들은, "불편 부당이라야 살아 남는다."는 정감록(鄭鑑錄)의 비결을 믿은 것일까. 전란이 일어나던 초기에는 마치 제삼자인 양 관전하는 경향이 현저했으나,[30] 전쟁이 장기화하며 밀리고 미는 편싸움이 지속되는 가운

---

29 같은 책, p.222.

데, 국외자로서 불편 부당으로 남는다는 것이 사실상 어렵게 되었다. 필경은 양자택일이 불가피하게 되었고, 그래서 남한의 국민은 모두 자기가 남한의 국민임을 자인하는 동시에, 공산주의를 '무섭고 나쁜 사상'으로 규정하는 데 동의하기에 이르렀다.

그러나 이승만의 독재 정권을 사랑하고 지지한 것은 아니었다. 막연히 '민주주의'의 편을 선택하기는 하였으나, 지켜야 할 민주주의가 현실적으로 손에 잡혔던 것은 아니고, '민주주의 한국'이라는 공동의 관심사는 미래를 위한 과제로서 떠올랐을 뿐이다.

2) 민주 의식의 싹틈

8 · 15 직후 수년 동안의 남한의 정치 풍토는 분열과 혼란으로 특징지어진다. 서울은 서울대로, 지방은 지방대로, 좌(左)와 우(右)가 갈라지고 또 그 사이에 중간 노선이 있었다. 학교의 선생들과 학생들도 그렇게 분열되고, 그밖의 일반 직장도 비슷한 사정이었다. 그러던 것이 6 · 25 전쟁을 계기로 국론은 통일의 조짐을 보이기 시작했다. 공공연하게 좌익을 지지하는 사람이 자취를 감추었을 뿐 아니라 중간 노선을 들고 나오는 사람도 보기 어렵게 되었다. 이를테면, 민주주의의 기치 아래로 모든 국민이 모이기 시작한 셈이다. 그러나 엄밀하게 말해서 민주주의에 대한 투철한 의식의 뒷받침이 있어서 그러한 태도의 일치가 나타난 것으로 보기는 어렵다. 사람들의 태도의 일치는 공산주의에 반대한다는 부정의 시각에 있어서 이루어졌을 뿐이다. '민주주의'에 대한 막연한 관념과 막연한 동경을 가지게 된 것은 사실이나, 그

---

30 같은 책, p.165 참조.

개념에 대한 정확한 이해나 확고한 신념에는 아직 도달하지 못한 것이 국민 대다수의 실정이었다.

민주주의의 나라를 건설하기 위해서는, 일반 투표와 다수결 등의 형식적 절차도 물론 중요하지만, 사람들의 사고방식 내지 생활 태도가 민주주의에 적합한 것으로 바뀌어야 한다. 예컨대, 민주 사회에 있어서의 자유의 의미, 자유에 따르는 책임, 권리와 의무의 관계, 인간의 존엄성과 평등 등에 대하여 수준 높은 양식이 있어야 하고, 그 양식이 생활화해야 한다. 그러나 개화의 기운이 일자마자 일제의 통치 아래 놓이게 된 한국인은, 민주주의적인 교육 또는 훈련을 거의 받지 못한 상태에서 해방을 맞이했고, 따라서 다시 회복한 조국을 민주주의의 나라로서 건설하기에 필요한 정신적 준비가 매우 미흡한 상태에서 출발할 수밖에 없었다.

1948년 5월, 초대 국회를 위한 총선거는 국제연합이 산파역을 맡고 민주주의적 절차에 따라서 실시되었다. 그러나 그 투표에 참가한 유권자들 가운데는 자기의 투표 행위의 의미를 모르는 사람들도 많았다. 막걸리 한 잔 또는 고무신 한 켤레에 주권을 판 사람도 많았고, 남의 지시를 따라서 기계적으로 붓뚜껑을 누른 사람도 많았다. 같은 해 7월에 제정된 헌법은 서구식 민주주의의 모형을 따라서 별로 손색 없는 내용을 갖추었다. 그러나 그 헌법의 정신을 그대로 살리기에는 사람들의 의식구조에 문제점이 많았다.

수십 년의 세월을 미국에서 살았고 민주주의적 투표의 절차를 거쳐서 선출된 초대 대통령 이승만 자신도 이 나라를 민주주의적으로 이끌어 갈 결심이 부족하였다. 그는 국부(國父)로서 자처했고 가부장적 자세로 국민을 대하였다. 어떠한 장관에 대해서도 그는 '자네'라는 호칭을 사용하였고, 장관은 고사하고 국회의장까지도 이승만 앞에서는 일개 비서에 지나지 않았다.

이승만 정권의 '민주주의'는 오직 형식과 절차에 관한 것이었고 그 내용은 철저한 일인 독재였다. 이대통령은 가끔 민의를 앞세웠으나, 그가 말하는

'민의'는 곧 자기의 의사에 지나지 않았다. 그는 자기가 세 번째로 대통령이 될 수 있는 길을 열기 위해서 헌법의 개정을 명령하였고, 개헌안에 대한 찬성표가 한 표 부족함이 발견되었을 때, '사사오입(四捨五入)'이라는 수학의 개념을 자의로 해석 적용함으로써 그것을 통과시켰다.

이승만 정권을 떠받드는 여당으로서 자유당이 생기고 이를 견제하는 야당으로서 민주당이 생겼으나, 이것도 민주주의의 외형을 갖추는 구실을 하는 데 그쳤고 실질적인 정당 정치를 위한 단체로 보기는 어려웠다. 자유당은 정당이 아니라 도당(徒黨)이라는 말이 있을 정도로 그 생리가 비민주주의적이었다. 자유당의 비민주성을 상징적으로 입증하는 것으로서는, 야당 탄압의 수단으로서 깡패 조직을 공공연하게 이용했다는 사실을 지적할 수 있을 것이다.

이승만 정권과 자유당의 비민주적 횡포는 1960년 정·부통령 선거에서 자행한 부정에 의하여 극에 달하였다. 이른바 이 3·15 부정선거에 있어서 자유당은, 반대파의 대통령 입후보를 "폭력으로써 방해하여 무경쟁 상태를 조작"했으며, 부통령 선거에 있어서는 '부정선거 비밀 지령'에 의하여 "유권자의 약 4할을 기권케 함으로써, 투표 개시 시간 전에 그만큼 되는 수의 무더기표를 투입하며, 또 4할은 삼인조, 구인조를 통하여 내통식(內通式) 공개투표를 유권자에게 강요하는" 묘안을 실천에 옮겼던 것이다.[31] 민주주의를 근본적으로 부정한 이 만행은 학생들을 비롯한 국민의 분노심을 자극하여 급기야 4·19 혁명을 일으켰거니와, 3·15 부정선거와 4·19 혁명 당시의 상황을 소재로 삼은 소설로서 강신재의 『오늘과 내일』이 있다.

작가 강신재의 눈에 비친 4·19 학생운동의 기본 특색은, 그 의거의 동기

───

31 『동아일보』, 1960년 3월 18일자, 사설 참조.

가 정치적이라기보다는 윤리적이라는 점에서 찾을 수 있을 것이다. 『오늘과 내일』의 주요 등장인물의 하나인 대학생 영택과 그의 친구 윤미와의 대화는 이 점을 잘 말해 주고 있다.

> "저희 여대에도 모측에서 맹렬히 정치적 교섭을 벌여 오고 있어요. 매일 공부도 할 수 없을 지경으로."
>
> 그녀는 우울한 듯 이마를 수그리며 말을 이었다.
>
> "우리로서는 우리대로의 생각이 있어서 혹시 어떤 행동으로 나가기를 결의한다 하더라도, 무슨 정당의 공작 같은 것의 영향은 받고 싶지가 않은 거예요. … 동기는 혼탁하게 만들 수가 없어요. 곤란한 건 매수당한 일부 남자 대학생 등이 끈질기게 밀고 나오며 강요하듯 하는 일입니다. …"
>
> "오늘 나는 우리 학교의 회장을 만나 보고 준호와도 얘기를 했습니다만, **학생운동의 순수성을 고수하자는 태도에 관해서는 논의의 여지도 없는 것** 같더군요. 생각이 그런데야 뭐 답답할 거 있습니까. 여자 대학도 소신대로 밀고 나가는 것뿐이겠죠."[32]

데모 대열에 끼어들어 필경 희생자가 된 고교생 대섭의 경우는 그 동기가 더욱 순진하고 소박하다. 대섭은 집을 나간 아버지를 찾아 시골에 갔다가 돌아오는 길에 우연히 데모대와 마주쳤고, "학생으로서의 본분을 잃지 않고 그리고 할 말을 하자는 그들의 자세는 훌륭한 스포츠 정신과도 같아서" 감격한 나머지 그 대열에 뛰어들었던 것이다. "국가 기관이 국민의 의사 표시에 발포로 응하였다는 것은 심각한 일이었다. 국가와 국민의 의사가 앞으로

---

32 강신재, 『오늘과 내일』, 『신한국문학전집』, 11권, pp.45-46(강조는 저자의 첨가).

도 계속 소통하지 않으리라는 것은 그보다 더 심각한 일"이라는 견지에서, 그를 시정하기 위한 것이 데모라면, 거기에 참가하는 것이 자기의 의무라고 판단했던 것이다.[33]

4·19 혁명은 정권 교체라는 명확한 목표를 위한 조직적 운동은 아니었다. 그것은 부정(不正)과 불의(不義) 그리고 비인간적 만행에 대한 분노와 울분의 자연적 폭발이었고, 처음부터 정권을 이어받거나 누구에게 넘겨주겠다는 목적의식이 있었던 것은 아니다. 1960년 4월 18일의 고려대학생 선언문과 그 다음 날의 서울대학생 선언문에 정권 타도에 관한 말은 한마디도 없다는 주목할 만한 사실이 4·19 학생운동의 성격을 단적으로 말해 준다(4월 25일에 채택된 대학교수단 시국 선언문에서 비로소 대통령을 위시한 3부 요인들의 인책 사임을 요구하는 발언을 본다).

정권 교체에 대한 확고한 목적의식이 없었던 까닭에, 이대통령이 하야를 선언했을 때, 어떠한 이데올로기로써 앞으로 이 나라를 건설해 나가야 한다는 복안이 없었다. 다만, "청신하고 의욕에 불타는 새 정권의 출현"을 기다릴 뿐이었다. 그리고 "보복적인 가열한 처벌, 이를테면 법률을 떠난 정치 재판 같은 형식의 음산한 숙청이 그들 책임자들에게 가해지는 것"은 이승만과 면담까지 한 학생 대표 영택도 원치 않았다.[34] 부정과 불의를 용납할 수 없다는 학생들의 의사가 표현되고 그것이 받아들여진 것으로 학생들의 소임은 일단 끝난 것으로 보았다.[35]

4·19 학생운동이 순수하고 소박했다는 것은 영택을 포함한 다섯 명의 대표가 이대통령을 면접하는 대목에서 더욱 잘 나타나고 있다. 이박사 앞에 안

---

33 같은 책, pp.68-69.
34 같은 책, p.128.
35 같은 책, p.98 참조.

내되었을 때, 다섯 사람은 우선 허리를 굽혀 경의를 표시했다. 그리고 그들은 그 국가 원수를 규탄하고 물러나게 하려고 그곳에 갔었지만, "그 늙은 애국자를 증오하고 저주하는 의미로 적일 수는 없다"고 보았다. 마침내 대통령이 하야의 뜻을 밝혔을 때는, "문책자들도 갑자기 눈물이 복받쳐 오른 것을 억제하기 어려웠을" 정도로, 그들은 감상적이기도 하였다.[36]

물론 면담 장면에 관한 이러한 묘사에는 여류 작가 자신의 심리도 투영되어 있을지 모른다. 그러나 이박사가 경무대를 떠나던 날, 수많은 군중이 연도를 메우고 서서 열띤 박수와 뜨거운 눈물로 그를 '환송'했다는 엄연한 사실로 미루어, 소설 중의 장면이 단순한 주관의 날조만은 아닌 것으로 보인다.

비록 정권 교체의 뚜렷한 목적의식에서 출발한 것은 아니었으나, 4·19를 계기로 우리나라의 지식층이 바라는 정치가 어떠한 것인지 그 방향이 뚜렷이 드러나게 되었다. 『오늘과 내일』에 소개된 고려대학생들의 결의문에도 그것이 어렴풋이 나타나고 있으나 그보다도 앞에서 언급한 고려대학교 및 서울대학교 학생회가 발표한 선언문에 더욱 명백하게 그것이 언명되고 있다.

고려대학생 선언문에는, "우리 고대는 … 해방 후에는 인간의 자유와 존경을 사수하기 위하여 멸공 전선의 전위적 대열에 섰으나 오늘은 진정한 민주 이념의 쟁취를 위한 반항의 봉화를 높이 들어야 하겠다."는 말이 있다.[37] 그리고 서울대학생 선언문에도 "한국의 일천한 대학사(大學史)가 적색전제(赤色專制)에의 과감한 투쟁의 거획(巨劃)을 장(掌)하고 있는데 크나큰 자부

---

36 같은 책, pp.95-97 참조.
37 『한국 현대 명논설집』, 『신동아』, 1972년 1월호 별책부록, p.304.

를 느끼는 것과 같은 논리의 연역에서 민주주의를 위장한 백색전제(白色專制)에의 항의를 가장 높은 영광으로 우리는 자부한다."는 말이 있다.[38]

적색전제도 백색전제도 모두 거부하고 진정한 민주주의를 위해 싸우겠다는 선언이다. 그 민주 이념의 기본 개념은 의당 자유일 수밖에 없었다. 서울 대학생 선언문의 짧은 글 속에 '자유'라는 말이 14번이나 사용되고 있음은 그들이 갈망한 민주주의의 핵심이 무엇인가를 잘 말해 준다. "민주주의의 정치사는 자유의 투쟁사다." "근대적 민주주의의 기간은 자유다." 이렇게 거듭 강조하면서, 그들은 "자유의 전장(戰場)"에 "기쁨에 넘쳐 자유의 횃불을 올린다."고 외쳤던 것이다.

서울대학생 선언문 가운데 또 거듭 사용된 단어로는 '이성(理性)' 또는 '지성(知性)'이라는 말과 '양심'이라는 말이 있다. 진정한 민주주의의 사회는 이성과 양심이 지배하는 사회라는 신념이 깔려 있었다고 해석해도 좋을 것이다. 이성과 양심이 지배하는 자유로운 나라의 실현, 이것이 4 · 19를 주도한 지성의 절실한 소망이었다.

그러나 이러한 민주 의식이 그 당시 전체 국민에게 확고했다고는 생각되지 않는다. 정치에 대한 무관심 내지 방관적 태도가 아마 더 일반적이었을 것이다. "이박사가 됐든지 신익희가 됐든지 알 게 뭐란 말요. 그저 우리 건 이 중학교 쑤욱 들어가서…" 이런 식의 사고방식은 『오늘과 내일』의 백여사만의 생각은 아니었을 것이며, 그의 남편이 읽어 내려가는 신문의 구절은 더욱 암시적이다. "개표는 참관 없이, 시민은 관심 없이, 낮술 들이키는 시민, 개표 결과엔 흥미 잃고, …"[39]

---

38 같은 책, p.305.
39 강신재, 『오늘과 내일』, 『신한국문학전집』, 11권, p.24.

오랫동안 눌려만 살아왔기 때문일까. 한국의 국민은 체념이 빠르다. "정권 다 뺏기고 난 연에 네미, 데모가 무슨 소용이야, 그렇잖아? 소 잃고 오양간 고치는 격이지. … 세상은 자유당 판인데, 아 기왕 그렇게 생긴 놈의 걸 뭘 찾아 먹겠다고 마산 것들은 들이 뎅볐을까, 들이 뎅비길."[40] 이것은 키 작고 잔망스러운 복덕방 영감의 말이지만, 아마 이 비슷한 생각을 한 사람은 그 밖에도 많았을 것이다. 영택이 어머니, 즉 매지 마누라 같은 사람은 숫제 독재를 하더라도 "이승만 우리 대통령" 같은 분이 꽉꽉 눌러 가며 국민을 다스려야 나라 꼴이 된다고 믿었다.[41]

다만 부정과 부패 그리고 비인간적 실행만은 막아야 한다고 믿은 점에 있어서, 온 국민의 의견은 대체로 일치하였다. 깡패인 둘째 아들 만택이가 벌어 들인 돈뭉치를 대견스럽게 생각한 매지 마누라까지도, "부정부패는 못 쓴다. 사람이 맑아야지." 하고 말했을 정도다.[42] 학생들이 가두 시위에 나섰을 때 다수의 시민이 호응한 것도 부정과 부패 그리고 마산에서의 비인간적 만행에 대한 울분이 가장 큰 요인이었을 것으로 짐작된다.

권력층의 부정과 횡포에 항의하는 국민 전체의 일치된 감정도 민주주의의 실현을 위한 필요조건이라 하겠으나, 그것만으로 충분한 것은 아니다. 더 중요한 것은 주권자로서의 권리와 의무에 관한 확고한 신념이다. 학생 및 그 밖의 지식층의 자유에 대한 강조는 민권 의식의 표현이라 하겠다. 그리고 이성과 양심에 대한 강조는 그것이 자신에게 적용될 때 권리에 따르는 의무의 의식에 미치게 될 것이다. 그런 뜻에서, 자유와 이성과 양심을 내세운 지식층의 정치 의식은 민주 이념의 실현을 위한 값진 토대라고 할 수 있을 것이

---

40 같은 책, p.35.
41 같은 책, p.28 참조.
42 같은 책, p.33 참조.

다. 그러나 이론과 실천 사이에는 대체로 먼 거리가 있다. 자유와 이성과 양심을 주장하는 사람들도, 자기의 자유와 남의 양심을 걱정하는 데만 골몰하고, 남의 자유와 자기의 양심의 문제는 소홀히 하는 경향이 있다. 지식층뿐아니라 온 국민이 주권자로서의 권리 의식에 투철한 동시에 국민으로서의 의무에도 실천적으로 민감할 때, 비로소 진정한 민주주의 사회가 실현될 것이다. 4·19는 우리나라의 정치 발전을 위한 획기적인 전환점이었음에 틀림이 없으나, 명실이 상부한 민주주의의 실현은 아직도 요원한 과제로서 남아 있었다.

3. 민족의식과 민주 의식

1) 대학가의 불협화음

4·19 직후 한동안 한국의 젊은 지식층은 희망에 부풀어 의욕이 넘쳤다. 독재와 부패로 민심을 잃었던 자유당 정권은 물러가고, 명실상부한 민주 정권이 설 것이 기대되었다. 해묵은 부패의 풍토는 대학생이 앞장선 신생활운동의 힘으로 점차 개선될 수 있을 듯하였다. 심지어 일부에서는 민족의 염원인 남북통일을 위한 새로운 걸음을 내디딜 수도 있을 것이라고 희망하기도하였다.

그러나 역사적 현실은 젊은 지식층의 낙관적 기대와는 다르게 전개되었다 장면(張勉)을 수반으로 하는 민주당 정권이 수립되었으나, 누적된 문제들을 갑자기 풀어 나갈 특별한 묘방이 있을 리 없었다. 자유당 시절에 비하여 자유로운 분위기가 지배한 점은 좋았으나, 그 자유로운 분위기를 민주 사회 건설의 활력소로서 살리기에는 민도가 충분히 높지 못했고, 강력한 규제의 부재가 도리어 사회의 혼란을 부르는 사례도 적지 않았다. 권력층의 부패는 자유당만의 특수한 실태가 아니어서, 사회 정화에 대한 국민의 여망은 신생활 운동의 기치나 청조회(清潮會)의 구호 정도로는 충족될 전망이 보이지 않았다.

자신들의 실력에 의해서라기보다는 학생들의 응원에 힘입어 그 자리를 차지하게 된 민주당 정권은 그 기반이 충분히 든든하지 못했다. 더구나, 당시의 국내외 사정은 너무나 많은 어려움을 안고 있었다. 밖으로는 잠시도 마음을 놓을 수 없는 북한과 대결해야 했고, 안으로는 참담할 정도로 심각한 빈곤과 싸워야 했다. 민주주의적이면서도 강력한 통솔력을 가진 정권을 요구하는 상황이었는데, 민주당 정권에게는 안정된 기반 위에서 발전을 도모하기에 충분한 힘이 없었다. 강력한 통솔력이 부족했던 까닭에, 국론은 분열되고 휴전선은 날로 불안했으며 대다수의 국민은 기본 생활마저 위협을 받는 형편이었다. 이토록 불안스러운 상황을 배경으로 삼고, 드디어 1961년 5·16 군사정변이 일어나게 되었다.

5·16의 주체 세력은 5·16 군사정변이 4·19 정신을 계승했다고 공언했으나, 4·19의 주동 세력으로 볼 수 있는 대학생 계층은 5·16에 대해서 처음부터 다소간 거리감을 느끼는 경향이 있었다. 대학생에도 여러 부류가 있었으므로 5·16을 보는 그들의 견해도 한가지로 묶어서 말할 수는 없을 것이나, 적어도 정치나 사회 문제에 관심이 많은 학생들의 경우는 당시의 현실을 부정의 각도에서 보고자 하는 경향이 있었다. 이 현실 부정의 태도는 대학생들이 가진 젊음과 밀접한 관계가 있었을 것이다.

젊음과 어느 정도의 지식을 아울러 가진 대학생들은 이상주의로 달리기 쉽고, 이상주의의 견지에서 볼 때 현실은 대체로 개조를 요청하는 것으로 나타나기 마련이다. 5·16 군사정권도 '구악(舊惡)의 일소(一掃)'와 '인간 개조' 등 혁신을 외치고 나서기는 했으나, 이미 집권층으로서 현실에 대한 책임을 져야 할 위치에 놓인 그들은 함부로 변혁과 급진을 추구할 입장이 아니었다. 밖으로는 안보의 열쇠를 쥔 미국의 의견을 무시할 수 없었고, 안으로는 경제적 기반이 강한 보수 세력과 제휴하지 않을 수 없었다. 젊은 혁신주의자들은 본래부터 보수 세력에 저항을 느껴 왔고, 새로운 보수 세력으로 등장한 군사 정부에 대해서도 큰 기대를 갖지 않았던 것으로 보인다.

5·16 주체 세력과 많은 대학생들은 함께 민족주의를 들고 나왔다는 점에 있어서 공통점을 보이기도 하였다. 그러나 그들은 다 같이 민족을 앞세웠지만, 정치적 현실을 대하는 태도에는 현격한 차이가 있었다. 본래 한국에 있어서의 민족주의는 일본과 미국에 대한 반감과 경계심에서 출발했다 하여도 과언이 아닐 것이다. 현실에 대한 이렇다 할 부담도 없이 단순하게 자기 감정에 충실할 수 있었던 대학생들의 민족주의는 거리낌 없는 반일(反日)과 반미(反美)를 주장의 줄거리로 삼게 되었고, 그런 뜻에서 '타협 없는 민족주의'라고 부를 수 있는 성질의 것이었다. 그러나 북한과 대결해 가며 정권을 유지해야 한다는 부담을 안고 있는 5·16의 주체 세력은 미국 및 일본의 협력을 필요로 했고, 미국과 일본을 맹방(盟邦)으로 삼을 수밖에 없는 그들의 민족주의는 현실과의 타협에서 출발할 수밖에 없었다.

현실과의 타협이 불가피하다 함은 보수의 길을 택할 수밖에 없다는 뜻이 된다. 국제관계에 있어서 보수의 길을 택할 수밖에 없었던 5·16 정권은 국내에 있어서도 보수 세력의 계층을 정치적 기반으로 삼기 마련이었다. 결국 5·16의 민족주의는 보수적 민족주의로서 그 성격을 굳힐 수밖에 없었던 것이며, 특히 외교와 경제에 있어서 철저한 민족주의를 고집할 수 없었던 까닭에, 민족주의의 중심을 문화 정책 쪽으로 옮기는 결과를 빚기도 하였다.

반일과 반미에 역점을 두는 대학생들의 민족주의는 타협을 싫어하는 젊은이의 기질을 따라서 급진적 혁신을 지향하는 동시에, 5천만 한민족의 절실한 염원인 남북통일을 시급한 당면 과제로서 생각하는 경향이 강했다. 민주당 정권 시절에 대학생들의 일부가 '민족통일연맹'의 이름 아래 북한의 대학생들과 만나 통일의 실마리를 찾겠다고 서두른 것도 그러한 경향의 표현이 거니와, 남북 문제에 대한 이러한 태도를 매우 못마땅하게 생각한 것이 바로 군부의 장성들이었고 5·16의 주체 세력이었다. 요컨대 양자가 모두 민족의 주체성을 강조했지만, 하나는 기존 보수 세력을 지지 기반으로 삼았고 다른 하나는 대중의 대변자임을 자처한 급진주의자에 가까웠던 까닭에, 두 입장이 하나의 통합된 힘으로 뭉치기 어려운 이질성을 간직하고 있었다.

급진적 민족주의의 경향을 가진 학생들이 수적으로 큰 비율을 차지했다고는 생각되지 않는다. 비록 그들의 수는 적었으나 의식이 확고하고 적극성을 띠었던 까닭에 일반 대학생들에게 미치는 영향이 컸다. 정치의식에 있어서 보수적인 학생들까지도 군인들의 보수적 민족주의보다는 학생들의 급진적 민족주의 쪽에 친화감을 느끼는 경향이 있었다. 군인과 지식인의 사고방식의 차이, 대학생끼리의 동류 의식, 그리고 비판과 부정 쪽으로 기울기 쉬운 지식 사회의 인습적 경향 등이 아울러 작용한 것일까. 5·16 이후의 대학 사회와 정치권력층 사이에는 감정의 대립 비슷한 불협화(不協和)의 분위기가 은연중 지배하였다.

당시의 많은 대학생들은 5·16 군사정권에 대하여 우호적이 아니었을 뿐아니라 그 정권 아래 있는 사회 현실 전반에 대해서도 불만이 많았다. 현실에 대한 불만은 시위라는 방법으로 표현되었다. 학생들의 시위 행위는 4·19의 여세를 몰아 민주당 정권 시절에는 유행처럼 빈번히 일어났으며, 5·16 이후에도 같은 행태가 계속되었던 것이다. 민주당 정권은 학생들에게 약했던 까닭에 대학생들의 소란을 보고만 있었으나, 5·16 군사정권은 강한 제압으로 이를 저지했다. 강한 제압에 대하여 대학가는 더욱 반발하였고, 심한 반발은 또다시 새로운 제압을 초래하는 악순환이 계속되었다. 정권 주변과 대학가 사이의 불협화는 같은 정권이 공화당을 주축으로 삼는 민간 정부로 형태를 바꾼 뒤에도 여전히 계속되었다.

대학가의 시위와 이에 대한 정부의 제압은 1964년 한일회담을 계기로 절정에 달했다. 이른바 6·3 사태로 불리는 이 소란은 대학생들이 일반적으로 가졌던 반일 민족 감정을 바탕으로 삼은 것이며, 이 민족 감정에 불을 지르는 구실을 한 것은 근로 대중의 대변자임을 자처하는 소수의 급진적 민족주의자들이었다고 보는 견해가 강하다. 어쨌든, 한일 국교 정상화에 반대한 것은 대학생들에 국한되지 않았고, 많은 교수들과 언론인들까지도 이에 동조하였다. 이들 대부분이 어떤 정치적 확신 내지 이데올로기를 배경으로 삼고 동조한 것은 아니며, 일본에 대한 소박한 민족 감정과 일본에 대한 경제적 예속을 두려워하는 막연한 피해 의식에서 그렇게 한 경우가 많을 것이다.

한일회담을 쟁점으로 삼은 지식층의 반발이 격렬했던 만큼 이에 대한 정부 측의 제압도 혹심했다. 반년 가까이 대학들이 문을 닫았고, 언론과 사상의 자유에도 제한이 음양으로 가해졌다. 지식인이란 대부분 기질이 연약한 편이어서 강력한 제압 앞에서는 몸을 움츠리는 경향이 있다. 6·3 사태 이후에도 대학생의 시위 행위는 연중 행사처럼 계속되었으나, 지엽적 문제에 트집을 잡는 듯한 유형의 것이 많았고, 정치나 사회에 대한 신념을 정직하게 표현하는 경우는 적었다.

소설 가운데도 5·16 이후의 정치 문제를 정면에서 다룬 작품은 아직까지 별로 없다. 김동선(金東銑)의 『황지(荒地)』는 1960년대 중반의 동숭동 문리대생들의 생활을 주제로 다룬 것이다. 간고한 학생이 가정교사 노릇 하는 이야기, 하숙집 아주머니의 유혹에 빠져 정을 통하곤 피해 다니는 이야기, 캠퍼스 근방의 술집과 다방 이야기 등으로 엮어졌을 뿐, 학생들의 정치의식이나 이른바 학원 사태에 대해서는 별로 말이 없다. 1970년 3선 개헌을 반대하는 데모와 이로 인한 휴교에 간단한 언급이 있기는 하나, 데모를 감행한 학생들의 의식이나 사상에 대해서는 전혀 말이 없다. 다만, 학원이 평온을 되찾은 늦가을, 소용돌이 속에 "황금 같은 시절을 절단내 버린" 학생들이 허탈과 감상에 못 견디어 "잃어버린 시간을 안타까워하며" 술집으로 돌아다닌 이야기만 좀 전했을 뿐이다.[43]

난민촌, 평화시장 등으로 소재를 찾아다니는 가운데, "현재에 뻐근하게 살아 있는 삶들과 떠돌면서 만났던 현장의 이야기들만을 추려서 묶었다."는 박태순(朴泰洵) 창작집 『정든 땅 언덕 위』도 대충 훑어보았으나, 작가나 작중 인물의 정치적 이념이나 견해를 명백하게 노출시킨 곳을 발견하지 못했다. 그 가운데 실린 단편 「이야기, 이야기, 이야기」에서는 숨겨 놓은 이야기가 많은 듯이 암시하고, "이 시대를 시끄럽게, 살아 움직이게, 외쳐 부르짖게 할 이야기"를 할 듯 말 듯 하다가, 종래 시원스러운 이야기는 묻어 둔 채 붓을 놓았다.[44]

조세희는 1977년 작품 「육교 위에서」라는 단편에서 대학 사회의 한 단면을 그렸다. "학생들의 의사를 나타낼 수 있는 유일한 방법인 데모가 잘 훈련된 조직과 새로운 데모 진압 기계에 의해 억압받기 시작한 때", 현실에 대하여 비판적인 학생들이 모여서 토론을 했고, 그들의 생각을 학교 신문에 발표하기 위하여 밤을 새워 원고를 쓴 이야기. 그러나 그 원고는 주간을 맡은 교수에 의하여 설교와 함께 되돌아왔다는 이야기. 그 원고를 이번에는 지하실 전등 아래서 등사판으로 밀었고, 그것을 다음 날 아침 학생들에게 나누어 주었으나 "학생들은 몸을 움츠리고 종종걸음을 쳤다."는 이야기. "큰 소리로 구호를 외쳐 대던 아이들이 군에 들어가고, 몇 개의 법도 새로 만들어진 뒤"에는 "같은 생각을 갖고 자주 만나 이야기한 학생들도" 등을 돌리기 시작했다는 사연. 아이들은 카드 놀이의 재미를 뒤늦게 알고 캠퍼스 안에서 포커에

---

43 김동선, 『황지』, 순천당, 1980, pp.144-145 참조.
44 박태순, 『정든 땅 언덕 위』, 민음사, 1973, 후기 및 p.65 이하 참조.

열중했다는 이야기. 학생들의 원고를 실어 주지 않은 주간 교수는, 일본의
한국 지배를 위해 일한 사람의 손자이고, '인간 이기붕'이라는 글을 신문에
실은 사람의 아들로서, 계보가 뚜렷한 인물답게 필경 관계로 진출하여 큰 감
투를 썼다는 사연. 감투를 쓴 그가 학창 시절에 데모에 앞장섰던 졸업생을
협박과 유혹으로 회유했으며, 회유를 당한 졸업생은 고민 끝에 그 사람 곁으
로 가까이 가더니, "냉난방 시설을 갖춘 큰 집에 없는 게 없이 해놓고 산다."
는 이야기 등. 그러나 그 유인물로 만든 학생들의 원고의 내용이 무엇이며
카드 놀이를 즐기는 학생들의 머릿속을 채우고 있던 생각이 무엇인지는 한
마디도 말하지 않았다.[45]

소설이란 연구 논문과는 달라서 이야기를 위주로 하는 것이니, 작가나 작
중 인물의 의식 세계를 반드시 명시해야 할 이유는 없을 것이다. 그러나 4 ·
19 이전의 것에 비하여도 사상 문제를 명시적으로 다룬 것이 훨씬 적다는 사
실로 미루어 볼 때, 지식인 사회에 현실 부정의 경향이 강했고, 그러한 경향
을 거리낌 없이 털어놓을 수 있는 분위기가 아니었다는 사정도 크게 작용했
다는 해석도 가능할 것으로 보인다.

2) 개혁에 대한 염원

젊은 지식인들의 정신세계를 내면적으로 파고들어 간 작가로서 최인훈(崔
仁勳)을 들 수 있을 것이다. 자전적 요소가 강한 작품으로 알려진 『광장(廣
場)』 및 『회색인(灰色人)』의 주인공 이명준과 독고준이 대표하는 지식인상

---

45 조세희, 「육교 위에서」, 『난장이가 쏘아올린 작은 공』, 문학과지성사, 1978, pp.153-167
　　참조.

은 직선적 저항과 과격한 행동을 숭상하는 급진주의자들과는 다른 유형으로서, 아마 겉으로 드러나지는 않으면서도 수적으로는 더 많은 현대 한국인의 지식층을 반영한 것이라고 보아도 좋을 것이다. 『광장』은 1952년 중립국으로 가는 석방 포로를 실은 인도의 배가 떠나는 장면부터 시작되고, 『회색인』의 이야기는 1958년 가을을 기점으로 전개되지만, 최인훈의 문학적 관심의 초점이 1950년대에 있었다고는 생각되지 않으며, 그의 작품에 나타난 한국의 정신적 상황과 지식인의 고민과 문제는 1960년대를 거쳐 1970년대 이후까지도 지속된 상황이요 문제라고 보는 편이 옳을 것이다.

『광장』의 이명준이 그랬듯이, 『회색인』의 독고준도 생명을 불사를 만한 보람된 삶을 갈망한다. 젊은이로서 해볼 만한 일이라면 역시 '사랑과 혁명'일 것이라고 그는 생각한다. 그러나 사랑에 목숨을 걸 수도 없고, 혁명을 위하여 생명을 불태우기도 어렵다. 현대인의 사랑은 매우 이기적이다. 남자와 여자가 다 같이 자기 자신을 위해서 상대편을 요구하는 것인 까닭에, 사랑은 곧 한계점에 이르러 싫증을 일으키고 따라서 거기에 목숨을 걸 수 없음을 발견한다. 그러면 혁명의 길은 어떠한가?

혁명의 길로 눈을 돌릴 때, 젊은이들은 더욱 환멸을 느끼고 무력감에 사로잡힌다. "무슨 일을 해보려 해도 다 절벽인 사회, 한두 사람 힘으로는 어쩔 수 없는 시대"에 살고 있음을 느끼는 것이다. 이 땅을 "구제할 수 없는 땅"으로 보고 한국인을 "세계의 고아, 버림받은 종족"으로 느끼는 자조와 자학 속에, "회색 의자에 깊숙이 파묻혀서 몽롱한 눈으로 세상을 바라보기만 하는" 방관자로서의 자신을 발견하는 것이다.[46]

독고준이나 그의 친구 김학이 말하는 '혁명'이란 어떤 뚜렷한 정치적 목표

---

46 최인훈, 『회색인』, 삼중당, 1974, p.14, p.31 참조.

를 두고 하는 말이기보다는 막연한 사회 개혁을 지칭하는 것으로 보인다. 우리 사회 현실이 전반적으로 불만스러운 것이며, 어떤 개혁을 갈망해 보지만 그것이 현실적으로 불가능하다고 생각되기 때문에, 무력감 내지 좌절감에 빠져 방관만 하게 된다는 것이다. 현실의 어떤 점이 특히 불만스러운가는 사람들의 부류를 따라서 차이가 있을 것이나, 『회색인』의 독고준과 그의 친구들이 표명한 바로는 주로 주체성을 상실한 문화와 이름만이 민주주의인 정치 현실에 대한 언급이 많다.

8·15를 계기로 독립국으로서 새 출발을 했다고는 하지만, 경제와 군사 그 밖의 여러 가지 면에서 미국의 영향을 받아 온 한국은 문화 일반에 있어서도 주체성을 잃어 가고 있었다. 물질적으로 서양의 기계문명의 지배를 받게 되었을 뿐 아니라, 정신 상태까지도 남의 나라의 식민지를 자청하는 지경에 이르렀다. "지성인이기 위해서는 될수록 많은 외국어를 습득해야 할 입장에 놓이게" 되었고, "외국서 돌아온 예술가들은 미국 문학의, 불란서 문학의, 선전원 자격으로 돌아온" 듯한 태도를 취하는 사례가 많았던 것이다.[47] 소위 지성인으로 자처하는 사람들이 자진해서 미국화 내지 서구화를 서둘렀던 것이며, 또 그것을 자랑으로 여기기까지 하였다. 그러나 이러한 풍조에 대한 반성이 식자(識者)들 사이에 일어나기 시작했고, 외래 문물의 맹목적 수용에 대한 신랄한 비판과 더불어 우리나라 전통문화에 대한 관심이 일부에 높아졌다. 이러한 반성의 여론은 특히 민족주의의 경향이 강한 대학생들 사이에 강하게 일어났다.

정치에 대한 대학생들의 관심은 문화에 대한 그것보다도 훨씬 크고 깊다. 따라서 그들의 현실에 대한 불만도 정치 문제에 관련해서 더욱 강하게 나타

---

47 같은 책, p.49, p.93 참조.

났다. 정치 현실에 대한 불만에도 몇 가지 갈래가 있을 것이나, 『회색인』의 등장인물들의 경우는 주로 말로만 민주주의를 내세우고 실제는 그것이 아니라는 점을 강조하고 있다. 예컨대, 젊은이들로부터 현자라고 존경을 받는 시골의 선비 황선생의 입을 빌려서, "민주주의가 어디서 발생했든 이건 훌륭한 사상"이라는 것, 그러나 우리나라의 경우는 민주주의를 움직이고 있는 사람들이 정치를 세도로 착각하고 있기 때문에 말로만 민주주의를 한다는 것, 그리고 "외국 침략자들과 결탁해서 돈을 모으고 벼슬을 하고 농민을 울리던 사람들이 이 사회의 등뼈를 이루고 있으니", 여기에 참된 민주주의가 실현되기 어렵다는 것 등을 평범한 수준에서 말하고 있다.[48]

독고준과 김학이 '혁명'이라는 단어를 애용하고 황선생도 그 말을 쓰고 있지만, 이들이 주장하는 '혁명'은 자유민주주의 체제를 부정하는 그것은 아니다. 다시 말해서, 이름만의 민주주의를 참된 민주주의로 바꾸어야 한다는 뜻에서 '혁명'을 주장하는 것이며, 대중의 대변인을 자처하는 급진적 민족주의자들이 생각하는 혁명과는 구별되는 점진적 혁신을 주장하고 있을 따름이다. 그것은 대학생 김학이 한마디의 반박이나 반문도 없이 감명 깊게 들은 황선생의 담화 가운데 잘 나타나 있다. 황선생은 노동자와 농민의 힘을 조직화하고 활성화하여 당장에 혁명을 서둘러야 한다고 주장하지 않고, "민주주의는 공기처럼 당연한 것이라는 교육을 받고 자란" 오늘의 학생들이 자라서 장차 민주주의의 일꾼으로서 한 세력을 형성할 때 비로소 '혁명'이 가능하다고 말했다. 그뿐만 아니라, 서양의 민주주의를 떠받들고 있는 것은 기독교 사상이라고 전제하고, 동양인 우리나라의 민주주의를 위해서는 불교 사상이 같은 구실을 할 수 있을 것이라고까지 말하고 있다.[49]

---

48 같은 책, pp.77-81 참조.

최인훈은 그가 생각하는 민주국가의 바람직한 인간상을 1968년에 발표한 「주석(主席)의 소리」를 통하여 부분적으로나마 암시하고 있다. 즉, 민주국가의 주체를 "편의상, 정부, 기업인, 지식인, 국민으로 나누고" 그들 각 계층의 바람직한 행위의 방향을 대략 다음과 같이 제시하였다. (가) 정부는 안으로 "헌법에 씌어 있는 것에 좇아 권한을 행사하고" 밖으로 민족국가의 "독립을 유지하고 더 나은 국제적 지위를 얻기 위하여 국민을 조직하고 지도할 책임이 있다." 정부는, "공산주의에 대한 가장 강한 정부는 민주적 정부"임을 명심하고, 진정한 민주주의를 위하여 "국민에 의한 비판의 온갖 기회를 스스로 개방하여야 하며, 결과적으로 그것이 그 정권 자체의 득이기도 하다는 것을 알아야" 한다. 그리고 주권 행사에 대한 국민의 참여를 위한 최대의 기회인 선거가 자유롭도록 보장해야 한다. (나) 기업인은 "자기의 이익이 국가의 이익과 직결돼 있다는 것을 알아야" 하며, "인간은 사회로부터 무엇인가를 받았으면 무엇인가를 내주어야 하는 도리"를 명심해야 한다. 기업인은 유럽 자본주의의 자기 수정 과정을 본받아, "기업의 공익성에 대해 최대의 노력과 자세를 보여야" 한다. 그리고 그들은 선진국에 비하여 불리한 여건을 근면과 창의로써 극복해야 한다. (다) 지식인은 그들의 사명이 진리의 옹호임을 명심하고, "민족국가의 독립을 지키고, 사회정의를 실천하고, 사회적 부의 증대를 가져오기 위한 과학적 방법을 연구하고 이것을 사회에 보고하는 일"을 게을리하지 말아야 한다. 그리고 "윤리적 기술자"이기도 한 그들은, 헌법이 규정한 언론의 자유를 부단히 행사함으로써, "정부와 기업에 대한 비판자로서의 의무"를 다해야 한다. (라) 국민 각자는 정치와 직장으로부터 소외당하는 일이 없도록 하기 위하여, 자기를 소외시키는 자를 찾아내어

---

49 같은 책, pp.80-87 참조.

"그와 투쟁하고 협상하고 거래함"으로써 인간으로서의 권리를 지켜야 한다. "우리는 우리가 인간일 수 있게 하라고 상황에 대해 요구할 권리를 가짐과 동시에, 우리 자신이 인간임을 개인으로서 증명할 의무가 있음을 명심해야 한다."[50]

「주석의 소리」에 나타난 민주주의의 개념은 작가 최인훈 자신의 신념이기도 하다는 것은 명백하다.[51] 그리고 이것은 최인훈의 특유한 사상이기보다는 자유민주주의를 신봉하는 한국의 지성인들이 일반적으로 가지고 있는 생각을 다듬고 정리한 것이라고 보아야 할 것이다. 「주석의 소리」에 나타난 것과 대동소이한 내용의 민주주의 사상에 공감을 느끼는 사람들이 한국의 지식인 사회에 있어서 다수를 차지할 것이라는 심증을 저자는 가지고 있다. 앞에서 언급한 급진적 민족주의나 또는 그 밖의 어떤 정치 이념을 가진 지식인보다 수적으로는 우세하나, 자신들의 신념을 구현하는 일에 그리 적극적인 편은 아닌 것이 자유민주주의를 믿는 한국의 지식층이 아닌가 한다.

1970년대에 이르러 우리나라의 불우한 계층의 그늘진 생활상을 소재로 삼는 젊은 작가들이 나타났다. 『객지』, 「한씨연대기」 등을 쓴 황석영, 『아홉 켤레의 구두로 남은 사내』, 「직선과 곡선」 등으로 알려진 윤흥길, 『난장이가 쏘아올린 작은 공』, 「은강 노동 가족의 생계비」 등으로 주목을 끈 조세희, 「정든 땅 언덕 위」, 「단씨(段氏)의 형제들」 등을 발표한 박태순이 그 대표적인 사람들이다. 이들은 우리 사회에 있어서 가장 어렵게 사는 사람들의 참담한 생활 현장의 어두운 모습을 적나라하게 묘사하여 발표함으로써, 일종의

---

50 최인훈, 「주석의 소리」(1968), 『광장』, 민음사, 1973, pp.290-300 참조.
51 예컨대, 『문학과 지성』, 1980년 봄호에 실린 최인훈의 논설 「상황의 원점」을 음미할 때 우리는 「주석의 소리」가 곧 작가 자신의 소리임을 직감한다.

사회 고발의 효과를 거두고 있다. 간척지 공사장의 잔혹한 부조리 또는 철거민 난민촌의 비정한 실태 등을 고발한 그들의 작품은 특히 젊은 대학생들 사이에 많이 읽히고 또 많은 화젯거리가 되고 있는 것으로 안다. 1978년 문학과지성사에서 발간한 조세희의 소설집 『난장이가 쏘아올린 작은 공』이 불과 6개월 만에 9판을 찍어 냈다는 한 가지 예만으로도, 이들의 작품이 젊은 독자층 안에 일으킨 관심과 선풍의 정도를 짐작할 수 있을 것이다.[52]

무릇, 우리나라 사회 현실의 개조를 열망하는 한국의 지식층을 우리는 그들이 갖는 관심의 초점을 따라서 크게 두 부류로 나눌 수 있을 것이다. 그 하나는 자유와 민주화에 비교적 큰 비중을 두면서 점진적으로 여러 가지 사회 문제를 서서히 개선해 나갈 것을 생각하는 사람들이다. 그리고 또 하나는, 평등과 생존의 보장을 더 근본적인 문제로 보고, 급진적 사회 개혁으로써 이 문제를 시급하게 해결해야 한다고 믿는 사람들이다. 6·25를 체험한 연배의 지식인들은 대개 전자의 부류에 속할 경우가 많으며, 최인훈의 작품 가운데 인물들도 그쪽에 가깝다고 보아야 할 것이다. 6·25를 체험하지 못한 젊은 층의 경우에 있어서도 전체의 숫자는 첫째 부류가 우세할지 모르나, 그 가운데는 둘째 부류에 속하는 사고방식에 공감을 느끼는 사람들도 상당히 많은 것으로 보인다. 앞에서 '급진적 민족주의'라고 부른 경향에 동조하는 사람들이 바로 그들이다.

악조건하에서 일하는 공장 근로자들과 그 밖의 가난한 소외 계층의 심각

---

52 조세희의 이 작품은 문학과지성사에서 1978년 6월에 초판을 냈고, 다음 해 1월에 거듭 9판을 낸 바 있다. 이 책은 초판 발행 후 9개월 만에 15판을 찍었고, 1년 10개월 만에 21판을 기록했다. 창비사에서 1974년에 초판을 낸 황석영의 『객지』는 2년 반 만에 6판을 거듭했고, 1977년 10월에 초판을 간행한 윤흥길의 『아홉 켤레의 구두로 남은 사내』는 1년 만에 4판을 찍어 냈다.

한 생활상을 날카롭게 파헤친 작품을 읽고 아무런 감상이나 충격도 받지 않는 사람은 적을 것이다. 어느 정도 식견이 있는 사람이라면, 이 인간 소외 지대에 중대한 사회문제가 존재함을 인정하고, 제도적 차원에서 개선해 나가야 한다고 믿을 것이다. 그런데 대학생들을 포함한 젊은 지식인들 가운데는 극빈 계층의 생활 실태에서 받는 충격이 보통 사람들보다 훨씬 더 깊고 큰 사람들이 있다. 젊은 감수성에 바탕한 정의감과 이상주의의 색채가 강한 사람들이다. 그들은 빈부의 사회문제를 자신의 문제로 느끼고, 이 문제에 대한 근본적 해결을 서둘러야 한다고 생각한다. 이와 같은 급진주의가 반드시 어떤 소설의 영향으로 생긴다는 것은 물론 아니다. 오히려 급진주의라는 사상이 먼저 있고 그 영향 아래서 그러한 소설이 쓰일 경우가 많을 것이다. 그 인과의 선후가 중요한 것은 아니며, 가난한 소외 계층의 생활상을 그린 소설이 하나의 조류를 이루고 나타났다는 사실과 그러한 계열의 작품들이 젊은 대학생들 사이에서 크게 환영을 받고 널리 읽히고 있다는 사실이 주목을 끈다는 점을 말하고 싶은 것이다.

근년에 대두한 이른바 참여문학과 이에 대한 젊은 독자층의 적극적 반응이 갖는 의미 또는 의의에 대하여 어떤 단정적인 말을 하기에는 시기가 아직 빠를 것으로 보인다. 다만, 1979년 10 · 26 사건 이후 한동안 의사의 발표에 있어서 심리적 부담이 별로 없었던 시기에 대학생들이 벽보 또는 대학 신문을 통하여 표명한 정치와 경제 그리고 사회 문제에 대한 견해를 읽고, 저자는 저 참여 문학을 연상했으며 그 참여 문학과 그리로 쏠리는 젊은이들의 관심이 던지는 문제점에 대하여 깊은 통찰이 필요함을 느꼈다.

4. 급진주의와 기성세대의 과제

1) 민족과 민중

1979년 10월 26일의 충격적인 사건이 있은 뒤에 정부 당국은 '경제 발전과 병행하는 정치 발전'이 앞으로의 과제임을 천명했고, 이에 대하여 대다수의 국민 특히 지식층은 정부 측의 견해에 대하여 원칙적인 찬동을 느꼈다. 그러나 '정치 발전'이라는 단어의 의미는 상당한 융통성을 가진 것이어서, '정치 발전'이라는 목표 설정에 있어서 막연한 합의에 도달한 한국의 여러 계층 사람들이 한국의 미래상에 대하여 구체적 합의에 이르렀다고 보기는 어려웠다. 우리는 '민주적 정치 발전'이라는 목표에까지 합의를 보았으나, '민주적'이라는 말에도 다의성이 있었고, 같은 대학 사회 안에 있어서도, 한국이 앞으로 지향해야 할 목표와 그 실현 방법에 관하여 구체적인 의견의 일치에 이르기까지에는 상당한 시일이 필요할 것임을 간과할 수 없었다. 저자의 경우 특히 이 점을 강하게 느낀 것은, 1980년 초기에 대학의 '자유 게시판' 및 대학 신문에 나타난 대학생들의 견해를 읽었을 때였다. 대학의 교수들이 일반적으로 바라고 있다고 생각되는 '민주적 정치 발전'과 정치 문제에 대해서 특별히 관심이 많은 대학생이 옳다고 생각하는 '한국의 진로' 사이에도 상당한 거리가 있다는 것을 대학생들의 말을 통해서 느꼈던 것이다.

> A : 1970년대의 학생운동은, 초기의 광주 대단지 사건, 전태일 분신자살 사건에서 보듯, 민중의 경제적 요구가 표면화함으로써, 민중의 문제, 사회구조적 문제로 눈을 돌린 데 큰 특색이 있다고 할 수 있겠습니다. …

> B : 근대화의 모순이 1970년대 초에 전면으로 드러나게 되어, … 그 모순들에 대

해 초기적인 반응을 보이다가, 1970년대 후반의 더욱 경직된 상황에서 현장 특히 노동 현장에 중점적으로 들어가게 되었다고 할 수 있겠지요. … 이들은 1960년대 후반의 정치적 민주화를 위한 일련의 투쟁에서 실패를 경험한 후, 정치적 변혁만으로는 사회의 민주화가 불가능하다는 걸 깨닫고, 기층 세력과의 연계를 강화하는 운동으로 나아갔다고 할 수 있겠지요.

C : 1970년대 후반의 경제적 위기, 사회적 불안에 대한 학생운동과 기층 세력의 역량 과시가 부마(釜馬) 민중 항거라 할 수 있는데, 이후의 전개는 학생운동을 어느 정도 풀어 주는 방향으로 반동 세력이 후퇴할 수밖에 없었지요. 여기서 학생운동은 나름대로의 득실이 있게 되는데, 학생회 부활 등 일련의 학원 사태로 운동의 확산이 빨랐다는 점은 득으로 지적될 수 있겠지만, 투쟁의 표적이 일단 흐려짐으로써 전열은 자칫 흐트러지지 않겠느냐 하는 점은 충분히 경계해야 할 겁니다.

A : 기존의 지식인의 노농(勞農) 현장에의 낙하산식 투입 방식에서 노농이 자생적으로 일어나는 방식으로 역사 발전 단계가 나아갔다고 봅니다. 또 소시민층은 4·19 당시보다 훨씬 광범위한데, 이들의 합세 여부는 속단할 수 없고, 또 이들은 충격에 즉자적으로 대응하는 만큼 외적 충격을 가할 필요가 있다고 생각돼요.

C : 학원 민주화 운동이나 정치적 이슈의 제기를 학생운동적 차원에서만 전개할 때, 대학 사회에의 확대는 당장 가능하겠으나, 반동 세력에게 깨어질 가능성이 높지요. 학생 세력만을 누르는 것은 별로 어려운 일이 아니니까요. 여기서 학생운동이 살아남기 위해서는 현재 비등하고 있는 기층 세력의 운동과 동일한 보조하에 전개되어야 합니다. 학생 세력만으로는 일시적인 분위기

에 그칠 우려도 배제할 수는 없겠지요.

B : 학생운동은 정치 발전의 문제도 있지만, 노동운동과 어떤 연계를 가지고 그
　를 활성화시키는 길을 뚫는 것이 아주 시급합니다.

D : 현 정권이 이제 반동적 마각을 명확히 한 시점에서, 학생운동도 1970년대의
　소수권 운동에서 벗어나 1980년은 다시 전 대학 사회로의 확산과 동시에,
　종래 있어 왔던 지도체와 학생 대중 간의 의식의 갭을 보완해 가는 것이 우
　리의 과제라 생각됩니다.

B : 경제적 측면에서 현재의 투쟁은 그간 매판적 독점 자본이 주축이 된 대외 의
　존적 종속 체제를 무너뜨리는 작업이 되어야 하고, 동시에 평등에 기초한 새
　로운 경제 질서를 세우기 위한 작업이어야 합니다. …

　이상은 1980년 5월 5일자 『대학신문』에 실린 학생들의 좌담 「현 정세와
대학의 사명」 중에서 그 일부만을 뽑은 것이다. 신문 한 면 전체를 차지하는
기록 가운데서 띄엄띄엄 단편적으로 뽑았을 뿐이므로, 연결이 잘 닿지 않는
다. 그러나 학생운동에 앞장선 젊은이들의 문제의식과 그들의 목표를 짐작
하는 데 도움이 될 수는 있을 것이다. 여기 인용되지 않은 부분에 "민주화 투
쟁이 우리의 당면 과제"라는 말을 사용하여, 학생들의 궁극목표가 '민주화'
이상의 것임을 암시하는가 하면, '혁명적 민족주의' 또는 '민족주의 이념'이
라는 말을 사용하여 그들에게 민족주의 색채가 뚜렷함을 밝혀 주기도 한다.
　이 좌담을 통하여 명백하게 알 수 있는 것은 학생운동의 성격이 4 · 19 때
에 비하여 크게 달라졌다는 사실이다. 4 · 19의 학생운동은 불의(不義)에 대
한 단순한 항거로서 자연발생적인 소박한 의사 표시였고, 학생들 자신도 그

'순수성'을 자랑으로 여겼다. 이에 비해서, 1970년대 이후의 학생운동은 매우 조직적이며, 막연한 의사 표시에 그치지 않는 목적의식을 가졌다는 점이 크게 다르다. 또 4·19 당시의 학생운동은 학생들만의 운동이었으나 근래에 와서 대학 밖에 있는 '기층 세력'과의 합세를 강조하고 있는 점도 주목된다.[53]

1980년 1학기에 발행된 『대학신문』에는 대학생들의 글이 비교적 많이 실려 있다. 그들의 주장에도 개인적 견해의 차이가 없을 수는 없으나, 전체적으로 볼 때 하나의 주류를 이루는 색조가 있음을 발견한다. 대학생의 여론을 이끄는 주류에게 공통된 색조의 하나는 '민중'을 강조하며 자신들을 민중의 대변자로 자임하고 있다는 사실이요, 그 또 하나는 강한 민족주의의 경향이다. 학생과 '민중'의 관계를 강조한 글로서는 J군의 「새 시대 지식인의 사명」이라는 것을 예로 들 수 있을 것이다. 몇 구절만 옮겨 보자.

> 지식인은 … 민중의 관점에서 사물을 평가하는 사람이다. 민중은 역사적으로 직접 생산자였으면서도 노동 생산의 결과 즉 사회적으로 생산된 경제 잉여의 정당한 참여로부터 소외된 사람들이다. …
> 민중의 목소리는 한곳으로 모아지지 않은 모습을 하고 있다. 그러기에, 민중이 보상을 받도록 향도의 역할을 할 사람이 필요한바 그 일을 할 사람이 다름 아닌 지식인인 것이다. …

J군은 민족 통일도 민중을 주체로 삼고 이루어져야 한다고 주장한다.

---

53 좌담 「현 정세와 대학의 사명」, 『대학신문』(1078호), 서울대학교, 1980 참조.

민족 통일이란 한 정부나 한 사회 단체의 요구에서 나오는 것이 아니다. 그
것은 민족 전체의 요구다. 그러기에 명실상부 민중을 주도 세력으로 하여 민
족 통일의 문제를 해결해야 하는바, 그 향도적 역할을 지식인이 해야 하는 것
이다. 여기에서 바로 지식인과 민중의 적극적인 접맥이 요구되는 것이다.[54]

민중의 대변인으로 자처하는 대학생들은 대체로 통일 문제에 대해서도 관
심이 깊다. 그들은 민족 통일의 당위성을 특히 강조하면서, 하루라도 빨리
그것이 이루어지도록 노력해야 한다고 역설한다. '민중을 위해서'라는 그들
의 이념이 민족주의와 연결되어 있는 것이다. 1980년 봄에 발행된 『대학신
문』을 보면, 학생들이 쓰는 「월요논단」을 통하여 세 차례나 거듭 통일 문제
를 다루고 있거니와 세 편의 논설이 모두 민중과 민족을 묶어서 강조하고 있
다.

「냉전 논리 극복의 의의」라는 글을 써서 이데올로기보다도 민족이 중요함
을 강조한 K군은, 같은 글 가운데서 "안보라는 명목하에서 노동운동을 제약
해서는 안 되며, 노동자의 생활 향상이 이루어지고 권익이 옹호되어야 비로
소 안보가 공고히 될 것이다."라고 말하여 분단의 극복과 민중의 문제를 연
결시키고 있다.[55] 「통일의 당위성과 그 실현을 위한 전제조건」이라는 논설
을 발표한 G군도, "민족 자주와 민중을 도외시한 어떠한 통일 이념이나 방
법론도 그 논리적 타당성에도 불구하고, 새로운 분열이나 종속을 간과하고
있다는 점에서, 일체 배격되어야 할 것이다."라고 말하여, 역시 민족과 민중
이 통일 문제에 관하여 핵심 개념임을 강조하고 있다. 요컨대, "외세와 매판

---

54 『대학신문』(1068호), 1980년 2월 25일자, 6면 참조.
55 『대학신문』(1076호), 1980년 4월 21일자, 3면 참조.

세력의 논리가 분단을 고정화"한다고 진단하고, "주체적 민중의 신념과 역량이 통일의 관건"이라고 주장하는 것이다.[56]

「통일 논의의 경과와 반성」이라는 글을 발표한 L군 역시 '민중과 민족'이라는 각도에서 통일 문제를 보고 있다. 다음은 L군의 글 가운데서 한두 구절을 뽑은 것이다.

민족사의 선결 과제로서의 통일을 향한 작업은 여러 가지 요인에 의해 방해받고 있다. 이러한 요인은 크게 통일에 대한 국제적인 장애 요인과 국내적인 장애 요인으로 나누어 볼 수 있다. 국제적인 장애 요인은, 한반도에 군사적, 경제적 이해관계를 가지고 있고 이에 대한 고려에서 한반도의 분단을 고착하려는 강대국에 의해 산출된다. …

국내적인 장애 요인은 … 남북한의 집권 세력으로부터 기인한다. 즉각적인 통일보다는 북한의 '민주 기지화'를 우선시한 공산주의자들과 자기 존립을 위해 외세와 결탁, 단독 정부 수립을 부르짖은 남한의 기회주의적 우익 보수 세력은, 평화 통일을 향한 민중의 요구를 묵살하고, 자신의 세력을 국토의 나머지 반쪽에 확대하기 위해 처절한 동족 상잔을 저질렀다.

통일을 위한 국내적 조건의 마련은 분단에 의해 증폭된 한국 사회의 구조적 모순의 척결 작업을 의미한다. 여기에서 통일 논의는 변혁적인 민중운동과 궤(軌)를 같이하게 된다. …

통일은 민족사의 발전을 질곡하는 외세와 반민족적 매판 세력에 대한 투쟁을 통해 민족 국가 수립의 기저적(基底的) 역량을 마련하는 저항 민족주의가 전진적으로 자신을 구현할 수 있는 이념과 체제를 구비할 때, 비로소 가능할

---

56 「대학신문」(1073호), 1980년 3월 31일자, 5면 참조.

것이다.[57]

통일 문제를 논하는 대학생들은 한결같이 남북한의 현 정권에 대하여 비판적이다. 양자 모두 민족 전체를 생각하기에 앞서서 자신들이 속해 있는 집권층의 이익에 집착한다고 생각하는 모양이다. 이러한 비판의 시비보다도, 젊은 대학생들의 정치의식이 그들의 윤리 의식과 결합되고 있다는 사실이 주목된다. 그들의 정치의식이 윤리 의식에 바탕을 두고 있다는 사실은, 그들의 정치적 견해가 다른 일반 학생들에 대하여 설득력을 갖게 한다는 결과를 수반한다는 점만을 고려하더라도, 가볍게 간과할 성질의 것이 아니다.

가정환경과 성장 과정이 다양한 까닭에, 학원 사태나 정치 문제를 대하는 대학생들의 태도에도 여러 갈래가 있기 마련이다. 그러나 같은 사회의 같은 세대에 속하는 그들의 윤리 의식은 거의 비슷하다. 따라서, 개인적 처지와 이해관계를 따라서 실천적 태도를 달리하는 학생들도, 강경한 학생들의 윤리 의식에 바탕을 둔 정치적 내지 사회적 태도에 대하여 내적 공감을 느끼는 경향이 있다. 다시 말해서 윤리 의식에 공분모를 둔 강경론이 설득력 있는 것으로 받아들여지는 것이며, 강경론자와 행동을 달리할 경우에도 내심으로는 그들에게 성원을 보내고 심지어 죄책감을 느끼는 학생들이 많은 것이다. 아직은 강경론자에 속하는 대학생들이 수적으로 우세하다고 생각되지 않으나, 그들의 주장이 다른 온건론자들에게 윤리적 공감을 일으키는 경향이 있다는 사실을 고려할 때, 국론의 통일이 요청되는 이 시점에서, 결코 가볍게 생각할 수 없는 숫자라고 보아야 할 것이다.

앞에서 편의상 '급진적 민족주의'라고 부른 이념으로 쏠린 젊은이들과 여

---

57 『대학신문』(1077호), 1980년 4월 28일자, 3면.

기서 '민족과 민중을 앞세우는 강경론'이라고 부른 주장으로 이끌리는 대학생들은 결국 같은 길에서 만나는 사람들이다. 그리고 감미로운 애정 소설보다도 삭막한 현실을 파헤친 참여 소설을 택하는 젊은이들은 저들의 급진주의 내지 강경론에 어느 정도 윤리적 공감을 느낄 수 있는 사람들이라고 보아서 크게 어긋나지 않을 것이다. 이들 젊은 지식층의 사상과 태도는 우리 사회에 있어서 적지 않은 문제를 던지는 것으로 보아야 할 것이며, 이 문제에 이성적으로 대처하는 것도 기성세대의 과제의 하나로 보아야 할 것이다.

2) 국론 합일의 과제

민주주의 국가는 사상의 자유를 허용하는 것을 원칙으로 삼는다. 정치나 사회 문제에 대해서 모든 국민의 견해가 같은 공장에서 제조되는 규격품처럼 일치할 수는 없으며, 어느 정도 견해의 대립이 생기는 것은 자연스러운 현상이다. 대립된 견해를 변증법적으로 조화시키는 가운데 더 타당한 견해를 발견하는 것이 본래 민주주의의 공식이기도 하다. 그러나 그 견해의 대립이 화해의 여지가 없을 정도로 극도에 달하는 것은 심각한 불행의 원인이 되기 쉽다. 특히 우리 한국의 경우와 같이 이미 매우 긴장된 상황 속에 살고 있는 나라에 있어서는, 지나친 국론의 분열은 바람직한 것이 될 수 없다. 비록 모든 문제에 대하여 의견의 일치를 볼 수는 없다 하더라도, 국가가 지향하는 기본적 방향에 관해서만은 국론의 통일을 기하지 않을 수 없는 것이 우리들의 절박한 현실이다.

지금까지의 고찰에도 나타났고 또 이 땅에 살아온 우리가 체험으로도 알고 있듯이, 해방 이후 계속적인 격동기를 맞이했던 한국인은 서로 다른 몇 가지 정치적 태도의 대립 속에서 긴장하며 살아왔다. 그 대립의 양상도 시기에 따라서 차이가 있었거니와, 우리에게 가장 큰 관심거리가 되는 것은, 그 대립의 과거의 모습이 아니라 그 현재의 양상이다.

현재 우리 한국인이 가지고 있는 정치적 태도를 우리는 편의상 크게 세 부류로 나눌 수 있을 것이다. 첫째는 「주석의 소리」가 상징하는 점진적 개혁을 주장하는 자유민주주의의 계열이다. 둘째는 일부의 대학생들에 의해 지지되는 급진적 민족주의의 계열이다. 그리고 셋째는 이상 두 계열에 의하여 비판의 대상이 되고 있는 보수 세력의 그것이다. 자체의 보존과 발전을 도모하며 나아가서는 남북통일이라는 민족적 과제를 안고 있는 국가 공동체로서의 견지에서 볼 때, 이 세 계열의 대립은 어떤 해결을 요구하는 문제로서의 의미를 갖는다. 현재 상태의 날카로운 대립을 그대로 두고서는 국가 또는 민족의 발전이라는 공동의 목표를 달성하기가 어려운 것이다.

세 계열의 태도의 대립이 야기하는 문제를 해결하는 방법은 두 가지 길로 모색될 수 있을 것이다. 하나는 어느 태도가 옳으냐 하는 것을 이론적으로 추구하고, 가장 옳은 것으로 판명된 하나의 이념 내지 노선을 함께 선택함으로써 합류하는 길이다. 또 하나는 태도의 대립을 완전히 제거하기보다는 우선 대립의 완화를 꾀하고 나아가서 여러 입장의 조화를 통한 높은 차원의 길을 모색하는 방법이다.

저 첫째 길은 두 가지 이유로 말미암아 성공할 가능성이 매우 희박하다. 첫째로, 대립한 정치적 태도 가운데서 어느 편이 옳으냐 하는 문제는, 과학적 사실의 문제와는 다른 까닭에, 이론적 탐구만으로는 일치된 결론이 나오지 않는다. 이 문제는, 스티븐슨(C. L. Stevenson)이 주장했듯이 결국 설득의 문제로 귀착하거니와, 우리의 현실은 단순한 이론적 설득만으로 세 길 가운데서 하나가 옳다는 합의에 도달할 수 있는 상황이 아니다. 둘째로, 이론적 합의가 반드시 실천적 합의를 보장하지 않는다. 다시 말해서, 우리는 상대편의 주장이 옳다는 것을 이론적으로 인정한 다음에도 실천적 태도는 바꾸지 않을 경우가 많다. (실천이 관념을 따르지 못하는 것은 보통 사람(凡人)

들의 일반적 경향이다.) 그런데 우리에게 궁극적으로 필요한 것은 실천적 태도의 일치인 것이다.

우리에게 남는 길은 태도의 대립을 우선 완화시킴으로써 국론의 지나친 분열을 막는 방안이다. 이 방안의 적용을 성공으로 이끌기 위해서, 우리는 태도의 대립을 초래한 근본 원인부터 고려해야 할 것이다. 정치 내지 사회 문제에 대하여 개인이 취하는 태도는 그가 속해 있거나 대변하고자 하는 계층의 이익을 옹호하고자 하는 심리의 영향을 크게 받는다. 즉 우리는 자기가 옹호하고자 하는 계층의 이익에 배반되는 것으로 보이는 정치적 태도나 이론을 받아들이기가 어렵다. 따라서, 내가 옳다고 믿는 태도나 이론이 상대편의 동조를 얻기 위해서는, 내가 지지하는 태도나 이론이 상대편이 옹호하는 계층을 위해서도 받아들일 만하다는 근거가 제시되어야 한다.

정치나 사회 문제에 관해서 대립된 태도를 취해 온 A와 B가 그 대립을 완화시키거나 해소시키기 위해서는 그 태도의 대립을 유발한 이해의 대립이 완화되거나 해소되어야 한다. 그런데 태도의 대립을 유발하는 것은, 엄밀하게 말해서, 객관적 사실로서의 이해의 대립 그 자체이기보다도 이해의 대립에 관한 인식 내지 의식이다. 실제로는 이해의 대립이 별로 없다 하더라도 큰 이해의 대립이 있다고 믿는 두 사람은 태도를 달리할 것이고, 실제로 큰 이해의 대립이 있더라도 그 사실을 모르는 두 사람은 태도를 같이할 것이다. 그러므로, 이해의 대립에 관한 잘못된 인식으로 인하여 태도의 대립이 격화되었을 경우에는, 우선 그 인식을 고침으로써 태도의 대립을 완화시킬 수 있을 것이다.

대국적 견지에서 긴 안목으로 볼 때, 같은 공동체의 성원들의 이해는 일치하는 측면이 많다. 그러나 우리는 흔히 목전의 이해관계에만 관심을 국한함으로써, 이해가 대립하는 측면을 과장해서 생각하는 경향이 있다. 서로 대국적 견지를 취하도록 노력함으로써 이해가 일치하는 측면까지도 깊이 고려한다면, 지나친 태도의 대립을 시정함에 도움이 될 것이다.

그러나 더욱 중요한 것은 사회 현실의 모순과 비리를 제거함으로써 구조적 불공정에 유래하는 이해의 대립을 극소화하는 일이다. 태도의 대립을 심각하게 만드는 가장 큰 원인은 사회 현실의 모순과 비리이다. 모순과 비리가 지배하는 사회 현실에 변화가 오거나, 적어도 변화를 약속하는 조짐이 보이지 않는 한, 그 모순과 비리의 피해자들은 현실에 대한 부정적 태도를 버리지 않을 것이다. 그리고 사회 현실의 모순과 비리에 대한 피해 계층의 부정적 태도는 감정적 색채를 강하게 띠기 쉬운 까닭에, 사회 현실의 모순과 비리가 심할수록 현실 문제에 대한 태도의 대립이 격화될 가능성이 크다.

만약 공정한 사회가 실현되어 구조적 모순에서 오는 이해의 대립이 해소된다면, 현실 문제에 대한 심각한 태도의 대립은 크게 완화될 것이다. 그러나 사회 현실을 개조하여 공정한 사회를 건설하자면, 사회 현실을 움직일 수 있는 실력을 가진 계층이 솔선하여 선도적 임무를 맡아야 할 것이다. 그런데, 현재 유리한 계층이 현실의 개혁을 위하여 솔선한다는 것은 자신들의 기득 이권을 어느 정도 포기함을 의미한다. 여기서 생기는 문제는, 유리한 계층의 입장에서 볼 때, 자신들의 기득 이권의 많은 부분을 포기하는 것을 정당화할 만한 근거가 있느냐 하는 그것이다.

첫째로, 인도주의의 종교 내지 도덕에서 그 근거를 찾아보는 경우를 생각할 수 있을 것이다. 인도주의의 견지에서 볼 때, 남의 몫을 빼앗거나 불공정한 현실을 긍정하는 것은 도리가 아니며, 비록 나의 손실을 무릅쓰더라도 그 시정을 위해서 노력해야 마땅할 것이다. 그러나 이 논법은 인도주의를 신봉하는 사람에게만 타당성을 가질 뿐 그 밖의 사람에게는 설득력이 없다. 그리고 관념적으로 인도주의를 믿는다 하더라도, 그 믿음이 그대로 행동적 실천에 옮겨지기는 매우 어렵다는 사실도 이 첫째 근거가 갖는 큰 약점이다. 열광적 신자가 아닌 일반인의 경우에 있어서, 자기의 이익을 지키고자 하는 동기가 어떤 교리를 따르고자 하는 동기보다 강한 것이 보통이다.

둘째로, 정신 우위의 가치론을 근거로 삼고 물질적 이익의 자진 포기의 이유를 찾아볼 수 있을 것이다. 경제가 지나치게 큰 비중을 차지하는 현대 생활에 있어서, 사람들은 물질적 가치만을 '이익'으로 여기는 경향이 있다. 그러나 나를 통하여 실현된 모든 가치는 더 근본적인 의미에 있어서 나의 이익이다. 특히, 사회정의 내지 이성적 사회의 건설, 우정과 평화의 실현 등은 인간의 큰 업적이요 승리인 동시에, 넓은 의미로 우리 모두를 위해서 큰 이익인 것이다. 나의 경제적 손실을 대가로 삼고 도덕적 선과 마음의 평화를 얻는 것은, 거시적 안목의 계산이라는 관점에서 볼 때 매우 현명한 행위라는 결론에 이르게 되는 것이다. 다만, 이 논법에도 앞의 경우와 유사한 약점이 있다. 정신 우위의 가치론을 거부할 수 없도록 입증하기가 어렵다는 난점과, 이론적으로는 정신 우위의 가치론을 받아들이더라도 실천적으로는 물질적 가치를 선택할 가능성이 존재한다는 약점이다. 그러나 현대인에 있어서의 지성의 발달을 고려할 때, 앞에서 말한 인도주의에 비하여 이 약점은 극복이 수월한 약점이라고 생각된다.

셋째로, '신중한 이기주의'의 견지에서 보더라도 물질적 특권에 대한 오늘의 자제가 긴 안목으로 볼 때 유리하다는 결론을 얻을 수 있을 것이다. 한 개인이 물질적 가치를 즐길 수 있는 범위는 육체적 한계에 의한 제약을 받는다. 쉽게 말해서, 한 개인이나 그의 가족이 평생을 통하여 사용할 수 있는 물질의 총량은 큰 부자의 재산의 총량에 비하면 아주 적은 것이며, 재벌들은 많은 경우에 실제로 필요한 재산의 여러 배를 가지고 있다가 죽거나, 남는 재산을 불필요한 목적을 위해서 낭비한다. 그러나 이것은 이기주의의 견지에서 보더라도 결코 현명한 짓은 아니다. 이미 필요 이상의 재산을 가진 사람을 위해서 가장 요긴하고 유익한 일은, 그 이상의 축재나 사치가 아니라, 사회적 격변을 미연에 방지하는 일이다. 그리고 사회적 격변을 미연에 방지하는 가장 효과적 방법은 빈부의 지나친 격차를 줄이는 일이다. 그러므로 유리한 고지를 차지한 계층이 솔선하여 공정하고 명랑한 사회의 건설을 위해서 노력하는 것은, 결국 자신을 위해서도 유리하다는 결론이 되는 것이다.

이 셋째의 논리에도 약점은 있다. 이기주의의 입장을 고수하는 한, 아무리 신중하게 계산을 한다 할지라도, 유리한 고지에 선 사람이 양보할 수 있는 선은 어느 한계를 넘어서기 어렵다는 약점이다. 즉, 적어도 자기에게 필요한 것은 미리 확보하고 나머지만을 양보할 것이므로, 완전하게 공정한 사회의 실현이 어려우리라는 약점이다.

그러나 '완전하게 공정한 사회의 실현'이란 어느 길을 택한다 하더라도 먼 장래를 위한 이상에 지나지 않는다. 급진주의자들의 길을 따라서 혁명이 성공한다 하더라도, 새로운 승자들은 또 새로운 특권층을 형성하고 패자에게 지나친 보복을 할 것이다. 오늘의 인간성이 크게 변하여 인간이 글자 그대로 이성적 존재가 되지 않는 한, 우리는 완전히 공정한 사회의 주민이 되기는 어려울 것이다.

끝으로, 힘에 의하여 반대 의견을 탄압함으로써 국론의 통일을 기하는 방법에 관하여 간단히 사견을 피력해 두고자 한다. 결론부터 말하면, 힘으로 누를 수 있는 것은 겉으로 나타나는 행동에 그치며, 마음속에 도사린 사상이 아닌 까닭에, 이 방법은 일시적 응급 대책 이상의 것이 될 수 없다. 현실을 전적으로 부정하는 어떤 과격한 사상의 만연을 방치하면 사회의 기본 질서가 무너질 것으로 판단되었을 때, 당장의 위기를 모면하는 일시적 방편으로서 표현의 자유를 막는 수가 있다. 이 방법의 도덕적 타당성의 문제는 묻지 않는다 치더라도, 이 방법은 근본 대책이 못 된다는 점에 치명적 한계가 있다. 우리나라와 같은 개방사회에 있어서 어떤 사상의 뿌리를 뽑을 수는 없는 일이며, 힘에 눌려 밖으로의 표현이 막힌 사상은 지하로 숨어서 자라기 마련이다. 보이지 않는 곳에서 모르는 사이에 팽창한 저항적 사상이 어떤 계기에

폭발하게 되면, 봇물이 터질 때와 같이 파국을 부른다.[58]

특히 반대 의견을 가진 상대가 대학생과 같은 젊은이들일 경우에는, 기성 세대 특히 위정 당국은 교육적 견지에서 문제의 수습을 꾀하는 것이 바람직하다. 우선 진지한 대화를 통하여 상대편의 주장에 귀를 기울여야 할 것이다. 다음은 상대편의 주장에 편견 또는 오해가 있거나 논리적 모순이 있다면 사실과 논리에 의거해서 그것을 지적해야 할 것이다. 그리고 젊은이들이 모르는 고충이 있으면 그것을 호소하고, 세상 일이 소박한 이론대로 되지 않는다는 사실을 일깨우는 것도 좋을 것이다. 그러나 가장 중요한 것은, 상대편의 주장 가운데 옳은 점은 이를 솔직히 시인하고, 그 옳은 주장을 살려 우리 현실의 개조에 반영시키도록 성의를 다하는 일일 것이다.

정치 또는 사회 문제에 관하여 대학생들이 취하는 태도에도 이기적 동기가 숨어서 작용할 수 있다. 그러나 많은 경우에 있어서 대학생들의 동기는 더 윤리적이다. 이해타산에 의해서보다는 그들 나름의 정의감에 의해서 어떤 태도를 취하는 것이 보통이다. 따라서 그들의 주장 가운데는 사회 현실의 모순 또는 부조리를 반영한 것들이 있을 확률이 높다. 그리고 비록 반대론자의 의견일지라도 옳은 점은 받아들여서 시정할 것은 시정하는 것이 정도(正道)다. 사회 현실의 모순과 부조리가 줄어듦에 따라서 부정의 음성도 낮아질 것이다.

---

58 여기서 말하는 '표현의 자유'란 언론을 통한 표현이 자유를 지적하는 것이며, 행동을 통한 의사의 표현까지를 포함하는 것은 아니다.

6 장

전통문화와 외래문화의 만남과 문화 발전의 과제

1. 미국 문화의 충격

2. 전통에 대한 향수

3. 문화의 혼란과 문화의 격차

4. 한국 문화의 발전 방향

6장 전통문화와 외래문화의 만남과 문화 발전의 과제

1. 미국 문화의 충격

1) 우리말과 외국어

　한 개인의 관점에서 "어떻게 사는 것이 가장 바람직한 삶인가?" 하는 물음을 제기하였을 때, 이에 대한 대답은 인생관을 따라서 여러 가지로 다르게 주어질 것이다. 그 여러 가지 대답들 가운데서, 널리 '자아실현설'이라고 불리는 견해가 가장 강한 설득력을 가졌다고 저자는 믿고 있다. 자아실현설에도 여러 갈래가 있으나, 그 가운데서 어떤 것이 가장 설득력이 강하냐 하는 따위의 문제는 이 자리에서 우리가 다루지 않아도 좋을 것이다. 우리의 출발을 위해서는 아주 상식적인 전제만으로도 충분하다. 다시 말해서, 각자가 타고난 가능성을 최대한으로 발휘함을 목표로 삼는 인생 설계가 성공적으로 수행되었을 때, 그들의 삶은 바람직한 삶으로서 손색이 없다고 보는 상식적인 견해만으로도 우리의 출발을 위해서는 부족함이 없을 것이다.

　한 개인이 타고난 가능성을 유감없이 발휘하느냐 못하느냐 하는 것은, 그 개인 한 사람에게만 달린 문제가 아니라, 그가 사는 나라의 일반적 상황의 영향도 크게 받는다. 나라의 모든 여건이 그 성원들의 자아 형성과 관계가 있다고 보아야 하겠지만, 그 가운데서도 일반적으로 '문화'라는 말에 의하여 지칭되는 측면의 영향력은 특히 현저하다.

일반적으로 말해서, 생명력이 왕성하고 예술성과 윤리성이 탁월한 문화를 가진 나라의 국민들은 각자의 타고난 소질을 발휘하기가 용이한 반면에, 열등한 문화를 배경으로 삼고 사는 사람들은 자아의 실현이라는 관점에서 볼 때 불리한 조건에 놓이게 된다. 한 나라의 문화는 그 나라 국민의 자아실현에 결정적 영향력을 가진 조건일 뿐 아니라, 국민 각자의 자아실현의 총집합을 따라서 발전한다. 다시 말해서, 한 나라의 국민 각자가 소질을 발휘하여 자아를 실현해 갈 때, 그 개인적 성장의 집합이 그 국가의 문화적 발전의 방향과 수준을 결정한다.

한 나라의 문화는 그 나라 국민의 자아실현을 위한 발판인 동시에, 국민 각자의 자아실현이 종합적으로 집결하고 대를 이어서 축적함으로써 발전하는 삶의 정수(精髓)다. 그러므로 개인의 견지에서 보나 집단 전체의 견지에서 보나, 문화가 갖는 의의는 막대한 것이며 문화적 전통을 바르게 계승하여 다시 이를 창달하는 일은 우리 모두의 귀중한 공동 목표의 하나다. 그리고 문화의 핵심을 이루는 것은 바로 가치관인 까닭에, 한국인의 가치관을 문제삼고 있는 우리는 한국의 문화에 대해서도 당연히 깊은 관심을 갖게 된다.

문화는 인간 집단의 생활양식과 사고방식 그리고 창작품 등이 대를 이어서 축적되는 가운데 형성되는 역사적 산물이다. 그러므로, 한 민족 또는 국가의 문화가 자랑스러운 발전을 이룩하기 위해서는, 첫째로 문화적 전통의 정수가 바르게 계승되어야 하고, 둘째로는 새 세대의 역량이 유감없이 발휘되어 계승된 전통 위에 새로운 한 켜를 쌓는 데 성공해야 한다. 우리가 한국의 문화를 고찰함에 있어서도 마땅히 이 두 가지 관점을 중심으로 분석을 시도해야 할 것으로 보인다.

전통의 올바른 계승이라는 관점에서 볼 때, 한국 문화는 20세기에 들어서면서 많은 시련을 겪었다. 타 민족에 대한 정치적 지배가 완벽한 것이 되기 위해서는 그 민족의 고유문화를 말살해야 한다는 전제에 입각한 일본의 식민지 정책은, 한국의 언어와 문자까지도 죽이기를 시도하였다. 이러한 시도가 전적으로 성공을 거둔 것은 물론 아니나, 우리 민족이 문화적 전통을 계승함에 막대한 상처를 입혔음에는 의심의 여지가 없다. 문화적 전통의 정수가 올바르게 계승되기 위해서는 그 문화의 주인공인 집단이 자기들의 문화에 대해서 긍지를 느껴야 하거니와, 한민족에게 열등의식을 심어 주고자 한 일본의 식민지 정책이 상당한 성공을 거두었다는 사실이 우리들의 문화 전통 계승에 치명적 타격을 입히고 말았던 것이다.

8·15를 계기로 일본의 억압은 물러갔으나, 그들이 감행한 식민지 정책의 후유증은 오래 남았다. 조상들이 이룩한 문화적 전통을 제대로 계승하기 위해서는 그 전통을 존중히 여기는 마음이 전제되어야 하는데, 해방 당시의 우리 한국인에게는 전통에 대한 긍지가 별로 없었다. 한글과 고려 자기 등 특수한 유산에 대한 긍지는 있었으나, 민족적 열등의식에 사로잡혀 있었던 까닭에, 우리의 전통 전반에 대해서는 오히려 부정적인 평가가 우세한 편이었다.

일본에게 나라를 빼앗긴 것은 당시의 우리나라가 허약했고 당시의 위정자들이 잘못했기 때문이라는 자성론(自省論)이, 일본의 식민지 정책이 심어 준 열등의식과 결합하여, 우리의 문화적 전통 전체를 부정적 각도에서 바라보는 경향을 초래하고 있었다. 정치와 군사에 있어서의 후진성을 문화 전체의 후진성으로 확대 해석했던 것이며, 이러한 확대 해석은 우리의 민족과 역사 전체를 과소평가하는 자기비하(自己卑下)로 연결되기까지 하였다.

민족적 자기비하의 경향은 압도적으로 우세한 미국의 물질문명에 의하여 더욱 고취되었다. 일본의 굴레로부터 벗어난 것은 전쟁에 이긴 미국 덕분이었다는 감사의 심리는 미국이라는 나라에 대해서 긍정적 선입견을 갖게 하기에 충분하였고, 미군이 주둔하면서 보여준 그들의 풍부한 경제력은 미국 문화 전체를 놀라움과 찬미로써 선망하게 하였다. 이에 미국의 것은 무엇이든 훌륭한 것으로 보이는 반면에, 우리의 것은 모두가 보잘것없는 것 또는 수치스러운 것으로 보이는 심리가 도처에 미만하게 되었다. 이러한 풍조는 자연히 작가들의 관심을 끌게 되어, 그들의 작품에도 반영되었다.

　해방 직후 또는 1950년대 초반을 배경으로 삼은 소설 속에 등장하는 인물들의 대화 가운데는 영어가 가끔 튀어나온다. 예컨대, 이무영의 장편 『삼년』에 등장하는 규홍과 명주는 오빠와 누이동생의 사이인데, 집에서 아침 인사를 '헬로!'와 '굿모닝 써'로 교환하고 있다.[1] 정비석이 1954년에 발표한 『자유부인』에 나오는 인물들도 서투른 영어를 우리말과 섞어서 쓰는 것을 예사로이 생각하는 정도가 아니라 차라리 자랑으로 여기는 기색조차 있다. 영문과에 다닌다는 대학생 신춘호는 입버릇처럼 영어를 섞어서 쓴다. "현대 여성은 적어도 댄스만은 마스터해야 합니다." "아주머닌 스타일이 좋아서 포즈가 아주 베리 굿일 것입니다." "굿 나이트! 마이 디어 마담" 하는 식이다.[2] 신춘호만이 그런 것이 아니라 나잇살이나 먹은 중년 부인들도 "그런 염려는 해브 노우야." "우리 언제 올 나이트 한 번 할까?" 따위의 말을 하는가 하면, 제법 신사로 자처하는 한태석마저도 "나는 퍼스트 임프레션을 매우 소중히 여기는데, 미세스 오께 대한 첫 인상이 매우 좋습니다." 하는 따위의 표현을 쓰고 있다.[3]

　1　이무영, 『삼년』, 『신한국문학전집』, 23권, p.316.
　2　정비석, 『자유부인』, 정통출판사, 1978, pp.14-15, p.46.

일상생활 속에서 영어를 마구 섞어서 사용하는 경박한 풍조는 1950년대를 고비로 차츰 수그러지기 시작하였다. 그러나 영어에 대한 선호(選好)의 심리는 속으로 깊은 뿌리를 내린 듯 좀처럼 청산되지 않고 지속하였다. 미국이 군정을 실시하던 시절에는 영어만 잘하면 돈과 지위는 저절로 얻을 수 있다는 생각이 일반적인 관념에 가까웠거니와, 영어를 출세 또는 특권층과 연결시켜서 생각하는 경향은 미국의 군정이 물러간 뒤에도 오래 남았다.[4] 4 · 19 당시의 사회상을 배경으로 삼고 쓰인 강신재의 『오늘과 내일』에 등장하는 노문석의 외아들 이야기는 이러한 사정을 상징적으로 나타낸 것으로 볼 수 있을 것이다.

노문석이라는 작자는 군대의 부식을 납품하는 군납 업자로서 엉터리 수작을 부려 갑자기 부자가 된 부정 축재자였다. 그는 제 외아들을 미국인이 경영하는 외국인 학교에 보냈는데, 열두어 살 난 이 아이는 저의 집을 방문하는 사람 아무에게나 영어로 지껄여 대는 버릇이 있었다. 그럴 때에 그 아이의 태도는 "마치 거만한 어른처럼 무지스럽게 모든 것을 딛고 올라서서 세상 일을 내려다보고 있는 것" 같은 인상을 주었다.[5]

---

3 같은 책, p.23, p.83, p.109.
4 이무영의 『삼년』 가운데 복덕방 영감의 입을 빌린 다음과 같은 말이 있다. "지금 세상이 어떻게 돌아가는 줄 알구 하시는 말씀인가요? 합방 땐 빠가, 고라, 칙소만 하면 데꺽 너는 군수다 너는 도장관이다 하더니만, 요샌 쑤얼라 쑤얼라 한마디면 그저 만사가 오케랍네다. 헬로 헬로 동양 광목회사 갖구 싶고, 쑤엘라 쑤엘라 한마디만 하면 오케, 색시 하나 일이 없습네까? 우리 사람 도지사 하나 하구 싶소. 이튿날이면 데꺽 아무개 도지사죠. … 이런 세상입네다요." 이무영, 『삼년』, 『신한국문학전집』, 23권, p.330. 박용숙이 1971년에 발표한 단편 「이민중의 죽음」 가운데도 학생을 훈계하는 교사의 말 중에, "임마, 요즈음은 다른 과목보다도 영어를 잘해야 출세를 잘한단 말이야! 알아? 몰라?" 하고 다그치는 구절이 있다. 박용숙, 「이민중의 죽음」, 『꿈을 꾸는 버러지』, 삼중당, 1977, p.299.
5 강신재, 『오늘과 내일』, 『신한국문학전집』, 11권, p.25.

언어는 마음의 표현이다. 우리가 사용하는 언어와 우리들의 의식 상태 사이에는 밀접한 관계가 있다. 그런 뜻에서, 한국 사람들이 사용하는 말 가운데 영어가 많이 섞여 들어오고 있으며 영어 단어를 선호하는 경향이 있다는 사실은, 우리 문화의 한 단면을 보여주는 것으로서 소홀히 생각해서는 안 될 중요한 문제를 안고 있다. 이러한 점을 고려하여 우리 언어의 순화를 역설하는 식자들의 소리가 여론화했고, 정부 당국과 언론기관이 이 여론을 실천에 옮기려는 움직임을 보여온 지도 이미 오래다.

그러나 우리말을 순화하는 과제는 오직 부분적인 개선을 이룩했을 뿐 아직도 많은 문제를 남기고 있다. 문제의 근본은 여전히 그대로 남아 있다고 보아야 할 것이다. 대중에 대하여 가장 큰 영향력을 가지고 있는 언론기관과 정부 기관의 산하에 있는 단체들이 사용하는 공용어들조차도 영어 선호의 굴레를 벗어나지 못하고 있는 실정이다. 아래 그 예를 몇 가지 들어 보기로 하자.

대중매체의 으뜸으로 손꼽히는 텔레비전의 방송 순서를 살펴보면, 아직도 '스튜디오 830', '주초 다큐멘터리', '일요일 다큐멘터리', '세계의 다큐멘터리', '뉴스 데스크', '대하 드라마', '뉴스 파노라마', '뉴스 센터', '뉴스 데이트', '시민 법정 애프터서비스' 등이 눈에 뜨인다. 텔레비전에 출연하는 인사들의 발언 가운데는 듣기에 민망스러운 것들이 더욱 많다.

우리 한국은 지금 '체력은 국력'이라는 표어를 앞세우고 체육과 운동경기에 거국적인 힘을 기울이고 있다. 그런데 이 거국적 각광을 받고 있는 체육계도 외래어를 선호하는 경향에는 다를 바가 없다. 예컨대, 연맹전의 명칭은 '코리안 시리즈', '점보 시리즈', '슈퍼 리그' 등이요, 직업 야구의 구단명은 '타이거즈', '라이온즈', '베어즈' 따위로 되어 있다. 오직 주식회사 '문화방송'만이 '청룡'이라는 이름을 붙였는데, 그것마저 앞에 MBC라는 영어 글자가 붙어 있다.[6]

연맹전 또는 야구단의 이름에 영어를 사용하는 이유 가운데는 관객의 주종을 이루는 청소년층의 취향에 영합하고자 하는 의도도 포함되어 있을 것이다. 우리나라의 청소년층에 서양어 선호의 경향이 현저하다는 것은 젊은 이들을 상대로 하는 상인들이 잘 알고 있다. 한국의 대표적인 신문사가 발행하는 잡지 이름에 『영 레이디』니 『레이디 경향』 따위를 채택한 것은 젊은 여성들의 취향을 감안한 결과임에 틀림이 없다. 출판사를 경영하는 어느 친구의 말에 따르면 '수필집' 또는 '수상집'이라는 말보다는 '에세이집'이라는 동서양 합작어가 젊은 독자층에게 인기가 있다. 영어 또는 서양어를 선호하는 젊은이들의 취향이 바람직한 것이냐 아니냐를 논하기에 앞서서 우리는 이러한 취향의 원인이 무엇인가부터 살펴야 할 것이다.

언어라는 것은 국경을 넘나들기 마련이며, 국경을 넘나드는 가운데 서로 영향을 주고받기 마련이다. 특히 현대와 같이 국제적 교류가 빈번한 시대에 있어서는 모국어가 외래어의 영향을 받고 변화를 일으키는 것은 어디서나 볼 수 있는 일반적 현상이며, 일반적 현상으로서의 외국어의 영향은 굳이 막아야 할 이유도 없으며 크게 걱정할 문제도 아니다.

그러나 외국어의 수용 내지 선호가 남의 것을 우러러보고 제 것을 업신여기는 열등의식에 바탕을 두었을 경우에는 문제가 달라진다. 내 나라의 문물은 업신여기고 남의 나라의 그것을 우러러보는 열등의식이 일반화할 경우에는, 그 나라 문화 전체의 바탕이 흔들리게 되므로 거기에는 심각한 문제가 있다고 보는 것이다. 우리 한국에 있어서 영어 또는 그 밖의 외국어가 많이

---

6 직업 야구단 가운데 '해태 타이거즈'라는 이름을 가진 것도 있다. 번역을 하면, '해태 호랑이들'이 된다. 해태라는 상상의 동물과 호랑이라는 지상의 동물을 한 우리 속에 가두어 놓은 격이다. '해태 호랑이들'이라고 하면 이상하게 들리나, '해태 타이거즈' 하면 그럴듯하게 들린다는 바로 이 사실에 우리들의 의식의 문제가 있는 것이 아닐까.

사용되는 현상도 심각한 문제를 내포한 경우라고 보는 것이 식자들의 일반적 견해다. '김치'나 '불고기'가 한국의 고유한 음식인 까닭에 외국인들도 그 말을 그대로 사용하는 것과 '우유' 또는 '설탕' 따위의 우리말을 두고도 굳이 '밀크' 또는 '슈가'라는 말을 쓰는 것과는 사정이 다르다고 보는 것이다.

남의 나라 말을 많이 안다는 것은 그 자체로서는 매우 바람직한 일이다. 그리고 남의 나라의 말을 익히기 위해서는 그 외국어를 열심히 배우고 일상생활에서도 자주 사용하는 것이 상책이다. 다만 문제가 생기는 것은, 모국어에 대한 사랑과 존중이 없이 오로지 외국어에 대한 관심만이 우세할 경우에 있어서다. 바꾸어 말하면, 외국어에 대한 관심 내지 호기심에 문제가 있는 것이 아니라, 내 나라와 내 나라의 말을 얼마나 아끼고 사랑하느냐에 문제가 있다.

조국을 사랑하면 조국의 산천에도 애정을 금치 못하듯이, 나라를 사랑하면 나라말에 대해서도 애정과 존중의 뜻을 금치 못한다. 반대로 나라에 대한 애정과 긍지가 부족하면 나라말에 대해서도 애착과 긍지를 느끼지 못하게 되고, 그러한 마음의 공백이 외국어에 대한 관심 내지 호기심으로 채워질 경우가 있다. 식자들이 염려하는 것은 바로 이와 같은 주객전도의 경우다.

1950년대 초의 한국의 사회상을 소재로 삼은 정비석의 『자유부인』 가운데, "대체로 지금 학생들이 국어 같은 것보다는 영어에 각별히 열심인 경향이 있다."는 이야기가 나오는 대목이 있다. 작중 인물인 장태연 교수가 담당한 국어 과목에서 낙제 점수를 받은 학생 수가 많은 이유가 무엇이냐는 물음을 받고서, 교무처의 젊은 직원은 영어 공부에 힘을 기울이다 보니 자연 국어 공부는 소홀히 된 것이 아니겠느냐고 대답했던 것이다. 이 대답에 불쾌감과 분노를 느낀 장태연 교수는, "제 나라 글인 국어를 등한히 여기고, 영어에만 열심인 경향은 무슨 까닭일까요?" 하고 물었다. 이에 대하여 교무처 직원은 다음과 같이 응답하고 있다. "선생님두 원, 그야 그럴 게 아닙니까. 국어는 제 나라 글이니까 열심히 하지 않더라도 다 알 수 있는 일이지만, 영어는 외국어인 만큼 역시 열심히 해야겠죠."

교무처 직원까지도 국어 공부 소홀히 하는 것을 당연하다고 생각하는 사실에 또 한 번 실망하면서, 장태연 교수는 옛날 우리 조상들이 한글을 언문(諺文)이라는 이름으로 낮잡아 보면서 중국 글을 진서(眞書)라고 숭상했던 사실을 회상한다. 그리고 우리말 대신에 일본어를 사용하도록 강요했던 일본의 억압을 겨우 벗어난 이제 또다시 영어라는 외국어로 쏠리는 심사를 매우 한심하다고 개탄한다.[7]

2) 『자유부인』에 나타난 부박한 풍조

미국이라는 나라가 정치와 경제 그리고 과학 등 여러 분야에 있어서 우리 한국보다 앞서고 있다는 것은 의심의 여지가 없다. 따라서 우리가 우리의 것보다 앞선 미국의 문화를 수용하는 것은 매우 바람직한 일이며, 그 문화를 받아들이기 위한 준비로서 우선 영어에 능통해야 한다는 것도 당연한 상식이다. 그러나 해방 이후에 우리가 경험한 미국의 영향을 '선진 문화의 수용'이라는 이름으로 정당화하기에는 여러 가지로 미흡한 점이 있었다.

해방 직후에 우리가 접촉할 수 있었던 것은 미국의 군인들과 미국의 영화 따위의 것이었고, 미국에 있어서 최선의 부분은 아니었다. 그리고 미국 문화의 심층을 이해할 만한 깊은 통찰력을 발휘하기에는 우리의 정신 상태가 너무 들떠 있었다. 따라서 해방 이후의 밀접한 접촉을 통하여 우리가 받게 된 미국의 영향은 미국 문화의 진수와는 거리가 먼 것이었다.

---

7 정비석, 『자유부인』, pp.261-265.

문학에 대한 의도보다도 1950년대 초의 사회상을 고발하고자 하는 도덕적 의도가 앞선 정비석의 『자유부인』 가운데 사교춤에 관한 이야기가 여러 군데 보인다. 등장인물 중의 많은 사람들이 사교춤의 중요성을 강조하고 있거니와, 그 주장하는 바가 모두 상식 밖이다. 경박한 대학생으로 등장하는 신춘호는 사교춤을 현대인을 위한 교양의 으뜸으로 꼽을 뿐 아니라 민주 혁명의 제일보라고까지 역설한다. 태창기업의 사장 부인 이월선 여사도 "현대의 문화인은 댄스만은 알아야 한다."고 강조하고 있으며, 미군 부대 타이피스트 박은미는 사교춤이 "가정의 민주 생활화를 위한 필수 조건"이라고 전제하고, 대학교수님들이 부인 동반으로 댄스 파티에 나가는 일에 솔선수범해야 한다고 주장한다.[8]

여주인공의 남편인 장태연 교수는 한글 학자로서 연구에만 전념하는 가운데 사교춤을 익힐 여가가 없었는데, 그로 인해서 아내에게 받는 구박이 이만저만이 아니었다. 전축 없이는 춤을 배울 수 없느냐고 물었다가 "발바닥같이 무식하다."는 핀잔까지 들었다. 국회의원 선거에 즈음하여 남편을 따라서 맹목적으로 투표하는 것은 민주 정신에 어긋난다는 말이 장태연 교수의 입에서 나왔을 때, 그의 아내 오선영 여사는 "당신은 춤도 출 줄 모르면서 언제부터 그렇게 진정한 민주주의자가 되셨어요. 정말로 진짜 민주주의자가 되려거든 먼저 춤부터 배우세요!"라고 몰아세웠다. 아내의 말보다도 귀여운 타이피스트 박은미의 주장의 영향을 받고, 처음에는 사교춤을 매우 못마땅하게 생각했던 장교수도 결국은 그것을 배워야 할까 보다고 후퇴하기에 이르렀다.[9]

---

8 같은 책, p.23, p.46, p.67, p.115, p.170.
9 같은 책, p.170, p.354, p.364 참조.

그 당시의 한국 사정을 모르는 독자가 읽으면, 『자유부인』의 사교춤 이야기는 한갓 거짓말에 불과하다는 느낌을 줄 것이다. 그러나 약간의 과장이 있다는 것은 부인하기 어려우나 전혀 사실을 떠난 허구는 아니다. 저자의 기억에 따르더라도, 해방 직후로부터 1950년대에 걸쳐서 '문화인'으로 자처하는 한국인들 사이에 사교춤을 교양의 필수과목처럼 생각하는 경향이 있었다는 것을 증언할 수가 있다.

저자는 1957년 미국 유학 길을 떠날 기회를 가졌으나 그때까지 사교춤을 배우지 못했다. 입학이 확정된 뒤로부터 한국을 떠날 때까지 반년 이상의 기간이 있었고, 주위에서는 사교춤을 기초만이라도 배워 두라고 거듭 권하였다. 저자 자신도 그 권고가 타당한 것으로 믿고 틈을 내보려 했으나, 다른 준비에 쫓기는 가운데 결국 춤 공부는 시작도 못하고 비행기에 오르게 되었다. 미국에 도착한 뒤에도 춤을 모르는 자신에 대해서 불안을 느꼈고, 미국 친구에게 사교춤을 출 줄 모른다는 사실을 고백하고 걱정한 기억도 있다. 그러나 실제에 있어서 미국에 있는 동안 춤으로 인해서 불편을 겪은 적은 없으며, 춤을 출 기회조차 거의 없었다. 어떤 연유에서 사교춤을 미국 문화의 상징처럼 착각하게 되었는지는 잘 모르겠으나, 아마 춤 장면이 흔히 나오는 미국 영화의 영향도 있었던 것으로 보인다.

사교춤에 관한 이야기는, 미국 문화 내지 서구 문화의 핵심을 모르고 오직 그 지엽만을 잘못 받아들인 우리들의 어리석은 행태의 본보기에 해당한다. 다른 여러 경우에 있어서도 우리는 미국 문화의 우수한 측면보다는 그 좋지 못한 측면의 영향을 많이 받았고, 대체로 말해서, 미국 문화를 상징하는 '민주주의', '합리주의', 또는 '프래그머티즘' 등의 개념을 제대로 이해하지 못했다. 작가 정비석도 이 점을 곳곳에서 지적하고 있다.

사교춤을 '민족 혁명의 제일보'라고 말한 경박한 대학생 신춘호는, 그 밖에도 아무 곳에서나 '민주주의'를 끌어들이고 있다. 예컨대, 장태연 교수 부인 오선영 여사의 사진을 확대해서 책상 앞에 붙여 놓고 그 옆에 '나의 영원한 마담이여'라는 말을 첨가한 것을 보고 오여사가 가벼운 항의를 했을 때, 신춘호는 "민주주의 세상에서는 러브는 자유니까요. … 비록 대통령이라 하더라도 그 자유를 침범할 권리가 없습니다."라고 응수하였다.[10] 그리고 오선영 여사는 다른 경우에 자기 남편을 보고, "거리에 나다니는 청춘 남녀들은 비록 이론적으로는 민주주의를 모르더라도, 행동만은 민주주의를 제대로 실천하고 있잖아요?"라는 말을 한 적이 있다. 여기서 민주주의를 실천하고 있다 함은, 청춘 남녀들 가운데 사교춤을 잘 추는 사람들이 많다는 사실을 지적한 말이었다.[11]

『자유부인』 가운데, 장태연 교수에게 한글을 배우는 박은미가 자기 애인 원효삼의 성적을 올려 달라고 부탁하는 장면이 있다. 장교수는 그 부탁만은 들어줄 수가 없다고 거절하면서, "대학생이라면 대학생답게 이상에 살고 이상에 죽을 만한 기개가 있어야 한다."고 타이른다. 이에 대해서 박은미는, 원효삼도 이상주의자이기는 일반인데 다만 그 이상을 실현함에 있어서 합리적 수단을 쓰자는 점이 다를 뿐이라고 응수한다. 박은미가 말하는 '합리적 수단'이란 미인계 또는 뇌물을 써서 좋은 점수를 얻어 내는 방법을 일컫는 것인데, 그것을 그녀가 '합리적'이라고 부르는 근거는 사회 풍조의 현실이 그렇다는 데 있는 모양이다. 그리고 어디까지나 '현실'을 존중하고 현실과 타협하는 것이 미국식 합리주의라는 곡해도, 미군 부대에 다니는 박은미의 태도 가운데 있는 것으로 보인다.[12]

---

10 같은 책, p.61.
11 같은 책, p.360.
12 같은 책, pp.172-173.

장태연 교수와 박은미가 나눈 대화 가운데 '봉건적'이라는 말과 '진보적'이라는 말이 사용된 대목이 있다. 넬슨 제독의 사랑을 주제로 삼은 영화 「미녀 엠마」를 함께 보고 나오면서 은미는 그 영화가 '봉건적'이라고 평했던 것이다. 그 영화를 봉건적이라고 좋지 않게 말한 이유는 넬슨 제독이 본처보다 엠마를 그토록 사랑한다면, 당연히 이혼을 하고 엠마와 재혼을 했어야 하는데, 영화 내용은 그렇지 않다는 데 있었다. 더 좋아하는 사람이 생기면 조강지처와도 주저 없이 헤어지는 것을 '진보적'이라고 보고, 그러한 의미의 '진보적' 태도를 찬양하고 있는 것이다.[13]

『자유부인』의 등장인물 가운데 최윤주라는 여자도 이혼을 예사롭게 생각하고 실제로 이혼을 감행하고 있다. 최윤주 여사에 따르면, 남편 이외에 애인 하나쯤 없는 것은 지지리 못난 여자이며, "남녀 동등권이 버젓한 민주주의 시대에" 한 남자에게만 매여서 사는 것은 "봉건시대의 무식한 여자"에게나 어울리는 태도다. 그러한 의미로 '진보적'임을 자처하는 최윤주 여사는 실제로 남편과 아이들을 버리고 가정 밖으로 뛰쳐나왔다.[14]

『자유부인』에 등장하는 인물들이 미국 내지 서구의 문물을 잘못 이해하고 잘못 받아들이는 사례는 그 밖에도 많이 있다. 주인공 오선영 여사도 참석하는 화교회(花交會)는 "동창생들 중에서도 각계의 지도적 입장에 있는 부인들과 실업계의 중역 부인들만으로 한 달에 한 번씩 모이기로 되어 있는" 모임이거니와, 이 모임에 참석하는 사람들의 사고방식과 생활 태도가 극히 비지도적이다. 그들은 서로가 앞을 다투어 몸치장과 옷치장에 열을 올리며 사치와 낭비의 생활을 자랑으로 여긴다. 그들은 미국제 의상과 미국제 핸드백

---

13 같은 책, p.99.
14 같은 책, pp.119-121.

등을 과시하거나 부러워하는 일에 무척 신경을 쓰는데, 그들에 있어서 '미제' 또는 '외국산'이라는 말은 '고급품'이라는 말과 같은 뜻이고, '한제' 또는 '국산품'이라는 말은 '하급품'과 같은 뜻이다. 그리고 "문화인이란 생활을 엔조이할 줄 아는 사람을 말한다."는 것이 그들의 지론이기도 하였다.[15]

여자들만이 작가 정비석의 눈에 몰지각하게 보인 것은 물론 아니다. 남자 대학생 신춘호와 원효삼의 부박하고 불성실한 생활 태도에 대해서는 이미 언급한 바 있으며, 그 밖의 등장인물인 한태석과 백광진도 방탕하고 불성실한 인간으로서 소개되고 있다. 장태연 교수 이외의 남자들은, 방탕스럽고 사치스러운 생활을 일삼을 뿐 아니라 사기와 협잡 등으로 타인과 사회를 해치는 적극적인 악당으로 그려지고 있으니, 여자들보다도 더 문제가 많은 사람들인 셈이다.

『자유부인』에 등장하는 인물들이 1950년대 초반의 한국인 전체를 대표한다고 보기는 어렵다. 이 소설의 주인공들과는 다른 생각과 다른 생활 태도로 산 사람들이 수적으로는 아마 더 많았을 것이다. 이 작품을 집필한 동기에 작가의 도덕적 의도가 앞섰던 까닭에, 시대 풍조의 부박한 측면을 사실보다도 과장해서 강조하는 필법을 사용하고 있다. 그러나 비록 통속적인 소설이기는 하지만, 정비석의 『자유부인』이 6·25 전쟁을 배경으로 삼고 미국 또는 서양의 문물을 잘못 받아들인 1950년대 초기의 한국 사람들의 들뜬 정신 상태를 비교적 여실하게 보여주는 공은 가졌다고 보아도 무방할 것이다.

---

15 같은 책, p.8, p.16, pp.18-19, pp.194-195, p.239, p.332 참조.

2. 전통에 대한 향수

1) 외래문화의 자주성 없는 수용에 대한 비판의 소리

해방 직후의 모든 한국인이 미국을 숭상하고 미국의 문물을 비판 없이 받아들인 것은 아니었다. 해방이 되자마자 재빨리 정치적 활동을 시작한 것은 삼팔선 이남에서도 좌익 계열이었고, 좌익 계열에서는 미군이 주둔하기 전부터 정치적 주도권을 잡으려고 음으로 양으로 획책하는 가운데 강한 반미 감정을 노출하고 또 고취하였다. 정치적 이유에서 미국에 대해서 반감을 가졌던 좌익의 태도는 논외로 하더라도, 정치적 편견을 떠난 일반인 가운데도 식자층에서는 분별 없는 미국 숭상에 대해서 일찍부터 비판적인 시선을 돌리기 시작했다.

이무영의 『삼년』은 해방 다음 해인 1946년 봄에 탈고한 장편이지만, 그 가운데 이미 절도 없는 미국 숭상에 대한 반성의 소리가 고개를 들고 있다. 『삼년』에 등장하는 한명주와 윤동택은 해방 전부터 잘 아는 사이고, 명주의 어머니는 동택을 사윗감으로 점찍어 놓고 있었다. 해방을 계기로 일본 유학에서 돌아온 명주는 동택에 대해서 실망을 느끼기 시작하는데, 그 이유의 하나가 동택이 미군 부대의 통역 노릇을 한다는 사실이었다.

동택이 미군 부대의 통역으로 들어갔다는 소식을 들은 뒤부터 그에 대한 명주의 태도는 아주 달라졌다. 동택이만 보면 "양담배 맛이 어떠셔요?" 하고 조롱하기도 하고, "난 선생님이 영어 공부를 하신다기에 외국 대사로나 나가시려는 게로구나 했더니만, 그래 미군 통역예요? 좋으시겠어." 하고 빈정대기도 하였다. 명주가 싫어하는 눈치를 채고 동택이도 이튿날로 통역을 그만두었다.[16]

이무영은 『삼년』의 여주인공 명주의 눈과 입을 통하여 미군의 무례한 행패와 미 군정의 횡포에 대해서도 몇 가지 언급하고 있다. "껌을 질겅질겅 씹고 떼를 지어 다니는" 미국 군인들에 의하여 희롱을 당하기도 하고 매일같이 신문에 보도되는 미국 병정들의 못된 짓을 읽기도 한 명주는, "해방시켜 준 고마움보다도 점점 끔찍스러운 생각만이 늘어 가는 것을 어찌할 수가 없었다."고 하였다. 그리고 '무상 원조'를 내세우며 우리를 도와준다는 미 군정이 사실은 우리의 국내 산업을 몰락하게 만들고 있다는 말을 들은 명주로 하여금, 제 나라는 제 나라의 군대가 지켜야 하고 제 정부가 정치를 해야 한다고 술회하게 하였다.[17] 이무영은 또 "고양이 뿔만 없지, 이 세상에 있는 물건치고 없는 것이 없다는 '도떼기 시장'", 즉 미군 물자가 흘러나와서 생긴 국제 시장의 수라장 같은 광경도 소개하고 있는데, 이것도 역시 미국의 영향 가운데서 부정적 측면을 암시한 것으로 해석할 수 있을 것이다.[18]

곽학송도 그의 중편소설 「두 위도선」 안에서 미국 문화 수용에 대한 한국인의 그릇된 태도를 다소나마 암시하고 있다. 그는 등장인물 안경수와 김진태의 대화 장면 가운데서 후자로 하여금 다음과 같은 말을 하게 하였다.

"제가 왜 웃은 줄 아십니까? 한국 여성, 한국 여성 하지만, 좀 잘난 여잘 보면 우리 한국 여자가 아니라 서양 여자, 특히 미국 여자같이 보여섭니다. 사실 얼굴깨나 반반하게 생긴 창부 종류의 여자, 글깨나 배웠다는 이른바 인텔리 여성들이 얼마나 많이 미국으로 건너가서 귀화해 버렸습니까. …"[19]

16 이무영, 「삼년」, 『신한국문학전집』, 23권, pp.229-230.
17 같은 책, p.240, p.336 참조.
18 같은 책, p.225.
19 곽학송, 「두 위도선」, 『신한국문학전집』, 12권, p.63.

대화가 사촌간이면서도 동거 생활을 하고 있는 고향 사람들의 이야기로 옮겨 갔을 때, 김진태는 "동성 동본의 혼인을 금해 온 풍습 같은 것이야말로 우리가 잃어버린 소중한 것이며, 이제 우린 애써 되찾아야 한다."고 역설하였다. 이러한 김진태의 주장을 시대에 역행하는 복고주의라고 안경수가 반대하자, 이를 다시 반박하는 장광설 가운데서 김진태는 다음과 같은 말을 하고 있다.

> "… 안선생! 안선생은 요즈음 뜻있는 사람간에 모양(慕洋) 배척이 거론되고 있음도 모르시죠. 학문에서부터 생활, 언어, 용모, 사색에 이르기까지 서양 것이 아니면 행세를 못하게끔 된 현실이 견딜 수 없어 말씀입니다. … 근대화도 좋고, 고속도로, 고층 건물, 기계 공업, 다 좋습니다. 다만 우리의 것을 지키면서 이룩되어야 가치가 있는 것이 아닙니까?"[20]

1950년대 말의 대학생들의 정신세계를 주제로 삼은 최인훈의 『회색인』 안에도, 비록 소극적인 필치이기는 하나, 미국 영향의 부정적 측면을 지적하거나 미국 문화를 수용하는 한국인의 정신 자세를 비판하는 구절들이 있다. 다음 인용은 『갇힌 세대』라는 잡지의 대학 동인들이 방담을 하는 가운데서 김정도가 한 말이다.

> "이승만 정부의 부패를 묵인하는 것이 미국 정부인가 하면, 이승만 정부를 아프게 꼬집는 『워싱턴 포스트』도 미국 신문이라는 거야. 서양 사람들은 패를 두 장 가지고 있으면서 엇바꿔 던지는 거야. 그 사람들의 선의는 여하튼,

---

20 같은 책, p.85.

후진국 사람들에게는 이것이 독이 되고 있어. 미국이 잘사는 것은 반드시 한국도 잘살게 되리라는 증명이 되지 못하는데도 '자유 진영'이라는 이름으로 착각을 일으키고 있다는 말이지. … 역설 같지만, 미국 원조 때문에 우리는 스포일 되고 있어. 바쁘면 도와주려니, 미국이 있는데 이승만 정부가 설마 민주주의의 마지막 정조를 팔지는 못하려니, 이런 사회 심리가 있어. … 혁명 시대의 불란서 국민이나 러시아인들에게는 혁명이라는 길밖에는 살아날 도리가 없었어. 이것이냐 저것이냐가 아니라, 길은 하나 혁명뿐이었어. 우리는 그렇지 않아. 우리들에게는 미국이라는 숨쉴 구멍이 있어. 하나 예를 들까. 정부에게 쫓기는 야당 국회의원은 항구에 정박하고 있는 외국 선박에 피신하지 않는가. 현실에 절망한 많은 이상주의자들은 미국 유학이라는 길을 택하지 않았는가. 자네는 혹시 제정 러시아의 인텔리들이 불란서 유학생이었다는 사실을 들지 모르지만, 그것과는 달라. 그네들은 파리에서 돌아올 때 과격한 개혁주의자들이 되어 돌아왔지만, 한국 사람들이 미국에서 돌아올 때는 얌전한 공리주의자가 되어 오는 거야. 이래서 국민의 영혼에 불을 지를 역할을 해야 할 민족의 알맹이들이 정신적인 고자들이 돼 버리는 거지."[21]

『회색인』이라는 소설의 제목이 암시하듯이 딜레마에 빠져 버린 한국 지식인들의 정신 상태를 그린 구절이다. 이것은 1950년대 말의 일부 지식층의 정신 상태인 동시에 작가 최인훈 자신의 딜레마였을지도 모른다. 김정도의 발언은 "한국에서는 왜 혁명이 일어날 수 없는가?"를 설명하기 위한 것이었는데, 그 뒤에 곧 4·19 '혁명'이 일어났고, 시원스러운 해결이 없는 시행착오를 거듭하는 가운데 한국 지식층의 의식구조는 더욱 심각한 분열과 혼란

---

21 최인훈, 『회색인』, p.37.

에 빠진다.

『회색인』에 등장하는 다른 대학생 김학이 기차 시간을 기다리며 서울역 근방의 어느 다방에 앉았을 때, 전축에서 흘러 나오는 유행가 가운데 다음과 같은 가사가 들렸다.

"저 멀리 니콜라이의 종소리 처량한데, 부엉새 우지 마라 가슴 아프다."

여기서 김학은 한국의 유행가 가사 가운데 왜 '니콜라이' 따위의 엉뚱한 말이 들어가는지 이상하다고 느꼈다. '니콜라이'라면 러시아 정교회의 성자의 이름이고, '니콜라이의 종소리'는 러시아 정교회의 종각에서 울려 나오는 종소리일 터인데, 한국인의 정서 생활과 별로 관계가 없는 그런 것을 작사가는 왜 노랫말 속에 끌어들였는지 알 수가 없었다. "아마 니콜라이라는 발음에 풍기는 엑조티시즘을 빌린 것이리라"고 김학은 추측하였다. 그리고 작가는 김학의 심정을 다음과 같이 서술하고 있다.

외국말에는 그런 이상한 힘이 있다. 자기 나라 말은 너무 가까워서 이물감이 없다. 외국말에는 어딘지 타자로서의 저항이 있다. 원서 강독 같은 시간에 학은 그런 경험이 있다. 해석해 놓고 보면 별 신기할 것도 없는 말인데, 원문으로 읽으면 무언가 단단하고 뿌듯한 느낌을 준다. 단순한 열등감일까. 아마 절반은 그렇고, 반은 이유가 있다.[22]

여기서 작가 최인훈 또는 등장인물 김학이, 외국어에 대해서 매력을 느끼

---

22 같은 책, p.41.

고 즐겨서 그것을 사용하는 한국인의 심리에 대하여 자신 있는 비판을 했다고는 보기 어렵다. 그러나 은연중 그러한 뜻도 담겨 있다고 해석할 수 있으리라고 생각된다.

김학의 친구 독고준의 경우는 외국 문물의 무절제한 수용에 대한 비판적 시각이 좀 더 뚜렷하다. 다음 인용은 독고준의 머리에 독백처럼 떠오른 상념의 일부다.

> 우리는 나사못 하나도 발명하지 않았다. 지성인이기 위해서는 될수록 많은 외국어를 습득해야 할 입장에 놓여 있다. 우리가 쓰는 일용품 — 정신적인 것이건 물질적인 것이건 — 의 전부가 외래품. 럭키 치약이나 해태 캐러멜은 외래품이 아니라는 사람이 있다면, 그는 좀 둔하다. 우리 조상은 가락엿을 애호했고, 이빨에는 소금이 으뜸인 것으로 알았다는 그러한 의미에서 럭키 치약과 해태 캐러멜은 외래품이다. … 우리들이 가지고 있는 모든 것이 한국이라는 풍토에 이식된 서양이 아닌가.[23]

위의 인용문은 모두가 사실에 대한 개관적 서술이며 뚜렷한 가치판단은 표면상으로 나타나 있지 않다. 따라서 이것만으로는 독고준의 상념을 비판적이라고 단정하기 어려우나, 행간(行間)의 뜻 가운데는 서양 문화의 영향을 부정적으로 보고 있다는 인상이 강하다. 독고준의 비판적 견해는 4년 만에 미국 유학에서 돌아온 이유정과의 대화에서 더욱 확연하게 드러난다.

이유정이 독고준에게 미국 유학 갈 생각이 없느냐고 물었을 때, 독고준은 별로 생각이 없다고 대답하였다. 자기는 한국 문학을 공부하는 까닭에 학문

---

23 같은 책, p.49.

을 위해서라면 굳이 미국까지 갈 필요가 없으며, 생활을 견문하기 위해서도 미국에 갈 필요가 없다고 하였다. 한국 안에서 보는 것, 듣는 것, 행동하는 것 모두가 미국 문화가 아니냐는 것이다.[24] 그리고 외국 유학을 실제로 다녀온 사람들에 대해서 다음과 같은 비판을 가하였다.

"그래서 미국이나 불란서에 갔다 온 사람들이 어떻게 했나요. 한국 사람으로서 자기 주체를 반성한 사람보다도 그쪽의 시민권을 얻는 데 만족한 사람이 더 많은 게 사실 아닙니까? 외국서 돌아온 예술가들은 미국 문학의, 불란서 문학의 선전원 자격으로 돌아온 것이지, 한국 문학에 대한 사랑과 봉사를 마음먹고 돌아온 건 아니죠. 그러니까 이 꼴이 아닙니까? … 우리는 다른 사람들의 룰을 따라서 경기하는 운동선수 같은 거죠. 본바탕 같은 멋, 본고장 같은 진지함을 나타낼 수 있겠어요? 우린 가려운 제 다리는 놓아두고 남의 다리만 긁고 있는 희극 배우 같은 거죠. … 한국 문학에서 휴머니즘이 몸에 배지 않는 것이라든지, 한국 현대 영화의 인물들의 액션이 차마 눈 뜨고 못볼 처절한 것이라든지, 다 그런 까닭이 아니겠어요. 우린 그걸 보고 웃지요. 그러나 그게 자신의 초상이라는 걸 깨닫는다면, 그의 웃음은 순간에 굳어지겠지요. …"[25]

우리는 독고준의 말 가운데 한국의 유학생들이 한국인으로서의 주체 의식은 전혀 없이 서양의 문학 또는 서양의 예술을 그저 흉내내기에만 급급하다는 비판의 소리를 듣는다. 독고준은 외국 유학생들뿐 아니라 한국 사람들의

---

24 같은 책, p.92.
25 같은 책, p.93.

대다수가 문화적 식민지 상태에 있다고까지 암시하고 있다.

박용숙(朴容淑)의 단편 「난중일기」 가운데서도 우리는 『회색인』의 경우와 비슷한 비판의 소리를 발견한다. 다음은 이 단편의 주인공 도명이 관람한 영화에 관한 이야기다.

> 영화는 겹쳐서 두 가지를 했다. 한 가지는 외국 영화고 또 한 가지는 방화다. 외화는 서양인들이 '굉장한 분노'의 역을 하고 아시아인들이 '굉장한 관용'의 역을 하는 전쟁 영화다. 그런데 관중들은 유니폼을 잘못 본 응원단처럼 자꾸 서양 사람에게만 박수를 보냈다. 그런가 하면 또 방화는 서울을 배경으로 한 이른바 청춘물인데, 도시 무슨 번역극같이 사람은 한국 사람인데, 언어, 동작, 심지어는 사건까지도 국적이 분명치 않은 외국인의 것으로 범벅이 된 새로운 창씨개명(創氏改名)의 영화다. 그 영화들은 모두가 제2의 창씨개명을 선동하고 있었다.[26]

2) 전통을 되살리려는 움직임

최인훈의 『회색인』에 등장하는 인물들은 서양 문화의 무절제한 수용에 대하여 비판을 가하기는 하였으나, 민족주의 또는 복고주의를 지향하는 대안을 제시하지는 않았다. 이유정과의 대화에서 독고준은 분명히 자기는 민족주의자가 아니라고 확언하였다. 자기는 『춘향전』을 택하기는 했지만, "『춘향전』이 『로미오와 줄리엣』을 대신해서 모든 세계 사람들의 사랑의 심볼이 되는 시대가 올 것"이라고는 믿지 않는다고 말하였다. 한국 문화가 서양 문

---

26 박용숙, 「난중일기」, 『꿈을 꾸는 버러지』, 삼중당, 1977, p.122.

화를 압도할 미래가 있으리라고는 기대되지 않는다는 것이다. 그는 결국 서양 문화의 성급한 모방을 못마땅하게 생각한 것은 사실이나, 우리들의 옛것 속에서 새로운 광명을 찾을 수 있다는 따위의 적극적인 견해를 취하지는 않았다.[27]

박용숙의 「난중일기」의 경우에는 그 주인공 도명이 암시적으로나마 새로운 한국 문화의 방향을 제시하고 있다. 1960년대 후반의 한국의 현실을 풍자로써 비판한 「난중일기」의 주인공은 아내의 구박을 맞아 가며 온갖 심혈을 기울여 새 불상 하나를 만들었다. 이 불상은 신라 초기에서 조선시대에 이르는 우리나라 각 시대의 불상들이 가지고 있는 장단점을 종합적으로 연구한 끝에, 그 좋은 점들만을 살려서 새로 만들어 낸 불상으로서, "그것은 도명에게 있어서는 이 혼란한 나라를 구원할 수 있는 시대의 재건국민상(再建國民像)이었다. 그러나 서양 사람들의 미술을 흉내내는 작품만이 활개 치는 시세에 아무도 그의 뜻을 알아주는 사람은 없었다."[28]

위의 인용문 마지막 구절은, 전통 속에서 새로운 광명을 찾을 수 있다는 견해가 많은 사람들의 지지를 받지 못한 고독한 견해였다는 뜻으로 해석된다. 사실 1960년대까지는 그러한 견해에 동조하는 세력은 아주 미약했다. 그러나 1970년대에 들어서면서, 박정희 대통령과 그 주변의 참모들이 전통과 역사의 주체성을 강조하기 시작했고, 박정권에 대해서 과격할 정도의 비판적 태도를 취했던 일부 대학생들까지도 주체성과 전통을 앞세웠다. 정치적으로 반대의 입장을 취한 두 세력이 문화에 대해서 비슷한 입장을 취했다고도 볼 수 있는 이 공통점은 좀 이상한 현상이라는 인상을 주기도 한다. 요

---

27 최인훈, 「회색인」, pp.92-93.
28 박용숙, 「난중일기」, 「꿈을 꾸는 버러지」, pp.88-89.

컨대 박정권과 이와 맞선 일부의 대학생들이 모두 민족주의를 들고 나온 셈인데, 양자가 들고 나온 '민족주의'가 이름은 같으나 내용은 같지 않다는 사실을 감안한다면 별로 이상할 것도 없는 현상이다. 실은 우리 대한민국과 정반대의 정치적 입장을 취해 온 북한의 공산주의자들도 벌써부터 민족주의와 주체성을 표방했다는 사실을 생각할 때, 우리 남한 안에서 대립한 두 세력이 어떤 공통점을 보였다는 사실에 크게 놀랄 이유는 없을 것으로 보인다.

우리 민족의 주체성을 세우고 우리 문화의 전통을 살려야 한다는 견해를 직접 또는 간접으로 표명한 구절을 담은 소설은 위에 언급한 것 이외에도 많이 있다. 사라져 가는 효도를 아쉬워한 박영준의 『가족』은 그 바닥 전체에 그러한 의식을 깔고 있다고 볼 수 있으며, 같은 작가의 『고속도로』에 있어서도, "해피 버어스 데이 투 유우 …"를 불러 가며 미국식으로 생일을 축하하는 젊은이들의 풍속을 못마땅한 어조로 묘사한 대목이나, 문란한 성윤리를 고발한 구절들에는 모두 같은 뜻이 깔렸다고 생각된다. 무너져 가는 사제(師弟)의 도(道)를 주제로 삼은 민병삼의 1971년 작품 「비둘기와 쥐 두 마리」에서도 우리는 같은 뜻을 읽을 수가 있고, 소설가를 지망하는 젊은 편집 사원이 선배 작가들을 경시하는 사례를 통하여, 전통을 무시하고 일약 권위자가 되기를 꿈꾸는 젊은 세대의 야박스럽고 기고만장한 기질에 대해 언급한 대목을 담은 서근배(徐槿培)의 단편 「잔설(殘雪)」에서도 우리는 같은 관념을 읽을 수가 있다.

그러나 외래문화의 수용과 전통문화의 계승에 얽힌 긴장된 문제에 관한 소설가들의 언급은 대체로 암시적이고 단편적이다. 이 문제를 좀 더 정면에서 이론적으로 다룬 것은 역시 학자들이다. 이제 우리의 자료를 보완하는 뜻에서, 우리 민족문화의 방향에 관한 전문적 학자들의 견해를 일부 살펴보기로 하자.

한국정신문화연구원이 그 개원을 기념하여 '한국의 민족문화: 그 전통과 현대성'이라는 주제를 가지고 학술 대회를 연 적이 있다. 그 모임에서 이기영 교수는 「한국 불교의 근본 사상과 새로운 과제」라는 제목으로 논문을 발표했는데, 다음 인용은 그 논문 중에서 뽑은 구절들이다.

갖가지 타락적 정신 상황을 극복할 수 있게 하는 가장 강력하고 확고한 힘이 우리 불교의 근본 사상인 대승보살도(大乘菩薩道)에 입각한 생활에서 솟아날 수 있다는 그 한 가지 이유 때문에라도, 한국의 전통적 불교의 근본정신은 오늘의 모든 한국인에게 매우 중요한 의의를 가지는 것이라고 생각한다.

나는 서구 문명의 테두리 안에서 현대 세계가 성공적으로 그 산업사회의 모순을 해결하고 있다고는 생각하지 않는다. 어쩌면 그것은 서구의 문명으로써는 해결하기가 지극히 어려운 난제 중의 난제일지도 모른다.

확실히 소위 근대화 과정에서 인간의 보편적 기능화 현상은 두드러지게 나타나고 있으며, 그러한 분위기에 깊이 젖은 사람일수록 그 사람은 전통문화를 부정하고, 그 역사적 특성에서 이탈해 가는 경향을 보이고 있는 것이 주목된다. 그러한 전통문화로부터의 이탈이 한국에서는 서구화라는 현상으로 인식되고 있는 것 같다.

한국 불교는 우선 그 지난날 역사상에서 보여준 빛나는 사상적 전통을 되살려서 새로운 창조적 역량을 배양하는 것이 급선무이며, 그리하여 현대적 사견(邪見)의 새로운 격렬한 도전에 대응하여 이론적으로나 실천적으로 그 잘못을 시정하며, …

한국 불교의 근본 사상, 그것은 불교란 사고방식을 통해 같은 한국인이 그 깊은 마음의 원천에서 샘솟게 한 한국인의 소리인 것이요, 현대 한국의 대중, 그들은 전통의 참모습에 접할 기회를 얻지 못한 채 성급히 날라든 외래의 문물에 현혹되어 자기 자신을 발견하지 못하고 있는 똑같은 한국인인 것이다.[29]

띄엄띄엄 발췌한 것이어서, 이상의 인용만으로 이교수의 견해의 전모를 이해하기는 어려울 것이나, 전통적 불교 사상을 대하는 그의 태도의 대강을 짐작할 수는 있을 것으로 보인다. 현대 산업사회의 병든 서구 사상을 수용함으로써 우리 한국인의 정신 상태도 크게 타락했다고 전제하고, 이 타락과 위기로부터 현대의 한국인을 구하는 길은 우리의 전통, 특히 우리의 전통적 불교 사상을 오늘에 되살리는 그 길밖에 없다는 것이 그의 논지의 요점이라고 짐작된다.

한편 같은 학술 대회에서 유승국(柳承國) 교수는 「한국 유학의 근본 사상과 그 현대적 의의」라는 제목의 논문을 발표하였는데, 이 논문에서 유교수도 전통 사상의 중요성을 강조하고 있다. 다만, 유교수는 서양의 문물을 타락과 사견(邪見)의 근원으로서 격렬하게 매도하는 감정적 반응을 보이거나, 옛모습 그대로의 우리의 전통 속에 오늘의 위기를 극복할 수 있는 절대적 지혜가 깃들어 있다고 믿는 신앙적 태도를 취하지는 않았다. 유교수는 "현대 한국 사회는 서구의 과학 기술이 이끌어 가는 산업사회를 지향하고 있다."는 사실을 역사적 현실로서 받아들이고, "이에 따른 의식구조의 전환과 사회제도의 합리적 개혁이 바람직한 것으로 요청된다."고 주장한다. '재래의

---

29 한국정신문화연구원 편, 『한국의 민족문화: 그 전통과 현대성』, 1978, pp.40-53. 원래 논문에서는 한자를 많이 사용하고 있으나, 여기 인용하는 과정에서 대부분 한글로 바꾸었다.

유교 사상'을 그대로 묵수하고자 할 것이 아니라, "근대화의 물결에 역행하지 않고 이를 섭취 보완할 수 있는 유교 사상이 요청된다."는 것이다. 유교수는 한국의 유교 사상이 중국의 그것과 다른 특색이 있음을 인정하나, 일부의 국수주의자들처럼 특히 '한국 유학'을 강조하지는 않는다. 과거의 전통적 한국 유학으로 되돌아가기를 꾀할 것이 아니라, "인간의 생명과 자유를 긍정하는 … 인도 정신"으로서의 유학의 근본원리에 입각하여 시공(時空)의 제약에 창조적으로 적응함으로써 '시중지도(時中之道)'를 실현해야 한다는 견지를 취한다.[30]

같은 학술 대회에서 「한국 철학의 전통과 과제」라는 제목의 논문을 발표한 이명현(李明賢) 교수의 견해는 좀 더 개방적이고 미래지향적이다. 그 개방성과 미래지향성은 '한국 철학'이라는 개념의 정리에서부터 나타나 있다. 이교수에 따르면, "한국 철학이란 한국 사람이 발견하거나 창출해 낸 것은 물론이려니와, 한국인의 비판적 사유에 여과되어 한국인의 의식 세계를 지배한 철학 이론을 말한다." 철학을 전공하는 학자들 사이에서도 '한국 철학'이라는 말은 보통 '과거의 한국 역사 속에 기록된 한국의 철학 사상' 또는 '한국의 전통 속에서 이미 확고한 자리를 차지한 철학 사상'을 가리킨다. 예컨대, 원효(元曉)와 지눌(知訥)의 불교 사상, 또는 퇴계(退溪)와 율곡(栗谷)의 유학 사상은 그 대표적인 것이다. 그러나 현대 한국 철학자들의 연구 내지 사색의 결과는, 과거의 한국 철학에 대한 역사적 연구가 아닌 것은, '한국 철학'의 범주에 넣지 않는 것이 보통이다. 예컨대, 서양의 철학 사상을 수용함으로써 새로운 경지에 도달한 한국인이 있다 하더라도, 그를 '서양 철학을 전공하는 사람'이라고 부르는 것이 보통이다. 이에 비하면, 한국 사람의

---

30 같은 책, pp.60-65.

마음속에 뿌리를 내리고 한국 사람들의 것이 된 모든 철학 사상은 '한국 철학'의 범위 안에 넣어야 마땅하다고 주장하는 이교수의 견해는, 전통의 울타리 안에서만 길을 찾아야 한다고 주장하지 않는다는 뜻에서, 개방적이고 미래 지향적이다.[31]

개방적이며 미래 지향적인 이교수의 견해를 부연 설명하는 논변 가운데서 특히 다음과 같은 구절이 주목을 끈다.

한국 철학과 관련하여 우리가 흔히 갖기 쉬운 오류에 대해 몇 마디를 덧붙이고자 한다. 그 오류란 이런 것이다. 한국 철학이란 한국인의 역사의 아득한 옛날부터 오늘에 이르기까지 연면히 변치 않고 한국 사람의 의식 세계를 지배해 온 그 어떤 알맹이 생각을 말한다. 그러기에 한국 사상의 탐구란 바로 그런 실체와 같이 변치 않는 생각의 알맹이를 마치 금강석을 광산에서 캐어 내듯이 발굴하는 작업이다. 이런 발상법의 오류는 사상의 본성에 관해 조금만 생각해 보면 곧 드러난다.

사상이란 인간이 주어진 환경에서 부딪치는 문제를 해결하려고 만들어 낸 하나의 처방과 같은 것이다. 그러므로 문제의 성질에 따라서 여러 가지 처방이 있기 마련이며, 새로운 삶의 조건 아래서 생긴 새로운 문제에 대해서는 옛 처방이 그대로 적용될 수도 없다. 문제 해결의 처방은 그러기에 하나일 수 없으며, 끊임없이 변화하는 삶의 조건 아래서는 옛것이 새로운 것으로 교체되는 하나의 역동적인 성질의 것이 아닐 수 없다.[32]

---

31 같은 책, p.306.
32 같은 책, p.307.

요컨대, 이미 전통 속에 확고한 좌표를 차지한 과거의 한국 사상만을 '한국 사상'이라고 보는 것은 잘못이라는 것이다. 전통 속에 살아 있는 한국 사상도 물론 한국 사상이지만, 서양 사상의 영향을 받아 가며 장차 이 땅에서 자라게 될 모든 사상이 한국 철학의 범위 안에 들어가야 마땅하다는 것이다.[33]

우리나라가 이른바 선진국의 문화적 식민지가 되어서는 안 된다는 것이 모든 식자들의 일치된 여론으로서 굳어져 가고 있다. 우리 한국이 문화적 주체성을 확립하는 최선의 길이 무엇이냐는 문제를 놓고 서로 다른 여러 가지 견해가 맞선 가운데, 가장 뚜렷한 입장을 밝힌 것이 "우리 전통 속에서 길을 찾자!"는 발상법을 앞세운 사람들이었다. 그러한 발상법을 앞세운 사람들은 소설의 작가 또는 그 등장인물 가운데도 있고 전문적 학자들 가운데도 있다는 것을 우리는 보았다. 문학과 학문에 종사하는 사람들 이외에도 그러한 발상법에 찬동한 사람들이 많거니와, 특히 박정희 대통령과 그의 정치 세력이 이 입장을 높이 떠받들었다는 사실로 말미암아, '한국의 전통 찾기 운동'이 전국적인 규모로 전개되었다는 것은 우리 모두가 잘 아는 사실이다.

박정권이 '전통 찾기 운동'에 역점을 두게 된 동기에는 두 가지가 있다고 생각된다. 그 하나는 문화적 동기라고 부를 수 있는 것으로서, 서구적 산업 사회의 물질문명을 무분별하게 받아들인 한국의 문화 현실의 혼란을 목격하고, 이에 대한 대응책으로서 전통을 부각시켜야 한다고 판단한 소박한 생

---

33 같은 책, p.308. 이명현 교수는 이 논문에서 일부의 고유명사와 제목 이외에는 한자를 사용하지 않고 한글만을 사용하고 있다. 어떤 서양 학자들의 이론을 끌어들여서 자기의 주장을 뒷받침하지도 않았다. '우리 한국의 것'을 지켜야 한다고 소리 높여 외치는 학자들 가운데 한자를 많이 사용하고, 서양 학자들의 학설의 권위를 빌려서 자기의 주장을 떠받드는 사람들이 많은 것과 대조적이다.

각이다. 또 하나는 정치적 동기라고 부를 수 있는 것으로서, 박정권이 후반기에 내세운 '유신 체제'를 옹호하는 도구로서 '전통 찾기'가 크게 이바지하리라고 판단한 숨겨진 생각이다.

이 두 가지 동기 가운데서 실제로 더 크게 작용한 것은 후자였다. 그리고 이 사실은 우리의 문화를 올바른 궤도 위에 올려놓는 데 큰 저해 요인으로서 작용하였다. '전통 찾기'로서 '유신 체제'를 떠받들기 위한 구체적 방안으로서, 박정권은 우리의 전통 사상 속에 유신의 이념이 본래 들어 있었다는 억지스러운 잡설을 날조하려고 꾀했고, 한국의 전통 윤리 가운데서도 충(忠)과 효(孝)를 특별히 강조함으로써 정부에 대한 국민의 순종을 종용하였다. 이와 같은 정치적 의도의 작용이 문화의 정상적인 발전을 위해서 바람직하지 않다는 것은 설명이 필요 없는 상식이다.

3. 문화의 혼란과 문화의 격차

1) 첨단 과학과 미신의 공존

산업사회와 서구 문명에 문제점이 많다는 것을 인정하면서도, 우리는 불가불 산업화를 서둘러 왔고, 서양의 과학과 기술을 애써 도입하였다. 그러한 노력의 성과로서 우리는 농업국에서 공업국으로 변신해 가고 있으며, 의식주의 생활양식도 서양의 그것을 많이 수용하기에 이르렀다. 그리고 이러한 사회구조와 생활양식의 변화를 따라서, 우리들의 의식구조와 사고방식에도 서구적 요소가 많이 섞여 들어오게 되었다.

그러나 우리나라는 아직도 농업국으로서의 측면을 남기고 있으며, 생활양식에도 옛날의 것을 많이 간직하고 있는가 하면, 의식구조에 있어서는 더욱 깊은 측면에 있어서 옛것을 많이 가지고 있다. 한마디로 말해서, 서로 다른 두 가지 문화, 즉 우리의 전통문화와 서구의 외래문화가 만남에 있어서, 이질적인 요소들이 한데 섞여서 공존하는 사태를 빚어내는 결과가 되었다.

문화란 본래 국경을 넘어서 섞이기 마련이다. 특히 국제적 교류가 빈번한 현대에 있어서는 외국의 문화가 더욱 활발하게 들어오는 것은 당연한 추세이며, 이질적 문화 요소들이 섞이는 가운데 그것들이 하나로 융화함으로써 더 새롭고 풍부한 문화를 창출할 것을 기대할 수도 있다. 그러나 혼재하는 이질적 요소들의 근본이 지나치게 차이가 날 경우에는, 그 융화 내지 조화가 어려우며, 한 나라의 문화를 전체로서 바라볼 때 기이하고 조잡한 모습을 띠게 된다.

현대 한국의 경우에 있어서도, 서양 문화가 급격하게 수용되는 과정에서 하나로 조화되기에는 지나치게 이질적인 문화 요소들이 뒤섞이는 현상을 초래하였다. 예컨대, 사무실과 가정에 컴퓨터를 설치했으며, 인공위성을 통하여 먼 나라에서 보내는 실황 중계를 바라보면서, 유전공학을 화제에 올리기도 하는 사람들이, 첨단적인 과학 기술과는 걸맞지 않는 미신적인 사고방식에 따라서 행동할 경우도 없지 않다. 최신의 과학과 첨단의 기술에 의존하는 재벌급 기업체가 행운을 비는 뜻에서 돼지 머리 고여 놓고 고사를 지내는 광경이 보도되기도 하였으며, 이러한 혼란상은 소설에도 여러 곳에 나타나 있다.

박완서의 일인칭 단편소설 「재수굿」의 이야기꾼 '나'는 검찰청에 다니는 고급 공무원 집 가정교사로 들어가거니와, 그 '나'의 눈에 비친 그 집의 생활양식 내지 사고방식에서 우리는 앞에서 말한 이질적 문화 요소의 혼합의 좋은 본보기를 찾아볼 수 있다.

'나'가 가정교사로 들어간 지 한 달이 지났을 때, 그는 월급이 지급되기를 고대하면서 주인집 부인의 처분을 기다린다. 만으로 한 달이 차고 사흘이 더 지났을 때, 부인은 비로소 가정교사를 불렀다. "보수를 드릴 날이 지났는

데…" 하며 월급 이야기를 먼저 끄집어 낸 부인은 그러나 난처한 표정을 지었다. 자기 집에서 해가 진 뒤에는 금전 지불을 안 하기로 되어 있다는 것이다. 해가 떨어진 후에 금전을 지불하면 영락없이 손재수가 끼기 때문이라는 것이 그 이유였다. "시체 사람들은 미신이라고 웃을지 모르지만, 돈푼이나 지니고 살려면 누구나 그만 사위는 하는 법"이라는 설명까지 붙었다. 그러니 수고스럽지만 다음 날 낮에 다시 들러 달라는 결론이었다.[34]

이 검찰청 고급 공무원 집에는 '남이 장군 할머니'라는 호칭을 가진 단골 무당이 무상 출입을 하는데, 그 무당의 영험이 대단하다고 하였다. 가정교사가 가르치는 그 집 소년의 말에 따르면, 그 소년을 점지해 준 것도 남이 장군 할머니요, 그 집 재산을 항상 점지해 주는 것도 같은 할머니였다. 그 소년은 매년 생일에는 남이 장군 할머니를 찾아가기로 되어 있었다. 양력 생일은 집에서 손님을 초대하여 서양식으로 생일 파티를 열고, 음력 생일은 아침 일찍 남이 장군 할머니네를 찾아가서 치성을 드리고 아침밥을 먹고 온다는 것이다.[35]

소년의 집에서는 매달 '재수굿'을 올리는 것이 관례였다. 가정교사 '나'가 어린 시절에 구경했던 굿의 기억 속에서는, 울긋불긋한 옷을 입고 자지러진 풍악 소리에 맞추어 빠르고 격렬한 춤을 추던 무당의 모습과 할미당이 있던 고풍스럽고 퇴색한 마을을 떼어서 생각할 수가 없는데, 이 고관댁의 굿 풍경은 여러모로 이색적이었다.

이 집의 재수굿은 호화스러운 서구식 주택 응접실에서 거행하기 마련인데, 그 응접실의 모습이 아주 초현대적이다. "화려한 샹들리에가 이층 천장

34 박완서, 「재수굿」, 『세상에서 제일 무거운 틀니』, pp.177-178.
35 같은 책, p.178.

으로부터 늘어져 있고, 그랜드 피아노가 있고, 군데군데 소파가 있고, 벽에는 적어도 백 호 이상의 추상화가 즐비하니 걸려 있고, 이층으로 통하는 계단이 있는 것 외에는 몇 십 명이 춤이라도 출 수 있는 거울 같은 마룻바닥이 그대로 비어 있는" 넓은 공간. 이 공간에 바나나와 파인애플까지 고여 놓았고, 신령님의 화상이 모셔져 있어야 할 자리에는 붉은 물감을 엎질러 놓은 것 같은 추상화가 걸려 있었다.[36]

재수굿이 있는 날은 이 집의 바깥주인도 이른 시간에 퇴근을 한다. 집에 오자마자 긴장된 표정으로 부인과 행동을 같이한다. 부부가 나란히 돼지 머리 앞으로 다가가서 여남은 번쯤 큰절을 올린 다음에, 고개를 깊이 숙이고 두 손바닥을 싹싹 문질러 가며 빌기를 시작하는 것이었다. "검찰청이란 위엄 있는 관청에 다닌다는 점잖은 양반이" 체면 불고하고 돼지 머리 앞에 은총을 구걸하는 모습이 가정교사 '나'의 눈에는 웃음을 참기 어려울 정도의 기이한 광경으로 보였다.[37]

박완서는 자신의 다른 작품 안에서도 한국 사람들의 비과학적인 사고와 행동을 날카로운 필치로 고발하고 있다. 그의 단편 「부처님 근처」에는 "종교적인 것과 무당적인 것이 뒤죽박죽"이 된 어떤 절의 재수 불공 이야기가 있고, "불명까지 받은 어엿한 보살님이신 어머니"가, 집안일이 안 되는 것은 모두 원귀의 탓이라고 믿으면서, 절과 무당집을 번갈아 다니는 이야기도 있다.[38] 박완서는 또 장편 『도시의 흉년』 여러 곳에서 살풀이와 점과 부적 등에 관한 이야기를 곁들이고 있으며, 단편 「유실」에서는 화투점의 영험함에

---

36 같은 책, pp.180–181.
37 같은 책, pp.182–183.
38 박완서, 「부처님 근처」, 『세상에서 제일 무거운 틀니』, pp.72–74.

감탄하는 월부 판매원의 이야기가 선을 보인다.[39]

박완서는 주로 서울을 무대로 삼고 소설을 쓴다. 서울 사람들에게 무당 내지 미신으로 끌리는 마음이 그토록 강하다면, 시골 사람들의 경우는 전근대적 사고방식이 더욱 현저할 것이다. 농촌을 배경으로 삼는 소설들 가운데서 토속신앙 또는 미신에 속하는 이야기를 찾아내기는 바닷가에서 조개 껍데기를 찾아내는 일처럼 쉬운 일이다.

윤흥길의 1973년 작품 「장마」는 그 전편 바닥에 한국의 샤머니즘과 토속신앙을 깔고 있다. 「장마」에 등장하는 외할머니는 불길한 꿈을 꾸고 군대에 나간 외삼촌의 전사를 예언한다. 공연한 걱정 마시라고 이모가 위로하지만, 외할머니는 "이 나이 먹드락 내 꿈이 틀린 적이 어디 한 번이나 있디야?" 하며 요지부동이다. 외할머니는 빨치산이 된 작은아들, 즉 '삼촌'이 '어느 날 어느 시'에 산에서 돌아온다고 한 점쟁이의 말을 철석같이 믿고 그 환영 준비에 온 식구들을 몰아세운다. 그 '어느 날 어느 시'에 삼촌 대신 큰 구렁이가 그 집 뜰에 나타났다. 외할머니는 그것이 삼촌의 변신임을 확신하고, 호박전과 고사리 나물과 냉수를 대접한 다음, 할머니의 머리카락을 구렁이 앞에 놓고 태우며, "집안일일랑 아모 걱정 말고 머언 걸음 부데 편안히 가소." 하며 정중히 부탁한다.[40]

윤흥길은 그의 장편 『에미』에서도 그 바탕의 토속 신앙을 깔았다. 이 작품의 주인공 '어머니'는 자기가 남편에게 소박을 맞을 수밖에 없었던 궁극적인 원인이, 사팔뜨기 눈에 있지 않고, 첫날밤에 촛불을 잘못 끈 데 있다고 굳게

---

39 박완서, 「도시의 흉년」, 제1권, p.28, pp.77-80, p.105, pp.112-113, p.355, 제2권, p.298; 박완서, 「유실」, 『내일의 한국 작가』, p.160.

40 윤흥길, 「장마」, 『황혼의 길』, pp.61-62, pp.110-122, pp.127-131.

믿었다. 그리고 다른 여자와 살고 있는 남편이 다시 돌아올 것과, 미륵불이 점지해 준 아들이 무병장수하고 입신양명하기만을 기원하며 일평생을 살았다. 그와 같은 소원 성취를 위한 신앙의 대상은 연동리(蓮洞里)에 자리잡은 석불사(石佛寺)의 미륵님이었다. 석불사는 화엄종에 속해 불교의 한 사찰이었지만, '어머니'는 그 절에 모신 분은 부처님이 아니라 바로 미륵님이라고 단정하고, 그 미륵님께 술과 안주를 바쳐 가며 행복을 기구했던 것이다. '어머니'는 가끔 "옴 아아나 삼바바 바바라훔! 옴 아아나 삼바바 바아라 훔! …" 하고 주문을 외워 대기도 했는데, 이 주문은 실은 미륵교의 기도문이 아니라 산신님이나 칠성님을 위할 때 부르는 진언이었다.[41]

한수산의 장편소설 『유민』도 농촌 생활을 소재로 삼은 작품인데, 이 작품에 등장하는 인물들의 언행 가운데도 미신에 가까운 것이 여러 곳에 나타나 있다. 농사가 잘되고 안 되고를 결정하는 것은 수신(水神)님에게 달렸다는 말을 하는 사람이 있는가 하면, 먼 길을 떠나는 마당에 그날 손이나 없나 하고 걱정하는 아낙도 있다. 개구리 우는 소리를 처음 들은 다음에 곧 돌을 엎어 놓으면 운수가 좋다는 말을 믿고 그렇게 실행하는 사람도 있고, 밤에 손톱이나 발톱을 깎으면 명이 짧아진다는 말을 믿고 가위를 빼앗는 성화도 있다. 마수걸이로 받은 돈에 침을 뱉으면 재수가 붙는다는 미신을 따라서 열심히 돈에 침을 뱉는 여자도 잇고, 공사터에서 사람 뼈가 나온 것이 마음에 걸려 액땜을 서두르는 인부들도 있다.[42]

이문열의 중편소설 「어둠의 그늘」 가운데 감방의 미신 이야기가 소개된 대목이 있다. 이 소설의 주인공들이 수감되어 있던 미결 3호실에서는 공판

41 윤흥길, 『에미』, pp.56-59, p.90, p.195.
42 한수산, 『유민』, p.41, pp.117-118, pp.164-165, p.171, p.329.

날로 정해진 금요일 새벽에 '문지방 시비'가 벌어졌다. 신문기자를 사칭하고 공갈을 쳤다는 혐의로 들어온 J신문 지국장이 실수로 감방 문지방을 밟았을 때, 당장에 큰 소동이 일어난 것이다. "야, 이 개새끼야, 문지방을 왜 밟아?" 하며 평소에는 온순하던 '교육부장'이 지국장의 따귀를 철썩 때렸다. 다음 순간에는 "이 새끼 누굴 징역 뱃띠미(포식)시킬려구 이래?" 하며 감방장의 발길질이 들어왔다. "정말 정신 나간 사람이구먼. 오늘이 무슨 날인데." 하고 절도 혐의로 들어온 박화영도 투덜거렸다. 그 불행한 사이비 언론인은 그저 멍하니 날벼락을 당하고만 있었고, 이 감방의 좌상 격인 김광하는 영문을 모르고 의아하게 이 소동을 바라보던 '나'에게 다음과 같이 설명하였다.

"내가 미처 알려 주지 않았군. 오늘은 공판날이오. 크게는 생명이, 적게는 자유와 재산이 낮에 있을 공판의 결과에 달려 있기 때문에, 오늘은 미신이 많아요. 첫째 문지방을 밟지 말 것. 둘째 머리를 긁지 말 것. 셋째 이나 빈대 같이 사람의 피를 빤 생물을 죽이지 말 것. 그리고 원숭이란 말조차 입에 담지 말 것."

공판에 나가는 사람들에게는 꿈도 중요하다고 하였다. 가장 길한 것은 소꿈이요, 물고기 꿈은 무조건 악몽이며, 구름과 별 따위의 하늘에 있는 것들의 꿈도 흉몽이라고 하였다.[43]

공교롭게도 그날 공판은 연기가 되었다. 공판 연기는 미결수들이 아주 싫어하는 결과의 하나다. 공판정까지 나갔다가 그저 돌아온 미결수들은 그 분풀이를 가짜 기자에게 하였다. "개 놈의 새끼, 너 때문에 또 연기야." 하는 욕설과 함께 돌려차기 발길질이 그의 등허리를 찍었고, 다른 사람들도 한마

---

43 이문열, 「어둠의 그늘」, 『어둠의 그늘』, pp. 37-38.

디씩 가짜 기자의 방정맞은 행동을 또다시 나무랐다. 그날의 공판이 연기된 것은 완전히 그가 문지방을 밟았기 때문이라는 것은 의심의 여지 없는 사실로서 전제되고 있었다.[44]

미신적인 사고방식 또는 무격적인 의식 상태의 예는 그 밖의 다른 소설에서도 흔히 발견할 수가 있다. 박경수의 『동토』에서도 찾아볼 수 있고, 조정래의 「청산댁」과 「황토」에서도 찾아볼 수 있다. 미신이나 무격 관념과는 좀 다른 것으로서, 모든 성공과 실패를 팔자 소관으로 돌리는 숙명론적 사고의 예도 가끔 눈에 뜨인다. 유재용의 『비바람 속으로 떠나가다』 가운데, 한영섭이라는 구세대가 한 말로서 "부자 되구, 가난뱅이 되구, 귀해지구, 천해지구, 제 명대로 살구 못 살구, 다 팔자 소관이구 운수 소관이여."라는 것이 있다. 근래에 와서 사람의 노력으로 운명을 개척할 수 있다는 적극적인 사고방식이 일반적으로 고취되었고, 숙명론적인 생각에 갇혀 있는 사람들은 많이 줄어들었다. 그러나 아직도 시골의 노년층에는 이 구시대적 의식을 벗어나지 못한 사람들이 남아 있다. 최일남의 「세 고향」 가운데, 처녀가 애기를 밴 것이 시골 사람들의 화젯거리가 되어 난처한 지경에 빠진 것을 두고, "그것도 다 제 팔자 소관이니" 별 도리 없는 일이라고 말한 사람이 있다. 한수산의 『유민』에도, "팔자에 없는 재물인데 … 이제 와서 다아 실없는 생각이고"라는 체념의 발언이 있다.[45]

이제까지 우리는 한국인의 의식구조 가운데 전근대적 요소들이 남아 있다는 사실이 소설에 반영된 예를 살펴보았다. 이상에 제시한 예들만으로는 그

---

44 같은 책, p.39.
45 유재용, 「비바람 속으로 떠나가다」, p.16; 최일남, 「세 고향」, 「내일의 한국 작가」, p.69; 한수산, 「유민」, p.331.

전근대적 요소가 어떤 범위의 사람들에게 어느 정도 강하게 남아 있는지를 짐작할 수는 없다. 다만 소설을 떠나서 우리가 알고 있는 견문으로 미루어 볼 때, 아직도 전근대적 요소가 상당히 많은 사람들의 의식구조 속에 무시할 수 없을 정도의 비중을 차지하고 있는 것으로 생각된다. 지금도 서울 장안에 박수, 무당, 점쟁이 등이 성업을 이루고 있고, 불교나 기독교 같은 세계적인 종교까지도 한국에 있어서는 기복(祈福) 종교로서의 성격을 여전히 띠고 있는 사례가 많다는 사실 등이 그러한 추측을 뒷받침해 주고 있다.

우리들의 의식구조 속에 남아 있는 전근대적 요소를 어떻게 평가해야 하느냐 하는 문제는, 간단히 대답하기 어려운 문제 중의 하나다. 그 전체를 한데 묶어서 흑백논리로 가부를 단정하기는 어려울 것으로 보인다. 다만 한 가지 명백한 것은, 우리 한국도 어차피 산업사회를 지향하지 않을 수 없는 시점에 놓여 있고, 산업화 과정에서 우리들이 부딪치는 문제들을 원만하게 해결하기 위해서는 과학적 세계관과 합리적 사고를 외면할 수 없다는 사실이다. 그리고 이러한 현실에 직면한 지 벌써 오래인 우리들의 마음속에는 이미 서구적인 사고방식이 큰 비중을 차지하게 된 것도 부인하기 어렵다. 결국 한국 사람들의 마음 가운데 전근대적인 토속적 요소들과 현대적인 서구적 요소들이 혼재하는 상황에 이르게 된 것인데, 이 서로 다른 두 계열의 요소들 가운데는 그런대로 조화를 이룰 수 있는 것들도 있겠지만 본질상 조화되기 어려운 것들도 있다. 이 조화되기 어려운 요소들을 어떻게 취사 선택하느냐 하는 것이 우리 문화가 안고 있는 과제의 하나라 하겠다.

2) 시골 문화와 도시 문화의 격차

오늘의 국가는 그 안에 여러 가지 하부 집단을 포함하고 있으며, 여러 하부 집단들은 각각 서로 다른 자기의 문화를 가지고 있는 것이 일반적 현상이다. 여러 하부 집단들의 다양한 문화들이 모여서 그 나라 전체의 문화를 구성하거니와, 하부 집단이 보유하는 문화의 다양성은 그 나라 전체의 문화의 내용을 풍부한 것으로 만드는 데 많은 도움을 줄 수가 있다. 그러나 하부 집단 사이의 격차가 지나치게 클 경우에는 도리어 알력과 부조화의 원인이 될 염려가 크다.

우리 한국의 경우는 휴전선을 중간에 두고 남과 북으로 두 집단이 크게 나누어져 있으며, 그 두 집단이 정반대의 이념을 가진 정치체제로 대립하고 있을 뿐 아니라, 현재로서는 상호간의 교류가 거의 없이 각각 다른 문화를 형성해 가고 있다. 국토의 통일을 민족적 과제로 삼고 있는 우리의 견지에서 볼 때, 남과 북의 문화적 격차가 점점 커 가고 있다는 이 사실이 안고 있는 문제는 대단히 심각하다. 이 문제는 차원이 다른 중대한 문제이므로, 독립적인 연구의 과제로서 남겨 두어야 할 것이다. 따라서 이 자리에서는 우리 남한 내부에 있어서의 문화의 격차의 문제에만 화제를 국한하기로 한다.

우리 남한 안에도 여러 가지 종류의 하부 집단들이 있고 그 여러 집단들이 각각 다소간 차이를 가진 문화를 소유하고 있거니와, 그 가운데서도 특히 문화의 격차가 큰 것은 도시와 농촌, 그리고 젊은 세대와 늙은 세대라고 생각된다. 서구 산업사회의 새로운 문화는 주로 서울을 비롯한 대도시를 통해서 수용되었고, 농촌에서는 전통적인 생활양식이 여전히 지속하는 경향이 강했으므로, 자연히 도시 문화와 농촌 문화 사이에 격차가 생기게 되었다. 그리고 해방 이후에 우리가 경험한 사회의 변천은 몹시 급격했고, 이 급격한 변천을 수용하는 태도에 있어서 젊은 세대와 늙은 세대가 크게 달랐던 까닭에, 신구 두 세대 사이에도 문화적 격차의 거리가 생기게 되었다.

박완서의 단편소설 「주말농장」에 등장하는 만득은, 농부의 아들로서의 자기 분수를 모르고, 도시에 나아가 돈과 여자의 신기루를 쫓다가 골탕만 먹고 고향으로 돌아와 있는 청년이다. 아버지의 유언을 따라서 흙으로 돌아오기로 마음을 먹기는 했지만 아직도 농사 일에 매력을 느끼지 못하고 방황하는 만득을 보다 못해, 그의 아내는 돼지도 기르고 특수 농작물도 재배해서 잘살아 보자고 위로한다. 그러나 아내의 그러한 태도는 도리어 만득의 분노를 자아낼 뿐이다.

만득이 분노를 느끼는 첫째 이유는, 고급스럽고 세련된 대도시의 여자들과 비교할 때, 그 아내의 모습이 너무나 촌스럽고 미련하기 때문이다. 그리고 그 둘째 이유는, 겨우 25만 원을 그녀가 '큰돈'이라고 말했기 때문이다. 돼지 새끼 열 마리를 잘만 기르면 적어도 '25만 원이라는 큰돈'을 만져 볼 수 있다는 말을 했던 것인데, 그 액수는 낮에 개울가에 놀러 왔던 서울 여자들이 단물 빠진 껌처럼 씹어 뱉던 '단돈 25만 원'과 일치하는 액수였다. 도시의 여자들이 한때의 유흥비 정도로 생각하는 '단돈 25만 원'을 '큰돈'이라고 경건하게 말하는 아내가 한심해서 화가 났던 것이다.[46]

같은 25만 원이 농촌에서는 '큰돈'이고 도시에서는 '단돈'이라는 사실은 농촌과 도시의 경제적 격차를 상징적으로 말해 준다. 농촌과 도시 사이의 경제적 격차는 생활의 다른 여러 측면에서도 격차를 낳게 하는 근본 원인이 된다. 현대 생활의 거의 모든 측면이 돈과 직결되는 까닭에, 경제의 차이는 다른 여러 생활양식의 차이를 초래한다.

이문열의 장편소설 『그대 다시는 고향에 가지 못하리』 가운데 등장하는 윤호는, 하나의 꿈을 실현하기 위하여 서울을 떠나서 고향인 농촌으로 돌아왔다. 기계화된 농장을 경영하면서 아이들에게는 옛 선비의 정신을 가르침으로써 산업 시대에 빼앗긴 옛 고향의 영광을 되찾으려고 농촌으로 돌아왔다. 그러나 몇 해 가지 않아서 그러한 계획은 허망한 꿈에 불과한 것으로 밝

---

46 박완서, 「주말농장」, 『세상에서 제일 무거운 틀니』, pp.88-97.

혀졌다. 경제적으로 타산이 맞지 않아서 농장을 유지할 수 없는 것이 첫째 이유였다. 응용 미술을 전공하고 우아한 품위를 풍기던 아내는 폭싹 찌들어서 초라한 시골뜨기로 변했고, 윤호 자신도 새까맣게 그을린 얼굴에 주름이 깊은 맥빠진 농부가 되고 말았다. 선비 정신을 가르치리라고 별렀던 아이들은 서울 삼촌에게로 보냈다. 여름방학에 저희들 사촌이 놀러 왔을 때, 서울에 있을 동안은 비슷한 아이들이었으나, 불과 몇 년 만에 너무나 차이가 나게 된 것을 발견하고, 부모로서 차마 그대로 보아 넘길 수가 없었기 때문이다. 서울과 농촌의 문화적 차이가 너무나 컸던 까닭에, 윤호의 꿈은 산산조각이 나고 만 것이다.[47]

박경수의 「화려한 귀성」에도 도시와 농촌의 차이에 관한 이야기가 곳곳에 보인다. 농촌 참외 장사 아주머니의 아이는 손님이 버린 껍질을 흙이 묻은 채로 먹는데, 서울에서 온 아이들은 파리가 앉은 참외라고 사지 말자고 하는 이야기도 있고, "이번 정부는 서울 사는 사람만 무서워하고, 시골 사람은 아주 무시한다."는 농부의 발언도 있다.[48]

박경수는 1970년에 발표한 장편소설 『흔들리는 산하』에서도 농촌의 가난한 실정을 그렸다. 엿기름 껍질과 겨가 절반쯤 섞인 엿밥으로 끼니를 때우는 마을 아주머니 이야기도 소개하고, 영감에게만 된밥을 덥혀서 드리고 나머지 식구들은 물에 끓인 밥으로 점심을 때우는 학규네 사정도 소개하였다. 학규네 집은 그 김장이 짜기로 유명하다. 김장이 맛이 있으면 김장만 헤픈 것이 아니라 밥까지 헤프다는 계산에 입각하여, 영감이 소금 그릇을 들고 다니며 듬뿍 윗소금을 들어붓기 때문이다.[49]

47 이문열, 「그대 다시는 고향에 가지 못하리」, pp.165-181.
48 박경수, 「화려한 귀성」, 「신한국문학전집」, 13권, pp.6-8, p.16.

농촌의 가난을 단편적으로 언급한 구절은 다른 작가들의 소설에서도 흔히 찾아볼 수가 있다. 조정래는 중편 「청산댁」에서, 월남전에 나간 아들이 보내준 라디오를 큰 보물로서 애지중지하는 농촌 어머니의 모습을 그렸고,[50] 홍성원은 단편 「무전여행」에서, "아낙네 등에 업힌 어린애는 땀 범벅이 되어 자고 있고, 사내들은 빛이 바랜 헐렁한 통바지를 입고 있는, 서울에서 20리만 벗어나면 보고 싶지 않아도 얼마든지 보이는 구질구질한 마을들"의 존재를 이야기하였다.[51] 농촌의 가난하고 구질구질한 모습을 작품에 소개하면서 작가들이 언제나 풍요롭고 호화스러운 대도시의 모습을 드러내서 대비시키지는 않았으나, 독자들은 자연히 그 엄청난 격차를 연상하게 된다.

경제 수준과 물질생활에 격차가 있으면, 의식 수준과 사고방식에도 자연히 차이가 있기 마련이다. 박경수는 『흔들리는 산하』에서 대도시와는 대조적인 농촌의 인심을, 순박함과 무지함이 공존하는 농촌 사람들의 언행을 이모저모 소개하고 있다. 거기에는 농촌에서가 아니면 보기 어려운 순박하고 다정한 형제의 우애 이야기도 있고, 또 대도시에서는 찾아보기 어려울 정도의 심한 무지와 격정으로 인하여 동기간에 폭력과 폭언을 휘두르는 이야기도 있다. 거기에는 자기가 장사해서 번 돈을 남편에게 맡기고 그 중에서 일부만 달라고 간청하는 소박한 아내의 이야기도 있고, 지서의 경찰 간부가 농촌 사람들을 하인 다루듯이 하며 군림하는 이야기도 있다. 그러나 그 가운데서도 가장 신기한 것은, 장날 모시를 팔려고 길을 떠나는 마당에서 사람들이 하는 미신스러운 행동이다.

49 박경수, 『흔들리는 산하』(뒤에 『향토기』로 개제), 삼중당, 1977, pp.21-22, pp.42-45.
50 조정래, 「청산댁」, 『허망한 세상 이야기』, p.135 이하.
51 홍성원, 「무전여행」, 『즐거운 지옥』, p.35.

모시 값을 많이 받으려면 재수가 좋아야 한다고 믿는 그들은 장에 나가기 전에 모시를 싸서 단상에 놓고 큰절과 소지(燒紙)로서 빈다. 아이들이 모시 가침을 타넘어 가지 못하도록 반드시 선반이나 벽장에 올려놓는다. 그런 장날 아침에 여자가 먼저 집에 찾아오면, 돌아간 뒤에 문간에 소금을 뿌린다. 장에 가다 여자가 길을 가로지르면 5리를 돌 망정 그 길로는 가지 않는다.[52]

의식 수준 또는 사고방식에 있어서의 도시와 농촌의 차이에 대한 언급은 다른 작가들의 소설에서도 찾아볼 수가 있다. 박경리는 「표류도」에서 남녀가 손을 잡고 가는 광경을 보고 놀라서 뒷걸음질을 치는 시골 아낙네 이야기를 썼고, 박완서는 「주말농장」에서 개울가에 놀이 온 서울 여자들이 수영복 차림인 것을 보고, "애들까지 데리고 온 것을 보면 갈보는 아닌 것 같은데 글쎄 모두 벌거벗고 논다우." 하며 수선을 떠는 만득이 부인의 이야기를 썼다.[53] 그리고 최일남은 「세 고향」에서, 농촌 사람들과 너무 가까이 접촉하면 그들의 무례함과 촌스러움이 묻어 오지나 않을까 하는 것을 염려하는 서울 여자의 우월감에 대해 언급하고 있다.[54]

오늘의 한국은 하루가 다르게 변모해 가고 있다. 전 국토가 일일 생활권이 되었고, 과거에는 도시에서나 볼 수 있었던 것들을 지금은 시골에서도 볼 수 있게 되었다. 그러므로, 10년 또는 20년 전의 시골을 소재로 삼은 소설 이야기는 오늘의 현실에는 맞지 않을 경우가 많다. 그러나 시골이 변하는 사이에 도시도 또 변하는 까닭에, 도시와 시골의 격차는 여전히 남기 마련이다. 겉으로 보기에 시골이 도시의 수준에 육박한 듯한 인상을 주더라도, 내면적 격

52 박경수, 「흔들리는 산하」, p.137.
53 박경리, 「표류도」, 「신한국문학전집」, 11권, p.349; 박완서, 「주말농장」, 「세상에서 제일 무거운 틀니」, p.90.
54 최일남, 「세 고향」, 「내일의 한국 작가」, p.72.

차는 오히려 더 벌어질 경우도 없지 않다. 이리하여 도시와 농촌 사이에 가로놓인 거리 및 거리감의 문제는 그리 쉽게 해소되지 않는다.

도시와 시골의 격차가 심각한 문제성을 띠게 되는 이유는 도시 생활에 대한 선호의 심리에 있다. 농촌 생활을 원하는 사람도 없지 않으나 그것은 특수한 경우에 속하며, 대개는 대도시로 나가기를 희망한다. 본인의 출세를 위해서나 아이들의 교육을 위해서나 도시에 사는 편이 유리하다고 생각하는 것이 일반적 경향이다. 이러한 경향을 따라서 인구가 대도시로 집중하게 되고, 대도시로 나가고자 하는 욕구를 충족시키지 못하는 사람들은 좌절감과 열등감을 느끼게 된다. 유능한 사람은 도시로 가게 되고 무능한 사람들만 시골에 남는다는 관념도 생긴다. 이러한 관념은 시골에 사는 사람들과 도시에 사는 사람들 사이에 일종의 위화감을 일으킬 수도 있다.[55]

이무영, 박경수, 이문열, 조정래 등과 같이 시골 생활에서 많은 소재를 구한 사람들은 대개 시골을 고향으로 가진 사람들이며, 불리한 여건 속에서 어려운 삶을 영위하는 시골 사람들에 대해서 동정적인 작가들이다. 동정 어린 눈으로 볼 때, 어려운 여건 속에서 안간힘을 써 가며 인고의 삶을 영위하는 시골 사람들의 모습은, 도시인을 상대로 한 처절한 싸움으로 파악될 수도 있다. 천이두(千二斗)는 조정래의 작품집 『허망한 세상 이야기』의 해설 가운데서 다음과 같은 말을 썼다.

---

55 박경수의 『동토』 가운데 다음과 같은 구절이 있다. "하필 시골 구석에서 살 필요는 없다. 농촌이나 농부의 생활이 좋다는 것은 책 속에나 있는 말들이다. 그 책을 쓴 사람들은 도회 사람들이다. 그들이 농촌이나 농부를 칭찬하는 것은 그들의 이상이지 현실은 아니다. 도회로 가야 한다. 도회에 가 버젓이 대학에 다니고 그리고 출세한다." 박경수, 『동토』, pp.168-169. 이문열의 『분호난장기』에는 고향에 남아서 문중을 지키는 사람들은 대략 능력과 자질에 있어서 우수한 편이 못 된다는 말이 있다. 생존경쟁에서 패배한 사람들이 시골에 남게 된다는 뜻이다. 이문열, 『분호난장기』, 『어둠의 그늘』, pp.191-192.

조정래의 작품 현실은 말하자면 피투성이 싸움판이다. 잘나고 돈 많고 힘 센 서울의 압도적인 세력과 거기에 맞부딪쳐 들어가는 못나고 돈 없고 힘 없 는 시골뜨기 사이의 싸움판인 것이다. ⋯ 그것은 부당한 삶의 조건을 배당받 은 사람들이 자기 조건들을 극복하려는 질긴 목숨의 안간힘인 것이다.

이 싸움은 일차적으로는 시골뜨기로서의 압도적인 서울 세력에 대한 자기 방어의 싸움이요, 부자에 대한 가난뱅이로서의 자기 삶을 보장받으려는 싸 움이요, 크게는 우리 시대가 당면하고 있는바 근대와 전근대 사이의, 혹은 고 유한 전래적인 것과 부박한 외래적인 것 사이의 갈등의 양상이라 할 수 있 다.[56]

서울과 시골 또는 대도시와 농어촌을 이러한 대립관계로서 파악하는 것이 과연 온당한 관념이냐 아니냐 하는 것은 별개의 문제다. 다만 실제에 있어 서, 시골에 사는 사람들 또는 시골 사람들의 대변자로서 자처하는 사람들 가 운데 대도시 특히 서울에 대해서 일종의 대항 의식을 가진 사람들이 상당수 있다는 것은 부인하기 어려운 사실이다.[57] 그리고 바로 이러한 사실은 대도 시와 농어촌의 지나친 격차가 가볍지 않은 사회문제로서의 성격을 띠고 있 다는 것을 의미한다.

---

56 천이두, 「조정래의 작품세계」, 『허망한 세상 이야기』, pp.329-330.
57 박경수의 「화려한 귀성」에서 어떤 농부가 "이번 정부는 서울 사는 사람만 무서워하고 시골 사람들은 아주 무시한다면서, 그래 금년에는 비료가 통 안 나왔는데.⋯ 시골 사람들은 그 데 모를 할 줄 모르니까 그런가 보지."라고 말한 것도 같은 함축을 가진 발언이라고 볼 수 있 다. 박경수, 「화려한 귀성」, 『신한국문학전집』, 13권, p.16.

3) 세대 사이의 갈등 문제

사회의 급격한 변동을 경험하는 시대에 있어서 젊은 세대와 기성세대 사이에 가치관 내지 의식의 차이가 생기는 것은 일반적 현상이다. 우리 한국의 경우에도 세대의 차이에 따라서 사고방식 내지 생활 태도의 차이가 현저하다는 것은, 앞에서 가족 윤리와 성윤리의 문제를 다루었을 때 이미 언급한 바 있다. 여기서는 되도록 중복을 피하고 보충을 이룩하는 방향으로 세대 차이의 문제를 다루고자 한다.

세대간의 차이 또는 갈등이 표면화하기 가장 쉬운 곳은 가정이다. 가정은 부모와 자녀가 함께 사는 곳이고, 자녀에 대한 부모의 뜨거운 관심은 자녀에 의하여 간섭 내지 구속으로 받아들여지기 쉽다는 사정 때문에, 세대간의 갈등은 우선 가정에서부터 시작되기 마련이다. 부모와 자녀 사이의 갈등의 사례는 이미 앞에서도 본 바 있거니와, 여기 그 대표적인 예로서 박완서의 『도시의 흉년』의 한 대목을 살펴보기로 하자.

이 소설에 등장하는 쌍둥이 남매 수빈과 수연은, 어머니의 극성스러운 뒷바라지에 힘입어, 그 당시 명문 중의 명문으로 알려졌던 경기고와 경기여고에 다 같이 합격하였다. 이 겹친 경사에 대한 기쁨을 누르지 못하는 자리에서, 그의 부모는 수빈이를 판사로 만들고 수연은 여의사로 키우자고 가벼운 말을 주고받았다. 이 대화를 들은 수빈과 수연은 부모에 대한 벅찬 혐오감을 느꼈고, 둘이서만 빠져나와 빵집에 들러서 절대로 판사와 의사가 되지 말자고 다짐하며 유쾌한 시간을 가졌다.[58]

수빈과 수연이 판사 또는 의사라는 직업과 자신들의 소질 등을 견주어서

---

[58] 박완서, 『도시의 흉년』, 제1권, pp.82~85.

생각한 끝에 부모에게 반대한 것은 아니다. 오직 "부모들의 세계에 갇히기를 원치 않았기" 때문에 즉각적으로 반발한 것이다. 구체적인 문제에 대한 견해의 대립이 있기에 앞서서, 반대를 위한 반대를 하는 것 같은 인상을 주는 젊은이들의 태도는 흔히 볼 수 있는 일이며, 이러한 현상은 오늘날 세대 간의 갈등의 핵심과 관계되는 중요한 사실이다.

부모와 자식 사이의 갈등에 관한 이야기는 우리나라 소설에서 흔히 발견되거니와, 그 어느 경우를 살펴보더라도, 공동의 관심사에 대한 지적 의견의 대립보다도 두 자아의 감정적 대립이 앞선다는 인상을 강하게 받는다. 박경리의 『시장과 전장』에 나오는 지영과 그의 친정 어머니 사이의 갈등도 그렇고, 박영준의 『가족』에 나오는 강여사와 그의 아들의 갈등도 그러하며, 한수산의 『유민』에 나오는 상호와 그의 아들 형태의 대화 속에 담긴 갈등의 경우도 마찬가지다. 어느 경우에나 자식을 자아의 일부로 의식하는 부모의 마음과 부모로부터의 독립을 희구하는 자식의 마음의 대립이 있다.[59]

부모로부터의 독립을 앞세우는 심리의 배후에는 강한 개인주의적 자아의식이 도사리고 있다. 강한 개인적 자아의식은 현대 젊은 세대의 일반적 현상이며, 부모 또는 늙은 세대가 자녀 또는 젊은이들의 자유를 억압하고 있다는 피해 의식도 그들에게 일반적이다. 이러한 심리 상태는 기성세대에 대한 감정적 반발의 원인이 되며, 지성적 논의 이전에 감정적 대립의 벽이 생기고 있다는 점에 오늘날 우리가 경험하는 세대적 갈등의 특색과 어려움이 있다.

공동 관심사에 대한 지적 견해의 차이에서 오는 갈등과 두 자아의 감정적 대립에 기인하는 갈등은 그 성질이 근본적으로 다르다. 전자의 경우는 지성

---

59 박경리, 『시장과 전장』, p.118; 박영준, 『가족』, 『신한국문학전집』, 25권, pp.168-169; 한수산, 『유민』, p.303.

적 대화를 통해서 문제를 해결할 수 있으나, 후자의 경우는 지성적 대화 자체가 성립하기 어려우며, 지적 대화가 이루어진다 하더라도 갈등이 해소될 것을 낙관하기 어렵다. 이러한 관점에서 볼 때, 우리들이 경험하는 세대간의 갈등 바탕에 감정적 요소가 깔렸다는 사실은, 이 문제를 미묘하고 고민스러운 것으로 만드는 원인이다.

김국태의 단편「물 머금은 별」은 형제 사이의 대화를 주축으로 삼고 세대간의 의식의 차이를 다룬 작품이다. 일제시대에 교육을 받은 아버지의 세대와 해방 후에 성장한 아들의 세대 사이에 차이가 있을 뿐 아니라, 4·19 세대인 형과 그보다 수년 아래인 아우 사이에도 세대차가 있다는 것을 강조한 이 작품에 있어서, 형과 아우의 대립은 감정적 대립이기보다는 이론적 견해의 대립에 가깝다. 그러나 이 경우에 있어서도, 형제가 서로 자기의 우월성을 과시하고자 하는 동기가 강하게 나타나고 있다는 점에서, 개인주의적 자아의식의 현저한 발동을 본다. 다시 말해서, 형제 사이에도 경쟁의식이 강하게 작용하고 있다는 사실을 통하여, 젊은이들의 강한 개인주의적 자아의식을 간취할 수가 있다. 형제간에도 경쟁의식이 강하게 작용한다는 사실은, 모든 인간적 갈등의 근저에 생존경쟁 내지 사회 경쟁의 요소가 깔려 있을 가능성을 시사한다.[60]

「물 머금은 별」가운데, 형의 회상의 형식으로 4·19 때 학생들이 "기성세대 물러가라!"고 성토하던 광경에 대한 언급이 있다. 기성세대의 본보기로 지목되었던 교수에게 사직을 강권하던 날, 학생들은 기성세대를 도마 위에 올려놓고 가장 격렬하고 혹독한 언사로 짓이겼던 것이다. 그들은 우리나라를 잘못 이끌어 온 기성세대에 대해서 구역질과 혐오를 금치 못한다고 매도

---

60 김국태,「물 머금은 별」,「신한국문학전집」, 34권, pp.44-48.

하였고, 기성세대는 책임을 지고 사회 일선에서 물러가라고 강력하게 요구했다.[61]

4·19 이후에 어언 사반세기의 세월이 흘렀고, 그 당시 '구세대 물러가라' 소리 높여 외쳤던 젊은이들이 기성세대의 중추를 이루고 우리나라의 살림을 일선에서 담당하고 있다. 그런데 여기서 우리의 주목을 끄는 것은, 과거에 기성세대를 혹독하게 몰아세웠던 사람들이 지금 새로운 젊은 세대에 의해서 똑같은 비난과 배척의 대상이 되고 있다는 사실이다. 그리고 또 한 가지 거의 확실한 것은, 지금부터 사반세기 뒤에는 오늘의 젊은이들이 사회의 주역을 맡는 동시에 그때의 새로운 젊은 세대에 의해서 격렬한 비난과 배척의 대상이 되리라는 예측이다. 사회 현실에 불만스러운 측면은 언제나 있기 마련이며, 이 불만스러운 측면에 대한 책임을 묻는 젊은 세대의 도전은 앞으로도 여전히 되풀이될 것으로 예상된다. 우리들의 가치관 내지 세계관에 근본적인 전환이 없는 한, 우리는 아마 같은 비극을 되풀이하게 될 것이다.

4. 한국 문화의 발전 방향

1) 바람직한 문화의 기본 조건

움직이는 세계 속에서 한국이라는 나라의 양상도 시간의 흐름을 따라서 변동하고 있다. 이 변동이 바람직한 방향으로 이루어지는 것이, 즉 어제보다 오늘이 낫고 오늘보다 내일이 낫도록 변화하는 것이, 우리들의 한결같은 소망이다.

---

61 같은 책, p.52.

한 국가가 경험하는 변동은 숙명론적으로 결정되어 있는 것은 아니며, 그 국민의 행동을 따라서 그 내용이 크게 좌우된다. 다시 말해서, 바람직한 방향의 변화를 갖게 되느냐 아니냐 하는 문제가 어느 정도는 국민의 생활 태도에 달려 있다. 이러한 사실은 국민 모두가 소망스러운 변화를 일으키도록 노력해야 한다는 주장을 불가피하게 한다.

소망스러운 변화를 일으키도록 노력할 수 있기 위해서는 우선 어떠한 변화가 소망스러운 변화인가를 알아야 한다. 정치, 경제, 사회, 종교, 교육 등 여러 분야의 양상이 가장 바람직한 방향으로 발전하도록 노력할 수 있기 위해서는, 어떻게 달라지는 것이 가장 바람직한 방향으로의 발전에 해당하는지를 알아야 할 것이다.

정치, 경제, 사회, 종교, 과학, 예술 등 모든 영역을 편의상 '문화'라는 말로 묶어서 표현한다면, 우리가 제일 먼저 부딪치는 문제는, "우리의 문화가 어떻게 달라지는 것이 바람직한 방향으로의 발전에 해당하는가?"라는 물음으로 표현될 수 있을 것이다. 그리고 우리가 이 물음에 대답할 수 있기 위해서는, "가장 바람직한 문화가 갖추어야 할 조건이 무엇인가?"라는 물음에 대한 대답이 선행해야 한다.

이 글에서 저자는 우선 바람직한 문화가 갖추어야 할 조건이 무엇인가를 살펴보고자 한다. 그 다음에는 해방 이후에 한국의 문화가 걸어온 길을 반성적 시각에서 개관할 것이다. 그리고 끝으로 내일의 한국을 위해서 무엇이 가장 절실한가에 대하여 예비적인 고찰을 하고자 한다.

우리 모두에게 가장 절실한 소망은 만족스럽고 보람된 삶을 갖는 일이다. 정치와 경제는 물론이요 도덕과 종교 그리고 예술을 포함한 문화의 모든 분야는 만족스럽고 보람된 삶을 위한 수단으로서의 일면을 가졌다. 만족스럽고 보람된 삶을 위한 수단으로서의 기능이 문화가 갖는 의미의 전부는 아니다. 그러나 그 매우 중요한 일면임에는 의심의 여지가 없다. 따라서 넓은 의미의 문화가 바람직한 것이 되기 위해서는 첫째로 만족스럽고 보람된 삶을 실현하기에 적합한 것이라야 한다.

문화에 있어서 중추의 구실을 하는 가치관의 경우를 예로 들어서 생각해 보기로 하자. 다양한 가치관들 가운데서 하나를 올바른 가치관이라고 부를 때, 그 올바른 가치관이 갖추어야 할 조건의 하나는 만족스럽고 보람된 삶의 실현이라는 목적에 대한 적합성을 갖는 일이다. 가치관은 행위 선택의 원리로서 작용하거니와, 만족스럽고 보람된 삶의 실현을 위해서 적합한 행위를 선택하도록 작용하기에 성공하지 못하는 가치관은 올바른 가치관으로서 인정되기 어렵다.

정치체제나 경제 제도의 경우를 예로서 생각할 때 우리의 주장은 더욱 알기 쉽게 설명될 수 있을 것이다. 이상론적 관점에서 볼 때 아무리 매력적인 정치체제 또는 경제 제도라 하더라도, 현실적으로 만족스럽고 보람된 삶을 실현하기에 부적합하다면, 우리가 그것을 바람직한 정치체제 또는 바람직한 경제 제도라고 보기 어렵다는 것을 의심하는 사람은 없을 것이다.

만족스럽고 보람된 삶에 대한 소망은 만인에게 공통된 것이며, 이 소망의 달성을 추구함에 있어서 모든 개인은 동등한 권리를 가졌다고 보아야 한다. 다시 말해서, 만족스럽고 보람된 삶에 대한 소망이 우선적으로 달성되어야 할 특권을 가진 사람이 따로 있다고 인정할 수 없으며, 모든 사람은 동등한 권리를 가지고 저 소망의 달성을 추구할 자격을 가졌다고 보아야 한다. 따라서 정치, 경제, 도덕, 교육 등을 포함한 넓은 의미의 문화가 바람직한 것으로서 평가되기 위해서는, 그것이 모든 사람의 만족스럽고 보람된 삶을 위해서 적합성을 가져야 한다는 결론에 이르게 된다.

모든 사람들의 만족스럽고 보람된 삶을 위한 적합성이 구체적으로 무엇을 의미하는가는 각 문화 영역에 따라서 별도로 대답되어야 할 문제다. 예컨대, 정치의 영역에 있어서는 모든 국민에 대해서 같은 자유를 같은 정도로 허용하는 일, 또는 기본적 가치를 획득할 수 있는 기회를 균등하게 부여하는 일 등이 그 적합성을 위한 원리들의 일부가 될 것이다.

바람직한 문화가 갖추어야 할 둘째 조건은 그 정체성(正體性)이다. 문화의 정체성이라 함은 "문화의 주체인 집단의 특수성과 전통을 얼마나 살리고 있는가?"라는 물음과 관련시켜서 설명될 수 있는 개념이다. 알기 쉽게 말하자면, 문화 집단의 특수성이 충분하게 반영되고 그 문화적 전통의 정화(精華)가 유감없이 계승된 문화일수록 정체성이 높은 문화라고 할 수 있을 것이다.

문화에 있어서 정체성을 중요시하는 이유는, 문화라는 것이 인간 집단의 잠재적 역량의 발휘와 그 축적에 의해서 이루어진다는 사실에 근거를 두고 있다. 문화는 인간만이 갖는 인간적 산물이다. 개인이 갖고 있는 잠재력의 발휘가 개인적 자아의 실현이라면, 집단을 구성하는 여러 개인들의 자아실현의 총합은 그 집단이 갖는 문화의 근간에 해당된다. 그리고 문화는 같은 시대 사람들의 힘만으로 되는 것이 아니라 조상들의 업적을 토대로 삼고 그 위에 다시 한 켜를 쌓음으로써 이루어진다. 따라서 문화는 문화 집단의 고유한 역량과 유구한 전통을 근거로 삼지 않고서는 높은 경지에 이를 수가 없다.

문화가 한층 높은 단계로 상승하는 현상을 우리는 흔히 문화의 발전이라고 부른다. '발전'이라는 말의 의미 가운데는 본래 자기가 가지고 있던 것을 펼쳐서 나타낸다는 뜻이 강하게 함축되어 있다. 이러한 말의 쓰임을 통해서 보더라도 문화의 발전이 문화 집단의 특수성과 전통, 즉 문화의 정체성을 떠나서 이루어질 수 없다는 것을 짐작할 수가 있다.

문화에 있어서 정체성의 중요성을 강조함은 외래문화의 배척이나 폐쇄적 복고주의에 동조함을 의미하지 않는다. 문화란 본래 국경을 넘어서 영향을 주고받기 마련이며, 특히 국제적 교류가 빈번한 오늘의 세계에 있어서 외래 문화의 수용을 거부한다는 것은 있을 수도 없고 바람직하지도 않다. 내 나라의 문화가 건전한 발전을 이룩하기 위해서는 남의 나라의 문화의 충격을 영양으로서 섭취해야 하는 것이 현대의 실정이다.

다만 내 나라가 보유하고 있는 문화적 역량에 비하여 외래문화의 물결이 지나치게 높은 경우에는 앞에서 말한 정체성이 위협을 받게 된다. 전통문화와 외래문화의 만남은 새로운 발전을 위한 도약의 기회가 될 수도 있고 문화적 혼란과 파괴의 위기가 될 수도 있다. 여기서 외래문화와의 만남을 발전의 기회로서 살리는 길은 슬기로운 선택과 주체적인 수용에 있다고 보는 것이 우리들의 상식이다.

외래문화의 강한 물결이 재래의 문화를 압도하거나 이질적인 문화 요소들이 서로 맞서서 갈등을 일으키는 상태가 오래 지속될 때, 그 나라의 문화는 위축의 위기를 맞게 된다. 이 위기를 막는 길은, 외래의 문물 가운데서 우리에게 적합한 것을 선택적으로 받아들이는 동시에 그것을 우리 문화 속에 조화롭게 동화시키는 길이라고 생각되는 것이다.

이질적 문화 요소들의 갈등이 전통문화와 외래문화 사이에서만 일어나는 것은 아니다. 한 국가를 형성하는 하부 집단들의 하위 문화들 사이에서도 그것이 일어날 수 있고, 서로 다른 문화 영역 사이에서도 일어날 수가 있다. 전자의 예로서는 농촌 문화와 도시 문화의 알력을 들 수 있고, 후자의 예로서는 정신문화와 물질문명의 부조화를 들 수 있을 것이다. 한 국가를 전체 문화의 주체로 볼 때, 그 안에 획일적인 하나의 문화를 갖는 것보다는 다양한 하위 문화들을 갖는 편이 바람직하나, 그 다양성이 갈등과 부조화를 초래하는 것은 좋지 않다. 다양한 가운데도 하나의 조화를 이루는 것이 바람직한 문화다. 이에 우리는 이 다양성의 조화를 소망스러운 문화가 갖추어야 할 셋째 조건으로서 추가하는 것이 좋을 것 같다. 이제까지 바람직한 문화가 갖추어야 할 조건으로서 '적합성'과 '정체성' 그리고 '다양성의 조화'라는 세 가지 기준을 말했거니와, 이 세 가지 기준들 사이에 우선순위의 문제는 일어나지 않을 것으로 보인다. 저자는 설명의 편의를 위하여 세 가지로 나누었으나, 엄밀하게 말하자면 '정체성'과 '다양성의 조화'는 '적합성' 안에 포섭되는 하위 개념으로 보는 편이 더 논리에 맞을 것이다.

2) 한국 문화의 반성과 과제

8·15의 해방을 전환점으로 삼고 한국의 문화는 새로운 출발을 시작했다고 볼 수 있거니와, 그 출발 당시의 제반 상황은 여러 가지 불리한 조건을 안고 있었다. 근대화의 기운이 바야흐로 싹트기 시작한 19세기 말엽에서부터 거의 반세기에 가까운 귀중한 시기를 언어의 말살까지도 기도했을 정도로 철저한 제국주의 식민지 정책의 억압 밑에서 보냈다는 것만 하더라도 아주 치명적인 상처였다. 거기에 국토의 분단이라는 또 하나의 크나큰 불행이 겹치게 되었으니, 그 어려움은 이루 말할 수 없을 지경에 이르렀다.

우선 해방 당시의 우리나라의 경제력은 극히 미약한 것이었다. 국민의 대다수가 농사에 종사하는 전통적 농업국이었으나, 농산물조차도 국내의 수요를 충족하기에 부족할 정도였다. 정치적 여건도 매우 어려운 상황이었다. 38선을 경계로 삼고 정반대의 정치 이념을 가진 두 강대국의 군대가 주둔하여 각각 자신들이 원하는 정부를 후원했거니와, 한국인으로서는 아무런 준비도 없는 상태에서 민주주의 또는 공산주의를 타율적으로 받아들여야 했다.

가장 곤란한 것은 이 엄청난 시련과 급격한 변화를 감당하기엔 국민 일반의 의식 수준이 너무나 낮은 단계에 있었다는 사실이다. 해방과 독립을 자축하고 구가하기에 바빠서, 우리가 얼마나 어려운 처지에 놓여 있는지조차도 의식하지 못하는 사람들이 대부분이었다. 설마 어떻게 되겠지 하는 막연한 낙관 속에서 안일한 자세로 삶에 임하는 것이 일반적 추세였고, 이토록 해이

한 정신 풍토가 어떤 개선의 조짐도 보이기 전에 6·25라는 끔찍한 전쟁의 습격을 받았다.

출발 당시의 상황이 최악에 가까웠음에도 불구하고 그 뒤 30여 년 동안에 우리의 상태는 크게 호전된 측면이 많다고 인정된다. 온갖 악조건 아래서 우리가 이 정도의 발전을 이룩할 수 있었던 것은 한국 국민의 끈질긴 저력의 덕택이라고 보아도 좋을 것이다. 우리는 우리 자신에 대해서 어떤 긍지를 느껴도 좋으리라고 생각된다.

그러나 우리의 현실은 우리 스스로 만족할 수 있을 정도로 높은 수준에는 이르지 못하고 있다. 앞에서 살펴본 바람직한 문화의 세 가지 조건에 비추어 볼 때, 우리의 현실은 너무나 많은 결함을 가지고 있다. 이 결함을 시정하여 좀 더 만족스러운 상태로 접근하도록 노력하는 것이 우리들 모두의 임무거니와, 우선 한국이 그동안 걸어온 길에 있어서 어떤 점에 가장 근본적인 잘못이 있었는가를 대략 살펴보는 것도 의미가 있을 것으로 보인다.

바람직한 문화가 갖추어야 할 가장 기본적인 조건은 만족스럽고 보람된 삶의 실현에 대한 적합성이라고 하였다. 그렇다면 이 적합성을 갖춘 문화를 건설하기 위하여 우리는 최선을 다했다고 볼 수 있을까? 관점에 따라서는 이 물음에 긍정적인 대답을 할 수 있는 근거도 있을 것으로 보인다. 1960년대 이후에 우리들이 한결같이 외친 것은 '잘살아 보자!'였고, 잘살기 위한 노력에 있어서 우리는 상당히 극성을 부려 온 것이 사실이다. 이 '잘살아 보자!'와 저 '만족스럽고 보람된 삶을 위하여' 사이에 밀접한 관계가 있다고 볼 수 있는 한에 있어서, 우리는 우리 물음에 대해서 긍정적인 대답을 할 수 있는 근거를 가졌다고 생각되는 것이다.

그러나 '잘살아 보자!'라는 구호 아래 우리가 그동안 추구해 온 길과 저자가 말하는 '만족스럽고 보람된 삶'의 길은 얼마나 서로 가까운 것일까? 이 물음에 대한 사람들의 대답은 '만족스럽고 보람된 삶'을 어떻게 규정하느냐에 따라서 다양하게 나타날 것이다. 그러나 전통적 가치관의 견지에서 보나 현대 지성인의 식견으로 보나, 저 두 길을 근본적으로 같은 길이라고 간주하기는 어려울 것 같다.

'잘살아 보자!'라는 구호 아래 우리가 이제까지 추구한 것은 주로 물질적 풍요였고 경제적 번영이었다. 언어의 세계에 있어서 정신문화를 강조한 바 없는 것은 아니나, 실천 생활에 있어서 우리가 역점을 둔 것은 물질이요 경제였다. 이제는 우리도 잘살게 되었다는 증거로서 정부는 국민소득과 수출액의 통계를 제시하였고 냉장고와 승용차 따위의 보급률을 계산하였다. 국민들도 그러한 수치에 대해서 많은 긍지와 만족을 느꼈다. 정부가 발표하는 통계 숫자를 의심하는 사람들은 더러 있었으나, 그 수치가 '잘사는 삶'을 측정하는 완벽한 기준이라는 점에 의심을 품는 사람은 적었다.

잘살기 위해서 경주해 온 그동안의 노력의 또 하나의 특색은, 각자가 잘살기 위해서 억척스럽게 활동했을 뿐 모두 함께 잘살기 위한 노력에 있어서는 비교적 인색했다는 사실이다. 공정한 분배에 관한 논의가 있었고 복지사회의 실현 문제가 거론되었으며, 또 그러한 문제들을 해결하기 위한 실천적 노력도 더러 있었다. 그러나 전체의 추세로 말하면, 우리는 그동안 각자 자기가 잘살기 위한 생각에 골몰한 나머지 다른 사람들의 잘살 권리에 대해서는 비교적 소홀했다 하여도 과히 편벽된 주장은 아닐 것이다. 표면상으로는 국가와 사회를 위한다는 명분을 앞세우고 실제로는 사리와 사욕을 충족시키기에 급급했던 위선(僞善)의 사례도 종종 있었다.

'만족스럽고 보람된 삶'을 말했을 때 저자는 물질적으로 고생스럽지 않은 생활을 그 필수 조건으로 생각했으나, 사치스러운 소비생활은 그 안에 포함시키지 않았다. 그 대신, 자아의 실현과 직분을 다하는 사회참여와 원만한 인간관계 등을 포함한 정신생활에 큰 비중을 두었다. 그리고 일부 사람들만의 만족스럽고 보람된 삶이 아니라 모든 사람들이 고르게 사람다운 삶을 누리는 이상을 염두에 두었다.

각자가 물질적 풍요를 누리기 위한 경쟁적 노력을 주축으로 삼는 '잘살아 보자!'와 정신생활을 중요시하고 모든 사람들의 사람다운 삶을 지향하는 '만족스럽고 보람된 삶' 사이에 상당한 거리가 있음은 분명하다. '잘살아 보자!'는 강인한 의지가 '만족스럽고 보람된 삶'으로 가는 길에 있어서 효과적인 출발점이 될 수는 있을 것이다. 그러나 그것만으로 그 길이 밝게 전망된다고 보기는 어렵다. 이와 같은 관점에서 볼 때, 우리는 그동안 우리의 궁극목적에 대한 적합성을 갖춘 문화를 건설하기 위하여 최선을 다했다고 자부하기 어렵다는 결론을 얻게 된다.

바람직한 문화가 갖추어야 할 둘째 조건인 문화의 정체성이라는 관점에서 볼 때에도, 그동안 우리가 걸어온 길에는 많은 문제점이 있다고 생각된다. 8·15 당시의 우리 민족문화는 일제의 식민지 정책에 의하여 이미 큰 상처를 입은 상태에 있었다. 8·15 이후에 우리는 우리의 역사와 언어를 되찾는 데 어느 정도 성공을 거두었다. 그러나 일제가 심어 준 식민지 사관을 완전히 극복하지는 못했다는 것이 식자들의 비판이며, 우리 국어의 순화에도 아직 많은 문제가 남아 있다는 것은 누구나 아는 사실이다. 그뿐만 아니라 미군의 주둔과 미 군정의 실시를 계기로 서양의 문물이 홍수처럼 쏟아져 들어오는 과정에서 우리 스스로 민족문화의 정체성을 훼손하는 어리석음을 수없이 범하였다.

미국의 것이면 무엇이든 훌륭한 것으로서 숭상하는 풍조가 한때 성행하였다. 일본의 경우와는 달리, 미국은 우리를 해방시킨 나라요 우리를 도와주는 우방이라는 관념이 미국 문물에 대한 맹목적 숭상을 더욱 조장하였다. 미국 문물에 대한 지나친 숭상은 상대적으로 우리나라의 것을 경멸하는 풍조로 진행하였다. 우리나라의 것은 모두가 열등한 것이고 버려야 할 것이라는 생각이 일부 사람들 사이에 팽배한 때가 있었다.

미국 내지 서양에 대한 맹목적 숭상의 부당성을 지적하는 반성의 소리가 일기 시작하여 여론으로까지 발전하는 데 10여 년의 세월이 걸렸다. 그러나 이러한 반성의 소리는 맹목적 애국주의자들에 의하여 가로채임을 당하였고, 급기야 오늘의 세계를 무시한 복고주의의 높은 외침에 흡수되고 말았다.

우리의 가장 절실한 소망은 만족스럽고 보람된 삶을 갖는 일이며, 이 소망이 달성되기 위해서는 우리들의 사고방식과 생활양식이 현재의 상황에 적합해야 한다. 그런데 오늘의 세계를 무시한 복고주의는 현대의 상황에 부적합한 사고방식과 생활양식을 종종 권장 내지 요구한다. 외국 문물에 대한 맹목적 숭상이 우리의 전통적 현실을 망각한 경솔이라면, 전통문화에 대한 맹목적 애착은 오늘의 시대적 현실을 망각한 불찰이라 하겠다.

셋째로, '다양성의 조화'라는 관점에서 보더라도, 그동안 우리 문화가 걸어온 길에는 많은 문제점이 산재해 있다. 다양성의 조화가 이루어지기 위해서는 첫째로, 다양한 것을 허용하는 너그러움이 있어야 하고, 둘째로, 다양한 것을 조화롭게 화합할 용광로의 구실을 할 수 있는 문화 주체의 중심 역량이 있어야 한다. 그러나 우리나라의 경우는 자기가 선호하는 것만을 올바른 것으로 고집하는 편협이 심했고, 문화의 정체성이 오래 흔들렸던 까닭에 다양한 것들을 하나의 교향곡으로 화합할 수 있는 주체적 중심 역량도 미흡한 편이었다. 따라서 다양성의 조화를 통하여 질과 양에 있어서 높은 문화를 형성하는 일도 앞으로의 과제로서 남게 되었다.

앞으로의 우리 문화 발전을 위한 공동 노력은 지금까지의 취약점을 보완하는 데 역점을 두고 이루어져야 할 것이다. 우선 '잘살아 보자'는 우리 생활 목표의 깊이와 넓이를 한층 높은 차원으로 끌어올리도록 힘을 모아 노력해야 할 것이다.

만족스럽고 보람된 삶을 어떻게 규정하느냐 하는 문제는 이론이 분분한 어려운 문제이며, 이 자리에서 다루기에는 너무 거창한 문제다. 다만 여기서 말할 수 있는 것은, 물질적으로 풍요롭고 육체적으로 쾌적한 생활만으로는 우리가 인간으로서의 만족과 인간으로서의 보람을 느끼기에 미흡하다는 사실이다. 우리가 인간으로서의 만족과 인간으로서의 삶의 보람을 느끼는 것은 인간의 특색을 살린 어떤 성취를 이룩했을 경우이며, 인간의 특색을 살린 성취는 이성적 존재로서의 정신적 기능의 발휘를 떠나서 생각하기 어렵다. 따라서 우리가 만족스럽고 보람된 삶을 실현할 수 있기 위해서는, 정신생활에 대해서 더 큰 비중을 두는 가치관의 토대 위에 우리의 문화를 건설해야 할 것으로 믿는다.

정신생활에 대해서 더 큰 비중을 두어야 한다 함은 경제적 가치를 가벼이 여겨도 좋다는 뜻이 아니며, 가벼이 여겨야 한다는 뜻은 더욱 아니다. 현대에 있어서 경제력의 뒷받침 없이 만족스럽고 보람된 삶을 갖는다는 것은 불가능하다. '잘살아 보자!'는 구호 아래 우리가 경제적 번영부터 추구한 것은 그 자체로 볼 때 당연하고 현명한 선택이었다. 다만 경제적 번영을 잘사는 삶의 전부인 양 착각하고 그것에만 몰두한 점에 잘못이 있었을 뿐이다. 생활의 안정에 필요한 경제력의 확보는 자아를 실현해 가며 보람되게 살기 위해서 반드시 갖추어야 할 선행 조건이다. 따라서 경제적 번영 그 자체가 최고의 가치를 보유하고 있는 것이 아니라, 더 높은 내면적 가치의 실현을 위한 수단으로서 그것이 활용될 때 비로소 크게 보람 있는 것이 된다.

일부의 선택된 사람들만이 경제적 번영을 누리고 정신적 성취에 성공한다 하더라도 그것만으로는 우리의 목표가 달성되었다고 볼 수 없을 것이다. 우리의 목표는 본래 공정한 사회의 기반 위에서 모든 사람들이 고루 잘살고 모든 사람들이 각자의 소질과 취향에 따라서 자아를 실현하는 데 있었다. 이 민주주의적 목표를 오직 말로만 앞세우는 데 그치지 않고 그 착실한 실현을 위해서 성실하게 노력하는 일은 우리 모두의 공통된 책임이다.

이 땅에 사는 모든 국민이 경제생활의 안정을 누리고, 안정된 물질생활의 토대 위에서 각자의 소질을 개발하고 각자의 취향을 살림으로써 보람찬 삶을 영위하게 된다면, 우리는 자연히 우리 문화의 정체성을 되찾는 동시에 다양성의 조화도 함께 얻는 결과에 이르게 될 것이다. 한국에 태어나서 한국의 자연과 문화 속에서 성장한 우리에게는 한국인으로서의 소양과 취향이 잠재해 있다. 우리의 체질에는 이 땅의 정기가 스며 있고, 우리의 생활감정 속에는 문화적 전통의 얼이 담겨 있다. 우리 모두의 몸과 마음속에 잠재해 있는 이 역량을 유감없이 발휘할 때, 거기 오늘의 한국 문화가 꽃을 피우게 된다. 그것은 한국적 전통의 힘을 잉태한 우리 자신의 전개인 까닭에, 특별히 힘주어 외치지 않아도 문화의 정체성이 스스로 서게 될 것이다.

같은 시대와 같은 땅에 살고 있지만, 우리들의 소질과 취향에는 하부 집단을 따르는 차이가 있고 개인을 따르는 차이도 있다. 그뿐만 아니라 국제 시대에 사는 우리는 성장 과정에서 각자의 취향과 경험을 따라 각양각색으로 외국의 문물도 받아들이게 된다. 따라서 국민 각자의 자기 개발은 다양한 모습을 띠게 될 것이다. 그러나 다양한 가운데도 우리는 조화를 잃지 않을 것이다. 같은 땅과 같은 문화 전통 속에서 자라났다는 공통된 분모가 있기 때문이다.

편   집 : 우송 김태길 전집 간행위원회

간행위원 : 이명현(위원장), 고봉진, 길희성, 김광수, 김도식,
　　　　　 김상배, 김영진, 박영식, 손봉호, 송상용, 신영무,
　　　　　 엄정식, 오병남, 이삼열, 이영호, 이태수, 이한구,
　　　　　 정대현, 황경식

우송 김태길 전집

소설에 나타난 한국인의 가치관

지은이　　김태길

1판 1쇄 인쇄　　2010년 5월 20일
1판 1쇄 발행　　2010년 5월 25일

발행처　　철학과현실사
발행인　　전춘호

등록번호　　제1-583호
등록일자　　1987년 12월 15일

서울특별시 종로구 동숭동 1-45
전화번호 579-5908
팩시밀리 572-2830

ISBN 978-89-7775-717-2 94100
　　　978-89-7775-706-6 (전15권)
값 25,000원

●잘못된 책은 교환해 드립니다.